KB234459

민사소송법

민사소송법

김기진 지음

한국학술정보㈜

머리말

20여 년 해 오던 변호사 업무를 접고 학교로 내려온 지 벌써 4년 반이 지나가고 있다. 그간 강의의 필요에 따라 준비해 두었던 자료들을 토대로 통합도산법해설과 법의 이해 등의 책을 내었으나, 정작 주 강의과목인 민사소송법에 관해서는 차일피일 미루다가 이제야 빛을 보게 되니 어찌 감개무량하지 않을 수가 있겠는가마는 당초 계획했던 만큼의 결과물인지는 자신할 수 없기도 하다.

법에 대하여 어느 정도 공부한 뒤에 접하기는 하지만, 누구나 어렵다고 느끼는 것이 민사소송법인지라 어떻게 하면 쉽게 접근할 수 있을까 하는 관점에서 쓰려고 노력했다. 어렵게 느끼는 가장 큰 원인이 절차법이면서도 그 법체계가 실제의 소송과정과는 많이 달라서 실감이 나지 않는다는 데 있다고 보았기 때문에, 이 책은 서술 자체를 소송의 시작부터 종결에 이르기까지의 순서에 맞춰서 소송의 이 단계에서는 이런 일들이 문제가 되는 것을 실감하도록 하고자 했다. 또한 판례를 원용할 때에도 요지만으로는 왜 이런 결론이 나오는지를 알기 어려운 경우가 많으므로, 필요에 따라 본문 또는 주에서 판결이유의 주요내용을 많이 인용하여 이해를 돕도록 했다. 또한 일정한 쟁점에 관하여 여러 입장의 차이가 있어도 실제로는 논의를 위한 논의일 뿐 실익이 없다고 생각하는 경우가 많았기 때문에 소개를 생략하거나 간단히 소개하고, 판례의 입장이 무엇인지에 주로 신경을 썼다. 다툼의 궁극적인 해결은 결국 법원이 하는 것이고, 또 이론이 아닌 절차의 문제는 실제 소송에서 어떻게 운용되는가가 중요하므로 그런 것이다.

오늘의 내가 있도록 하여 준 주위의 여러 좋은 분들의 도움과 관심에 감사드리면서, 처음 학교로 내려왔던 때의 그 마음을 계속 간직하고 싶다.

2010. 10.

가을이 밀려오는 가좌캠퍼스에서

김기진

CONTENTS

CONTENTS

CONTENTS

제8장 변론 ··· 239

CONTENTS

제10장 소송절차의 종료 ··· 377

CONTENTS

CONTENTS

제1장 민사소송 개관

제1절 개념과 구별

Ⅰ. 소송

소송이란 법원이 사회에서 일어나는 이해의 충돌을 공정하게 처리하기 위하여 대립하는 이해관계인을 당사자로 관여시켜 심판하는 절차를 말한다.

헌법은 제27조에서 국민의 재판받을 권리를 규정하여 국가의 관여에 의한 분쟁의 해결을 기하고 있다.

국가의 성립 전 단계에서는 권리자가 그 권리를 지키기 위해서는 사력을 동원하는 수밖에 없었으나, 이는 사회의 평화를 깨트리고, 강자만의 권리를 실현하는 결과가 되며 인권침해를 초래하므로 근대국가에 이르러서는 원칙적으로 금지되고 국가구제만이 허용되었으며, 예외적으로 국가구제를 기다릴 수 없는 긴박한 사정이 있는 경우에만 허용된다.[1]

Ⅱ. 민사소송

민사소송은 민사사건에 관한 소송이다. 민법·상법 등 사법에 의해 규율되는 대등한 주체 사이의 신분상 또는 경제상 생활관계, 즉 사법상 법률관계에 관한 사건(해고무효확인, 채권채무관계, 부동산매매관계, 주총결의 무효확인·취소)을 해결하는 절차로 민사소송법의 규율을 받는다.

국가와 개인 간의 분쟁이라도 국가가 대등한 주체일 때는 민사소송의 대상이다. 공무원의 불법행위에 기한 손해배상청구소송이 그것이다.

---

1) 민법 제209조 자력구제조항이 그것이다.
① 점유자는 그 점유를 부정히 침탈 또는 방해하는 행위에 대하여 자력으로써 이를 방위할 수 있다.
② 점유물이 침탈되었을 경우에 부동산일 때에는 점유자는 침탈 후 즉시 가해자를 배제하여 이를 탈환할 수 있고 동산일 때에는 점유자는 현장에서 또는 추적하여 가해자로부터 이를 탈환할 수 있다.

Ⅲ. 형사소송

1. 개념

형사소송은 사인에 대한 국가의 형벌권행사에 관한 사건을 심판하는 절차로 형사소송법의 규율을 받는다.

2. 구별

민사소송에서는 당사자가 사실과 증거를 제출하지 않으면 패소할 수 있고 국가가 직접 탐지하지 않으나, 형사소송에서는 국가가 사실과 증거를 직권으로 탐지한다.

형사사건에서 인정된 사실에 민사법원이 구속되는 것은 아니나, 민사소송상 유력한 증거자료가 되어, 특별한 사정이 없으면 반대사실을 인정하지 못한다.[2]

Ⅳ. 행정소송

1. 개념

행정소송은 공법상의 권리관계에 관한 사건에 대한 소송으로 행정소송법의 규율을 받는다. 국가가 공권력의 주체로서 우월적 지위에서 국민과의 관계에서 맺은 법률관계(건축허가취소 등)에 관한 소송이다.

2. 구별

행정소송은 심판전치주의가 적용되고, 피고를 행정청에 한정하며, 사실과 증거에 대한 직권탐지주의 및 청구가 이유 있을 때에도 행정처분을 취소하는 것이 공공복리에 현저히 적합하지 않을 때는 청구를 기각할 수 있는 사정판결제도를 채택하고 있는 등 민사소송과는 다른 특색이 있다.

행정처분이 민사소송에서 문제가 될 때, 그것이 당연무효가 아니고 취소사유에 불과할 때에는 소송에 의해 취소되지 않는 한 유효한 행위임을 전제로 판단한다.[3]

---

2) 대판 1995. 1. 12. 94다39215.
3) 대판 1994. 11. 11. 94다28000.

Ⅴ. 가사소송

1. 개념

가사소송은 민사분쟁 가운데 가족 간의 신분관계에 관한 분쟁에 대한 소송이다. 개인 간의 분쟁을 대상으로 하는 점에서 민사소송과 유사하나 신분관계의 확정은 공익과 관련이 있고 제3자와의 관계에서도 획일적으로 처리할 필요가 있으므로 가사소송법으로 따로 규율한다. 상속재산에 관한 다툼은 신분관계를 전제로 하기는 하나 본질은 재산상 권리에 관한 다툼이므로 민사소송이다.

2. 구별

가사소송은 조정전치주의, 본인출석주의, 직권탐지주의, 확정판결의 대세적 효력을 채택하고 있고, 항소이유가 있어도 사회정의에 배치되거나 가정평화와 미풍양속의 유지에 적합하지 않은 경우에는 항소기각판결을 할 수 있다.

Ⅵ. 헌법소송

1. 개념

헌법소송은 헌법에 위반되는 법률이나 그 밖의 국가작용들을 사법판단을 통하여 교정하는 제도로서 헌법의 효력을 지키고 헌정생활의 안정유지를 위하여 인정된 것이다.

헌법소송에는 법원이 법률이 헌법에 위반되는 여부가 재판의 전제가 된 경우에 직권 또는 당사자의 신청에 의하여 그 위헌 여부를 심사하여 위헌의 소지가 있다고 판단되면 독자적으로 위헌이라고 판단할 수는 없고 헌법재판소에 그 위헌 여부에 관한 심판을 제청하는 헌법재판과, 공권력의 행사 또는 불행사로 인하여 헌법상 보장된 기본권을 침해받은 자가 다른 구제수단이 없는 경우에 한하여 헌법재판소에 제기하는 헌법소원이 있다.

2. 구별

개인의 기본권 침해에 대한 구제는 입법부의 합헌적인 법률제정이나 행정심판과 같이 행정기관에 의하여, 궁극적으로는 사법부의 재판을 통하여 이루어지나, 예외적으로 입법부,

행정부 및 사법부에 의해서도 해결하기 어려운 경우에는 헌법소원심판청구가 허용된다.

헌법소원의 제소권자는 기본권의 침해를 받은 자이므로 기본권의 주체는 누구나 제소할 수 있다. 국가나 국가기관 또는 국가조직의 일부나 공법인 등은 기본권의 주체가 아니고 오히려 국민의 기본권을 보호 내지 실현해야 할 책임과 의무를 지니고 있을 뿐이다.[4]

헌법소원의 제기가 적법하기 위해서는 청구인 적격 외에, 공권력 작용, 기본권 침해, 법적 관련성, 보충성의 원칙, 청구기간, 변호사 강제주의, 권리보호의 이익 등이 필요하다. 헌법소원은 공권력의 행사 및 불행사로 인하여 자신의 기본권을 직접, 그리고 현재 침해받은 자가 법률이 정한 구제절차를 모두 거친 후에 보충적으로 제기하여야 하고, 또한 청구인은 청구기간 이내에 변호사를 대리인으로 선임하여서 헌법소원을 청구하여야 하며, 이 모든 조건이 충족되어도 헌법소원이 실제로 청구인의 권리구제에 도움이 되지 않으면 원칙적으로 각하된다.

Ⅶ. 비송사건

1. 개념

비송사건은 법원의 관할에 속하는 사건 중 소송절차로 처리하지 않은 사건이다. 비송사건절차법의 적용을 받는 사건들인데, 민사비송으로 법인, 신탁, 공탁 등이 있고(동법 제32조 이하), 상사비송으로 회사, 사채, 회사청산, 상업등기 등이 있고(동법 제72조 이하), 과태료사건(동법 제247조), 가사비송으로 한정치산금치산선고 등이 있다(가사소송법 제2조 제1항 나호).

2. 구별

비송사건은 신청·심판청구로 개시되고, 필요적 변론이 없고, 비공개 서면 심리하며,

---

4) 1997년 제주도지사가 낸 헌법소원이나 1995년 야당 국회의원이 '날치기 통과'를 이유로 제기한 헌법소원은 각하되었다. 공직자가 공무수행을 하고 있다면 국가에 소속되어서 국민의 봉사자로서 지위를 가지므로 기본권의 주체가 아니나, 사석에서 정치적 발언을 하거나 선거에 참여하여 투표를 하는 행위는 개인의 기본권 행사이므로 기본권 행사를 국가가 저지한다면 헌법소원의 청구인적격이 인정되어야 할 것이다. 한편 헌법재판소는 대통령 탄핵사건에서 대통령의 경우에도 정당 활동을 할 수 있는 사인(私人)으로서의 지위와 헌법기관으로서의 대통령 지위는 개념적으로 구분되어야 한다고 보았으나(2004. 05. 14. 2004헌나1), 대통령은 사적·공적 영역을 구분할 수 없는 살아 있는 헌법 기관이라는 이유로 반대하는 견해도 있다.

재판은 결정으로 하고 기판력이 없어 사정변경에 의한 취소변경이 가능하고 불복은 항고에 의한다.

비송과 소송의 구별에 대해서는 소송사건은 법적 분쟁을 대상으로 하는 것임에 반하여, 비송사건은 국가에 의한 사인간의 생활관계에 대한 후견적 개입을 대상으로 한다고 보는 대상설이 유력한데,[5] 어떤 것을 비송사건으로 볼 것인가는 법원의 합목적적 재량에 의한 결정 필요 여부, 간이신속성의 중시 여부, 당사자 대립 여부 등의 기준으로 결정할 것이다.[6]

비송사건은 신청·심판청구로 개시되고, 필요적 변론이 없고, 비공개 서면 심리하며, 재판은 결정으로 하고 기판력이 없어 사정변경에 의한 취소변경이 가능하고 불복은 항고에 의한다. 비송사건을 민사소송으로 제기하면 부적법 각하하게 되나,[7] 소송경제상 관할위반으로 보아 이송해야 한다는 것이 통설이다.

제2절 소송에 갈음하는 분쟁해결제도

Ⅰ. 개념

소송에 갈음하는 분쟁해결제도란 국가권력에 의하여 강제적으로 분쟁을 해결하는 소송절차에 갈음하여 당사자의 의사에 의하여 분쟁을 해결하는 제도로 화해, 조정, 중재가 있다.

소송절차의 엄격성, 소송지연의 문제를 극복하고, 융통성 있고 신속한 분쟁해결을 목적으로 하여 오늘날 그 중요성이 강조되고 있으나, 지나칠 경우 법치주의가 후퇴한다는 위험이 있다.

---

5) 비송사건은 사법질서의 형성을 목적으로 하고, 소송사건은 사법질서의 유자·확정을 목적으로 한다는 목적설은 비송사건에서도 기존법률관계의 확정을, 소송사건에서도 법률관계의 형성을 목적으로 하는 것이 있다는 비판을 받고 있고, 법이 비송사건으로 규율하고 있는 것은 비송사건이고 그 외의 것은 소송사건이라는 실정법설은 법이 이를 명확히 하지 않은 경우가 있어 문제가 있다. 회사정리절차개시결정절차는 비송사건이라는 것이 판례이다(대결 1984. 10. 5. 84마카42).

6) 이런 관점에서 대법원은 회사정리절차개시결정절차는 비송사건이라 보고(대결 1984. 10. 5. 84마카42), 권리의 존부에 관한 쟁송의 성격과 함께 구체적인 금액을 법원이 합목적적으로 정해야 하는 과거의 양육비청구사건을 가사비송으로 본다(대결 1994. 5. 13. 92스21).

7) 대판 1963. 12. 12. 63다449.

Ⅱ. 화해

1. 개념

당사자가 상호 양보하여 분쟁을 끝내는 것으로 민법상 화해와 재판상 화해가 있다.

2. 종류

민법상 화해는 당사자가 상호 양보하여 분쟁을 끝내기로 약정하는 것으로 국가의 관여 없이 당사자의 계약으로 끝내는 것이므로 이에 다시 분쟁이 있을 경우에는 소송으로 갈 수밖에 없으나, 이를 방지하기 위하여 부제소 합의를 하기도 하는데, 강제집행을 위한 소송은 불가피하다.

재판상 화해는 법관 앞에서 양 당사자가 분쟁이 된 법률관계에 관하여 상호 양보하여 합의한 결과를 진술하는 행위이다. 법원은 화해조서를 작성하고, 조서는 확정판결과 동일한 효력이 있다.

Ⅲ. 조정

1. 개념

조정이란 당사자 이외의 제3자가 분쟁에 개입하여 화해로 이끄는 절차로 법원에 의한 것과 행정위원회에 의한 것이 있다.

2. 종류

법원에 의한 조정은 가사심판법에 의한 것과 민사조정법에 의한 것이 있다. 가사심판법은 조정전치주의를 채택하고 있어 당사자가 조정신청을 않고 가사소송을 제기하면 조정을 먼저 거쳐야 한다. 그 외의 민사사건은 민사조정법에 따른다. 민사조정은 당사자의 신청에 의하여 개시되지만, 법원이 필요하다고 인정하는 경우에는 조정에 회부할 수 있다. 조정담당판사는 스스로 조정하거나 조정판사와 조정위원 2인 이상으로 구성된 조정위원회에 회부한다. 조정이 성립하면 조정조서를 작성하고 이는 확정판결과 동일한 효력이 있다. 조정이 성립하지 않으면 조정 신청한 때에 제소한 것으로 본다.

행정위원회에 의한 조정은 소비자분쟁조정위원회, 중앙 및 지방의료심사조정위원회, 언론중재위원회, 저작권위원회에 의한 것이 있다. 오늘날 행정위원회에 의한 조정이 확대되고 있는 것에 대하여, 분쟁해결의 주체가 사법부에서 행정부로 옮겨 가 권력분립구조를 왜곡하고, 조정위원회가 조정을 강권하여 재판청구권을 침해하는 예가 빈발하고, 조정조서를 재판상 화해로 간주함으로써 법원에 의한 심사를 배제하여 법관에 의한 재판받을 권리를 침해한다는 비판이 있다.8)

Ⅳ. 중재

1. 개념

중재란 당사자 간의 합의로 사법상의 분쟁을 법원의 재판에 의하지 않고 중재인의 판정에 의하여 해결하는 절차이다. 당사자의 양보가 없는 사적 재판이다. 신속하고 작은 비용으로 분쟁을 해결할 수 있고, 전문가를 중재인으로 선정하여 적정한 해결을 도모할 수 있으나, 중립성을 잃거나 법률지식이 부족한 중재인이 선정될 위험이 있다.

2. 종류

중재법에 의한 중재는 국제거래상의 분쟁에 대한 중재에 역점을 두고 있고, 중재판정은 법원의 확정판결과 동일한 효력이 있다.

언론중재 및 피해구제 등에 관한 법률에 의한 중재는 당사자가 정정보도청구 등 또는 손해배상의 분쟁에 관하여 중재부의 종국적 결정에 따르기로 하고 청구할 수 있고, 중재결정은 법원의 확정판결과 동일한 효력이 있다.

---

8) 헌법재판소는 국가배상법 중 심의회의 배상결정은 신청인이 동의한 때에는 재판상 화해가 성립한 것으로 본다는 조항에 대하여 사법절차에 준한다고 볼 수 있는 각종 중재·조정절차와는 달리 배상결정절차는 심의회의 독립성이 희박한 점, 심의절차의 공정성·신중성도 결여되어 있는 점 등 신청인의 재판청구권을 과도하게 제한하는 것이라는 이유로 위헌결정을 했다(헌재 1995. 5. 25. 91헌가7).

제3절 민사소송의 목적과 이상

Ⅰ. 목적

개인주의적 입장에서 서법상의 권리보호가 목적이라는 사권보호설과 전체주의 입장에서 법질서보호가 목적이라는 법질서유지설이 있다. 어느 한 면만 강조할 것은 아니고 분쟁해결과 법질서 유지라는 모든 소송의 공통목적 외에 사권의 보호라는 고유의 특질이 있는 것으로 보면 된다.

Ⅱ. 이상

민사소송법은 제1조에서 "법원은 소송절차가 공정하고 신속하며 경제적으로 진행되도록 노력하여야 한다. 당사자와 소송관계인은 신의에 따라 성실하게 소송을 수행하여야 한다"라고 규정하여 공정(적정과 공평), 신속, 경제를 민사소송의 이념으로 밝히고, 이를 달성하기 위한 행동원리로 신의칙을 요구하고 있다.

1. 적정

1) 개념

재판의 적정이란 법원이 정확하게 사실을 확정하고 법률을 적용하여 실체적 진실을 발견한 다음 승소할 자를 정하는 옳은 재판을 해야 하는 것을 말한다.

2) 적정을 위한 제도

적정을 위해서는 충실한 심리가 이루어져야 하고 잘못된 재판은 시정할 수 있어야 한다. 민사소송법은 충실한 심리를 위한 소송대리인, 구술주의, 직접주의, 석명권, 보충적 증거조사, 교호심문제도 등과 잘못된 재판의 시정을 위한 상소, 재심 등 불복제도를 두고 있다.

2. 공평

1) 개념

재판의 공평이란 소송의 심리에 있어 법관이 중립적 입장에서 당사자 쌍방에게 평등하게 기회를 주는 것을 말한다. 헌법상 평등의 원칙이 소송에 구현된 것이다.

2) 공평을 위한 제도

소송절차의 중단·중지, 대리인 제도, 직권 탐지한 소송자료에 대하여 당사자의 의견진술기회 부여(소액사건심판법 제159조), 법관의 제척·기피제도 등이 그것이다.

3. 신속

1) 개념

재판이 적정·공평하다 해도 늦어져 실기하면 권리보호를 거절하는 것과 마찬가지가 되므로 신속한 재판을 국민의 기본권으로 하는 한편(헌법 제27조 제3항), 법원의 의무로 하고 있다.

2) 신속을 위한 제도

독촉, 화해, 소액사건심판절차 등 특수절차, 변론준비절차와 집중심리제도, 적시제출주의, 재정기간, 실기한 공격방어방법의 각하, 기일불출석 시 자백간주나 취하간주, 종국판결선고기간을 1심의 경우 5개월 이내로 법정한 것 등이 그것이다.

4. 경제

1) 개념

소송경제란 법원과 당사자가 들이는 비용을 최소한으로 하는 것을 말한다. 당사자의 권리이며 법원의 의무이다.

2) 경제를 위한 제도

소액사건에서의 구술제소, 심리의 편의를 위한 이송, 소의 객관적·주관적 병합, 소송구조, 변호사 비용의 현실성 있는 소송비용 산입 등이 있다.

5. 이상과 현실

폭주하는 사건을 따라가지 못하는 법관 수의 부족, 당사자의 사실왜곡과 위증의 성행·감정의 불성실에 대한 제재수단 미비, 법관의 전문성 부족 등은 적정한 재판 실현의 장애물인 것이 현실이고, 신속을 강조한 나머지 적정과 공평을 소홀히 하여 상소가 남발되는 것 또한 집중심리제의 채택, 지적재산권·국제거래에서 광역토지관할권의 인정, 첨단산업, 지적재산권, 국제금융 등 전문지식이 요구되는 사건에서 전문심리위원제도의 채택 등 그동안의 여러 제도개선에도 불구하고 여전히 해결해야 할 문제로 남아 있다.

제4절 민사소송절차

Ⅰ. 판결절차

판결절차는 사법상의 권리를 확정하는 절차로, 소제기와 답변서 제출, 변론 및 증거조사, 판결선고와 불복절차로 이루어져 있다. 관련법으로 민사소송법이 있다.

Ⅱ. 강제집행절차

1. 개념

강제집행절차는 판결에 표시된 이행청구권의 실현을 위하여 채권자의 신청에 의해 국가의 집행기관이 채무자에 대해 강제력을 행사는 절차이다. 강제집행은 이행판결에만 허용된다.

2. 절차

이행판결이 확정된 경우에 기록이 있는 법원에서 확정 증명을, 확정 전 판결이라도 가집행선고가 붙은 판결은 판결정본 송달증명을 각 받고, 다시 법원으로부터 판결에 집행문을 받아 집행관에게 의뢰해 채무자의 재산에 대한 강제집행을 실시한다.

Ⅲ. 가압류·가처분 절차

1. 보전절차의 필요성

돈 갚으라는 판결을 받더라도 그 안에 채무자가 재산을 전부 처분해 버리면 돈을 받아낼 길이 없고, 집을 팔고 돈을 다 받고 나서 소유권이전등기를 넘겨주지 않아 소송을 해 판결을 받았는데 그사이 집을 다른 사람에게 넘겨 버리면 판결받은 것이 소용없게 되니, 소송하기 전에 이를 방지하기 위한 조치를 취할 필요가 있다.

2. 가압류

가압류란 금전채권의 집행보전을 위해 채무자의 재산을 임의로 처분해도 대항할 수 있게 임시로 해 놓는 조치로, 부동산·유체동산·채권 가압류가 있다.

3. 가처분

가처분이란 금전채권 이외의 계쟁물에 대한 청구권의 집행을 보전하거나 가지위를 정하여, 후일 법률관계가 확정될 때까지 잠정적 법률관계를 정하는 절차로 민사소송에서 인정되는 것으로, 분쟁의 대상이 된 물건에 대하여 처분하지 못하게 임시로 해 놓는 조치인 부동산 점유이전금지, 부동산처분금지가처분 등과 후일 법률관계가 확정될 때까지 임시의 지위를 정하는 조치(대표이사선임효력을 다투려 할 때 임시대표자를 정하는 것)가 있다.

4. 결정

법원이 일정 담보제공을 조건으로 결정하고, 그 집행은 부동산에는 가압류, 가처분 등기, 유체동산에는 가압류 표시 딱지 또는 현상변경금지 방을 부착하는 방식으로 한다. 이들 표시를 훼손하면 공무상표시무효죄가 된다.

Ⅳ. 증거보전절차

증거보전절차란 법원이 미리 증거조사를 하지 아니하면 그 증거를 사용하기 곤란할 사

정이 있다고 인정한 때에 당사자의 신청에 따라 미리 증거조사를 하는 것으로 판결절차
에 부수한 절차이다.

V. 특별소송절차

1. 소액사건 심판절차
1) 개념
2,000만 원 미만의 금전청구소송의 경우와 같이 비교적 단순한 사건에 대하여 신속하
고 간편하게 재판을 받을 수 있게 만든 제도로서, 민사소송절차가 복잡하고, 시간·비용
이 많이 드는 문제점을 해결하기 위한 것이다. 관련법으로 소액사건심판법이 있다.
2) 특색
① 간편한 소제기
법원 민원실 비치 인쇄된 소장 양식에 필요사항을 기재하여 제출하거나, 원피고 쌍방
이 함께 법원에 나가 구두로 소제기를 할 수 있다.
② 신속한 재판
일회에 재판이 끝내는 것이 원칙이고, 피고 답변서 제출 없이 불출석이면 즉석에서 원
고 승소 판결을 한다.
③ 소송대리 특칙
변호사가 아니라도 가족이면 법원 허가 없이도 소송대리가 가능하다.
④ 이행권고결정
소제기가 되면 법원은 우선 이행권고결정을 피고에게 보내고, 피고가 이를 받은 날부
터 2주 내에 이의를 제기하지 않으면 확정판결과 동일한 효력이 있다.

2. 도산절차
1) 개념
도산절차란 채무초과, 즉 자산보다 부채가 많은 채무자의 처리에 관한 절차로 이에 관
한 법으로 채무자회생 및 파산에 관한 법률이 있다. 도산절차는 채무가 초과된 상태가
상당기간 회복될 가능성이 없는 경우 채무자의 전 재산을 환가하여 모든 채권자에게 공
평하게 분배하는 대신 채무자는 기업일 경우 소멸시키고, 개인일 경우 공민권 등의 제

한9)을 가하는 파산절차와, 경제사정의 급변 등의 이유로 일시적인 파산상태에 빠진 채무자의 경우 채권의 일부면제, 기한유예 등의 방법으로 채권의 행사를 제한하여 파산의 위협으로부터 벗어나게 한 다음 채무자로 하여금 경제활동을 계속하면서 상당기간에 걸쳐 빚을 갚도록 하는 회생절차, 채무초과의 상태이지만 일정한 급여 또는 영업소득이 있는 경우 일정기간(최대 5년) 동안 기본생활비를 제외한 모든 수입을 채무변제에 사용하면 나머지 채무를 면제시켜 주어 파산을 면하게 해 주는 개인회생절차로 이루어져 있다.

2) 회생절차

① 개념

회생절차는 재정적 어려움으로 인하여 파탄에 직면해 있는 채무자에 대하여 채권자, 주주, 지분권자 등 이해관계인의 법률관계를 조정하여 채무자 또는 그 사업의 효율적인 회생을 도모하는 제도이다.

② 내용

채무자 또는 채권자의 신청이 있고, 채무자가 지급불능 또는 채무초과의 상태에 있다고 인정되면, 법원이 회생절차개시결정을 하여 채무자의 재산에 대한 관리처분권을 박탈하고, 관리인에게 재산의 관리를 맡기는 한편, 일반채권자에게 채권의 개별행사를 금지하면서 채권의 신고 조사에 의하여 그 채권의 순위와 금액을 확정한 후, 회생계획안을 만들어 이해관계인의 동의를 받아 이를 수행하여 채무자를 회생시키는 절차로 구성되어 있다.

③ 회생절차 개시사유

지급불능은 변제능력이 지속적으로 결여되어 즉시 변제할 채무도 변제 못 하는 상태로 재산만을 기준으로 하는 채무초과와는 달리 재산 외의 신용 등 모든 변제수단을 강구하더라도 변제 불가능한 상태이다.

채무초과는 소극재산이 적극재산을 초과하는 상태로 이에 해당하는지 여부에 관한 자산평가방법은 파산의 경우 현재의 재산만을 놓고 청산가치를 판단하는데, 회생절차는 장래의 계속기업가치를 판단한다.

3) 파산절차

① 개념

파산절차는 채무자가 경제적으로 파탄한 경우에 모든 채권자에 대한 공평한 변제를 목적으로 채무자의 총재산을 환가하여 얻어진 환가금을 모든 파산채권자에게 배당하는 재

---

9) 공무원, 변호사, 공인회계사, 변리사, 공증인, 부동산중개업자, 사립학교 교원, 의사, 한의사, 간호사, 약사, 건축사, 세무사, 관세사 등 100여 개 이상이 제한되거나 취소되고, 기업의 임원이 될 수 없다.

판상의 절차를 말한다.

② 내용

채권자 또는 채무자의 신청이 있고, 채무자가 지급불능 또는 채무초과의 상태에 있다고 인정되면, 법원이 파산선고를 하여 채무자의 재산에 대한 관리처분권을 박탈하고, 파산관재인에게 파산재산의 관리 및 환가를 맡겨서 배당자금을 마련하고, 일반채권자에게 채권의 개별행사를 금지하면서 채권의 신고조사에 의하여 그 채권의 순위와 금액을 확정하여, 공평하게 배당하는 절차로 구성되어 있다.

③ 파산능력

파산자가 될 수 있는 자격으로 민사소송법상의 당사자능력에 해당하는 개념이다. 우리 법은 일반파산주의를 채택하고 있어 사람, 즉 자연인과 법인이면 상인, 비상인을 가리지 않고 모두 파산자가 될 수 있다.

공법인은 사업의 공익적 기능 때문에 파산대상이 될지 문제가 된다. 공법인이라는 이유만으로 파산능력을 부정할 수는 없는 것이나, 파산을 통하여 그 법인격을 해체 소멸시키는 것이 공공의 이익을 해하게 될 경우는 파산능력을 부정하는 것이 일반적이다. 파산능력을 전면적으로 인정하는 입장도 국가나 지방자치단체는 본원적 통치단체여서 이를 해체, 소멸시키는 것은 그 통치기능을 해하게 되므로 파산능력을 인정하지 않는다.

독일의 경우 법으로 연방 및 주의 재산, 주의 감독하에 있는 공법인으로 특별한 정함이 있는 공법인의 재산에 대한 도산절차를 부적법한 것으로 하고 있다.

법인 아닌 사단이나 재단은 민사소송법 제52조가 당사자능력을 인정하고 있고, 강제집행절차에서도 독립한 재산으로 처리되고 있으므로 파산능력을 인정해야 할 것이다. 독일은 도산법 제11조에서 명문으로 인정하고 있다.

④ 면책과 복권

성실하지만 불운하여 자기에게 책임이 없는 경제사정의 변동으로 인하여 파산에 이르게 된 사람을 영원히 채무의 굴레에서 못 벗어나게 하는 것은 지나치게 가혹하고 재기의 기회를 주는 것이 옳다는 견지에서 잔존채무에 대한 면책을 인정하는 쪽으로 파산법제도가 발전해 왔고,[10] 한국은 법제정 당시부터 이를 받아들여, 일정한 사유가 없는 한 당연 면책되거나,[11] 그런 사유가 있더라도 법원이 상당하다고 인정한 경우에는 면책될 수 있다.

---

10) 면책제도는 영미의 파산법에서 탄생·발전해 온 제도이고, 독일법계는 전통적으로 비면책주의를 고수해 왔다.

11) 면책불허가사유로는 사기파산죄 등을 범한 경우, 낭비·도박 등에 의해 과대한 채무를 부담한 경우 등이 있다.

면책이 되면 당연히, 일정 경우에는 채무자의 신청에 의하여 복권이 된다.

면책의 의미에 관하여 채무 자체는 소멸하지 않고 책임만이 소멸되어 자연채무로 되어 파산채권자는 강제집행을 못 할 뿐 임의변제를 받을 권한은 있다는 설이 통설인데, 채무 자체가 소멸하여 파산채권자는 임의변제를 구할 수가 없고 임의변제를 받아도 이는 부당이득이 된다는 설도 있다.[12]

⑤ 파산원인

가. 지급불능

이는 채무자가 변제능력의 결여로 즉시 변제하여야 할 채무를 일반적·계속적으로 변제할 수 없는 객관적 상태를 말하는 것으로,[13] 채무변제능력이 결여된 상태라 함은 자산, 신용, 노동력 내지 기술 등 3요소를 모두 고려해 볼 때 채무변제능력이 없는 경우로 단순히 자산만을 기준으로 볼 때 부채가 자산을 초과하는 채무초과와는 다르다.

나. 지급정지

이는 변제능력이 결여로 즉시 변제해야 할 채무를 일반적으로 계속적으로 변제할 수 없다는 취지를 명시적, 묵시적으로 표시하는 것으로 어음의 부도, 폐업, 야반도주 등이 그것이다. 지급정지는 채무자의 주관적 판단에 기한 것으로 독립한 파산원인은 아니고 지급불능이 추정된다.

다. 채무초과

이는 소극재산(부채)이 적극재산(자산)보다 많은 상태를 말한다. 자산에는 신용, 기술 등이 참작되지 않는 점에서 지급불능과 다르다.

⑥ 소비자(개인)파산

파산제도는 본래 이익추구의 경제활동 중에 사업의 실패로 경제적 파탄이 된 사업자파산을 전제로 한 것이나, 소비자신용 내지 소비자금융제도의 급팽창과 함께 개인소비자가 면책을 목적으로 파산을 신청하는 경우가 많아지자 이런 경우를 소비자(개인)파산이라고 따로 지칭하게 되었는데, 소비자파산을 위한 별도의 제도가 마련되어 있는 것은 아니고

---

12) 자연채무설은 면책이 있어도 채무자의 보증인과 채무자와 함께 채무를 부담하는 사람에 대한 파산채권자의 권리 및 파산채권자를 위하여 제공된 담보에는 영향을 미치지 않는다는 제567조를 근거로 보증채무가 존속하는데 주채무가 소멸한다면 보증채무의 부종성에 반하므로 주채무가 존속해야 한다는 것이고, 채무소멸설은 위 조항은 보증채무의 부종성에 대한 예외를 규정한 것이라고 한다. 면책을 받더라도 도덕적 의무로는 남겨 두어 장차 채무자가 경제력을 갖게 되면 자발적 변제를 유도하는 것이 바람직하다고 보면 자연채무설을 취할 것이고, 채무자의 새 출발을 강조하는 입장에선 채무소멸설을 취할 것이나, 적어도 도덕적 의무로는 남겨 두는 것이 바람직할 것이다.

13) 대법원 1999. 8. 16. 99마2084 결정.

일반 파산절차와 똑같다.

이런 경우의 특징은 채무자가 오로지 개인이고, 청산해야 할 채권채무가 사업관계가 아닌 개인의 소비생활에서 발생한 것이고, 대부분 면책을 목적으로 채무자 스스로의 신청에 의한 자기파산이며, 채무자에게 자산이 거의 없는 경우가 대부분이어서 파산선고와 동시에 파산폐지가 있게 된다. 이런 경우에는 파산제도의 본래 목적인 채권자 권리의 강제실현 성격은 없어지고, 채무자의 면책이라는 이익도모를 위한 절차가 되어 버리기 때문에, 자기채권을 날려 버리는 절차라고 생각할 수밖에 없는 채권자는 절차진행에 협조하기 싫은 것이고, 이에 따라 일부 금융기관이 파산신청에 필수서류인 채권확인서를 발급해 주지 않아 신청 자체에 곤란을 겪는 경우도 있다.

4) 개인회생절차

① 개념

개인회생절차는 채무초과 상태이지만 일정한 급여 또는 영업소득이 있는 경우 일정기간(최대 5년) 동안 기본생활비를 제외한 모든 수입을 채무변제에 사용하면 나머지 채무를 면제시켜 주어 파산을 면하게 해 주는 제도이다.[14]

개인파산제도는 상당한 시간과 비용이 들 뿐만 아니라 법적인 불이익이 가해져 이용을 꺼리는 점을 감안해, 5~6개월 내에 폐지결정과 동시에 면책결정을 받을 수 있도록 개선하기는 했지만, 동시에 면책결정을 받으려면 채무자의 재산이 거의 없어야 가능하므로, 면책을 받더라도 빈털터리로 아무것도 없이 새로 시작해야 한다는 어려움이 있어, 미국,

---

14) 2004년 말경 한국의 누적 신용불량자 수가 361만여 명으로 전체 경제활동인구 23,349,000여 명의 15.7%에 달하고, 또 매년 수십만 명의 신용불량자가 새로 생겨나고 있는 실정에서, 이들을 방치할 경우 정상적인 금융거래를 할 수 없어 경제활동에 참가할 수 없으므로 경제회복에 장애가 될 뿐만 아니라 각종 사회문제(아무리 노력을 해도 면책의 가능성이 없으면 일하기보다는 놀기, 그리고 사회보장제도에 의존하거나 노숙자로 되어 최소한 삶이나 유지하고자 하는 도덕적 해이를 선택하게 된다)를 야기할 것이기 때문에 이들을 정상적인 경제활동으로 복귀시키기 위해 마련된 제도이다. 당시 몇 년간의 신용불량자 폭발적인 증가는 신용카드의 무분별한 발급으로 인한 소비자의 지불능력을 초과한 신용카드의 사용에 기인한다. 정부는 IMF사태로 인한 경제 파탄 상태로부터의 탈출을 위한 한 방안으로 내수촉진을 위한 신용카드사용 촉진정책(현금서비스 사용한도 폐지, 신용카드 소득공제제도 도입, 신용카드영수증 복권제 도입, 접대비의 신용카드사용 유도, 신용카드의 길거리 회원모집규제 완화 등)을 추진했다. 그 결과 1999년 현금서비스 대출액이 48조 원, 신용카드 이용액 90조 원이던 것이 2000년에는 145조 원과 224조 원으로 급증하는 식으로 폭발적으로 늘어나자, 2002년에 이르러서는 신용카드 억제책을 내놓아, 미성년자나 길거리 모집제한, 현금서비스 이용한도 축소 등의 엇갈린 정책을 실시했다. 이렇게 되자 그동안 목돈이 없어도 현금처럼 할부구매를 할 수 있고, 현금서비스를 이용해 일시적인 유동성 부족을 해결해 주는 신용카드의 달콤함에 빠져들어 지불능력을 초과한 충동구매와 과소비를 하면서도 여러 개의 카드를 이용해 돌려 막기를 통해 위기감 없이 빚의 규모를 늘려 가던 사람들이 현금서비스 이용한도의 축소와 함께 대거 신용불량자 대열에 합류하게 되었는데, 2004년 현재 신용불량자의 67%인 243만여 명이 카드이용과 관련된 것이었다.

일본 등이 시행하고 있는 개인회생제도가 도입된 것이다.

② 개인파산과의 차이

변제재원이 개인파산은 채무자가 현재 보유하고 있는 재산에 한하나, 개인회생은 현재 보유하고 있는 재산과 장래 채무자가 얻을 소득이다.

개인파산은 현재 청산가치가 큰 경우이나, 개인회생은 변제기간 동안의 전체 변제액이 현재의 청산가치보다 높은 경우에 이용할 수 있다.

개인파산은 파산선고와 동시에 파산절차가 폐지되는 경우가 많아서 파산관재인이 선임되는 경우가 드물지만, 선임되면 파산관재인이 재산에 대한 관리처분권을 행사하나, 개인회생에서는 채무자가 관리처분권을 행사한다.

개인회생을 이용하면 사회적 불명예를 최소화하고 과다한 낭비·도박이 비면책 사유로 되어 있지 않은 등 면책요건상 유리하다.

③ 내용

개인회생은 회생절차와 달리 채무액에 제한이 있고(담보부채무는 10억 원, 무담보채무는 5억 원), 개인만이 이용 가능하며 담보권도 별제권이 되지만, 결의절차가 간이·신속하고, 면책결정을 받을 수 있다.

제5절 민사소송 절차의 진행

Ⅰ. 소장의 작성과 제출

1. 소장의 작성과 제출

1) 소제기의 방식

소는 법원에 소장을 제출함으로써 제기한다.

2) 소장의 기재사항

소장에는 당사자와 법정대리인, 청구의 취지와 원인을 적어야 한다. 당사자는 원고와 피고의 성명, 명칭 또는 상호와 주소를, 법정대리인은 그 성명과 주소를, 청구취지는 심판을 구하는 청구의 내용을, 청구원인은 그 청구를 이유 있게 하는 사유를 기재한다. 끝으로 소장을 작성한 날짜와 소장을 제출하는 법원을 표시하고, 원고의 서명날인을 한다.

3) 원고와 피고

① 당사자적격

이는 누가 원고와 피고가 되어 소송을 수행하고 판결을 받을 자격이 있는가의 문제이다.[15]

② 당사자능력

소송의 당사자가 될 수 있는 능력을 말한다.

자연인, 태아, 외국인, 치외법권자, 법인, 국가, 지방자치단체는 가능하나, 국회, 대법원은 될 수 없다. 법인 아닌 단체는 원칙적으로 가능한데, 종교단체의 경우 개신교회는 가능하고, 천주교 개별교회는 불가능하며, 단체성이 있는 일반불교사찰은 가능하나, 개인사찰은 불가능하고, 종중·문중도 가능하다.

③ 소송능력

소송행위를 할 수 있는 능력을 말한다. 민법상 행위무능력자, 의사무능력자, 미성년자, 한정치산자, 금치산자는 소송능력이 없다.

4) 관할

① 개념

법원은 전국 여러 곳에 여러 종류가 설치되어 있으므로 어느 법원에 소제기를 할 것인가의 문제가 발생하는데, 여러 법원 사이의 재판권 분담관계를 정해 놓은 것을 관할이라고 한다.

② 종류

토지관할은 소재지를 달리하는 전국 여러 개 법원 사이의 지역을 기준으로 한 재판권의 분담관계이고, 사물관할은 소가를 기준으로 한 지방법원 합의재판부, 단독재판부, 소액재판부 사이의 재판권 분담관계이다.

변론(응소)관할은 관할권 없는 법원에 제소한 경우에 상대방이 응소하여 변론함으로써 있게 되는 토지관할이고, 합의관할은 당사자의 합의로 정하는 토지관할이다.

전속관할은 법에 정해져 있는 토지관할로 당사자의 합의나 응소로 변경될 수 없는 경우이다. 재심, 독촉, 회사설립 무효·취소사건 등에 대한 관할이 그것이다.

---

15) 예컨대 서울 사는 A와 진주 사는 B의 아들이 아픈 부친을 대신하여 B 소유의 대전소재 부동산 매매계약을 체결했는데, A의 주장은 중도금까지 주고 잔금을 주려는데 B가 수령 거절하며 등기이전을 해 주지 않는다, B의 주장은 소유권이전등기를 해 줄 준비가 되어 있는데 잔금을 안 준다는 것일 경우, A가 소유권이전등기청구소송의 피고를 소유자인 B로 할 것인가, 실제 계약자인 B의 아들로 할 것인가의 경우에 발생하는 문제이다.

③ 재판적

어떤 사건이 어느 법원의 관할에 속하는 것인가를 결정하는 기준을 재판적이라고 하는데,

가. 보통재판적은 일반적인 기준으로 피고의 주소지, 거소지, 최후주소지의 순서로 정한다.

나. 특별재판적은 특정한 사건의 경우 보통재판적 이외의 기준으로 관할을 정하기도 하는 것으로 재산권에 관한 소의 경우 의무이행지, 재산소재지, 사업자나 근로자의 경우 사무소, 영업소, 근무지, 국가의 경우 법무부 또는 대법원소재지, 법인의 경우 주사무소, 영업소, 주된 업무담당자 주소, 불법행위로 인한 손해배상사건의 경우 불법행위지, 부동산 사건의 경우 부동산소재지 등이 그것이다.

다. 관련재판적은 한 개의 소로 여러 개 청구하는 경우에 어느 한 청구에 관할이 있으면 나머지 청구에도 관할을 인정하는 것을 말한다.

④ 소송이송

관할권이 없는 법원에 소송이 제기되면 당사자의 신청 또는 법원이 직권으로 관할권 있는 법원으로 사건을 이송한다.

⑤ 관할의 표준시기

관할권 유무는 제소 시를 표준으로 정한다.

2. 재판장의 소장 심사

소장이 법원에 접수되면 담당할 재판부를 정해 배당이 되고, 재판장이 소장을 심사하여 필요한 조치를 취한다.

소장에는 소송비용에 해당하는 인지를 첨부해야 하는데, 첨부한 인지액이 부족하면 인지보정명령을 내린다. 또한 소장에는 소정의 송달료 납부서도 첨부해야 한다.

당사자표시에 잘못이 있는 경우에는 당사자의 동일성을 해치지 않는 범위 내에서 표시정정이 허용된다. 사망한 사람을 당사자로 하거나, 단체 명칭을 잘못 기재한 경우 등이다.

당사자변경은 허용하지 않는 것이 원칙이나, 예외로 피고를 잘못 지정한 것이 분명하고, 소송물은 동일한 경우에는 피고경정의 방식으로 허용한다. 회사와 대표자 개인, 지역농협과 중앙회 사이의 경정이 그것이다.

3. 소제기의 효과

소제기가 되면 소송이 성립하여 법원에 소송이 계속되는 상태가 되고, 같은 소송을 다

시 제기하는 것을 금지하는 중복제소금지, 시효중단, 기간준수의 효과가 있다.

금전청구의 경우 지연손해금률의 약정이 없는 경우에도 법정이율이 아닌 소송촉진 등에 관한 특례법이 정한 이율로 지연손해금률이 인상된다.

Ⅱ. 소송의 진행

1. 변론기일에서의 심리

1) 법원의 심리대상

법원은 소가 적법한가와 정당한가를 심리한다. 소송요건과 청구가 주장 자체로 이치에 맞는가[6) 및 청구가 이유가 있는가(사실과 증거에 의하여 인정되는가)를 심리하는 것이다.

2) 소송요건과 소의 이익

① 소송요건은 소가 적법한 것으로 취급받기 위한 요건, 즉 청구의 당부에 관하여 심리·판단할 수 있는 전제 요건으로 이것이 없으면 본안심리를 더 이상 진행하지 않고 각하한다. 재판권, 관할권, 당사자적격·능력, 소송능력, 소의 이익 등이 그것이다.

② 소의 이익은 청구에 대하여 본안판결을 구할 수 있는 권리보호자격과 이익을 말한다. 구체적인 권리법률관계에 관한 다툼이 있어야 하고, 사실관계나 법령의 해석과 적용, 법원의 권한 사항이 아닌 통치행위에 관한 다툼은 소의 이익이 없고, 제소장애사유(불제소합의 등)가 있어도 소의 이익이 없다.

3) 처분권주의 및 변론주의

① 처분권주의란 소송절차의 개시·종료, 심판의 대상과 범위의 결정은 당사자가 하고 법원은 당사자가 주장한 법률적 관점 및 권리 범위 내에서만 판단하는 것을 말한다.[17) 사적자치의 소송법적 측면이다.

② 변론주의는 재판의 기초가 되는 자료인 사실과 증거의 수집·제출을 당사자의 책임과 권능으로 하는 주의를 말한다. 민사소송의 원칙으로 법원이 직권으로 탐지하는 직권탐지주의는 예외적으로만 허용된다.

주요 사실에 관해서는 주장하지 않으면 없는 것으로 본다.[18)

---

16) 도박자금청구나 이행지체를 원인으로 한 위자료청구는 주장 자체로 인정되지 않는다.

17) 교통사고 불법행위 손해배상청구를 채무불이행으로 판단할 수 없고, 1억 원 받을 돈이 있는데 5천만 원만 청구했을 경우 1억 원으로 인정할 수 없다.

당사자 간에 다툼이 있는 사실은 당사자가 제출한 증거에 의해서만 판단해야 하고, 법원의 직권증거조사는 예외적으로 당사자제출증거로 심증을 얻을 수 없거나 기타 필요하다고 인정할 때에만 인정된다.

③ 석명권

재판장이 소송관계를 명확히 하기 위해 사실상 법률상 사항에 관하여 질문하거나 증명을 촉구하는 것으로 사건을 당사자에게만 맡겨 둘 경우 발생할 실체적 진실발견의 어려움과 소송의 지연 등을 피하기 위해 인정된 것이다.

4) 당사자의 주장에 대한 상대방의 반응

당사자의 주장에 대하여 이를 인정하는 것을 자백, 아무 말도 않는 것을 침묵, 부정하는 것을 부인, 모른다고 하는 것을 부지, 양립 가능한 별개 사실을 주장하는 것을 항변이라고 한다.

5) 증거조사

① 개념

일방의 주장에 대하여 상대방이 인정하지 않는 이상 증거에 의하여 사실 여부를 확정해야 하는데, 이를 위한 절차가 증거조사이다.

② 증명책임

가. 개념

증명책임은 자기에게 유리한 사실을 주장하는 자가 증거로써 증명해야 하는 것을 말한다.19)

나. 증명책임의 전환

환경, 의료, 제조물책임소송 등 현대형 소송에서 환경오염물질배출사실, 의료과실, 제조물하자 등을 입증할 수 있는 증거가 가해자 측에 편재되어 있어 피해자가 입증하기 어려운 사정을 감안해 입증책임의 전환·완화, 증명도의 완화를 도모하는 것이 현대형 소송의 특징이다.

③ 증거의 종류

증거에는 문서, 증인, 감정, 검증(현장, 물건), 당사자 본인이 있다. 민사소송에서는 형

---

18) 채권이 시효가 소멸됐음이 인정되더라도 채무자가 주장하지 않으면 법원은 시효소멸을 인정할 수 없고, 당사자 간에 다툼이 없는 사실에 대하여 법원이 다른 심증을 갖고 있다 해도 다툼 없는 사실을 기초로 재판해야 한다.

19) 소유권이전등기청구 시 원고는 계약체결 및 대금지급사실을, 피고는 계약무효, 취소사유를 각 증명해야 하고, 매매대금청구 시 원고는 계약체결사실을, 피고는 계약무효·취소사유를 각 증명해야 한다.

사소송과 달리 위법수집증거(무단녹음테이프)도 증거로 사용할 수 있다.

오늘날에는 민사분쟁이 형사사건화하는 경향이 있는데, 형사고소와 유죄판결을 통한 증거수집이 보다 용이하기 때문이다.

민사소송에서는 형사사건과 달리 당사자의 주장내용, 진술태도, 주장이나 신청시기, 그 밖에 변론에 나타난 모든 사정인 변론의 전 취지도 사실인정에 참작할 수 있는데, 독립된 증거가 될 수 있는가에 관해서는 설이 나뉘나, 판례는 부정하고,[20] 문서의 진정성립과 자백취소의 요건인 착오에 대해서만 변론의 전 취지로 인정할 수 있다고 한다.[21]

④ 증거의 조사

문서는 서증인부절차에 의하고,[22] 증인에 대해서는 증인신문절차에 들어가고, 감정물에 대해서는 감정촉탁, 재판부의 현장검증·물건확인, 당사자에 대한 본인신문절차 등이 실시된다.

⑤ 증거력

증거력이란 증거가 사실인정에 기여할 수 있는 가치를 말하는데 증거가치 여부는 법관의 자유심증 영역에 속하나, 처분문서(계약서, 차용증, 각서 등 증명하고자 하는 법률행위가 그 문서에 의해 이루어진 경우)는 그 내용대로의 법률행위 존재를 인정해야 한다.

자유심증주의란 증거의 가치판단은 법관의 자유에 맡기는 주의를 말한다.

심증형성이 안 될 때에는 입증책임분배원칙에 따라 재판한다.

6) 새로운 재판모델

종전에 소제기가 있으면 바로 변론기일을 열던 것을 준비절차제도를 활용해 사전에 각자의 주장과 증거를 제출하도록 한 다음 변론기일은 2회 정도 열어 집중 심리하는 것으로 바뀌었다.

---

20) 대판 1983. 9. 13. 83다카971.

21) 대판 1982. 3. 23. 80다1857, 대판 1991. 12. 24. 91다21145.

22) 상대방에게 문서가 작성자의 의사에 의하여 진정하게 성립한 것인지 여부를 묻는 것으로, 상대방은 성립인정·부지·부인·인영인정이나 도용되었다 등으로 반응하고, 부지·부인할 경우에는 문서제출자가 진정성립을 증명해야 하고, 도용되었다고 할 경우는 상대방이 그 사실을 증명해야 한다. 자필서명을 부인할 경우는 필적감정 등을 하게 된다.

Ⅲ. 소송의 종료와 불복

1. 종국판결

1) 판결의 선고

증거조사를 마치면 변론을 종결하고 판결선고기일을 지정하여 판결을 선고한다. 판결은 증거에 의하여 사실을 확정하고 관련법규 해석을 적용한 결론인 판결의 주문과 그 경위 설명인 판결이유로 구성되어 있다.

2) 판결의 확정

판결 선고 후 2주 내에 항소하지 않으면 판결이 확정된다.

3) 판결의 효력

판결이 확정되면 동일한 내용의 소송이 다시 제기되더라도 당사자와 법원은 이에 반하는 주장판단을 못 하게 되는데 이를 기판력이라고 한다.[23] 당사자 외에 당사자와 동일시될 수 있는 제3자(변론종결 후 승계인)도 다른 주장을 못 한다.

이행판결의 경우에는 이행의무를 강제할 수 있는 효력도 있는데 이를 집행력이라고 한다. 가집행선고가 붙으면 판결확정 전에도 인정된다.

형성판결에는 법률 상태를 발생, 변경, 소멸시키는 형성력이 있다.

2. 소취하

원고는 판결확정 전이면 소취하가 가능하나, 피고가 답변서를 내거나 변론한 후에는 피고의 동의를 얻어야 된다.

3. 청구 포기, 인낙, 화해, 제소전화해

청구의 포기는 원고가 변론, 준비절차에서 자기청구가 이유 없음을 인정하는 진술이고, 청구의 인낙은 피고가 변론, 준비절차에서 원고청구가 이유 있음을 인정하는 진술이다.

화해는 소송계속 중 양 당사자가 청구에 대하여 서로 양보하여 일치된 내용을 법원에 진술함으로써 소송을 종료시키는 것을 말하고, 제소전화해란 소제기 전에 소송을 예방하기 위하여 화해를 원하는 당사자의 신청에 의하여 지법 단독판사, 시군법원판사 앞에서 하는 화해를 말한다.[24]

---

23) 금원청구 소송 중에 변제했는데 그 주장을 못 했을 경우 다시 변제해야 하고 부당이득반환청구를 못 함.

4. 화해권고결정

화해권고결정은 소송계속 중 법원이 직권으로 양 당사자에게 화해를 권하는 결정인데 양 당사자가 응하면 확정판결과 같은 효과가 있다.

5. 상소

1) 항소

1심판결에 불복 시 판결문을 송달받고 2주 내에 단독사건은 지방법원 항소부에, 합의사건은 고등법원에 항소할 수 있다. 인지대는 1심의 1.5배이다.

2) 상고

항소심판결에 불복 시 판결송달일로부터 2주 내에 대법원에 상고할 수 있다. 인지대는 1심의 2배이다.

Ⅳ. 강제집행

1. 집행신청

이행판결이 확정되었는데 채무자가 이행하지 않으면 판결문에 집행문을 부여받아 집행기관에 강제집행을 신청하여 채무자의 재산에 대한 강제집행에 들어간다.

집행문은 법원이 판결문서에 집행력이 있다는 것과 당사자를 기재해 주는 것으로, 판결문서의 집행력을 공식적으로 확인해 주어 집행기관(집행관)이 더 이상 확인할 필요가 없이 현장에서 신속 적절한 집행이 가능하도록 해 주기 위한 것이다.

2. 각종의 강제집행

1) 유체동산에 대한 강제집행

집행관이 유체동산이 소재하고 있는 현장에 가서 해당 동산을 압류하고, 경매에 붙여 낙찰되면 배당을 방식으로 진행한다.

---

24) 토지나 건물임대차에서 재판에 의하지 않고 집행권원을 만들기 위해 많이 이용되는데, 임료미지급 시 또는 임대기간 종료 시 임대목적물을 명도하겠다는 화해를 미리 해 둠으로써 명도불응 시 바로 강제집행을 할 수 있다.

2) 채권에 대한 강제집행

법원에 채무자의 제3자에 대한 채권의 압류 및 추심 또는 전부 명령 신청하고, 법원의 명령이 제3자에게 송달되면 추심권을 행사하거나 직접 채권을 행사하는 방식으로 강제집행을 한다.

3) 부동산에 대한 강제집행

부동산 소재지 관할법원에 해당 부동산에 대한 경매신청을 하고, 법원이 경매개시결정을 한 다음, 경매기일에 입찰을 받아, 최고가 입찰자에게 낙찰을 허가하고 경매대금을 법원이 직권으로 채권자들에게 우선순위에 따라, 동 순위면 채권액에 비례하여 배당하는 것으로 진행된다.

4) 기타의 경우

소유권이전등기를 명하는 판결의 강제집행은 원고가 단독으로 판결문에 의한 등기신청을 하면 되고, 명도판결의 강제집행은 집행관에 의뢰해 강제로 쫓아내는 방식으로 이루어진다.

3. 채무의 임의이행을 촉진하는 제도

1) 재산명시제도

채무자가 판결을 받고도 임의 이행하지 않으면 법원에 채무자 재산 명시신청이 가능하다. 채무자는 현재의 재산과 과거 1년 이내에 한 일정한 거래행위와 2년 이내에 한 재산의 무상처분 목록을 제출하고 그 목록의 진실함을 법관 앞에서 선서해야 한다. 불출석하거나 선서를 거부하면 20일 이내로 감치, 거짓목록을 내면 3년 이하 징역 또는 500만원 이하 벌금에 처한다.

2) 재산조회제도

채무자 주소 불명, 재산명시기일 불출석, 재산목록제출이나 선서 거부, 거짓목록 제출, 제출목록 재산으로는 채권만족을 얻을 수 없을 경우 재산명시절차 실시법원은 채권자 신청에 따라 개인 재산 및 신용에 관한 전산망을 관리하는 공공기관이나 금융기관 등에 채무자 명의의 재산에 관하여 조회를 신청할 수 있다.

3) 채무불이행자명부제도

판결 후 6개월 내에 채무이행을 하지 않거나 재산목록 제출 거부 등이 있을 때 채무불이행자명부 등재 신청이 가능하다. 법원은 이 명부 부분을 채무자 주소지 시, 군, 읍, 면장에게 보내고, 일정 금유기관이나 금융기관 단체의 장에게 보내 채무자에 대한 신용정보로 활용하게 할 수 있다.

제2장 법원

제1절 재판권

Ⅰ. 개념

재판권은 법률적 쟁송사건을 재판에 의하여 처리하는 국가권력, 즉 사법권을 말한다. 민사재판권은 민사분쟁을 처리하기 위하여 판결, 강제집행 등을 하는 국가권력을 말한다.

Ⅱ. 대인적 범위 및 한계

민사재판권은 영토주권에 따라 대한민국 안에 있는 모든 사람에게 미친다. 내·외국인, 외국법인은 물론이고, 주소 없는 외국인이라도 스스로 재판을 신청하는 등 재판권에 복종할 의사를 보인 경우에는 미친다.[1]

1. 외국국가

1) 주권면제

주권국가는 민사관계에서 다른 나라의 재판권에 따르지 않는다는 것이 국제관습법인데 이를 주권면제라고 한다.

2) 면제의 범위

절대적 면제주의는 국가의 행위이면 성질을 불문하고 모두 재판권이 면제된다는 입장이고, 제한적 면제주의는 국가의 행위라도 공권력 행사인가 또는 사경제의 주체로서의 행위인가의 성질에 따라 면제범위를 정하는 입장으로 20세기 들어서 대세로 받아들여지고 있다.

판례는 외국의 사법적 행위가 주권적 활동에 속하거나 이와 밀접한 관련이 있어서 이에 대한 재판권행사가 외국의 주권적 활동에 부당한 간섭이 될 우려가 있는 등 특별한 사정이 없는 한 재판권행사가 가능하다고 본다.[2]

---

1) 대판 1989. 12. 26. 88다카399.

2) 대판(전합) 1998. 12. 17. 97다39216, 미군에 고용된 대한민국 국민이 미국을 상대로 제기한 해고무효확

3) 강제집행의 면제

재판권이 허용되는 경우에도 강제집행은 외국의 주권에 대한 침해가 예상되므로 외국이 스스로 면책을 포기하지 않는 한 법정지국 내의 재산 중 공관이나 공용재산은 면책되고, 상사용 재산에 국한하는 것이 국제관습법상 관행이다(외교관계에 관한 비엔나협약 제32조).

2. 외교관 면책특권

외국원수, 외교사절, 그 수행원과 가족은 외교관계에 관한 비엔나협약에 따라 접수국의 민·형사·행정재판권 및 증언으로부터 면책된다.

3. 영사관원과 그 사무직원

영사관원과 그 사무직원(가족제외)은 영사직무수행 중 행위에 대해서만 접수국의 사법으로부터 면제된다(영사관계에 관한 비엔나협약 제43조).

4. 국제기구, 그 대표자 및 직원

국제기구, 그 대표자 및 직원은 국제연합헌장과 전문기구의 특권과 면제에 관한 협약에 따라 국가에 준한다.

5. 기타

주한미군에 대해서는 당연히 재판권이 미치나, 공무집행 중의 불법행위에 관해서는 한미행정협정에 따라 대한민국을 피고로 해야 한다.

대한민국 밖에 있는 대한민국에 국적이 있는 자에게도 민사재판권이 미치나, 강제집행은 외국의 협력이 있어야 하는 한계가 있다.

Ⅲ. 대물적 범위와 한계

1. 개념

대물적 범위는 어떤 사건에 재판권이 있는가의 문제로, 민사사건 중 국제적으로 관련

인사건인데, 종전의 절대적 면제 판례(대판 75. 5. 23. 74마281)를 변경하였다.

된 사건(외국인을 일방당사자로 하는 외국에 있는 물건이나 외국에서 발생한 불법행위손해배상청구사건 등)에 관하여 우리법원과 외국법원 중 누가 갖는가(국제재판관할권)의 문제이다.

전체로서의 우리나라 법원이 재판권이 있는가의 문제로, 우리나라 법원 중 어느 법원이 처리할 것인가의 문제인 토지관할권과는 구별된다.

2. 결정기준

1) 학설

국내 민사소송법의 토지관할규정을 역으로 파악하여 재판권을 인정하는 입장(역추지설), 재판의 적정·공평·신속·경제의 소송이념에 의해 정하는 입장(관할배분설, 조리설), 원칙적으로 민사소송법의 토지관할규정을 유추해 재판권을 정하되, 그 결과가 재판의 적정·공평·신속·경제의 이념에 반하는 결과가 될 경우에는 관할배분설에 따르는 입장(수정역추지설, 특단의 사정설)이 있다.

2) 판례

섭외사건에 관하여 국내의 재판관할을 인정할지의 여부는 국제재판관할에 관하여 조약이나 일반적으로 승인된 국제법상의 원칙이 아직 확립되어 있지 않고 이에 관한 우리나라의 성문법규도 없는 이상 결국 당사자 간의 공평, 재판의 적정, 신속을 기한다는 기본이념에 따라 조리에 의하여 이를 결정함이 상당하다 할 것이고, 이 경우 우리나라의 민사소송법의 토지관할에 관한 규정 또한 위 기본이념에 따라 제정된 것이므로 기본적으로 위 규정에 의한 재판적이 국내에 있을 때에는 섭외사건에 관한 소송에 관해서도 우리나라에 재판관할권이 있다고 인정함이 상당하다고 보는 한편,[3] 외국인 간의 이혼심판청구사건에 대한 재판청구권의 행사는 소송절차상의 공평 및 정의 관념에 비추어 상대방인 피청구인이 행방불명 또는 기타 이에 준하는 사정이 있거나 상대방이 적극적으로 응소하여 그 이익이 부당하게 침해될 우려가 없다고 보이며, 그들에 대한 심판의 거부가 오히려 외국인에 대한 법의 보호를 거부하는 셈이 되어 정의에 반한다고 인정되는 예외적인 경우를 제외하고는 상대방인 피청구인의 주소가 우리나라에 있는 것을 요건으로 한다고 하므로,[4] 수정역추지설을 따르는 것으로 보인다.[5]

---

3) 대판 1995. 11. 21. 93다39607, 2000. 6. 9. 98다35037.

4) 대판 1975. 7. 22. 74므22.

5) 대판 1995. 11. 27. 93다39607, 토지관할에 관한 규정 또한 위 기본이념에 따라 제정된 것이므로 위 규정

3) 국제사법

2001년 개정 국제사법은 제2조 제1항에서 법원은 당사자 또는 분쟁이 된 사안이 대한 민국과 실질적 관련이 있는 경우에 국제재판관할권을 가진다. 이 경우 법원은 실질적 관련의 유무를 판단함에 있어 국제재판관할 배분의 이념에 부합하는 합리적인 원칙에 따라야 한다고 하는 한편, 실질적 관련성의 구체적 판단과 관련하여 제2항에서 법원은 국내법의 관할 규정을 참작하여 국제재판관할권의 유무를 판단하되, 제1항 규정의 취지에 비추어 국제재판관할의 특수성을 충분히 고려하여야 한다고 하여 미국의 실질적 관련성 이론을 도입하면서도 수정역추지설에 가까운 입장에 있다.[6]

Ⅳ. 장소적 범위와 한계

민사재판권은 영토주권의 한계에 따라 자국영토 안에서만 미친다. 단 치외법권지역은 제외된다.

에 의한 재판적이 외국에 있을 때에는 이에 따라 외국 법원에서 심리하는 것이 조리에 반한다는 특별한 사정이 없는 한 그 외국 법원에 재판관할권이 있다고 봄이 상당하다고 할 것이며, 특히 물품을 제조하여 판매하는 제조자의 불법행위로 인한 손해배상책임에 관한 제조물책임 소송에 있어서 손해 발생지의 외국 법원에 국제재판관할권이 있는지 여부는 제조자가 당해 손해 발생지에서 사고가 발생하여 그 지역의 외국 법원에 제소될 것임을 합리적으로 예견할 수 있을 정도로 제조자와 손해 발생지와의 사이에 실질적 관련이 있는지 여부에 따라 결정함이 조리상 상당하다고 할 것이고, 이와 같은 실질적 관련을 판단함에 있어서는 예컨대 당해 손해 발생지의 시장을 위한 제품의 디자인, 그 지역에서의 상품광고, 그 지역 고객들을 위한 정기적인 구매상담, 그 지역 내에서의 판매대리점 개설 등과 같이 당해 손해 발생지 내에서의 거래에 따른 이익을 향유하려는 제조자의 의도적인 행위가 있었는지 여부가 고려될 수 있을 것이다. 사안의 경우 피고 회사는 미합중국 플로리다 주에 주소나 영업소를 두지 아니하고 단지 같은 주에 본점이 있는 원고 메츠사에게 1981년 이후 수년간 무선전화기를 판매하여 왔을 뿐임이 명백한바, 이러한 사정만으로는 피고가 자신이 제조한 상품의 하자로 인한 사고가 위 플로리다 주에서 발생하여 이에 관한 소송이 그 지역의 외국법원에 제소될 것임을 합리적으로 예견할 수 있을 정도로 피고 회사와 위 플로리다 주와의 사이에 실질적 관련이 있다고 보기 어렵다 할 것이므로 손해 발생지인 위 플로리다 주 법원에 국제재판관할권을 인정하지 아니함이 조리상 상당하다.

6) 대판 2006. 5. 26. 2005므884. 미합중국 미주리 주에 법률상 주소를 두고 있는 미합중국 국적의 남자(원고)가 대한민국 국적의 여자(피고)와 대한민국에서 혼인 후, 미합중국 국적을 취득한 피고와 거주기한을 정하지 아니하고 대한민국에 거주하다가 피고를 상대로 이혼, 친권자 및 양육자지정 등을 청구한 사안에서, 원피고 모두 대한민국에 상거소를 가지고 있고, 혼인이 대한민국에서 성립되었으며, 그 혼인생활의 대부분이 대한민국에서 형성된 점 등을 고려하면 위 청구는 대한민국과 실질적 관련이 있다고 볼 수 있으므로 국제사법 제2조 제1항의 규정에 의하여 대한민국 법원이 재판관할권을 가진다고 할 수 있고, 원피고가 선택에 의한 주소(domicile of choice)를 대한민국에 형성했고, 피고가 소장 부본을 적법하게 송달받고 적극적으로 응소한 점까지 고려하면 국제사법 제2조 제2항에 규정된 '국제재판관할의 특수성'을 고려하더라도 대한민국 법원의 재판관할권 행사에 아무런 문제가 없다.

외국에서 송달, 증거조사, 집행 등을 하려면 조약에 가입하거나[7] 사법공조가 되어야 한다. 외국과 사법공조협정이 있으면 외국관할법원 또는 외국주재 대사, 공사, 영사에 대하여 송달이나 증거조사의 처리를 촉탁할 수 있다.

외국에 거주하는 한국인에 대해서는 그 나라에 있는 우리나라의 대사, 영사에게 의뢰한다.

V. 재판권의 소송법상 의의

재판권의 존부는 직권조사사항이며 직권탐지주의에 의해 판단을 위한 자료를 수집한다.
재판권의 흠이 소장 자체로 명백한 경우는 송달하지 않고 재판장이 각하명령을 하고, 아니면 심리 후 각하판결을 한다. 간과했을 경우는 상소로 취소할 수 있고, 확정되었으면 재심은 허용되지 않으나 무효의 판결이다.

제2절 법원의 종류와 구성

I. 법원의 종류

법원이란 넓은 의미로는 법관, 법원사무관, 집행관, 기타 직원을 포함한 사법관서를 뜻하고(법원조직법상의 법원이다), 협의로는 재판권을 행사하는 단독판사와 합의부를 뜻하는데 소송법상으로는 이 의미로 많이 쓰인다.

1. 통상법원

법원은 대법원, 고등법원, 특허법원, 지방법원, 가정법원, 행정법원의 6종이 있다.
지방법원 및 가정법원 사무의 일부를 처리하게 하기 위하여 그 관할구역 안에 지원과

---

7) 헤이그민사소송협약, 동 송달협약, 동 증거조사협약이 있는데 우리는 송달협약에만 가입하고 있다.

가정지원, 시법원 또는 군법원 및 등기소를 둘 수 있다.

1) 대법원

대법원은 최고법원으로 대법원장을 포함한 14인의 대법관으로 구성된다.

대법원은 서울특별시에 둔다.

대법원장은 대법원의 일반사무를 관장하며, 대법원의 직원과 각급법원 및 그 소속기관의 사법행정사무에 관하여 직원을 지휘·감독한다. 대법원장이 궐위되거나 사고로 인하여 직무를 수행할 수 없을 때에는 선임대법관이 그 권한을 대행한다.

대법원은 고등법원 또는 항소법원, 특허법원의 판결에 대한 상고사건, 항고법원, 고등법원 또는 항소법원, 특허법원의 결정·명령에 대한 재항고사건, 다른 법률에 의하여 대법원의 권한에 속하는 사건을 종심으로 심판한다.

대법원의 심판권은 대법관 전원의 3분의 2 이상의 합의체에서 이를 행하며 대법원장이 재판장이 된다. 다만 대법관 3인 이상으로 구성된 부에서 먼저 사건을 심리하여 의견이 일치한 때에 한하여 다음의 경우를 제외하고 그 부에서 재판할 수 있다.

① 명령 또는 규칙이 헌법에 위반함을 인정하는 경우, ② 명령 또는 규칙이 법률에 위반함을 인정하는 경우, ③ 종전에 대법원에서 판시한 헌법, 법률, 명령 또는 규칙의 해석적용에 관한 의견을 변경할 필요가 있음을 인정하는 경우, ④ 부에서 재판함이 적당하지 아니함을 인정하는 경우이다.

대법원장은 필요하다고 인정하는 경우에 특정한 부로 하여금 행정, 조세, 노동, 군사, 특허 등 사건을 전담하여 심판하게 할 수 있다.

2) 고등법원

고등법원에는 고등법원장과 판사 3인으로 구성된 부를 두고, 부에는 부장판사를 둔다. 부장판사는 그 부의 재판에 있어서 재판장이 되며, 고등법원장의 지휘에 의하여 그 부의 사무를 감독한다.

고등법원은 지방법원합의부, 가정법원합의부 또는 행정법원의 제1심 판결, 심판, 결정, 명령에 대한 항소 또는 항고사건, 지방법원단독판사, 가정법원단독판사의 제1심 판결, 심판, 결정, 명령에 대한 항소 또는 항고사건으로서 형사사건을 제외한 사건 중 대법원규칙으로 정하는 사건,8) 다른 법률에 의하여 고등법원의 권한에 속하는 사건을 심판한다.

---

8) 민사 및 가사소송의 사물관할에 관한 대법원규칙은 고등법원은 1. 소송목적의 값이 제소 당시 또는 청구취지 확장(변론의 병합 포함) 당시 8,000만 원을 초과한 민사소송사건과, 2. 제1호의 사건을 본안으로 하는 민사신청사건 및 이에 부수하는 신청사건에 대한 지방법원 단독판사의 제1심 판결, 결정, 명령에 대한 항소 또는 항고사건을 심판한다고 정하고 있다.

3) 지방법원

지방법원에는 지방법원장을 둔다. 지방법원장은 판사로 보하고, 그 법원과 소속지원·시·군법원 및 등기소의 사법행정사무를 관장하며, 소속공무원을 지휘·감독한다.

지방법원에는 판사 3인으로 구성된 부와 단독판사가 있다.

지방법원과 그 지원의 합의부는 합의부에서 심판할 것으로 합의부가 결정한 사건, 민사사건에 관해서는 대법원규칙으로 정하는 사건, 사형·무기 또는 단기 1년 이상의 징역 또는 금고에 해당하는 사건(다만 특장법이 정하는 사건은 제외), 지방법원 판사에 대한 제척·기피사건, 다른 법률에 의하여 지방법원합의부의 권한에 속하는 사건을 제1심으로 심판한다.

지방법원과 고등법원에는 신청부, 파산부, 건설부, 지적재산권부, 국제거래부, 상사부 등 전담재판부를 두고 있다.

4) 시·군법원

대법원장은 지방법원 또는 그 지원 소속판사 중에서 그 관할구역 안에 위치한 시·군법원의 판사를 지명하여 시·군법원의 관할사건을 심판하게 한다. 이 경우 1인의 판사를 2 이상의 시·군법원의 판사로 지명할 수 있다.

시·군법원의 판사는 소속 지방법원장 또는 지원장의 지휘를 받아 시·군법원의 사법행정사무를 관장하며, 그 소속직원을 지휘·감독한다. 다만 가사사건에 관해서는 그 지역을 관할하는 가정법원장 또는 그 지원장의 지휘를 받는다.

시·군법원이 관할하는 사건은 소액사건심판법의 적용을 받는 민사사건, 화해·독촉 및 조정에 관한 사건, 20만 원 이하의 벌금 또는 구류나 과료에 처할 범죄사건, 가족관계의 등록 등에 관한 법률 제75조에 의한 협의상 이혼의 확인사건 등이다.

5) 특허법원

특허법원에는 판사 3인으로 구성된 부를 두고, 부에는 부장판사를 둔다. 부장판사는 그 부의 재판에 있어서 재판장이 되며, 고등법원장의 지휘에 의하여 그 부의 사무를 감독한다.

특허법원은 특허법 제186조 제1항, 실용신안법 제33조, 디자인보호법 제75조 및 상표법 제86조 제2항이 정하는 제1심사건, 다른 법률에 의하여 특허법원의 권한에 속하는 사건을 심판한다.

2. 특별법원

헌법재판소와 군사법원이 있다.

Ⅱ. 심급제도

우리나라는 3심제도를 채택하고 있다. 제1심은 지방법원합의부, 단독판사, 시군법원이 담당하고, 제2심은 고등법원이 담당하되 지방법원합의부가 1심인 사건과 단독판사가 1심인 사건 중 소가 8,000만 원 이상인 사건을 담당하고, 지방법원 단독판사 사건 중 소가 8,000만 원 이하인 사건은 지방법원 항소부가 담당한다.

3심은 대법원이 담당하는데, 상고의 대상은 고등법원이 선고한 종국판결과 지방법원합의부가 제2심으로서 선고한 종국판결에 대하여 할 수 있으나 상고이유가 제한된다.

상고이유는 판결에 영향을 미친 헌법, 법률, 명령 또는 규칙의 위반이 있다는 것에 한정된다. 다만 판결이 법률에 따라 판결법원을 구성하지 아니한 때, 법률에 따라 판결에 관여할 수 없는 판사가 판결에 관여한 때, 전속관할에 관한 규정에 어긋난 때, 법정대리권, 소송대리권 또는 대리인의 소송행위에 대한 특별한 권한의 수여에 흠이 있는 때, 변론을 공개하는 규정에 어긋난 때, 판결의 이유를 밝히지 아니하거나 이유에 모순이 있는 때에는 상고에 정당한 이유가 있는 것으로 보아 절대적 상고이유가 된다.

이같이 대법원에 대한 상고가 제한되어 있기는 하나, 사실판단의 문제도 경험법칙위반을 이유로 상고하는 등 상고 또는 재항고가 엄격히 제한되어 있는 소액사건 외에는 사실상 모든 사건에 대한 상고가 가능하고, 당사자의 심리가 하급심의 결론을 믿지 못하고 끝까지 가 보고서야 포기하는 경우가 많아, 상고사건이 폭주하여 심리에 충실하기 어려워 대법원이 최고법원으로서 법령해석통일기능과 권리구제기능을 발휘하는 데 한계가 있다. 이에 상고제한의 필요성, 삼심제의 한계, 고등법원에 상고부의 설치 등 논의가 많지만, 국민의 재판청구권을 보호해야 한다는 논리도 만만치 않아 별다른 진전을 보지 못하고 있는 것이 현실이다.

Ⅲ. 재판기관

1. 재판기관의 구성

재판기관은 본안소송사건을 심리하는 수소법원과 강제집행을 수행하는 집행법원이 있다. 재판기관은 1인의 법관으로 구성되는 단독제와 수인으로 구성되는 합의제가 있다. 대법원과 고등법원은 언제나 합의제이고, 지방법원은 단독제를 원칙으로 하되 합의제를 병행한다.

대법원은 대법관 2/3 이상으로 구성되는 전원합의체와 3인 이상(현재는 4인)으로 구성되는 소부가 있다. 재판장은 대법원장 또는 선임대법관이 된다.

지방법원과 고등법원의 합의부는 3인의 법관으로 구성되고 재판장과 배석판사가 있다.

재판장은 선임법관이 되고, 합의체의 대표기관으로 소송지휘권, 법정경찰권, 석명권 등을 행사하고, 수명법관의 지정, 기일지정, 준비절차회부, 판결선고 등을 한다.

수명법관은 합의체 구성원 중에서 일정한 사항(화해권고, 법원 외 증거조사, 변론준비절차 진행 등)의 처리를 위임받은 법관을 말한다.

수탁판사는 수소법원이 다른 동급법원에 일정한 재판사항의 처리를 부탁한 경우에 그 처리를 맡은 다른 법원의 단독판사를 말한다. 합의체의 구성원은 아니지만 이에 준한다.

2. 그 밖의 사법기관

법원사무관 등 법원직원은 법원에 배치되어 재판에 참여하여 변론조서와 증거조서 작성, 소장과 답변서의 형식적 사항에 관한 심사보조, 송달사무처리, 소송기록 보관과 송부, 집행문 부여 등의 업무를 한다.

사법보좌관은 법원사무관, 등기사무관 이상의 직급으로 5년 이상 근무한 자 중에서 보직되어, 소송비용액과 집행비용액 확정절차, 독촉절차, 공시최고절차에서의 법원의 업무, 부동산경매절차, 유체동산 강제집행절차 중 압류물인도명령 등, 임차권등기명령 등의 업무를 담당한다.

집행관은 각 지방법원·지원에 배치되어 강제집행과 소송서류의 송달 등을 담당하는 국가기관이다.

전문심리위원은 첨단산업분야, 지적재산권, 국제금융 등 전문적인 지식이 요구되는 사건에서 전문성 보완을 위해 법원에 의해 지정된 외부 전문가로 소송에 참여하여 전문지식에 의한 설명이나 의견을 서면으로 또는 기일에 출석하여 진술하는 사람이다.

Ⅳ. 법관의 제척, 기피, 회피

1. 개념

법관의 제척, 기피, 회피는 공정한 재판에 대한 국민의 기대에 부응하기 위하여 재판의 공정을 의심할 만한 사유가 있는 법관으로 하여금 사건의 심리와 재판에 관여하지 못하게 하는 제도이다.

2. 법관의 제척

1) 개념

법관과 당사자 또는 사건과의 관계 정도가 높을 때 당연히 그 사건의 직무집행에서 제외시키는 것이다.

2) 제척사유(제41조)

① 법관 또는 그 배우자나 배우자였던 사람이 사건의 당사자가 되거나, 사건의 당사자와 공동권리자·공동의무자 또는 상환의무자의 관계에 있는 때

배우자는 현재나 과거의 법률상 배우자만 해당하고, 내연관계나 약혼관계는 기피대상이다. 사건은 담당사건과 부수절차(독촉, 화해, 조정, 가압류, 가처분, 증거보전), 병합사건을 포함한다. 당사자는 원·피고, 참가인, 인수인, 탈퇴자를 포함한다.

공동권리·의무자는 공유자, 합유자, 연대채무자, 보증인, 공동불법행위자, 상환의무자(어음배서인) 등과 같이 공동의 법률상 이해관계가 있는 경우를 말하고, 당사자인 회사의 주주나 채권자인 경우와 같이 사실상 이해관계가 있는 경우는 제외한다.

② 법관이 당사자와 친족의 관계에 있거나 그러한 관계에 있었을 때

친족의 범위는 민법 제777 등의 규정에 따른다.

③ 법관이 사건에 관하여 증언이나 감정(鑑定)을 하였을 때

④ 법관이 사건당사자의 대리인이었거나 대리인이 된 때

대리인은 소송대리인, 법정대리인을 불문한다.

⑤ 법관이 불복사건의 이전심급의 재판에 관여하였을 때. 다만 다른 법원의 촉탁에 따

라 그 직무를 수행한 경우에는 그러하지 아니다.

전심은 하급심의 종국재판과 이에 영향을 주는 중간재판을 말한다. 증언·감정의 경우와 함께 법관의 예단을 배제하여 재판의 공정을 기하기 위한 것으로, 전심관여 배제는 심급제도를 실질적으로 보장하기 위한 것이기도 하다. 환송·이송 전에 원심에 관여한 법관이 환송·이송 후에 다시 원심에 관여하는 경우(이 경우는 제436조 제3항에 의하여 관여할 수 없다), 재심대상이 되는 확정판결에 관여한 법관이 재심소송에서 다시 관여하는 경우(대판 2000. 8. 18. 2000재다87), 가압류·가처분에 관여한 법관이 본안에 관여하는 경우(대판 1962. 7. 20. 61민재항3), 기피신청사건에 관여한 법관이 본안에 관여하는 경우(대판 1991. 12. 27. 91마631), 소송상 화해에 관여한 법관이 화해내용에 따른 목적물인도소송에 관여하는 경우(대판 1969. 12. 9. 69다1232) 등은 전심에 해당하지 않는다.

3) 제척절차

제척사유의 유무는 직권조사사항으로 조사결과 제척사유가 명백하면 법관이 스스로 직무집행에서 물러나야 한다. 의문이 있는 경우에는 법원은 직권으로 또는 당사자의 신청에 의하여 제척의 재판을 한다. 재판절차는 기피의 경우와 같다.

4) 효과

제척의 효과는 재판의 유무와 상관없이 당연히 발생하는 것으로 제척재판은 확인적 재판의 성질을 갖는다.

법관은 그 사건에 대해 기일지정, 재판 등 일체의 직무집행을 할 수 없으나, 제척 또는 기피신청이 각하된 경우 또는 종국판결을 선고하거나 긴급을 요하는 행위를 하는 경우에는 그러하지 아니다.

제척사유가 있는 법관이 관여한 절차는 무효이나, 판결은 무효가 아니고 확정 전에는 절대적 상고이유가 되고, 확정 후에는 재심사유가 된다.

3. 법관의 기피

1) 개념

법관의 기피는 제척사유는 아니나 법관에게 공정을 기대하기 어려운 기타 사유가 있을 때 당사자의 신청과 기피결정에 의해 그 법관을 당해 사건의 직무집행에서 배제하는 것을 말한다.

2) 기피사유

법관에게 공정을 기대하기 어려운 기타 사유란 당사자의 주관적 의혹만으론 안 되고, 공정성을 의심할 만한 객관적인 사정이 있는 경우를 말한다. 법관이 당사자 한쪽과 약혼, 친구, 원수관계, 민법상 친족관계를 넘는 친척관계, 당사자인 회사의 주주관계인 경우 등이 이에 해당한다. 소송지휘 불만(유일증거방법 배척, 기일변경신청 각하, 소송지연 우려 때문에 증거신청 철회를 종용하고 결심, 뜻을 표시하는 경우 등), 적용법률의 해석에 관한 견해 발표경력, 법관의 능력, 품행, 경력 등은 해당하지 않는다. 대리인과 혼인, 친족, 친구관계에 있는 경우는 긍정하는 것이 다수설이다.[9]

3) 절차

① 신청

신청권자는 당사자와 소송대리인이다. 단 당사자가 법관을 기피할 이유가 있다는 것을 알면서도 본안에 관하여 변론하거나 변론준비기일에 진술을 한 경우에는 기피신청을 하지 못한다.

신청방식은 서면 또는 말로 합의부의 법관에 대한 기피는 그 합의부에, 수명법관, 수탁판사 또는 단독판사에 대한 제척 또는 기피는 그 법관에게 이유를 밝혀 신청하여야 한다. 제척 또는 기피하는 이유와 소명방법은 신청한 날부터 3일 이내에 서면으로 제출하여야 한다.

② 제척 또는 기피신청의 각하 등

제척 또는 기피신청이 신청방식과 사유제출의 규정에 어긋나거나 소송의 지연을 목적으로 하는 것이 분명한 경우에는 신청을 받은 법원 또는 법관은 결정으로 이를 각하한다. 동일법관에 대한 재신청은 소송지연 목적으로 인정될 것이다.

---

9) 기피사유의 인정에 판례는 인색한 편이다. 대법원 1984. 5. 15. 83다카2009, 원심재판장이 본건 소유권이전등기말소청구소송과 동일 내용의 다른 사건에 관하여 그 사건의 피고들에게 패소판결을 하였다 하여도 그것만으로 법관제척이나 기피사유가 있다고 할 수 없다. 대법원 1993. 8. 19. 93주21, 기피신청을 당한 법관이 그 사건에 관하여 직무를 집행하지 아니하게 된 경우에는 기피신청은 그 목적을 잃게 되어 기피신청의 이익이 없게 된다. 증거의 채부결정은 담당 재판부의 전권에 속하는 사항으로서, 담당 재판부가 신청에 따른 증거채택을 일부 취소하였다는 사유만으로는 그 재판부를 구성하는 법관들에게 재판의 공정을 기대하기 어려운 사정이 있는 때에 해당한다고 할 수 없어, 위 법관들에 대한 기피신청은 이유 없다. 대법원 1966. 4. 26. 66마167. 원심이 인정한 바와 같은 본안소송에서의 변론의 회수, 그 본안사건에서의 피고인 재항고인이 제출한 증거방법, 피고가 신청한 증인을 신문하기로 채택하고 그 증인신청절차를 이행하도록 촉구하였음에도 불구하고 미리 그 절차를 밟지 아니하고 제11회 변론 당시에 비로소 그 절차를 밟음으로써 소송절차가 지연하게 되었다는 사실과 원심이 인정한 바와 같은 사정하에서 본안소송사건의 재판장이 재항고인에게 증거신청을 철회할 것을 종용하고 결심할 뜻을 표시하였다 하여도 다른 특별한 사정이 없는 한 재판의 공정을 기대하기 어려운 사정이 있다고 할 수 없다.

제척 또는 기피를 당한 법관은 위의 경우를 제외하고는 바로 제척 또는 기피신청에 대한 의견서를 제출하여야 한다.

③ 제척 또는 기피신청에 대한 재판

제척 또는 기피신청에 대한 재판은 그 신청을 받은 법관의 소속 법원 합의부에서 결정으로 하여야 한다. 제척 또는 기피신청을 받은 법관은 위의 재판에 관여하지 못한다. 다만 의견을 진술할 수 있다. 결정으로 완결할 사건이므로 변론을 열 것인지 아닌지는 법원이 정한다.

제척 또는 기피신청을 받은 법관의 소속 법원이 합의부를 구성하지 못하는 경우에는 바로 위의 상급법원이 결정하여야 한다. 대법관 전원에 대한 제척·기피신청은 합의부를 구성할 수 없게 하므로 허용되지 않는다.

④ 불복신청

제척 또는 기피신청에 정당한 이유가 있다는 결정에 대해서는 불복할 수 없다.

각하결정 또는 제척이나 기피신청이 이유 없다는 결정에 대해서는 즉시항고를 할 수 있다. 각하결정에 대한 즉시항고는 집행정지의 효력을 가지지 아니한다.

⑤ 소송절차의 정지

법원은 제척 또는 기피신청이 있는 경우에는 그 재판이 확정될 때까지 소송절차를 정지하여야 한다. 다만 제척 또는 기피신청이 각하된 경우 또는 종국판결을 선고하거나 긴급을 요하는 행위(증거보전, 집행정지명령, 가압류·가처분)를 하는 경우에는 그러하지 아니하다.[10] 종국판결이 선고를 허용하는 것은 소송의 지연을 방지하기 위한 것이다. 정지하지 않고 재판을 진행한 경우에 나중에 제척·기피결정 있으면 상고·재심사유가 된다.

---

10) 대판 1978. 10. 31. 78다1242, 기피신청을 당한 법관이 그 기피신청에 대한 재판이 확정되기 전에 한 판결 효력은 그 후 그 기피신청이 이유 없는 것으로서 배척되고 그 결정이 확정되는 때에는 유효한 것으로 된다.
대결 2007. 6. 18. 2007아9,【위헌법률심판제청신청】 민사소송법 제48조 단서에서 변론종결 후에 관여 법관에 대한 기피신청이 있는 때에는 소송절차를 정지하지 아니하고 종국판결을 선고할 수 있도록 한 취지는, 이미 변론이 종결되어 종국판결의 선고만이 남은 상태에서는 사안의 실체에 대한 구체적인 자료가 대부분 드러나 법원이 어느 쪽이든 내심의 심증을 형성하고 있을 터여서 당사자가 법원의 심증 방향을 추단하여 자신에게 불이익한 판결을 피해 보고자 하는 의도로 기피신청에 이르는 등 기피제도를 악용할 가능성이 높고 그렇지 아니한 경우라도 이러한 기피신청은 너무 시기에 늦은 신청이어서 이로 인하여 반대당사자의 신속한 재판을 받을 권리를 지나치게 제약하고 법관의 독립성을 침해하는 결과가 초래되기 때문에 이를 방지하기 위한 것이다.
그러므로 민사소송법 제48조 단서는 그 합리성을 충분히 인정할 수 있고, 거기에 법관기피제도의 본질적인 내용을 침해하여 당사자의 공정한 재판을 받을 권리를 침해하고 입법재량의 한계를 일탈하였다고 볼 사유가 있다고 할 수 없다.

4) 효과

법관은 일체의 소송행위에 관여할 수 없다. 이에 위반한 경우에 그 소송행위는 무효이다.

기피결정을 간과한 판결은 무효는 아니고, 판결확정 전에는 절대적 상고이유가 되고, 확정 후에는 재심사유가 된다.

4. 회피

법관 스스로 제척사유나 기피사유가 있다고 판단될 때 감독권자인 법원장이나 지원장의 허가를 받아 당해 사건의 직무에서 물러나는 것이다.

제3절 법원의 관할

Ⅰ. 개념

관할이란 국내에 있는 여러 개의 법원 중 어느 법원에서 당해 사건을 담당할 것인지, 사건의 분담관계를 정해 놓은 것을 말한다.

당사자 입장에서는 어느 법원에 소제기를 할 것인가의 문제이고, 법원 입장에서는 어느 법원이 사건을 담당할 것인가의 문제이다.

관할에는 직무의 내용을 기준으로 정해 놓은 직무관할, 1심 지방법원합의부와 단독판사 사이의 사건분담관계를 정해 놓은 사물관할, 어느 지역에 있는 법원이 당해 사건을 담당할 것인지를 정해 놓은 토지관할이 있다.

관할을 정하는 기준시점은 소제기 시이나, 그때 없더라도 소송 중 관할원인이 생기면 치유 가능하다.

관할권의 유무는 직권조사사항이나, 없어도 응소로 관할이 생기기도 하므로 바로 이송하지 않고 일단 재판진행을 한다.

Ⅱ. 직무관할

1. 개념

직무의 내용을 기준으로 재판의 분담관계를 정해 놓은 것이다.

2. 수소법원과 집행법원

수소법원은 특정사건이 계속되고 있거나, 계속되었거나, 장래 계속될 법원으로 판결절차, 증거보전절차, 가압류·가처분 절차, 작위·부작위를 목적으로 하는 청구의 집행은 수소법원의 직무관할이다.

집행법원은 당해 사건에 관하여 강제집행절차를 실시할 수 있는 권한을 가진 법원으로서 스스로 집행처분을 할 수 있고, 집행관의 강제집행실시를 감독한다.

3. 지방법원 단독판사와 합의부

간이하고 신속을 요하는 사항은 단독판사의 직무인데, 제소전화해절차, 독촉절차가 그것이다.

중요하고 신중한 판단을 요하는 사건은 합의부의 직무인데, 지방법원 판사에 대한 제척·기피사건, 회생·파산사건, 증권관련 집단소송, 소비자단체소송이 그것이다.

4. 심급관할

3심제에서 각 심급별로 재판권의 분담관계를 정해 놓은 것을 말한다.

Ⅲ. 사물관할

1. 개념

사물관할이란 1심 지방법원합의부와 단독판사 사이의 제1심 소송사건의 분담관계를 정해 놓은 것을 말한다.

2. 합의부의 관할

1) 재정합의사건

원래는 단독사건이지만, 선례나 판례가 없는 사건, 사실관계나 쟁점이 복잡한 사건, 사회에 미치는 영향이 중대한 사건 등은 합의부의 결정으로 합의부에서 재판할 수 있는데(법원조직법 제32조), 이를 재정합의사건이라고 한다.

2) 소가 1억 원 초과사건

소송목적의 가액이 큰 사건은 처리에 신중을 기하자는 의미에서 합의부에서 처리하는 것으로 정해 놓은 것이다.

3) 비재산권상 소

해고무효확인소송, 성명권·초상권침해중지 등 인격권에 관한 소송, 주총결의무효 등 회사관계소송 등은 합의부에서 처리한다.

4) 재산권상소이지만 소가를 산정할 수 없는 사건

상호사용금지소송, 특허소송, 저작권에 관한 소송 등이 그것이다.

5) 기타

다른 법률에서 합의부 사건으로 정해 놓은 것으로 도산법상의 소송, 언론기본법에 의한 정정보도청구 등이 있고, 본소가 합의부 사건일 때 병합제기를 하는 관련 청구인 반소·중간확인의 소·독립당사자참가 등은 그 소가와 상관없이 본소와 같이 합의부의 관할이다.

3. 단독판사의 관할

1) 합의부 관할 이외의 나머지 사건 모두는 단독판사의 관할이다.

2) 소가와 상관없이 단독판사의 관할인 경우

어음수표금청구, 금융기관이 원고가 되는 대여금, 구상금, 보증금청구, 교통사고 손해배상청구, 산재사고 손해배상청구사건은 액수와 무관하게 단독판사 관할이다. 이들 사건은 사건 수가 많으나 사안이 단순하고 신속한 처리가 필요하기 때문에 전담재판부를 두고 처리하고 있다.

3) 재정단독사건

소가 1억 원을 초과하는 사건이라도 합의부가 단독판사가 심판할 것으로 결정한 사건을 말한다.

4. 소가의 산정

1) 개념

소가란 원고가 소로써 달성하려고 하는 목적이 갖는 경제적 이익을 금전으로 평가한 것으로 사물관할의 기준이 되고, 소장제출 시 납부할 인지액을 결정하는 기준이 된다.

2) 소가의 산정방법

승소판결 시 받게 될 경제적 이익에 대한 객관적 평가이므로 사건의 난이도, 피고의 자력유무는 고려되지 않고, 상환이행청구와 같이 반대급부가 있는 경우에도 이를 공제하지는 않는다.

소가를 정하는 기준은 민사소송인지규칙이 자세히 정하고 있다.

소가의 산정은 소제기 시를 표준으로 하고, 청구병합 시는 합산하며, 경제적 이익이 동일하거나 중복될 경우에는 그중 많은 것을 기준으로 한다. 원금과 이자를 청구할 경우 이자는 부대청구로 소가에 산입되지 않는다.[11]

Ⅳ. 토지관할

1. 개념

토지관할은 어느 지역에 있는 법원이 당해 사건을 담당할 것인지를 정해 놓은 것이다.

당해 사건이 그 법원과 지역적으로 일정한 관련이 있을 때 관할이 있는데, 그 관련을 지워 주는 지점을 재판적이라고 한다. 사람이 가족관계등록부에 등재된 장소기준으로 등록기준지 개념을 사용하듯 당사자나 사건에 일정한 지점을 연결시켜 재판적이란 개념을

---

11) 대법원 1998. 7. 27. 98마938, 소유권보존등기가 이루어지고 이에 터 잡아 근저당권설정등기가 경료된 후 그 소유등기명의가 전전 이전된 동일 부동산에 대하여 소유권보존등기명의자, 근저당권자 및 전득자 등을 공동피고로 하여 제기된 소유권보존등기, 근저당권설정등기, 소유권이전등기의 각 말소를 구하는 소송에 있어서는 1개의 소로써 주장하는 수 개의 청구 경제적 이익이 동일하거나 중복되는 때에 해당하므로 중복되는 범위 내에서 흡수되고 그중 가장 다액인 청구의 가액을 소가로 할 것이며, 위 소송에서 원고의 전부승소판결이 선고되어 그 등기명의인들이 전부 불복하여 상소를 제기하는 경우에도 하나의 상소장으로 공동명의로 상소를 제기한 등기명의인들 사이에는 경제적 이익이 동일하거나 중복되는 때에 해당하므로 중복되는 범위 내에서 흡수된다고 할 것이어서 제1심에서 산정된 소가를 기준으로 하여 항소장 또는 상고장에 인지를 첨부하면 된다고 할 것이나, 다만 그 등기명의인들이 수 개의 항소장 또는 상고장으로 나누어 상소를 제기하는 경우에는 각각 별도로 제1심의 소가를 기준으로 하여 산정한 인지를 항소장 또는 상고장에 첨부하여야 할 것이고, 그 등기명의인들이 당초에는 수 개의 항소장 또는 상고장으로 나누어 상소를 제기하였다가 나중에 공동명의로 하여 하나의 항소장 또는 상고장을 다시 제출하였다고 하더라도 이와 달리 취급할 것은 아니다.

사용한다.

2. 재판적의 종류

1) 인적 재판적

당사자와 장소의 관계에서 생기는 재판적으로 당사자의 주소나 영업소가 그것이다.

2) 물적 재판적

사건의 대상인 소송목적 자체와 장소와의 관계에서 생기는 재판적으로 부동산 소재지나 불법행위지가 그것이다.

3) 보통재판적

모든 사건에 공통적으로 생기는 재판적이다(제2조).

4) 특별재판적

특정한 사건에서만 발생하는 재판적으로 피고의 주소지나 주된 사무소가 아닌 다른 곳의 법원에 제소할 수 있도록 한 것으로 원고의 편의를 위한 것이다(제7 내지 24조).

3. 보통재판적

모든 소송은 피고의 보통재판적이 있는 곳의 법원이 관할한다(제2조).

1) 자연인

자연인의 보통재판적은 그의 주소가 되는데, 주소 없거나 알 수 없을 때는 거소, 거소도 모를 때는 마지막 주소지가 된다. 대사, 공사, 외국의 재판권대상에서 제외되는 대한민국 국민의 경우 위의 보통재판적이 없으면 최후로 대법원 소재지가 된다.

2) 법인, 사단, 재단 등 단체

주된 사무소 소재지나 영업소 소재지가 되고, 없으면 주된 업무담당자의 주소가 된다. 외국법인은 국내에 있는 사무소, 영업소, 업무담당자의 주소가 된다.

3) 국가

국가를 대표하는 관청(법무부장관)이 있는 곳 또는 대법원 소재지가 된다.

4. 특별재판적

1) 근무지

사무소, 영업소에서 계속적으로 근무하는 사람에게 재산권에 관한 소는 그 사무소, 영업소를 관할하는 법원에 제기할 수 있다. 소송의 업무 관련 여부는 묻지 않는다.

2) 거소지

재산권에 관한 소는 피고 거소지의 법원에 제기할 수 있다. 보통재판적에 따르면 피고의 주소를 모를 때에만 거소지에 제소할 수 있으나, 실제 살고 있는 곳이 송달이 바로 되고, 또 원고로서는 피고의 주소지보다는 거소지를 쉽게 알아낼 수 있으므로 원고의 선택에 따라 거소지에 제소할 수 있게 한 것이다.

3) 의무이행지

재산권에 관한 소는 의무이행지의 법원에도 제소할 수 있다.

재산권에 관한 소는 계약상의 의무이행을 청구하는 경우 외에 법규에 의해 발생하는 의무, 즉 불법행위, 부당이득, 사무관리로 인한 청구의 소도 포함한다. 단 불법행위의 경우에는 의무이행지와 소의 실질적인 관련이 미약하므로 부정하는 것이 타당하다는 견해도 있다.

의무이행지는 당사자 합의가 있으면 이에 따르고, 합의가 없으면 법률의 규정, 즉 민법에 의해 정해진다. 민법은 채권의 경우 특정물을 인도할 의무는 채권성립 당시 그 특정물이 있던 장소에서 이행하여야 하고, 나머지는 채권자의 현주소에서, 다만 영업에 관한 청구는 채권자의 현 영업소에서 이행해야 하는 지참채무원칙을 두도록 규정(민법 제467조)하고 있으므로 채권자에게 유리하나, 보통재판적의 취지를 몰각할 우려가 있으므로 계약으로 정한 경우에 한정하자는 입법론이 있다. 상대는 손해나 지연을 피하기 위한 이송신청이 가능하다(제35조).

4) 어음·수표의 지급지

어음·수표에 관한 소는 지급지의 법원에 제소할 수 있다.

어음·수표의 발행인에 대한 청구는 원래 지급지가 이행지이지만, 배서인에 대한 상환청구의 이행지는 민법 제516조에 따라 채무자의 영업소 또는 주소이므로 이들 모두를 상대로 제소할 경우에는 관할문제로 인한 불편이 초래될 수 있어 모두 지급지법원에 제소할 수 있게 한 것이다.

5) 선원 등

선원에 대한 소는 선적지, 군인·군무원은 군용청사 또는 군함선적지의 법원에 제소할 수 있다. 이들은 선박이나 배의 이동에 따라 소재지가 수시로 변동하므로 그들과의 연결거점이 되는 곳에 제소할 수 있게 한 것이다.

6) 재산소재지

국내에 주소가 없거나 주소를 알 수 없는 사람에 대한 재산권에 관한 소는 청구의 목적 또는 담보의 목적이나 압류할 수 있는 피고의 재산소재지의 법원에 제소할 수 있다.

대한민국에 주소가 없는 사람은 이국인 또는 한국 국적을 가진 해외거주자를 말한다.

피고의 재산이 있는 곳은 유형물은 그 소재지, 일반채권은 채무자의 주소, 영업소 또는 채무자의 책임재산이 있는 곳, 유가증권은 그 증권이 있는 곳이다.

7) 사무소 또는 영업소 소재지

사무소 또는 영업소가 있는 사람에 대하여 그 사무소 또는 영업소의 업무와 관련이 있는 소를 제기하는 경우에는 그 사무소 또는 영업소의 소재지의 법원에 제소할 수 있다.

업무와 관련 있는 소는 업무 자체를 위한 계약 등 법률관계에 관한 것뿐만 아니라 그 업무에 부수되는 불법행위·부당이득청구 등에 관한 소를 포함한다.

사무소나 영업소는 주된 곳만 아니라 지점도 포함되나,[12] 이는 어느 정도 독립하여 사무의 일부 또는 전부가 총괄적으로 경영되는 장소여야 한다.

8) 불법행위지

불법행위에 관한 소는 불법행위지의 법원에 제소할 수 있다.

불법행위는 통상의 불법행위, 국가배상법, 자동차손해배상법 등 특별법상의 불법행위를 포함한다.

불법행위지는 요건사실 모두가 발생한 곳만이 아니고, 구성요건 가운데 한 가지 요건사실의 발생지라도 된다.[13]

불법행위지는 피해자가 소재한 곳이므로 즉시 제소할 수 있고, 증인이나 현장검증 등 증거자료에 대한 접근이 용이한 점을 고려한 것이다.

9) 부동산 소재지

부동산에 관한 소는 부동산 소재지의 법원에 제소할 수 있다.

부동산에 관한 소는 물권에 관한 것으로 부동산의 소유권·점유권확인청구, 소유권·점유권에 기한 철거·인도·방해배제청구 등이 있고, 채권에 관한 것으로 물권의 이전등기 또는 부동산의 인도청구 등이 있으며 부동산의 매매대금이나 임료·건축대금의 청구는 부동산에 관한 소가 아닌 재산권에 관한 소가 된다.

---

12) 대판 1992. 7. 28. 91다41897.

13) 불법출판물의 제작·배포로 인한 명예훼손에 따른 손해배상청구에서 제작지와 배포지가 다른 경우가 그 것이다.

10) 등기 등록지

부동산등기이전청구, 등록명의변경청구와 같은 등기·등록에 관한 소는 등기·등록할 공공기관이 있는 곳의 법원에 제소할 수 있다. 등기·등록기관이 있는 곳이 편리할 수도 있기 때문에 인정된 것이다.

11) 지적재산권과 국제거래

지적재산권과 국제거래에 관한 소는 위의 특별재판적에 따른 관할법원 소재지를 관할하는 고등법원 소재지의 지방법원에 제소할 수 있다.

이는 지적재산권과 국제거래에 관한 소는 전문지식과 실무거래의 이해에 기초하여 전담재판부를 설치하고 있는데, 이 전담재판부가 수요를 고려하여 고등법원 소재지의 지방법원에 설치되는 경우가 많으므로 그 지방법원의 광역토지관할권을 인정한 것이다.

지적재산권에 관한 소는 지적소유권에 대한 침해로 인한 손해배상청구의 소이고, 국제거래에 관한 소는 국제간의 인적·물적 거래로 인한 사건으로 최소한 당사자의 일방이 외국법인 또는 외국인인 경우를 말한다.

5. 관련재판적

1) 개념

한 개의 소로써 여러 개의 청구를 할 때(소의 객관적 병합), 또는 당사자가 여럿일 때(공동소송), 하나의 청구나 한 당사자에 관할권이 있으면 나머지 청구나 당사자에게도 관할권이 있는 것을 말한다(제25조). 한 피고에게 소유권이전등기와 대여금청구를 하거나, 연대채무자들에게 청구하는 경우가 그것이다.

2) 인정근거

한 법원에 제소할 수 있고 동시에 심리할 수 있으므로 원고는 일거에 해결할 수 있고, 피고는 어차피 응소해야 하므로 당사자가 편리하고, 소송경제와 재판통일을 기할 수 있어 법원에도 도움이 된다.

3) 인정요건

① 한 개의 소로 여러 개의 청구를 하는 경우일 것

동일 피고에 대한 여러 개의 청구를 하거나, 여러 피고에 대한 청구, 즉 공동소송의 경우이다. 공동소송은 각 피고에 대한 청구 사이에 실질적인 관련성이 있는 경우, 즉 소송목적이 되는 권리나 의무가 여러 사람에게 공통되거나 사실상 또는 법률상 같은 원인으로 발생한 경우를 말한다. 소송의 목적이 되는 권리나 의무가 공통한 경우로 다수 임차인에 대한 명도청구, 사실상·법률상 같은 원인으로 생긴 경우로는 동일한 불법행위로 인한 손해배상청구 같은 것이 있다(65전문).

청구병합의 시기는 소제기 전후를 불문한다.

② 하나의 청구에 대한 관할권이 있을 것

관할권은 토지관할에 관한 것이고, 사물관할은 청구가액을 합산하여 결정하므로 적용되지 않는다.

토지관할권이 있는 경우를 법은 제2 내지 24조로 한정하고 있으나, 다른 규정(제28조 재판권 없는 경우의 관할지정)에 의한 관할이나 합의·변론관할이 있는 경우도 적용된다.

③ 관할권 없는 청구가 다른 법원의 전속관할에 속하지 않을 것

4) 효과

① 관할의 창설

병합된 청구 중 관할권 없는 청구에 대하여 수소법원의 관할권이 생기므로 관할위반의 항변을 할 수 없다.

② 관할의 항정

일단 관할권이 생기면 원래 관할권이 있는 청구가 취하되거나 각하되더라도 다른 청구에 대하여 발생한 관련재판적에는 영향이 없다.

6. 재정(지정)관할

1) 개념

관할법원이 재판권을 법률상 또는 사실상 행사할 수 없는 때나 법원의 관할구역이 분명하지 아니한 때에는 관계된 법원과 공통되는 바로 위의 상급법원이 그 관계된 법원 또는 당사자의 신청에 따라 결정으로 관할법원을 정하는 것을 말한다(제28조). 실무상 사례는 별로 없다.

2) 지정요건

관할법원이 재판권을 법률상 또는 사실상 행사할 수 없는 때란 관할법원의 법관이 모두 제척, 기피, 회피로 직무를 수행할 수 없는 경우나, 모두 질병, 사고 등으로 직무를 수행할 수 없는 경우 등을 말한다.

법원의 관할구역이 분명하지 아니한 때는 운항 중인 항공기나 열차 등에서 사고가 나서 불법행위지를 알 수가 없거나, 불법행위지가 관할구역의 경계선에 걸쳐 있는 경우 등

이 그것이다.

3) 지정절차

관계된 법원 또는 당사자가 사유를 적은 신청서를 상급법원에 제출하면 상급법원은 결정으로 재판한다.

지정결정에는 불복할 수 없고, 기각결정에는 불복할 수 있다.

4) 지정효과

지정된 법원에 관할권이 창설되고, 지정된 법원과 당사자는 이에 구속된다.

계속 중인 사건의 의 법원은 송달받은 지정결정문과 소송기록을 지정된 법원으로 보내야 한다.

7. 합의관할

1) 개념

합의관할은 당사자의 합의에 의해 정해지는 관할이다(제29조).

2) 인정근거

합의관할을 인정하는 근거는 관할 자체가 당사자 편의를 위한 것이어서 스스로 포기하는 것이 가능하다는 데 있다. 다만 약관규제에 관한 법률은 소비자에게 부당·불리 관할합의를 무효로 하고, 할부거래에 관한 법률이나 방문판매 등에 관한 법률은 소비자 주소지의 전속관할만을 인정하여 경제적 약자인 소비자 보호를 위해 관할합의를 제한하고 있다.

3) 성질

관할합의는 소송계약이므로 소송능력이 필요하고, 사법상 계약과 별개여서 사법상 계약의 무효·취소·해제로 영향을 받지 않으나, 착오, 사기, 강박 등 의사표시 흠에 관한 민법규정은 유추 적용되어 취소 가능하다. 관할합의는 소송행위이기는 하지만 소제기나 취하와 같이 법원에 대한 것은 아니고 당사자 간에 체결되는 것이기 때문이다.

4) 요건

① 제1심 법원의 임의관할에 대하여 합의할 것

토지나 사물관할은 임의관할이므로 합의가 인정되나, 2·3심의 상급심 등 전속관할에 대해서는 관할합의가 인정되지 않는다.

② 합의대상은 일정한 법률관계에 기인한 소에 한정된다.

어떤 법률관계에 관한 것인지를 예측할 수 없다면 피고의 관할이익을 해칠 수 있기 때문이다. 일회적인 관계에 한정하지 않고 계속적 거래관계같이 예측할 수 있는 것이면 포괄적 관계도 가능하다. 일정한 임대차계약에 기한 모든 분쟁은 가능하나, 너와 나 사이의 장래 모든 소송을 대상으로 하는 것은 허용되지 않는다.

③ 관할법원은 특정되어야 한다.

1개의 법원일 필요는 없으나 여러 개의 법원이라도 특정이 되어야 한다. 전국의 모든 법원을 관할법원으로 하는 것은 무효이다. 당사자 중 일방이 지정하는 법원을 관할법원으로 하는 합의는 관할법원이 특정되지 않았고, 피소자의 권리를 부당하게 침해하고 공평의 원칙에 어긋나는 결과가 되어 무효이다.14) 특정 재판부로 지정하는 것은 무효이고, 사고가 발생한 지점으로부터 가장 가까운 법원으로 정하는 것은 유효하다.

④ 특별법상의 요건

약관규제에 관한 법률은 소비자에게 부당·불리 관할합의를 무효로 하고, 할부거래에 관한 법률이나 방문판매 등에 관한 법률은 소비자 주소지의 전속관할만을 인정하여 경제적 약자인 소비자 보호를 위해 관할합의를 제한하고 있으므로 이들 법에 위반하지 않아야 한다.15)

불공정 여부는 관할합의의 필요성과 고객의 불이익을 비교 형량해 판단할 것이다.

5) 합의 방식, 시기

합의는 서면으로 해야 하고, 시기는 불문이나 제소 후 합의는 이송신정의 전제가 될 뿐이다.

6) 합의의 종류

관할합의에는 특정법원에만 관할권을 인정하는 전속적 합의와 법정관할 외에 하나 또는 수 개의 법원을 추가하는 부가적 합의가 있다.

명시적 합의가 없는 경우에는 법정관할법원에 속하는 여러 관할법원 중 어느 하나를 관할법원으로 하기로 약정한 경우거나 그 가운데 어느 하나를 배제하는 것은 전속적 합의로, 그렇지 않은 것은 부가적 합의로 보는 것이 통설과 판례이다.16)

---

14) 대판 1977. 11. 9. 77마284.

15) 대판 1998. 6. 29. 98마863, 대전에 주소를 둔 계약자와 서울에 주 영업소를 둔 건설회사 사이에 체결된 아파트 공급계약서상의 "본 계약에 관한 소송은 서울민사지방법원을 관할법원으로 한다"라는 관할합의 조항은 약관의 규제에 관한 법률 제2조 소정의 약관으로서 민사소송법상의 관할법원 규정보다 고객에게 불리한 관할법원을 규정한 것이어서 사업자에게는 유리할지언정 원거리에 사는 경제적 약자인 고객에게는 제소 및 응소에 큰 불편을 초래할 우려가 있으므로 약관의 규제에 관한 법률 제14조 소정의 "고객에 대하여 부당하게 불리한 재판관할의 합의조항"에 해당하여 무효라고 보아야 한다.

16) 대판 2008. 3. 13. 2006다68209, 당사자들이 법정 관할법원에 속하는 여러 관할법원 중 어느 하나를 관

7) 합의 효력

① 관할의 변동

합의한 내용에 따라 관할이 변동된다. 전속합의 시에는 다른 법원의 법정관할권은 소멸한다. 합의관할은 전속적 합의를 한 경우에도 임의관할이므로 전속합의 후에 다시 합의할 수 있고, 합의법원 제소 후 다시 합의하거나 합의법원과 다른 법원에 제소한 경우에도 변론관할이 생길 수 있고, 전속합의를 한 법원에 제소한 경우라도 현저한 지연을 피하기 위한 공익적 이유로 다른 법원에 이송할 수 있다.

② 합의의 주관적 범위

가. 합의의 효력은 당사자 사이에만 미친다. 상속인과 같은 포괄승계인에게는 당연히 미치고, 당사자에 준하는 경우, 즉 파산관재인은 당사자의 권리를 행사하는 것이고, 채권자대위권 행사 시 채권자도 마찬가지이므로 미친다.

나. 특정승계인

권리관계가 당사자 사이에 자유롭게 정할 수 있는 경우(지명채권)에는 승계인이 변경된 권리관계를 승계한 것으로 보아 미치나,[17] 권리관계의 내용이 법률상 정형화되어 있고 당사자가 자유로이 변경할 수 없는 경우(물권, 어음채권)는 정형적인 권리의 내용을 신뢰한 승계인을 보호해야 하므로 합의에 구속되지 않는다.[18]

다. 기타 제3자

채권자와 채무자 또는 다른 연대채무자의 합의는 보증인 또는 다른 연대채무자에게 미치지 않고, 채권자와 보증인의 합의는 주채무자에게 미치지 않는다.[19]

할법원으로 하기로 약정한 경우, 그와 같은 약정은 그 약정이 이루어진 국가 내에서 재판이 이루어질 경우를 예상하여 그 국가 내에서의 전속적 관할법원을 정하는 취지의 합의라고 해석될 수 있지만, 특별한 사정이 없는 한 다른 국가의 재판관할권을 완전히 배제하거나 다른 국가에서의 전속적인 관할법원까지 정하는 합의를 한 것으로 볼 수는 없다.

17) 대판 2006. 3. 2. 2005마902, 관할의 합의는 소송법상의 행위로서 합의당사자 및 그 일반승계인을 제외한 제3자에게 그 효력이 미치지 않는 것이 원칙이지만, 관할에 관한 당사자의 합의로 관할이 변경된다는 것을 실체법적으로 보면, 권리행사의 조건으로서 그 권리관계에 불가분적으로 부착된 실체적 이해의 변경이라 할 수 있으므로, 지명채권과 같이 그 권리관계의 내용을 당사자가 자유롭게 정할 수 있는 경우에는, 당해 권리관계의 특정승계인은 그와 같이 변경된 권리관계를 승계한 것이라고 할 것이어서, 관할합의의 효력은 특정승계인에게도 미친다.

18) 대판 1994. 5. 26. 94마536, 관할합의의 효력은 부동산에 관한 물권의 특정승계인에게는 미치지 않는다고 새겨야 할 것인바, 부동산 양수인이 근저당권 부담부의 소유권을 취득한 특정승계인에 불과하다면(근저당권 부담부의 부동산의 취득자가 그 근저당권의 채무자 또는 근저당권설정자의 지위를 당연히 승계한다고 볼 수는 없다), 근저당권설정자와 근저당권자 사이에 이루어진 관할합의의 효력은 부동산 양수인에게 미치지 않는다.

19) 대판 1988. 10. 25. 87다카1728, 갑 회사와 을 회사의 보증인 간에 그 보증채무의 이행에 관련된 분쟁에

8) 국제재판관할합의

① 개념

외국법원을 관할법원으로 하는 합의로 국내법원 외에 외국법원도 관할법원으로 정하는 부가적 합의는 문제가 없으나, 외국법원을 전속적으로 할 경우에는 국내재판권을 제외하는 것이므로 문제가 있다.

② 전속적 합의의 유효요건

외국법원을 전속적인 관할법원으로 정하는 합의는 대상사건이 우리의 재판권에 전속하지 않고, 외국법상 그 외국법원에 관할권이 있으며, 그 외국법원이 그 사건에 합리적인 관련성이 있을 때 인정되나, 요건을 갖추었더라도 전속적인 관할합의가 현저하게 불합리하고 불공정할 경우에는 공서양속에 반하는 법률행위로 무효이다.[20] 외국법원을 전속적인 관할법원으로 한 합의가 유효한 한 이에 위반하여 국내법원에 제소하면 부적법 각하해야 할 것이다.

③ 국제사법의 특례

소비자계약이나 근로계약의 당사자는 서면에 의하여 국제재판관할에 관한 합의를 할 수 있다. 다만 그 합의는 분쟁이 이미 발생한 경우나 소비자나 근로자에게 국제사법에 의한 관할법원에 추가하여 다른 법원에 제소하는 것을 허용하는 경우에 한하여 그 효력이 있다.

8. 변론관할

1) 개념

변론관할이란 관할권 없는 법원에 소제기를 했는데, 피고가 이의하지 않고 본안에 대하여 변론하거나 변론준비기일 내에 진술했을 때에 그 법원이 갖는 관할권을 말한다(제30조).

2) 인정근거

임의관할 위반의 경우에는 공평을 해칠 염려가 없고, 기왕에 제소된 법원이 관할권을 갖는 것이 당사자의 이익과 소송촉진에 도움이 되는 소송경제효과가 있기 때문이다.

3) 요건

① 소가 관할권 없는 1심법원에 제소되었을 것

관하여 갑 회사가 제소법원을 임의로 선택할 수 있다고 한 약정의 효력은 그 약정당사자가 아닌 을 회사에까지는 미칠 수 없다.

20) 대판 2004. 3. 25. 2001다53349.

제1심의 토지 및 사물관할을 위반한 경우이다. 전속관할을 위반한 경우는 해당하지 않는다. 관할권 없는 시기는 불문하므로 청구확장으로 관할권이 없게 된 때에도 해당한다.

② 피고가 이의 없이 본안에 대하여 변론하거나 변론준비기일 내에 진술할 것

본안에 대하여 변론하거나 변론준비기일 내에 진술한다는 것은 원고의 청구가 이유 있는지에 관한 진술을 하는 것을 말한다. 청구의 당부 아닌 소송요건 흠 이유 각하주장, 기피신청, 기일변경신청은 본안에 관한 진술이 아니다. 청구기각답변만 한 것은 본안청구를 배척한다는 뜻을 명백히 한 경우이므로 본안에 관한 변론을 한 것이 된다.

변론하거나 변론준비기일 내에 진술해야 하므로 출석했으나 변론하지 않고 답변서도 안 내는 경우나, 답변서나 준비서면을 제출했으나 불출석으로 진술간주가 되는 경우에는 변론관할이 생기지 않는다.[21]

이의가 없어야 하므로 관할 문제를 유보하고 변론한 경우에는 변론관할이 생기지 않는다.

4) 효과

변론한 시점부터 관할이 창설되고, 이후에는 관할위반항변이 허용되지 않는다. 변론관할 발생 후에 취하 또는 각하되고, 다시 제소한 경우에는 관할위반항변이 가능하다.

9. 전속관할

1) 개념

법정관할 가운데 재판의 적정과 공평·신속이라는 공익적 요구에 따라 특정법원에만 관할권이 있고, 당사자가 임의로 그 관할을 변경하거나 선택할 수 없도록 한 관할을 말한다.

2) 예

직무관할은 명문의 규정이 없어도 전속관할로 해석되고,[22] 사물관할이나 토지관할의 경우는 법률이 전속관할이라고 규정한 경우에만 전속관할이다. 재심의 소에서 재심대상 판결법원(제453조), 독촉절차에서 채무자의 보통재판적 소재지나 사무소 소재지의 지방법원(제463조), 강제집행절차에서 각종 소에 관한 법원(민사집행법 제21, 28, 34, 44, 48, 59조), 회사설립무효취소 등 회사관련소송에서 본점소재지 법원(상법 제186, 206, 240, 328, 376, 380, 381, 403, 430, 530, 552조), 정기금사건에 대한 변경의 소의 제1심판결법원(제252조 제2항), 가사소송에서 당사자의 보통재판적 소재지의 가정법원(가사소송법

---

21) 대판 1980. 9. 26. 80마403.

22) 대판 1961. 10. 2. 4294민재항445.

제2조), 행정소송에서 피고 소재지를 관할하는 행정법원(행정소송법 제9조), 회생·파산 사건에서 채무자의 주된 사무소 또는 영업소 소재지를 관할하는 지방법원본원 합의부(회생절차 및 파산에 관한 법률 제3조) 등이 그것이다.

3) 효과

전속관할의 규정이 있는 소에서는 이송의 문제가 생기지 않는다(제34조 제4항, 제35조 단서). 임의관할위반과는 달리 전속관할위반의 경우에는 불복 항소할 수 있고 절대적 상고이유가 되는데(제424조 제1항 제3호), 재심사유로는 되지 않아 확정되면 그 하자는 치유된다.

Ⅴ. 관할권의 조사

1. 직권조사(제32조)

관할권 유무는 소송요건으로 위반항변이 없어도 법원이 직권조사를 해야 한다(제32조).

공익적 요구에 의한 전속관할은 사실과 증거를 직권으로 탐지하여 판단해야 하지만, 사익보호를 위한 임의관할은 통상 원고주장사실을 기초로 판단하나 피고가 다투는 경우 증거조사를 해야 한다. 관할의 원인이 되는 동시에 본안의 내용과 관련이 있는 때에는 원고의 청구원인사실을 기초로 하여 관할권의 유무를 판단할 것이지, 본안의 심리를 한 후에 관할의 유무를 결정할 것은 아니나,23) 본안의 내용과 무관하게 정해지는 합의관할 유무, 관할구역 안에 주소, 거소, 재산이 있는지 여부는 증거조사를 하여 결정한다.

2. 관할결정의 표준시기

관할 유무는 제소 시를 표준으로 정한다(제33조). 나중에 피고 주소 변경, 관련재판적을 발생시킨 청구 취하, 본소 취하 등의 사유로 관할권이 없게 되더라도 무관하고, 제소 시 없더라도 사실심 변론종결 시까지 치유되면 된다.

단 본소가 단독사건인 경우 합의사건인 반소가 제기되면 본소와 반소를 모두 합의부로

---

23) 대판 2004. 7. 14. 2004무20, 관할권은 법원이 사건에 관하여 재판권을 행사할 권한으로서 청구의 당부에 관하여 본안판결을 할 수 있는 전제요건을 이루는 것이므로 법원은 우선 사건에 관하여 관할권의 유무를 확인한 후에 본안심리에 들어가야 하는 것이고, 관할의 원인이 동시에 본안의 내용과 관련이 있는 때에는 원고의 청구원인사실을 기초로 하여 관할권의 유무를 판단할 것이지, 본안의 심리를 한 후에 관할의 유무를 결정할 것은 아니다.

이송하고(제269조 제2항), 청구확장으로 합의사건이 된 때에도 합의부로 이송한다.

3. 조사 후의 조치

관할권이 존재하면 그대로 진행하고, 다툼이 있으면 중간판결을 하거나 종국판결 이유에서 판단한다.

관할권이 없으면 관할권이 있는 법원으로 이송결정을 하고, 관할법원이 전혀 없으면 판결로 소를 각하한다.

관할권 없는데 판결한 경우는 임의관할은 2심에서 못 다투므로 1심판결로 치유되고, 전속관할은 항소심에서 다툴 수 있으나 확정시는 치유된다.

VI. 소송의 이송

1. 개념

소송의 이송이란 어느 법원에 계속된 소송을 그 법원의 결정으로 다른 법원으로 옮기는 것을 말한다.

관할위반의 경우 각하하면 재소로 인한 시간비용 낭비가 있고, 시효중단·제척기간 준수 효력 상실하는 위험이 있는 것을 방지하고, 관할위반이 아니라도 소송촉진과 경제를 위해 인정된 제도이다.

같은 법원의 단독판사 사이 또는 합의부 사이에 관련사건을 모아서 재판하기 위하여 하는 이부는 사무분담의 재조정으로 이송결정이 필요 없는 점에서 다르다.

2. 이송원인

1) 관할위반에 의한 이송(제34조)

① 제1심의 토지·사물관할위반

소송이송은 제1심의 토지·사물관할을 위반한 경우에만 허용되고, 이 경우에도 변론관할이 있으므로 당사자가 항변하는 경우에만 이송한다. 지방법원합의부는 소송에 대하여 관할권이 없는 경우라도 상당하다고 인정하면 직권으로 또는 당사자의 신청에 따라 소송의 전부 또는 일부를 스스로 심판할 수 있다.

② 심급관할위반의 경우

심급관할을 위반하여 제소한 경우는 상소기간의 준수 문제와 연관되어 이송을 허용할 것인지 여부가 중요한 문제가 되는데, 관할위반에 의한 이송규정을 적용하자는 것이 다수설이나, 이송규정은 제1심의 관할위반에만 적용된다는 이유로 부정하는 입장도 있다. 판례는 상소장을 관할권 없는 법원에 제출한 경우에는 상소장의 표시 여부와 상관없이 적법한 법원으로 해당기록을 송부하되,[24] 송부된 때 기준으로 상소기간 준수 여부를 따져 소송이송으로 취급하지 않은 경우[25]와 송부와 무관하게 상소장 제출 시를 기준으로 상소기간 준수 여부를 따지고 이송으로 처리한 경우[26]가 있다. 이송을 인정하는 것이 관할위반으로 인한 불이익을 가급적 구제하려는 법 취지에 부합하는 것으로 본다.

③ 재심법원을 잘못한 경우

재심의 소를 대상판결을 한 법원 아닌 다른 법원에 제소한 경우에는 이송을 허용하는 것이 판례이다.[27]

④ 종류가 다른 법원 사이

가사사건을 민사사건으로 오해하여 제소한 경우는 가정법원으로 이송하고,[28] 행정사건을 민사사건으로 오해하여 제소한 경우는 관할법원으로 이송한다.[29]

비송사건을 민사사건으로 오해하여 제소한 경우, 예컨대 비송사건인 법인의 이사 해임을 민사소송으로 청구하면 부적법 각하하여야 한나.[30]

---

24) 대결 1995. 7. 12. 95마531, 판결경정신청을 이유 없다 하여 기각한 결정에 대해서는 민사소송법 제197조 제3항 본문의 반대해석상 항고제기의 방법으로 불복을 신청할 수는 없고 같은 법 제420조 소정의 특별항고가 허용될 뿐이라 해석되며, 이러한 결정에 대한 불복은 당사자가 특별항고라는 표시와 항고법원을 대법원이라고 표시하지 아니하였다 하더라도 그 항고장을 접수한 법원으로서는 이를 특별항고로 취급하여 소송기록을 대법원에 송부함이 마땅하다.

25) 대결 1992. 4. 15. 92마146.

26) 대결 1996. 10. 25. 96마1590, 상고인이 상고장에 불복대상 판결을 서울고등법원 판결로 명시하여 서울고등법원에 상고장을 제출하려는 의사를 분명히 가지고 있었으나 다만 이를 현실로 제출함에 있어서 서울고등법원이 서울지방법원과 동일한 청사 내에 위치하고 있는 관계로 서울지방법원 종합접수과를 서울고등법원 종합접수실로 혼동, 착각하여 서울지방법원에 상고장을 접수시키고 접수담당 공무원도 이를 간과하여 접수한 경우, 접수담당 공무원이 접수 당일 착오 접수를 발견하고 지체 없이 상고장을 서울고등법원으로 송부하였는지 여부와 같은 우연한 사정에 의하여 상고인의 상고제기기간 도과 여부가 결정된다는 것은 불합리하므로, 이러한 경우에는 상고인이 원심법원인 서울고등법원의 종합접수실로 혼동, 착각하고 서울지방법원 종합접수과에 상고장을 제출한 날을 기준으로 하여 상고제기기간 준수 여부를 가려 보는 것이 상고인의 진정한 의사에도 부합되고 상고인에게 회복할 수 없는 손해도 방지할 수 있는 타당한 처리이다.

27) 대판 전합 1984. 2. 28. 83다카1981, 1984. 4. 16. 84사4.

28) 대판 1980. 11. 25. 980다445.

29) 행정소송법 제2조, 대판 전합 1996. 2. 15. 94다31235.

2) 심판 편의를 위한 이송(제35조)

① 개념

법원이 관할권이 있는 경우에도 손해나 지연을 피하기 위해 필요한 경우 직권 또는 당사자의 신청에 의하여 소송의 전부 또는 일부를 다른 관할법원에 이송하는 것을 말한다.

② 요건

가. 현저한 손해나 지연을 피하기 위한 경우(제35조)

현저한 손해라 함은, 피고 측의 소송수행상의 부담을 주로 의미하는 것이기는 하나 원고 측의 손해도 도외시하여서는 아니 된다 할 것이고, 상대방 측이 소송을 수행하는 데 많은 비용과 시간이 소요된다는 사정만으로는 현저한 손해 또는 소송의 지연을 가져올 사유가 된다고 단정할 수 없다.[31]

현저한 지연이라 함은 법원이 증거조사 등을 함에 있어서 많은 시간이 소요되는 것을 말한다.

공익적 규정이므로 당사자의 이의가 없어도 직권조사를 해야 하나, 사유의 존재 여부 판단은 법원의 재량이다. 실제는 인정한 경우가 거의 없어 사문화된 규정이다.

나. 이송받는 법원의 관할권

이송받는 법원에 관할권이 있어야 한다. 전속적 합의관할이 있는 경우에도 이송할 수 있다.

다. 지법단독판사의 재량에 의한 합의부 이송(제34조 제2항)

지방법원 단독판사는 소송에 대하여 관할권이 있는 경우라도 상당하다고 인정하면 직권 또는 당사자의 신청에 따른 결정으로 소송의 전부 또는 일부를 같은 지방법원합의부에 이송할 수 있다. 이는 신중한 심리를 위한 것이므로 상당성의 판단은 자유재량이지만 사건의 복잡성, 난이도, 관련사건의 합의부 계속 여부 등을 고려하여 판단한다.

---

30) 대판 1963. 12. 12. 63다449.

31) 대법원 1998. 8. 14. 98마1301, 서울지방법원에 제기된 약정금 청구사건에서, 재항고인(원고)들이 서울에 사무소의 소재지를 두고 있는 변호사를 선임하여 위 소송을 제기하고 있고 상대방(피고)들 중 약 4분의 1 정도는 서울이나 부천, 안양 등지에서 거주하고 있어 이 사건을 광주지방법원 순천지원으로 이송할 경우, 이들의 비용과 시간도 상당히 소요될 것으로 보이며, 재항고인들은 이미 이 사건과 관련이 있는 대여금 등 청구사건을 서울지방법원에 제기하여 상당한 정도의 심리가 진행되어 있는 점 등에 비추어 볼 때, 위 약정금과 관련된 낙찰계가 광주지방법원 순천지원 관할 지역에서 운영되어 관련 증거나 증인이 대부분 위 지역에 거주할 것으로 보이고, 상대방의 4분의 3 정도가 위 지역에 있다는 것만으로는 이 사건을 민사소송법 제32조에 의하여 순천지원으로 이송하여야 할 만한 정당한 사유로는 부족하다고 본 사례.

라. 지적재산권, 국제거래소송(제36조)

지적재산권과 국제거래소송은 전문부에서 집중적으로 사건 처리할 수 있도록 고등법원 소재지의 지법에 특별재판적을 주고 있으므로, 법원은 지적재산권과 국제거래에 관한 소가 제기된 경우 직권 또는 당사자의 신청에 따른 결정으로 그 소송의 전부 또는 일부를 제24조의 규정에 따른 관할법원에 이송할 수 있다. 다만 이로 인하여 소송절차를 현저하게 지연시키는 경우나 전속관할이 있는 경우에는 그러하지 아니하다.

마. 반소제기에 의한 이송

본소가 단독사건인데 반소가 합의사건인 경우에는 모두 합의부로 이송한다.

3. 이송절차

당사자의 신청 또는 법원이 직권으로 결정한다. 관할위반 시는 직권으로 이송을 결정해야 하므로 당사자의 신청에 대하여 법원이 결정해야 하는 것은 아니고, 촉구의 의미만 있다. 이송결정에는 즉시항고를 할 수 있다.

4. 이송효과

1) 이송받은 법원에 대한 구속력

소송을 이송받은 법원은 이송결정에 따라야 하고, 이송받은 사건을 다시 다른 법원에 재이송하지 못한다. 소송지연을 방지하기 위한 것이다. 새로운 사정이 생기면 재이송이 가능하다.

전속관할을 위반한 경우에도 구속된다는 것이 다수설과 판례이다.[32]

2) 소송계속의 이전

이송결정이 확정된 때에는 소송은 처음부터 이송받은 법원에 계속된 것으로 본다(제40조 제1항). 시효중단기간준수의 효과를 유지하기 위한 것이다.

---

32) 대법원 1995. 5. 15. 94마1059, 1060, 전속관할의 규정을 위배하여 이송한 경우에도 미치나, 심급관할을 위배하여 이송한 경우에 이송결정의 기속력이 이송받은 상급심 법원에도 미친다고 한다면 당사자 심급의 이익을 박탈하여 부당할 뿐만 아니라, 이송을 받은 법원이 법률심인 대법원인 경우에는 직권조사사항을 제외하고는 새로운 소송자료의 수집과 사실 확정이 불가능한 관계로 당사자의 사실에 관한 주장, 입증의 기회가 박탈되는 불합리가 생기므로, 심급관할을 위배한 이송결정의 기속력은 이송받은 상급심 법원에는 미치지 않는다고 보아야 하나, 한편 그 기속력이 이송받은 하급심 법원에도 미치지 않는다고 한다면 사건이 하급심과 상급심 법원 간에 반복하여 전전 이송되는 불합리한 결과를 초래하게 될 가능성이 있어 이송결정의 기속력을 인정한 취지에 반하는 것일뿐더러 민사소송의 심급의 구조상 상급심의 이송결정은 특별한 사정이 없는 한 하급심을 구속하게 되는바 이와 같은 법리에도 반하게 되므로, 심급관할을 위배한 이송결정의 기속력은 이송받은 하급심 법원에는 미친다고 보아야 한다.

이송 전 소송행위 효력은 인정하는 것이 다수설이나, 변론갱신의 절차는 밟아야 한다.

3) 긴급처분

법원은 소송의 이송결정이 확정된 뒤라도 급박한 사정이 있는 때에는 직권으로 또는 당사자의 신청에 따라 가압류·가처분 등 필요한 처분을 할 수 있다. 다만 기록을 보낸 뒤에는 그러하지 아니하다.

4) 기록송부

이송결정을 한 법원의 법원서기관, 법원사무관, 법원주사 또는 법원주사보는 그 결정의 정본을 소송기록에 붙여 이송받을 법원에 보내야 한다

제3장 당사자

제1절 총설

I. 개념

민사소송에서 당사자란 자기 명의로 국가에 권리보호(판결이나 강제집행 등의 재판권 행사)를 받기를 요구하는 자와 그에 대립하는 상대방을 말한다.

자기 이름으로 권리보호를 받기를 요구하는 자와 그에 대립하는 상대방이므로 다른 사람 이름으로 그런 요구를 하거나 받는 대리인 또는 대표자와 다르다.

자기 이름으로 그런 요구를 하거나 받기만 하면 되고, 실체법상 권리법률관계의 주체일 필요는 없다. 선장(상법 제773조 등), 회생채무자의 관리인, 파산관재인(채무자회생 및 파산에 관한 법률 제78, 359조) 등은 권리법률관계의 주체는 아니지만 당사자가 된다.

판결절차에서는 원고, 피고, 항소인, 피항소인, 상고인, 피상고인으로 불리고, 강제집행, 가압류, 가처분, 독촉절차 등에서는 채권자, 채무자 또는 신청인, 피신청인으로 불린다.

II. 당사자대립주의

1. 개념과 필요성

소송에는 항상 인격적으로 별개인 대립하는 두 당사자가 있어야 하는데, 이를 2당사자대립주의라고 한다. 소송의 적정과 공평을 위한 것이다. 비송사건이 편면적인 구조인 것과 다르다.

2. 구체적 내용

1) 쌍방대리의 금지

2당사자가 대립하여야 하므로 당사자 한쪽이 다른 쪽 대리를 할 수 없고, 한 사람이 양쪽을 대리할 수도 없다.

2) 쌍방심리주의

쌍방심리주의란 소송의 심리를 함에 있어 당사자 쌍방에게 평등하게 진술할 기회를 주어야 하는 것을 말하는데, 당사자 대립구조이므로 쌍방에게 공평한 기회를 주어야 심리의 공정을 기할 수 있는 것이다. 헌법상의 평등원칙이 소송법상에 구현된 것으로 당사자평등원칙이라고도 한다.

3. 소송법상 효과

1) 소송요건

대립당사자가 존재하여야 한다는 것은 소송요건이다. 법원은 직권으로 대립당사자 존재 여부를 조사하여야 하며, 판단을 위한 자료를 직권으로 탐지해야 한다.

2) 소송의 종료사유

소송 중 상속이나 합병에 의하여 한쪽이 다른 쪽을 승계했을 때에는 혼동으로 2당사자대립구조가 소멸하므로 소송이 종료된다. 당사자 한쪽이 부존재하게 되었는데 소송의 성격상 계승할 자가 없는 때에도(이혼소송의 한쪽이 사망하는 경우가 그것이다) 마찬가지이다. 이때 법원은 소송종료선언을 한다.

3) 간과한 판결의 효력

제소 전에 사망한 자를 상대로 제소한 사건에서 이를 간과하고 한 판결은 당연무효이고, 망인의 상속인이 한 항소는 부적법하다.[1]

소제기 후 사망한 경우에는 2당사자대립구조는 소송계속 시 필요하므로 제기 전 사망과 동일하나, 상속인의 승계를 인정한다.

제2절 당사자확정

Ⅰ. 개념과 필요성

당사자확정이란 현실적으로 진행되고 있는 소송에서 실제로 누가 당사자로 되어 있는가를 확정하는 것을 말한다.

---

1) 대판 1965. 11. 30. 65다1989.

소송절차의 진행, 판결, 사건의 동일성 판단이 당사자로 되어 있는 자를 기준으로 이루어지므로 당사자확정이 우선 이루어져야 하고, 이후 당사자적격, 능력 등의 문제가 검토된다.

당사자확정은 소송개시 시부터 필요하므로 소장이 접수되면 재판장이 직권조사를 하여 특정할 수 없으면 분명히 하라고 석명하거나 부적법 각하하고(예: 이름만 기재하고 주소 없는 경우), 제3자가 참여하고 있으면 배제시키며, 표시에 착오가 있음이 인정되면 표시정정을 시킨다. 나아가 임의적 당사자변경을 시킬 수도 있다는 입장도 있다.

Ⅱ. 확정기준 및 시기

당사자확정의 문제는 통상은 소장이나 신청서의 기재에 의하여 별문제 없이 해결되나, 이미 사망한 사람을 상대로 제소한 경우나, 남의 이름을 빌려 소송하는 경우에 주로 문제가 된다.

1. 확정기준

1) 권리주체설

다투어지는 권리 법률관계의 주체를 당사자로 보는 입장이다.

2) 의사설

원고나 법원이 당사자로 삼으려는 자가 당사자가 된다는 입장이다. 원고가 갑을 피고로 삼고 싶었는데, 갑의 성명을 잘못 알고 을로 표시한 경우에는 표시와 상관없이 갑이 피고가 된다.

3) 행동설

소송절차에서 당사자로 행동하거나 취급된 자가 당사자라는 입장이다. 갑이 을의 성명을 도용하여 소를 제기하고 소송을 진행한 때에는 실제 원고로 행세한 갑이 원고가 된다.

4) 표시설

소장의 당사자란 표시, 청구취지, 원인의 기재, 기타 일체의 기재사항을 합리적으로 파악하여 당사자로 결정하자는 입장으로 통설, 판례이다.[2]

---

2) 대판 1995. 10. 11. 96다3852, 다만 대판 1969. 12. 9. 69다1230 판결은 이미 사망한 자를 사망한 것을

2. 시기

통설, 판례는 소제기 시 또는 소제기 후 바로 판단해야 한다고 한다. 실제의 경우 상대의 비협조 등으로 본인인가, 법정대리인인가, 회사인가 대표자 개인인가의 확정에 어려움이 있을 수 있으므로 변론종결시를 기준으로 할 필요가 있다. 이런 경우에는 제소할 때 상대를 특정하지 않고 상호 등만 기재한 후 당사자표시의 정정이나, 임의적 당사자변경으로 해결하게 하는 것이 원고의 보호나 소송경제에 도움이 될 것이다.

Ⅲ. 당사자표시의 정정과 임의적 당사자변경

1. 개념과 구별

당사자표시의 정정이란 소장의 기재에 의해 당사자가 잘못 표시되었음이 인정될 때에는 당사자의 동일성을 해치지 않는 범위 내에서 당사자의 표시를 바로잡는 것으로 당연히 허용된다.3)

당사자변경이란 소장에 당사자로 기재된 사람을 새로운 사람으로 변경하는 것으로 당사자의 동일성이 유지되지 않는 경우를 말한다. 임의적 당사자 변경은 명문의 규정이 없는 한 허용되지 않는다.4)

1990년 개정 민사소송법은 필요적 공동소송인의 추가와 피고의 경정을 신설하여 일부 당사자 변경을 허용하였는데(제260조), 판례는 그 이외의 경우에는 임의적 당사자변경을 불허하고 피고경정요건도 엄격하게 해석하고 있다.

2. 표시정정의 예

1) 가족관계등록부, 법인등기부, 주민등록표 등의 기재에 비추어 당사자의 이름이 오기나 누락 또는 바뀐 것을 모르고 종전이름으로 기재한 것이 분명한 경우에는 표시정정이 허용된다.

모르고 피고로 하여 제소하였을 경우 사실상의 피고는 사망자의 상속인이고 다만 그 표시를 그릇한 것에 불과하다고 해석하여 표시정정을 허용해 이 경우에 한하여 예외적으로 의사설을 취하고 있다.

3) 대판 1996. 10. 11. 96다3852.

4) 대판 1991. 6. 14. 91다8333.

2) 당사자능력이 없는 사람을 당사자로 잘못 표시한 경우(개인기업 상인을 상호로, 대한민국을 담당 행정기관으로, 본점을 지점으로, 학교법인을 학교로 기재)에도 표시정정을 허용할 것인지에 관해서는 표시설의 입장에서도 당사자표시가 분명하니 표시된 것이 당사자로 확정된다는 입장과 당사자를 잘못 표시한 것이 분명한 경우에는 오기에 준해 동일성이 유지된다고 보고 올바른 당사자로 표시정정을 하면 된다는 다수설이 있다.

판례는 당사자능력이 없는 자를 피고로 잘못 표시하였다면, 당사자표시정정신청을 받은 법원으로서는 당사자를 확정한 연후에 원고가 정정신청을 한 당사자표시가 확정된 당사자의 올바른 표시이며 동일성이 인정되는지의 여부를 살피고, 그 확정된 당사자로 피고의 표시를 정정하도록 하는 조치를 취하여야 한다고 하여 다수설의 입장이다.[5]

다수설에 따르면 당사자표시정정을 하게 되고, 소수설에 따르면 피고의 경정을 하게 된다.

3) 표시정정을 위한 석명

법인을 당사자로 하여야 할 소장의 당사자란에 원고를 대표이사 개인으로 잘못 표시한 경우, 법원으로서는 마땅히 원고에게 당해 원고가 누구인가를 분명히 하도록 명하여 원고를 명확히 확정한 연후에 확정된 원고가 법인이라면 원고의 표시를 법인으로 정정케 하는 조치를 취하여야 하고, 이러한 조치를 취함이 없이 단지 원고에게 막연히 소장정리만 명한 후 대표이사 개인을 원고로 보아 당해 소를 각하하였음은 심리미진으로 인하여 판결에 이유를 갖추지 못한 위법을 저지른 것에 해당한다.[6]

Ⅳ. 성명모용소송

1. 개념

성명모용소송이란 다른 사람의 명의를 이용하여 소제기를 하거나 응하는 경우를 말한다.

이 경우 당사자가 되는 자는 당사자확정기준에 관한 행동설에 따르면 도용한 자가 되고, 표시설에 따르면 도용당한 자가 되고, 의사설에 따르면 도용당한 자가 된다.

---

5) 대판 1996. 10. 11. 96다3852.

6) 대판 1997. 6. 27. 97누5725.

2. 소송 중 도용사실이 밝혀진 경우

법원은 도용한 자를 배제시켜야 되는데, 원고 쪽이 도용당한 경우에는 무권대리에 준하여 피도용자가 추인하지 않는 한 그의 의사에 의한 소제기가 아니므로 각하하고, 소송비용은 도용자가 부담하며(제108조), 피고 측 모용이 판명된 경우에는 모용자의 소송관여를 배척하고 진정한 피고를 소환해야 한다.

3. 모용사실을 간과하고 판결한 경우

의사설이나 표시설에 따르면 판결은 위법하나 당연무효가 아니고 피도용자에게 판결의 효력이 미치며, 무권대리에 의한 경우로 보아 확정 전에는 상소, 확정 후에는 재심의 소를 제기하여 판결의 효력을 배제할 수 있다.[7] 단 원고가 제3자와 공모하여 허위주소를 기재해 제3자가 피고를 가장해 송달받아 소송을 진행함으로써 피고가 소송 진행사실을 모른 경우는 판결이 송달된 것이 아니어서 확정되지 않고 상소가 가능하다.[8]

V. 사망한 사람을 상대로 한 소송

1. 소제기 전 사망

1) 문제점

소제기 전에 사망한 사람을 상대로 제소한 경우에는 당사자가 누구인가의 당사자확정의 문제, 상속인으로 보정이 가능한지 아니면 소각하를 할 것인지의 문제, 간과한 판결의 효력 문제, 상속인의 소송수행으로 인한 하자치유의 문제 등이 있다.

2) 당사자확정

당사자확정의 기준에 관한 표시설에 의하면 망인이 당사자이므로 소를 각하하고 소송수계도 불허해야 하나, 판례는 사망사실을 몰라서 그런 경우에는 상속인이 사실상 피고이고 그 표시를 그르친 것에 불과하다 하여 상속인으로 정정시키고 있고, 정정이 안 되면 각하하여, 의사설에 가까운 운용을 한다.[9] 다만 제1심까지만 허용한다.[10] 이 경우 소

---

7) 대판 1964. 11. 17. 64다328.
8) 대판 1978. 5. 9. 75다634.

송수계신청을 하면 당사자표시정정신청의 의미로 한 것으로 본다.

3) 법원의 조치

당사자의 실제는 소송요건이므로 재판장이 직권조사를 한다. 표시설에 의하면 사자가 당사자이므로 부적법 각하해야 하나, 판례는 표시정정을 허용하고 있음은 앞서 본 것과 같다.

4) 제소 전 사망을 간과한 판결의 효력과 구제

상속인이 소장 수령하고 사망사실을 밝히지 않고 대리인을 선임하는 등 소송수행을 하면, 법원은 제소 전 사망을 간과하고 판결을 할 수밖에 없으므로 이 판결의 효력이 문제된다. 의사설이나 행동설에 의하면 상속인이 피고이므로 상속인에게 판결의 효력이 미치나, 표시설에 의하면 망인을 상대로 한 판결이므로 당연무효이고, 상소재심의 대상이 아니다.[11]

실제의 경우 법원이 제소 전 사망을 간과하고 판결을 하게 되는 일은 원고가 피고의 사망사실을 모르고 피고의 상속인이 소장 수령하고 사망사실을 밝히지 않고 대리인을 선임하는 등 소송수행을 하여 법원이 제소 전 사망사실을 간과할 수밖에 없는 경우에나 발생할 것인데, 이때 신의칙상 상속인에게 소송수행의 결과나 판결의 효력을 인수시켜야 하는 것이 원고의 보호나 소송경제상 바람직할 것이다. 일본 판례는 이를 인정하고 있으나, 우리는 정면으로 인정한 경우는 없고, 사자에 대한 압류명령의 송달은 위법무효이지만 상속인이 현실적으로 송달을 받은 경우에는 하자가 치유된다는 판례[12]의 취지를 원용하여 인정할 수 있을 것이다.

---

9) 대판 1974. 7. 16. 73다1190, 대결 2006. 7. 4. 2005마425, 원고가 사망 사실을 모르고 사망자를 피고로 표시하여 소를 제기한 경우에, 청구의 내용과 원인사실, 당해 소송을 통하여 분쟁을 실질적으로 해결하려는 원고의 소제기 목적 내지는 사망 사실을 안 이후 원고의 피고 표시 정정신청 등 여러 사정을 종합하여 볼 때 사망자의 상속인이 처음부터 실질적인 피고이고 다만 그 표시를 잘못한 것으로 인정된다면, 사망자의 상속인으로 피고의 표시를 정정할 수 있다. 이 경우에 실질적인 피고로 해석되는 사망자의 상속인은 실제로 상속을 하는 사람을 가리키고, 상속을 포기한 자는 상속 개시 시부터 상속인이 아니었던 것과 같은 지위에 놓이게 되므로 제1순위 상속인이라도 상속을 포기한 경우에는 이에 해당하지 아니하며, 후 순위 상속인이라도 선순위 상속인의 상속포기 등으로 실제로 상속인이 되는 경우에는 이에 해당한다.

10) 대판 1970. 3. 24. 69다929, 사망자를 당사자로 한 소제기는 부적법하므로 비록 1심판결의 선고가 있었다 할지라도 망인 명의의 항소나 망인의 재산상속인들의 소송수계신청은 허용될 수 없다. 다만 재심원고가 피고가 사망한 것을 모르고 종전의 피고를 그대로 피고로 표시했다가 그 후 상속인들로 피고를 정정하는 수계신청을 한 것은 적법하다(대판 1983. 12. 27. 82다146).

11) 대립당사자 구조를 무시한 판결이고, 사자가 피고이므로 당연무효이고 따라서 당사자의 수계인이 한 항소는 부적법하며, 재심의 소도 확정될 수 없는 무효판결을 대상으로 한 것이므로 허용될 수 없다(대판 2001. 1. 27. 2000다33775, 1994. 12. 9. 94다16564).

12) 대판 1998. 2. 13. 95다15667.

2. 소제기 후 소송계속 전(소장 피고에게 송달 전) 사망한 경우

2당사자 대립구조는 소송계속 시 필요하므로 소제기 전 사망과 동일하나 상속인의 승계를 인정하는 것이 옳을 것이다.

3. 소송계속 중 사망

1) 문제점

소송계속 중에 사망한 경우에는 당사자가 누구인가의 당사자확정 문제는 없으나, 절차가 중단되는지, 중단된 절차의 수계는 어떻게 하는지, 중단시키지 않고 한 판결의 효력과 망인 이름으로 표시된 판결문의 집행방법 등의 문제가 있다.

2) 소송절차에 미치는 영향

① 소송이 종료되는 경우

일신적속적인 법률관계(부부관계)여서 상속될 수 없는 경우나, 상속될 수 있어도 상속인이 없으면 절차중단의 문제가 발생하지 않고, 법원은 소송종료선언을 한다.

② 소송이 중단되는 경우

상속될 수 있는 경우에 상속인이 있으면, 당사자 지위는 상속인에게 승계되고 승계가 있을 때까지 소송절차가 중단된다. 이 경우 상속인, 상속재산관리인, 그 밖에 법률에 의하여 소송을 계속하여 수행할 사람이 소송절차를 수계하여야 한다(제233조). 다만 소송대리인이 있으면 대리인은 상속인의 대리인이 되고 소송절차는 중단되지 않는다(제238조). 단 심급대리의 원칙상 대리인에게 상소의 특별수권이 없으면 판결정본의 송달로 소송절차는 중단된다.

상속인은 상속포기를 할 수 있는 동안 소송절차를 수계하지 못한다.

3) 수계신청을 할 법원

수계신청은 소송절차의 중단에 따른 것으로 민사소송법 제241조 이하의 일반절차에 따르면 된다. 다만 종국판결이 송달되고 나서 수계신청을 할 경우에 어느 법원에 할 것인가를 두고, 민사소송법 제243조 제2항의 재판이 송달된 뒤에 중단된 소송절차의 수계에 대해서는 그 재판을 한 법원이 결정하여야 한다고 규정하고 있는 것과 관련 논의가 있다.

위 규정이나 상소장원심법원제출규정(제397, 425조)대로라면 원심법원에 제출하여야 하나, 소송경제와 당사자의 편의를 위해 원심법원 또는 상소법원에 선택적으로 수계신청을 할 수 있다는 입장도 있다.

판례는 소송절차가 중단된 상태에서 제기된 상소는 부적법한 것이지만, 상소심 법원에 수계신청을 하여 그 하자를 치유시킬 수 있다[13]고 하여 선택적으로 수계신청을 할 수 있다는 입장이다.

4) 간과판결

중단과 수계절차 없이 판결한 경우에 제소 전 사망과 같이 판결을 무효로 볼 것인가에 관해서는 입장이 나뉜다.

소송계속 중 당사자가 사망하면 포괄승계의 원인이 발생한 것이므로 소송상의 지위도 당연 승계된다는 입장과 상속인이 상고포기를 할 수도 있으므로 수계절차가 없는 한 당연 승계되지 않는다는 입장이 있는데, 전자의 간과판결은 수계절차가 없는 절차상의 하자가 있는 위법한 판결일 뿐 무효는 아니라고 하고, 후자는 대립당사자가 파괴된 것은 제소 전 사망과 다를 바 없어 당연무효가 된다.

판례는 당연승계를 인정하고, 수계절차를 밟지 않은 절차상 위법은 있지만 그 판결이 당연무효라고 할 수는 없고, 대리인에 의하여 적법하게 대리되지 않았던 경우와 마찬가지로 보아 대리권흠결을 이유로 상소 또는 재심에 의하여 그 취소를 구할 수 있을 뿐이라고 본다.[14]

5) 판결하자의 치유

당사자와 법원은 절차중단 중에는 일체의 소송행위를 할 수 없고, 이를 무시하고 이루어진 소송행위는 무효이다. 다만 판결의 경우는 민사소송법 제394조 제2항을 유추하여 볼 때 당사자가 판결 후 확정 전에 명시적 또는 묵시적으로 원심의 절차를 적법한 것으로 추인하면 상소사유 또는 재심사유는 소멸한다고 보아야 한다.[15]

---

13) 대판 2003. 11. 14. 2003다34038.

14) 대판 전합 1995. 5. 23. 94다28444, 대립당사자 구조를 갖추고 적법한 소가 제기되었다가 소송 도중 어느 일방의 당사자가 사망함으로 인해서 그 당사자로서의 자격을 상실하게 된 때에는 그 대립당사자 구조가 없어져 버린 것이 아니고, 그때부터 그 소송은 그의 지위를 당연히 이어받게 되는 상속인들과의 관계에서 대립당사자 구조를 형성하여 존재하게 되는 것이고, 다만 상속인들이 그 소송을 이어받는 외형상의 절차인 소송수계절차를 밟을 때까지는 실제상 그 소송을 진행할 수 없는 장애사유가 발생하였기 때문에 적법한 수계인이 수계절차를 밟아 소송에 관여할 수 있게 될 때까지 소송절차는 중단되도록 법이 규정하고 있을 뿐인바, 이와 같은 중단사유를 간과하고 변론이 종결되어 판결이 선고된 경우에는 그 판결은 소송에 관여할 수 있는 적법한 수계인의 권한을 배제한 결과가 되는 절차상 위법은 있지만 그 판결이 당연무효라 할 수는 없고, 다만 그 판결은 대리인에 의하여 적법하게 대리되지 않았던 경우와 마찬가지로 보아 대리권흠결을 이유로 상소(민사소송법 제394조 제1항 제4호) 또는 재심(민사소송법 제422조 제1항 제3호)에 의하여 그 취소를 구할 수 있을 뿐이다.

15) 위 판결, 따라서 판결이 선고된 후 적법한 상속인들이 수계신청을 하여 판결을 송달받아 상고하거나 또는 사실상 송달을 받아 상고장을 제출하고 상고심에서 수계절차를 밟은 경우에도 그 수계와 상고는 적법한 것이라고 보아야 하고, 그 상고를 판결이 없는 상태에서 이루어진 상고로 보아 부적법한 것이라고

6) 망인이 당사자로 표시된 판결문의 집행방법

상속인이 상소 또는 재심에 의해 불복하지 않고 하자 있는 판결의 흠을 승인한 경우에
그 판결문의 집행방법이 문제 된다.

상속인을 승계인으로 보아 승계집행문을 부여받는 방법과 판결경정으로 표시를 바꾸는
방법이 있는데, 변론종결 전의 상속인은 변론종결 후의 승계인은 아니므로 승계집행문을
받을 수는 없고 실질적인 당사자의 표시가 잘못된 것이므로 판결경정으로 해결하여야 할
것이다. 판례는 양자의 방법을 다 허용한다.[16]

4. 변론종결 후 사망

소송절차는 중단되나 판결선고는 가능하다. 상속인은 변론종결 후 승계인에 해당하므
로 그에 대한 판결로 유효하다. 단 판결문의 송달은 중단해소 뒤에 해야 한다. 모르고 송
달하여 상속인이 수령해도 상소기간은 진행하지 않는다.

Ⅵ. 법인격부인과 당사자확정

1. 법인격부인론의 개념

법인격부인론은 법인격이 형해화되었거나 남용되어 법인의 독립성을 관철하면 정의와
형평에 반하는 경우에 그 법인의 법인격, 즉 권리능력을 부인하고 배후에 있는 실체인
사주나 다른 회사에 책임을 물을 수 있도록 하자는 이론이다.

2. 인정 여부

학설은 일반적으로 인정하는 입장과 권리주체의 개념이 붕괴되고 절차의 엄격성과 법

각하해야 할 것은 아니다.

16) 대결 1998. 5. 30. 98그7, 사망한 자가 당사자로 표시된 판결에 기하여 사망자의 승계인을 위한 또는 사
　　망자의 승계인에 대한 강제집행을 실시하기 위해서는 민사소송법 제481조를 준용하여 승계집행문을 부
　　여함이 상당하다.
　　대판 2002. 9. 24. 2000다49374, 소송계속 중 회사인 일방 당사자의 합병에 의한 소멸로 인하여 소송절
　　차 중단 사유가 발생하였음에도 이를 간과하고 변론이 종결되어 판결에 구 당사자를 표시하여 선고한
　　때에는 소송수계인을 당사자로 경정하면 될 뿐, 구 당사자 명의로 선고된 판결을 대리권 흠결을 이유로
　　상소 또는 재심에 의하여 취소할 수는 없다.

적 안정성을 해할 우려가 있으므로 다른 법규의 해석을 통한 해결을 먼저 시도해 보고
여의치 않을 경우에만 보충적으로 적용하자는 입장이 있는데, 판례는 부정한다.[17]

3. 적용요건

회사의 독립된 법인격이 주주 개인과 분리하여 존재하지 않고, 주주에 의한 회사의 지
배로 회사가 주주의 단순한 도구에 불과하고, 회사의 책임재산이 의도적으로 유출되어
회사채권자들의 권리가 침해되는 등의 요건이 필요하다.

4. 소송상 적용효과

인정할 경우 소송상으로는 누구를 당사자로 볼 것인가의 문제가 발생하는데, 법인과 배
후자는 합쳐서 하나의 실체로서 법인 구성, 양자가 복합적으로 당사자 지위에 있게 된다.
따라서 소송승계, 임의적 당사자변경, 당사자표시정정의 방법으로 당사자인 법인을 배
후자로 변경 가능하고,[18] 회사가 당사자가 되어 받은 판결의 효력도 목적물의 소지인(제
218조)에 준하여 배후자에게 미친다.

제3절 당사자능력

I. 개념

당사자능력이란 일반적으로 소송당사자가 될 수 있는 능력이나 자격을 말한다.

사건과 관련 없이 일반적으로 당사자가 될 수 있는 능력을 말하므로 특정 소송에서 당사

---

17) 대판 1995. 5. 12. 93다44531, 갑 회사와 을 회사가 기업의 형태·내용이 실질적으로 동일하고, 갑 회사
　　는 을 회사의 채무를 면탈할 목적으로 설립된 것으로서 갑 회사가 을 회사의 채권자에 대하여 을 회사와
　　는 별개의 법인격을 가지는 회사라는 주장을 하는 것이 신의성실의 원칙에 반하거나 법인격을 남용하는
　　것으로 인정되는 경우에도, 권리관계의 공권적인 확정 및 그 신속확실한 실현을 도모하기 위하여 절차
　　의 명확안정을 중시하는 소송절차 및 강제집행절차에 있어서는 그 절차의 성격상 을 회사에 대한 판
　　결의 기판력 및 집행력의 범위를 갑 회사에까지 확장하는 것은 허용되지 아니한다.
18) 어느 방법이 옳은 것인가의 논의가 있기는 하나 실익이 없는 논의이다.

자가 될 자격이 있느냐의 문제인 당사자적격과 다르고, 민법상 권리능력과 유사 개념이다.

Ⅱ. 당사자능력자

1. 민법상 권리능력자

민사소송법 제51조는 당사자능력은 이 법에 특별한 규정이 없으면 민법, 그 밖의 법률에 따른다고 하고 있으므로 민법상 권리능력자는 모두 당사자능력이 있다.

1) 자연인

사람은 생존하는 동안 권리능력이 있으므로(민법 제3조), 생존하는 동안 당사자능력도 있다. 연령을 불문하나, 사망하거나 파산선고를 받으면 당사자능력을 상실한다.

① 태아

사람에 이르지 못한 태아는 원칙적으로 권리능력이 없고 따라서 당사자능력도 없으나, 태아가 출생한 경우의 권리보호를 위해 민법은 일정한 경우에는 태아를 이미 출생한 것으로 보아 권리능력을 인정하므로 당사자능력도 있다.

민법이 정한 경우로 상속권(민법 제1000조), 유증권(민법 제1064조), 불법행위손해배상청구권(민법 제762조) 등이 있다.

권리능력의 시기에 관해서는 태아가 살아서 출생한다는 보장이 없으므로 논의가 있는데, 해제조건설은 처음부터 능력 있고 사산하면 소급 소멸한다 하고, 정지조건설은 태아인 상태로는 권리능력이 없고 출생하면 출생시기가 사안발생 시로 소급된다고 본다.

판례는 정지조건설의 입장이나,[19) 태아 중인 상태에서도 증거보전·집행보전의 필요성이 있으므로 당사자능력을 인정할 필요성이 있다.

② 외국인

외국인도 당사자능력이 있으나, 치외법권자는 재판권에 미치지 않으므로 없고(재판권의 문제이지 당사자능력의 문제가 아니라는 입장도 있다), 다만 치외법권을 주장하지 않고 제소·응소하면 있다.

---

19) 대판 76. 9. 14. 선고 76다1365.

③ 동·식물

환경소송에서 자연보호의 대상인 동·식물 등 자연 그 자체를 당사자로 보아야 한다
는 입장이 있을 수 있으나, 이에 관한 실정법이나 관습법이 없는 현행법 체계상으로는
불가능하다.[20]

2) 법인

법인은 내·외국법인, 영리·비영리법인, 사단·재단법인을 불문하고 권리능력이 있으
므로 당사자능력도 있다.

① 해산·파산 시

청산·파산의 목적범위 내 법인이 존속하는 것으로 보므로(민법 제81조, 상법 제245
조 등) 그 범위 내에서 당사자능력이 있고, 청산사무종결 시에 상실한다.

② 법인의 지점이나 부속기관은 당사자능력이 없다.

③ 국가, 지방자치단체, 영조물법인, 공공조합

사법상 권리관계의 주체가 될 수 있으므로 당사자능력이 있다. 내부 행정기관이나 하
부 행정구역(읍, 면, 동)은 없고, 국회나 법원도 당사자능력이 없다. 행정소송에서는 행정
청이 당사자능력이 있다.

④ 비법인사단·재단

사단이나 재단은 주무관청의 허가나, 법정의 절차를 거쳐서 법인격을 취득해야(민법
제32, 33조) 실체법상 권리능력이 인정되므로 비법인사단·재단의 권리능력은 부정되는
데, 실제는 법인격을 취득하지 않고 활동하는 경우가 많아 분쟁 시 누구를 당사자로 해
야 하나 하는 번거로움을 해소하기 위해, 민사소송법상으로는 비법인사단·재단의 당사
자능력을 인정하고 있다(제52조).

가. 비법인사단

법인 아닌 사단이란 일정한 목적을 위한 다수인의 결합체로서 구성원의 가입과 탈퇴에
상관없이 존속하며, 내부적으로 의사결정과 업무집행을 위한 기관이 구성되어 있고, 대외
적으로 단체를 대표할 대표자가 정해져 있는 경우를 말한다.

종중, 문중, 단체성 있는 일반 사찰(개인사찰은 아님), 불교신도회, 수리계, 자연부락,
아파트입주자대표회의, 주택조합, 설립 중 회사, 동창회, 학회, 상가번영회, 개신교회(천주

---

20) 대결 2006. 6. 2. 2004마1148, 1149, 도롱뇽은 천성산 일원에 서식하고 있는 도롱뇽목 도롱뇽과에 속하
는 양서류로서 자연물인 도롱뇽 또는 그를 포함한 자연 그 자체로서는 소송을 수행할 당사자능력을 인
정할 수 없다.

교 개별교회는 아님) 등이 그것이다.

문중, 종중처럼 자연적으로 성립하는 사단은 특별한 조직행위가 없어도 당사자능력이 인정되나, 단체의 외형이 있더라도 실체가 없으면 안 된다.

나. 비법인재단

법인 아닌 재단은 계속적인 목적에 제공된 재산의 집단으로 출연자 자신으로부터 독립하여 존재하며, 대외적으로 이를 관리하는 관리인이 정해져 있는 경우를 말한다.

장학회, 유치원, 보육원 등이 그것이다.

학교는 교육시설의 명칭일 뿐이고, 공사립을 불문하고 비법인재단이 아니다. 설립한 주체(국가, 지방자치단체, 학교법인, 개인)가 당사자능력이 있다.

다. 조합

하나의 단체이고, 조합재산도 개인재산으로부터 독립되어 관리되고 있다는 이유로 당사자능력을 인정하는 입장도 있으나, 구성원이 독립된 존재이고 공동목적달성에 필요한 범위 내 제약받을 뿐이어서 구성원의 개성이 뚜렷하고 단체성이 없다는 이유로 부정하는 것이 다수설, 판례이다.[21]

따라서 조합원 전원(고유필수적 공동소송), 선정당사자 또는 업무집행조합원이 소송수행권을 수여받아 자기 이름으로(임의적 소송담당) 소송당사자가 될 수 있다.[22] 판례는 업무집행조합원의 모든 조합원 대리를 허용하고 있다.[23]

라. 소송상 취급

비법인사단이나 재단이 당사자가 된 경우에는 단체 자체가 당사자가 되고, 그 대표자나 관리인은 법정대리인에 준하여 취급된다. 권리·의무가 단체에 귀속된다는 취지로 판결이 되며 그 한도에서 권리능력을 인정받는 결과가 된다. 판결의 효력은 단체에 대해서만 미

---

21) 대판 91. 6. 25. 88다카6368.

22) 대판 전원 2005. 9. 15. 2004다44971, 민법 제276조 제1항은 "총유물의 관리 및 처분은 사원총회의 결의에 의한다", 같은 조 제2항은 "각 사원은 정관 기타의 규약에 좇아 총유물을 사용·수익할 수 있다"라고 규정하고 있을 뿐 공유나 합유의 경우처럼 보존행위는 그 구성원 각자가 할 수 있다는 민법 제265조 단서 또는 제272조 단서와 같은 규정을 두고 있지 아니한바, 이는 법인 아닌 사단의 소유형태인 총유가 공유나 합유에 비하여 단체성이 강하고 구성원 개인들의 총유재산에 대한 지분권이 인정되지 아니하는 데에서 나온 당연한 귀결이라고 할 것이므로 총유재산에 관한 소송은 법인 아닌 사단이 그 명의로 사원총회의 결의를 거쳐 하거나 또는 그 구성원 전원이 당사자가 되어 필수적 공동소송의 형태로 할 수 있을 뿐 그 사단의 구성원은 설령 그가 사단의 대표자라거나 사원총회의 결의를 거쳤다 하더라도 그 소송의 당사자가 될 수 없고, 이러한 법리는 총유재산의 보존행위로서 소를 제기하는 경우에도 마찬가지이다(법인 아닌 사단의 대표자 개인 또는 구성원 일부가 총유재산의 보존을 위한 소를 제기할 수 있다는 종전 판례를 변경).

23) 대판 1970. 8. 31. 70다360.

치고, 그 구성원이나 출연자 개인은 판결의 효력을 받지 않고 강제집행의 대상도 단체의 고유재산에 한한다. 이때 단체의 재산이 대표자 개인명의 또는 구성원들의 명의로 되어 있을 때에는 민사집행법 제25, 31조를 준용하여 승계집행문을 부여받아 집행할 수 있다.

Ⅲ. 소송법상 효과

1. 소송행위 유효요건

당사자능력이 없는 자의 소송행위는 무효이다. 다만 당사자능력의 존재를 다투며 상소하는 경우에는 그 한도에서 능력자로 취급된다.

뒤에 능력을 취득한 당사자의 추인에 의해 유효하게 될 수 있다.

2. 소송요건

당사자능력은 본안판결을 받기 위해 필요한 소송요건이다.

1) 직권조사

당사자능력의 존부는 직권조사사항으로 법원은 당사자의 항변을 기다리지 않고 직권으로 사실과 증거자료를 수집하며, 당사자의 자백에 구속되지 않는다. 사실심변론종결 시를 기준으로 존재 여부를 판단한다.[24]

2) 조사 후 법원의 조치

법원은 조사결과 당사자능력이 없으면 본안판결 없이 부적법 각하하여야 한다. 다만 소장 전체 취지상 당사자능력자로 인정되는 자가 있어 보정할 수 있으면(행정청을 국가로, 학교를 운영주체인 법인으로, 망인을 상속인으로) 민사소송법 제59조(소송능력 흠결의 보정)를 유추하여 표시정정의 형태로 보정할 것을 명해야 한다.[25] 이 경우 당사자를 변경(제260조)하도록 석명권을 행사해야 한다는 입장도 있다.

---

24) 대판 1997. 12. 9. 97다8547.

25) 대판 2001. 11. 13. 99두2017, 소송에 있어서 당사자가 누구인가는 당사자능력, 당사자적격 등에 관한 문제와 직결되는 중요한 사항이므로, 사건을 심리·판결하는 법원으로서는 직권으로 소송당사자가 누구인가를 확정하여 심리를 진행하여야 하는 것이며, 이때 당사자가 누구인가는 소장에 기재된 표시 및 청구의 내용과 원인 사실 등 소장의 전 취지를 합리적으로 해석하여 확정하여야 할 것이고, 소장에 표시된 원고에게 당사자능력이 인정되지 않는 경우에는 소장의 전 취지를 합리적으로 해석한 결과 인정되는 올바른 당사자능력자로 그 표시를 정정하는 것은 허용되며, 소장에 표시된 당사자가 잘못된 경우에 당사자 표시를 정정케 하는 조치를 취함이 없이 바로 소를 각하할 수는 없다.

조사결과 당사자능력이 있는 경우에는 계속 심리를 진행시키면 되나, 당사자능력의 존부에 관하여 다툼이 있으면 중간판결을 하거나 종국판결의 이유에서 판단한다.

소송계속 중 당사자가 사망·합병 등의 사유로 당사자능력을 잃은 때에는 소가 부적법해지는 것은 아니므로 소각하 판결을 할 것이 아니고, 소송절차가 중단된다(제235조). 단 소송대리인이 있는 경우는 중단되지 않는다(제238조). 소송물이 승계할 권리관계이고 승계인이 있으면 당연 승계되고, 승계자가 없으면 소송종료선언을 한다. 소송물이 승계할 권리관계가 아닌 경우(이혼소송의 일방이 사망한 경우)에는 소송종료선언을 한다. 선정당사자의 일부가 상실한 경우에는 나머지 선정자가 당연 승계하므로 소송절차는 중단되지 않는다.

3. 흠 간과 판결

망인에 대한 판결이 무효인 것처럼 당연무효라는 입장과 주로 문제 되는 경우가 어느 정도 실체는 있으나 법인 아닌 사단·재단 여부가 문제 되는 경우로 당사자가 전혀 부존재하는 경우와는 다르다는 이유로 당연무효는 아니라는 입장이 있고, 이 입장도 재심의 인정 여부에 대하여 다시 나뉜다.

판례는 당사자 사망의 경우와 관련 소제기 전 사자를 당사자로 표시한 경우는 당연무효로 상소·재심은 불가하나, 소송계속 중 사망인데 간과 시는 유효하지만 승계인의 참가권리를 침해했으므로 상소·재심이 가능하다고 본다.[26]

제4절 당사자적격

I. 개념

당사자적격이란 당사자로서 특정소송을 수행하고 본안 판결을 받을 수 있는 자격을 말한다. 특정 소송에서 당사자로 확정된 사람이 그 소송에서 실제로 당사자가 될 자격이

---

26) 대판 전합 1995. 5. 23. 94다28444.

있는가 하는 것이다. 다른 사람의 권리라도 자기 이름으로 소송을 수행할 수 있는 경우(파산관재인)가 있어 권리주체와는 다른 개념이고, 해당 권리관계에 대하여 관리처분권이 있는 자가 정당한 당사자로서 당사자적격이 있다.

계약명의자 아닌 자가 계약체결과정에 관여했다는 이유로 당사자가 된 경우는 당사자적격이 없고, 환경소송같이 실체법상 권리로 확립되어 있지 않은 이익을 소송물로 하는 경우는 그 이익의 귀속주체가 소송을 통하여 확정되므로 당사자적격자로 인정되는 것이 권리의무의 귀속주체로 인정되는 첫걸음이 된다.

Ⅱ. 당사자적격자

1. 일반기준

일반적으로 당사자적격이 있는 자는 타투어지는 권리, 법률관계의 존부에 관하여 법률상의 이해관계를 가지는 자가 된다.

1) 이행의 소

이행의 소는 일정한 의무의 이행을 구하는 소송으로 이행청구권이 있다고 주장하는 사람이 원고적격, 이행의무가 있다고 주장되는 사람이 피고적격이 있다. 적격 유무는 원고의 주장만으로 판단하고 실제 권리 있는지 여부는 불문한다. 이는 본안 판단사항이다.

예컨대 채무자를 갑이라고 주장하면서 갑의 아들이 다투고 있으니 그 아들 상대로 소제기를 한다 할 경우 아들은 채무자가 아니므로 당사자적격이 없고, 소유권이전등기청구소송을 하면서 실제권리자는 등기명의자가 아닌 다른 사람이라고 주장하며 그 사람을 상대로 소제기를 하는 것은 당사자적격이 없는 자를 상대로 한 부적법한 소이다.[27]

2) 확인의 소

확인의 소는 권리·법률관계의 존부확인을 구하는 소송으로 확인 이익이 있는 입장에 있는 자가 원고적격, 그와 대립·저촉되는 이익을 가진 자가 피고적격이 있다. 확인의 소에서는 당사자적격의 문제가 확인의 이익 문제로 흡수되어 버린다.

실제권리자라도 상대가 그 존부를 다투지 않으면 확인의 이익이 없다.

권리 의무의 주체가 아니라도 확인 이익이 있을 수 있는데, 갑 소유의 부동산에 임차

---

27) 대판 1994. 2. 25. 93다39225.

권을 가진 을이 그 부동산이 자기 소유라고 주장하는 병을 상대로 소유권은 갑에게 있다
는 확인판결을 구할 수 있는 것이 그것이다.

단체대표자선출결의 무효나 부존재확인을 구할 경우와 같은 단체 내부의 분쟁에서의
원·피고는 누가 될 수 있는가의 문제가 있다. 원고는 확인 이익이 있는 한 단체구성원
이 아닌 사람도 가능하다. 피고는 대표자본인인가, 단체인가, 아니면 양자 모두인가에 관
하여, 판례는 대표자본인이 아닌 단체가 피고가 되어야 하고, 그 단체를 대표할 자는 다
투는 결의에 의하여 대표자로 선임된 자가 된다고 한다.[28] 대표자 개인의 이익보호를 위
해 단체와 개인 모두가 피고가 된다고 보면 필수적 공동소송이 된다.

3) 형성의 소

형성의 소는 판결에 의하여 권리 법률관계에 변동을 가져오는 경우(이혼, 사해행위취
소, 공유물 분할 판결)로 법률에 규정이 있는 경우에 한하여 제기할 수 있고, 누가 당사
자가 될지도 법에 정해진 경우가 대부분이다.

예컨대 상법 제376, 578조는 주주총회결의취소의 소는 주주, 이사, 감사만이 제기할
수 있는 것으로 하여 원고적격자를 규정하고 있다.

명문 없는 경우에는 제3자에게 판결의 효력이 미치는 점에 비추어, 당해 소송에 강한
이해관계를 가지고 있고 충실한 소송수행을 기대할 수 있는 사람을 당사자적격자로 볼
것이다. 주주총회결의취소의 소에서 피고는 회사가 되고,[29] 이사해임 소의 피고는 이사
와 회사가 된다. 채권자취소소송은 형성과 이행소송의 두 성격이 있는데, 취소효과가 상
대적으로만 발생한다는 이유로 채무자가 아닌 재산반환상대인 수익자 또는 전득자만 피
고적격이 있다는 것이 판례이다.[30]

4) 다수당사자 분쟁의 경우

환경소송과 같이 집단적 이익이 문제 되는 경우의 피해구제 등 소송에 있어서는 실제
피해자들은 피해의 심각성을 모르거나 소액이라는 이유로 관심이 없고, 환경운동단체들
이 대신 나서서 환경침해행위의 중단이나 피해의 구제를 요구하는 경우가 대부분이어서
이들의 당사자적격을 인정할 필요성이 대두된다. 이런 경우 영국이나 미국은 피해자들을
대표한 대표당사자의 소송수행권을 허용하고 있고(class action), 독일도 단체소송의 경우
일정 단체의 소송수행권을 인정하고 있다.

---

28) 대판 전합 1983. 3. 22. 82다카1810.
29) 대판 전합 1982. 9. 14. 80다2425.
30) 대판 2004. 8. 30. 2004다21923.

피해의 정도가 극히 적거나 침해와의 관련성이 희박한 자라도 소송 전부터 당해분쟁을 해결하기 위한 사회적 실체로서 행동해 온 경우에 당자자적격을 인정할 필요가 있는데, 우리는 증권관련 집단소송법상 증권관련소송과 소비자기본법상 소비자단체소송이 인정되고 있다.

증권관련 집단소송은 증권의 매매 그 밖의 거래과정에서 다수인에게 피해가 발생한 경우에 손해배상청구소송을 하려는 사람들은 법원의 허가를 받아 총원을 위하여 증권관련 집단소송절차를 수행하는 1인 또는 수인의 구성원을 대표당사자로 선정하여 하는 소송이고, 소비자단체소송은 소비자단체가 사업자가 소비자의 권익증진과 관련하여 국가가 정한 기준을 준수하지 않아 소비자의 생명, 신체 또는 재산에 대한 권익을 직접적으로 침해하고 그 침해가 계속되는 경우 법원의 허가를 얻어 소비자권익침해행위의 금지·중지를 구하는 소송을 말한다.

Ⅲ. 제3자의 소송담당

1. 개념

제3자의 소송담당이란 권리·법률관계 직접당사자 대신 또는 그와 함께 제3자가 적격을 가지는 경우를 말한다. 이때 판결의 효력은 권리관계의 주체에 확장된다. 소송담당자는 다른 사람의 권리관계에 관하여 소송을 수행하지만 자기 이름으로 수행한다는 점에서 다른 사람의 이름으로 수행하는 대리인과 다르다.

2. 법정 소송담당

법정소송담당은 권리·의무의 귀속주체의 의사와는 상관없이 법률의 규정에 의하여 제3자가 소송수행권을 갖는 경우를 말한다.

1) 권리의무주체에 갈음하여 소송수행권을 갖는 경우

파산자 대신 파산재단에 관한 소송을 하는 파산관재인과 회생절차의 관리인(채무자회생 및 파산에 관한 법률 제78조), 상속인이 대신 유언에 관한 소송을 하는 유언집행자(민법 제1101조), 주한미군에 대한 손해배상청구소송에서 주한미군에 갈음하는 대한민국(한미행정협정 제23조 제5항) 등이 그 예이다.

권리관계의 주체인 사람은 공동소송적 보조참가로 자신의 이익을 보호할 수 있다. 공동소송참가는 중복제소가 되고, 독립당사자참가는 독자로 소송을 할 수 없어 허용되지 않는다.

2) 권리의무주체와 함께 소송수행권을 갖는 경우

회사 대신 이사에 대한 손해배상청구소송(대표소송)을 하는 주주(상법 제403조), 채권질권자(민법 제353조), 공유자 전원을 위해서 보존행위를 하는 공유자(민법 제265조), 채무자 대신 채권자대위소송을 하는 채권자(민법 제404조) 등이 있다.

권리관계의 주체인 사람은 공동소송적 보조참가, 독립당사자참가로 자신의 이익을 보호할 수 있다. 공동소송참가는 중복제소가 되어 허용되지 않는다.

권리관계의 주체인 사람이 소송에 참가할 수 있도록, 채권자대위소송을 하는 채권자는 채무자에게, 대표소송을 하는 주주는 회사에 소송계속을 고지할 의무가 있다(민법 제405조 제1항, 상법 제404조 제2항).

3. 직무상 소송담당

권리의무귀속주체의 소송수행이 불가능하거나 부적당할 경우에 제3자가 직무상 소송을 담당하는 것으로, 가사소송의 당사자가 사망했을 경우의 검사(가사소송법 제24, 28, 31, 34조), 해난구조료청구를 할 경우의 선장(상법 제859조 제2항)이 그것이다.

4. 임의적 소송담당

임의적 소송담당이란 권리·의무의 귀속주체 권한 수여에 의해 제3자가 소송수행권을 가지는 경우를 말한다. 명문규정이 있는 경우 외에는 변호사 대리원칙(제87조) 및 소송신탁 금지원칙(신탁법 제7조)에 따라 무효가 된다.

명문이 있는 경우로는 공동의 이해관계가 있는 다수자 중에서 선정되어 다수자 모두를 위해 소송을 수행하는 선정당사자(제53조), 금융기관의 연체대출금에 관한 소송을 수행하는 한국자산관리공사(금융기관의 부실자산의 효율적 처리 및 한국 자산관리공사의 설립에 관한 법률 제26조 제1항), 어음추심위임배서를 받은 피배서인(어음법 제18조)이 있다.

소송행위를 주된 목적으로 하는 채권양도는 무효이다.[31]

명문이 없는 경우라도 합리적 이유가 있는 경우에는 인정해야 할 것이다. 판례도 업무

---

31) 대판 2004. 3. 25. 03다20909, 대판 1982. 3. 23. 81다540.

집행조합원의 조합재산에 관한 소송수행,[32] 영세근로자가 해고관련 소송을 노조에 위임하는 경우나, 집단적 피해자가 소속단체를 통해 소송하는 경우[33]가 그것이다.

5. 법원의 허가에 의한 소송담당

증권관련 집단소송, 즉 증권의 매매 그 밖의 거래과정에서 다수인에게 피해가 발생한 경우에 손해배상청구소송을 하려는 사람들은 법원의 허가를 받아 총원을 위하여 증권관련 집단소송절차를 수행하는 1인 또는 수인의 구성원을 대표당사자로 선정할 수 있는데, 이 대표당사자는 법원의 허가에 의한 소송담당자가 된다.

소비자단체소송, 즉 소비자단체가 소비자 권익증진과 관련하여 사업자가 국가가 정한 기준을 준수하지 않아 소비자의 생명, 신체 또는 재산에 대한 권익을 직접적으로 침해하고 그 침해가 계속되는 경우 법원에 소비자권익침해행위의 금지·중지를 구하는 소송을 법원의 허가를 얻어 할 수 있는데, 이때의 소비자단체는 법원의 허가에 의한 소송담당자가 된다.

Ⅳ. 소송법상 효과

1. 소송요건

당사자적격은 소송행위의 유효요건은 아니고 본안판결을 받기 위한 소송요건이다.

1) 직권조사

당사자적격의 존부는 직권조사사항으로 법원은 직권으로 사실과 증거자료를 수집하며 당사자의 자백에 구속되지 않는다.

2) 조사 후 법원의 조치

법원은 조사결과 당사자적격이 없으면 본안판결 없이 부적법 각하하고, 있으면 계속 심리를 진행시키면 되나, 존부에 관하여 다툼이 있으면 중간판결을 하거나 종국판결의 이유에서 판단한다.

소송계속 중 당사자적격을 상실한 경우에는 소송절차를 중단하고, 신적격자가 승계하

---

32) 대판 1982. 3. 23. 81다540.
33) 대판 1997. 11. 28. 95다35302.

게 되는데, 승계자가 없으면 소송종료선언을 한다. 선정당사자의 일부가 상실한 경우에는 나머지 선정자가 당연 승계하므로 소송절차는 중단되지 않는다.

2. 흠을 간과한 판결과 구제

당사자적격의 흠결을 간과한 판결이 있을 경우에 확정 전에는 상소에 의하여 취소가 가능하나, 확정 후에는 판결은 그 당사자 사이에서만 효력이 있고 정당한 당사자로 될 자나 권리관계의 주체인 자(제3자의 소송담당의 경우)에게 효력이 미치지 않으므로 결국 무효이고 따라서 재심사유는 아니다.

제5절 소송능력

Ⅰ. 개념

소송능력이란 소송의 당사자로서 스스로 소송행위를 하거나 그 상대방이 될 수 있는 능력을 말한다. 민법의 행위능력에 대응하는 개념으로 소송상 자기 이익을 충분히 주장, 옹호할 수 없는 사람을 보호하기 위한 제도이다.

소송능력은 당사자를 보호하기 위한 것이므로 당사자로서 소송행위를 할 때만 필요하고, 다른 사람의 대리인으로서 소송행위를 하는 경우에는 필요 없다. 증거방법으로 증인신문, 당사자 본인신문, 검증대상인 경우도 당사자로서 소송행위를 하는 것이 아니므로 필요 없다.

소송능력이 필요한 소송행위에는 소제기, 소송절차 중 각종 신청 및 증거자료 제출 의사표시(자백, 화해, 취하 등), 소제기 전과 소송 외 소송행위(관할합의, 소송대리권 수여) 등이 있다. 다만 소송무능력자의 보호를 위하여 무능력자가 제기한 부적법한 소의 취하나 소송무능력을 간과한 본안판결이나 흠을 이유로 각하한 판결에 대한 항소는 소송 무능력자도 가능하다고 보아야 한다.

Ⅱ. 소송능력자와 무능력자

1. 행위능력자와 의사무능력자

민사소송법 제51조는 이 법에 특별한 규정이 없으면 민법상 행위능력 규정에 따른다고 규정하고 있으므로 민법상 행위능력자는 모두 소송능력이 있다.

파산자는 재산처분권만 제한된 것이므로 소송능력이 있으나, 성년자라도 의사능력이 없으면(심신미약, 상실) 없다. 다만 의사무능력자의 보호를 위하여 의사무능력자의 항소는 유효한 것으로 보아야 할 것이다. 법정대리인이나 후견인이 없는 의사무능력자에 대하여 제소하려면 특별대리인의 선임을 신청해야 한다.

2. 미성년자와 한정치산자

1) 법정대리인의 동의

미성년자와 한정치산자는 민법상으로는 법정대리인의 동의가 있으면 법률행위를 할 수 있지만, 법정대리인의 동의는 그 행위를 유효하게 할 뿐 그들에게 행위능력을 부여하는 것은 아닌데, 절차의 안정이 중요한 소송에서는 동의 여부에 따라 행위의 효력이 좌우된다면 절차의 안정을 해할 수 있으므로, 법정대리인의 동의가 있어도 소송행위를 할 수 없고 법정대리인에 의해서만 할 수 있다(제55조). 마찬가지로 민법에서 독자로 법률행위를 할 수 있는 것으로 정해 놓은 경우 중 사실상 동의가 있는 것으로 간주할 수 있는 경우를 유형화해 놓은 권리만을 얻거나 의무만을 면하는 행위(민법 제5조 단서), 법정대리인이 범위를 정하여 처분을 허락한 재산의 처분행위(민법 제6조)의 경우도 행위능력을 부여한 것이 아니므로 소송능력이 없다.

2) 미성년자의 행위능력 확장

① 허락된 특정영업에 관한 법률행위(민법 제8조)

이 경우는 영업에 관한 계속적·반복적 행위를 매번 동의해야 하면 번잡하고 영업에 지장을 초래할 것이므로 한 번의 허락으로 족하게 한 것이어서, 영업에 관한 한 동의간주가 아니라 행위능력이 확장된 것으로 보아야 하므로 영업에 관한 행위에 관해서는 소송능력도 있다.

② 혼인한 미성년자

미성년자가 결혼하면 성년으로 보므로(민법 제826조 제2항) 소송능력이 있다.

③ 미성년자의 근로계약관계

근로기준법 제65, 66조가 15세 이상 미성년자가 단독으로 근로계약의 체결과 임금청구를 할 수 있는 것으로 정하고 있는 것과 관련하여, 근로관계에 관한 모든 소송을 할 수 있다는 입장과 임금청구만 가능하다는 입장이 나뉘나, 위 근로기준법규정의 취지가 근로를 제공하는 주체인 미성년자 보호의 측면에서 본인의 의사를 존중하는 데 있는 것이므로 근로관계를 둘러싼 모든 소송행위가 가능하다고 보아야 할 것이다.

3) 법정대리인

소송무능력자의 법정대리인은 민법에 따라 친권자(민법 제911조)나, 후견인(민법 제928, 929조)이 된다.

법정대리인의 소송행위 효과는 본인에게 귀속되고, 관할제척원인은 본인을 기준으로 하며, 법정대리인은 본인이 할 수 있는 모든 소송행위를 할 수 있으나, 법정대리인이 소의 취하, 화해, 청구의 포기·인낙 또는 독립당사자참가소송에서 탈퇴를 하기 위해서는 특별한 권한을 받아야 한다(제56조). 민법상으로는 부모가 법정대리인일 경우는 제한이 없으나, 소송법상으로는 후견인과 마찬가지로 제한된다.

Ⅲ. 소송법상 효과

1. 소송행위 유효요건

1) 무효

소송능력은 개별 소송행위를 할 때의 유효요건이다. 따라서 소송무능력자의 소송행위나 그에 대한 소송행위는 무효이다. 민법상 행위무능력자의 행위는 취소할 수 있는 것과 달리 무효로 한 것은 소송절차는 여러 개의 행위로 구성되므로 절차의 안정성과 획일성, 확실성 요구 때문에 효력이 불확정 상태로 남아 있는 것이 부적절하기 때문이다.

2) 추인

무효는 절대적 무효가 아니고 소송경제의 측면에서 추인이 가능하다.

① 추인시기

소송능력이 회복된 본인이나 법정대리인이 확정적으로 배척(소각하판결의 확정)되기 전까지 추인이 가능하다(제60조).

② 추인방법

명시적·묵시적으로 가능하다.34) 과거행위를 일체로 해야 하고 절차 중 개개행위를 선택하여 할 수 없으나, 소송혼란의 염려가 없으면 일부 추인도 가능하다35)

③ 추인효과

추인으로 해당 소송행위는 소급하여 유효하게 된다.

3) 보정

추인의 여지가 있으므로 법원은 후술하는 것과 같이 보정을 명해야 한다. 보정은 과거의 소송행위에 대한 추인과 동시에 장래에 유효한 소송행위를 할 수 있게 하기 위한 조치를 강구하는 것이다.

2. 소송요건

소송능력은 본안판결을 받기 위해 필요한 소송요건이다.

1) 직권조사

소송능력의 존부는 직권조사사항으로 법원은 직권으로 사실과 증거자료를 수집하며 당사자의 자백에 구속되지 않는다.

2) 조사 후 법원의 조치

법원은 조사결과 소송능력이 없으면 기간을 정하여 이를 보정하도록 명하여야 하며, 만일 보정하는 것이 지연됨으로써 손해가 생길 염려가 있는 경우에는 법원은 보정하기 전의 당사자 또는 법정대리인으로 하여금 일시적으로 소송행위를 하게 할 수 있다(제59조). 보정이 되지 않으면 부적법 각하한다.

조사결과 소송능력이 있으면 계속 심리를 진행시키면 되나, 존부에 관하여 다툼이 있으면 중간판결을 하거나 종국판결의 이유에서 판단한다.

---

34) 대판 1970. 12. 22. 70다2297, 당사자가 소송행위 당시 또는 변호사를 선임할 당시에 미성년자였다고 하더라도 성년이 된 후에 묵시적으로 추인하였다고 보이는 경우에는 소송능력의 흠결은 없어졌다고 할 것이다.
대판 1980. 4. 22. 80다308, 미성년자가 직접 변호인을 선임하여 제1심의 소송수행을 하게 하였으나 제2심에 이르러서는 미성년자의 친권자인 법정대리인이 소송대리인을 선임하여 소송행위를 하면서 아무런 이의를 제기한 바 없이 제1심의 소송결과를 진술한 경우에는 무권대리에 의한 소송행위를 묵시적으로 추인된 것으로 보아야 한다.

35) 대판 1973. 7. 24. 69다60, 무권대리인이 행한 소송행위의 추인은 소송행위의 전체를 일괄하여 하여야 하는 것이나 무권대리인이 변호사에게 위임하여 소를 제기하여서 승소하고 상대방의 항소로 소송이 2심에 계속 중 그 소를 취하한 일련의 소송행위 중 소취하 행위만을 제외하고 나머지 소송행위를 추인함은 소송의 혼란을 일으킬 우려 없고 소송경제상으로도 적절하여 그 추인은 유효하다.

소송계속 중 당사자가 소송능력을 잃은 때 또는 법정대리인이 죽거나 대리권을 잃은 때에는 소가 부적법해지는 것은 아니므로 소각하 판결을 할 것이 아니고, 소송절차가 중단된다(제235조). 단 소송대리인이 있는 경우는 중단되지 않는다(제238조). 중단된 경우 소송능력을 회복한 당사자 또는 법정대리인이 된 사람이 소송절차를 수계하여야 한다. 승계가 없으면 소송종료선언을 한다. 선정당사자의 일부가 상실한 경우에는 나머지 선정자가 당연 승계하므로 소송절차는 중단되지 않는다.

3) 흠을 간과한 판결과 구제

소송능력의 흠결을 간과한 판결이 있을 경우에, 소송무능력자가 패소한 경우에는 당연 무효는 아니고, 확정 전에는 상소에 의하여 취소가 가능하나, 확정 후에는 재심의 소를 제기할 수 있다. 소송무능력자가 승소한 경우에는 소송무능력자가 항소할 실익이 없음은 당연하고 패소한 상대방도 흠을 이유로 상소나 재심을 할 수 없다. 무능력자 보호를 위한 제도의 취지에 반하고, 능력자가 상대의 무능력을 이유로 패소판결을 뒤집는 것은 신의칙에 반하기 때문이다.

3. 특별대리인 선임신청(제62조)

행위무능력자 상대로 소제기를 하는 경우에 그에게 법정대리인이 없거나 있어도 대리권을 행사할 수 없으면 법원에 그 소송에 관한 특별대리인 선임신청을 해야 한다.

제6절 변론능력

Ⅰ. 개념

변론능력이란 구체적인 소송에서 법원에 대하여 자기 의사를 표현할 수 있는 능력을 말한다. 법원에 대하여 소송행위를 할 때 필요한 능력이므로 상대방에 대한 상소권 포기나 제3자에 대한 소송고지 등의 경우에는 필요 없다.

소송능력은 일반적으로 소송상 유효한 행위를 할 수 있는 능력으로 본인 보호를 위한 제도이나, 변론능력은 법원에 대하여 구체적인 소송행위를 할 수 있는 능력으로 소송절차의 원활·신속을 위한 제도이다.

Ⅱ. 변론능력자와 무능력자

1. 변론능력자

우리나라는 본인이 직접 소송을 하는 본인소송을 인정하고 있으므로 소송능력자는 변론능력이 있다. 변호사 강제주의하에서는 변호사만 변론능력이 있는데, 우리나라는 증권관련 집단소송, 소비자단체소송, 헌법소송의 경우에만 변호사 강제주의를 채택하고 있다. 2002년 고등법원 이상에서 적극적 당사자에게만 변호사 강제주의를 채택하는 민사소송법개정 시도가 있었으나, 시민단체 등의 반대로 무산된 일이 있다.

2. 변론무능력자

1) 변호사대리 원칙(제87조)

법률에 따라 재판상 행위를 할 수 있는 대리인(지배인 같은 경우) 외에는 변호사가 아니면 소송대리인이 될 수 없다. 즉 소송위임에 의한 소송대리인은 변호사 자격이 있어야 변론할 능력이 있다. 단 소송가액 금 8,000만 원 이하인 단독사건은 법원허가를 얻어 변호사 아닌 자도 소송대리인이 될 수 있다.

2) 진술금지 재판을 받은 자(제144조)

법원은 소송관계를 분명하게 하기 위하여 필요한 진술을 할 수 없는 당사자 또는 대리인의 진술을 금지할 수 있다. 당사자가 효과적인 진술을 못 하여 소송의 진행에 방해가 되는 것을 막기 위한 조치이다.

이때 법원은 변론을 계속할 새 기일을 정할 수 있고, 필요하다고 인정하면 법원은 변호사를 선임하도록 명할 수 있다. 이렇게 되면 이후 기일에서도 변론능력을 상실한다.

대리인에게 진술을 금지하거나 변호사를 선임하도록 명하였을 때에는 본인에게 그 취지를 통지하여야 한다.

소 또는 상소를 제기한 사람이 변호사선임명령을 받고도 새 기일까지 변호사를 선임하지 아니한 때에는 법원은 결정으로 소 또는 상소를 각하할 수 있다.[36]

위의 결정에 대해서는 즉시항고를 할 수 있다.

3) 발언금지명령을 받은 자(제135조 제2항)

당사자나 대리인이 재판장의 소송지휘에 불응한 경우에 재판장은 그의 명령에 따르지 아니하는 사람의 발언을 금지할 수 있다. 이 경우에는 그 기일에 한하여 변론능력을 상실한다.

4) 듣거나 말하는 데 장애가 있는 자(제143조)

변론에 참여하는 사람이 우리말을 하지 못하거나, 듣거나 말하는 데 장애가 있으면 통역인에게 통역하게 하여야 한다. 다만 위와 같은 장애가 있는 사람에게는 문자로 질문하거나 진술하게 할 수 있다. 이 경우는 변론능력의 제한으로 보는 입장이 있으나, 통역은 변론을 보조하는 역할에 지나지 않으므로 변론능력의 제한으로 볼 필요는 없을 것이다.

Ⅲ. 소송법상 효과

1. 소송행위 유효요건

변론능력은 소송요건은 아니고 소송행위의 유효요건이다. 변론무능력자의 소송행위는 무효이다. 여기의 무효를 절대적 무효로 보는 견해와 추인할 수 있는 유동적 무효로 보는 견해가 있는데, 추인을 부인할 이유는 없을 것이다.

법원은 변론무능력자를 배제하고 그의 행위를 무시할 수 있다. 변론무능력자는 출석해도 불출석한 것과 같다.

---

36) 대결 2000. 10. 18. 2000마2999, 민사소송법 제134조 제1항, 제2항, 제4항의 각 규정에 의하면 당사자 또는 대리인이 법원의 변호사 선임명령을 받고도 신기일까지 변호사를 선임하지 아니한 때에는 소가 각하될 수 있고, 그러한 경우 당사자는 경제적·시간적으로 많은 불이익을 입게 되므로 이러한 점을 고려하여 같은 조 제3항의 규정에 의하면 특별히 당사자 본인이 아닌 대리인에게 진술을 금하고 변호사의 선임을 명하였을 때에는 실질적으로 변호사 선임권한을 가진 본인에게 그 취지를 통지하여 그로 하여금 변호사 선임 여부를 결정할 수 있는 기회를 부여하도록 하고 있다고 보이므로 그러한 통지가 없는 경우에는 변호사를 선임하지 아니하였다 하여도 소를 각하할 수는 없다.
선정당사자는 비록 그 소송의 당사자이기는 하지만 선정행위의 본질이 임의적 소송신탁에 불과하여 다른 선정자들과의 내부적 관계에서는 소송수행권을 위임받은 소송대리인과 유사한 측면이 있고, 나아가 선정당사자가 법원의 선임명령에 따라 변호사를 선임하기 위해서는 선정자들의 의견을 고려하지 않을 수 없는 현실적 사정을 감안하면, 선정당사자에게 변론을 금함과 아울러 변호사 선임명령을 한 경우에도 민사소송법 제134조 제3항의 규정을 유추하여 실질적으로 변호사 선임권한을 가진 선정자들에게 법원이 그 취지를 통지하거나 다른 적당한 방법으로 이를 알려 주어야 하고, 그러한 조치 없이는 변호사의 선임이 이루어지지 아니하였다 하여 곧바로 소를 각하할 수는 없다고 봄이 상당하다.

2. 흠의 간과와 치유

변론능력이 없음을 간과한 판결은 위법은 아니어서 상소나 재심으로 취소할 수는 없다. 변론능력의 유무는 법원의 결정에 의해 인정되는 것이고, 소송의 원활·신속을 위한 것이기 때문에 법원이 문제 삼지 않고 판결하였다면 그 흠이 치유되었다고 볼 수 있기 때문이다.

제7절 소송상의 대리인

Ⅰ. 개념과 종류

1. 개념과 필요성

소송상의 대리인은 당사자 본인의 이름으로 소송행위를 하거나 받는 제3자이다. 소송담당자는 자신의 이름으로 행위를 하고 그 행위의 효과도 자신이 받으므로 대리인과 다르고, 대리인은 자신의 의사에 의하여 행위를 하므로 다른 사람의 소송행위를 그대로 전달하는 자(소장을 제출하는 법무사)나 다른 사람에 대한 소송행위를 그대로 수령만 하는 자(제196조 제1항의 송달보조자)와 다르다.

신분행위는 실체법상 대리가 허용되지 않지만, 이를 목적으로 하는 소송에서는 대리가 허용된다. 소송무능력자는 그 능력을 보충하기 위하여 대리인이 필수이고, 소송능력자도 전문가의 도움을 얻기 위하여 대리인이 필요할 것이나, 현행법은 증권관련 집단소송과 소비자단체소송, 헌법소송에서만 변호사 강제주의가 채택되어 있어 변호사의 선임 여부는 본인의 자유이다.

2. 종류

1) 법정대리인과 임의대리인

법정대리인은 본인의 의사와 관계없이 대리인이 된 자이고, 임의대리인은 본인의 의사에 의하여 대리인이 된 자이다.

2) 포괄대리인과 개별대리인

포괄대리인은 소송행위 전반에 대하여 대리권을 가진 자이고, 개별대리인은 개개의 소송행위에 대하여 대리권을 가진 자이다. 소송상의 대래인은 포괄대리인이 원칙이고 개별대리인의 예로는 송달영수의 대리권을 가진 교도소장(제182조), 송달영수인(제184조)이 있다.

Ⅱ. 법정대리인

1. 개념

법정대리인은 본인의 의사와 관계없이 대리인이 된 자이다. 소송무능력자를 보호하기 위한 것으로, 법률에 의하여 자격을 갖게 되면 당연히 또는 법원의 선임에 의하여 본인의 의사와 무관하게 대리인이 된다.

2. 종류

1) 실체법상 법정대리인

민사소송법에 다른 규정이 없으면 민법, 그 밖의 법률에 따르므로 민법상의 법정대리인은 소송법상으로도 법정대리인이 된다. 미성년자의 친권자(민법 제909, 911조) 또는 후견인(제928조), 한정치산자, 금치산자의 후견인(민법 제929, 938조), 민법 제64조의 특별대리인 등이 그것이다.

2) 소송상의 특별대리인

① 개념

소송상의 특별대리인은 법정대리인이 없거나 법정대리인이 대리권을 행사할 수 없는 경우에 미성년자, 한정치산자 또는 금치산자 측이나 그를 상대로 소송행위를 하고자 하는 사람이 소송절차가 지연됨으로써 손해를 볼 염려가 있다는 것을 소명하여 수소법원에 특별대리인을 선임하여 주도록 신청하여 선임되는 대리인이다.

소송무능력자 측이나 그 상대방에게 권리행사의 길을 열어 주기 위한 것으로, 법인이나 비법인 사단·재단에 대표자가 없는 경우에도 적용된다.37) 사실상 의사무능력 상태이

---

37) 대판 1992. 3. 10. 91다25208, 비법인사단과 그 대표자 사이의 이익이 상반되는 사항에 관한 소송행위에

나 금치산선고를 받지 아니하여 법정대리인이 없는 경우에도 적용된다.[38]

② 선임절차

신청권자는 미성년자, 한정치산자 또는 금치산자의 친족, 이해관계인 또는 검사나 그를 상대로 소송행위를 하고자 하는 사람이다.

법정대리인이 없는 때란 미성년자에게 친권자나 후견인이 모두 없는 경우이고, 대리권을 행사할 수 없을 때란 법률상 장애(이해상반사항에 관한 소송, 제921조)나 사실상 장애(장기여행, 질병)가 있는 경우이다.

소송절차가 지연됨으로써 손해를 볼 염려가 있는 경우로는 가압류, 가처분, 시효중단의 필요가 있을 때 등이다.

③ 선임재판과 불복

특별대리인의 선임 또는 개임은 법원의 결정으로 하며, 그 결정은 특별대리인에게 송달하여야 한다. 특별대리인의 선임에 관한 비용과 특별대리인의 소송행위에 관한 비용은 신청인에게 부담하도록 명할 수 있다.

선임신청기각결정에는 항고할 수 있으나(제439조), 선임결정에는 항고할 수 없다.

법원은 언제든지 특별대리인을 개임할 수 있다.

④ 선임효과

특별대리인은 당해 소송에 있어서는 법정대리인으로서의 권한을 보유한다 할 것이므로 당해 소송행위를 할 권한뿐만 아니라 당해 소송에 있어서 공격방어의 방법으로 필요한 때에는 사법상의 실체적 권리도 이를 행사할 수 있다 할 것이나, 무권리자의 부동산처분행위에 대한 추인과 같은 행위는 부동산에 관한 권리의 소멸변경을 초래하는 것이어서 민법 제750조에 의한 특별수권이 없는 한 이를 할 수 없다.[39] 단 특별대리인이 소송행위를 하기 위해서는 후견인과 같은 권한을 받아야 한다(제62조 제4항).

3. 법정대리권의 범위

법정대리인이 상대방의 소제기 또는 상소에 관하여 소송행위를 하는 경우에는 친족회로부터 특별한 권한을 받을 필요가 없으나, 법정대리인이 소의 취하, 화해, 청구의 포

있어서는 위 대표자에게 대표권이 없으므로, 달리 위 대표자를 대신하여 비법인사단을 대표할 자가 없는 한 이해관계인은 민사소송법 제60, 58조의 규정에 의하여 특별대리인의 선임을 신청할 수 있고 이에 따라 선임된 특별대리인이 비법인사단을 대표하여 소송을 제기할 수 있다.

38) 대판 1993. 7. 27. 93다8986.

39) 대판 1993. 7. 27. 93다8986.

가·인낙 또는 제80조의 규정에 따른 탈퇴를 하기 위해서는 특별한 권한을 받아야 하는데(제56조 제1, 2항), 이 같은 특별수권은 후견인에게만 적용되는 것으로 보는 것이 통설·판례이다.

친권자는 아무 제약 없이 일체의 소송행위를 할 수 있다.

후견인이 소·상소의 제기와 같은 능동적인 소송행위를 하는 경우에는 친족회의 동의를 얻어야 한다(민법 제950조).

4. 법정대리권의 증명

법정대리권이 있는 사실 또는 소송행위를 위한 권한을 받은 사실은 서면으로 증명하여야 한다. 이 서면은 가족관계증명서나 법인등기부등본이 될 것이다. 이 서면은 소송기록에 붙여야 한다.

5. 공동대리원칙

민법상 친권은 공동으로 행사하여야 하고, 상법상 공동대표는 개별대표가 원칙이나 정관에 공동대표로 정하면 공동으로 대표권을 행사하여야 하므로, 소송행위도 공동으로 하여야 한다.

단독으로 또는 모순되게 행사하는 식으로 공동대리 원칙에 위반한 경우의 처리에 관하여 법에는 규정이 없으나, 제56조 제2항을 유추하여 중요한 것은 공동으로 해야 하고, 그렇지 않은 것은 단독으로 한 경우에 다른 대리인이 묵인하면 공동으로 한 것으로 보는 입장과, 제67조를 유추하여 본인에게 유리한 경우에는 혼자 해도 되고, 모순된 경우에는 유리한 것만 효력이 있다고 보는 입장이 있으나 후자가 간명하다.

공동대리의 예외로 상대방이 하는 소송행위를 받는 것은 단독으로 할 수 있는 것으로 보아야 한다(상법 제208조 제2항).

6. 법인 등 단체 대표자의 지위

법인의 대표자 또는 제52조의 대표자 또는 관리인에게는 이 법 가운데 법정대리와 법정대리인에 관한 규정을 준용한다(제64조).

Ⅲ. 임의대리인

1. 개념과 종류

임의대리인은 본인의 의사에 의하여 대리권이 수여된 자이다. 포괄대리권을 가진 임의대리인을 통상 소송대리인이라고 한다.

1) 법률상 소송대리인

법률상 소송대리인은 업무에 관한 포괄대리권을 가진 사람에 대하여 법률이 그 포괄대리권의 일부로 소송대리권까지 인정한 대리인으로, 지배인, 선장, 선박관리인이 그 예이다(상법 제11, 749, 765조).

조합에 업무집행조합원이 있는 경우에는 조합의 업무를 할 수 있는 대리권이 있는 것으로 추정되는데(민법 제709조), 이런 업무집행조합원을 법률상 소송대리인으로 볼 수 있는지에 관하여 소송법학자들은 소송절차를 간소화할 수 있다는 점에서 인정하는 것이 다수이다.

2) 소송위임에 의한 소송대리인

이는 특정 소송사건의 처리를 위임받은 대리인으로 변호사일 것을 원칙으로 한다.

2. 소송대리인의 자격 – 변호사대리원칙

1) 변호사대리원칙의 개념과 취지

법률상 소송대리인을 제외하고 소송대리인은 변호사 또는 법무법인이나 유한법무법인이어야 한다는 원칙을 말한다. 법률전문가의 관여로 소송의 원활하고 효율적인 진행과 본인의 이익을 보호하기 위한 것이나, 현행법은 이를 강제하지 않고 본인소송을 허용한다.

2) 변호사대리원칙의 잠탈방지를 위한 제도

임의적 소송담당은 변호사대리원칙과 소송신탁의 금지원칙에 반하지 않고 합리적인 필요성이 있는 경우에만 예외적으로 허용한다.

선정당사자는 공동의 이해관계를 요구한다(제53조).

보조참가의 경우 당사자의 이의신청이 없더라도 법원은 직권으로 참가인에게 참가의 이유를 소명하도록 명할 수 있으며, 참가의 이유가 있다고 인정되지 아니하는 때에는 참가를 허가하지 아니하는 결정을 하도록 하여(제73조 제2항) 참가이유 없이 사실상 소송대리 목적으로 참가하는 것을 방지하고 있다.

3) 변호사대리원칙의 예외

① 단독사건

단독판사가 심리·재판하는 사건 가운데 그 소송목적의 값이 일정한 금액 이하인 사건에서, 당사자와 밀접한 생활관계를 맺고 있고 일정한 범위 안의 친족관계에 있는 사람 또는 당사자와 고용계약 등으로 그 사건에 관한 통상 사무를 처리·보조하여 오는 등 일정한 관계에 있는 사람이 법원의 허가를 받은 때에는 변호사대리원칙을 적용하지 아니한다.

법원의 허가를 받을 수 있는 사건의 범위, 대리인의 자격 등에 관한 구체적인 사항은 대법원규칙으로 정하는데, 사건은 소가 8,000만 원 이하인 경우와 본안사건이 없는 제소전화해, 독촉, 증거보전, 강제집행, 민사조정사건 등도 본래 단독사건 관할이면 비변호사대리가 허용된다.

법원이 허가를 받을 수 있는 사람은 당사자의 배우자 또는 4촌 안의 친족으로서 당사자와의 생활관계에 비추어 상당하다고 인정되는 경우, 당사자와 고용, 그 밖에 이에 준하는 계약관계를 맺고 그 사건에 관한 통상 사무를 처리·보조하는 사람으로서 그 사람이 담당하는 사무와 사건의 내용 등에 비추어 상당하다고 인정되는 경우이다.

법원은 언제든지 위의 허가를 취소할 수 있다.

② 형사소송에서의 배상신청

형사소송절차에 부대하여 청구하는 배상신청의 경우에는 피해자는 법원의 허가를 얻어 그 배우자, 직계혈족 또는 형제자매에게 배상신청에 관하여 소송행위를 대리하게 할 수 있다(소송촉진 등에 관한 특례법 제27조).

③ 소액사건

소가 2,000만 원 이하의 소액사건 당사자의 배우자, 직계혈족 또는 형제자매는 법원의 허가 없이 소송대리인이 될 수 있다(소액사건심판법 제8조).

④ 가사소송사건

가사소송사건은 본인출석주의이나, 특별한 사정이 있는 때에는 대리인을 출석시킬 수가 있고, 비변호사가 대리인이 되기 위해서는 재판장의 허가를 받아야 한다(가사소송법 제7조).

⑤ 특허사건

변리사는 특허, 실용신안, 디자인, 또는 상표에 관한 사항에 관하여 소송대리인이 될 수 있다(변리사법 제8조).

⑥ 비송사건

비송사건의 관계인은 소송능력자로 하여금 소송행위를 대리시킬 수 있다. 그러나 본인이 출석하도록 명령을 받은 때에는 그러하지 아니하다. 법원은 변호사가 아닌 자로서 대리를 영업으로 하는 자의 대리를 금하고 퇴정을 명할 수 있다. 이 명령에 대해서는 불복의 신청을 할 수 없다(비송사건절차법 제6조).

4) 변호사대리원칙의 위반효과

소송행위는 무효이나, 추인할 수 있다고 본다. 다만 이익을 목적으로 또는 영업으로 소송행위를 대리했을 경우에는 추인도 할 수 없다고 볼 것이다.

3. 소송대리권의 발생

소송대리권의 수여는 소송법상 효과를 발생시키는 소송행위이므로 소송능력이 필요하다. 소송위임행위는 대리인의 승낙을 요하지 않는 단독행위이므로 소송위임행위는 위임자가 소송대리권 수여행위를 일방적으로 취소할 수 있지만 취소하여도 소급효가 없다.[40]

4. 소송대리권의 증명

대리권의 수여는 말 또는 서면으로 할 수 있지만 소송대리인의 권한은 서면으로 증명하여야 한다. 서면이 사문서인 경우에는 법원은 공증을 받도록 소송대리인에게 명할 수 있다. 단 당사자가 말로 소송대리인을 선임하고, 법원사무관 등이 조서에 그 진술을 적어 놓은 경우에는 그렇지 않다.

5. 소송대리권의 범위

1) 법률상 소송대리인

지배인은 영업주에 갈음하여 그 영업에 관한 재판상 또는 재판 외의 모든 행위를 할 수 있다(상법 제11조). 선적항 외에서는 선장은 항해에 필요한 재판상 또는 재판 외의 모든 행위를 할 권한이 있다(상법 제749조). 선박관리인은 선박의 이용에 관한 재판상 또는 재판 외의 모든 행위를 할 권한이 있다. 선박관리인의 대리권에 대한 제한은 선의의 제3자에게 대항하지 못한다(상법 제765조).

---

40) 대판 1997. 10. 10. 96다35484.

2) 소송위임에 의한 소송대리인

① 소송대리인은 위임을 받은 사건에 대하여 반소, 참가, 강제집행, 가압류, 가처분에 관한 소송행위 등 일체의 소송행위와 변제의 영수를 할 수 있다(제90조).

② 특별수권이 필요한 경우

반소의 제기(상대의 반소에 응하는 것은 가능), 소의 취하, 화해, 청구의 포기·인낙[41] 또는 제80조의 규정에 따른 탈퇴, 상소의 제기 또는 취하, 복대리인의 선임(소송대리인은 본인의 신뢰를 전제로 하기 때문에 자신이 직접 대리하는 것이 원칙이다. 복대리인이 선임된 경우 본대리인이 사망·사임하더라도 복대리권을 소멸하지 않는다) 등에는 특별수권이 필요하다.

③ 사법행위의 대리

법은 사법행위에 관하여 변제의 영수만 규정하고 있으나, 이는 예시적인 것으로, 당해 사건에 관한 공격방어방법의 전제로 본인이 가진 상계권, 취소권, 해제·해지권 등 사법상 형성권도 행사할 수 있으나 재판 외의 행위(재판 외의 화해계약 등)는 할 수 없다. 변호사의 대리권은 제한하지 못하므로 당사자의 의사에 반한 행사라도 내부적인 손해배상 문제는 별개로 하고 소송법상 효력에는 영향이 없다.

④ 소송대리권의 제한

소송대리권은 제한하지 못한다. 다만 변호사가 아닌 소송대리인에 대해서는 그러하지 아니하다.

6. 소송대리인의 지위

1) 제3자로서의 지위

소송행위는 대리인이 하지만 그 효과는 본인에게 미치고 대리인에게 미치지 않는다. 따라서 대리인의 귀책사유에 의한 불출석은 본인의 귀책사유로 처리된다.[42] 대리인은 제3자의 지위에 있으므로 증인·감정인이 될 수 있다.

---

41) 대판 1994. 3. 8. 93다52105, 소송상 화해나 청구의 포기에 관한 특별수권이 되어 있다면 특별한 사정이 없는 한 그러한 소송행위에 대한 수권만이 아니라 그러한 소송행위의 전제가 되는 당해 소송물인 권리의 처분이나 포기에 대한 권한도 수여되어 있다고 봄이 상당하다.
대판 1996. 12. 23. 95다22436, 명의신탁자가 실체법상 처분권한을 가진다고 하여 그것만으로 소송법상 명의수탁자의 명의로 소송행위를 할 수 있는 것은 아니다.

42) 대판 1965. 3. 16. 64다1897.

2) 소송수행자로서의 지위

대리인에 의하여 소송을 수행할 경우에 의사표시의 효력이 의사의 흠결, 사기, 강박 또는 어느 사정을 알았거나 과실로 알지 못한 것으로 인하여 영향을 받을 경우에 그 사실의 유무는 대리인을 표준으로 결정하고, 본인은 자기가 안 사정 또는 과실로 인하여 알지 못한 사정에 관하여 대리인의 부지를 주장하지 못한다(민법 제116조).

3) 당사자 본인의 지위 및 경정권

본인의 소송수행권을 잃지는 않는다. 소송서류를 본인에게 송달할 수도 있고, 소송대리인의 사실상 진술은 당사자가 이를 곧 취소하거나 경정한 때에는 그 효력을 잃는다(제94조).

경정의 대상은 자백 등 사실상 진술에 한하고, 신청, 소송물 처분행위(취하, 포기, 인낙, 화해 등), 법률상의 진술 등은 포함되지 않는다.

바로 취소해야 하므로 본인이 대리인과 함께 변론기일에 출석한 경우에만 경정권을 행사할 수 있다.

4) 개별대리의 원칙

여러 소송대리인이 있는 때에는 각자가 당사자를 대리한다. 당사자가 이에 어긋나는 약정을 한 경우 그 약정은 효력을 가지지 못한다(제93조).

7. 소송대리권의 소멸

1) 불소멸 원칙

당사자의 사망 또는 소송능력의 상실, 당사자인 법인의 합병에 의한 소멸, 당사자인 수탁자의 신탁임무의 종료, 법정대리인의 사망, 소송능력의 상실 또는 대리권의 소멸·변경되더라도 소송대리권은 소멸되지 아니한다(제95조).

일정한 자격에 의하여 자기의 이름으로 남을 위하여 소송당사자가 된 사람(제3자 소송담당)에게 소송대리인이 있는 경우에 그 소송대리인의 대리권은 당사자가 자격을 잃더라도 소멸되지 아니한다(제96조).

2) 소멸사유

① 대리인의 사망·파산·금치산

법무법인 등의 해산, 인가취소, 파산 등도 이에 해당한다. 변호사 자격에 흠이 있는 경우(자격상실 또는 징계에 의한 정직 등)의 소송행위 효력에 대해서는 변론능력요건에 불과하다고 보아 유효하다는 견해와 변호사 자격이 소송대리권 발생, 존속의 요건이라는 이유로 무권대리가 된다는 견해가 갈리나 본인이 추인하는 한 유효하다고 볼 것이다.

대리인의 사망·파산·금치산의 경우에는 통지를 요하지 않는다.

② 위임사건의 심급종료

당해 심급의 판결정본의 송달로 당해 심급이 종료하면 대리권도 소멸한다.

사건이 상고심에서 환송되어 다시 항소심에 계속하게 된 경우에는 상고 전의 항소심에서 소송대리인의 대리권은 그 사건이 항소심에 계속되면서 다시 부활한다.[43]

③ 기본관계의 소멸

소송위임계약의 해지, 위임인의 파산에 의하여 종료된다(민법 제689, 690조). 단 이 경우 상대방에게 대리권 종료사실을 통지하지 않으면 소멸의 효력을 주장하지 못한다(제97, 63조). 제53조의 규정에 따라 선정당사자가 선정되어 종전 당사자가 그 자격을 잃은 경우에도마찬가지이다.

---

43) 대법원 1984. 6. 14. 선고 84다카744, 환송받은 항소심에서 환송 전 항소심에서의 소송대리인에게 한 송달은 소송당사자에게 한 송달과 마찬가지의 효력이 있고, 따라서 소송대리인이 판결정본의 송달을 받고도 당사자에게 그 사실을 알려 주지 아니하여 당사자가 그 판결정본의 송달사실을 모르고 있다가 상고제기기간이 경과된 후에 비로소 그 사실을 알게 되었다 하더라도 이를 가리켜 당사자가 책임질 수 없는 사유로 인하여 불변기간을 준수할 수 없었던 경우에 해당한다고는 볼 수 없다.

제4장 소송

제1절 소의 개념과 구별

1. 개념

소란 당사자가 법원에 대하여 특정한 청구(소송물)의 당부에 관한 재판을 구하는 신청 자체를 말한다. 법원에 대하여 재판을 요구하는 소송행위로 사법상 효과를 발생시키는 법률행위가 아니다. 소의 제기로 인한 시효중단·기간준수의 효과는 법이 소제기를 요건으로 하여 인정한 부수적 효과이다.

소가 없으면 판결이 있을 수 없고, 소와 판결 사이의 절차를 소송절차 또는 판결절차라고 한다.

2. 구별

소는 재판을 요구하는 것이므로 무엇에 대하여 재판을 구하는지를 특정해야 하는데 이를 소송상 청구 또는 소송물이라고 한다.

소송상 청구 또는 소송물은 소제기에 의하여 법원의 심판 대상으로 되는 것으로 예컨대 대여금반환청구소송의 경우 대여금반환청구권의 존부를 판단하는 것이므로 대여금반환청구권이 소송상 청구 또는 소송물이 된다.

제2절 소의 종류

Ⅰ. 청구의 내용에 따른 분류

1. 이행의 소

1) 개념

이행의 소란 원고의 피고에 대한 이행청구권의 존재·범위를 확정하고, 피고에게 그 확정된 내용에 따른 이행명령을 구하는 소를 말한다. 피고는 원고에게 돈 얼마를 주어라, 등기이전을 해라는 것이 그것이다.

이행청구권은 실체법상의 청구권으로 사법상 청구권 외에 공법상 청구권이라도 민사법원의 관할이면 되는데, 국가배상법에 의한 손해배상청구권이 그 예이다. 채권이나 물권을 불문한다.

이행을 구하는 내용은 금전지급, 물건인도, 의사표시, 작위, 부작위, 인용 청구를 불문한다.

2) 종류

현재 이행의 소는 변론종결 시를 기준으로 이행기가 도래한 청구권을 주장하는 소이다.

장래 이행의 소는 이행기가 도래하지 않았을 경우라도 미리 청구할 필요가 있는 경우에 한하여 인정된다. 미리 청구할 필요가 있는 경우로는 계속적 이행을 요하는 경우인데 현재 불이행하고 있어 장래에도 이행을 기대할 수 없을 때나 의무자가 의무의 존재를 다투고 있어 이행기에 이행을 기대할 수 없을 때가 그것이다.

부작위를 구하는 이행의 소는 어떤 행위를 하지 말 것을 청구하는 것으로 부작위청구권의 존재를 전제로 한다. 물권침해 시 방해배제청구(민법 제205, 206조), 상린관계에 기한 방해금지청구(민법 제217조 제1항),[1] 법률상 보호할 법익을 침해하는 경우 그 침해행위 중지청구[2] 등이 있다. 명예, 영업, 사생활 자유를 침해하는 불법행위를 금지하는 규정은 없으므로 인정되지 않는다.[3]

3) 법원의 응답

이행청구권의 존재가 인정되면 이행판결을 하고, 부존재하면 청구기각판결을 한다. 원고는 이행판결을 집행권원으로 하여 강제집행을 할 수 있다.

2. 확인의 소

1) 개념

확인의 소는 원고의 피고에 대한 권리 법률관계의 존재·부존재의 확인만을 구하는 소이다. 피고가 어떤 물건에 대한 원고의 소유권 존재를 다툴 경우에 원고가 피고를 상

---

1) 소음공해유발을 이유로 건설공사를 하지 말라고 하는 것이 그 예이다.
2) 특허법 제126조에 기한 특허권침해중지청구, 부정경쟁방지 및 영업비밀보호에 관한 법률 제4조에 의한 부정경쟁중지청구가 그 예이다.
3) 민법 제764조의 명예회복에 적당한 처분은 부작위까지 인정한 것 아니다. 독일 판례는 1회뿐인 침해라도 반복 위험 있으면 부작위소송을 인정한다.

대로 그 물건에 대한 소유권이 있음을 확인하라는 것이 그 예이다.

2) 유용성

확인의 소는 당사자 사이의 법률적 불안의 제거를 목적으로 하는 것으로, 이행의 소에서는 소유권, 상속권, 특허권 등 절대권이나 임대차관계, 고용관계 같은 포괄적 관계에서 파생하는 개개의 청구권(목적물인도청구권, 임료청구권)의 존부를 개별적으로 확정받을 수 있을 뿐이어서 포괄적 법률관계의 존부를 확인받을 필요가 있을 때나, 청구권의 수액을 확정할 수 없어 이행의 소를 제기할 수 없는 경우에 시효중단을 위해 청구권의 존재라도 확인받아 둘 필요가 있는 경우에 확인의 소가 유용하다.

확인의 소는 집행력이 없으므로 이행소송이 가능한 경우에는 실익이 없다.

3) 종류

확인의 소에는 적극적으로 권리가 있음을 확인받는 적극적 확인의 소와, 소극적으로 채무가 없음을 확인받는 소극적 확인의 소가 있다.

4) 확인대상

확인대상은 권리·법률관계이고 사실이나 사실관계의 확인은 인정되지 않는다. 폭행, 상해사실의 확인은 안 되나, 그로 인한 손해배상청구권 존재확인은 가능하고, 가해자의 과실은 사실이므로 안 된다. 매수한 물건의 하자 유무도 사실이므로 안 되나, 권리법률관계의 증명에 관한 증서가 진정한 것인지 여부의 확인은 사실이지만 그로써 권리·법률관계의 존부가 확정되므로 인정된다.

권리·법률관계는 현재의 것에 한정된다.

당사자 간의 권리·법률관계에 한정되나, 제3자와의 관계도 확인 이익 있는 경우는 가능하다. 채권질권자가 제3채무자를 상대로 입질채권이 채무자에게 속한다는 확인청구가 그 예이다.

3. 형성의 소

1) 개념

형성의 소는 판결에 의하여 권리·법률관계가 변동되는 경우에 그런 판결을 하는 소를 말한다. 권리·법률관계의 변동은 사법상 행위로 이루어지는 것이나, 중요한 경우에는 판결에 의해서만 이루어지도록 법에 정해져 있어, 이 경우에는 소로써만 그 변동을 구할 수 있다.

2) 종류

① 실체법상 형성의 소

실체법상 법률관계의 변동을 구하는 소로 이혼청구의 소(민법 제840조), 주총결의 취소의 소(상법 제376조), 회사설립무효, 부존재확인의 소(상법 제184조), 이사해임청구의 소(상법 제385조), 신주발행무효의 소(상법 제429조), 행정처분 취소소송, 선거무효소송 등이 있다.

혼인무효, 입양무효, 이혼무효 등은 실체법상 형성의 소라고 보는 것이 다수설이나, 소로만 주장할 수 있는 것은 아니라는 이유로 형성의 소가 아니라는 입장도 있다.

주총결의무효확인의 소(상법 제380조)는 확인소송이라는 것이 상법학계의 학설, 판례이나,4) 제3자에게 효력이 있는 것(상법 제190, 380조)을 근거로 형성소송이라고 보는 것이 민사소송법학계의 입장이다. 주총결의부존재확인의 소는 개정상법에서 상법 제190조 본문을 원용하여 판결의 제3자에 대한 효력을 인정하므로 형성의 소로 볼 것이다.

사해행위취소소송(민법 제406조)에 대해서는 채권자취소권을 사해행위취소를 내용으로 하는 형성권설, 채무자로부터 이탈한 재산을 반환시키는 것을 목적으로 하는 청구권설, 양자병합설 등이 있는데, 판례는 원상회복을 구하는 범위 내에서 수익자 또는 전득자에 대한 관계에서만 상대적으로 취소를 구하는 것으로 본다.5)

가. 차이점

판결의 효력 면에서 형성권설에 따르면 채무자·수익자 및 수익자·전득자 사이의 법률행위가 모두 취소되고, 행위의 효력은 소급적으로 무효가 되는 절대적 효력이 있고, 청구권설에 따르면 각 법률행위에는 영향이 없고, 병합설에 따르면 각 법률행위에는 영향이 없고, 취소효과는 채권자와 악의의 수익자나 전득자에 대한 관계에서만 발생하는 상대적 효력이 있다.

피고적격은 형성권설에서는 채무자와 수익자, 전득자 모두에게 있고, 청구권설이나 병

---

4) 대판 1993. 8. 18. 91다14369, 39924.

5) 대판 1988. 2. 23. 87다카1989, 2004. 8. 30. 2004다21923, 채권자가 채권자취소권을 행사하려면 사해행위로 인하여 이익을 받은 자나 전득한 자를 상대로 그 법률행위의 취소를 청구하는 소송을 제기하여야 되는 것으로서 채무자를 상대로 그 소송을 제기할 수는 없고(대법원 1991. 8. 13. 선고 91다13717 판결 등 참조), 채권자가 전득자를 상대로 하여 사해행위의 취소와 함께 책임재산의 회복을 구하는 사해행위취소의 소를 제기한 경우에 그 취소의 효과는 채권자와 전득자 사이의 상대적인 관계에서만 생기는 것이고 채무자 또는 채무자와 수익자 사이의 법률관계에는 미치지 않는 것이므로(대법원 1988. 2. 23. 선고 87다카1989 판결, 2002. 5. 10. 2002마1156 결정 등 참조), 이 경우 취소의 대상이 되는 사해행위는 채무자와 수익자 사이에서 행하여진 법률행위에 국한되고, 수익자와 전득자 사이의 법률행위는 취소의 대상이 되지 않는다고 할 것이다.

합설에서는 재산반환의 상대방인 수익자나 전득자에게만 있다.

청구취지는 형성권설이나 병합설은 취소와 반환을 구하고, 청구권설은 반환만 구하게 된다.

나. 소로만 행사해야 하는지 여부

민법학자들은 법원에 청구하여야 한다는 규정을 근거로 인정하나, 소송법학자들은 같은 성질인 도산법의 부인권이 항변으로도 행사될 수 있는 것처럼 항변으로도 가능하다고 본다.

② 소송법상 형성의 소

소송법상 법률관계의 변동을 구하는 소로 재심의 소(제451조), 정기금판결 변경의 소(제252조), 제권판결에 대한 불복의 소(제490조) 등이 그것이다. 청구이의의 소(민사집행법 제44조), 행문부여에 대한 이의의 소(동 제45조), 제3자 이의의 소(동 제48조)의 성질에 대해서는 논란이 있으나 판례는 형성의 소로 본다.[6]

③ 형식적 형성의 소

외형상으로는 소송의 형식을 취하지만 실질적으로는 비송사건에 속하는 형성의 소이다. 어떤 내용의 권리관계를 형성할 것인가가 법관의 재량에 맡겨진 소로 토지경계확정의 소, 공유물분할의 소(민법 제269조), 부의 결정에 관한 소(민법 제845도) 등이 그것이다.

이 경우 법원은 당사자의 주장내용이나 범위에 구속되지 않아 처분권주의가 적용되지 않고,[7] 당사자 사이에 다툼이 있는 한 법원은 반드시 재판해야 하고, 청구기각이 있을 수 없고, 항소심에서도 불이익변경금지의 원칙이 적용되지 않는다.

3) 법원의 반응

기각판결은 형성요건의 부존재를 확인하는 것이고, 인용판결은 형성요건의 존재를 확인하는 것으로 권리·법률관계를 변동시키는 형성력이 있다. 인용판결은 당사자 외의 모든 사람에게 효력이 미친다.

판결에 의해서만 법률관계가 변동되므로 판결이 확정되기 전에는 변동을 전제로 한 주장을 못 한다. 이혼판결이 없는 한 혼인관계해소를 전제로 하는 위자료청구는 못 하는 것이다.

---

6) 대판 1996. 11. 22. 96다37276.

7) 대판 2004. 10. 14. 2004다30583.

Ⅱ. 소제기의 형태·시기에 따른 분류

소제기의 모습에 따라 한 사람의 원고가 한 사람의 피고에게 제기하는 단일의 소와 한 사람의 원고가 한 사람의 피고에 대하여 여러 개의 청구를 하거나 여러 사람의 원고가 여러 사람의 피고에게 소를 제기하는 병합의 소가 있다.

소제기의 시기에 따라 처음에 독자로 제기하는 독립의 소와 이미 개시된 소송절차와 동일한 절차에서 심리를 요구하는 소송 중의 소가 있다.

제3절 소송물(청구)

Ⅰ. 개념

1. 개념

소송물이란 소송을 통하여 재판을 구하는 대상인 권리 법률관계 자체를 말하는데, 민사소송법에서는 소송물(민사집행법 제48조 제2항), 소송목적(민사소송법 제26, 67, 79, 83조), 소송목적인 권리의무(민사소송법 제65, 81, 82조), 청구(민사소송법 제249, 253, 262, 269조 등) 등 여러 용어로 쓰인다.

소송물은 소송절차의 개시단계에서 심판대상특정, 관할의 결정, 절차진행단계에서 청구의 병합, 소변경, 중복제소 여부 결정, 절차의 종결과정에서 재소금지 범위 기판력 범위 결정 등에 있어 기준이 된다.

무엇을 소송물로 볼 것인가에 관해서는 민사소송법학계의 가장 치열한 논쟁거리 중의 하나로, 어떻게 정의할 것인가, 소송물의 개수, 같음과 다름의 구별기준은 무엇인가, 소송물의 개념을 통일적으로 구성할 것인지 여부 등에 관한 논쟁들이 이어지고 있고, 소송물의 개수, 같음과 다름의 구별기준을 둘러싼 다툼이 핵심인데, 이 같은 논쟁을 두고 개념법학의 진수라거나 말기현상이라는 상반된 평가가 있다.

어느 입장도 전면적으로 완벽하게 상대의 입장을 압도할 수는 없는 현실을 감안하여 본서에서는 전통적인 입장과 판례의 소개로 대신한다.

2. 구별

심판의 대상 자체이므로 이를 정당화하기 위한 사실관계(청구원인)는 소송물을 특정하는 중요요소이기는 하나 소송물은 아니다.

청구의 목적물 또는 계쟁물 자체는 소송물이 아니다.

예컨대 매매로 인한 부동산소유권이전등기청구소송에서의 소송물은 이전등기청구권의 존부이고, 매매사실 자체나 이전등기를 구하는 부동산과 같은 계쟁물 자체는 소송물이 아니다.

Ⅱ. 소송물론

소송물에 관한 논의는 전통적인 구 소송물론과 신소송물론의 대립 구도에 신소송물론의 약점을 보완하고자 하는 신실체법설이 새로이 등장하여 가담하고 있는 상황인데 여기서는 표준적인 사례에 관하여 이들이 어떻게 다른가를 보기로 한다.

사례
a. 택시승객 교통사고 피해 택시회사 상대 손배청구 시 불법행위 또는 여객운송계약상 채무불이행을 이유로 하는 경우
b. 임차물 반환청구를 소유권 또는 임대차계약기간종료를 이유로 하는 경우
c. 같은 부동산에 대한 소유권이전등기청구를 매매계약 또는 취득시효완성을 이유로 하는 경우
d. 어음채권과 원인채권(매매대금채권)의 청구
e. 이혼 사유로 악의의 유기와 부정한 행위를 주장하는 경우

1. 구 소송물이론(구 실체법설)

실체법상의 권리·법률관계의 주장을 소송물로 보아 실체법상 권리마다 소송물이 다르다. 이 입장에 따르면, 사례 a, b, c, d, e 모두 청구취지는 같지만 주장하는 실체법상

권리가 다르므로 별개의 소송물이 된다.

이에 대해서는 실질적으로 같은 분쟁을 세분해 분쟁의 일회적 해결에 반한다. 양 청구 중 하나만 이유 있을 경우 원고의 손해배상목적은 달성함에도 불구하고 일부 인용, 일부 기각하는 이상한 결론을 내야 한다. 양 청구 모두 이유 있으면 이중의 이행판결을 해야 하는 불합리가 있다는 등의 비판이 있다.

2. 신소송물이론(소송법설)

소송물과 실체법의 관련을 절단하고 청구취지의 내용과 청구원인에 나타나는 사실관계로(이지설) 또는 청구취지만으로(일지설) 소송물을 구별하자는 입장이다. 이지설에 따르면 사례들의 청구취지는 다 같고, a, b, e는 사실관계도 같으므로 동일한 소송물이고, c, d는 사실관계가 다르므로 별개 소송물이 되고, 일지설에 따르면 모두가 하나의 소송물이 된다.

이지설에 대해서는 c, d의 경우도 급여는 하나밖에 인정되지 않는데 소송법상 두 개의 소송물을 인정하게 되어 부당하고, 법원이 가능한 한 모든 관점을 심리하여야 하므로 법원의 부담이 가중된다는 비판이 있다. 일지설에 대해서는 모든 경우를 청구취지만으로 구별하면 사실은 별개인데 하나로 취급되기도 하고(동일인에게 대여금과 매매대금을 청구하는 경우), 소송물의 개념이 너무 포괄적이고 기판력 범위가 넓어져 당사자 구제에 불충분하다(당사자의 무지, 소홀로 가능한 주장을 다 못 하는 경우)는 등의 비판이 있다.

3. 신실체법설

청구권, 형성권의 개념 자체를 수정하여 수정된 의미의 실체법상 권리주장을 소송물로 보자는 입장이다. 청구권 경합이나 형성권 경합의 경우에는 실체법상 하나의 청구권이나 형성권만이 성립하는 것으로 이론을 구성한다. 관념적으로 여러 개의 청구권이라고 생각되는 경우에도 처분대상으로는 한 개밖에 없는 경우에는 사회적 실체로서의 권리는 하나이고 소송물도 하나라고 본다. 이에 따르면 d의 경우만이 청구권을 분리하여 양도 가능하므로 별개 소송물이 된다.

4. 결론

소송물의 개념 자체는 중요한 것이지만 그 내용을 놓고 의견이 대립되는 것은 각자의 소송관 차이에서 비롯되는 것이다. 구 소송물론은 소송물을 가급적 작게 구분하여 법원의 권한을 축소시키고 당사자의 지배를 확대시키려는 자유주의적, 개인주의적 소송관에 터 잡은 것이고, 신소송물론은 실질적으로 하나의 분쟁은 가능한 한 1회에 해결함으로써 소송제도의 합리적 운영을 꾀하고, 소송제도의 사회적 의의를 강조하는 사회국가적, 복지 국가적 소송관에 입각한 것인데, 어느 쪽이라도 당사자의 구제에 소홀할 수는 없는 것이 므로 그때그때의 상황에 따라 누구를 보호할 것인가의 관점에서 해결해야 할 것이다.

제4절 소송요건

I. 개념

방식을 갖춘 소장이 법원에 제출되면 소송이 성립되나 이로써 바로 본안심리를 할 수 있는 것은 아니고 적법한 소로 취급받기 위한 요건을 갖추어야 하는데 이를 소송요건이 라고 한다. 즉 소송요건은 소가 적법하기 위하여 갖추어야 할 요건으로서 이를 갖추지 못하면 부적법하므로 본안신리에 들어가지 않고 각하판결을 한다. 다만 이는 본안심리의 전제요건은 아니므로 확인 후 본안심리에 들어가는 것은 아니고 심리 중 밝혀지면 더 이 상 본안심리를 못 한다.

소송요건은 소가 전체로서 적법하기 위한 요건이므로 개개 소송행위의 적법요건(소송 고지요건, 참가요건)과는 구별된다.

소송요건은 사법권의 한계를 확정하고(재판권), 소송의 주체와 객체를 특정하고(당사자확 정, 당사자적격, 권리보호자격), 재판의 적정을 확보하는 기능을 한다(관할, 권리보호이익).

II. 종류

1. 법원에 관한 것

제소한 법원에 재판권, 관할권이 있어야 한다.

2. 당사자에 관한 것

당사자가 실재하여야 하고, 당사자능력, 당사자적격, 소송능력이 있어야 하며, 대리·대표되는 경우에는 그자에게 대리·대표권이 있어야 한다. 원고가 소송비용의 담보제공을 할 필요가 없어야 하나, 그 필요가 있을 때는 제공하여야 한다.

당사자와 관련 소장의 송달이 가능해야 한다.

3. 소송물에 관한 것

사건이 민사사건이어야 하고 소제기 방식을 갖추어야 한다. 소송물이 특정되고, 권리보호자격·이익 또는 필요(소의 이익)가 있을 것, 기판력의 부존재, 중복소송·재소금지에 저촉되지 않을 것이 필요하다.

4. 특수한 경우

병합의 소나 소송 중의 소일 경우 각 필요요건을 갖추어야 하고, 선행절차(반론보도청구 시 언론중재위중재)를 거치거나, 소제기기간 정해져 있는 경우(주총결의취소소송은 결의 후 2개월 내)에는 그 요건을 갖추어야 한다.

Ⅲ. 조사

1. 조사의 개시

소송요건에는 당사자의 주장을 불문하고 법원이 직권조사를 해야 하는 사항과 피고가 문제를 삼을 때에만 조사하는 항변사항이 있다.

대부분의 소송요건은 직권조사사항이고, 항변사항은 중재계약의 존재, 소송비용의 담보제공의 흠, 불제소계약의 존재 등이다.[8]

직권조사사항은 피고의 이의를 불문하고, 자백이나 자백간주대상이 아니다.

---

8) 다만 대법원은 불항소합의 유무는 항소의 적법요건에 관한 것으로 법원의 직권조사사항이라고 한다(대판 1980. 1. 29. 79다2066).

2. 판단을 위한 자료수집

소송요건의 존부에 관한 조사의 개시는 항변사항 외에는 법원이 직권으로 하는 것이나, 판단을 위한 자료의 수집도 법원이 직접 하여야 하는가에 관해서는 공익성이 강한 것(재판권, 전속관할 등)은 직권으로 탐지하여야 하나, 그 외는 변론주의가 적용되어 자료제출책임은 당사자에게 있고 법원은 석명이나 입증촉구만을 할 수 있다는 것이 다수의 입장이다.[9]

3. 증명책임

증명책임은 직권조사사항은 원고에게 있으나, 항변사항은 피고에게 있다.[10]

증명의 정도는 자유로운 증명으로 족하다는 것이 다수설이다.

4. 존재 여부의 표준시

소송요건의 존재 여부 표준시는 사실심변론종결 시이다. 상고심에서는 새로운 자료를 제출할 수 없기 때문이다. 제소 시 소송요건불비라도 후에 구비하면 되나, 제소 당시는 구비했으나 후에 소멸이면 본안판결을 못 한다.[11] 소송진행 중 당사자능력, 소송능력, 법정대리권의 소멸은 소각하가 아닌 중단사유가 된다(제233, 235조).

단, 관할권의 존부는 제소 당시를 표준으로 한다(제33조).

5. 조사순서

통설은 본안요건에 앞서 일반적인 것에서 특수한 것으로, 추상적인 것에서 구체적인 것으로 조사해야 한다 하나, 실제는 같이 진행되고, 소송요건 상호 간 구별 없으나, 당사자, 법원, 소송물에 관한 것 순으로 하기 마련이다.

---

9) 대판 1991. 10. 11. 91다21039, 종중대표자의 적법한 대표권 유무는 소송요건이나 그 판단의 기초가 되는 자료인 사실과 증거를 법원이 직권으로 탐지할 의무는 없다.

10) 대판 1997. 7. 25. 96다39301.

11) 다만 대법원은 적법한 소가 상고심계속 중 소의 이익에 흠결이 있게 된 경우에는 그 소는 부적법하다고 보고(대판 2003. 1. 10. 2002다57904), 사실심에서 대표권의 흠결로 소각하하였으나 상고심에서 적법한 대표자가 종전의 소송행위를 추인하면 그 소는 적법하다고 본다(대판 1997. 3. 14. 96다25227). 후자는 대표권의 흠에 대한 추인시기에 제한이 없는 것에 따른 당연한 결론이다.

6. 조사결과

소송요건을 구비하고 있으면 심리를 계속하여 본안판결을 하나, 피고가 다투면 중간판결 또는 종국판결 이유 중에서 판단한다. 불비면 보정할 수 있는 경우(소송능력, 대리권 흠결)에는 보정을 명하고, 이에 불응하거나 보정 불가능한 경우(출소기간 도과, 재판권 무)이면 소각하판결을 한다. 관할위반의 경우는 이송하고, 병합요건 흠결은 독립된 소로 진행한다. 간과 시 상소할 수 있고, 확정되면 재심사유가 있는 경우에 한하여 재심대상이 된다.

제5절 소의 이익

Ⅰ. 개념

1. 정의

소의 이익이란 개별소송에서 본안판결을 구하는 것을 정당화시킬 수 있는 이익 또는 필요를 말하며 권리보호요건이라고도 한다.

광의의 소의 이익은 권리보호자격(청구가 국가의 재판권을 발동시키기에 적합하여야 함), 권리보호의 이익 또는 필요(청구에 대하여 재판권을 발동시킬 만한 법적 이익 또는 필요가 있어야 함), 당사자적격(당사자가 재판을 받기에 적합한 정당한 당사자여야 함)으로 구성되고, 최협의로는 권리보호의 필요만을 의미하는데, 권리보호자격과 권리보호의 필요는 그 구분이 명확한 것은 아니다.

2. 개념의 필요성

당사자가 민사소송제도를 이용하려면 이를 이용할 만한 정당한 이익 또는 필요성이 있어야 하는 것은 민사소송제도의 기본적인 요구이다. 법원으로서는 본안판결을 필요로 하는 사건에만 신경을 쓰면 되고, 상대방으로서는 불필요한 소송에 일일이 대응하지 않아도 되는 이익이 있다.

소의 이익 개념은 그 본질 및 내용에 대하여 논쟁이 심한 분야 중 하나로, 민사소송제도의 목적이 권리보호에 있다고 보는 입장은 당사자의 이익 측면에서 그 범위를 넓게 보고, 사법질서의 유지나 분쟁해결에 있다고 보는 입장은 국가의 이익의 측면에서 파악하여 그 범위를 가급적 좁힌다. 넓게 보면 남소를 허용하여 국가의 적절한 재판권행사를 저해하고, 좁게 보면 법원의 부담은 경감되나 재판받을 권리를 제한하는 결과가 된다. 실제로는 한계가 명확하지 않고, 소송상 취급에도 차이가 없어 누가 옳다 그르다 할 일이 아니다.

Ⅱ. 각종의 소에 공통된 것

모든 소, 즉 이행의 소, 확인의 소, 형성의 소를 가리지 않고 공통된 소의 이익으로는 재판의 대상이 되어 권리보호를 받을 수 있는 자격이 있어야 한다. 권리보호자격이 인정되려면 다음의 요건을 갖추어야 한다.

1. 법률상 쟁송에 해당할 것

1) 권리 법률관계에 관한 다툼이 있어야 한다.

사실의 존재 여부에 관한 다툼은 소송의 대상이 아니다. 예컨대 족보에 올려 달라, 족보의 기재내용을 변경해 달라, 역사상 중요한 업적이 자기 조상의 업적이다,[12] 종교단체가 특정종파에 속하는지 확인을 구하는 것,[13] 임야, 토지, 가옥대장상의 명의말소변경청구[14] 등은 법률관계에 관한 다툼이 아니므로 권리보호자격이 없다.

2) 구체적인 권리 법률관계에 관한 분쟁(사건성)이 있어야 한다.

추상적인 법령의 해석 다툼, 법령이나 (입시)제도의 변경·시행으로 침해의 가능성이 있게 되었다는 것을 이유로 한 다툼, 단체내부규정의 효력 다툼은 구체적인 권리·법률관계에 관한 다툼이 아니다. 다만 법률, 명령, 규칙이 직접적으로 현재 자기의 기본권을 침해하는 경우에는 헌법소원이 가능하다.[15]

---

12) 대판 1975. 7. 8. 75다296.

13) 대판 1992. 12. 8. 92다23872.

14) 대판 1979. 2. 27. 78다913.

15) 헌결 1989. 7. 21. 89헌마12, 1995. 2. 23. 90헌마214, 1997. 6. 26. 94헌마52.

3) 재판상 청구가 가능해야 한다.

통치행위나 고도의 정치적 성격을 띤 입법부나 행정부의 전권에 속하는 사항은 사법심사의 대상이 아니다.[16] 단 기본권침해와 직접 관련되는 경우에는 사법심사의 대상이 된다.[17] 자연채무는 채무는 존재하나 강제할 수 없으므로 재판상 청구를 할 수 없고, 소로써 행사할 수 있는 형성권이 아닌 취소·해제·상계권도 마찬가지이다. 정당, 종교단체의 내부분쟁, 교리다툼과 같이 그 자치에 맡겨야 하는 사항은 사법심사의 대상이 아니다.[18]

2. 법률상·계약상 제소금지사유가 없을 것

중복제소금지, 소취하 후 재소금지에 해당하지 않아야 한다. 불제소특약이 있는 경우도 마찬가지이나, 그것이 불공정한 경우에는 예외이다(약관규제에 관한 법률 제14조). 중재계약이 있는 경우에는 이에 따라야 한다(중재법 제9조). 행정소송의 소권포기는 불가능하다.

3. 기타 제소 장애사유

신의칙에 반한 제소는 허용되지 않는다. 한 개의 채권을 여러 개로 나누어 소액사건심판법 적용을 받으려는 경우(소액사건심판법 제5조의 2), 이사직무집행의사가 없이 금원만을 지급받을 목적으로 해임결의 취소를 청구하는 경우,[19] 근로자가 면직 후 아무 이의 없이 퇴직금을 수령하고 면직일로부터 10년이 다 되어 면직처분무효확인을 구하는 경우[20]가 그것이다.

---

16) 대판 1981. 4. 28. 81도874.

17) 헌결 1996. 2. 29. 93헌마186.

18) 대판 1983. 10. 11. 83다233, 종교단체의 교리다툼은 그 자치에 맡겨야 하는 것이고, 목사, 장로에 대한 정직·면직 결의가 현저히 불공정하고 내부절차규정에 위배되지 않는 한 법원의 심사대상이 아니다(통일교가 기독교종교단체인지 확인을 구하는 예).
대판 1995. 3. 24. 94다47193, 교회의 권징재판은 종교단체가 교리를 확립하고 단체 및 신앙상의 질서를 유지하기 위하여 목사 등 교역자나 교인에게 종교상의 방법에 따라 징계 제재하는 종교단체의 내부적인 제재에 지나지 아니하므로 원칙적으로 사법심사의 대상이 되지 아니하고 그 효력과 집행은 교회 내부의 자율에 맡겨져 있는 것이므로 그 권징재판으로 말미암은 목사, 장로의 자격에 관한 시비는 직접적으로 법원 심판의 대상이 된다고 할 수 없다.
대판 2006. 2. 10. 2003다63104, 우리 헌법이 종교의 자유를 보장하고 종교와 국가기능을 엄격히 분리하고 있는 점에 비추어 종교단체의 조직과 운영은 그 자율성이 최대한 보장되어야 할 것이므로, 교회 안에서 개인이 누리는 지위에 영향을 미칠 각종 결의나 처분이 당연무효라고 판단하려면, 그저 일반적인 종교단체 아닌 일반단체의 결의나 처분을 무효로 돌릴 정도의 절차상 하자가 있는 것으로는 부족하고, 그러한 하자가 매우 중대하여 이를 그대로 둘 경우 현저히 정의 관념에 반하는 경우라야 한다.

19) 대판 1974. 9. 24. 74다767.

확정판결이 있는 경우(예외로 판결원본 멸실, 판결내용 불특정, 시효중단을 위한 경우
는 가능),[21] 특별구제절차(언론중재, 소송비용확정)를 거치도록 되어 있는 경우에도 제소
가 제한된다.

Ⅲ. 이행의 소의 이익

이행의 소는 이행청구권의 존부·내용이 쟁점인데, 그 권리의무의 주체와 급부의 내용
이 명확하므로 이행청구권의 존재를 주장하는 것 자체로 이익이 인정되므로 소의 이익이
큰 문제가 되지 않는다. 원고는 자기 권리실현을 위하여 집행력 있는 집행권원을 필요로
하므로 상대가 다투는 것이 필요하지 않다. 다만 다음의 경우는 문제가 된다.

1. 간편한 절차로 목적을 달성할 수 있는 경우

소송비용은 확정절차에 의하여, 외국판결이나 중재판정이 있는 경우에는 집행판결절차
에 의하여 권리를 실현할 수 있으므로 별도의 이행의 소가 필요 없다.

2. 급여가 이미 실현되었거나 실익이 없는 경우

소유권이전등기소송 중에 원고 앞으로 이전등기가 된 경우,[22] 저당권설정등기말소청구
의 소 중 저당권실행으로 말소된 경우[23]에는 소송목적이 실현되었으므로 소의 이익이 없

---

20) 대판 1992. 12. 11. 92다23285.

21) 대판 2006. 12. 7. 2004다54978, 채권자가 사해행위 취소 및 원상회복을 구하는 경우 채권자는 원상회
복 방법으로 수익자를 상대로 가액 상당의 배상을 구할 수도 있고, 채무자 앞으로 직접 소유권이전등기
절차를 이행할 것을 구할 수도 있다. 이 경우 원상회복청구권은 사실심 변론종결 당시의 채권자 선택에
따라 원물반환과 가액배상 중 어느 하나로 확정되며, 채권자가 일단 원물반환청구를 하여 승소 판결이
확정되었다면, 그 후 어떠한 사유로 원물반환의 목적을 달성할 수 없게 되었다고 하더라도 다시 원상회
복청구권을 행사하여 가액배상을 청구할 수는 없으므로 그 청구는 권리보호의 이익이 없어 허용되지 않
는다.
대판 2005. 11. 25. 2005다51457, 여러 명의 채권자가 동시에 또는 시기를 달리하여 사해행위취소 및
원상회복청구의 소를 제기한 경우 이들 소가 중복제소에 해당하지 아니할 뿐만 아니라, 이 중 한 채권자
가 승소판결을 받아 그 판결이 확정되었다는 것만으로는 그 후에 제기된 다른 채권자의 동일한 청구가
권리보호의 이익이 없게 되는 것은 아니고, 그에 기하여 재산이나 가액의 회복을 마친 경우에 비로소 다
른 채권자의 사해행위취소 및 원상회복청구는 그와 중첩되는 범위 내에서 권리보호의 이익이 없게 된다.

22) 대판 1996. 10. 15. 96다11785.

23) 대판 2003. 1. 10. 2002다57904.

다. 건물이 멸실되었는데 소유권이전등기를 구하거나 소유권등기말소를 청구하는 것[24]은 아무 실익이 없다. 취소된 영업허가증의 반환청구도 실익이 없다.[25]

3. 급여의 실현이 불가능하거나 곤란한 경우

이행판결을 받아도 집행이 불가능하거나 현저히 곤란한 경우에 소의 이익을 인정할 것인가에 관해서는 판결절차는 분쟁의 관념적 해결절차로서 강제집행절차와는 별도의 독자적인 의미를 갖는 절차이고, 채무자에게 심리적인 압박이 되어 장래 집행이 가능할 수도 있으므로 소의 이익을 당연히 인정해야 한다.

순차로 경료된 소유권이전등기의 각 말소를 구하는 경우에 후 순위 등기의 말소가 인용되지 않아 전 순위의 말소가 불가능하더라도 전 순위의 말소의무가 인정되면 소의 이익을 인정하여야 하고,[26] 자신의 채권이 가압류되어 그 채권청구가 인용되더라도 집행이 곤란한 경우라도 소의 이익이 있다.[27]

주장 자체로 이익이 없는 경우에도 소의 이익이 없다.[28]

4. 장래 이행의 소

1) 개념

장래 이행의 소는 변론종결 시를 기준으로 하여 이행기가 장래에 도래하는 이행청구권을 주장하는 소로서 미리 청구할 필요가 있을 때에만 허용된다(제251조). 임의이행의 거부에 대비하여 미리 집행권원을 확보해 두었다가 변제기에 즉시 집행을 하기 위한 것이다.

2) 대상(청구적격)

장래 이행의 소에 적합하려면 청구의 기초가 되는 권리·법률관계가 변론종결 시 존재하여야 하고 장래 이행기까지 그 상태가 계속될 것이 확실해야 한다.

예컨대 불법점유에 따른 부당이득반환청구의 경우 변론종결 시에 불법점유 상태가 있으면 되고 장래 이행 시까지 그 상태가 계속되어야 하는 것이다.

변론종결 후 특정일자까지의 부당이득반환청구는 그때까지 불법점유의 계속이 불확실

---

24) 대판 1976. 9. 14. 75다399, 1994. 6. 10. 93다24810.

25) 대판 1956. 5. 3. 4288민상179.

26) 대판 1983. 3. 8. 80다3198, 1993. 7. 13. 93다20955.

27) 대판 2002. 4. 26. 2001다59033.

28) 닭서리를 해서 잡아먹은 사람에게 그 닭을 돌려 달라는 소송이 그것이다.

하므로 각하될 것이나, 불법점유종료일까지의 부당이득반환청구는 가능하다.[29]

3) 미리 청구할 필요

① 의무자의 태도와 관련하여 미리 청구할 필요가 인정되는 경우

의무자기 미리 이행하지 않겠다는 명시적인 의사표시를 한 경우, 계속적·반복적 이행청구의 경우 현재 이행기도래분에 대한 미이행이 있는 경우, 이행의무의 존재를 다투는 경우 등에는 미리 청구할 필요가 인정된다. 무자력에 대비한 청구는 인정되지 않으며 가압류·가처분으로 해결해야 한다.

② 의무의 성질상 미리 청구할 필요가 있는 때

정기행위와 같이 제때에 이행되지 않으면 채무내용에 따른 이행이 되지 않는 경우, 부양료청구와 같이 이행을 지체하면 회복할 수 없는 손해가 발생하는 경우에는 채무자가 이행을 확약하고 미리 청구할 필요가 인정된다.

4) 장래 이행판결과 사정변경으로 인한 추가 판결

장래 이행판결 당시 판단이 기초로 된 사정이 현저히 변경된 경우(임대료의 폭등, 휴유증 발생으로 인한 추가 손해) 추가청구를 허용할 필요가 있는데, 확정된 장래 이행판결의 기판력과의 저촉을 해결하기 위하여 명시적으로 일부청구가 있었던 것으로 보아 잔부청구가 가능하다는 입장, 별개의 소송물이라는 입장 등이 있었으나,[30] 2002년 법개정

---

29) 대판 2002. 6. 14. 2000다37517, 장래의 이행을 명하는 판결을 하기 위해서는 채무의 이행기가 장래에 도래하는 것뿐만 아니라 의무불이행사유가 그때까지 존속한다는 것을 변론종결 당시에 확정적으로 예정할 수 있는 것이어야 하며 이러한 책임기간이 불확실하여 변론종결 당시에 확정적으로 예정할 수 없는 경우에는 장래의 이행을 명하는 판결을 할 수 없다. 피고의 계쟁 토지에 대한 점유는 동시이행항변권 또는 유치권의 행사에 따른 것이어서 적법한 것이기는 하나 피고가 토지를 그 본래의 목적에 따라 사용수익함으로써 실질적인 이득을 얻고 있다는 이유로 임료 상당의 금원의 부당이득을 명하고 있는 경우, 피고가 원고에게 토지를 인도하지 아니하더라도 원심이 이행을 명한 '인도하는 날' 이전에 토지의 사용수익을 종료할 수도 있기 때문에 의무불이행사유가 '인도하는 날까지' 존속한다는 것을 변론종결 당시에 확정으로 예정할 수 없는 경우에 해당한다 할 것이어서 그때까지 이행할 것을 명하는 판결을 할 수 없다.
   대판 1969. 12. 23. 67다1664, 이 사건 이전등록 절차의 이행청구는 어업권 이전에 대하여 있을 행정관청의 인가라는 공법상의 조건이 붙은 장래의 이행을 청구하는 것으로서 위인가가 내려 장래의 지급의무가 현실화된 경우 의무자인 피고에게 즉시이행을 도저히 기대하기가 어렵다(상고이유에서도 피고는 등록이전을 거부하고 있다고 했다)고 보아 원심이 미리 청구할 필요가 있는 경우라고 인정하는 취지로 한 원판결 판단에 어떤 위법이 있다고 할 수 없다.
   대판 전합 1991. 12. 24. 90다12243, 규제지역 내에 있는 토지에 대하여 체결된 매매계약은 허가를 전제로 한 계약이라고 보이므로 원심이 원고의 청구 중 피고에 대하여 토지거래허가신청절차의 이행을 구하는 부분을 인용한 것은 정당하지만, 허가가 있을 것을 조건으로 하여 소유권이전등기절차의 이행을 구하는 부분에 있어서는 허가받기 전의 상태에서는 아무런 효력이 없어 권리의 이전 또는 설정에 관한 어떠한 이행청구도 할 수 없다.
30) 대판 전합 1993. 12. 21. 92다46226은 명시적 일부청구의제설의 입장이었다.

에 따라 정기금변경의 소가 인정되어 해결되었다(제252조).

Ⅳ. 확인의 소의 이익

연혁적으로 소의 이익 개념은 확인을 받아야 할 사건을 가려내기 위해 발생되고 다른 유형의 소로 확대된 것이다. 이행의 소나 형성의 소는 원고가 현상의 변경을 원하고, 그것을 피고가 반대하는 한 법원의 판결을 통해서만 목적을 달성할 수 있으므로 원칙적으로 소의 이익이 있지만, 확인의 소는 현재의 권리 법률관계의 확인만을 구하는 것이고, 보통사람은 이를 인정하므로, 굳이 법원의 개입을 원할 때는 그럴 만한 이유가 있어야 하기 때문에 소의 이익이 있는지가 주로 문제 된다.

1. 확인의 소의 대상(청구적격)

확인의 대상은 현재의 구체적인 권리·법률관계여야 한다.

1) 구체적인 권리·법률관계

① 법률상 쟁송

가. 권리·법률관계에 관한 다툼, 즉 법률상 쟁송만이 확인소송의 대상이 되고, 단순한 사실의 존부에 관한 다툼은 소송의 대상이 되지 않는다. 자연현상, 역사적 사실, 학설의 타당성, 종손의 지위확인을 구하는 것,[31] 지적·지번의 확인청구,[32] 종교단체가 특정종파에 속하는지 여부,[33] 통일교가 종교단체인지 여부,[34] 단체·학교의 장인지 여부,[35] 온천발견신고자의 지위확인을 구하는 것[36] 등은 사실관계의 확인을 구하는 것으로 소의 대상이 될 수 없다.

사실에 관한 주장이라도 권리관계에 관한 주장으로 해석되는 경우, 예컨대 농지를 분배받은 사실확인청구와 같은 것은 농지를 분배받아 경작권이 있다는 주장인지 석명권을

---

31) 대판 1961. 4. 13. 4292민상0940.

32) 대판 1977. 10. 11. 77다408.

33) 대판 1992. 12. 8. 92다23872.

34) 대판 1980. 1. 29. 79다1124.

35) 대판 1959. 9. 10. 4291민상93.

36) 대판 2004. 8. 20. 2002다20353.

행사하여 청구취지를 변경하게 한 다음에 심리하여야 한다.

　나. 제3자 사이의 권리·법률관계 이런 경우라도 자기의 권리관계에 대한 불안·위험을 제거할 수 있는 유효적절한 수단이면 확인의 대상이 된다. 토지매수인이 소유권이전등기청구권을 보전하기 위하여 매도인을 대위하여 그 토지가 매도인 소유인 것의 확인을 구하는 것,37) 자기의 권리 또는 법률상의 지위가 타인들 사이의 사해적 법률행위를 청구원인으로 한 사해소송의 결과로 인하여 침해를 받을 염려가 있는 경우에 그 타인들을 상대로 하여 사해소송의 청구원인이 된 법률행위가 무효라는 확인을 소구하는 것,38) 2번 저당권자가 1번 저당권자와 설정자를 상대로 1번 저당권 부존재확인을 구하는 것 등 그 예이다.

　다. 증서진부확인 법률관계를 증명하는 증서의 진부확인을 구하는 것은 사실관계의 확인을 구하는 것이지만 예외적으로 인정된다(제250조).

　　a. 증서는 그 내용에 의해 법률관계의 존부가 증명되는 것, 즉 그 문서로 권리가 발생·변경되는 처분문서에 한정된다. 계약서, 유가증권, 유언서, 정관 등이 그것이다. 대차대조표나 회사의 결산보고서, 세금계산서 등은 해당하지 않는다.39)

　　b. 진부는 서면의 작성자라고 주장되는 사람의 의사에 따라 작성되었는지 여부이고, 그 내용이 진실에 합치되는가는 확인의 소의 대상이 될 수 없다.40)

　　c. 원고의 권리, 법률상 지위의 불안이 그 서면의 진정 여부에 달려 있는 경우에만 소의 이익이 인정되므로 그 서면에 의하여 증명되는 법률관계에 대하여 다툼이 없거나, 법률관계가 소멸하면 이익이 없다. 서면의 진정 여부만이 아니고, 그 서면으로 행한 법률행위의 효력 자체에도 다툼이 있으면 통상의 권리관계 확인의 소를 제기하여야 한다.41)

---

37) 대판 1993. 3. 9. 92다56575.

38) 대판 1990. 7. 13. 89다카20719, 이런 경우는 사해판결이 선고 확정되고 집행됨으로써 자기의 권리 또는 법률상의 지위가 침해되는 것을 방지하기 위한 유효적절한 수단이 되는 것이므로 확인의 이익이 있는 적법한 것이다.

39) 대판 1967. 3. 21. 66다2154, 2001. 12. 14. 2001다53714.

40) 대판 1989. 2. 14. 88다카4710.

41) 대판 2007. 6. 14. 2005다29290, 29306, 영수증을 보면, "원고가 피고 1로부터 일금 2억 원을 병원의 주차장 임대계약금으로 정히 영수한다"거나, "원고가 피고 2 주식회사로부터 일금 4억 원을 병원의 영안실 임대계약금으로 정히 영수한다"는 것인바, 위 각 영수증은 그 기재대로 임대차계약금으로 일정한 금원을 받았음을 증명하기 위하여 작성되는 서면에 지나지 아니하여 특별한 사정이 없는 한 그로부터 원고와 피고들 사이의 임대차 등 법률관계의 성립 내지 존부가 직접 증명되는 것은 아니므로, 증서의 진정 여부를 확인하는 소의 대상이 될 수 없다.
피고들이 원고에 의해서 진정하게 임대차계약서, 이행각서 및 지불각서가 작성되었다고 하는 이상 원고

② 추상적인 법률문제

권리·법률관계는 특정되고 구체적이어야 한다. 법률·명령의 위헌·유효 여부, 법령해석의 당부, 집회·시위할 수 있는 권리 등의 확인을 구하는 것[42]은 인정되지 않는다.

2) 현재의 권리·법률관계

① 과거의 법률관계

가. 원칙

과거의 법률관계 존부의 확정은 단지 현재의 분쟁해결 전제로 됨에 불과하여 사인 간의 현재 현존하는 분쟁을 해결하려는 민사소송의 목적으로 보아 직접적이고 간명한 방법이 되지 않기 때문에 원칙적으로 확인의 대상이 될 수 없다.[43] 예컨대 해고무효확인 중 고용기간(정년)이 경과한 경우,[44] 저당권 실행으로 말소된 저당권설정등기무효확인, 세금 납부 후 조세부과처분무효확인, 해임 또는 사임으로 이사 지위를 상실한 이사에 관한 이사선임결의 무효확인의 소, 적법하게 새 이사가 선임된 경우에 과거의 이사선임결의 무

로서는 임대차계약서, 이행각서 및 지불각서가 진정하지 않다는 확인을 받음으로써 법적 지위의 불안에서 어느 정도 벗어날 수 있을 뿐만 아니라 그와 같은 확인으로 원고와 피고들 사이의 분쟁 해결에도 도움이 될 수 있다고 볼 것이므로, 원고가 임대차계약서, 이행각서 및 지불각서의 진정 여부를 확인할 이익이 있다.
어느 서면에 의하여 증명되어야 할 법률관계를 둘러싸고 이미 소가 제기되어 있는 경우에는 그 소송에서 분쟁을 해결하면 되므로 그와 별도로 그 서면에 대한 진정 여부를 확인하는 소를 제기하는 것은 특별한 사정이 없는 한 확인의 이익이 없다.

42) 대판 1961. 9. 28. 4294행상50.

43) 대판 1978. 7. 11. 78므7. 또한 과거의 법률관계가 확인된다 하더라도 그 뒤에 법률관계가 변동되었을 가능성이 많아 현재의 분쟁을 해결하는 데 도움이 되지 않는다.

44) 대판 전합 2000. 5. 18. 95재다199, 기간을 정하여 임용된 사립학교 교원이 임용기간 만료 이전에 해임·면직·파면 등의 불이익 처분을 받은 후 그 임용기간이 만료된 때에는 그 불이익 처분이 무효라고 하더라도 학교법인의 정관이나 대학교원의 인사규정상 임용기간이 만료되는 교원에 대한 재임용의무를 부여하는 근거규정이 없다면 임용기간의 만료로 당연히 교원의 신분을 상실한다고 할 것이고, 따라서 임용기간 만료 전에 행해진 직위해제 또는 면직 처분이 무효라고 하더라도 교원의 신분을 회복할 수 없는 것으로서 그 무효확인청구는 과거의 법률관계확인청구에 지나지 않는다고 할 것이며, 한편 과거의 법률관계라 할지라도 현재의 권리 또는 법률상 지위에 영향을 미치고 있고 현재의 권리 또는 법률상 지위에 대한 위험이나 불안을 제거하기 위하여 그 법률관계에 관한 확인판결을 받는 것이 유효적절한 수단이라고 인정될 때에는 그 법률관계의 확인소송은 즉시확정의 이익이 있다고 보아야 할 것이고, 또 이렇게 보는 것이 확인소송의 분쟁해결 기능과 분쟁예방 기능에도 합치하는 것이라 할 것이지만, 직위해제 또는 면직된 경우에는 징계에 의하여 파면 또는 해임된 경우와는 달리 공직이나 교원으로 임용되는 데에 있어서 법령상의 아무런 제약이 없을 뿐만 아니라, 현행 사립학교법과 같이 교원의 임기 만료 시에 교원인 사위원회의 심의를 거쳐 당해 교원에 대한 재임용 여부를 결정하도록 하는 의무규정도 없었던 구 사립학교법 관계하에서 임기가 만료된 사립학교 교원에 대해서는 위와 같은 전력이 있으면 공직 또는 교원으로 임용되는 데에 있어서 그러한 전력이 없는 사람보다 사실상 불이익한 장애사유로 작용한다 할지라도 그것만으로는 법률상의 이익이 침해되었다고는 볼 수 없으므로 그 무효확인을 구할 이익이 없다. 2004. 7. 22. 2002다57362(정년이 지난 경우).

효를 구하는 것 등은 과거의 법률관계 확인을 구하는 것이므로 인정되지 않는다.[45]

나. 예외

과거의 포괄적인 법률관계는 예외이다. 일반적으로 과거의 법률관계는 확인의 소 대상이 될 수 없으나, 혼인, 입양과 같은 신분관계나 회사의 설립, 주주총회의 결의무효, 취소와 같은 사단적 관계, 행정처분과 같은 행정관계와 같이 그것을 전제로 하여 수많은 법률관계가 발생하고 그에 관하여 일일이 개별적으로 확인을 구하는 번잡한 절차를 반복하는 것보다 과거의 법률관계 그 자체의 확인을 구하는 편이 관련된 분쟁을 일거에 해결하는 유효적절한 수단일 수 있는 경우에는 예외적으로 확인의 대상이 된다.[46]

과거의 관계라도 진의가 현재관계확인을 구하는 것이면 확인의 대상이 된다. 징계면직처분무효확인은 현재 고용관계존재확인을 구하는 것으로 보고, 매매계약무효확인은 현재 그로 인한 채권·채무 없음 확인을 구하는 것으로 보아 인정한다.[47]

② 장래의 법률관계

장래의 법률관계도 확인의 이익이 없다. 현재 확인하더라도 장래 변동될 가능성이 있기 때문이다. 상속개시 전 상속권확인, 유언자 생전의 유언무효확인 등은 부적법하다.[48]

다만 구체적 권리 발생이 조건 또는 기한에 걸려 있거나 법률관계가 형성과정에 있는 등 원인으로 불확정적이라고 하더라도 보호할 가치가 있는 법적 이익에 해당하는 경우에는 확인의 대상이 될 수 있다.[49] 교통사고로 인한 손해를 당장 확정할 수는 없는데 발생 자체를 다투는 경우 장래 손해배상청구권확인을 구할 수 있는 것이 그것이다.

2. 권리보호의 필요

확인의 소는 권리·법률관계에 관한 위험·불안이 현존하여 이를 즉시 확정할 필요가 있어야 하며, 이를 제거하기 위해서는 확인판결을 받는 것이 가장 유효적절한 수단일 때에만 인정된다.

1) 권리·법률상 지위의 불안

권리·법률상 지위에 불안이 있어야 하고 사실상·경제적 이익이나 반사적 이익은 해

---

45) 대판 1964. 6. 23. 64다97, 1983. 7. 12. 83누83, 1996. 12. 10. 96다37206, 1983. 9. 27. 83다카938.
46) 대판 1995. 3. 28. 94므1447.
47) 대판 1990. 11. 23. 91다카21589, 1965. 2. 4. 64다1492.
48) 대판 1975. 3. 25. 75추1.
49) 대판 2005. 5. 12. 2000다2429.

당되지 않는다. 주식회사의 주주는 회사의 재산관계에 대하여 단순히 사실상, 경제상 또는 일반적, 추상적인 이해관계만을 가질 뿐, 구체적 또는 법률상의 이해관계를 가진다고는 할 수 없으므로, 주주는 상법 제403조 이하의 규정에 의한 대표소송의 경우를 제외하고는 회사의 재산관계에 대하여 당연히 확인의 이익을 갖는다고는 할 수 없다.[50] 회사의 단순한 채권자가 주주총회결의나 이사회결의부존재확인을 구하기 위해서는 그 결의에 의하여 권리 또는 법적 지위에 현실적으로 직접 어떤 구체적인 영향을 받는 경우에 한한다.[51] 명예회복 또는 재취업상의 불이익을 제거하기 위한 것이라 하여도 이는 사실상의 불이익이지 법률상의 불이익이라고 할 수 없다.[52] 학교법인의 설립에 있어서 연고를 갖는다는 이유만으로 법인의 이사회결의의 무효확인을 구할 법률상 이익이 있다고 할 수 없으므로, 특별한 사정이 없는 한 학교법인의 설립자라는 지위에서 이사회 결의의 무효확인을 구할 수도 없다.[53] 임기가 만료된 이사의 과거 이사회결의 무효확인청구와 관련하여 대법원은 민법 제691조를 유추 적용하여 인정되는 이사의 긴급직무수행권을 근거로 임기가 만료된 이사로 하여금 법인의 업무를 수행하게 하는 것이 부적당하다고 인정할 특별한 사정이 없는 경우에 한하여 확인의 이익을 인정해 왔으나,[54] 학교법인의 경우에는 종전이사는 보통 학교법인의 자주성과 정체성을 확보하는 임무와 가장 근접한 위치에 있는 자로서 학교법인의 자주성과 정체성을 대변할 지위에 있고 따라서 자신이 정식이사로서의 지위를 회복하는지 여부 또는 스스로 새로운 정식이사를 선임할 권한이 있는지 여부와 관계없이 학교법인의 설립목적을 구현함에 적절한 정식이사를 선임하는 문제와 관련하여 직접적인 이해관계를 가지는 사람이라 이사회의 결의에 대하여 법률상의 이해관계를 가진다고 할 수 있어 그 무효 확인을 구할 소의 이익이 있다고 보았다.[55]

---

50) 대판 1979. 2. 13. 78다1117.

51) 대판 1980. 10. 27. 79다2267.

52) 대판 1995. 4. 11. 94다4011, 과거의 법률행위에 불과한 해고에 대하여 확인소송을 구하는 이유가 단순히 사회적인 명예의 손상을 회복하기 위한 것이라면 이는 현존하는 권리나 법률상의 지위에 대한 위험이나 불안을 제거하기 위한 것이라고 할 수 없고, 그것이 재취업의 기회가 제한되는 위험을 제거하기 위한 것이라 하여도 이러한 재취업 기회의 제한이 법령 등에서 규정되어 있는 등의 특별한 사정이 없는 한 이는 사실상의 불이익이지 법률상의 불이익이라고 할 수 없어 이를 두고 권리나 법률상의 지위에 현존하는 위험이나 불안이 있는 것이라고 할 수도 없다.

53) 대판 2003. 1. 10. 2001다1171.

54) 대판 2005. 3. 25. 2004다65336 등.

55) 대판 2007. 5. 17. 2006다19054, 학교법인에게 인정되는 헌법상의 사학 자유는 순차로 선임되는 관계에 있다는 점에서 연결선상에 있다고 볼 수 있는 이사들에 의하여 실질적으로 구현되는 것이고, 그중 종전 이사는 보통 학교법인의 자주성과 정체성을 확보하는 임무와 가장 근접한 위치에 있는 자라 할 수 있으므로, 이처럼 학교법인의 자주성과 정체성을 대변할 지위에 있다고 할 수 있는 종전이사로서는, 구 사립

2) 현존하는 불안

법률상 이익에 대한 불안·위험이 현존하여야 한다. 자기의 권리·법률상 이익이 타인으로부터 부인당하거나 이와 양립하지 않는 주장을 당하게 되는 경우나,[56] 타인이 자기에게 권리가 없는데도 권리가 있다고 주장하는 경우에[57] 불안이 현존한다.[58]

당사자 사이에 다툼이 없으면 불안이 없으므로 확인 이익이 없다.[59] 다만 시효중단을 위하여 필요한 경우나 등기, 호적 등 공부상의 기재를 정정 또는 새로이 기재(미등기부동산)하기 위하여 필요한 경우에는 인정된다.[60] 국가를 상대로 한 토지소유권확인청구는 어

학교법 제20조의 2 제1항에 의한 이사취임승인의 취소 등에 뒤이어 같은 법 제25조에 의하여 교육인적자원부장관이 선임한 임시이사들로만 구성된 임원진이 존재하다가 임시이사 선임사유가 해소된 경우, 자신이 정식이사로서의 지위를 회복하는지 여부 또는 스스로 새로운 정식이사를 선임할 권한이 있는지 여부와 관계없이 학교법인의 설립목적을 구현함에 적절한 정식이사를 선임하는 문제와 관련하여 직접적인 이해관계를 가지는 사람이라 할 것이다. 구 사립학교법 제25조 소정의 임시이사 선임사유가 발생하였을 때 종전이사들이 교육인적자원부장관에 대하여 임시이사 선임청구를 할 이해관계인에 해당한다고 해석할 수 있고, 또한 그 임시이사 선임사유가 해소되었음에도 교육인적자원부장관이 부당하게 임시이사를 계속 유임시키고 있을 때 역시 종전이사들이 교육인적자원부장관에게 임시이사의 해임신청을 할 수 있는 이해관계인에 해당한다고 해석할 수 있는 것도 모두 종전이사의 위와 같은 지위에 터 잡은 것이라 할 수 있다. 결국, 종전이사들은 위와 같은 이사회의 결의에 대하여 법률상의 이해관계를 가진다고 할 수 있으므로, 그 무효 확인을 구할 소의 이익이 있다고 할 것이다.
* 이 판결의 문제점에 대해서는 본인의 '임기만료이사의 이사회결의의 효력을 다툴 소의 이익에 관한 판례비평'(경상대학교 법학연구 2008. 8.) 참고.

56) 대판 1992. 7. 24. 92다2202, 1991. 12. 24. 91다21145(적극적 확인의 소의 이익이 있는 경우이다).

57) 대판 1996. 3. 22. 94다51536(소극적 확인의 소의 이익이 있는 경우이다).

58) 대판 1997. 10. 16. 96다11747, 권리가 없다고 부인하지는 아니하고 단순히 부지라고 주장하더라도 법률상의 지위에 불안·위험이 현존하는 것으로 보아야 한다.

59) 대판 1967. 5. 30. 66다2637, 1982. 3. 23. 80누476.

60) 대판 1979. 4. 10. 78다2399, 멸실 임야대장 복구 시 소유자란이 공백이 되어 토지 소유자임을 임야대장으로 증명할 수 없는 경우에는, 부동산등기법 제130조에 의하면 판결에 의하여 소유자임을 증명하고 보존등기를 할 수밖에 없으니 보존등기를 위한 소유권 증명 때문에 토지 소유자가 국가를 상대로 제기한 소유권 확인의 소는, 가사 관계당사자 간에 다툼이 없다 할지라도, 확인의 이익이 있다.
대판 1980. 11. 11. 79다723, 토지대장상의 소유신고 내지는 회복등기를 하기 위한 방법으로 법원의 확정판결에 의하지 아니하고서는 지적공부상의 소유자란의 복구등록을 할 수 없는 경우라면 국가를 상대로 소유권확인을 구할 이익이 있다.
대판 1995. 9. 15. 94다27649, 국가를 상대로 한 토지소유권 확인청구는 어느 토지가 미등기이고, 토지대장이나 임야대장상에 등록명의자가 없거나 등록명의자가 누구인지 알 수 없을 때와 그 밖에 국가가 등록명의자인 제3자의 소유를 부인하면서 계속 국가 소유를 주장하는 등 특별한 사정이 있는 경우에 확인의 이익이 있다.
대판 1999. 5. 28. 99다2188, 확인의 소는 분쟁 당사자 사이에 현재의 권리 또는 법률관계에 관하여 즉시 확정할 이익이 있는 경우에 허용되는 것이므로, 소유권을 다투고 있지 않은 국가를 상대로 소유권확인을 구하기 위해서는 그 판결을 받음으로써 원고의 법률상 지위의 불안을 제거함에 실효성이 있다고 할 수 있는 특별한 사정이 있어야 할 것인바, 건물의 경우 가옥대장이나 건축물관리대장의 비치, 관리업무는 당해 지방자치단체의 고유사무로서 국가사무라고 할 수도 없는데다가 당해 건물의 소유권에 관하여 국가가 이를 특별히 다투고 있지도 아니하다면, 국가는 그 소유권 귀속에 관한 직접 분쟁의 당사자가 아니어서 이를 확인해 주어야 할 지위에 있지 않으므로, 국가를 상대로 미등기 건물의 소유권 확인을 구

느 토지가 미등기이고, 토지대장이나 임야대장상에 등록명의자가 없거나 등록명의자가 누구인지 알 수 없을 때와 그 밖에 국가가 등록명의자인 제3자의 소유를 부인하면서 계속 국가 소유를 주장하는 등 특별한 사정이 있는 경우에 권리보호의 필요가 있다.[61]

불안은 당사자 사이에 발생해야 한다. 직접 분쟁의 당사자가 아닌 자에 대하여 확인을 구하는 것은 특별한 사정이 없는 한 그 확인을 받는다고 하여 법률상 지위의 불안제거에 별다른 실효성이 있는 것은 아니므로 그 확인을 구할 법률상의 이익이 없어 부적법하다.[62]

3) 즉시확정의 필요

불안위험을 제거하기 위하여 즉시확정의 필요가 있어야 한다. 유언자 생존 중에 수증자에 대하여 유언무효확인을 구하는 것이나, 추정상속인이 피상속인의 생전에 피상속인과 제3자 사이의 매매계약무효확인을 구하는 것은 즉시확정의 필요가 없어 인정되지 않는다.[63]

4) 확인의 소의 보충성

확인의 소가 불안위험을 제거하기 위한 가장 유효적절한 수단이어야 한다. 확인의 소보다 효과적·종국적으로 분쟁을 종결시킬 수 있는 수단이 있는 경우에는 허용되지 않는다.

적극적 확인의 소가 가능한데 소극적 확인의 소를 구하면 안 되고,[64] 당해절차에서 판단될 문제(소송요건의 존부, 소취하의 유무효 등)에 관하여 별소를 제기할 수 없으며[65] 이행의 소가 가능한데 이행청구권확인을 구하거나 이혼청구가 가능한데 이혼권확인을 구할 수 없다.[66] 다만 시효중단의 필요가 있는 때, 현재 손해액수가 불분명한 때,[67] 확인판결이 나면 피고의 임의 이행을 기대할 수 있을 때(피고가 국가 또는 공공단체인

하는 것은 그 확인의 이익이 없어 부적법하다. 미등기 건물에 관하여 국가를 상대로 한 소유권확인판결을 받는다고 하더라도 그 판결은 부동산등기법 제131조 제2호에 해당하는 판결이라고 볼 수 없어 이를 근거로 소유권보존등기를 신청할 수 없다.

61) 대판 1995. 9. 15. 94다27649.

62) 대판 1991. 7. 23. 91다6757, 1971. 12. 28. 71다1116(제3자가 매도인의 소유권을 부인하고 있다 해도 매도인에 대한 매수인의 소유권이전등기청구권을 부인 방해 내지 침해한 것이 아니고 따라서 매수인이 이로 인하여 직접적인 위협을 받고 있는 것도 아니므로 매수인의 제3자에 대한 매도인의 소유권확인청구는 확인의 이익이 없다.

63) 일 최고재판소 1956. 10. 4. 민집 10. 10. 1229, 1955. 12. 26. 민집 9. 14. 2082.

64) 대판 1995. 5. 26. 94다59257.

65) 대판 1982. 6. 8. 81다636.

66) 대판 1980. 3. 25. 80다16, 2006. 3. 9. 2005다60239.

67) 대판1969. 3. 25. 66다1298.

경우)에는 확인의 소가 허용된다. 기본적인 권리관계로부터 파생되는 권리를 주장하여 이행청구가 가능한 경우(소유권에 기한 건물명도청구)에 소유권확인만 구하는 것은 가능한데, 이는 기본적 권리관계로부터 파생될 수 있는 모든 분쟁을 예방할 수 있는 기능이 있기 때문이다.68)

V. 형성의 소의 이익

1. 형성의 소의 대상(청구적격)

형성의 소는 법률이 소에 의해서만 법률관계를 변동시킬 수 있도록 규정한 경우에만 인정되는 것으로서 형성권 중 법원의 형성요건에 대한 심리 후 판결에 의해 법률관계가 변동되는 경우에만 인정된다.69) 형성권 중 당사자의 일방적인 의사표시로 법률관계를 변동시킬 수 있는 해제권, 취소권, 상계권 등은 확인의 소 대상은 될 수 있으나 형성의 소 대상은 되지 않는다. 판례는 임대료감액청구권(민법 제628조)은 일방적 의사표시에 의하여 행사할 수 있는 형성권으로 본다.70)

2. 권리보호의 필요

형성의 소는 법률이 정한 경우에만 인정되므로 소의 이익이 당연히 있는 것이나 예외적으로 권리보호 필요가 부정되는 경우가 있다.

---

68) 대판 2002. 9. 24. 2002다11847, 확정판결의 기판력은 소송물로 주장된 법률관계의 존부에 관한 판단의 결론에만 미치고 그 전제가 되는 법률관계의 존부에까지 미치는 것은 아니므로, 계쟁 부동산에 관한 피고 명의의 소유권이전등기가 원인무효라는 이유로 원고가 피고를 상대로 그 등기의 말소를 구하는 소송을 제기하였다가 청구기각의 판결을 선고받아 확정되었다고 하더라도, 그 확정판결의 기판력은 소송물로 주장된 말소등기청구권이나 이전등기청구권의 존부에만 미치는 것이지 그 기본이 된 소유권 자체의 존부에는 미치지 아니하고, 따라서 원고가 비록 위 확정판결의 기판력으로 인하여 계쟁 부동산에 관한 등기부상의 소유 명의를 회복할 방법은 없게 되었다고 하더라도 그 소유권이 원고에게 없음이 확정된 것은 아닐 뿐만 아니라, 등기부상 소유자로 등기되어 있지 않다고 하여 소유권을 행사하는 것이 전혀 불가능한 것도 아닌 이상, 원고로서는 그의 소유권을 부인하는 피고에 대하여 계쟁 부동산이 원고의 소유라는 확인을 구할 법률상 이익이 있으며, 이러한 법률상의 이익이 있는 이상에는 특별한 사정이 없는 한 소유권확인청구의 소제기 자체가 신의칙에 반하는 것이라고 단정할 수 없는 것이다.

69) 법률상 근거 없어 각하된 경우, 법인의 이사 1인이 다른 이사의 해임을 구하는 경우(대결 1966. 12. 9. 66마516), 법인의 임시이사해임청구(대판 1956. 1. 12. 4288민상126).

70) 대판 1995. 1. 12. 94다30348.

1) 소송목적의 실현

소로써 달성하려는 목적이 이미 실현된 경우에는 권리보호의 필요가 없다. 회사해산 후의 회사설립무효 소, 이사임기만료 후의 이사선임결의무효 소(그 이사에 대한 불법행위 손해배상청구, 부당이득반환청구의 전제로서도 소의 이익은 없다), 협의이혼 후 혼인취소 청구의 소, 공유물 협의분할 후에 공유물분할청구의 소가 그것이다. 다만 협의이혼 후 혼 인무효의 소는 그 판결에 소급효가 인정되므로 권리보호의 필요가 있다 할 것인데, 판례 는 그 사유가 현재 법률 상태에 직접적인 영향을 미치는 경우는 가능하나, 단지 불명예 스럽다는 사유만으로는 권리보호의 필요가 없다고 본다.[71]

2) 소송계속 중 사정변경에 의하여 원상회복이 불능인 경우

이 경우에는 권리보호의 필요가 없다. 영업정지취소 소송 중 영업정지기간 도과,[72] 직 권면직처분 취소소송 중 그 직급이 폐지된 때가 그것이다.[73] 자격정지처분취소 소송 중 정지기간이 경과하면 명예 등 인격적 이익침해의 불이익 등은 처분의 직접적인 효과가 아니어서 권리보호이익이 없다.[74] 직위해제처분취소 소송 중 일정 기간 경과로 법에 의 하여 당연 퇴직된 경우나, 감봉처분 후 자진 퇴직한 자가 그 처분의 취소를 구하는 것은 봉급삭감이라는 불이익이 있었으므로 권리보호이익이 있다.[75] 이사선임결의취소 소송 중 에 그 이사가 퇴임한 경우에는 그 이사에 대한 불법행위손해배상청구, 부당이득반환청구 의 전제로서도 소의 이익은 없다.[76]

3) 별도의 권리구제절차에 의하는 것이 직접적인 경우

세금납부 후 조세부과처분취소청구가 아닌 부당이득반환청구를 해야 하고,[77] 대집행완 료 후에는 철거명령취소청구가 아닌 위법행위로 인한 손해배상청구를 해야 한다.[78]

---

71) 대판 1978. 7. 11. 78므7, 1984. 2. 28. 82므67.

72) 대판 1966. 12. 20. 65누92.

73) 대판 1975. 6. 10. 74누244.

74) 대판 1978. 5. 23. 78누72.

75) 대판 1976. 12. 28. 76누116, 1977. 7. 12. 74누147.

76) 대판 1984. 6. 12. 82다카139.

77) 대판 1976. 2. 10. 74누159.

78) 대판 1976. 1. 27. 75누230, 이런 경우는 행정처분의 취소와 상관없이 손해배상청구가 가능하다(대판 1979. 4. 10. 79다262)는 것인데 행정행위의 공정력을 부인하는 결과가 된다는 비판도 있다.

Ⅵ. 소의 이익의 소송상 취급

소의 이익은 소송요건의 하나이다. 따라서 본안심리 및 본안판결의 요건이므로 본안에 들어가서 청구에 관한 판단을 하기에 앞서 그 존재가 확정되어야 한다. 그 존재 여부는 직권조사를 하여야 하고, 없으면 부적법 각하한다.[79] 소의 이익이 흠결된 것을 간과한 판결에 대해서는 상소할 수 있다. 소를 각하하지 않고 기각했어도 본안에 관한 기판력이 발생하지 않으므로 원심판결을 파기할 사유가 되지는 않는다.[80]

---

[79] 대판 1980. 12. 23. 79수1. 이 경우 청구기각을 하여도 본안에 관하여 기판력이 생기는 것은 아니다(대판 1993. 7. 13. 92다48857).

[80] 대판 2002. 9. 4. 98다17145.

제5장 소송의 제기

제1절 소장의 작성, 제출

1. 소제기의 방식

1) 소장의 제출

소제기는 원칙적으로 법원에 소장, 즉 서면을 제출하는 방식에 의하여야 한다(제248조). 소장에는 후술하는 법률이 정하는 기재사항을 기재하고, 원고나 대리인이 기명날인하여야 한다. 또한 인지대를 납부해야 하고, 피고에게 송달하기 위하여 피고 수만큼의 부본을 첨부해야 하며, 소송서류(기일통지서, 소장부본 등)의 송달비용을 예납하여야 한다. 국가가 원고인 경우에는 인지를 붙이지 않는다.

2) 구술제소 등

소액사건의 경우에는 구술제소도 가능하다.[1] 가사비송사건의 심판청구도 말로 할 수 있다(가사소송법 제36조 제2항). 전화에 의한 소제기는 말로 할 때 법원사무관 등의 앞에서 진술하도록 한 취지에 비추어 허용되지 않는다.

전보·팩시밀리에 의한 제소는 그 내용이 기재된 서면을 소장으로 볼 수 있고, 발신인이 누구인지 알 수 있어 원고나 대리인의 기명날인이나 인지는 보정이 가능하므로 허용된다고 본다. 시효가 임박한 사건의 원격제소에 유용하다. 전자우편(E-mail)에 의한 제소도 가능하다는 입장이 있으나, 법원의 별도 조치가 있어야 할 것이다.

3) 소송 중의 소

청구의 변경(제262조 제2항), 중간확인의 소(제264조 제1항), 반소(제269조), 당사자참가(제72, 79조) 등의 경우에는 각 해당 서면을 제출함으로써 제소된다. 이들 서면은 소장에 준하므로 제출에 의하여 소제기가 완료되고 변론에서 진술되어야 하는 것은 아니다.

4) 소제기의 간주

독촉절차에 의한 지급명령에 대하여 채무자가 이의신청을 한 경우(제473조), 제소전화해가 불성립한 후에 당사자가 소제기 신청을 한 경우(제388조), 조정을 하지 않기로 결정한 경우나 조정이 성립하지 않거나 조정결정에 대하여 이의를 신청한 경우 등에는 각 지급명령신청, 제소전화해신청, 조정신청을 한 때에 소가 제기된 것으로 본다.

---

[1] 소가 2,000만 원 미만의 소액사건일 경우 소액사건심판법 제4조는 법원주사 면전에서의 구두진술과 제소조서의 작성으로, 동법 제5조는 양 당사자가 법원에 임의 출석하여 구두로 진술하고 변론조서 기재로 제소한 것으로 본다.

5) 배상명령신청

재산적 피해를 수반하는 일정한 범죄에 관하여 유죄판결을 선고할 경우, 법원은 직권에 의하여 또는 피해자나 그 상속인은 피고사건의 범죄행위로 인하여 발생한 직접적인 물적 피해, 치료비 손해 및 위자료의 배상 신청을 할 수 있는데, 배상명령의 신청은 소제기와 동일한 효력이 있다(소송촉진 등에 관한 특례법 제25, 26조).

2. 소장의 기재사항

1) 필요적 기재사항(제249조 제1항)

필요적 기재사항은 소장에 반드시 기재되어야 하는 사항으로 그 기재가 없으면 소장각하명령의 대상이 된다.

① 당사자와 법정대리인

당사자, 즉 원·피고는 동일성을 인식할 수 있게 특정하여 기재해야 한다. 자연인은 이름과 주소의 기재로, 법인은 명칭과 주된 사무소 소재지의 기재로 특정할 수 있다. 자연인은 예명이나 아호로도 특정할 수 있다. 민사소송규칙은 연락처, 즉 전화번호나 팩시밀리번호 또는 전자우편주소도 기재하도록 하고 있다. 부동산 사건의 경우 주소와 등기부상 주소가 다를 때에는 등기부상 주소도 기재해야 한다.

소장기재에 의하여 특정된 당사자를 기준으로 당사자적격, 당사자능력, 소송능력, 재판적 등을 판단하고, 기판력의 주관적 범위도 정하게 된다.

당사자가 소송무능력자인 경우에는 법정대리인을, 법인 등 단체인 경우에는 그 대표자를 기재해야 한다.[2) 소송대리인은 필수적 기재사항은 아니지만 송달의 편의상 이를 적도록 하고 있다(민사소송규칙 제2조).

② 청구취지

가. 개념

청구취지는 소제기를 하는 자가 어떤 내용의 판결을 원하는지 그 소송의 결론에 해당하는 부분을 말한다. 소송물의 동일성을 판단하는 기준이 되고, 소가산정, 사물관할, 상소이익, 시효중단범위 등의 판단 기준이 된다.

나. 기재방식

청구취지는 원하는 판결의 내용을 명확하고 간결하게 특정해야 한다.

---

2) 교육위원회 소관 분쟁은 당사자를 '도' 등 광역지방자치단체로 표시하고 대표자를 '도' 교육위원회 교육감 ○○○으로 표시한다(지방교육자치에 관한 법률 제18조 제2항).

이행의 소는 강제집행이 가능하도록 이행의 내용을 명백히 기재해야 한다. 금전청구의 경우 피고는 원고에게 금 ○원 및 이에 대한 언제부터 다 갚는 날까지 연 ○%의 비율에 의한 금원을 지급하라고 금액을 특정해야 하고 시가 상당의 금액, 법원이 인정하는 상당한 금액 등의 막연한 기재는 허용되지 않고, 손해배상금, 임대료 등 그 금원의 성격은 청구원인에 기재하고 청구취지에는 기재하지 않는다. 특정물인도청구의 경우 토지는 지번, 지목, 면적을, 건물은 지번, 구조, 층수, 용도, 건축면적 등을 기재해야 하고, 부동산의 일부분에 대한 인도·철거 등의 소는 그 부분을 특정하는 도면을 별도로 붙여야 한다.

확인의 소는 확인의 대상이 되는 권리·법률관계가 특정될 수 있도록 그 종류, 범위, 발생원인 등을 명백히 하고 목적물도 특정한 후 그 존재나 부존재 확인을 구하는 식으로 기재해야 한다. 어떤 부동산이 원고의 소유임을 확인한다, 원고의 피고에 대한 ○년 ○월 ○일자 소비대차계약에 기한 금 ○원의 채무 및 이에 대한 이자, 기타 채무는 존재하지 않음을 확인한다, 원고와 피고 사이에 별지목록 기재 부동산에 관한 ○년 ○월 ○자 임대차계약에 기한 기간 ○년, 보증금 ○원, 차임 월 ○원의 임차권이 원고에게 있음을 확인한다 등으로 기재한다.

형성의 소는 원고와 피고는 이혼한다, 피고의 ○년 ○월 ○일자 주주총회결의는 이를 취소한다와 같이 형성대상 권리관계와 그 변동내용을 개재해야 한다.

다. 확정적인 청구

심판은 확정적으로 청구하여야 하고 언제까지 판결해 달라는 기한부청구나 피고의 반성을 조건으로 하는 조건부청구는 판결절차의 안정을 해하므로 허용되지 않는다. 다만 소송절차 안에서 밝혀질 사실을 조건으로 하는 예비적 청구,3) 예비적 반소,4) 예비적 공동소송5)은 가능하다.

③ 청구원인

가. 개념

청구원인이란 청구취지, 즉 판결의 결론이 나오기 위하여 필요한 원인에 해당하는 사

---

3) 매매대금의 지급을 구하면서 예비적으로 매매계약이 무효일 경우에 인도한 매매목적물의 반환을 구하는 경우이다.

4) 매매로 인한 목적물 인도청구가 인용될 것에 대비하여 예비적으로 매매잔금의 지급을 반소로 청구하는 경우이다.

5) 매수인의 대리인과 계약한 매도인이 매수인에게 대금지급을 청구하면서, 무권대리로 될 경우에 대비하여 예비적으로 대리인에게 청구하는 경우이다.

실관계를 말하는데 넓게는 청구를 이유 있게 하는 데 필요한 모든 사실관계를 말하고, 좁게는 소송물을 특정하기 위해 필요한 사실관계를 말한다. 대여금청구소송에서 협의의 청구원인은 당사자, 대여일, 대여금액만이고 변제기일경과는 제외된다.

나. 기재 정도

어느 정도의 사실을 청구원인으로 기재하여야 하는가에 관해서는 식별설과 이유기재설의 대립이 있다.

식별설은 청구를 다른 권리·법률관계와 구별하는 데 필요한 사실(협의의 청구원인사실)만을 기재하면 된다는 설로 통설이고, 이유기재설은 청구를 이유 있게 하기에 필요한 모든 사실(광의의 청구원인사실)을 기재하여야 한다는 설이다. 이 문제는 무엇이 옳다, 아니다의 문제가 아니고 소송과정에 대한 논리적 설명을 위한 것으로 실무에서는 소장에 협의의 청구원인사실만 기재하는 예는 드물고 원고의 전술적인 필요에 따라 조절되는 것이 보통이다. 다만 협의의 청구원인사실의 기재는 필수이다.

다. 법률적 평가 문제

청구원인에는 사실의 기재로 족하고 그 사실에 대한 법률적 평가, 즉 법률용어의 표현은 문제 되지 않는다. 사실에 대한 법률적 평가는 법원의 몫이기 때문에 은행예금반환청구에서 언제 얼마를 예금했다는 사실의 기재 외에 이를 소비임치라고 하든 소비대차라고 하든 문제 되지 않고, 물건의 사용관계를 사용대차라고 주장·표현했더라도 그 사실관계가 임대차로 인정되면 임대차로 인정한다.

2) 임의적 기재사항(제249조 제2항)

임의적 기재사항은 소장에 기재는 하지만 소장의 효력과는 상관이 없으므로 소장각하명령의 대상이 되지 않는 사항을 말한다. 준비서면에 관한 규정을 원용하므로 제274조에 언급된 것들이 이에 해당한다. 당사자와 청구취지 사이의 사건 표시(예: 대여금청구의 소 등), 소장말미의 작성 날짜, 원고나 대리인의 기명날인, 관할법원의 표시 등이 그것이다.

또한 소장에는 청구원인에 관련된 여러 가지 사실(관할원인 사실, 광의의 청구권인 사실 등)과 증거에 관한 기재도 하기 마련인데, 이는 소장의 효력과는 상관이 없으므로 소장각하명령의 대상이 되지 않는다.

3. 첨부서류

소장에 첨부할 서류로 피고 숫자만큼의 소장 부본 외에 대리·대표자가 있는 경우 그 자격증명서(법정대리인은 가족관계증명서, 법인의 대표자는 법인등기부등본, 변호사는 위임장), 부동산사건의 경우 그 부동산등기부등본, 친족상속관계사건은 가족관계증명서, 어음수표금청구사건의 경우 그 어음수표사본, 그 외 증거서류사본(민사소송규칙 제63조), 위임장, 송달료납부서가 있다.

제2절 소제기에 대한 법원의 조치

Ⅰ. 재판장의 소장심사

1. 개념

소장이 접수되면 사건번호를 붙이고 기록철로 만든 다음 재판부 배당을 하고, 담당재판장에게 기록을 보낸다. 재판장은 소장이 방식에 맞게 작성된 것인지를 심사한다. 이는 형식적인 요건의 심사로 간단한 것이므로 합의부사건일지라도 재판장이 단독으로 심사한다. 이 같은 소장의 심사는 소송요건 또는 청구이유의 구비 여부에 대한 심사에 앞서 이루어진다.

2. 심사대상

1) 필요적 기재사항

소장의 필요적 기재사항인 당사자와 법정대리인의 특정 여부, 청구취지와 원인 기재 여부, 서명날인 여부를 심사한다.

2) 인지

인지를 제대로 붙였는지, 부족한지를 심사한다.

3) 증거방법과 서증사본

재판장은 소장을 심사하면서 필요하다고 인정하는 경우에는 원고에게 청구하는 이유에 대응하는 증거방법을 구체적으로 적어 내도록 명할 수 있으며, 원고가 소장에 인용한 서증(서증)의 등본 또는 사본을 붙이지 아니한 경우에는 이를 제출하도록 명할 수 있다(제254조 제4항). 이는 소송의 첫 단계부터 증거를 제출하게 하여 집중심리를 하기 위함인데, 소장의 필요적 기재사항은 아니므로 불응해도 소장각하를 할 수는 없다.

3. 흠결이 있는 경우의 조치

1) 보정명령과 불복

필요적 기재사항의 흠결이나 인지가 부족할 경우에 재판장은 상당한 기간 내에 흠을 보정하도록 명하여야 한다(제254조 제1항). 이 보정명령은 변론기간이 열린 후에도 할 수 있다. 이 보정명령은 중간재판이므로 독립하여 항고 등으로 다툴 수 없고, 보정에 불응한 것을 이유로 소장각하명령이 있으면 이에 대해 즉시항고가 가능하다.

2) 보정의 효력 발생시기

보정을 한 경우에 그 효력 발생시기를 소장제출 시로 볼 것인가, 보정 시로 볼 것인가에 따라 시효중단의 시점이 달라지므로 논의가 있다. 흠결된 사항이 보정되어야 적법한 제소가 있는 것이므로 보정 시로 보아야 한다는 입장은 원고에게 지나치게 불리하고, 청구내용이 불명한 경우에도 보정만 되면 소장제출 시에 소급한다는 입장은 원고의 방만한 소제기를 조장하고 피고의 방어에 어려움을 준다는 이유로, 인지부족의 경우는 소장제출 시에, 청구내용이 불명한 경우는 보정 시에 소장이 제출된 것으로 보자는 절충적 입장이 유력하다.

3) 소장각하명령과 불복

원고가 보정명령을 받고도 보정하지 않거나 보정이 불가능할 경우에 재판장은 소장각하명령을 한다. 이때는 인지의 2분의 1을 돌려준다(민사소송 등 인지법 제14조 제1항 제1호).

소장각하명령을 내릴 수 있는 시기에 관해서는 일단 소장부본이 피고에게 송달되면 소송계속이 발생하므로 판결로써 각하하여야 한다는 근거에서 소송계속 전까지만 가능하다는 입장과 소송경제상 제1회 변론기일의 개시 시까지는 가능하다는 입장이 있는데, 판례는 변론개시 시 설을 취하고 있다.[6]

소장각하명령에 대해서는 즉시항고를 할 수 있다(제254조 제3항).

4. 흠결이 없는 경우의 조치

1) 소장부본과 답변서 제출안내서 송달

소장에 흠결이 없는 경우에 재판장은 소장부본과 답변서 제출안내서를 피고에게 송달

---

6) 대판 1973. 10. 26. 73마641.

한다. 피고에게 방어준비를 하게 하기 위함이다. 소장에 기재된 주소가 잘못되어 송달이 안 되면 재판장은 제254조 제1항을 준용하여 주소보정을 명하고, 응하지 않으면 소장각하명령을 한다.

2) 피고의 답변서 제출의무(제256조)

피고가 원고의 청구를 다투는 경우에는 소장의 부본을 송달받은 날부터 30일 이내에 답변서를 제출하여야 한다. 다만 피고가 공시송달의 방법에 따라 소장의 부본을 송달받은 경우에는 그러하지 아니하다. 법원은 소장의 부본을 송달할 때에 위의 취지를 피고에게 알려야 한다. 법원은 답변서의 부본을 원고에게 송달하여야 한다.

3) 무변론 원고승소 판결(제257조)

법원은 피고가 제256조 제1항의 답변서를 제출하지 아니한 때에는 청구의 원인이 된 사실을 자백한 것으로 보고 변론 없이 판결할 수 있다. 다만 공시송달사건이거나 직권조사를 할 사항이 있거나 판결이 선고되기까지 피고가 원고의 청구를 다투는 취지의 답변서를 제출한 경우에는 그러하지 아니하다.

피고가 청구의 원인이 된 사실을 모두 자백하는 취지의 답변서를 제출하고 따로 항변을 하지 아니한 때에도 변론 없이 판결할 수 있다.

법원은 피고에게 소장의 부본을 송달할 때에 변론 없이 판결을 선고할 기일을 함께 통지할 수 있다.

5. 변론준비절차 회부와 변론기일 지정

재판장은 제257조 제1항 및 제2항에 따라 변론 없이 판결하는 경우 외에는, 즉 원고의 청구를 다투는 취지의 답변서가 제출되거나 공시송달사건이거나 직권조사를 할 사항이 있는 경우에는 바로 변론기일을 정하여야 한다. 다만 사건을 변론준비절차에 부칠 필요가 있는 경우(쟁점정리나 증거조사 등이 필요한 경우)에는 준비절차에 회부한다(258조).

재판장은 변론준비절차가 끝난 경우에는 바로 변론기일을 정하여야 한다.

Ⅱ. 송달

1. 개념

송달이란 소송진행 중 당사자, 이해관계인에게 소송상 서류(소장, 준비서면, 기일소환장, 판결문 등)를 교부하는 법원의 행위를 말한다. 송달은 소송의 진행·종료에 관계되는 것이므로 신속·적정·명확을 기할 필요가 있어 법원이 직권으로 하는 것을 원칙으로 하고 있고(제174조) 법정의 방식에 따라 실시한다.

2. 송달기관

1) 송달담당기관

송달에 관한 사무는 법원사무관 등이 처리한다(제175조). 송달에 관한 사무에는 송달할 서류(소장, 답변서, 준비서면 등)를 영수하거나 작성하는 일(출석요구서), 송달의 시기, 장소, 방법, 송달받을 사람 등을 결정하는 일, 송달실시기관으로 하여금 송달을 실시하게 하거나 스스로 실시하는 일(제177조), 송달을 실시한 다음 송달실시기관이 작성한 송달보고서를 영수하여 기록에 편철 보관하는 일 등이 있다.

송달사무는 법원사무관 등의 고유권한이지만 공시송달의 경우에는 재판장의 명령이 있어야 한다(제194조).

2) 송달실시기관

송달은 통상 우편집배원을 통해 실시하나(제176조), 공휴일이나 야간에는 집행관에 의하여 한다(제190조).

촉탁에 의한 송달은 촉탁받은 기관이 행한다. 외국에서 하여야 하는 송달은 재판장이 그 나라에 주재하는 대한민국의 대사, 공사, 영사 또는 그 나라의 관할 공공기관에 촉탁하여 하는 것이 그 예이다.

송달한 기관은 송달에 관한 사유, 즉 송달일시, 장소, 수령자, 송달불능사유를 대법원규칙이 정하는 방법으로 법원에 알려야 하는데(제193조), 우편집배원은 송달통지서를, 집행관은 송달보고서를 법원에 제출한다.

3. 송달서류

송달할 서류는 원본이 아닌 서류의 등본 또는 부본이다. 다만 기일통지서, 출석요구서는 원본을, 판결은 정본을 송달한다. 송달할 서류를 법원에 제출할 경우에는 송달에 필요한 수만큼의 부본을 제출하여야 한다(대법원규칙 제48조).

4. 송달받을 사람

송달받을 사람은 당사자이나 예외적으로 다음 사람도 받을 수 있다.

1) 법정대리인

소송무능력자에 대한 송달은 그의 법정대리인에게 한다(제179조). 단체에 할 송달도 법정대리에 준해 대표자에게 한다(제64조).

2) 소송대리인

송달받을 당사자가 소송을 위임한 경우에는 소송대리인이 송달받을 사람이다. 소송대리인이 있는 경우 당사자 본인에게 한 송달은 적절하지는 않지만 유효하다.[7]

여러 사람이 공동으로 대리권을 행사하는 경우의 송달은 그 가운데 한 사람에게 하면 된다(제180조). 다만 송달받을 대리인 한 사람을 지정하여 신고한 경우에는 지정된 대리인에게 하여야 한다(대법원규칙 제49조).

3) 법령상 송달수령권이 있는 사람

① 군 관계인에게 할 송달

군사용의 청사 또는 선박에 속하여 있는 사람에게 할 송달은 그 청사 또는 선박의 장에게 한다. 이는 본인에게 송달하기가 어렵고, 청사나 선박의 질서를 해할 염려가 있는 점을 감안한 특칙이다. 이때 청사나 선박의 장은 본인의 법정대리인 지위를 갖는다.

군사용의 청사 또는 선박에 속하여 있는 사람은 현역군인, 군속, 소집되어 있는 예비군 등이다.

② 구속된 사람 등에게 할 송달

교도소, 구치소 또는 국가경찰관서의 유치장에 체포·구속 또는 유치된 사람에게 할 송달은 교도소, 구치소 또는 국가경찰관서의 장에게 한다. 교도소, 구치소에는 그 지소와 소년교도소가 포함된다. 소년원 및 요보호자를 위한 복지시설에 입소한 사람에 대한 송달도 이에 준한다.

③ 송달의 효력

영수권한이 있는 장이 영수하면 즉시 본인에게 전달하여야 하나, 송달의 효력은 영수

---

7) 대판 1970. 6. 5. 70마325.

권한이 있는 장이 영수하면 본인의 수령 여부와 상관없이 생긴다. 다만 본인은 자기에게
책임 없는 사유로 영수가 늦어진 것을 이유로 소송행위 추완을 할 수 있다.

교도소 등의 소장은 재소자에 대한 송달에 있어서는 일종의 법정대리인이라고 할 것이
므로 재소자에 대한 송달을 교도소 등의 소장에게 하지 아니하고 수감되기 전의 종전
주거소에다 하였다면 무효이고, 수소법원이 송달을 실시함에 있어 당사자 또는 소송관
계인의 수감사실을 모르고 종전의 주거소에 하였다고 하여도 동일하게 송달의 효력은
발생하지 않는다.[8]

4) 신고한 송달영수인

당사자, 법정대리인 또는 소송대리인은 주소 등 이외의 장소(대한민국 안의 장소로 한
정한다)를 송달받을 장소로 정하여 법원에 신고할 수 있고, 이 경우 송달영수인을 정하
여 신고할 수 있는데, 이때는 신고한 송달영수인에게 송달하여야 한다.

5. 송달장소

1) 원칙(제183조 제1항)

송달장소는 당사자, 법정대리인, 대표자의 주소·거소·영업소 또는 사무소이다.[9] 다만 법
정대리인에게 할 송달은 본인의 영업소나 사무소에서도 할 수 있다.

2) 예외(제183조 제2, 3, 4항)

위의 장소를 알지 못하거나 그 장소에 송달할 수 없는 때에는 송달받을 사람이 고용·
위임 그 밖에 법률상 행위로 취업하고 있는 다른 사람의 주소(근무장소) 등에 송달할 수
있다.

송달받을 사람의 주소 등 또는 근무장소가 국내에 없거나 알 수 없는 때에는 그를 만
나는 장소에 송달할 수 있다. 주소 등 또는 근무장소가 있는 사람의 경우에도 송달받기
를 거부하지 아니하면 만나는 장소에서 송달할 수 있다(조우송달).

---

8) 대판 1982. 12. 28. 82다카349(전합).

9) 대판 1997. 5. 19. 97마600, 법인인 소송당사자에게 효과가 발생할 소송행위는 그 법인을 대표하는 자연
  인의 행위거나 그 자연인에 대한 행위라야 할 것이므로 소송당사자인 법인에의 소장, 기일소환장 및 판결
  등 서류는 그 대표자에게 송달하여야 하는 것이니 그 대표자의 주소, 거소에 하는 것이 원칙이고, 법인의
  영업소나 사무소에도 할 수 있으나, 법인의 대표자 주소지가 아닌 소장에 기재된 법인의 주소지로 발송하
  였으나 이사불명으로 송달이 안 된 경우에는, 원칙으로 되돌아가 원고가 소를 제기하면서 제출한 법인등
  기부등본 등에 나타나 있는 법인의 대표자 주소지로 소장 부본 등을 송달하여 보고 그곳으로도 송달되지
  않을 때에 주소 보정을 명하여야 하므로, 법인의 주소지로 소장 부본을 송달하였으나 송달불능이 되었다
  는 이유만으로 그 주소 보정을 명한 것은 잘못이므로 그 주소 보정을 하지 아니하였다는 이유로 한 소장
  각하명령은 위법하다.

3) 송달장소의 신고(제184조)

당사자, 법정대리인 또는 소송대리인은 주소 등 이외의 장소(대한민국 안의 장소로 한정한다)를 송달받을 장소로 정하여 법원에 신고할 수 있다.

4) 송달장소변경의 신고의무(제185조)

당사자, 법정대리인 또는 소송대리인이 송달받을 장소를 바꿀 때에는 바로 그 취지를 법원에 신고하여야 한다. 위의 신고를 하지 아니한 사람에게 송달할 서류는 달리 송달할 장소를 알 수 없는 경우 종전에 송달받던 장소에 대법원규칙이 정하는 방법으로 발송할 수 있다.

6. 송달방법

1) 교부송달(제177조)

송달은 송달받을 자(본인, 법정대리인, 소송대리인)에게 직접 주는 것을 원칙으로 한다. 우체통에 넣는 것만으로는 안 된다.

2) 보충송달(제186조 제1, 2항)

근무장소 외의 송달장소에서 송달받을 자를 만나지 못했을 때에는 그 사무원, 피용자 또는 동거인으로서 사리를 분별할 지능이 있는 자에게, 근무장소에서 송달받을 사람을 만나지 못한 때에는 제183조 제2항의 다른 사람(사용자) 또는 그 법정대리인이나 피용자 그 밖의 종업원으로서 사리를 분별할 지능이 있는 사람이 서류의 수령을 거부하지 아니하면 그에게 서류를 교부할 수 있는데, 이를 보충송달이라고 한다.

① 사리를 분별할 지능이 있는 자란 송달의 취지를 이해하고, 영수한 서류를 송달받을 사람에게 전달할 것을 기대할 수 있는 정도의 판단능력이 있는 사람을 말한다. 능력의 유무는 송달실시기관이 송달 당시에 우선적으로 판단하게 될 것인데, 성년자일 필요는 없다. 판례에 따르면 8세 초등학생, 15세 가정부, 문맹자도 가능하다.[10]

② 사무원, 피용자란 고용관계가 있어야 하는 것은 아니고 평소 본인을 위하여 사무의 보조, 가사를 계속 돕는 사람을 말한다. 사환, 운전기사, 가정부가 이에 해당한다. 아파트 경비원은 경우에 따라 송달수령이 가능하고,[11] 시청수위는 시장에 대한 송달수령이 가능

---

10) 대결 1968. 5. 7. 68마336, 1966. 10. 25. 66마162, 2002. 2. 14. 99모225.

11) 대판 1976. 4. 27. 76다192, 아파트나 사무실이 입주하고 있는 건물의 경비원에 대한 송달은 부적법하다. 대판 1992. 9. 1. 92누443, 2000. 7. 4. 2000두1164, 아파트에서 일반우편물이나 등기우편물 등 특수우편물이 배달되는 경우 관례적으로 아파트 경비원이 이를 수령하여 거주자에게 전달하여 왔고, 이에 대하여 아파트 주민들이 평소 이러한 특수우편물 배달방법에 관하여 아무런 이의도 제기한 바 없었다면, 아파트

하다.[12)]

③ 동거인이라 함은 송달받을 사람과 같은 세대에 속하여 생계를 같이하는 사람을 말한다. 사실상 이와 같은 관계에 있으면 족하고 법률상 친족관계에 있을 필요는 없으며, 이혼한 처라도 동거인이 될 수 있다.[13)] 세대를 달리하는 임차인, 집주인, 옆집은 안 된다.[14)] 부부는 동거인이지만 이혼소송의 경우와 같이 이해의 대립 내지 상반된 이해관계가 있을 때에는 쌍방대리금지의 정신에 비추어 같은 건물 내에 거주하고 있다 하더라도 여기의 동거인이라고 할 수 없다고 보는 것이 옳다.[15)] 교도소 등의 수감자에 대한 송달은 교도소장 등에게 하여야 하므로 집의 처에게 하면 적법한 송달이 아니다.

④ 송달효력

수령대행인에게 서류를 교부한 때 송달의 효력이 발생하고 그 서류가 본인에게 전달되었는지는 문제 되지 않는다. 보충송달이 된 후 대행인으로부터 본인의 장기부재, 소재불명 등의 신고가 들어오면 송달의 효력을 인정할 수 없을 것이고 다른 송달방법을 강구하여야 한다.

송달기관이 본인을 만나지 못하였다고 하여 반드시 대행인에게 보충송달을 하여야 하는 것은 아니고, 그의 재량에 따라 실시 여부를 결정한다.

3) 유치송달(제186조 제3항)

송달받을 자, 또는 보충송달을 받을 자가 송달수령을 거절할 때 송달기관이 송달서류를 그 자리에 놓아두고 올 수 있는데, 이를 유치송달이라고 한다. 근무지에서의 보충송달 경우에는 적용되지 않는다.

4) 우편송달(발송송달, 제185, 187조)

등기우편으로 발송함으로써 송달받은 것으로 간주되는 송달을 우편송달이라고 한다. 정상적으로 송달받던 사람이 송달장소를 바꾸면서 법원에 신고하지 않았고 다른 송달장소를 알 수 없을 때, 보충송달이나 유치송달도 할 수 없을 때(아무도 없거나 문이 잠겨 있는 경우, 또는 송달대행인이 수령을 완강히 거부하는 경우로 송달장소는 확실해야 한

의 주민들은 등기우편물 등의 수령권한을 아파트 경비원에게 묵시적으로 위임한 것이라고 봄이 상당하고 그러한 수령권한을 위임받은 자는 반드시 위임인의 종업원이거나 동거인일 필요가 없다.

12) 대판 1984. 6. 26. 84누405.

13) 대결 2000. 10. 28. 2000마5732.

14) 대결 1983. 12. 30. 83모53, 대판 1981. 4. 14. 80다1662.

15) 대판 1982. 9. 14. 81다카864, 수송달자가 송달받을 자 내연의 처조카로서 동일송달장소에 거주한다 하더라도 세대를 달리하는 반대당사자의 아들이라면 이를 동거자로 볼 수 없고 따라서 특별한 사정이 없는 한 그에 대한 송달은 효력이 없다.

다) 법원사무관 등이 소송서류를 등기우편의 방법으로 발송하면 되는 송달을 우편송달이라고 한다. 발송한 때 송달된 것으로 본다(제189조). 화해권고결정이나 이행권고결정은 우편송달이 허용되지 아니한다(제225조 제2항).

5) 송달함 송달(제188조)

교부송달, 보충송달, 유치송달, 우편송달의 규정에도 불구하고 법원 안에 송달할 서류를 넣을 함을 설치하여 송달할 수 있다. 이는 송달서류가 많은 변호사나 금융기관 등의 경우 송달서류마다 개별적으로 송달하는 것은 업무의 효율성을 떨어뜨리고 송달비용도 증가시키므로 사서함 방식의 송달제도를 도입한 것이다.

본인 등의 신청에 의하여 법원사무관 등이 하며, 송달받을 사람이 송달함에서 서류를 수령하여 가지 아니한 경우에는 송달함에 서류를 넣은 지 3일이 지나면 송달된 것으로 본다.

6) 외국으로 할 송달(제191조)

외국으로 할 송달은 재판장이 외국주재 대한민국 대사, 공사, 영사, 그 나라의 공공기관에 촉탁하여 한다. 해당 국가와 사법공조조약이나 상호보증이 없는 경우에는 외교통상부 등 외교경로를 통하여 송달을 촉탁하더라도 해당 국가의 협력을 기대하는 수밖에 없다. 우리나라가 가입한 헤이그송달협약에 따르면 체약국 사이에는 외교경로를 통하지 않고 해당국이 지정하는 중앙당국(우리는 법원행정처)에 직접 사법공조요청서를 보낼 수 있다.

송달받을 사람이 우리나라국민으로서 영사관계에 관한 비엔나협약 또는 헤이그송달협약에 가입한 나라에 거주하는 경우에는 외교경로를 거쳐 그 외국에 주재하는 대한민국의 대사, 공사, 영사에게 송달을 촉탁할 수 있다.

외국에서 하여야 할 송달에 관하여 송달촉탁을 할 수 없거나, 이에 따라도 효력이 없을 것으로 인정되는 경우에는 재판장은 직권으로 또는 당사자의 신청에 따라 공시송달을 할 수 있다.

7) 민사소송규칙이 정하는 방법에 의한 송달(제176조 제1항, 규칙 제46, 47조)

① 전화 등을 이용한 송달방법

변호사인 소송대리인에 대한 송달은 법원사무관 등이 전화, 팩시밀리, 전자우편 또는 휴대전화 문자전송을 이용하여 할 수 있다. 위의 규정에 따른 송달을 한 경우 법원사무관 등은 송달받은 변호사로부터 송달을 확인하는 서면을 받아 소송기록에 붙여야 한다. 법원사무관 등은 변호사인 소송대리인에 대한 송달을 하는 때에는 위의 송달을 우선적으로 고려하여야 한다.

② 변호사 사이의 송달

양쪽 당사자가 변호사를 소송대리인으로 선임한 경우 한쪽 당사자의 소송대리인인 변호사가 상대방 소송대리인인 변호사에게 송달될 소송서류의 부본을 교부하거나 팩시밀리 또는 전자우편으로 보내고 그 사실을 법원에 증명한 때에는 송달의 효력이 있다. 다만 그 소송서류가 당사자 본인에게 교부되어야 할 경우에는 그러하지 아니하다.

이에 따른 송달의 증명은 소송서류의 부본을 교부받거나 팩시밀리 또는 전자우편으로 받은 취지와 그 날짜를 적고 송달받은 변호사가 기명날인 또는 서명한 영수증을 제출함으로써 할 수 있다. 다만 소송서류 원본의 표면 여백에 송달받았다는 취지와 그 날짜를 적고 송달받은 변호사의 날인 또는 서명을 받아 제출하는 때에는 따로 영수증을 제출할 필요가 없다.

위 규정에 따라 소송서류를 송달받은 변호사는 송달의 증명절차에 협력하여야 하며, 이 방법으로 소송서류를 송달한 변호사는 송달한 서류의 원본을 법원에 바로 제출하여야 한다.

8) 공시송달(제194조)

① 의의

송달장소를 알 수 없거나 외국으로 할 송달을 통상의 방법(외국주재 대한민국 대사, 공사, 영사나 그 나라의 공공기관에 촉탁)으로 할 수 없는 경우에 재판장의 명령으로 그 사유를 법원게시판에 게시하거나 관보, 공보, 신문에 게재 또는 인터넷 등 전자통신매체를 이용하여 공시하고, 서류는 법원에 보관하는 송달방법이다. 교부송달원칙에 대한 예외로 다른 송달방법이 불가능한 경우에 인정되는 최후적·보충적 송달방법이다.

② 요건

가. 송달장소를 알 수 없는 경우

당사자나 법정대리인의 주소 등 또는 근무장소를 알 수 없는 경우여야 한다. 송달장소가 명확하지 않더라도 만날 수 있는 장소를 알면 조우송달을 시도해 봐야 한다. 지배인 같은 법률상 대리인이나 송달영수인같이 영수권한이 있는 자의 주소 등이 명백하면 당사자 등의 주소를 알 수 없다 해도 공시송달을 할 수 없다. 송달장소를 알 수 없는 경우여야 하므로 폐문부재이거나 수취인부재로 송달하지 못하는 경우는 공시송달을 할 수 없으나, 송달받을 사람이 주소나 거소를 떠나 더 이상 송달장소로 인정되지 않게 된 경우에는 해당된다.

법인의 경우 사실상 해산 상태에 있는 등의 이유로 사무소나 영업소가 없고 대표자의 주소, 거소 등도 불명한 경우에는 공시송달이 가능하나, 법인의 대표자가 사망하여 버리고 달리 법인을 대표할 자도 정하여지지 아니하였기 때문에 법인에 대하여 송달을 할 수 없는 때에는 공시송달도 할 여지가 없다.[16]

나. 외국송달이 불가능한 경우

외국정부가 우리법원이 한 송달촉탁에 응하지 않고 영사 등을 이용한 직접실시방식도 사용할 수 없는 경우나 송달을 촉탁하여도 효력이 없을 것으로 인정되는 경우에는 공시송달을 할 수 있다.

③ 절차

재판장은 직권으로 또는 당사자의 신청에 따라 공시송달을 명할 수 있다. 당사자의 신청에는 그 사유를 소명하여야 한다. 공시송달신청각하명령에 대해서는 보통항고로써 불복할 수 있고, 허가명령에 대해서는 독립하여 불복할 수 없고 종국판결에 대한 상소로써 다툴 수 있다. 원고가 피고의 주소 등을 알고 있었음에도 불구하고 주소 등을 거짓으로 하여 제소한 다음 공시송달로 재판을 받아 확정된 경우에는 재심으로 다툴 수 있으나, 피고가 소송계속 사실을 알고도 아무 조치를 취하지 않은 경우에는 재심사유가 되지 않는다.[17]

공시송달은 법원사무관 등이 송달할 서류를 보관하고 그 사유를 법원게시판에 게시하거나, 그 밖에 대법원규칙이 정하는 방법에 따라서 하여야 한다.

④ 효력발생

게시일로부터 2주 경과 시, 외국송달은 2개월 경과 시에 효력이 발생하고, 같은 사람에게 두 번째 공시송달을 할 경우는 게시 다음 날에 효력이 발생한다.

⑤ 공시송달의 하자

공시송달요건미비임에도 공시송달절차가 취해진 경우면 유효하다.[18] 원고가 피고의 주소 등을 알고 있었음에도 불구하고 주소 등을 거짓으로 하여 제소한 다음 공시송달로 재판을 받아 확정된 경우에는 추후보완상소(제173조) 또는 재심(제451조)으로 다툴 수 있으나, 피고가 소송계속 사실을 알고도 아무 조치를 취하지 않은 경우에는 재심사유가 되지 않는다.[19]

---

16) 대판 1991. 10. 22. 91다9985.
17) 대판 1992. 10. 9. 92다12131.
18) 대판 1994. 10. 21. 94다27922.

7. 송달의 하자

송달이 법정의 방식에 위반된 경우, 즉 송달받을 사람이 아닌 자에게 또는 수령권자가 아닌 자에게 송달한 경우나 송달장소가 아닌 곳에서 송달하거나 보충·유치송달도 해 보지 않고 우편송달을 한 경우 등의 하자가 있을 때는 그 송달은 원칙적으로 무효이나(흠 있는 공시송달, 수령권자가 아닌 자가 수령하여 본인이나 동거인에게 전한 경우는 유효), 추인하거나 이의권의 포기·상실이 있으면 유효하게 된다.[20] 단 상소기간과 같은 불변기간은 강행규정이므로 이에 관련된 송달규정도 강행규정이어서 이의권포기·상실에 의하여 하자가 치유되지 않는다.[21]

제3절 소송제기의 효과

소제기가 되면 소송법상으로는 소송이 시작된 것이고, 이에 따라 앞으로는 같은 소송을 제기할 수 없는 중복제소금지효과가 발생하고, 실체법상으로는 권리를 행사한 것이 되어 권리의 소멸시효중단, 권리행사의 법률상 기간준수, 금전채권의 경우 지연이자 약정이 없더라도 소송촉진 등에 관한 특례법에 따른 지연이자를 청구할 수 있게 된다.

Ⅰ. 소송係屬(구별: 繼續)

1. 개념

소송계속이란 특정청구에 관하여 법원에 판결절차가 현실적으로 존재하는 상태, 즉 특

---

19) 대판 1992. 10. 9. 92다12131.

20) 대판 1998. 2. 13. 95다15667, 사망한 자에 대하여 실시된 송달은 위법하여 원칙적으로 무효이나, 그 사망자의 상속인이 현실적으로 그 송달서류를 수령한 경우에는 하자가 치유되어 그 송달은 그때에 상속인에 대한 송달로서 효력을 발생한다.

21) 대판 1978. 5. 9. 75다634(전합), 허위로 표시한 주소로 송달하여 상대방 아닌 다른 사람이 그 소송서류를 받아 의제자백의 형식으로 판결이 선고되고 다른 사람이 판결정본을 수령하였을 때에는 송달이 무효여서 상대방은 아직도 판결정본을 받지 않은 상태에 있는 것으로서 위 사위 판결은 확정 판결이 아니어서 기판력이 없고, 항소에 의하여 다툴 수 있다.

정사건이 법원에서 판결절차로 심리되고 있는 상태에 있게 된 것을 말한다. 판결절차가 아닌 강제집행, 가압류, 가처분, 조정절차에서 심리되고 있는 상태는 소송계속이 아니다.

2. 발생과 종료시기

법 제265조가 시효의 중단 또는 법률상 기간을 지킴에 필요한 재판상 청구는 소를 제기한 때에 그 효력이 생긴다고 규정한 것을 근거로 소장제출 시에 발생한다는 설도 있으나, 통설·판례는 소송법상 효과를 실체법상 효과와 동일하게 볼 필요가 없고, 소송은 법원, 원고, 피고의 3자 간 관계이므로 소송법적 관점에서 보아야 한다는 이유로 소장송달 시에 소송계속이 발생한다고 본다.[22]

소송계속의 종료시기는 소장각하, 판결확정, 소취하 등이 있는 경우이다.

3. 소송계속의 효과

소송법상 효과로 중복제소 금지(제259조), 실체법상 효과로 시효중단(제265조), 법률상 기간(제소기간) 준수 등이 있다.

Ⅱ. 중복제소금지

1. 개념

중복제소금지란 당사자가 이미 법원에 계속 중인 사건과 동일한 사건을 다시 제소 못하는 것을 말한다(제259조). 중복제소를 금지하는 것은 동일한 사건을 중복 심리하는 데서 오는 시간과 비용의 낭비를 막아 소송경제를 도모하고, 판결의 모순저촉을 방지하기 위한 것이다.

2. 요건

중복제소가 되려면 전 소의 계속 중에 같은 사건에 관하여 별개의 소가 제기되어야 한다.

---

22) 대판 1990. 4. 27. 88다카25274, 전 소, 후 소의 판별기준은 소송계속의 발생 시기, 즉 소장이 피고에게 송달된 때의 선후에 의할 것이며, 비록 소제기에 앞서 가압류, 가처분 등의 보전절차가 경료되어 있다 하더라도 이를 기준으로 전 소, 후 소 여부를 결정할 것은 아니다.

1) 당사자 동일

전 소와 후 소의 당사자가 같아야 한다. 원·피고가 바뀌어도 상관없다. 대여금청구소송의 피고가 대여금반환채무부존재확인청구를 하는 경우가 그 예이다.

당사자가 달라도 기판력이 미치는 자, 예컨대 선정당사자와 선정자가 각 소제기를 하는 경우나 사실심 변론종결 후 소송물을 양수한 자가 같은 권리에 관하여 소제기를 하는 경우 등은 중복된 제소이다.

채권자 대위소송에 있어 대위권에 기해 채권자가 제소한 후에 채무자가 제소하는 경우, 채무자가 제3채무자를 상대로 제소한 후에 채권자가 대위소송을 하는 경우, 채권자대위소송 중 다른 채권자가 다시 대위소송을 하는 경우 등이 있는데 통설·판례는 모두 중복소송이라고 본다.23) 이에 대하여 채권자대위소송에서 채권자는 채무자의 권리를 행사하는 것이 아니라 자기의 실체법상의 권리인 채권자대위권을 행사하는 것으로 보아 서로 소송물이 다르고 기판력도 미치지 않는다고 보아 중복소송이 아니라는 소수설도 있다.

2) 청구(소송물)의 동일

통설·판례는 중복소송의 객관적 요건으로 소송물의 동일을 요구하고 있어 소송물에 대한 견해에 따라 중복제소의 범위가 달라진다.

청구취지와 청구원인사실은 동일하나 법률구성이 다른 경우에 구 소송물론은 다르다고 보나, 신소송물론은 같다고 본다.

청구취지는 다르나 청구원인은 동일한 경우(예: 임차권존부확인과 임료청구)는 양자 모두 다르다.

청구취지는 다르나 정반대 청구인 경우(예: 소극확인과 적극확인 − 네 것이 아니다, 내 것이다)는 동일하나, 서로 자기 것이라고 적극 확인청구를 하는 경우는 전 소 기각판결이 후 소 권리확인이 아니므로 동일하지 않다.

청구권에 관한 확인청구와 이행청구의 경우, 먼저 확인청구를 하면 청구변경으로 이행청구가 가능하고, 먼저 이행청구를 하면 그 판결에 청구권의 존부가 확인되므로 모두 동일하다고 보는 것이 통설이다.

일부청구 후 나머지를 청구하는 것은 다르다고 보는 것이 통설이다.

상계항변으로 주장한 채권을 별소로 청구한 경우 일반적으로 선결적 법률관계나 항변으로 주장한 권리에 관해서는 소송계속이 발생하지 않으므로 중복이 아니나, 상계항변은 그 판단에 기판력이 있어(제216조 제2항) 문제 되는데, 다수설·판례는 방어방법이고 소

---

23) 대판 1995. 4. 14. 94다29256, 1981. 7. 7. 80다2751, 1998. 2. 27. 97다45532.

송물이 아니라는 이유는 중복이 아니라고 본다.[24]

3) 전 소의 계속 중에 후 소가 제기되어야 한다.

전·후의 판별기준은 소송계속의 발생시기 선후이다. 전 소의 적법 여부,[25] 법원의 동일 여부를 불문한다. 전 소가 독립된 소일 필요도 없어 후 소가 다른 청구와 병합되어 있거나, 다른 소송에서의 청구변경·반소 또는 소송참가에 의하여 제기되어도 상관없다. 다만 후 소가 전 소의 소송절차 안에서 반소의 방법으로 제기된 때에는 심판의 중복과 판결의 모순이 생길 염려가 없으므로 중복제소가 아니다. 전 소가 후 소 각하 전에 각하·취하되면 중복상태는 해소된다.

3. 효과

1) 소송요건

중복된 소송은 소의 이익이 없게 되므로 소극적 소송요건이 되어, 법원은 중복소송의 존재 여부를 직권조사를 하여, 후 소는 직권으로 부적법 각하판결을 하여야 한다. 뒤 소송이 먼저 확정되었으면 전 소를 각하한다.

2) 간과한 판결의 효력

중복된 후 소를 간과하고 후소에 대하여 본안판결을 했으면 이는 위법이므로 당사자는 상소에 의하여 취소할 수 있으나, 확정되었으면 전 소 계속 중이라도 효력이 발생하고,[26] 재심사유도 되지 않으므로, 후 소 판결의 기판력이 전수를 구속하여 전 소를 각하한다.

전·후 소의 판결이 모두 확정되고, 서로 모순·저촉되면 뒤에 확정된 판결이 재심사유에 해당한다(제451조 제1항 제10호).

3) 외국법원과의 중복된 소제기 금지

외국법원에 계속되어 있는 사건의 경우 그 판결이 우리나라에서 승인받을 가능성이 있는데, 우리나라에 다시 제소할 경우에 중복소송 해당 여부에 관해서는 설이 나뉘나, 획일적으로 정해질 일은 아니고 실무에서 동일성 판단 및 판결승인 여부 예측 정도에 따라 해결할 수밖에 없을 것이다.[27]

---

24) 대판 1975. 6. 24. 75다103, 2001. 4. 27. 2000다4050.

25) 대판 1998. 2. 27. 97다45532.

26) 대판 1968. 4. 16. 68다122.

27) 부산지방법원 2007. 2. 2. 2000가합7960, 외국법원의 확정판결은 민사소송법 제217조 각 호의 요건을 모두 충족하면 우리나라에서 그 효력이 인정되고, 외국법원의 확정판결이 위 승인요건을 구비하는 경우에는 이와 동일한 소송을 우리나라 법원에 다시 제기하는 것은 외국법원의 확정판결 기판력에 저촉되어 허용되

Ⅲ. 실체법상 효과

1. 시효중단

1) 시효중단의 효력이 있는 소송

민법 제168조 제1호, 제170조 제1항에서 시효중단사유의 하나로 규정하고 있는 재판 상의 청구라 함은, 통상적으로는 권리자가 원고로서 시효를 주장하는 자를 피고로 하여 소송물인 권리를 소의 형식으로 주장하는 경우(이행의 소)를 가리키지만, 이와 반대로 시 효이익을 주장하는 자가 원고가 되어 소(채무부존재확인의 소)를 제기한 데 대하여 피고 로서 응소하여 그 소송에서 적극적으로 권리를 주장하고 그것이 받아들여진 경우도 마찬 가지로 이에 포함된다.[28] 즉 시효가 진행되는 권리에 대하여 이행의 소를 제기하는 경우 는 물론이고 권리부존재확인의 소에 대하여 응소하여 다투는 경우에도 시효중단의 효력 이 있다.[29] 상대방이 제기한 청구이의의 소에 응소하는 경우에도 마찬가지이다.[30] 만기 는 기재되어 있으나 지급지, 지급을 받을 자 등과 같은 어음요건이 백지인 약속어음의 소지인이 그 백지 부분을 보충하지 않은 상태에서 어음금을 청구하는 것은 어음상의 청 구권에 관하여 잠자는 자가 아님을 객관적으로 표명한 것이고 그 청구로써 어음상의 청 구권에 관한 소멸시효는 중단된다.[31]

지 않으므로, 외국법원에 소가 제기되어 있는 경우 그 외국법원의 판결이 장차 민사소송법 제217조에 의 하여 승인받을 가능성이 예측되는 때에는 민사소송법 제259조에서 정한 소송계속으로 보아야 할 것이므 로, 이와 동일한 사건에 대하여 우리나라 법원에 제소한다면 중복제소에 해당하여 부적법하다.
일제강점기하에 일본 정부에 의하여 강제 징용되어 일본국 내 기업에서 강제노동에 종사한 대한민국 국 민이 위 기업을 상대로 불법행위로 인한 손해배상청구를 한 사안에서, 동일한 사건이 일본국 최고재판소 에 소송계속 중이라고 하더라도 위 법원의 판결 결과를 예측하기 어렵고, 다수의 과거 일본국 재판소의 판결 내용에 비추어 볼 때 일본국 최고재판소의 판단이 대한민국의 법원과 그 견해를 달리할 가능성을 배제할 수 없으므로, 향후 일본국 재판소가 결론 내린 확정판결의 효력을 그대로 승인하는 것이 대한민 국의 공익이나 정의관념 및 국내법질서 등에 비추어 허용될 수 없는 결과를 전혀 예상 못 할 바 아니어 서, 대한민국 법원에 위의 소를 제기하는 것이 중복제소에 해당하지 않는다.

28) 대판 1993. 12. 21. 92다47861(전합).

29) 대판 1995. 2. 28. 94다18577, 시효를 주장하는 자가 원고가 되어 소를 제기한 경우에 있어서, 변론주의 원칙상 시효중단의 효과를 원하는 피고로서는 변론에서 시효중단의 주장 또는 이러한 취지가 포함되었 다고 볼 만한 주장을 하여야 하고, 피고의 응소행위가 있었다는 사정만으로 당연히 시효중단의 효력이 발생한다고 할 수는 없는 것이다.

30) 일대판 1942. 1. 28. 민집 21. 37.

31) 대판 전원 2010. 5. 20. 2009다48312, 백지로 된 약속어음의 소지인은 그 백지 부분을 보충하지 않은 상태에서는 어음상의 청구권을 행사할 수 없으므로, 그 백지어음 소지인의 권리행사에 의한 소멸시효 중 단의 효과는 전혀 생길 여지가 없다는 종전의 판례를 변경한 것으로, 이 경우 백지에 대한 보충권은 그 행사에 의하여 어음상의 청구권을 완성시키는 것에 불과하여 그 보충권이 어음상의 청구권과 별개로 독

형성의 소에도 중단의 효력이 있다(예: 경계확정의 소). 행정소송은 사권을 행사하는 경우가 아니므로 시효중단의 효력이 없으나,32) 과세처분의 무효확인, 취소의 소는 시효중단의 효력이 있다.33)

형사소송은 피고인에 대한 국가형벌권의 행사를 그 목적으로 하는 것이므로, 피해자가 형사소송에서 소송촉진 등에 관한 특례법에서 정한 배상명령을 신청한 경우를 제외하고는 단지 피해자가 가해자를 상대로 고소하거나 그 고소에 기하여 형사재판이 개시되어도 이를 가지고 소멸시효의 중단사유인 재판상의 청구로 볼 수는 없다.34)

중단되는 시효는 소멸시효나 취득시효이다.

2) 시효중단의 대상

① 소송물

소송물로서 주장된 권리관계에 대해서만 시효중단의 효력이 있다. 권리의 범위는 소송물론에 따라 달라진다. 동일한 목적을 달성하기 위하여 복수의 채권을 갖고 있는 경우(계약상 채무불이행에 기한 손해배상채권과 불법행위에 기한 손해배상채권)에 채권자로서는 그 선택에 따라 권리를 행사할 수 있되, 그중 어느 하나의 청구를 한 것만으로는 다른 채권 그 자체를 행사한 것으로 볼 수는 없으므로, 특별한 사정이 없는 한 다른 채권에 대한 소멸시효 중단의 효력은 없다.35) 원금채권과 이자채권의 상호 간에도 시효중단의 효력이 미치지 않는다. 원인채권의 지급을 확보하기 위한 방법으로 어음이 수수된 경우에 원인채권에 기하여 청구를 한 것만으로는 어음채권 그 자체를 행사한 것으로 볼 수 없어 어음채권의 소멸시효를 중단시키지 못하나, 어음채권에 기하여 청구를 하는 반대의 경우에는 원인채권의 소멸시효를 중단시키는 효력이 있다.36)

립하여 시효에 의하여 소멸한다고 볼 것은 아니므로 어음상의 청구권이 시효중단에 의하여 소멸하지 않고 존속하고 있는 한 이를 행사할 수 있다고 본다.

32) 대판 1979. 6. 12. 79다573.

33) 대판 1992. 3. 31. 91다32053(전합).

34) 대판 1999. 3. 12. 98다18124.

35) 대판 2002. 6. 14. 2002다11441.

36) 대판 1999. 6. 11. 91다16378, 원인채권의 지급을 확보하기 위한 방법으로 어음이 수수된 경우에 원인채권과 어음채권은 별개로서 채권자는 그 선택에 따라 권리를 행사할 수 있고, 원인채권에 기하여 청구를 한 것만으로는 어음채권 그 자체를 행사한 것으로 볼 수 없어 어음채권의 소멸시효를 중단시키지 못한다.
원인채권의 지급을 확보하기 위한 방법으로 어음이 수수된 경우, 이러한 어음은 경제적으로 동일한 급부를 위하여 원인채권의 지급수단으로 수수된 것으로서 그 어음채권의 행사는 원인채권을 실현하기 위한 것일 뿐만 아니라, 원인채권의 소멸시효는 어음금 청구소송에 있어서 채무자의 인적항변 사유에 해당하는 관계로 채권자가 어음채권의 소멸시효를 중단하여 두어도 채무자의 인적항변에 따라 그 권리를 실현

② 공격방어방법으로 주장된 권리관계

이에 대해서는 시효중단의 효력을 인정하지 않는 것이 종래의 다수설이었으나, 판례는 인정하고 있다. 소유권침해를 이유로 한 손해배상, 부당이득, 방해배제청구 시 피고의 소유권취득시효는 중단되고,[37] 해고무효확인청구는 임금채권 소멸시효를 중단시키고,[38] 시효취득이유 소유권이전등기청구에 대해 피고 소유라고 다투는 것이나 채무부존재확인 소에 응하여 채권이 있다고 다투는 것은 중단이 인정된다.[39]

③ 일부청구

일부청구임을 명시하였는지에 따라 일부 또는 전부에 미친다거나, 명시 불문하고 일부 또는 전부에 미친다는 설 등이 있는데, 판례는 일부에만 미친다고 하다가, 일부청구임을 명시한 경우에는 전부에 미친다고도 한다.[40]

3) 시효중단효과의 발생과 소멸

시효중단의 효과는 소제기를 한 때 발생하고, 소의 취하·각하·청구의 기각에 의하여 소멸한다. 소제기 시에 시효중단의 효과를 발생시키는 것은 법원의 소장송달 지연에 의하여 송달 전에 시효가 완성되는 것을 막기 위함이다. 시효중단의 효과는 재판이 확정될 때까지 지속하며, 재판이 확정되면 그때부터 새로이 시효기간이 진행된다.

2. 법률상의 기간준수

제소기간이 정해져 있는 소송(점유소송－민법 제204조, 채권자취소소송－민법 제406조, 주총결의 취소－상법 제376조, 항고소송－행정소송법 제20조, 재심소송－제456조)은 그 기간 내에 제소를 해야 하므로 이들 소송에서 소제기는 기간준수의 효과가 있다.

법률상의 기간준수는 소가 적법하기 위한 요건, 즉 소송요건이 되므로, 법원은 직권으로 기간준수 여부를 조사해야 한다. 소제기기간을 넘긴 경우에는 흠을 보정할 방법이 없

할 수 없게 되는 불합리한 결과가 발생하게 되므로, 채권자가 원인채권에 기하여 청구를 한 것이 아니라 어음채권에 기하여 청구를 하는 반대의 경우에는 원인채권의 소멸시효를 중단시키는 효력이 있다고 봄이 상당하고, 이러한 법리는 채권자가 어음채권을 피보전권리로 하여 채무자의 재산을 가압류함으로써 그 권리를 행사한 경우에도 마찬가지로 적용된다.

37) 대판 1979. 7. 10. 79다569, 재판상의 청구라 함은 시효취득의 대상인 목적물의 인도 내지는 소유권존부확인이나 소유권에 관한 등기청구소송은 말할 것도 없고 소유권 침해의 경우에 그 소유권을 기초로 하여 하는 방해배제 및 손해배상 또는 부당이득반환 청구소송도 이에 포함된다고 해석함이 옳다.

38) 대판 1978. 4. 11. 77다2509.

39) 대판 1993. 12. 21. 92다47861(전합).

40) 대판 1976. 2. 24. 75다1240, 1991. 1. 25. 90다6491.

으므로 소를 부적법 각하할 수 있다(제219조).

기간준수의 효과발생 및 소멸은 시효중단의 경우와 같다.

3. 지연손해금의 법정이율의 인상

소송촉진 등에 관한 특례법은 금전채무의 전부 또는 일부의 이행을 명하는 판결(심판을 포함한다)을 선고할 경우, 금전채무 불이행으로 인한 손해배상액 산정의 기준이 되는 법정이율은 그 금전채무의 이행을 구하는 소장 또는 이에 준하는 서면이 채무자에게 송달된 날의 다음 날부터는 연 100분의 40 이내의 범위에서 「은행법」에 따른 금융기관이 적용하는 연체금리 등 경제 여건을 고려하여 대통령령으로 정하는 이율(현재 연 20%)에 따른다고 정하고 있는데(동법 제3조 제1항), 이는 소송의 지연과 상소권의 남용방지, 사실심판결선고 후 채무의 신속한 이행을 꾀하기 위함이다.[41] 따라서 채무자가 그 이행의무의 존재 여부나 범위에 관하여 항쟁하는 것이 타당하다고 인정되는 경우에는 그 타당한 범위에서 제1항을 적용하지 아니하는데(동 조 제2항), 판례는 사실심판결선고 시까지만 위의 예외취급이 가능하고 그 후에는 대통령령의 이율을 적용하여야 한다고 한다.[42]

---

41) 대판 2009. 12. 24. 2009다85342, 민법 제397조 제1항은 본문에서 금전채무불이행의 손해배상액을 법정이율에 의할 것을 규정하고 그 단서에서 "그러나 법령의 제한에 위반하지 아니한 약정이율이 있으면 그 이율에 의한다"고 정한다. 이 단서규정은 약정이율이 법정이율 이상인 경우에만 적용되고, 약정이율이 법정이율보다 낮은 경우에는 그 본문으로 돌아가 법정이율에 의하여 지연손해금을 정할 것이다. 우선 금전채무에 관하여 아예 이자약정이 없어서 이자청구를 전혀 할 수 없는 경우에도 채무자의 이행지체로 인한 지연손해금은 법정이율에 의하여 청구할 수 있으므로, 이자를 조금이라도 청구할 수 있었던 경우에는 더욱이나 법정이율에 의한 지연손해금을 청구할 수 있다고 하여야 한다.

42) 대판 1987. 5. 26. 86다카1876(전합).

제6장 소송절차의 진행과 정지

소제기가 되고 이에 따른 소장심사 등 법원의 조치가 있은 다음에는 소송의 심리를 위한 소송절차가 진행된다. 소송의 심리는 내용적으로는 재판을 위한 자료수집절차인 변론과 증거조사로 이루어지고, 절차적으로는 이를 위한 심리기일과 기간을 정하고 통지하는 것과 실시하는 것, 어떤 사유가 있을 때 절차의 진행을 정지할 것인가의 문제로 이루어지고 있다.

제1절 기일과 기간

Ⅰ. 기일

1. 개념

기일이란 법원, 당사자, 소송관계인이 모여 소송행위를 하기로 한 시점을 말한다. 변론기일, 준비기일, 증거조사기일, 판결선고기일 등이 그것이다.

2. 기일의 지정

기일은 재판장이 직권 또는 당사자의 신청으로 지정한다(제165조). 다만 수명법관 또는 수탁판사가 신문하거나 심문하는 기일은 그 수명법관 또는 수탁판사가 지정한다.

당사자의 기일지정신청은 법원이 사건의 심리를 하지 않고 방치하고 있을 때, 소송종료의 효력을 다툴 때(예컨대 소의 취소가 부존재·무효라고 다툴 때, 소취하간주의 효력을 다툴 때 등이다), 당사자 2회 불출석으로 인한 소취하간주를 막기 위한 경우(제268조제2항) 등에 행해진다. 절차진행 중의 기일지정은 법원의 직권에 속하는 것이므로 기일지정신청은 법원의 직권발동을 촉구하는 의미밖에 없으나, 소송종료의 효력을 다툴 때에는 당사자의 기일지정신청권이 인정되는 경우이므로 반드시 변론기일을 열고 종국판결로 재판을 하여야 한다. 소취하간주를 막기 위한 경우에는 요건에 맞는 한 당연히 기일을 지정해야 한다.

3. 기일의 통지

기일의 통지는 기일통지서, 출석요구서를 당사자 등에게 송달하는 방법으로 통지하는
데, 기일에 출석한 자에게는 구두로 통지한다(제167조). 기일의 통지를 하지 않고 진행하
면 위법하나, 당사자가 변론기일 소환장의 송달을 받은 바 없다 하더라도 변론기일에 임
의로 출석하여 변론을 하면서 그 변론기일의 불소환을 이의하지 아니하면 이의권의 상실
로 그 하자는 치유된다.[1]

4. 기일의 실시(제169조)

기일은 소송지휘권을 가진 재판장이 지정된 일시, 장소에서 사건과 당사자의 이름을
부름으로써 시작된다. 소송대리인이나 소송수행자의 이름까지 부를 필요는 없다.[2]

5. 기일의 변경

1) 개념

기일의 변경은 기일을 개시하기 전에 그 지정을 취소하고 새로운 기일을 정하는 것을
말한다.

2) 요건

① 첫 기일의 변경

첫 변론기일 또는 첫 변론준비기일을 바꾸는 것은 현저한 사유가 없는 경우라도 당사
자들이 합의하면 이를 허가한다(제165조 제2항). 첫 기일은 최초로 지정된 제1회 기일을
말하는데, 당사자의 사정을 고려하지 않고 법원이 일방적으로 정한 것임을 감안한 것이다.

② 제2차 이후의 기일변경

이때는 당사자의 합의와 무관하게 현저한 사유가 있는 때에 한하여 허용된다. 현저한
사유는 불가항력보다는 넓은 개념으로, 기일을 진행함으로써 기일해태의 불이익을 입게
하는 것이 가혹하다고 할 만한 사정이 있는 경우이다. 종전 실무에서는 당사자의 합의만
있으면 현저한 사유를 따지지 않고 허용해 주었으나, 소송지연의 한 원인이 되는 것을
막기 위하여 2007년 개정된 민사소송규칙은 특별한 사정이 없으면 기일변경을 허가해서
는 안 된다고 정하였다.

---

1) 대판 1984. 4. 24. 82므41.
2) 대판 1970. 11. 24. 70다1893.

3) 절차

당사자 기일변경신청서에 변경이 필요한 사유를 밝히고 소명자료를 첨부해서 신청하여야 하고, 법원은 이유가 있으면 기일변경을 하고, 없으면 종전 기일을 그대로 진행한다. 허가 여부는 재판장의 직권사항이므로 불복할 수 없다.[3]

6. 기일의 해태

1) 개념

기일의 해태란 기일에 출석하지 않거나, 출석해도 변론하지 않거나 발언이 금지되어 출석하지 않은 것과 같게 되는 경우를 말한다.

2) 효과

변론기일의 해태가 있으면 해태한 당사자가 제출한 소장, 답변서, 준비서가 진술로 간주되거나(제148조 제1항), 출석한 당사자가 주장한 사실을 자백한 것으로 본다(제150조 제3항).

변론기일에 당사자 쌍방이 불출석하거나 변론하지 않는 것이 2회가 되면 다음 기일을 지정하지 않는데, 이후 1개월 내에 기일지정신청을 하지 않으면 소취하간주가 된다(제268조 제2항).

진술간주 등에 의하여 재판을 할 수 있을 정도가 되면 변론이나 준비절차를 종결한다.

당사자가 본인 신문기일에 불출석할 경우는 신문사항에 관한 상대 주장을 진실한 것으로 인정할 수 있다(제341조).

증인·감정인이 불출석할 경우에는 과태료, 구인, 소송비용 부담 등의 제재를 가한다(제311조).

---

3) 기일변경이 허용되지 않았으나 당사자가 책임질 수 없는 사유로 출석하지 못하여 공격방어방법을 제출할 기회도 잃어 패소한 경우에는 기일에 정당하게 대리되지 않은 경우에 준하여 상고 또는 재심에 의한 구제(제424조 제1항 제4호, 제451조 제1항 제3호)를 인정해야 한다는 논의도 있다.

Ⅱ. 기간

1. 개념

소송행위를 하여야 할 일정한 시점으로부터 다른 시점까지의 시간적 공간을 말하는데, 소송절차에는 일정한 행위를 할 기간을 정해 둔 경우가 많다.

2. 종류

1) 고유기간

당사자가 소송행위를 하여야 할 기간을 말한다. 답변서제출기간(제256조), 상소기간(제396, 425조) 등이 그것이다. 이 기간을 지키지 않을 경우에는 실권 등 제재가 있다.

2) 직무기간

법원이 직무를 행할 기간을 말한다. 판결선고기간(제207조), 송달기간(제210조) 등이 그것이다. 이는 훈시규정으로 지키지 않는다고 해서 제재가 있는 것은 아니다.

3) 법정기간

법률에 정해져 있는 기간으로, 답변서제출기간, 상소기간, 재심기간(제456조) 등이 그것이다.

4) 재정기간

재판장이 정해 주는 기간으로 보정기간(제59, 97조), 담보제공기간(제120조), 공격방어방법제출기간(제147조) 등이 그것이다.

5) 불변기간

법정기간 중에 법원이 임의로 연장·축소할 수 없는 기간을 불변기간이라고 한다(제172조). 다만 주소 또는 거소가 멀리 떨어진 곳에 있는 사람을 위하여 부가기간을 정할 수 있다. 또한 당사자가 책임질 수 없는 사유로 말미암아 불변기간을 지킬 수 없었던 경우에는 그 사유가 없어진 날부터 2주 이내에 게을리한 소송행위를 보완할 수 있다(제173조).

불변기간에는 상소기간, 재심기간, 제소전화해에 있어 소제기신청기간(제388조), 화해권고결정에 대한 이의신청기간(제226조) 등이 있다.

6) 통상기간

법정기간 중 재판장이 신축 가능한 기간을 통상기간이라고 하는데, 상고이유서 제출기간이 그 예이다.

3. 계산

기간의 계산은 민법에 따른다(민법 제157조 내지 제161조). 기간을 시·분초로 정한 때에는 즉시로부터 기산한다. 기간을 일·주·월·연으로 정한 때에는 기간의 초일은 산입하지 아니한다. 그러나 그 기간이 오전 영시로부터 시작하는 때에는 그러하지 아니하다. 연령계산에는 출생일을 산입한다. 기간을 일, 주, 월 또는 연으로 정한 때에는 기간말일의 종료로 기간이 만료한다.

기간을 주·월·연으로 정한 때에는 역에 의하여 계산한다. 주·월·연의 처음으로부터 기간을 기산하지 아니하는 때에는 최후의 주·월·연에서 그 기산일에 해당한 날의 전일로 기간이 만료한다. 월·연으로 정한 경우에 최종의 월에 해당 일이 없는 때에는 그 월의 말일로 기간이 만료한다.

기간의 말일이 토요일 또는 공휴일에 해당한 때에는 기간은 그 익일로 만료한다.

4. 기간의 진행

기간을 정하는 재판에 시작되는 때를 정하지 아니한 경우에 그 기간은 재판의 효력이 생긴 때부터 진행한다(제171조). 소송절차의 중단 또는 중지는 기간의 진행을 정지시키며, 소송절차의 수계사실을 통지한 때 또는 소송절차를 다시 진행한 때부터 전체 기간이 새로이 진행된다(제247조 제2항).

5. 기간의 신축

법원은 법정기간 또는 법원이 정한 기간을 늘이거나 줄일 수 있다. 다만 불변기간은 그러하지 아니하다. 다만 불변기간에 대하여 주소 또는 거소가 멀리 떨어진 곳에 있는 사람을 위하여 부가기간을 정할 수 있다(제172조).

6. 불변기간의 해태와 소송행위의 추후보완(제173조)

1) 소송행위의 추후보완

불변기간 중에 해야 할 소송행위를 당사자가 책임질 수 없는 사유로 하지 못한 경우 그 사유가 소멸 후에 보완을 허용하는데, 이를 소송행위의 추후보완이라고 한다.

2) 추완사유

당사자가 책임질 수 없는 사유로 천재지변으로 인한 교통두절, 법원이 송달장소를 잘못 기재해 송달되지 않아, 발송송달, 공시송달로 진행된 경우는 해당하나[4] 소송대리인이 판결정본을 송달받고도 당사자에게 알려 주지 않아 상소기간을 지키지 못한 경우, 본인의 주소 이전으로 다른 곳으로 발송 송달, 교통 혼잡, 민방위 훈련, 교도소에 수감되었는데 사무원이 받아 알려 주지 않은 경우, 여행, 지방출장 중 가족에게 송달된 경우 등은 해당되지 않는다.[5]

3) 공시송달과 추완

처음부터 공시송달이 된 경우는 피고가 소제기 사실을 알면서 고의로 행방을 감추었다는 등의 특별한 사정이 없는 한 원칙적으로 책임질 수 없는 사유에 해당한다.[6] 피고가 과실 없이 소송진행 사실 자체를 몰랐을 경우는 피고가 주소 이전(전출신고)을 게을리하여 공시송달이 되었어도 허용한다.[7] 다만 피고가 소송 회피 목적으로 등기부에 허위주소를 등재하거나, 당사자가 스스로 기재한 주소에 송달이 되지 않아 공시송달이 된 경우는 허용하지 않는다.[8] 소송진행 중 주소변경을 신고하지 않아 공시송달이 된 경우는 과실 있으므로 추후보완을 허용하지 않는다.[9]

4) 추후보완 방법

사유종료 후 기간을 못 지킨 사실을 알고 나서 2주 내에 해당 행위를 본래의 방식대로 하는 방법으로 한다.

장애사유가 없어진 때란 천재지변 등의 사정이 없어진 때를 말하고, 공시송달의 경우 사유가 종료된 때라 함은 당사자나 소송대리인이 단순히 판결이 있었던 사실을 안 때가 아니고, 나아가 그 판결이 공시송달의 방법으로 송달된 사실을 안 때를 의미한다.[10]

---

4) 대결 1991. 3. 15. 91마1.

5) 대판 1984. 6. 14. 84다카744, 1999. 6. 14. 99다9622, 1966. 4. 19. 66다253.

6) 대판 1969. 7. 22. 68다2272, 1976. 4. 27. 76다170, 1988. 9. 13. 88므5 등.

7) 1964. 7. 31. 63다750(전합), 1997. 8. 22. 96다30427, 1978. 7. 11.

8) 대판 1978. 7. 11. 77다1991, 대결 1990. 9. 10. 90마446.

9) 대판 1994. 3. 22. 92다42934.

10) 대판 1994. 12. 13. 94다24299.

제2절 소송절차의 정지

Ⅰ. 개념

소송절차의 정지는 소송계속 중에 그 소송절차가 법률상 진행할 수 없는 상태로 되는 것을 말한다. 기일의 추후지정이나 당사자의 기일해태로 인하여 소송절차가 사실상 정체된 상태와는 구별되며, 소송절차에 관여할 수 없게 된 경우에 받을 불이익을 없게 하기 위하여 인정된 것으로 양 당사자에게 소송에 관여할 수 있는 기회를 충분히 갖게 해 주어 쌍방심리주의를 구현한다는 의미도 있다.

쌍방심리주의의 발현이므로 양 당사자의 소송관여가 계속적으로 필요한 절차에 적용된다. 판결절차 외에 독촉, 제소전화해, 가압류, 가처분, 항고, 소송비용확정절차에 적용되나, 대석적 변론을 요하지 않는 강제집행절차, 증거보전 또는 담보권실현을 위한 경매절차에는 인정되지 않는다.

소송절차의 정지에는 중단과 중지가 있다.

Ⅱ. 소송절차의 중단

1. 개념

소송절차의 중단은 소송계속 중에 당사자의 한쪽에 소송수행을 할 사람의 교대사유가 생긴 경우에 새로운 사람이 소송에 관여할 때까지 절차의 진행을 정지하는 것이다. 당사자에게 소송절차에 관여할 기회를 보장하기 위한 것으로 법정의 사유가 있으면 당연히 발생하고, 법원이나 당사자가 이를 알고 있는지 여부는 상관이 없다. 새로운 소송수행자나 상대방의 수계신청 또는 법원의 속행명령에 의하여 해소된다.

2. 중단사유

1) 당사자의 사망, 법인의 합병(제233, 234조)

소송계속 후에 자연인인 당사자가 죽거나 법인이 합병에 의하여 소멸한 경우에는 소송절차가 중단된다. 소제기 전에 이미 사망한 경우에는 당사자표시정정 또는 당사자변경이 가능할 뿐이고, 소송절차의 중단사유가 되지 않는다. 상속인에 의한 수계신청도 허용되지 않는다.[11] 소송계속 후에 사망하여도 상대방이 그 승계인인 경우에는 대립당사자의 혼동에 의하여 소송이 종료하므로 중단은 생기지 않고, 소송물인 권리가 일신전속적이어서 이를 승계할 사람이 없는 경우(이혼소송 중 한쪽 당사자가 사망하거나 이사의 지위에서 제기한 이사회결의무효소송 중 이사가 사망한 경우)에도 같다.

법인이 합병 이외의 사유로 소멸한 경우에는 법인은 청산의 목적범위 내에서는 존속하기 때문에 중단되지 않으나, 합병 이외의 사유로 소멸하더라도 청산절차를 밟지 않고 소멸하는 경우(법인이 분할되는 경우)에는 중단된다.

당사자 사망의 경우 상속인, 상속재산관리인, 그 밖에 법률에 의하여 소송을 계속하여 수행할 사람(유언집행자, 수유자)이 소송절차를 수계하여야 하는데, 상속인은 상속포기를 할 수 있는 동안 소송절차를 수계하지 못한다.

합병의 경우 합병에 의하여 설립된 법인 또는 합병한 뒤의 존속법인이 소송절차를 수계하여야 한다.

2) 소송능력의 상실, 법정대리권의 소멸(제235조)

당사자가 소송능력을 잃은 때 또는 법정대리인이 죽거나 대리권을 잃은 때에 소송절차는 중단된다. 이때는 당사자는 변경되지 않지만 소송수행자가 교대된다. 당사자의 소송능력상실은 한정치산 또는 금치산 선고를 받은 경우를 말하고, 법정대리인의 대리권상실에는 가처분에 의하여 권한 행사가 금지된 경우도 포함된다.[12]

법정대리권이나 법인의 대표권 소멸은 상대방에게 통지하여야 효력이 발생하므로 통지가 없는 동안에는 효력이 발생하지 않는다.

소송대리권이 소멸한 경우에는 본인이 직접 소송수행을 할 수 있으므로 중단사유가 아니다.

이 경우 소송능력을 회복한 당사자 또는 법정대리인이 된 사람이 소송절차를 수계하여야 한다.

3) 당사자가 당사자적격의 상실로 소송에서 탈퇴하는 경우

① 수탁자의 임무종료(제236조)

신탁으로 말미암은 수탁자의 위탁임무가 끝난 때에 소송절차는 중단된다. 이 경우 새

---

11) 대판 1987. 3. 24. 85다카1151.
12) 대판 1980. 10. 14. 80다623.

로운 수탁자가 소송절차를 수계하여야 한다.

② 제3자 소송담당의 경우 소송담당자의 자격상실, 선정당사자 모두의 자격상실(제237
조), 일정한 자격에 의하여 자기 이름으로 남을 위하여 소송당사자가 된 사람(파산관재인
등)이 그 자격을 잃거나 죽은 때에 소송절차는 중단된다. 이 경우 같은 자격을 가진 사
람이 소송절차를 수계하여야 한다.

민사소송법 제53조의 규정에 따라 당사자가 될 사람을 선정한 소송에서 선정된 당사
자 모두가 자격을 잃거나 죽은 때에도 소송절차는 중단된다. 이 경우 당사자를 선정한
사람 모두 또는 새로 당사자로 선정된 사람이 소송절차를 수계하여야 한다. 선정당사자
의 일부가 자격을 상실한 경우에는 나머지 선정당사자가 소송행위를 할 수 있으므로 중
단이 되지 않는다.

③ 당사자의 파산, 파산절차의 해지(제239, 240조)

당사자가 파산선고를 받은 때에 파산재단에 관한 소송절차는 중단된다. 당사자의 파산
재단에 관한 관리처분권이 상실되기 때문이다. 이 경우「채무자 회생 및 파산에 관한 법
률」에 따른 수계가 이루어지기 전에 파산절차가 해지되면 파산선고를 받은 자가 당연히
소송절차를 수계한다.

채무자 회생 및 파산에 관한 법률에 따라 파산재단에 관한 소송의 수계가 이루어진 뒤
파산절차가 해지된 때에 소송절차는 중단된다. 파산관재인의 임무가 종료되고, 파산선고
를 받은 사람의 관리처분권이 부활하기 때문이다. 이 경우 파산선고를 받은 자가 소송절
차를 수계하여야 한다.

그 외에도 채무자회생 및 파산에 관한 법률에 따라 회생절차개시결정이 있는 때에는
채무자의 재산에 관한 소송절차는 중단된다(동법 제59조).

3. 중단의 예외

파산의 경우를 제외한 중단사유가 발생하더라도 그 당사자에게 소송대리인이 있는 경
우에는 소송절차가 중단되지 않는다(제238조). 소송대리인의 대리권이 소멸하지 않아(제
95, 96조) 소송수행상 단절이 없기 때문이다. 따라서 상속인이 수계신청을 밟지 않아도
소송대리인은 당연히 새 당사자의 소송대리인이 되고,[13] 이 경우 당사자의 표시는 상속
인이 밝혀지면 상속인, 모르면 사망자를 그대로 표시하고, 이때 판결의 효력은 잘못 표시
된 당사자에게는 미치지 않고 정당한 상속인에게 미친다.[14] 소송대리인에게 상소제기권

---

13) 대판 1992. 11. 5. 91마342.

한도 특별히 수여되어 있었다면 소송대리인이 상소를 제기하지 않으면 불복기간이 이미
진행되어 판결이 확정된다.[15]

　판례의 원칙에 따르면 소송대리인이 상속인을 정확히 몰라서 일부 상속인에 대해서만
판결서에 표시가 되고,[16] 이 판결에 대하여 상소가 제기되면 누락된 상속인에 대한 판결
부분은 상소가 되지 않아 확정되는 문제가 발생한다. 이런 경우에 누락된 상속인의 구제
를 위하여, 판결에 표시된 상속인에 대해서만 판결의 효력이 미치고 누락된 상속인에 대
해서는 소송절차가 중단된 것으로 보자는 입장, 누락된 상속인과 소송대리인에게 과실이
없다면 상소의 추후보완으로 구제하고 그렇지 않으면 손해배상 등 실체법적으로 해결할
수밖에 없다는 입장 등이 있다. 문제는 법 제238조가 위와 같은 예외적인 경우를 상정하
지 못하고 입법된 데 있다 할 것인데, 입법자의 실수로 선의의 피해자를 발생시킬 수는
없는 일이고, 자신의 의사와는 무관하게 선임된 소송대리인의 잘못으로 피해를 입어서도
아니 될 것이므로 본인의 잘못이 없는 한 상소의 추완을 인정하는 것이 바람직할 것이다.

4. 중단의 해소

　소송절차의 중단은 당사자의 수계신청 또는 법원의 속행명령에 의하여 해소되고 소송
절차의 진행이 재개된다.

1) 수계신청

① 개념

수계신청은 당사자가 중단된 소송절차의 속행을 구하는 신청이다.

② 신청권자

　소송절차의 수계신청은 중단사유가 있는 당사자 쪽의 새 소송수행자와 그 상대방이다.
　새 소송수행자는 위에 본 바와 같이 각 중단사유마다 법정되어 있다. 당사자 사망의
경우 상속인의 존재 여부가 분명하지 않은 경우에는 상속재산관리인의 선임을 기다려 그
로 하여금 소송수계를 하도록 하여야 한다.[17] 공동상속인의 경우 상속인 모두가 함께하
여야 하는 것은 아니고 개별적으로 수계하여도 상관없다.[18] 가사소송사건(가, 나류)에서

---

14) 위 같은 판결.

15) 대판 1992. 6. 12. 92다10661.

16) 가족관계등록부의 기재에만 의하여 수계절차를 밟았으나 뒤늦게 혼인외자가 있음이 밝혀진 경우가 그
　　예가 될 것이다.

17) 대판 2002. 10. 25. 2000다21802.

18) 대판 1963. 3. 21. 62다805.

원고가 사망한 경우에는 다른 소제기권자가 그때부터 6개월 내에 소송절차를 승계할 수 있다(가사소송법 제16조).

상대방은 새 소송수행자가 정해지고 소송수행에 장애사유(제233조 제2항)가 없으면, 그에 대하여 소송수계를 신청할 수 있다.

③ 신청할 법원

수계신청은 중단 당시에 소송이 계속된 법원이다. 종국판결이 선고된 후에 중단사유가 발생한 경우에는 그 당시 소송이 계속된 법원은 원심법원이고, 상소장은 원심법원에 제출하므로 원심법원에 제출하여야 한다는 것이 통설이나, 대법원은 상급법원에도 수계신청을 할 수 있다고 한다.[19]

④ 신청절차

수계신청은 서면 또는 구술로 한다(제161조). 신청에는 새 수행자 및 수계의사를 명시하고 새 수행자의 자격을 조사하는 데 필요한 자료를 붙여야 하지만 묵시의 수계도 인정되고,[20] 서면의 표시에 구애되지 않고 그 실질에 따라, 예컨대 기일지정신청 또는 당사자표시정정신청이라도 수계신청으로 볼 수 있다.[21]

수계신청이 있으면 법원은 이를 상대방에게 통지하여야 하고(제242조) 상대방에 대한 관계에서는 이 통지 시에 중단이 해소된다(제247조 제2항).

⑤ 신청에 대한 재판

법원은 직권조사를 하여 이유가 없으면 결정으로 기각하고, 이에 대해서는 항고로 불복할 수 있다(제243조 제1항, 제439조 제1항). 수계신청이 이유 있으면 종국판결의 선고 전일 때에는 기일을 정하여 변론을 속행하면 되고 특별한 재판을 요하지 않는다. 종국판결의 선고 후에 중단된 때에는 원법원이 수계결정을 하여 당사자에게 송달하여야 한다. 이 결정에 대해서는 독립하여 상소할 수 없고, 송달된 때로부터 상소기간이 진행된다.

2) 속행명령

중단 당시에 소송이 계속된 법원은 당사자가 소송절차를 수계하지 아니하는 경우에 직권으로 소송절차를 계속하여 진행하도록 명할 수 있다(제244조). 속행명령이 당사자에게 송달되면 중단은 해소된다. 속행명령은 명시적으로 해야 하며, 변론기일을 정하여 통지하는 것만으로는 속행명령이 있는 것으로 볼 수 없다. 속행명령은 중간재판이므로 독립하

---

19) 대판 2003. 11. 14. 2003다34038.

20) 대판 1955. 7. 7. 4288민상53.

21) 대판 1980. 10. 14. 80다623.

여 불복할 수 없다.

Ⅲ. 소송절차의 중지

1. 개념

소송절차의 중지는 법원이나 당사자에게 소송을 진행할 수 없는 사유가 생겼거나 계속 진행하는 것이 부적당한 사유가 발생한 경우에 절차의 진행을 정지하는 것으로, 소송을 수행할 사람의 교대가 없는 점에서 중단과 다르고, 법률상 당연히 또는 법원의 결정에 의하여 발생한다.

2. 중지사유

1) 당연중지(제245조)

천재지변, 그 밖의 사고로 법원이 직무를 수행할 수 없을 경우에 소송절차는 그 사고가 소멸될 때까지 당연히 중지되고, 그 사유가 소멸하면 당연히 해소된다.

2) 재정중지(제246조)

당사자가 일정하지 아니한 기간 동안 소송행위를 할 수 없는 장애사유가 생긴 경우에는 법원은 결정으로 소송절차를 중지하도록 명할 수 있다. 장애사유는 천재지변 등으로 교통이 두절되어 당분간 회복되기 어려운 경우, 당사자가 질병 등으로 법원출석은 물론 변호사와 접촉도 할 수 없게 된 때 등을 말한다.

중지결정은 신청 또는 직권에 의하며, 법원의 취소결정에 의하여 해소된다.

3) 다른 법령에 의한 중지

다른 법령에 의한 절차와의 관계상 소송의 진행이 부적당하여 정지되는 경우이다. 소송사건이 조정에 회부되거나(민사조정규칙 제4조), 가사소송사건이 조정에 회부된 경우(가사소송법 제49조), 소액사건이 조정에 회부된 경우(소액사건심판법 제9조), 위헌 여부의 제청신청을 한 경우(헌법재판소법 제42조 제1항) 등에는 당연히 정지된다. 회생절차 개시신청이 있는 경우(채무자회생 및 파산에 관한 법률 제44조), 특허심판이 선결관계에 있는 경우(특허법 제164조 등) 등에는 법원의 결정으로 정지된다.

다른 민사사건이나 형사사건이 선결관계에 있는 경우에도 중지를 명할 수 있다.

Ⅳ. 소송절차 정지의 효과

소송절차의 정지 중에는 판결의 선고를 제외한 소송절차상의 소송행위는 할 수 없고, 기간의 진행이 정지된다.

1. 소송절차상의 소송행위

소송절차의 정지 중에는 당사자는 물론이고 법원도 소송절차상의 행위를 할 수 없다.

정지 중의 당사자 행위는 상대방에 대한 관계에서 무효이나, 상대방이 이의권을 포기·상실하면 유효하게 된다.22)

정지 중의 법원재판, 증거조사, 기타 소송행위는 당사자 양쪽에 대하여 무효이나 당사자가 이의권을 포기·상실하면 유효하게 된다.

변론종결 전에 정지되었음에도 불구하고 이를 간과하고 판결을 선고하면 위법하나, 당연무효인가에 관해서는 다툼이 있다. 판례는 이 경우 사망하여 실재하지 아니한 자를 당사자로 한 판결과 같이 당연무효라고 하다가 견해를 바꾸어 당연무효라고 할 수는 없고, 다만 그 판결은 대리인에 의하여 적법하게 대리되지 않았던 경우와 마찬가지로 보아 대리권흠결을 이유로 상소(제394조 제1항 제4호) 또는 재심(제422조 제1항 제3호)에 의하여 그 취소를 구할 수 있을 뿐이라고 본다.23)

판결의 선고는 소송절차의 중단 중에도 할 수 있다(제247조 제1항).

---

22) 대판 1955. 7. 7. 4288민상58.

23) 대판 전합 1995. 5. 23. 94다28444, 당사자가 사망하여 실재하지 아니한 자를 당사자로 하여 소가 제기된 경우는 당초부터 원고와 피고의 대립당사자 구조를 요구하는 민사소송법상의 기본원칙이 무시된 것이므로, 그와 같은 상태하에서의 판결은 당연무효라고 할 것이지만, 일응 대립당사자 구조를 갖추고 적법하게 소가 제기되었다가 소송도중 어느 일방의 당사자가 사망함으로 인해서 그 당사자로서의 자격을 상실하게 된 때에는 그 대립당사자 구조가 없어져 버린 것이 아니고, 그때부터 그 소송은 그의 지위를 당연히 이어받게 되는 상속인들과의 관계에서 대립당사자 구조를 형성하여 존재하게 되는 것이고, 다만 상속인들이 그 소송을 이어받는 외형상의 절차인 소송수계절차를 밟을 때까지는 실제상 그 소송을 진행할 수 없는 장애사유가 발생하였기 때문에 적법한 수계인이 수계절차를 밟아 소송에 관여할 수 있게 될 때까지 소송절차는 중단되도록 법이 규정하고 있을 뿐이므로 이와 같은 중단사유를 간과하고 변론이 종결되어 판결이 선고된 경우에는 그 판결은 소송에 관여할 수 있는 적법한 수계인의 권한을 배제한 결과가 되는 절차상 위법은 있지만 그 판결이 당연무효라 할 수는 없고, 다만 그 판결은 대리인에 의하여 적법하게 대리되지 않았던 경우와 마찬가지로 보아 대리권흠결을 이유로 상소(제394조 제1항 제4호) 또는 재심(제422조 제1항 제3호)에 의하여 그 취소를 구할 수 있을 뿐이다.

2. 기간의 진행

소송절차의 정지 중에는 기간의 진행도 정지된다. 새로운 기간은 진행되지 않고, 진행 중이던 기간은 진행을 멈춘다. 정지가 해소되면 남은 기간이 아닌 전체 기간이 새로이 진행된다(제247조 제2항).

제7장 소송심리의 원칙

소장부본을 송달받은 피고가 다투는 취지의 답변서를 제출하면 소송은 본격적인 심리 절차에 들어가게 된다. 소송의 심리는 실체적 진실을 발견하기 위한 당사자와 법원의 공동 작업으로, 법원은 절차의 주관자로서 절차를 신속 공정하게 진행하고(소송지휘권), 당사자는 사건내용을 명확히 하기 위해 사실관계에 관한 주장을 하고 증거자료를 제공하며(변론), 다시 법원은 당사자가 제출한 증거를 조사해 주장사실의 진정 여부를 판정하여 판결을 하는 과정으로 진행된다.

이런 소송심리과정에서 민사소송이 지향하는 적정·공평·신속·경제의 이상을 구현하기 위하여 심리상 여러 원칙이 발전되어 왔는데, 공정한 재판을 보장하기 위한 공개주의와 쌍방심리주의, 합리적인 재판진행을 위한 직접심리주의, 구술심리주의, 적시제출주의와 집중심리주의, 법원과 당사자의 역할분담에 관한 처분권주의, 변론주의와 직권진행주의가 그것이다.

이런 원칙들은 헌법과 민사소송법의 곳곳에 구현되어 있으나, 심리절차 진행상 문제가 발생한 경우에 적용할 법에 규정이 없는 경우에는 문제해결의 지침으로 작동한다.

제1절 공개심리주의

Ⅰ. 개념

재판의 심리와 판결을 일반인이 방청할 수 있는 상태에서 실시하는 원칙을 말한다(헌법 제109조, 법원조직법 제57조 제1항). 이 원칙은 재판의 공정을 담보하고, 사법에 대한 국민의 신뢰확보 목적에서 확립된 것이다.

Ⅱ. 내용

1. 원칙

1) 재판의 심리와 판결

재판의 심리와 판결을 공개하는 것이다. 공개하는 재판은 소송사건의 재판만을 말하고 비송사건은 제외된다. 심리와 판결은 수소법원에서 변론기일에 행한 변론절차와 판결절차를 말한다. 변론준비절차, 법원 밖에서의 증거조사절차, 심판의 합의는 공개하지 않는다.

2) 공개

공개는 일반인에게 공개하는 일반공개와 당사자에게 공개하는 당사자공개가 있다.

당사자공개는 당사자 등 이해관계인에 한하여 심리에 참여할 수 있게 하고(기일통지), 기록의 열람·등사를 허용하는 것을 말하는데, 민사소송에서 당사자의 참여는 당연한 것이므로 공개주의보다는 재판받을 권리나 쌍방심리주의의 실현에 의미가 있다.

일반공개는 법정만을 공개하는 법정공개와 보도기관을 매개로 심리의 모든 경과를 국민에게 알리는 백만인 공개가 있는데, 개인의 프라이버시나 영업비밀의 침해 염려 때문에 재판장의 허가 없는 녹화·촬영·중개는 금지된다(법원조직법 제59조).

2. 예외

재판의 심리는 국가 안전보장 또는 안녕질서를 방해하거나 선량한 풍속을 해칠 염려가 있는 경우에는 법원의 이유를 밝히고 결정으로 공개하지 않을 수 있다. 이때 적당하다고 인정되는 사람은 방청을 허가할 수 있다(법원조직법 제57조 제2, 3항). 판결의 선고는 반드시 공개해야 한다.

3. 소송기록의 공개와 제한

공개심리주의는 소송기록에도 적용된다. 당사자나 이해관계를 소명한 제3자는 기록의 열람·복사·등초본교부청구 등이 가능하다(제162조).

다만 사생활의 비밀과 영업비밀의 보호를 위하여 다음의 어느 하나에 해당한다는 소명이 있는 경우에는 법원은 당사자의 신청에 따라 결정으로 소송기록 중 비밀이 적혀 있는 부분의 열람·복사, 재판서·조서 중 비밀이 적혀 있는 부분의 정본·등본·초본의 교부를 신청할 수 있는 자를 당사자로 한정할 수 있다(제163조).

* 소송기록 중에 당사자의 사생활에 관한 중대한 비밀이 적혀 있고, 제3자에게 비밀
  기재부분의 열람 등을 허용하면 당사자의 사회생활에 지장이 클 우려가 있는 때
* 소송기록 중에 당사자가 가지는 영업비밀(부정경쟁방지 및 영업비밀보호에 관한 법
  률 제2조 제2호에 규정된 영업비밀을 말한다)이 적혀 있는 때

4. 문서제출의무의 존부에 관한 비밀심리

법원은 문서가 문서제출의무의 대상문서에 해당하는지를 판단하기 위하여 필요하다고
인정하는 때에는 문서를 가지고 있는 사람에게 그 문서를 제시하도록 명할 수 있는데,
이 경우 심사과정이 공개되어 다른 사람이 그 문서의 내용을 알게 되면 직무상·영업상
비밀보호를 위한 문서제출거부권의 의미가 없게 되므로, 법원은 그 문서를 다른 사람이
보도록 하여서는 안 된다(제347조 제4항).

Ⅲ. 위반

공개하여야 할 심리와 판결을 공개하지 않고 한 경우에는 절대적 상고이유가 된다(제
424조). 공개 여부 및 공개하지 않는 이유는 변론조서의 필수적 기재사항이다(제153조
제6호).

제2절 雙方審理主義

Ⅰ. 개념

雙方審理主義란 심리과정에서 당사자 양쪽에게 평등하게 진술할 기회를 주는 원칙을
말한다. 당사자평등의 원칙 또는 무기대등의 원칙이라고 한다. 독일의 경우에는 법원에
대하여 자기의 진술을 경청하여 달라는 요구를 할 수 있는 법적 심문청구권이라고 하여

헌법이 인정하는 소송상 기본권인데, 우리 헌법에는 이에 관한 독립규정은 따로 없지만, 당사자에게 공정한 절차를 보장하기 위한 것으로 평등권이나 재판받을 권리가 헌법상 근거규정이 될 것이다.

Ⅱ. 내용

1. 평등한 소송절차 참여

민사소송법은 당사자 양쪽에게 평등하게 소송절차에 참여할 수 있는 기회를 보장하는 규정들을 두고 있다. 당사자의 필수적 변론(제134조), 소송절차의 중단·중지(제233조), 소송능력의 흠에 따른 대리인제도(제51, 59조)와 대리권의 흠을 이유로 한 상소재심 (제424, 451조) 등이 그것이다. 대법원은 당사자의 절차참여권이 침해될 경우 대리권의 흠에 준해 상소나 재심을 허용한다.[1]

2. 실질적 평등의 보장 문제

민사소송법은 당사자에게 평등하게 소송절차에 참여할 수 있는 기회를 보장하는 데 그치고 있는데, 실제 소송과정에서 당사자평등을 실질적으로 이루려면 양쪽이 평등하게 증거를 획득할 수 있어야 하나 그렇지 못한 현실이 문제가 된다. 특히 환경소송, 소비자소송, 의료과실소송 등 현대형 소송에서는 관련 증거가 피해자의 상대방 쪽에 편중되어 있기 마련이어서, 피해자가 증거를 확보하기 어려운 것이 현실이다. 이를 해결하기 위하여 문서제출명령제도(제344조)의 활용이나 증명책임전환론 등이 논의되고 있다.

3. 예외

결정으로 완결할 사건같이 간이·신속을 요하는 사건(제134조)은 임의변론이므로 일방심리가 원칙이다. 강제집행·독촉·가압류·가처분 절차는 신청에만 의하여 일방심리로 결정하지만, 상대방이 이의하면 쌍방심리절차로 이행한다.

---

1) 대판(전합) 1995. 5. 23. 94다28444.

Ⅲ. 위반

쌍방심리의 원칙을 위반한 경우인 본인이나 대리인의 출석기회 없이 패소했으면 상소나 재심이 가능하고(제424, 451조), 상소기간이 도과했으면 추후보완상소도 가능하다(제173조).

제3절 구술심리주의

Ⅰ. 개념

구술심리주의란 법원과 당사자의 소송행위, 특히 변론과 증거조사는 말로 하여야 하며, 말로 한 진술만이 판결의 기초로 될 수 있다는 원칙을 말한다.

당사자의 진의 파악에 편리하고, 공개·직접주의와 결합하기 쉬운 장점이 있으나, 망각하기 쉽고, 복잡한 사안의 경우 정리하기 어려우며, 하급심에 대한 재심사가 어렵다는 단점이 있다.

이에 대하여 말 대신에 서면을 이용하는 서면주의는 진술의 확실을 기할 수 있고, 보존과 재확인이 쉽지만, 기록이 방대해지고 쟁점이 흐려질 수 있다는 단점이 있다.

Ⅱ. 내용

1. 구술변론

당사자는 소송에 대하여 법원에서 변론하여야 한다(제134조 제1항). 변론은 당사자가 말로 중요한 사실상 또는 법률상 사항에 대하여 진술하거나, 법원이 당사자에게 말로 해당 사항을 확인하는 방식으로 한다(민사소송규칙 제28조 제1항).

변론준비기일에서도 당사자가 말로 변론의 준비에 필요한 주장과 증거를 정리하여 진술하거나, 법원이 당사자에게 말로 해당 사항을 확인하여 정리하여야 한다(규칙 제70조의 2).

2. 구술증거조사

증인심문이나 당사자신문과 같은 증거조사도 말로 진술하는 것을 원칙으로 한다(제 331, 339, 373조).

3. 판결의 선고

판결은 기본이 되는 변론에 관여한 법관이 하여야 하고(제204조 제1항), 법관이 바뀐 경우에 당사자는 종전의 변론결과를 진술하여야 한다(동 조 제2항). 판결은 재판장이 판결원본에 따라 주문을 읽어 선고하여야 하고, 필요한 때에는 이유를 간략히 설명할 수 있는데(제206조 제1항), 이것은 판결선고 과정에서도 구술주의가 적용되도록 한 것이다.

4. 예외

중요한 소송행위의 확실을 위한 경우(소상소 제기 제248, 425조, 소의 변경·취하 제262, 266조, 관할합의 제29조, 참가 제79, 83조), 복잡한 사실관계의 정리를 위한 경우(준비서면 제272조, 상고이유서 제427조), 변론기일 장기화에 따른 재판자료 망각 및 불확실화를 방지하기 위한 경우(변론조서 제152조, 준비절차조서 제283조), 상급심의 심사편의를 위한 경우(판결서 작성 제208조), 사실심리가 필요 없는 상고심의 경우(서면심리 제430조), 결정으로 완결할 사건같이 신속한 처리가 필요한 경우(임의변론 제134조), 증인의 출석부담을 덜어 주기 위한 경우(서면증언 제310조 제1항) 등에는 서면을 요구한다.

Ⅲ. 구술주의의 형식화

재판의 실제는 준비서면을 읽게 하지 않고, 준비서면을 진술한다는 말로 대신하는 경우가 대부분으로 구술주의는 형식적으로만 지켜지고 있었는데, 개정법은 서면준비절차(제280조)나 변론준비기일(제282조) 등 서면의 변론준비절차를 강화하고, 충분한 변론준비가 된 다음에 변론기일은 가급적 1회만 열어, 증인신문과 당사자신문에 집중해 구술주의를 관철하려 하고 있다.

Ⅳ. 위반

　필수적 변론을 거치지 않고 판결하는 경우와 같이 구술주의에 위반되는 경우에는 소송절차가 위법하므로 상소할 수 있으나, 재심사유는 아니다.

제4절 직접심리주의

Ⅰ. 개념

　직접심리주의란 수소법원이 변론의 청취와 증거조사를 직접 행하여야 하고, 그 법관이 판결하여야 하는 원칙을 말한다.
　법관의 사건진상 파악에 용이한 장점이 있으나, 장기화할 경우에 체험이 흐려지고, 법관 교체 시에 이를 관철하려면 처음부터 다시 심리해야 하는 문제점이 있다.

Ⅱ. 내용

1. 원칙

　현행법은 판결은 기본이 되는 변론에 관여한 법관이 하여야 하고, 단독사건의 판사가 바뀐 경우에 종전에 신문한 증인에 대하여 당사자가 다시 신문신청을 한 때에는 법원은 그 신문을 하여야 한다(제204조 제1, 3항)고 규정하여 이를 관철하고 있다. 변론에는 당사자의 소송행위와 법원의 증거조사를 포함한다.

2. 예외

1) 변론의 갱신

　법관의 교체 시 처음부터 변론을 다시 하여야 하나, 소송의 지연을 막기 위하여 새 법

관 앞에서 당사자가 종전의 변론결과를 진술하는 변론갱신절차로 대신한다(제204조 제2
항). 그러나 실제 재판에서는 종전의 변론결과를 구체적으로 진술하지 않고, 조서에 종전
의 변론결과 진술이라고만 기재하는 식으로 형식적으로 이루어져 왔었다. 이를 막기 위
하여 지금은 종전 변론결과의 진술은 당사자가 사실상 또는 법률상 주장, 정리된 쟁점
및 증거조사 결과의 요지 등을 진술하거나, 법원이 당사자에게 해당 사항을 확인하는 방
식으로 할 수 있도록 하여 보다 구체적으로 변론갱신이 이루어지도록 하고 있다(민사소
송규칙 제55조).

　2) 수명법관, 수탁판사에 의한 법원 외 증거조사(제297, 313조)

　법원은 필요하다고 인정할 때에는 법원 밖에서 증거조사를 할 수 있다. 이 경우 합의
부원에게 명하거나 다른 지방법원 판사에게 촉탁할 수 있다.

　외국에서 시행할 증거조사는 그 나라에 주재하는 대한민국 대사, 공사, 영사 또는 그
나라의 관할 공공기관에 촉탁한다(제296조).

Ⅲ. 위반

　변론에 관여하지 않은 법관이 판결한 경우는 법률에 의해 판결법원을 구성하지 아니한
때에 해당하여 상소나 재심사유가 된다(제424, 451조).

제5절 적시제출주의

Ⅰ. 개념

　적시제출주의란 당사자가 소송자료(공격방어방법)를 소송의 정도에 따라 적절한 시기
에 제출해야 하는 원칙을 말한다(제146조). 종래에는 변론의 종결에 이르기까지 아무 때
나 제출할 수 있는 수시제출주의를 채택하고 있었으나, 2002년 제1심 위주의 집중심리를

위해 개정되었다.

연혁적으로는 소송의 지연을 방지하고 심리를 집중시키기 위하여 소송자료의 종류(청구원인, 항변, 재항변, 증거제출)에 따라 제출단계를 정하고, 그 단계가 끝나면 더 이상 자료를 제출할 수 없게 하는 동시제출주의가 이용되었으나, 실권방지를 위한 가정주장 항변을 하거나, 불필요 증거제출로 오히려 심리가 지연되고 기록이 방대해지는 문제가 생기자, 수시제출주의가 채택된 것이다. 그러나 수시제출주의도 당사자가 소송자료의 제출을 게을리하여 소송이 지연되고, 항소심을 속심으로 하는 구조상 제1심을 소홀히 하는 경향이 생기자 독일(1976), 일본(1996) 등 대부분의 국가가 적시제출주의로 바꾸고 있다.

민사소송법은 적시제출의 구현을 위해 준비절차에서 주장과 증거를 정리하도록 했고(제258조), 준비절차 중에 변론준비기일을 거친 경우에는 변론준비기일의 종결로 실권적 효력의 제재를 받게 하고(제285조), 이 효력이 항소심까지 유지되도록 하고 있다(제410조).

Ⅱ. 내용

1. 소송의 정도에 따른 적시제출

공격방어방법은 소송의 정도에 따라 적시에 제출하여야 한다(제146조). 소송의 정도란 소송절차의 단계 또는 과정을 말한다.

소송의 제1단계는 소장과 답변서를 제출하고 교환하는 과정이고(제248, 254 256, 274조), 제2단계는 준비서면과 증거를 교환하여 주장과 증거를 정리하는 과정이다. 제2단계는 변론준비절차에서 이루어지는데(제273, 280, 282조), 변론준비절차종결까지는 원칙적으로 모든 공격방어방법이 제출되어야 한다(제285조).

소송의 제3단계는 변론의 단계로 쟁점정리의 결과를 진술하고(제287조), 증거조사가 시작되며(제287조) 증인신문 등이 이루어진다(제293조). 원칙적으로 새로운 공격방어방법의 제출이 제한된다(제285, 279조).

2. 실기한 공격, 방어 방법의 각하

1) 개념과 취지

실기한 공격방어방법이란 당사자가 적시제출주의의 규정을 어기고 고의 또는 중대한 과실로 뒤늦게 제출한 공격방어방법을 말한다. 이 경우 법원이 소송의 완결을 지연시키게 하는 것으로 인정할 때에는 법원은 직권으로 또는 상대방의 신청에 따라 결정으로 이를 각하할 수 있는데(제149조), 이는 적시제출주의의 실효성을 확보하기 위한 제도이다.

2) 각하요건

① 시기에 늦게 제출되었을 것

변론의 경과로 보아 진즉에 제출할 수 있었고, 또 제출기회가 있었는데, 제출하지 않다가 뒤늦게 제출하는 경우를 말한다.[2] 항소심에서 제출할 경우에는 속심구조이고 제149조가 총칙규정임을 감안해 1, 2심 전 과정을 통하여 시기에 늦었는지 여부를 판정한다.[3] 서면준비절차에서 재판장이 정하는 준비서면이나 증거제출기간도 시기에 늦었는지 여부에 대한 기준이 된다.

② 당사자의 고의·중과실

고의나 중과실은 본인이나 대리인의 어느 한편에 있으면 된다. 고의·중과실 여부는 본인, 대리인의 법률적 지식의 정도와 공격방어방법의 종류에 따라 판단한다. 본인소송인 경우나 상계항변이나 가정항변은 처음부터 제출을 기대하기 곤란할 것이다.[4]

③ 소송의 완결을 지연할 것

소송의 완결을 지연시킨다는 것은 그 공격방어방법이 없으면 변론종결이 가능한데 이 때문에 새로 기일을 열어야 하는 경우를 말하는 것으로 보는 것이 다수의 입장이다. 이에 따르면 그 기일에 즉시 조사할 수 있거나(재정증인), 다음 기일에 심리할 사항이 남아 있어서 속행될 경우는 지연이 아니다.[5] 이에 대하여 해외여행 중인 자에 대하여 증인신

---

2) 대판 1962. 4. 4. 4294민상1122.

3) 위 판례.

4) 대판 2006. 3. 10. 2005다46363, 46370, 46387, 46394, 미성년자의 신용카드이용계약 취소에 따른 부당이득반환청구사건에서 항소심에 이르러, 동일한 쟁점에 관한 대법원의 첫 판결이 선고되자 그 판결의 취지를 토대로 신용카드 가맹점과의 개별계약 취소의 주장을 새로이 제출한 경우, 대법원판결이 선고되기 전까지는 미성년자의 신용카드이용계약이 취소되더라도 신용카드회원과 해당 가맹점 사이에 체결된 개별적인 매매계약이 유효하게 존속한다는 점을 알지 못한 데에 중대한 과실이 있었다고 단정할 만한 자료가 없는 점, 취소권 행사를 전제로 하는 공격방어방법의 경우에는 취소권 행사에 신중을 기할 수밖에 없어 조기 제출에 어려움이 있다는 점 등에 비추어 위 주장이 당사자의 고의 또는 중대한 과실로 시기에 늦게 제출되었거나 제1심의 변론준비기일에 제출되지 아니한 데 중대한 과실이 있었다고 보기 어렵다.

5) 대판 1999. 2. 26. 98다52469, 법원이 당사자의 공격방어방법에 대하여 각하결정을 하지 아니한 채 그 공격방어방법에 관한 증거조사까지 마친 경우에 있어서는 더 이상 소송의 완결을 지연할 염려는 없어졌으므로, 그러한 상황에서 새삼스럽게 판결이유에서 당사자의 공격방어방법을 각하하는 판단은 할 수 없고, 더욱이 실기한 공격방어방법이라 하더라도 어차피 기일의 속행을 필요로 하고 그 속행기일의 범위 내에서 공격방어방법의 심리도 마칠 수 있거나 공격방어방법의 내용이 이미 심리를 마친 소송자료의 범위 안에 포함되어 있는 때에는 소송의 완결을 지연시키는 것으로 볼 수 없으므로, 이와 같은 경우에도 각하

청을 하는 것과 같이 적시에 제출되었어도 진행될 수 없는 사정이 있는 경우에는 뒤늦게 신청했다 해도 지연으로 볼 수 없다는 입장도 있으나, 그런 경우는 적시제출에 위반된 것이 아닌 것으로 판단될 것이므로 결론에 있어 다를 것이 없다.

3) 각하대상

각하되는 것은 당사자의 공격방어방법(주장, 항변, 증거신청)만이다. 원고의 청구나 청구변경, 피고의 반소청구 등 본안의 신청은 제외된다. 유일한 증거방법의 경우 소송의 신속이라는 가치가 유일한 증거까지 무시해 가면서 달성해야 할 절대적인 것은 아니라는 이유에서 각하대상에서 제외해야 한다는 입장과 소송의 신속을 위해서는 어쩔 수 없는 일이라는 입장이 갈리고, 판례도 나뉘고 있다.[6]

4) 각하절차

각하는 법원이 직권으로 또는 당사자의 신청으로 한다. 각하결정에 대한 독립한 불복방법은 없고, 종국판결에 대한 상소로 불복할 수 있다. 신청은 직권발동을 촉구하는 의미라서 배척하여도 불복할 수 없다.

요건을 구비할 경우 각하 여부는 법원의 재량이라고 보는 것이 통설이다.

3. 재정기간과 실권적 효력

재판장은 당사자의 의견을 들어 한쪽 또는 양쪽 당사자에 대하여 특정한 사항에 관하여 주장을 제출하거나 증거를 신청할 기간을 지정할 수 있다(제147조).

이 재정기간제도는 실무상 잘 활용되지 않는 실기한 공격방어방법의 각하만으로는 신속한 재판진행을 도모하기에 부족하기 때문에 도입된 것으로, 재판장이 쟁점을 특정하여 공격방어방법의 제출기한을 정함으로써 소송절차가 신속하고 탄력적으로 운영될 수 있어 변론준비절차의 촉진만이 아니라 집중심리의 전제로서의 의미도 크다.

제도의 실효성 확보를 위하여, 당사자가 재정기간을 넘긴 때에는 정당한 사유로 그 기간 이내에 제출 또는 신청하지 못하였다는 것을 소명하지 못하는 한, 주장을 제출하거나 증거를 신청할 수 없도록 하고 있다.

다만 소송의 발전적 성격을 고려하면 초기의 상황만을 고려한 1회의 재정기간만 인정한다면 당사자 보호에 미흡할 우려가 있으므로 탄력적으로 운용될 필요가 있다.

할 수 없다.

6) 대판 1968. 1. 31. 67다2628(긍정), 1962. 7. 26. 62다315(부정).

4. 변론준비기일 종결과 실권

변론준비기일을 종결하면 그때까지 제출하지 아니한 공격방어방법은 다음의 사유가 있는 경우에만 추후 변론에서 제출할 수 있다.

* 그 제출로 인하여 소송을 현저히 지연시키지 아니하는 때
* 중대한 과실 없이 변론준비절차에서 제출하지 못하였다는 것을 소명한 때
* 법원이 직권조사를 할 사항인 때

다만 소장 또는 변론준비절차 전에 제출한 준비서면에 적힌 사항은 변론에서 주장할 수 있으나, 변론준비절차에서 철회되거나 변경된 때에는 그러하지 아니하다(제285조).

5. 석명에 불응하는 공격방어방법의 각하

당사자가 제출한 공격방어방법의 취지가 분명하지 아니한 경우에, 당사자가 법원의 석명요구를 받고도 필요한 설명을 하지 아니하거나 설명할 기일에 출석하지 아니한 때에는 법원은 직권 또는 상대방의 신청에 따라 결정으로 이를 각하할 수 있다(제149조 제2항).

6. 중간판결의 내용과 저촉되는 주장 제한

중간판결을 한 경우에는 그 기속력 때문에 그 심급에서는 그 판단사항에 관한 공격방어방법을 제출할 수 없게 된다(제201조).

7. 소장기재의 충실화 및 답변서 제출의무

재판장은 소장심사 단계에서 필요하다고 인정하는 경우에는 구체적인 증거방법의 기재 및 인용한 증거의 제출을 명할 수 있고(제254조 제4항), 피고는 소장부본을 송달받은 날로부터 30일 내에 답변서를 제출하여야 하며 답변서 제출이 없으면 변론 없이 판결할 수 있는데(제256, 267조), 이는 소장의 제출단계에서부터 변론을 준비하게 하여 적시제출주의를 구현하고자 하는 것이다.

8. 방소항변 등

임의관할위반이나 소송비용담보제공 등의 항변을 본안에 관한 변론 전까지 제출하게 한 것(제30, 118조)도 소송의 신속을 위한 적시제출주의를 실현하려는 것이다.

9. 상고이유서 제출기간 경과 후의 상고이유 제출 제한

상고법원은 상고이유에 따라 불복신청의 한도 안에서 심리하므로(제431조) 상고이유서 제출기간(상고심이 소송기록을 원심으로부터 받았음을 통지한 때로부터 20일) 내에 제출하지 않은 상고이유는 고려하지 않는다.

Ⅲ. 적시제출주의의 적용 범위

적시제출주의를 실현하기 위한 제도들은 변론주의가 적용되는 경우에 적용되고, 직권탐지주의나 직권조사사항에는 적용되지 않는다(제285조 제1항). 이 경우에는 절차의 신속보다 실체진실 발견이 중요하기 때문이다.

제6절 집중심리주의

Ⅰ. 개념

집중심리주의란 한 사건에 대하여 집중적으로 심리를 하고, 그 심리를 마친 후에 다른 사건의 심리에 들어가는 원칙으로, 동일 기일에 여러 사건의 심리를 병행해 실시하는 병행심리주의의 반대 개념이다.

Ⅱ. 문제점

병행심리주의에 의하면 기일과 기일 사이에 법관의 기억이 흐려져 재판은 기록에 의존하게 되어 구술주의의 장점을 살릴 수 없고, 기일마다 기록을 보아야 하므로 시간과 노력의 손실이 많게 되고, 심리가 길어짐에 따른 법관의 교체로 직접주의도 실현하기 어렵게 된다.

집중심리주의에 따르면 짧은 시일 안에 사건의 전모가 파악되고, 법관은 그 사건에 집중하여 심증형성이 쉬워지며, 당사자도 변론 횟수가 줄어들어 불필요한 법정출입의 불편함을 줄일 수 있는 등 구술주의와 직접주의의 장점을 살려 재판의 신속과 충실을 기할 수 있다.

Ⅲ. 현행법의 태도

민사소송법 제272조는 변론은 집중되어야 한다고 규정하여 집중심리주의를 변론의 기본원칙으로 선언하고 있으나, 실무는 과다한 사건과 법관 수의 부족이라는 현실여건상 병행심리를 할 수밖에 없었다. 이에 2002년 개정법은 변론준비절차를 임의적인 것에서 원칙적인 것으로 강화하는 등의 제도를 도입하여 집중심리를 도모하고 있다.

1. 소장심사의 강화

민사소송법 제254조 제4항은 재판장은 소장을 심사하면서 필요하다고 인정하는 경우에는 원고에게 청구하는 이유에 대응하는 증거방법을 구체적으로 적어 내도록 명할 수 있으며, 원고가 소장에 인용한 서증의 등본 또는 사본을 붙이지 아니한 경우에는 이를 제출하도록 명할 수 있도록 소장심사권을 강화하여 사전증거수집이 가능하도록 하여 집중심리를 뒷받침하고 있다.

2. 변론준비절차 및 변론기일 전 증거조사

변론준비절차에서 재판장이 당사자의 의견을 들어 한쪽 또는 양쪽 당사자에 대하여 특정한 사항에 관하여 주장을 제출하거나 증거를 신청할 기간을 지정할 수 있고, 그 실효성 확보를 위하여, 당사자가 재정기간을 넘긴 때에는 정당한 사유로 그 기간 이내에 제출 또는 신청하지 못하였다는 것을 소명하지 못하는 한 주장을 제출하거나 증거를 신청할 수 없도록 하고 있는 것도(제147조) 집중심리의 전제로서 도입된 것이다.

변론기일 전에 증거신청과 조사를 할 수 있게 한 것도(제289조) 집중심리를 위한 준비로 의미가 있다.

3. 적시제출주의와 실기한 공격방어방법

종전의 수시제출주의를 버리고 적시제출주의를 채택하면서, 실기한 공격방어방법각하 제도를 그대로 두어 적시제출주의가 실현될 수 있게 한 것도 집중심리가 가능한 여건을 만들고 있다.

4. 재정기간제도(제147조)

재판장이 당사자의 의견을 들어 한쪽 또는 양쪽 당사자에 대하여 특정한 사항에 관하여 주장을 제출하거나 증거를 신청할 기간을 지정할 수 있는 재정기간제도는 실무상 잘 활용되지 않는 실기한 공격방어방법의 각하만으로는 신속한 재판진행을 도모하기에 부족하기 때문에 도입된 것이나, 재판장이 쟁점을 특정하여 공격방어방법의 제출기한을 정함으로써 소송절차가 신속하고 탄력적으로 운영될 수 있어 변론준비절차의 촉진만이 아니라 집중심리의 전제로서의 의미도 크다.

5. 소액심판

소액심판법 제6조는 지체 없는 소장부본의 송달과 준비명령을, 제7조는 기일 전의 입증촉구를 규정하여 사전준비에 의한 변론의 집중을 꾀하고 있다.

제7절 처분권주의

Ⅰ. 개념

처분권주의란 소송절차의 개시, 심판의 대상과 범위, 소송의 종료 등 소송물의 처분을 당사자의 자유로운 처분에 맡기는 원칙을 말한다(제203조). 재산관계는 그 주체인 당사자가 자유롭게 처분할 수 있는 법률관계이므로 이를 둘러싼 분쟁에 대하여 소송절차를 이용할 것인지, 어느 범위의 심판을 구할 것인지를 당사자의 자유로운 판단에 맡기자는 것으로 사적 자치의 소송법적 측면이 된다.7)

처분권주의는 소송물의 처분에 관한 것이므로, 소송자료의 수집책임을 당사자에게 맡기는 변론주의나, 소송의 진행을 당사자에게 맡기는 당사자 진행주의와 구별된다.

Ⅱ. 내용

1. 소송절차의 개시

민사소송은 당사자의 소제기에 의하여 개시된다. 원고가 없으면 법관도 없는 것이다. 상소나 재심, 가압류·가처분 절차, 강제집행절차도 당사자의 신청이 있어야 개시된다.

예외적으로 당사자의 신청이 없어도 법원이 직권으로 할 수 있는 경우도 있다. 화해권고결정(제225조), 이행권고결정(소액심판법 제5조 제2항), 소송비용의 부담재판(제104, 105, 212조),[8] 가집행선고(제213조 제1항), 판결의 경정(제211조 제1항), 추가판결(제212조 제1항) 등이 그것이다.

2. 심판 대상과 범위 결정

법원은 당사자가 신청하지 아니한 사항인 별개의 사항이나 심판을 청구한 범위를 넘는 부분에 대해서는 판결을 할 수 없다(제203조). 예컨대 가토지의 인도를 구하는데 나토지로 인정되는 경우에 나토지를 인도하라고 할 수 없고, 금 1억 원의 손해배상을 청구하는데 금 2억 원의 손해가 인정된다 하여 금 2억 원을 지급하라고 할 수는 없는 것이다.

1) 심판의 형식과 순서

심판의 형식, 즉 확인, 이행, 형성 중 어느 청구를 하는 것인지는 원고가 정하고, 법원은 이에 구속된다.

원고는 심판순서도 정할 수 있다. 즉 청구의 예비적 병합[9]이 있으면 법원은 주된 청구

---

7) 민사소송절차는 법원과 당사자의 역할분담하에 진행되는 것인데, 시대적 지배이념과 상황에 따라 역할분담의 내용이 달라져 왔다. 근대 초기에는 법원에 모든 권한을 주는 극단적인 직권주의가 채택되었으나, 프랑스혁명 후에는 자유방임주의의 전파와 함께 당사자에게 주도권을 인정하는 당사자주의가 채택되었고, 당사자주의하에서의 소송지연과 당사자 간의 실질적 소송능력의 차이에 대한 인식이 깊어지고 사회복지국가관이 등장하면서 직권주의를 병행하는 입법례가 주류로 되고 있다.

8) 단 구체적인 소송비용확정재판은 당사자의 신청이 있어야 한다(제110조).

9) 매매계약에 기한 목적물인도청구를 하면서 매매계약이 무효일 경우 지급한 대금의 반환을 구하는 경우이다.

를 먼저 심판하고 그것이 이유 없을 때에만 예비적 청구에 대하여 심판한다.

2) 소송물의 이동

법원은 원고가 심판을 구한 소송물과 다른 소송물에 대해서는 재판을 할 수 없다. 구소송물론에 따르면 불법행위에 기한 손해배상청구에 대하여 채무불이행에 따른 손해배상책임을 인정하는 것, 공동발행을 주장하는 어음청구에 대하여 어음보증을 인정하여 인용하는 것, 주장하는 이혼원인과 다른 원인을 인정하여 인용하는 것은 인정되지 않으나, 신소송물론에 따르면 가능하다.

3) 소송물의 양적 범위

① 양적 상한

원고는 자기가 구하는 소송물의 양적 범위를 청구취지에 특정하여야 하고 법원은 이 범위를 넘어 재판할 수 없다.[10)

② 일부청구

수량적으로 가분인 채권의 일부만을 청구할 경우 요구액수를 초과하여 인용할 수는 없다.

일부청구에 대해서는 심판범위를 특정해야 한다는 원칙에 반하고 반복된 소송으로 피고와 법원에 부담을 가중시킨다는 이유로 허용되지 않는다는 입장도 있으나, 판례와 다수설은 원고가 일부청구임을 명시한 경우에는 허용되어 나중에 잔부청구를 할 수 있으나 명시하지 않은 경우에는 전부청구로 인정되어 잔부청구가 인정되지 않는다고 본다.[11)

---

10) 신체상해로 인한 손해배상청구의 소송물은 적극적 재산상의 손해, 소극적 재산상의 손해, 정신적 손해로 나누는데, 전체 손해액 1억 원을 청구하면서 적극손해 1천만 원, 소극손해 7천만 원, 정신손해 2천만 원을 주장했는데, 1억 원의 지급을 명하면서 적극손해 1천만 원, 소극손해 8천만 원, 정신손해 1천만 원으로 인정할 수는 없다.
   이자청구소송의 소송물은 원금, 이율, 기간의 세 요소에 의하여 정해지는데 그 가운데 어느 것도 원고가 주장하는 기준을 넘을 수 없다(대판 1960. 9. 29. 4293민상28).

11) 1982. 11. 23. 82다카845, 원고가 전 소송과 동일한 불법행위로 인하여 입은 적극적 재산상 손해로서 그 치료비의 청구를 하려면 전 소송에서 원고가 적극적 재산상 손해 중 일부의 청구를 유보하고 그 이외의 일부만을 청구한다는 취지를 명시한 때에 한하여 그 청구권이 있다 할 것이고, 전 소송에서 일부 청구라는 취지를 명시하지 아니하고 적극적 재산상 손해의 일부만을 청구하였다면 전 소에 대한 판결의 기판력을 청구하지 아니한 부분에까지 미치게 되어 나머지 부분에 대해서는 이를 청구할 수 없으므로, 일부 청구 유보의 취지가 내심의 의사만으로 유보된 것인 때에는 전 소송의 확정판결의 기판력이 후 소에 미친다.
   * 이 같은 판례·다수설의 입장에 따른다면 명시적 일부청구인 경우에는 그것만이 소송물이므로 잔부청구는 중복소송이 되지 않고, 일부청구에 의한 시효중단의 효력이나 기판도 잔부청구에 미치지 않는다.
   * 일부청구에 대하여 상계 또는 과실상계를 할 때 그 방법이 문제 되는데, 판례는 전부청구를 기준으로 상계를 한 다음에 남은 잔액의 범위 안에서 일부청구의 전부 또는 일부를 인용하고 있으나(대판 1991. 1. 25. 90다6491), 일부청구를 기준으로 안분해야 한다는 입장도 있다.
   * 전부 승소한 원고는 청구취지의 확장을 위하여 상소할 수 없는 것이 원칙인데, 명시적 일부청구일 경우에는 별소로 잔부청구를 할 수 있으므로 문제가 없으나, 묵시적 일부청구일 경우에는 그 확정판결의 기판력은 나머지 부분에까지 미치는 것이어서 별소로 나머지 부분에 관하여 다시 청구할 수는 없으므로,

③ 일부인용

법원이 소송물의 범위 안에서 일부인용 판결을 하는 것은 원고의 의사에 합치하는 것으로 보아 처분권주의에 반하지 않는다고 본다.

분량적인 일부인용은 언제나 가능하다.[12)]

무조건의 이행청구에 대하여 조건부 인용판결을 하는 것도 원고의 신청범위 안에 드는 것으로 본다. 유치권 항변이나 동시이행항변이 있는 경우에 원고가 반대의사표시를 하지 않는 한 원고의 채무이행과 상환으로 피고에게 이행판결을 한다.[13)] 토지임대차의 종료로 인한 임대인의 건물철거와 그 부지인도청구에 대하여 임차인이 지상건물매수청구권을 행사한 경우에 임대인의 청구에는 건물매수대금 지급과 동시에 건물명도를 구하는 청구가 포함되어 있다고 볼 수 없으므로 상환이행판결을 할 수 없다.[14)] 상속채권자가 상속인에 대하여 상속채무의 이행을 구하는 소에서 한정승인의 항변이 있으면 상속재산의 한도에서 지급하라는 판결을 해야 한다.[15)]

현재 이행청구에 대해 이행기 미도래를 이유로 한 장래 이행판결도 원고의 의사에 반하지 않는 한 허용된다.[16)] 일시금청구에 대하여 정기금 지급을 명하는 것은 처분권주의

잔부에 관하여 청구를 확장하기 위한 항소가 허용되지 아니한다면 잔부를 소구할 기회를 상실하는 불이익을 입게 되고, 따라서 이러한 경우에는 예외적으로 전부 승소한 판결에 대해서도 나머지 부분에 관하여 청구를 확장하기 위한 항소의 이익을 인정함이 상당하다(대판 1997. 10. 24. 96다12276).

12) 청구금액의 일부만 인용하는 경우, 채무부존재확인소송에서 원고가 주장하는 금액보다 적은 금액의 채무부존재를 확인하는 경우(대판 1994. 1. 25. 93다9422), 소유권이전등기청구에 대하여 지분이전등기를 허용하는 경우(대판 1974. 9. 24. 73다1894) 등이 그것이다.
부동산을 단독으로 상속하기로 분할 협의하였다는 이유로 그 부동산 전부가 자기 소유임의 확인을 구하는 청구에는 그와 같은 사실이 인정되지 아니하는 경우 자신의 상속받은 지분에 대한 소유권의 확인을 구하는 취지가 포함되어 있다고 보아야 하므로, 이러한 경우 법원은 특단의 사정이 없는 한 그 청구의 전부를 기각할 것이 아니라 그 소유로 인정되는 지분에 관하여 일부 승소의 판결을 하여야 한다(대판 1995. 9. 29. 95다22856).

13) 대판 1969. 11. 25. 69다1592, 1979. 10. 10. 79다1508.

14) 대판(전합) 1995. 7. 11. 94다34265, 법원으로서는 임대인이 종전의 청구를 계속 유지할 것인지, 아니면 대금지급과 상환으로 지상물의 명도를 청구할 의사가 있는 것인지(예비적으로라도)를 석명하고, 임대인이 그 석명에 응하여 소를 변경한 때에는 지상물 명도의 판결을 함으로써 분쟁의 1회적 해결을 꾀하여야 한다. 그러므로 이와는 달리 이러한 경우에도 법원에 위와 같은 점을 석명하여 심리하지 아니한 것이 위법이 아니라는 취지의 당원 1972. 5. 23. 선고 72다341 판결은 이로써 이를 변경한다.

15) 대판 2003. 11. 14. 2003다30968, 상속의 한정승인은 채무의 존재를 한정하는 것이 아니라 단순히 그 책임의 범위를 한정하는 것에 불과하기 때문에, 상속의 한정승인이 인정되는 경우에도 상속채무가 존재하는 것으로 인정되는 이상, 법원으로서는 상속재산이 없거나 그 상속재산이 상속채무의 변제에 부족하다고 하더라도 상속채무 전부에 대한 이행판결을 선고하여야 하고, 다만 그 채무가 상속인의 고유재산에 대해서는 강제집행을 할 수 없는 성질을 가지고 있으므로, 집행력을 제한하기 위하여 이행판결의 주문에 상속재산의 한도에서만 집행할 수 있다는 취지를 명시하여야 한다.

16) 대판 1996. 11. 12. 96다33938, 채무자가 피담보채무 전액을 변제하였다고 하거나, 피담보채무의 일부가

위반이 아니다.[17)

④ 예외

형성의 소에서는 원고주장의 양적 상한에 구애받지 않는다. 경계확정 소에서 원고주장
보다 유리한 경계인정이 가능하고,[18) 공유물 분할 시 원고 주장과 무관하게 합리적 분할,
현금분할이 가능하다.[19)

3. 소송절차의 종료

원고는 소취하, 상소취하, 재심의 소취하로 소송을 종료시킬 수 있다. 원·피고의 화
해, 원고의 청구포기, 피고의 청구인낙이 있어도 소송은 종료된다.

공익과 관련되어 있어 처분이 자유롭지 않은 가사·행정소송의 경우 소취하는 가능하
나, 청구포기·인낙, 화해는 인정되지 않는다(가사소송법 제12조, 행정소송법 제26, 29
조).[20) 회사설립 무효·취소, 주총결의 무효·취소 등 회사관계소송은 사익과 관련된 것
이나, 원고승소판결이 대세적 효력이 있어 인낙이나 화해를 할 수 없으나, 패소판결은 대
세적 효력이 없으므로 포기가 가능하다. 주주대표소송은 법원의 허가를 얻어야 취하, 포
기·인낙, 화해가 가능하다(상법 제403조 제4항). 증권관련 집단소송은 원고승소판결에
해당하는 청구의 인낙을 제외하고 소의 취하, 청구의 포기, 화해는 법원의 허가를 얻어야
한다(증권관련 집단소송법 제35조 제1항).

Ⅲ. 처분권주의 위반 효과

처분권주의 위반 판결은 판결내용에 관한 것이고 소송절차에 관한 것이 아니므로 이를

남아 있음을 시인하면서 그 변제와 상환으로 담보목적으로 경료된 소유권이전등기의 회복을 구함에 대
하여 채권자는 그 소유권이전등기가 담보목적으로 경료된 것임을 다투고 있는 경우, 채무자의 청구 중에
는 만약 그 소유권이전등기가 담보목적으로 경료된 것이라면 소송 과정에서 밝혀진 잔존 피담보채무의
지급을 조건으로 그 소유권이전등기의 회복을 구한다는 취지까지 포함되어 있는 것으로 해석하여야 하
고, 그러한 경우에는 장래 이행의 소로 미리 청구할 필요도 있다.

17) 대판 1970. 7. 24. 70다621.

18) 대판 1993. 11. 23. 93다41792.

19) 대판 1991. 11. 12. 91다27218.

20) 가사소송법 제12조가 민사소송법 제220조 청구의 인낙만 적용을 배제하고 있으므로 청구의 포기는 가능
하다는 입장도 있다.

이유로 소송절차에 관한 이의권(제151조)의 대상은 아니다. 당연무효도 아니며 판결내용에 대한 불복 상소가 가능할 뿐이다. 재심사유가 아니므로 확정되면 취소를 구할 수 없다.

소송물론에 따라 소송물이 달라지는 경우의 위반도 당연무효는 아니나, 원고가 청구하지 않은 것을 인용하는 소송물이 전혀 다른 경우는 판결경정을 할 것이나, 그렇지 않더라도 원고가 이를 근거로 강제집행 등을 하지 않을 것이므로 무용의 판결이 될 것이다.

제8절 변론주의

Ⅰ. 개념

변론주의란 재판의 기초가 되는 자료인 사실과 증거의 수집, 제출을 당사자의 책임과 권능으로 하는 주의를 말한다. 이에 대하여 소송자료의 수집과 제출이 법원의 직책으로 되어 있는 것을 직권탐지주의라고 한다.

변론주의는 민사소송의 대원칙이나, 이를 인정한 명문규정은 따로 없고, 관련규정(제149, 150, 203, 208, 287, 292조)과 직권탐지를 명시한 특별규정(가사소송법 제12, 17조, 소액사건심판법 제10조, 행정소송법 제26조)의 반대해석으로 인정되고 있다.

Ⅱ. 근거와 기능

변론주의의 인정근거에 관해서는 민사분쟁은 사적자치원칙이 지배하는 재산관계에 관한 것이므로 당사자에 의한 해결이 바람직하다는 민사사건의 본질설, 분쟁에 이해관계가 있는 실체를 가장 잘 아는 당사자 본인에게 자료제출책임을 지우는 것이 진실발견에 적합하기에 인정되는 수단이라는 설, 당사자에 의하여 제출된 사실과 증거만을 기초로 재판을 하면 양 당사자에게 예상 밖의 판결을 방지하고 절차권을 보장할 수 있기 때문이라는 절차보장설, 이들을 모두 합하여 사적자치, 진실발견, 기습공격의 방지, 재판의 공정성에 관한 신뢰성 확보 등 여러 근거에서 나오는 역사적 소산설 등이 있는데, 어느 하나가 옳고 그르다고 할 일은 아니다.

변론주의는 쟁송내용을 당사자가 자주적으로 결정하게 하여 예상외의 판결을 방지하고, 공정한 재판에 대한 신뢰를 확보할 수 있으며 당사자의 이기심을 자극해 실체진실 발견에 도움을 주는 기능이 있다.

Ⅲ. 내용

1. 사실의 주장책임

1) 주장책임

당사자는 판결의 기초로서 고려되기를 원하는 사실을 주장할 권능과 책임이 있고, 법원은 이 주장에 구속되며 사적으로 알고 있는 사실을 고려할 수 없다. 상계나 소멸시효 항변이 없는데 상계나 소멸시효를 인정하는 것,[21] 시효중단항변을 하지 않았는데 중단을 인정하는 것,[22] 동시이행항변을 하지 않았는데 동시이행을 하라고 하는 것,[23] 이행불능 항변을 하지 않았는데 이행불능을 인정하는 것[24]은 변론주의 위반이다.

다만 과실상계는 법원이 직권으로 할 수 있다.[25] 법원에 현저한 사실에 대해서도 주장책임이 있는가에 관해서는 판례·학설이 일관되지 않으나, 실체진실 발견에 도움이 되는 한 주장책임을 요구할 일은 아닐 것이다.

2) 주요사실, 간접사실, 보조사실

주장책임은 주요사실에 대해서만 요구되고, 간접사실, 보조사실에는 요구되지 않는다.

① 주요사실

주요사실은 권리의 발생·변경·소멸의 법률효과 발생에 직접 필요한 구체적 사실을 말한다(법규기준설). 법이 규정하는 구성요건에 해당하는 사실이라는 점에서 요건사실이라고도 하나, 엄격히는 요건사실은 법규에 법률효과의 발생요건으로 규정되어 있는 사실

---

21) 대판 1963. 2. 14. 62다1780, 1966. 9. 20. 66다1032.
22) 대판 1995. 2. 28. 94다18577.
23) 대판 1990. 11. 27. 90다카25222.
24) 대판 1996. 2. 27. 95다43044.
25) 대판 1998. 2. 27. 97다24382.

(예컨대 대여금청구사건의 경우 대여 합의, 금전 수수, 변제기 도과 사실)을 말하고, 주요사실은 그 요건에 해당하는 구체적 사실인 언제 합의하고, 언제 돈을 수수하고, 언제 변제기가 도과했다는 사실인 점에서 다르다.

피고의 입장에서는 주요사실에 관한 항변사실이 주요사실이 될 것이다.

법규기준설에 대해서는 다음과 같은 비판이 있다. 즉 주요사실에 대하여 당사자의 주장을 요구하는 이유는 그것이 소송상 중요한 사실이고 간접사실은 중요하지 않다는 것을 전제로 하는 것인데, 주요사실의 증명이 쉽지 않은 실제의 소송, 특히 환경소송이나 제조물책임소송 등 현대형 소송에서는 간접사실로부터 주요사실을 추정해야 하는 경우가 많아 간접사실에 의하여 소송의 승패가 결정되기 마련인데, 주장하지도 않은 간접사실에 의하여 결론이 나면 당사자에게 예상외의 판결이 되어 부당하게 된다는 점과 법규의 구조상 주요사실과 간접사실의 구별기준이 애매하다는 점이 그것이다.

이에 법원이 심리의 편의와 예상외의 재판의 방지라는 상호이익을 형량하여 구체적인 사실관계의 유형에 따라 무엇이 주요사실인지를 결정해야 한다는 주장과 소송의 승패에 영향을 주는 중요한 사실이면 주요사실, 간접사실을 불문하고 당사자의 주장을 요한다는 주장 등이 제기되고 있다.

판례는 법규기준설을 견지하면서도 구체적인 사안에 따라서 법의 규정형식에 매달리지 않고 주요사실 여부를 결정하고 있다.

② 간접사실과 보조사실

간접사실은 주요사실의 존부를 추인하는 데 이바지하는 사실로, 예컨대 채무자가 돈을 빌려 갔다고 주장되는 시기에 곤궁하게 지내다가 이후 곤궁이 해소됐다는 사실은 대여사실을 뒷받침하는 간접사실이 된다.

보조사실은 증거의 증거력과 증명력에 관한 사실로, 예컨대 증인이 심신 미약 상태이거나 상대방과 인척관계인 사실, 서증이 위조된 사실은 증거의 신빙성을 의심하게 하는 사실로 보조사실이 된다.

간접사실과 보조사실은 주장이 없어도 증거에 의해 인정이 가능하다.

③ 판례상 주요사실

앞서 본 소멸시효완성의 항변, 이행불능의 항변, 동시이행의 항변이나, 대리인에 의한 계약체결 사실[26]은 주요사실이므로 당사자의 주장이 필요하다. 소멸시효의 기산점은 주요사실이므로 당사자가 주장하지 않은 시점을 기산점으로 할 수 없으나,[27] 점유취득시효

---

26) 대판 1990. 6. 26. 89다카5359.

의 경우 점유시기와 권원은 요건사실인 점유기간과 자주점유를 추인하게 하는 간접사실이므로 법원은 이에 관한 당사자의 주장에 구속되지 않는다.[28] 원고가 취득시효를 주장할 때 피고는 응소만으로는 부족하고 시효중단의 주장을 해야 하고,[29] 신체사상으로 인한 손해배상을 청구할 경우에 일실수입 계산의 기초인 월수입, 생활비, 가동연한은 주요사실이나 현가계산법인 호프만식 또는 라이프니쯔식은 간접사실이다.[30] 부동산 매수 경위나 교통사고 경위에 관한 사실은 간접사실이다.[31] 과실상계를 할 때 피해자의 과실사실은 간접사실로 법원이 직권으로 인정할 수 있다.[32]

3) 주장책임의 분배와 주장공통의 원칙

① 주장책임의 분배

주장책임의 분배란 어느 당사자가 어느 주요사실에 대한 주장책임을 지는가를 정하는 것을 말한다. 주장책임은 주요사실에 관하여 증명책임을 지는 사람이 부담하는 것이 원칙이므로 주장책임의 분배는 증명책임의 분배와 일치한다.

권리를 주장하는 사람이 권리근거규범의 요건사실을 주장해야 하고, 권리를 부인하는 사람이 권리장애(통정허위표시 무효), 소멸(변제, 해제, 취소, 소멸시효완성), 저지규범(기간유예, 유치권, 동시이행항변권)에 해당하는 요건사실을 주장해야 한다.

② 주장공통의 원칙

주장공통의 원칙이란 사실이 주장되어 있기만 하면 누가 주장했나를 묻지 않고 판결의 기초로 삼을 수 있는 원칙을 말한다. 법원은 당사자가 주장한 사실을 주장자에게 유리한 판단의 자료로 삼아야만 하는 것은 아니고, 불리한 진술 시 이를 기초로 불리한 판결도 가능하다.

4) 증거자료와 소송자료

당사자의 변론으로 소송에 나타난 재판자료(사실의 주장과 증거의 신청)인 소송자료와 증거조사로 얻은 재판의 자료(증거조사결과)인 증거자료는 별개의 것이다. 소송자료는 이미 주장된 것이지만 증거자료는 주장된 사실의 확정을 위한 자료로 되는 것에 불과하므로 증거조사 과정에서 밝혀진 사실은 변론과정에서 별도로 주장하지 않는 한 판결의 기

---

27) 대판 1971. 4. 30. 71다 409.
28) 대판 1997. 2. 28. 96다53789.
29) 대판 1997. 2. 28. 96다26190.
30) 대판 1983. 6. 28. 83다191.
31) 대판 1977. 1. 11. 76다2038.
32) 대판 1996. 10. 25. 96다30113.

초가 되는 주요사실로 쓸 수 없는 것이 원칙이다. 증거조사 결과 변제사실이 인정되어도 그 사실이 주장되지 않는 한 이를 인정할 수 없다. 증거자료를 함부로 판결의 기초로 한 다면 변론주의를 무너뜨릴 뿐만 아니라 상대방이 충분한 방어도 못 한 채 예상외의 재판 을 받을 염려가 있기 때문이다.

5) 주장사실과 인정사실의 불일치 허용

주장책임을 철저히 관철하면 구체적 타당성을 결할 경우가 있으므로 판례는 간접적 주 장, 묵시적 주장, 다소의 차이 허용 등을 통하여 변론주의의 폐해를 막으려 한다.

① 간접적 주장

명시적인 주장은 없었지만 해석에 의하여 그 주장이 있었던 것으로 간주하는 것이다. 당사자가 법원에 서증을 제출하며 그 입증취지를 진술함으로써 서증에 기재된 사실을 주 장하거나 그 밖에 당사자의 변론을 전체적으로 관찰하여 간접적으로 주장한 것으로 볼 수 있는 경우에는 주요사실의 주장이 있는 것으로 보아야 한다.[33] 또한 자기가 신청한 증인신문사항에 기재한 사실[34]이나 이익으로 원용한 감정서나 서증에 기재한 사실[35]은 이를 주장한 것으로 보고, 변제공탁서를 제출한 경우에는 변제주장을 한 것으로 본다.[36]

석명권을 행사하지 않고도 간접적 주장을 판결의 기초로 할 수 있으며, 간접적 주장이 있 음에도 이를 판단의 기초로 하지 않았을 경우에는 판단누락 또는 석명의무위반이 된다.[37]

이 같은 판례의 입장에 대해서는 심판범위의 불명확, 법원의 심리부담의 가중, 상대방 의 방어권침해 염려 등의 문제가 있으므로 석명권의 행사로 직접적인 주장을 유도해야 한다는 입장이나 석명권을 행사하되 변론 전체의 취지나 증명활동으로 보아서 당사자가 진술할 의사가 충분히 짐작되는 경우에 한한다는 입장 등이 있다.

② 묵시적 주장

명시적이 아니라도 주장취지에 비추어 주장이 포함된 것으로 볼 수 있는 경우에는 재 판의 기초로 삼을 수 있다.[38] 채무자가 자신의 납품거부행위가 채무불이행이 되지 아니 하여 손해배상책임이 없다는 주장에는 불안의 항변(민법 제536조 제2항)이 포함되어 있 고,[39] 단순한 대리의 주장에는 대행적 대리(민법 제115조)의 주장이 포함되어 있다.[40]

---

33) 대판 2002. 11. 8. 2002다38361.
34) 대판 1987. 9. 8. 87다카982.
35) 대판 1969. 6. 30. 69다360.
36) 대판 2002. 5. 31. 2001다42580.
37) 대판 2002. 5. 31. 2001다42080.
38) 대판 1996. 2. 9. 95다27998.

그러나 취득시효 주장에 소멸시효 주장이 포함되어 있다고 볼 수는 없고,[41] 유권대리 주장 속에 무권대리에 속하는 표현대리 주장이 포함되어 있다고 볼 수 없으며[42] 강박에 의한 의사표시무효 주장 속에 취소한다는 주장이 포함되어 있다고 볼 수 없다.[43]

③ 다소의 차이 허용

당사자의 주장과 다소 차이가 나는 사실을 인정하여도 변론주의에는 어긋나지 않는 것으로 본다. 당사자의 기억이 희미해지거나, 표현 잘못으로 주장사실과 법원이 인정한 사실이 다소 다르더라도 그로 인해 불이익을 받을 당사자가 사실상 방어활동을 하여 예상하지 못한 재판을 받았을 염려가 없는 경우에는 다소 차이가 있는 사실의 인정이 허용되는 것이다.[44]

2. 자백의 구속력

변론주의하에서 사실의 증명은 당사자의 책임이므로 당사자 사이에 다툼 없는 사실(자백한 사실, 제288조)과 자백으로 간주된 사실(제150조)은 증거조사를 할 필요 없이 그대로 판결의 기초로 삼아야 한다. 법원이 이와 다른 심증을 얻었다고 해도 이에 구속되어 다른 사실인정을 할 수 없다.

자백의 대상은 주요사실에 한하고, 간접·보조사실에 대한 자백은 구속력이 없다.[45] 단 문서의 진정성립에 관한 자백은 보조사실이지만 구속력을 인정하는 것이 통설·판례이다.[46] 현저한 사실에 반한 자백은 구속력이 없다.

3. 증거의 제출책임

다툼이 있는 사실의 인정에 필요한 증거는 당사자가 제출해야 한다. 법원은 심증을 얻

---

39) 대판 1995. 2. 28. 93다53887.

40) 대판 1995. 2. 28. 94다19341.

41) 대판 1982. 2. 9. 81다534, 부동산소유권이전등기청구에 대하여 피고가 시효취득을 주장하였다고 하여도 그 주장 속에 원고의 위 이전등기청구권이 시효가 소멸하였다는 주장까지 포함되었다고 할 수 없다.

42) 대판 전합 83. 12. 13. 83다카1489.

43) 대판 96. 12. 23. 95다40038.

44) 대판 1979. 7. 24. 79다879, 가해차량이 피해차량의 후미를 충격하게 된 경위를 원고 주장사실과 다소 다르게 인정하였다 하더라도 이는 원고주장의 범위 내에 속하는 사실임이 분명하므로 원고가 주장하지도 아니한 사실을 인정한 위법이 없다.

45) 대판 1994. 11. 4. 94다37868.

46) 대판 1988. 12. 10. 88다카3083.

을 수 없을 때 예외적·보충적으로 직권증거조사를 할 수 있다(제292, 341, 367조)

소액사건은 간이·신속의 요청에 따라, 증권관련 집단소송은 증권의 거래과정에서 발생한 집단적인 피해를 효율적으로 구제하고 이를 통하여 기업의 경영투명성을 높이기 위하여, 보충성이 배제되고 법원이 필요하다고 인정하는 경우에는 언제나 직권으로 증거조사를 할 수 있다(소액사건심판법 제10조, 증권관련 집단소송법 제30조).

Ⅳ. 적용범위

변론주의는 사실과 증거의 제출에 대해서만 적용된다. 주장된 사실에 대한 법적 평가와 해석, 제출된 증거의 평가, 법률의 해석과 적용은 법원의 전권사항이고 고유직무이므로 변론주의가 적용되지 않는다. 이에 관한 당사자의 의견이나 진술은 법원을 구속하지 않고, 법관의 직권발동을 촉구하는 의미밖에 없다. 다만 매매·증여·소유권 등과 같이 단순하고 일반적인 법 개념을 사용하여 진술할 경우는 법 개념을 사용한 사실진술로 볼 수 있으므로 자백의 대상이 된다.

Ⅴ. 변론주의의 수정, 보완

변론주의는 본래 자유주의의 소산으로 소송수행능력의 평등을 전제로 하고 있으나, 현실적으로는 평등하지 않은 것이 일반적이므로 소송수행능력의 부실로 승소할 사안인데도 패소하는 폐단이 있게 되자, 당사자의 실질적 평등을 도모하기 위한 제도들이 마련되게 되었다.

1) 석명권

법원은 당사자가 소송수행능력 부족으로 패소하지 않도록 소송관계를 분명하게 하기 위해 당사자에게 사실상·법률상 사항에 대하여 질문하거나, 증명을 촉구하고, 간과한 것이 분명한 법률사항에 관하여 의견진술의 기회를 주어야 한다(제136조).

2) 직권증거조사

법원은 당사자가 신청한 증거에 의하여 심증을 얻을 수 없거나, 그 밖에 필요하다고 인정한 때에는 직권으로 증거조사를 할 수 있다(제292조).

3) 당사자의 진실의무

당사자는 진실이 아니라고 알고 있는 사실은 주장하지 않아야 되고, 진실로 알고 있는 상대방의 주장을 다투면 안 되는 소송법상의 의무를 말한다. 이를 명시한 규정은 없으나 제1조의 신의성실원칙, 문서진정성립부인에 대한 제재(제363조), 당사자신문 시 허위진술 제재(제370조) 조항 등을 근거로 한다.

진실의무 위반 시 제재방법은 없으나, 소송비용부담(제99조), 과태료의 부과(제363조 제1항), 변론의 전 취지로서 불리한 영향 등의 불이익을 줄 수 있다. 소송상의 주장이 명백히 허위인 것을 인식하였거나 증거를 조작하려고 한 흔적이 있는 등의 경우에는 소송사기가 된다.[47]

Ⅵ. 석명권

1. 개념

석명권이란 소송관계를 분명하게 하기 위해 당사자에게 사실상·법률상 사항에 대하여 질문하거나, 증명을 촉구하고, 간과한 것이 분명한 법률사항에 관하여 의견진술의 기회를 주는 법원의 권능을 말한다(제136, 126조).

2. 근거와 기능

소송자료의 수집·제출을 당사자의 책임으로 하는 것은 소송수행능력의 평등을 전제로 하는 것이나, 현실적으로는 평등하지 않은 것이 일반적이고 이 같은 소송수행능력의 부실로 신청이나 진술이 불명료하거나 모순되거나 불충분한데도 그대로 재판할 경우에는 승소할 사안인데도 패소하는 폐단이 있게 되므로 변론주의의 형식적인 적용으로 인한 불합리를 시정하여 적정하고 공평한 재판을 실현하기 위해 마련된 제도이다.

석명제도는 변론주의만이 아니고, 청구취지와 원인의 모순·불명료를 시정하도록 하여

---

47) 대판 1998. 2. 27. 97도2786.

처분권주의를 보완하는 역할도 한다.

나아가 오늘날에는 사회적 법치국가 이념의 발현으로 법원의 권한만이 아니고 법원이 반드시 시행해야 하는 의무의 측면이 강조되고 있는데, 우리법도 종전에 사실상 또는 법률상 사항에 대하여 질문할 수 있고, 증명을 하도록 촉구할 수 있다고 규정한 것에서 나아가, 법원은 당사자가 간과하였음이 분명하다고 인정되는 법률상 사항에 관하여 당사자에게 의견을 진술할 기회를 주어야 한다는 조항을 추가하여 법원의 석명의무를 강화하고 있다.

3. 석명권의 행사

1) 행사주체·방법

석명권은 소송지휘권의 하나로 재판장(합의부원)이 변론 또는 변론준비절차기일에 질문하거나, 당사자가 간과한 사항을 지적해 주거나, 석명준비명령을 하거나(제137조), 석명처분(제140조)을 하는 방식으로 행사한다. 합의부의 합의부원은 재판장에게 알리고 행사할 수 있다.

석명권은 불편부당하게 행사되어야 한다. 법원이 당사자의 일방에 대하여 어느 사실의 유무만을 석명하고 그 석명진술의 법률적 효과가 당사자에게 불이익한 경우에 그 불이익을 배제할 주장을 할 기회를 주지 않고 그 당사자에게 상기하지 않은 불이익한 판단을 한다면 이는 석명권행사의 정당한 한계를 일탈한 것으로 위법하다.[48]

2) 불응 시의 조치

당사자는 법원의 석명에 대하여 응할 의무는 없으나, 불응할 경우에는 주장·증명이 없는 것으로 취급되어 불리한 재판을 받을 수가 있다. 공격방어방법의 취지가 불명료하여 석명을 하였는데 불응할 경우에는 실기한 공격방어방법으로 각하될 수도 있다(제149조).

당사자가 법원의 석명에 대하여 이의를 신청한 때에는 법원은 결정으로 그 이의신청에 대하여 재판한다(제138조).

---

48) 대판 1964. 4. 28. 63다735.

4. 석명대상과 범위

1) 청구취지에 대한 석명

청구취지가 불분명, 불특정 또는 법률상 불가능한 경우 또는 청구원인과 서로 맞지 않음이 명백한 때에는 원고가 소로써 달성하려는 목적이 무엇인지 밝히게 하여 청구취지를 바로잡아 주어야 한다.[49] 당사자가 구청구를 취하한다는 명백한 의사표시 없이 새로운 청구로 변경하는 등으로 그 변경형태가 불명할 경우에는 청구변경의 취지가 교환적인가 또는 추가적인가의 점에 대하여 석명할 의무가 있다.[50] 매매계약의 무효확인을 청구한 경우에 그 매매계약 관계의 부존재확인을 구하는 것인가를 석명하여 심리함이 없이, 과거의 법률관계확인이어서 확인의 이익이 없다 하여 소를 각하함은 심리미진의 위법이 있다.[51] 재산적 손해와 정신적 손해로 인한 배상청구의 경우 소송물을 달리하므로 각 청구금액이 특정되어 있지 않으면 법원이 석명하여 그 내역을 밝혀야 한다.[52]

2) 청구원인(주장사실)에 대한 석명

주장이 불명·모순·부적당·불충분할 경우에 이를 석명하여 사실과 법리적으로 정리시켜야 한다. 소유권이전등기청구를 하면서 매매로 샀다는 것인지 대물변제를 받았다는 것인지 불명한 경우나 불법행위로 인한 손해배상청구를 하면서 그 원인이 피고들의 횡령행위가 불법행위라는 것인지 혹은 부당한 회사처리가 불법행위라는 것인지 불명한데도 석명권을 행사하지 않으면 위법하다.[53] 손해배상청구의 법률적 근거는 이를 계약책임으로 구성하느냐 불법행위책임으로 구성하느냐에 따라 요건사실에 대한 증명책임이 달라지는 중대한 법률적 사항에 해당하므로, 당사자가 이를 명시하지 않은 경우 석명권을 행사하여 당사자에게 의견 진술의 기회를 부여함으로써 당사자로 하여금 그 주장을 법률적으로 명쾌하게 정리할 기회를 주어야 한다.[54] 토지소유자로서 불법점거에 따른 전보배상청

---

49) 대판 2001. 11. 13. 99두2017.

50) 대판 2003. 1. 10. 2002다41435.

51) 대판 1966. 3. 15. 66다17.

52) 대판 2006. 9. 22. 2006다32569, 대판 2007. 9. 20. 2007다25865, 채권자가 동일한 채무자에 대하여 수 개의 손해배상채권을 가지고 있다고 하더라도 그 손해배상채권들이 발생시기와 발생원인 등을 달리하는 별개의 채권인 이상 이는 별개의 소송물에 해당하고, 그 손해배상채권들은 각각 소멸시효의 기산일이나 채무자가 주장할 수 있는 항변들이 다를 수도 있으므로, 이를 소로써 구하는 채권자로서는 손해배상채권별로 청구금액을 특정하여야 하며, 법원도 이에 따라 손해배상채권별로 인용금액을 특정하여야 하고, 이러한 법리는 채권자가 수 개의 손해배상채권들 중 일부만을 청구하고 있는 경우에도 마찬가지이므로 특정되어 있지 않다면 법원은 석명권을 행사하여 특정하도록 해야 한다.

53) 대판 1982. 11. 23. 82다카1120.

54) 대판 2009. 11. 12. 2009다42765.

구는 모순이므로, 임료상당 청구인지 밝히게 하고,[55] 주장과 제출증거가 모순되는 경우 시정을 촉구해야 하고,[56] 법률효과를 주장하면서 요건사실의 일부를 빠뜨린 경우에는 보완을 위한 석명이 필요하다.[57]

3) 증거신청에 대한 석명

다툼이 있는 사실에 대하여 증명이 없으면, 증명책임이 있는 당사자에 대하여 증명을 촉구하여야 한다.[58] 변제항변을 하면서 아무런 증거를 내지 않고 있는 때에는 제출을 촉구해야 하고,[59] 손해발생 사실이 인정되면 손해액의 증명을 촉구해야 한다.[60] 당사자가 촉구에 불응하거나 증명하지 않겠다는 의사를 명백히 표시하면 그대로 청구를 기각할 수 있다.[61] 다만 다툼이 있는 모든 사항에 대하여 증명을 촉구해야 하는 것은 아니고, 당사자의 무지, 부주의, 오해로 증명하지 않는 것이 명백한 경우에 한하여 행사하며, 본인소송인가 변호사대리소송인가도 고려하여야 한다.[62]

4) 적극적 석명의 허용 여부

석명은 소극적으로 이루어져야 하고 석명은 새로운 신청·주장을 하게 하거나, 구체적인 증거방법을 들어 증거의 제출을 촉구하는 것과 같은 적극적 석명은 허용되지 않는 것이 원칙이다.[63] 당사자가 주장하지도 않는 법률효과에 관한 요건사실이나 새로운 공격방어방법을 시사하며 제출을 권유하는 것도 허용되지 않는다.[64]

예컨대 청구취지의 경우, 토지소유권확인을 구하는데 이전등기청구를 하도록 권하는 것은 허용되지 않는다.[65] 다만 판례는 예외적으로 건물철거토지인도청구 사안에서만 피

---

55) 대판 1966. 6. 9. 66다615.

56) 대판 1971. 11. 15. 71다1934.

57) 대판 1963. 7. 25. 63다289, 쌍무계약 해제를 주장하면서 자신의 채무이행제공과 상대에 대한 이행최고 여부에 대하여 언급이 없으면 이를 밝히도록 하여 적법한 해제 여부를 판단해야 한다. 2002. 4. 26. 선고 2000다50497, 계약해제의 전제로서의 이행최고의 적법 여부에 관하여 석명의무를 다하지 아니하여 심리미진의 위법이 있다.

58) 대판 1986. 11. 15. 86므67.

59) 대판 1972. 5. 30. 72다393.

60) 대판 1983. 7. 26. 83다카716.

61) 대판 1994. 3. 11. 93다57100.

62) 대판 1998. 2. 27. 97다38442.

63) 대판 1964. 11. 10. 64다325, 이 같은 판례·통설에 대하여 사안의 적정한 해결을 위하여 필요한 주장이나 신청이 없는 경우 또는 현재로선 패소할 것이 틀림없는 경우에 새로운 주장이나 신청을 하거나 변경하도록 암시하는 것이나, 증명책임을 부담하는 사항에 대하여 증명을 하지 않을 경우에 증명을 촉구하는 것은 가능하다는 입장과 무제한적으로 인정하자는 입장도 있다.

64) 대판 2001. 10. 9. 2001다15576.

고가 지상물매수청구권을 행사하고 그 대금지급 시까지 인도거부항변을 한 경우, 대금지급과 상환으로 인도청구를 할 의사가 있는지 석명하여 분쟁의 일회적 해결을 꾀해야 한다며 적극적 석명을 허용하고 있다.[66]

청구원인의 경우 소유권에 기한 인도청구에 점유권에 기한 청구도 하는지,[67] 등기부취득시효주장에 점유취득시효주장이 포함되어 있는지,[68] 부당이득반환청구인데 불법행위로 인한 손해배상청구도 하는지 등을 물을 필요는 없다(구 소송물론).[69] 당사자가 주장하지도 않은 변제나 취득시효항변을 할 것인지는 물을 필요가 없고,[70] 피고가 원고의 수령지체책임을 주장한 것에 상계항변의 주장이 포함된 것인지는 석명할 필요가 없고,[71] 유권대리주장만 하고 있는데 표현대리를 주장 또는 입증하라고 석명할 의무는 없다.[72]

5. 지적의무

1) 개념과 취지

지적의무란 법원이 당사자가 간과하였음이 명백한 법률사항에 관하여 당사자에게 의견진술의 기회를 부여해 주어야 하는 것을 말한다(제136조 제4항).

종래 사실 문제에 국한했던 석명제도를 법률사항에 확대해, 당사자가 간과하거나 중요하지 않다고 생각했지만 법원이 재판의 기초로 삼으려는 법률적 관점에 대한 진술기회를 주어서 의외의 재판을 받는 것을 막아 줌으로써 제1심에 충실하고 항소충동을 막자는 취지에서 1990년 개정법에서 도입된 것이다. 법원의 법률적 관점의 선택권을 인정하는 신소송물론을 강화한 것이라는 입장과 구 소송물론에서도 의미 있는 제도라는 입장도 있다.

2) 석명의무와의 관계

1977년 이 제도를 도입한 독일에서는 이미 기왕의 석명의무에서 신설규정과 동일한 해석을 이끌어 내오고 있었기 때문에 전통적인 석명의무를 명백히 하고 강화한 것이지

---

65) 대판 1966. 7. 26. 66다1039.

66) 대판 전합 1995. 7. 11. 94다34265, 종전에는 건물철거·토지인도청구소송에는 건물매수대금의 지급과 동시에 건물인도를 청구하는 것이 포함되어 있다고 할 수 없다고 했었다.

67) 대판 1996. 6. 14. 94다53006.

68) 대판 1997. 3. 11. 96다49902.

69) 대판 1997. 4. 25. 선고 96다40677, 40684.

70) 대판 2001. 10. 9. 2001다15576, 1981. 7. 14. 80다2360.

71) 대판 2004. 3. 12. 2001다79031.

72) 대판 2001. 3. 23. 2001다1126.

새로운 것을 도입한 것은 아니라고 보는 것이 주류적 입장이다. 우리의 경우는 독일과 달리 판례가 석명의무의 범위를 넓게 해석하지 않았고, 법률적 사항보다는 사실 문제에 중점을 두어 왔으므로 법률적 사항으로 확대한 지적의무는 종전의 석명의무를 확대한 것이라고 볼 수 있다.

3) 지적의무의 대상과 범위

지적의무는 당사자가 간과하였음이 명백한 법률사항에 관하여 인정된다.

① 간과하였음이 분명한 사항

이는 당사자가 보통인으로서 주의를 하였다면 소송목적상 당연히 변론에서 주장하였을 사항을 빠뜨리고 지나간 경우를 말한다. 쌍방이 다투지 않은 관점으로 재판을 하려 할 경우는 당사자가 간과한 것으로 볼 것이고, 일방이 다투었으나 상대가 아무런 대응을 하지 않는 경우에는 상대가 재판에 영향이 없을 것이라고 오인한 것으로 보아야 할 것이다.73) 분명한 간과 여부를 판단함에는 본인소송인가 대리인소송인가의 점을 고려해야 한다.74)

② 법률상 사항

법률상 사항이란 법률적 관점을 말하는데, 사소한 것이 아닌 중요한 법률적 관점만이 지적의무의 대상이 된다. 소송물론에 따라 법률적 관점이 다를 경우에는 다른 소송물이 되기도 하고(구 소송물론), 같은 소송물이 되기도 하므로(신소송물론) 소송물론에 따라 지적의무의 범위가 크게 달라진다. 판례가 지적의무의 대상으로 보는 예는 아래의 주와 같다.75)

---

73) 대판 2002. 3. 29. 2001다41353, 1차 변론종결 후 재개된 변론기일에서 그 전까지 쟁점이 되어 왔던 원고의 주장과는 다른 새로운 주장을 비로소 원고가 추가하였음에도 변론을 종결한 후 원고의 종전 주장은 받아들이지 않으면서도 전혀 심리가 되지 않았던 원고의 새로운 주장을 받아들여 판결을 선고한 경우, 피고가 변론할 기회를 갖지 못한 법률적인 쟁점에 대한 예상외의 재판으로 피고에게 불의의 타격을 가하였다는 비난을 받을 소지가 있다.

74) 대판 2003. 1. 10. 2002다41435, 당사자가 부주의 또는 오해로 인하여 명백히 간과한 법률상의 사항이 있거나 당사자의 주장이 법률상의 관점에서 보아 모순이나 불명료한 점이 있는 경우 법원은 적극적으로 석명권을 행사하여 당사자에게 의견진술의 기회를 주어야 하고 만일 이를 게을리한 경우에는 석명 또는 지적의무를 다하지 아니한 것으로서 위법하다.

75) 대판 2002. 1. 25. 2001다11055, 피고가 강제집행절차에서 배당금을 수령하지도 않았는데, 원고가 부당이득반환법리를 오해해 배당금상당액의 부당이득반환을 청구하는 경우 청구원인과 모순되는 청구취지이므로 오로지 금원의 반환을 구하는 것인지, 배당금청구채권의 반환을 구하는 것인지 석명을 구하고 이런 법률사항에 관해 의견진술 기회 주어야 한다.
대판 1994. 6. 10. 94다8761, 당사자 사이에 결정의 송달 여부만 다투어졌을 뿐 경정결정의 송달 여부에 관해서는 명시적으로 다툼이 없었던 경우, 원심이 경정결정의 송달 여부에 관하여 석명을 구하고 입증을 촉구하여야 함에도 불구하고, 이를 의식하지 못하고 간과한 원고가 제출한 증거만으로 경정결정의 송달사실이 인정되지 않는다는 이유로 청구를 기각한 것은 당사자가 전혀 예상하지 못하였던 법률적인 관점에 기한 예상외의 재판으로 원고에게 불의의 타격을 가한 것으로 위법하다.

대판 1994. 10. 21. 94다17109, 가등기와 가등기이전의 부기등기의 말소를 구하는 소송에서 가등기의 피담보채권의 발생 여부에 대한 쟁점에 관해서만 심리가 되어 제1심에서 본안에 관하여 판단하고, 원심에서 역시 피고적격이나 가등기부기등기의 말소방법에 관한 석명이나 변론이 없이 제1심판결을 취소하고 소각하 판결을 한 사안에서, 원심이 피고적격 등의 문제를 재판의 기초로 삼기 위해서는 원고로 하여금 이 점에 관하여 변론을 하게 하고, 필요한 경우 청구취지 등을 변경할 기회를 주었어야 할 것인데도 이에 이르지 아니한 채 이 점을 재판의 기초로 삼아 소를 각하한 것은 원고가 전혀 예상하지 못한 법률적인 관점에 기한 예상외의 재판으로 원고에게 불의의 타격을 가하였을 뿐 아니라 석명의무를 다하지 아니한 위법이 있다.

대판 2003. 1. 10. 2002다41435, 소유권보존등기의 말소등기청구소송 제1심에서 승소한 원고가 원심인 항소심에서 자기 앞으로 소유권을 표상하는 등기가 되어 있지 않았고 법률에 의하여 소유권을 취득하지도 않았다는 종전의 주장을 그대로 유지한 채 진정명의회복을 위한 소유권이전등기절차의 이행을 청구하는 새로운 청구를 제기한 경우, 원심으로서는 원고의 소변경신청에 법률적 모순이 있음을 지적하고 원고에게 의견을 진술할 기회를 부여하지 않은 것은 위법하다.

대판 2007. 7. 26. 2007다19006, 소유권에 기한 건물인도의 청구와 채권자대위권에 기한 건물인도의 청구는 법률효과에 관한 요건사실이 다름에도 불구하고, 건물의 소유권을 취득하였음을 전제로 건물의 인도를 구하는 청구에 그 건물을 원시 취득한 매도인을 대위하여 건물의 인도를 구하는 취지가 포함되어 있다고 보아 원심변론종결 시까지 주장하지도 아니한 위 채권자대위권에 기한 건물인도청구에 기초하여 상대방에게 의견진술의 기회조차 부여하지 아니한 채 그 청구를 인용한 것은 위법하다.

대판 2008. 9. 11. 2006다50338, 환경정책기본법 제31조 제1항은 불법행위에 관한 민법 규정의 특별규정이라고 할 것이므로 환경오염으로 인하여 손해를 입은 자가 환경정책기본법에 의하여 손해배상을 주장하지 않았다고 하더라도 법원은 민법에 우선하여 환경정책기본법을 적용하여야 하지만, 이 사건 당사자 사이에는 사용자 책임이 있는지 여부에 대해서만 다투어졌을 뿐, 환경정책기본법 제31조 제1항에 의한 책임을 지는지 여부에 대해서는 전혀 쟁점이 된 바가 없었고 원심도 그에 대하여 피고에게 의견진술의 기회를 주거나 석명권을 행사한 바 없이 피고에 대하여 환경정책기본법 제31조 제1항에 의한 손해배상책임을 인정한 것은 당사자가 전혀 예상하지 못한 법률적인 관점에 기한 예상외의 재판으로서 당사자에게 불의의 타격을 가하였을 뿐 아니라 석명의무를 다하지 아니하여 심리를 제대로 하지 아니한 위법이 있다.

대판 2009. 7. 23. 2009다13200, 수탁보증인의 고유의 구상권과 「민법」 제481조에 기한 변제자의 법정대위권은 그 성질이 다른 별개의 권리이긴 하지만 양자 모두 '변제'라는 단일한 사실로 말미암아 생기는 법률효과의 차이에 불과한 이상, 제1심 및 원심에서 원고의 주장은 수탁보증인의 고유의 구상권 행사를 위한 수단으로서 변제자의 법정대위권을 행사하는 취지가 포함되어 있다고 볼 여지가 많다 할 것이다. 따라서 사실심인 원심으로서는 설령 그 부분 원고의 주장이 법률상의 관점에서 보아 불명료 또는 불완전하다고 보았다 해도 원고에게 그 점에 관한 진술기회를 부여하는 등 적절히 석명권을 행사하여 이 점을 밝혀 보았어야 함에도, 원심이 이에 이르지 아니한 채 원고가 주장하지도 않은 사전 구상권에 관한 판단만을 덧붙여 이 사건 청구를 배척하여 버렸으니, 이러한 원심판결에는 적법한 석명의무를 다하지 아니하여 심리를 제대로 하지 아니한 위법이 있다.

대판 2009. 11. 12. 2009다42765, 손해배상청구의 법률적 근거가 계약책임인지 불법행위책임인지 불명확함에도 석명권을 행사하지 않고 불법행위책임을 묻는 것으로 단정한 뒤 증명이 부족하다는 이유로 청구를 받아들이지 않은 것은 위법하다.

대판 2010. 2. 11. 2009다83599, 청구취지에서는 자본감소 결의의 무효확인을 구하였으나, 사건명을 "감자무효의 소"라고 표시하였을 뿐 아니라, 당사자들이 변론과정에서 근거조문까지 명시하면서 상법 제445조의 자본감소 무효의 소를 제기한 것임을 전제로 재량기각 여부를 주된 쟁점으로 삼아 변론하였다면, 청구취지의 기재에도 불구하고 상법 제445조의 자본감소 무효의 소를 제기한 것으로 볼 여지가 충분한데도, 석명권을 행사하여 이를 분명히 하고 그에 따른 청구취지와 청구원인을 정리하지 아니한 채 자본감소 결의의 무효확인 판결을 선고한 것은 위법하다.

③ 재판결과에 영향이 있는 사항

독일법에는 있고 우리법에는 없으나, 당사자가 의외의 재판을 받는 것을 막고자 하는 것이므로 재판결과에 영향을 미치는 사항에 대해서만 지적의무가 인정될 것이다. 반대로 재판결과에 영향이 없는 부수적 의견이나 재판에서 미결로 둔 법률 문제에 대해서는 지적의무가 없다.

④ 지적의무의 범위

지적의무는 당사자에 의하여 특정된 소송물과 제출된 사실자료의 범위 안에서 문제 되므로 앞서 본 바와 같이 소송물론에 대한 견해에 따라서 범위에 차이가 있다. 신소송물론에 따르면 불법행위로 인한 손해배상청구에서 계약불이행으로 인한 손해배상청구에 대한 지적의무가 인정되나, 구 소송물론에서는 인정되지 않는다.

이자나 비용 등 부수적 채권에 대해서는 당사자도 큰 관심을 가지지 않으므로 지적의무가 인정되지 않으나, 당사자에게 본질적인 문제가 될 때에는 지적의무가 있다.

4) 지적의무의 이행 방식

지적의무의 이행은 불이익을 받을 자에게 의견진술의 기회를 주는 식으로 이루어진다. 법원이 자신의 견해를 밝힐 필요는 없다.

당사자의 의견진술은 법원이 지적한 그 기일에 하여야 하나, 당사자가 즉시 의견진술을 할 수 없는 사항이면 새로운 변론기일을 지정해야 한다. 변론종결 후에 간과한 법률적 관점이 발견되었을 때에는 변론을 재개하여야 할 것이다.

지적의무의 이행은 합의사건에서는 재판장이, 단독사건에서는 그 판사가 한다.

5) 지적의무의 위반

지적의무의 위반은 석명의무의 위반과 마찬가지로 일반적 상고이유가 되어(제423조) 판결에 영향을 미친 경우에 상고할 수 있다.

6. 석명처분

석명처분이란 법원이 소송관계를 명료하게 하기 위하여 하는 처분을 말한다(제140조). 당사자 본인이나 대리인을 출석시켜 사정을 청취하는 것, 소송서류 또는 소송에서 인용한 문서, 기타 당사자가 소지한 물건의 제출을 명하는 것, 당사자 기타 제3자가 제출한 문서나 기타 물건을 유치하는 것, 검증을 하고 감정을 명하는 것, 필요한 조사를 촉탁하는 것 등이 그것이다(제140조 제1항).

7. 석명의무위반

석명권은 법원의 권능이자 의무이다. 이를 위반한 경우에 권능의 점만 강조하여 상고대상이 아니라는 입장과 석명권 행사를 중대하게 게을리하여 객관적으로 볼 때 재판이 자의적이 되었다고 볼 수 있는 경우에 한하여 소송절차위반으로 상고이유가 된다(제423조, 상고특례법 제4조 제1항)는 입장도 있으나, 다수설과 판례는 일정한 경우에 이를 위반하면 판결이 위법하게 되어 상고이유가 된다고 본다. 판례는 석명권을 행사하지 않은 경우에 광범위하게 상고이유를 인정하나, 그렇지 않은 경우도 있음은 앞서 본 것과 같다. 다만 1990년의 법개정에서 지적의무조항을 신설함으로써 종전에 부인되던 경우들도 판결결과에 영향이 있는지에 대한 평가에 따라서 상고이유가 될 수도 있게 되었다.[76]

Ⅶ. 변론주의의 배제

1. 직권탐지주의

1) 개념

직권탐지주의는 재판에 필요한 사실과 증거의 수집책임을 당사자에게 맡기지 않고 법원이 맡는 주의로 변론주의에 반대되는 원칙이다. 법원은 당사자가 주장·제출하지 않은 것도 소송자료로 쓸 수 있고, 법원이 당사자의 자백에 구속되지 않으며, 증거조사도 법원이 직권으로 한다.

2) 적용범위

직권탐지주의는 통상 공익에 관련이 있고 그에 관한 판결의 효력이 당사자 외에 제3자에게도 미치는 경우에 적용된다. 이런 경우 소송자료의 수집을 당사자에게만 맡기면 공익이나 소송에 관여하지 않은 제3자의 이익을 해할 염려가 있기 때문이다.

현행법상으로는 가사소송사건(가사심판법 제12, 17조), 헌법재판사건(헌법재판소법 제31, 40조), 선거소송사건(공직선거법 제221, 227, 228조) 등에서 직권탐지주의가 채택되고 있다. 행정소송사건도 직권탐지주의가 적용되나(행정소송법 제26조), 판례는 변론주의가 원칙이고, 제26조는 변론주의의 일부 예외규정으로 보고 있다.[77] 자백의 구속력을 인

---

76) 대판 전원 1995. 7. 11. 94다34265 판결 참고

77) 대판 1987. 2. 10. 85누42, 행정소송법의 직권탐지주의란 법원이 아무런 제한 없이 당사자가 주장도 하지 않은 사실을 판단할 수 있다는 뜻이 아니라 원고의 청구범위를 유지하면서 공익상 필요한 경우에는

정하나 제한이 있다.[78) 기록에 나타난 사항에 관해서만, 당사자가 주장하지 않은 사실을 판결의 기초로 할 수 있고,[79] 직권증거조사도 할 수 있다.[80] 적극적 석명은 변론주의에 반하므로 할 수 없다.[81]

회사관계소송은 승소판결이 제3자에게 미치므로 직권탐지주의를 적용해야 한다는 설도 있으나, 다수설은 소제기가 공고되고(상법 제187조), 제3자의 소송참가가 보장되며 패소 판결의 효력은 당사자 사이에서만 미치므로 변론주의가 타당한 것으로 본다. 단 회사의 설립무효·취소소송에서 사정판결을 할 경우에는(상법 제189조) 회사의 현황과 제반사정 에 관한 조사는 직권으로 탐지해야 한다.

일반 민사소송에서도 공익사항(재판권, 전속관할)은 직권탐지에 의할 것이고, 법규, 관 습법, 외국법의 존재 등도 직권으로 탐지해야 한다.[82]

그 범위 내에서 청구 이외의 사실, 즉 일건기록에 나타난 사실에 관해서만 직권조사를 하고 그를 기초로 하여 판단할 수 있다는 뜻으로 풀이하여야 한다.

78) 대판 1982. 8. 14. 91누13229, 다만 직권조사사항이나(대판 1990. 10. 10. 89누4673), 사실에 대한 법적 평가(대판 2000. 12. 22. 2000후1542)는 자백대상이 아니다.

79) 대판 1997. 10. 28. 96누14425, 행정소송법 제26조는 "법원은 필요하다고 인정할 때에는 직권으로 증거 조사를 할 수 있고, 당사자가 주장하지 아니한 사실에 대해서도 판단할 수 있다"고 규정하여 변론주의의 일부 예외를 인정하고 있으므로, 행정소송에서는 법원이 필요하다고 인정할 때에는 당사자가 명백히 주 장하지 아니한 사실도 기록에 나타난 자료를 기초로 하여 직권으로 판단할 수 있다.
대판 1987. 5. 26. 86누130, 조세부과권의 소멸시효중단사유가 기록상 현출되어 있다면 과세관청의 시 효중단에 관한 명시적인 항변이 없더라도 법원은 행정소송법 제26조에 따라 직권으로 심리 판단하여야 한다.

80) 대판 1994. 10. 11. 94누4820, 행정소송법 제26조가 법원은 필요하다고 인정할 때에는 직권으로 증거조 사를 할 수 있고, 당사자가 주장하지 아니한 사실에 대해서도 판단할 수 있다고 규정하고 있지만, 이는 행정소송의 특수성에 연유하는 당사자주의, 변론주의에 대한 일부 예외 규정일 뿐 법원이 아무런 제한 없이 당사자가 주장하지 아니한 사실을 판단할 수 있는 것은 아니고, 일건 기록에 현출되어 있는 사항에 관해서만 직권으로 증거조사를 하고 이를 기초로 하여 판단할 수 있을 따름이고, 그것도 법원이 필요하 다고 인정할 때에 한하여 청구의 범위 내에서 증거조사를 하고 판단할 수 있을 뿐이다.

81) 대판 2000. 3. 23. 98두2768, 행정소송에 있어서 특단의 사정이 있는 경우를 제외하면 당해 행정처분의 적법성에 관해서는 당해 처분청이 이를 주장·입증하여야 할 것이나 행정소송에 있어서 직권주의가 가 미되어 있다고 하여도 여전히 변론주의를 기본 구조로 하는 이상 행정처분의 위법을 들어 그 취소를 청 구함에 있어서는 직권조사사항을 제외하고는 그 취소를 구하는 자가 위법사유에 해당하는 구체적인 사 실을 먼저 주장하여야 한다.
법원의 석명권 행사는 사안을 해명하기 위하여 당사자에게 그 주장의 모순된 점이나 불완전·불명료한 부분을 지적하여 이를 정정·보충할 수 있는 기회를 주고 또 그 계쟁사실에 대한 증거의 제출을 촉구하 는 것을 그 내용으로 하는 것이며, 당사자가 주장하지도 않은 법률효과에 관한 요건사실이나 공격방어방 법을 시사하여 그 제출을 권유하는 행위는 변론주의의 원칙에 위배되고 석명권 행사의 한계를 일탈한 것이다.

82) 대판 1981. 2. 10. 80다2189.

3) 직권탐지주의하에서의 당사자 지위

직권탐지주의하에서는 당사자의 의사에 의하여 재판내용이 좌우되는 처분권주의가 제한되어 청구의 포기·인낙이나 화해를 할 수 없고, 공격방어방법의 제출시기에 대한 제한이 없다. 다만 소제기 여부나 심판대상 특정권, 소취하권 등 처분권주의의 기본권능은 있으므로 공격방어방법의 제출기회를 충분히 주어야 하고, 법원의 탐지결과를 당사자에게 제시해 의견개진의 기회를 주어야 한다.

2. 직권조사

1) 개념

직권조사란 당사자의 신청 또는 이의가 없더라도 법원이 직권조사를 하여 적당한 조치를 취해야 하는 것을 말하고 그 대상을 직권조사사항이라고 한다.

당사자의 신청이 있어야 심리가 가능한 처분권주의와는 대립하는 개념이나, 변론주의나 직권탐지주의와는 결합이 가능하다. 즉 신청이 없어도 심리가 가능하지만 당사자가 제출한 자료에 한정하여 판단하거나, 기초사실을 직권으로 탐지해야 하는 경우 등이 있다.

2) 직권조사사항의 종류

① 소송요건

본안판결의 요건인 소송요건은 직권조사사항이다. 법원에 관한 것으로 재판권, 관할권 등이 있고, 당사자에 관한 것으로 당사자능력, 당사자적격, 소송능력, 대리권 등이 있고, 소송물에 관한 것으로 권리보호자격, 권리보호이익이 있고, 특수소송에 관한 것으로 공동소송과 청구병합의 요건, 소송 중의 소(참가, 소변경)의 요건, 제소기간과 선행절차 등이 있다.

② 기타

상소요건도 직권조사사항이다. 판례는 중복소송금지와 관련한 소송의 계속 여부, 과실상계, 위자료 액수, 신의칙위반이나 권리남용 여부도 직권조사사항으로 본다. 법규의 존재 여부, 제척원인의 존부, 공개 등 강제규정의 준수 여부도 직권조사사항이다.

임의관할에 대해서는 직권조사사항이라는 입장과 항변사항이라는 입장이 나뉘나, 판례는 직권조사사항으로 본다.[83] 부제소나 불항소 특약은 항변사항이라는 것이 다수설이나,

---

83) 대판 전합 1993. 2. 6. 93마524, 재판관할권이 있고 없음은 원래 법원의 직권조사사항으로서 법원은 그 관할에 속하지 아니함을 인정한 때에는 민사소송법 제31조 제1항에 의하여 직권으로 이송결정을 하는 것이고, 소송당사자에게 관할위반을 이유로 하는 이송신청권이 있는 것이 아니다.

판례는 직권조사사항으로 본다.[84]

3) 직권조사의 방법

이에 관해서는 자료의 제출책임은 당사자에게 있다는 것을 전제로 당사자에게 주장·입증을 촉구할 수는 있으나 직권에 의한 사실탐지와 증거조사는 허용되지 않고, 자백의 구속력이 인정되지 않는 점에서만 직권탐지의 요소가 있다는 입장과, 직권조사사항 중에는 임의관할과 같이 공익성이 약한 것에서부터 재판권과 같이 공익성이 강한 것까지 다양하므로 그에 따라 조사방식도 달라져야 한다는 입장이 있는데, 후자가 실제에 부합할 것이다.

① 변론주의형인 경우

임의관할과 같이 공익성이 약한 사항에 대한 조사방식이다.

직권조사사항의 존부를 판단할 때, 당사자가 주장·제출한 사실과 증거에 한하고, 당사자의 자백에 구속된다.

② 직권탐지형인 경우

재판권, 전속관할, 당사자능력 등 고도의 공익성을 갖는 사항에 대한 조사방식이다.

직권조사사항의 존부를 판단할 때, 사실과 증거를 당사자가 제출한 것에 한정하지 않고 직권으로 탐지할 수 있고, 자백에 구속되지 않는다.

③ 직권조사형인 경우

변론주의형과 직권탐지형 이외의 사항에 대한 조사방식이다.

직권조사사항의 존부를 판단할 때, 당사자가 주장·제출한 사실과 증거에 한하고, 당사자의 자백에 구속되지 않는다.

4) 직권조사사항의 증명

직권조사사항의 증명책임은 원고에게 있다. 본안판결을 받는 것 자체가 원고에게 유리한 것이기 때문이다.[85]

증명방법은 엄격한 증명에 의하여야 한다는 입장과 자유로운 증명으로 족하다는 입장이 나뉘는데, 직권조사사항은 본안사항과는 달리 소송절차 안에서 쉽게 인정될 수 있으므로 자유로운 증명으로 족할 것이다.

5) 직권조사 후의 조치

---

84) 대판 1980. 1. 29. 79다2066.

85) 대판 1997. 7. 25. 96다39301, 직권조사사항에 관해서도 그 사실의 존부가 불명한 경우에는 입증책임의 원칙이 적용되어야 할 것인바, 본안판결을 받는다는 것 자체가 원고에게 유리하다는 점에 비추어 직권조사사항인 소송요건에 대한 입증책임은 원고에게 있다.

소송요건이 구비된 경우에는 본안심리에 들어가고, 흠결된 경우에는 소를 부적법 각하한다. 소송요건의 흠결을 간과한 판결에 대해서는 판결확정 전에는 상소에 의하여, 판결확정 후에는 재심사유가 있는 경우에 재심으로 구제될 수 있다.

제9절 직권진행주의

Ⅰ. 개념

직권진행주의라 함은 소송절차 진행의 주도권을 법원에 주는 것을 말한다. 소송절차의 진행이란 심리를 위한 기일을 지정·변경하고, 기일통지서나 출석요구서를 송달하고, 기일에 심리를 주재하는 활동 등을 가리킨다. 결국 직권진행주의는 법원의 소송지휘권의 한 면이다.

Ⅱ. 소송지휘권

1. 개념

법원의 소송지휘권은 소송심리의 신속·공평·충실을 위해 법원이 소송절차를 주재하는 권능을 말한다. 민사소송이 이해가 상반하는 양 당사자의 분쟁을 해결하는 절차이므로 양 당사자에게 공평한 기회를 주는 동시에 효율적인 진행을 위해서는 객관적인 입장에 있는 법원의 적절한 소송지휘가 필수적이다.

2. 내용

1) 절차의 진행행위

절차의 진행을 위한 행위로 기일의 지정·변경(제165조), 기간의 신축과 부가기간의 결정(제172조), 소송절차의 중지·속행(제244, 246조) 등이 있다.

2) 심리의 정리행위

심리의 정리를 위한 행위로 변론의 제한·분리·병합(제141조)·종결·재개(제142, 198조), 소송의 재량이송(제35조) 등이 있다.

3) 심리의 촉진행위

심리의 촉진을 위한 행위로 변론준비절차회부(제258조), 준비서면제출명령(제147, 278, 280조), 공격방어방법의 제출시기의 제한(제147조), 실기한 공격방어방법의 각하(제149조) 등이 있다.

4) 절차의 합법적 진행행위

절차의 합법적 진행을 위한 행위로 소장·상소장 각하(제254, 402, 425조), 관할법원으로의 이송(제34조) 등 부적법한 소송행위를 배척하는 것이 있다.

5) 기일에서의 소송행위 정리

기일에서의 소송행위의 정리행위로 변론지휘(제135조), 법정경찰권발동(법원조직법 제58-61조) 등을 통하여 당사자나 관계인 등에게 발언을 하게 하거나 금지시킨다.

6) 소송관계 정리행위

소송관계가 불명확한 경우에 이를 정리하기 위한 행위로 석명권 및 지적의무의 행사(제136조), 석명처분(제140조) 등이 있다.

7) 소송해결을 위한 조치

소송해결을 위한 조치로 화해권고(제145조)와 화해권고결정(제225조 제1항), 불필요한 증거신청의 각하, 명백히 이유 없는 청구나 주장을 취하 또는 철회시키는 행위 등이 있다.

3. 주체 및 형식

소송지휘권의 주체는 법원이다(제140, 145조). 변론이나 증거조사 중의 지휘는 재판장이 법원을 대표하여 행사하나, 지휘에 대하여 당사자가 이의할 경우에는 법원이 재판한다. 수명법관이나 수탁판사도 권한을 위임받은 사항에 관해서는 소송지휘권을 갖는다(제165, 197, 332조).

소송지휘는 사실행위로 행사하거나 재판형식을 취하기도 한다(출석·제출명령, 변론의 제한·분리·병합·재개 결정). 재판의 형식을 취하더라도 이는 어떤 사항에 대하여 확정적인 판단을 내리는 것이 아니므로 불요·부당하다고 판단되면 언제나 스스로 취소할 수 있다.

Ⅲ. 당사자 지위

직권진행주의라고 하여도 당사자는 소송의 주체로서 법원에 대하여 일정한 소송지휘를 요구할 수도 있고, 법원이 주재하는 절차진행의 합법성을 감시할 수도 있다.

1. 신청권

소송지휘는 법원의 권한이므로 당사자가 이에 관한 신청을 하여도 이는 법원의 권한발동을 촉구하는 의미밖에 없고, 법원은 이에 대하여 일일이 판단할 필요가 없다.

다만 법원의 소송지휘가 당사자에게 중대한 영향을 미치는 경우에는 당사자에게 소송지휘에 관한 이의신청권이 있고, 법원은 이에 대하여 판단하여야 하고, 이에 대한 불복신청이 인정된다. 당사자의 신청에 의한 심판의 편의를 위한 이송(제34, 35, 36조), 구문권(제136조 제3항), 기일지정(제165조), 중단절차의 수계(제241조), 실기한 공격방어방법의 각하(제149조) 등이 그것이다.

2. 이의권

1) 개념

이의권이란 법원이나 상대방의 소송법규 위배행위에 대하여 이의하고 무효를 주장할 수 있는 권리를 말한다(제151조).

2) 대상

이의의 대상이 되는 것은 법원이나 상대방의 소송절차에 관한 규정 위반행위(소제기, 청구변경, 소송참가, 소송고지의 방식, 증거조사 장소·방식 등에 관한 규정 위반)이다(제151조). 소송절차에 관한 규정 중 훈시규정(제85조 제2항, 제199조, 제207조 제1항, 제210조 제1항)은 이에 위반해도 이의할 수 없으므로 효력규정위반행위만이 대상이 된다.

효력규정에는 당사자의 이익보호를 위한 사익적 규정(임의규정)과 공익적 규정(강행규정)이 있는데, 강행규정은 재판의 적정·신속 등 공익에 관련된 것으로 법원이나 당사자가 당연히 지켜야 할 규정이므로 이의 여부를 물을 것 없이 당연히 무효가 되므로 임의규정만이 이의권의 대상이 된다.

또한 효력규정 중에서도 소송절차가 아닌 소송행위의 내용이나 소송상 주장에 관한 규정(석명권, 증거평가, 처분권주의)은 이의대상이 아니다.

강행규정의 예로는 법원의 구성(법원조직법 제3－7조), 법관의 제척(제41조)변론의 경신(제204조), 전속관할(제31조), 공개주의(헌법 제109조), 소송요건, 상소·재심요건, 불변기간 준수,[86] 판결의 선고(제205조), 판결서의 송달에 관한 하자[87] 등이 그것이다.

3) 행사

이의하는 당사자는 단순히 절차규정에 어긋남을 지적하여 이의하는 것으로 충분하다.

법원이 이의가 상당하다고 인정하면 그 소송행위를 무효로 하고, 이에 상응한 처리를 하여야 한다. 예컨대 증거조사의 기일, 장소를 통지하지 않고 증거조사를 한 것에 대하여 이의가 있으면 적법한 절차에 따라 새로이 증거조사를 해야 하고, 증인선서를 하지 않고 증인신문을 한 경우에는 다시 선서하게 하고 신문하여야 한다.

4) 포기와 상실

① 개념

이의권을 스스로 포기하는 것과 지체 없이 행사하지 않아 상실하는 것을 말한다.

소송상 이의권은 적극적으로 행사하여 절차위반소송행위의 효력을 무효로 만드는 외에 행사하지 않으면 절차위배의 흠이 치유되어 그 소송행위가 유효하게 된다는 데 의미가 있다. 적절한 시기에 이의권을 행사하지 않아 소송절차가 상당히 진행된 다음에 이의권의 행사를 허용하면 소송절차의 안정을 해하므로, 민사소송법은 당사자가 절차위배를 알았거나 알 수 있었는데도 불구하고 즉시 이의하지 않으면 이의권을 상실하는 것으로 정하고 있다(제151조).

② 대상

이의권의 포기·상실이 인정되는 것은 임의규정을 위배한 경우에 한정한다. 임의규정은 오로지 당사자의 소송수행상 이익을 보장하기 위한 것이므로 스스로 포기하는 것을

---

86) 대판 1972. 5. 9. 72다379.

87) 대판 1979. 9. 25. 78다2448, 항소기간에 관한 규정은 강행규정이므로 그 기산점이 되는 판결서 송달에 관한 하자는 이의권 포기의 대상이 아니다.

막을 이유가 없기 때문이다. 소제기나 청구변경의 방식에 위반된 경우,[88] 기일통지의 누락,[89] 소송서류의 미송달,[90] 증거조사방식이 잘못된 경우[91] 등이 그것이다.

앞서 본 바와 같이 강행규정은 재판의 적정·신속 등 공익에 관련된 것이므로 위배 시는 이의권 포기·상실의 대상이 아니다.

③ 포기의 방식과 상실의 요건

포기는 변론 또는 변론준비절차에서 법원에 대한 일방적인 명시적 또는 묵시적 의사표시로 한다. 기일통지가 없는데 기일에 출석하여 이의하지 않으면 묵시적으로 포기한 것이다. 의사표시는 서면 또는 말로 할 수 있다. 소송 외에서 상대방에게 한 포기의사표시는 효력이 없다.

상실은 절차위배를 알았거나 알 수 있었는데 지체 없이 이의하지 않으면 발생한다. 지체 없이란 절차위배를 알았거나 알 수 있었던 직후의 변론 또는 변론준비기일을 말한다.

이의권은 절차위반행위가 있은 후에 발생하고 행사할 수 있으므로 사전포기는 허용되지 않는다.

이의권 포기 후에 이를 철회하는 것은 소송절차의 안정을 해하므로 인정되지 않는다.

④ 효과

이의권을 포기하거나 상실하면 당해 소송행위의 흠은 치유되고, 처음부터 유효한 것으로 된다.

---

88) 대판 1993. 3. 23. 92다51204, 서면에 의하지 않은 청구변경은 상대가 이의하지 않으면 유효하다.
89) 대판 1984. 4. 24. 82므14.
90) 대판 1962. 12. 27. 62다104.
91) 대판 1996. 3. 8. 95다48667.

제8장 변론

제1절 총설

Ⅰ. 개념

변론이란 협의로는 당사자가 법원 앞에서 마주하고 수소법원에 소송자료, 즉 사실과 증거를 제출하는 행위를 말하는데, 본안의 신청을 하고, 이를 뒷받침하는 공격방어방법을 제출하고(법률상·사실상 진술, 증거신청) 기타 진술을 하는 것으로 이루어져 있다.

더 나아가서는 위의 당사자 소송행위 외에 법원의 증거조사를 포함하는 의미로, 최광의로는 법원의 지휘와 판결의 선고까지 포함하는 의미로도 쓰이나, 통상은 법원 앞에서 양 당사자가 마주하고 행하는 당사자의 소송행위를 지칭한다.

변론은 양 당사자가 대립·관여하는 상태에서 이루어지는 것을 전제로 하므로, 대립구조 없이 법원이 당사자나 이해관계인 등에게 질문하고 답변하는 기회를 주는 신문(제134조 제2항)과는 다르다.

Ⅱ. 변론의 필요성

민사소송법은 변론에 의한 재판을 원칙으로 하고 있는데(제134조 제1항), 이는 분쟁의 해결방식에 대한 오랜 역사적 경험의 소산이라고 할 것으로, 사안에 대하여 가장 잘 아는 것은 당사자 본인이므로 본인에게 소송자료의 제출을 맡기는 것이 진상파악에 유용하고, 다투는 당사자의 설득에 효과적이기 때문이다.

Ⅲ. 변론의 종류

소송절차 중에는 변론을 거쳐야 하는 것(필요적 변론)과 아닌 것(임의적 변론)이 있다.

1. 필요적 변론

변론을 여는 것이 법률상 요청되는 경우로 이 경우에는 변론을 열지 않으면 판결을 할 수 없고, 변론에서 진술되거나 현출된 것만이 재판자료가 된다. 예외로 법원은 피고가 소장의 부본을 송달받은 날부터 30일 이내에 답변서를 제출하지 아니거나, 청구원인이 된 사실을 모두 자백하는 취지의 답변서를 제출하고 따로 항변을 하지 아니한 때에는 변론 없이 판결할 수 있고(제257조), 소송요건이나 상소요건의 흠결로 각하판결을 할 때(제219, 124, 413, 425조)와 상고심 판결을 할 때(제430조 제1항), 소송비용담보제공결정을 받고도 담보제공을 하지 않아 각하판결을 할 때(제124조)에도 변론 없이 판결할 수 있다.

2. 임의적 변론

변론을 여는 것이 법원의 재량에 속하는 경우로, 결정으로 재판하도록 정해진 경우(제134조 제1항 단서)인 관할의 지정(제28조), 법관의 제척·기피신청에 대한 재판(제46조), 특별대리인의 선임(제62조), 소송비용액의 확정(제110, 113, 114조), 판결의 경정(제211조) 등이 있다.

이때는 서면심리만으로도 재판할 수 있으나, 당사자, 참고인 등을 신문할 수도 있다(제134조 제2항). 신문은 당사자에게 통지나 절차공개의 필요가 없고, 당사자 일방에게만 기회를 주어도 되는 점에서 변론과 다르다.

임의적 변론의 경우에는 설사 변론을 열더라도 결정으로 재판하는데, 가압류·가처분 재판은 결정으로 하지만 변론을 열 경우에는 판결로 하여야 하고(민사집행법 제281조 제1항, 제310조), 이때의 변론은 필수적 변론의 성격을 가진다.

제2절 변론의 내용

변론은 소송절차상 원고의 본안에 대한 신청과 이에 대한 피고의 반대신청, 신청을 이유 있게 하기 위한 법률상·사실상 주장인 공격방어방법의 진술과 이에 대한 상대방의 부인 또는 자백, 주장에 대하여 상대방이 부인할 경우에 이를 증명하기 위한 증거신청과 이에 대한 상대방의 증거항변으로 이루어져 있다.

Ⅰ. 본안의 신청

1. 개념

본안의 신청은 당사자 사이에 다툼이 있는 권리법률관계에 대하여 종국판결을 구하는 것으로, 원고가 소장에 기재된 청구취지를 진술하여 청구인용판결을 구하는 신청과 피고가 이에 대하여 소각하 또는 청구기각의 판결을 구하는 반대신청을 말한다.

소각하는 소송요건에 흠이 있을 때에 하는 것으로, 소송요건은 법원의 직권조사사항이므로 이에 흠이 있으면 소를 각하하여야 하고, 원고청구가 이유 없으면 청구기각판결을 해야 하는 것은 법원의 직무이므로 소각하나 청구기각의 신청이 반드시 있어야 하는 것은 아니다. 소송비용재판과 가집행선고는 종국판결의 주문에 기재되므로 이에 관한 신청은 본안신청이나, 신청이 없어도 법원이 직권으로 가능하므로 이 신청도 반드시 있어야 하는 것은 아니다.

2. 신청의 종류

민사소송법상 신청은 당사자가 법원에 대하여 일정한 행위를 요구하는 행위를 말하는데, 이에는 통상의 변론에 해당하는 본안에 관한 신청 외에 소송절차의 진행과 관련한 사항에 관한 법원의 행위를 구하는 소송상의 신청이 있다. 법관의 제척·기피신청, 이송신청, 기일지정신청, 공시송달신청, 증거조사신청 등이 그것이다. 소각하나 청구기각의 판결을 구하는 신청은 이에 의하여 재판내용이 결정되는 것이 아니라는 이유로 소송상의 신청으로 보는 견해도 있다.

3. 법원의 조치

법원은 신청에 대하여 응답해야 한다. 법원의 응답은 신청이 적법하고 이유 있으면 그 행위를 행하고, 그렇지 않으면 신청을 각하하는 방식으로 이루어진다.

당사자에게 신청권이 없는 경우에는 법원의 직권발동을 촉구하는 의미밖에 없으므로 응답할 의무가 없고, 응답을 하더라도 이에 대한 불복은 할 수 없다. 변론의 제한분라·병합·재개 결정(제141, 142조), 조사의 촉탁(제294조) 등이 그것이다.

4. 신청의 방식

신청은 법에 정함(소장·상소장의 서면 제출 제248, 264, 397조)이 없으면 서면 또는 구두로 한다(제161조 제1항).

5. 신청의 철회

신청 여부가 자유이므로 철회 여부도 법원이 요구한 행위를 하기 전까지는 자유이다. 다만 상대방이 유리한 지위를 취득한 경우에는 제한된다. 예컨대 상대방이 응소한 뒤에는 소취하가 제한된다(제266조 제2항). 신청을 철회하면 처음부터 신청이 없었던 것으로 된다. 소취하는 판결선고 후에도 가능하지만 종국판결선고 후에 취하하면 재소가 금지된다(제267조 제2항).

6. 부관

신청은 확정적이어야 하므로 조건이나 기한 같은 부관을 붙일 수는 없다.

Ⅱ. 공격방어방법

1. 개념

원고가 자기의 본안신청을 뒷받침하기 위하여 제출하는 일체의 자료를 공격방법, 피고가 원고의 주장을 다투면서 이를 이유 있게 하기 위하여 제출하는 일체의 소송자료를 방어방법이라고 한다. 소송자료의 제출은 신청을 이유 있게 하기 위한 법률상·사실상 주장과, 이에 대한 상대방의 부인 시 이를 증명하기 위한 증거신청, 증거신청에 대한 상대방의 증거항변으로 구성되어 있다.

2. 주장

1) 개념

주장이란 신청을 이유 있게 하기 위한 법률상·사실상의 진술을 말한다.

2) 법률상 주장

① 개념

법률상 주장이란 구체적인 권리관계의 존부에 관한 자기의 인식·판단의 보고인 진술을 말한다. 예컨대 대여금청구소송에서 대여금채권이 있다고 주장하거나 손해배상청구소송에서 불법행위로 인한 손해배상청구채권이 있다고 주장하는 것과 같이 소송물 자체인 권리·법률관계에 관한 진술과, 물건인도청구소송에서 소유권이 있다고 주장하는 것처럼 소송물의 전제 문제인 권리·법률관계에 관하여 진술하는 것을 말한다. 피고 측에서 하는 법률상의 주장, 예컨대 물건인도청구소송에서 원고의 소유권은 인정하지만 물건에 대한 임차권이 있다고 주장하는 것은 권리항변이라고 한다.

법규의 존재 여부와 해석·적용에 관한 의견진술도 법률상 진술이기는 하지만, 이는 법원의 전권에 속하므로 법원의 주의를 촉구하는 참고자료의 의미만 있다.

② 상대방의 태도

법률상의 주장을 상대방이 다투면 이를 뒷받침할 사실을 주장하여야 한다.

법률상의 주장을 상대방이 다투지 않으면, 주장내용이 소송물인 권리·법률관계에 관한 것인 경우에는 청구인낙이 되고, 소송물의 전제 문제에 대한 것일 경우에는 권리자백이 된다.

3) 사실상 주장

① 개념

사실상 주장이란 구체적인 사실의 존재 여부에 관한 자기의 인식·판단의 진술을 말한다. 예컨대 가옥인도청구소송에서 원고의 소유권을 피고가 다투면, 원고는 소유권취득원인 사실로 매매·시효취득 등의 사실을 주장해야 하고, 대여금 청구에서 원고의 대여금채권을 피고가 다투면 대여금채권을 발생시키는 사실인 소비대차의 합의와 금전수수 사실을 주장해야 한다.

② 상대의 태도

원고의 사실상 주장에 대하여 피고는 그 사실을 부인하거나, 모른다고 하거나(부지), 인정하거나(자백), 아무 대답을 하지 않는 것(침묵)으로 반응한다. 침묵하는 경우에는 상대의 주장을 다투지 않고 인정한 것으로 보나(자백간주), 변론의 전 취지에 의하여 다툰 것으로 인정되는 경우에는 그러하지 아니하다(제150조).

또한 피고는 원고의 주장사실을 인정하면서, 그 권리발생을 방해하거나, 권리를 소멸시키거나, 권리행사를 저지하는 규범의 요건사실을 주장할 수도 있는데, 이를 항변(본안의 항변)이라고 한다. 대여금청구에 대하여 이를 인정하면서 변제했다거나 대여금채권이 소멸시효가 완성했다고 주장하는 것이다.

이 항변에 대한 원고의 태도는 마찬가지로 부인·부지·침묵하거나, 재항변한다. 예컨대 소멸시효완성의 항변에 대하여 최고, 가압류 등에 의한 시효중단을 주장하는 것이다.

원고의 재항변에 대하여 피고는 최고 후 6개월 내에 소제기 등을 하지 않은 사실이나 가압류 취소 등을 주장하는 재재항변을 한다.

③ 주장의 방식·철회·부관·예비적 주장과 판단순서

가. 방식

주장은 법원에 대해 말로 해야 한다(제134조 제1항, 제204조).

나. 철회

주장의 철회는 자유이고 전에 부인한 것을 뒤에 인정해도 그만이다. 다만 주장에 의하여 상대가 유리한 지위를 취득하면 철회할 수 없고(자백의 철회제한, 제288조 단서), 주장의 변경이나 철회 등의 행위가 변론의 전 취지로 불리하게 작용될 수는 있다.

다. 부관

주장은 단순하여야 하고 조건이나 기한은 소송절차의 안정을 해하므로 붙일 수는 없다. 다만 1차 주장이 인정되지 않을 것에 대비한 2차 주장(예비적 주장)은 절차의 안정을 해하지 않기 때문에 허용된다.

라. 예비적 주장과 판단순서

예비적 주장의 경우 예비적 청구와는 달리 법원은 그 순서에 구애받지 않고 그중 어느 하나를 인정하여 판단할 수 있다. 예비적 주장은 어느 것을 인정해도 분쟁의 결과(주문)에 차이가 없고, 판결이유 중에서 판단되므로 기판력이 발생하지 않기 때문이다. 예비적 청구는 처분권주의의 원칙상 당사자가 제시한 심판순서에 법원이 구속된다. 단 상계항변은 기판력이 있고(제216조 제2항), 반대채권의 소멸이라는 대가를 치르는 불이익이 있으므로, 시효소멸이나 변제와 같은 대가 없는 항변이 있으면 이를 먼저 판단하여야 할 것이다.

3. 증거신청과 증거항변

1) 증거신청

사실상 주장이 다투어지는 경우에는 법관에게 그 존재 또는 부존재에 대한 심증형성을 위한 증거를 제출하여야 하는데, 이를 증거신청이라고 한다. 증거신청은 증거조사를 구하는 신청이지만 사실상 주장을 뒷받침하는 기능을 하므로 공격방어방법의 하나로 본다.

증거신청은 증거조사가 개시되기 전에는 철회할 수 있다.

2) 상대방의 태도(증거항변)

증거신청이 있으면 상대방은 제출하는 증거에 대하여 증거신청절차의 부적법, 증거능력·증거력의 흠을 주장해 증거신청의 각하 또는 증거조사 결과의 불채용을 구하게 된다. 증거가 요증사실과 관계없다든가, 시기에 늦은 신청이라든가, 문서가 위조되었다든가, 증인이 심신미약이어서 신빙성이 없다는 등의 진술이다.

4. 독립된 공격방어방법

독립된 공격방어방법이란 그 하나만으로 청구를 유지·배척하기에 충분한 경우를 말한다. 예컨대 소유권확인의 소에서 원고가 소유권취득원인사실로 매매나 시효취득을 주장하는 경우나, 대여금청구소송에서 피고가 대여금청구채권의 소멸원인으로 변제나 상계를 주장하는 경우에는 그 주장 하나로 청구가 유지 또는 배척되기에 충분하므로 독립한 공격방어방법이 된다.

독립한 공격방어방법은 중간판결의 대상이 될 수 있다(제201조).

5. 항변

1) 개념

항변은 앞서 본 바와 같이 본안신청을 이유 있게 하기 위한 원고의 사실상 주장에 대하여 피고가 이를 인정하면서 그 권리발생을 방해하거나, 권리를 소멸시키거나, 권리행사를 저지하는 규범의 요건사실을 주장하는 것을 말한다(좁은 의미의 항변). 그런데 다수설은 소각하의 신청을 본안에 관한 반대신청으로 보므로 이를 이유 있게 하기 위한 소송요건의 흠에 관한 사실상의 주장도 원고의 본안신청을 저지하기 위한 항변으로 보게 된다.

결국 민사소송법상 사용되는 항변의 개념은 원고의 청구를 배척하기 위하여 소송상 또는 실체법상 이유를 들어 방어하는 행위를 뜻하게 된다(넓은 의미의 항변). 소송상 이유에 근거한 항변을 소송상 항변, 실체법상 이유에 근거한 항변을 본안의 항변이라고 한다.

2) 소송상 항변

소송상 항변에는 본안 전 항변과 증거항변이 있다.

① 본안 전 항변

본안 전 항변은 소송요건에 흠결이 있어 소가 부적법하다는 피고의 항변이다. 그런데 소송요건은 대부분이 직권조사사항이어서 피고의 주장을 요하는 것이 아니고, 부제소합의, 임의관할위반, 중재계약, 소취하계약과 같이 피고의 주장이 있어야 고려되는 것도 원고주장과 양립할 수 있는 것은 아니므로 본래 의미의 항변이라고는 볼 수 없다.[1]

② 증거항변

증거신청이 있으면 상대방은 제출하는 증거에 대하여 증거신청절차의 부적법, 증거능력·증거력의 흠을 주장해 증거신청의 각하 또는 증거조사 결과의 불채용을 구하게 되는데 이를 증거항변이라고 한다. 증거가 요증사실과 관계없다든가, 시기에 늦은 신청이라든가, 문서가 위조되었다든가, 증인이 심신미약이어서 신빙성이 없다는 등의 진술이다.

증거신청의 채부는 법원 직권사항이고, 증거력평가도 법관의 자유심증에 의하므로 증거항변은 법원의 주의촉구의 의미만 있을 뿐, 엄밀한 의미의 항변은 아닌 것으로 보아야 한다.

3) 본안의 항변

① 개념

본안의 항변이란 원고의 청구를 배척하기 위하여 원고의 주장사실과 양립 가능한 별개의 사실을 주장하는 피고의 진술을 말한다. 원고의 권리근거규범의 요건사실 주장에 대하여 피고가 이를 인정하면서 이와 양립할 수 있는 반대규범의 요건사실을 주장하는 것을 말한다. 실제소송에서는 상대주장사실을 인정하면서 양립할 수 있는 별개 사실을 주장하는 제한부자백과 상대주장사실을 다투면서 예비적으로 별개 사실을 주장하는 예비적 항변의 형태로 나타난다.[2]

민법상 항변권(동시이행항변권, 보증인의 최고·검색의 항변권)은 청구에 대한 이행거절권이나, 소송법상의 항변은 원고의 청구를 이유 없게 하기 위한 방어방법인 점에서 서로 다르다.

② 항변의 종류

반대규범은 그 종류에 따라서 권리를 처음부터 발생하지 않게 하는 권리장애규범, 일단 발생한 권리를 소멸하게 하는 권리멸각규범, 발생한 권리의 행사를 저지하는 권리저

---

1) 임의관할위반의 항변을 하지 않고 본안심리에 들어가면 변론관할이 생겨 관할위반의 항변을 할 수 없는 것과 마찬가지로, 중재항변은 본안의 항변을 하기 전에 하여야 하고, 본안심리에 들어간 후에는 할 수 없다(대판 1991. 4. 23. 91다4812).

2) 매매를 원인으로 하는 소유권이전등기청구에 대하여 매매를 인정하지만 시효가 소멸하였다고 주장하면 제한 부 자백이고, 매매사실을 부인하면서 거사 매매사실이 있다 해도 등기청구권이 시효가 소멸하였다고 주장하면 예비적 항변이다.

지규범이 있고, 항변도 각 규범의 요건사실을 주장하는 것으로 분류된다.

가. 권리장애항변

원고가 주장하는 권리를 처음부터 발생할 수 없게 하는 사실을 주장하는 것이다. 의사능력의 흠, 허위표시(민법 제108조) 공서양속 위반, 불공정행위, 강행법규위반 등 법률행위의 무효사유, 비채변제에서 변제자의 악의(민법 제742조), 불법원인급여(민법 제746조)를 주장하는 것이다. 법체계상 권리근거규정은 본문 등 원칙규정으로 되어 있고, 장애규정은 단서나 예외규정으로 되어 있다. '단 ～～～는 그러하지 아니하다'는 단서규정이고, '～～～한 때에는 적용하지 않는다'는 예외규정의 요건사실은 권리장애항변이다.

나. 권리멸각항변

원고가 주장하는 권리가 발생한 뒤에 소멸한 사실을 주장하는 것이다. 변제, 상계, 면제, 소멸시효완성, 계약의 해제, 취소 등이 그것이다.

다. 권리저지항변

원고가 주장하는 권리가 존속하고는 있으나, 권리행사를 저지할 수 있는 권리가 있다는 사실을 주장하는 것이다. 유치권항변, 최고검색항변, 동시이행항변 등 실체법상 항변을 하는 경우나 기한의 유예나 정지조건의 존재 또는 목적물인도청구에 대한 점유권원의 주장(민법 제213조 단서) 등이 그것이다.

라. 재항변, 재재항변

재항변은 피고의 항변에 대하여 원고가 항변사실을 인정하면서 이와 양립할 수 있는 반대규범, 즉 항변사실에 의한 법률효과를 소멸시킬 수 있는 새로운 사실, 즉 장애·멸각·저지의 효과를 발생시킬 수 있는 새로운 요건사실을 주장하는 것을 말한다. 피고의 취소항변에 대하여 원고가 추인이 있었음을 주장하는 것이다.

재재항변은 원고의 재항변에 대하여 피고가 재항변사실을 인정하면서 이와 양립할 수 있는 반대규범, 즉 재항변사실에 의한 법률효과를 소멸시킬 수 있는 새로운 사실, 즉 장애·멸각·저지의 효과를 발생시킬 수 있는 새로운 요건사실을 주장하는 것을 말한다. 추인의 의사표시에 착오가 있음을 이유로 취소한다고 주장하는 것이다.

4) 부인과 본안 항변의 구별

① 개념

부인과 본안의 항변은 상대방의 사실상 주장을 배척하기 위한 사실상 주장인 점에서는 같으나, 부인은 원·피고를 가리지 않고 상대방이 증명책임을 지는 사실 자체를 부정하는 것으로 양립 불가능한 사실을 진술하는 것인데, 본안의 항변은 피고가 원고의 주장과 양립 가능한 반대규정의 요건사실을 주장하는 것이다.

② 구별기준

양립 가능성의 점에서 부인은 상대주장과 양립 불가능한 사실을 진술하는 것으로 상대주장에 대하여 '아니요'라고 하는 것이고, 항변은 상대주장과 양립 가능한 사실을 진술하는 것으로 상대주장에 대하여 '네, 그러나~~'라고 하는 것이다.

별개 사실의 주장 필요성과 관련하여 부인은 상대의 주장사실을 별개 사실의 주장 없이 단순히 부정하는 단순부인과 상대주장사실과 양립할 수 없는 별개 사실을 진술하여 부정하는 적극부인3)이 있다. 항변은 별개 사실에 관한 주장이 언제나 있다.

주장의 필수 여부와 관련 소송과정에서 상대방의 주장이 있으면 인정을 하든지 부인을 하든지 둘 중 하나의 선택을 하여야 하지만, 항변을 할 것인지 여부는 피고의 자유이다.

③ 구별 필요성

증명의 필요성과 관련 부인은 부인대상 사실을 상대방이 증명해야 하고, 항변은 항변하는 사람이 그 주장사실을 증명해야 하는 점에서 구별의 필요성이 있다.

판결이유 중 설시와 관련된 부인은 판결이유 중에서 판단할 필요가 없으나, 항변은 상대방의 주장을 인용할 경우에는 이를 배척하는 판단이 필요한 점에서도 구별의 필요성이 있다.

제3절 당사자의 소송행위 및 관련된 문제

Ⅰ. 소송행위의 개념

민사소송절차에서 행해지는 당사자의 변론은 소송상 당사자가 행하는 여러 소송행위 중 하나이다. 일반적으로 소송행위라 함은 소송주체인 법원과 당사자, 기타 소송관계인이 소송절차를 진행하기 위하여 하는 행위를 말한다. 법원의 소송행위는 재판, 증거조사, 소송지휘와 같은 국가기관으로서의 행위이므로 소송절차 밖에서 이루어지든 안에서 이루어지든 법적 규제원리가 다를 것이 없으나, 사인인 당사자의 소송상 행위는 실체법상 권

---

3) 소비대차 주장에 대하여 돈을 받았으나 증여받았다고 주장하는 것이 그것이다.

라·법률관계의 주체로서 지위와 소송당사자로서의 지위에서 행하는 행위가 혼합되어 있어 과연 어디까지를 소송법에 의하여 규율되는 소송행위로 볼 것인가에 관해서는 여러 논의가 있다.

① 효과설

소송법상 효과를 발생시키는 모든 행위를 소송행위로 보는 입장이다.

이에 대해서는 그 범위가 너무 넓어, 예컨대 소송목적물의 매매가 있을 경우에는 분쟁의 주체인 지위도 이전하게 되어 양수인이 소송에 참가할 수 있는 효과도 생기는데, 이 경우 매매행위도 소송행위로 보게 되는 무리가 있다는 비판이 있다.

② 요건과 효과설

행위의 요건과 효과가 모두 소송법에 의해 규율되는 행위(예컨대 소취하 제266, 267조)를 소송행위로 보는 입장이다.

이에 대해서는 범위가 너무 좁아서 요건규정 없이 효과규정만 있는 경우(청구포기·인낙, 제220조)라도 소송행위로 보아야 하는데, 이를 제외해야 하는 문제점이 있다는 비판이 있다.

③ 주요효과설

소송법상 효과발생을 주요효과로 하는 행위를 소송행위로 보는 입장이다. 어느 행위가 소송법적 효과와 실체법적 효과를 모두 발생시키는 경우에는 어느 것이 주요효과인가를 따져서 소송행위인가 사법행위인가를 결정하면 된다고 한다.

이에 대해서는 주요효과 여부에 대한 판단의 어려움이 지적된다. 변론에서 상계의사표시를 한 경우나, 소송 외에서 소취하 합의를 한 경우에 소송행위인지, 사법행위인지 판단의 어려움이 있다.

Ⅱ. 종류

1. 행위의 시기와 장소에 따른 분류

소송 전 소송행위는 제소 전의 소송행위로 관할합의, 중재계약, 소송위임 등이 있다.

소송 외의 소송행위는 제소 후 소송 외에서 하는 소송행위로 선정당사자 선정, 불항소합의, 소취하계약 등이 있다.

소송절차 내의 소송행위는 소송절차 내 특히 변론과정에서 행해지는 소송행위로 본안의 신청과 반대신청, 공격방어방법의 제출이 그것이다.

2. 행위의 내용에 따른 분류

앞에 나온 신청, 주장, 증명과 소송법률행위가 그것이다.

소송법률행위는 소송법상 법률효과의 발생을 목표로 하는 당사자의 의사표시이다. 단독행위에 해당하는 것으로 소상소의 취하, 이의권·상소권 포기 등이 있고, 계약에 해당하는 것으로 관할·부제소 합의가 있고, 합동행위에 해당하는 것으로 화해가 있다.

3. 소송행위의 목적·기능에 따른 분류

① 취효적 소송행위

법원에 대한 특정재판 요구 및 관련자료 제출행위를 말한다. 이 행위는 독자로 의도한 효과를 달성할 수 없고, 법원의 행위가 개입되어야 효과가 달성된다. 신청, 주장, 증명이 그것이다. 이 행위가 있으면 법원은 그 적법성과 이유유무를 판단하여 대답한다.

② 여효적 소송행위

취효적 소송행위 이외의 모든 소송행위로 법원의 개입 없이 소송상 효과가 발생하나, 유효 여부에 대하여 다툼이 있으면, 법원의 판단을 받아야 한다. 의사표시인 소송법률행위(소취하, 관할합의), 의사통지(준비서면에 의한 공방 예고), 관념의 통지(대리인 선임신고, 소송고지), 사실행위(준비서면 제출)의 네 종류가 있다.

소송 전이나 소송 외에서 여효적 소송행위를 했는데 상대가 무시하거나 다투는 경우(소송 외에서 소취하계약을 했으나 원고가 취하하지 않는 경우)에는 이를 소송에 끌어들여 법원의 판단을 받아야 하므로 취효적 소송행위인 주장(소취하계약의 존재를 밝힘)을 해야 한다.

③ 취효 및 여효적인 경우

상소제기와 같은 행위는 이심효과가 발생하는 점에서는 여효적 소송행위이고, 상소심의 재판을 구하는 점에서는 취효적 소송행위이다.

④ 구별실익

가. 재판의 존재 여부

취효적 소송행위는 특정한 재판의 요구 및 관련 자료의 제출행위이므로 재판이 필수적으로 따르게 되나, 여효적 소송행위는 재판과 상관없이 효과가 발생한다.

나. 법원의 응답 여부

취효적 소송행위에 대해서는 법원은 적법성과 이유유무를 판단하여 대답하여야 하나, 여효적 소송행위는 법원의 개입 없이 소송상 효과가 발생하므로 법원은 그에 따라 소송을 진행하면 되고, 유효 여부에 대하여 다툼이 있으면, 유효 여부를 판단하여 무효일 경우에는 그 후 절차에서 무시한다.

다. 철회자유 여부

취효적 소송행위는 당사자에게 불리한 경우나, 상대에게 일정 법률상 지위가 취득된 경우(증거신청에 의해 이미 증거조사가 진행된 경우, 소제기에 응소한 경우)를 제외하고는 법원의 대답이 있기 전까지 철회가 자유로우나, 여효적 소송행위는 바로 효력이 발생하므로 철회할 수 없는 것이 원칙이다.

라. 민법상 의사표시의 흠 규정 적용 여부

소송행위는 절차의 안정을 도모해야 하므로 취효적·여효적 소송행위를 불문하고 민법상 의사표시의 흠에 해당하는 흠이 있더라도 민법규정을 적용하여 취소할 수 없다는 것이 종래의 다수설과 판례의 입장이었으나, 개개 소송행위의 특성에 따라 적용범위를 넓혀 가고 있는 것이 현재의 추세이다. 소송 전·소송 외의 소송행위는 소송절차 외에서 이루어져 절차안정과 무관하므로 적용이 가능하다는 입장, 나아가 소송절차 중의 행위라도 절차를 종료하는 소취하, 청구 포기·인낙 등에 대해서는 절차안정과 무관하다는 이유로 적용이 가능하다는 입장 등이 그것이다.

Ⅲ. 소송행위의 요건과 방식

1. 요건

소송행위는 사법행위와 달리 사익만을 위한 것이 아니고, 소송제도 안에서 행해지며 공익의 지배를 받으므로 사법규정을 그대로 적용할 수 있나 문제가 발생한다.

1) 인적 요건

당사자의 소송행위가 유효하려면 당사자에게 민법상 권리능력, 행위능력 대신 당사자능력, 소송능력, 변론능력이 있어야 한다. 대리인 소송의 경우는 법정대리권 또는 소송대리권이 필요하다. 후견인이나 임의대리인인 변호사가 소취하·청구포기인낙·화해를 할 경우에는 특별수권이 필요하다(제56, 90조 각 제2항).

2) 의사표시와 관련한 요건

① 부관

절차의 안정성이 중시되는 소송행위에는 조건이나 기한 등 부관을 붙일 수 없는 것이 원칙이다. 다만 소송절차 내에서 밝혀질 사항을 조건으로 하는 것은 절차의 안정을 해하지 않으므로 허용된다. 예비적 주장, 병합, 반소 등이 그것이다. 판례는 재판상 화해를 소송행위로 보면서도 실효조건부화해의 유효성을 인정하고 있다.[4]

② 의사표시의 흠

위에서 본 것과 같다.

③ 철회가능 여부

위에서 본 것과 같다.

2. 방식

소송행위는 변론주의와 구술주의의 원칙상 법원에서 말로 하는 것이 원칙이다. 다만 중요한 소송행위(소상소·재심의 제기, 소상소의 취하, 청구변경, 참가 등)는 서면을 법원에 제출하는 방식으로 해야 하고, 이 서면의 상대방에 대한 송달로 효력이 발생한다.

Ⅳ. 소송상 합의(계약)

1. 개념

소송상 합의라 함은 당사자 또는 장래 당사자로 될 자가 현재 또는 장래의 특정한 소

---

4) 대판 1988. 8. 9. 88다카2332, 재판상의 화해가 성립되면 그것은 확정판결과 같은 효력이 있는 것이므로 그것을 취소, 변경하려면 재심의 소에 의해서만 가능하다 할 것이나 재판상 화해의 내용은 당사자의 합의에 따라 자유로 정할 수 있는 것이므로 화해조항 자체로서 특정한 제3자의 이의가 있을 때에는 화해의 효력을 실효시키기로 하는 내용의 재판상 화해가 성립되었다면 그 조건의 성취로써 화해의 효력은 당연히 소멸된다 할 것이고 그 실효의 효력은 언제라도 주장할 수 있다.

송에 대하여 소송상 일정한 법적 효과의 발생을 목적으로 하는 합의로 소송 전 또는 소송 외에서 이루어지는 것을 말한다.

2. 인정 여부

1) 명문이 있는 경우

민사소송법에 명문이 있는 경우로는 관할합의(제29조), 불항소합의(제390조), 기일변경합의(제165조), 담보제공방법에 관한 합의(제122조 단서) 등이 있고, 다른 법으로는 중재계약(중재법 제3, 9조), 준비절차에서의 당사자 간 협의(민소규칙 제70조 제2항) 등이 있다.

2) 명문이 없는 경우

명문이 없는 경우에도 소송상 합의를 인정할 것인지 문제가 되는데, 처분권주의·변론주의가 적용되는 범위 내의 것인 한 인정해야 할 것이다. 불제소계약,5) 소상소취하계약,6) 증거(자백, 증거제한)계약과 집행계약 등은 적법한 것으로 본다. 다만 공익상 필요에 의해 규정된 강행규정을 변경·배제하려는 계약(증거력이나 소송요건에 관한 합의 등)은 무효이다.7) 또한 불제소계약의 경우 장래의 모든 분쟁에 대한 불제소계약과 같이 소권일반의 포기는 반사회질서의 행위로 무효이다.

3. 성질

명문규정이 없어 적법한 소송상 합의의 성질이 사법계약인가, 소송계약인가에 관해서는 견해가 나뉜다.

1) 사법계약설

소송상 합의는 그 요건과 효과가 모두 소송법에 규정되어 있지 않으므로 소송계약이 아니고 사법계약이고 사법상 권리·의무가 발생한다고 본다. 상대방의 의무불이행 시 구제방법에 관해서는 의무이행을 소구하여 강제집행을 할 수 있다는 의무이행소구설과 소송계약을 한 사실을 항변으로 주장할 수 있다는 항변권발생설(발전적 사법계약설)이 있다. 항변권설에 의하면 소취하계약을 하면 소를 취하할 사법상의 작위의무가 발생하는데, 원고가 이를 위반하여 소취하를 하지 않을 경우에 피고가 항변으로 계약의 존재사실을

---

5) 대판 1968. 11. 5. 68다1665.

6) 대판 1982. 3. 9. 81다1312.

7) 대판 1998. 3. 27. 97다49732, 퇴직 시 발생하는 퇴직금청구권을 사전에 포기하거나 사전에 그에 관한 민사상 소송을 제기하지 않겠다는 부제소특약을 하는 것은 강행법규인 구 근로기준법(1997. 3. 13. 법률 제5305호로 폐지되기 전의 법률)에 위반되어 무효이다.

증명하면 원고의 소는 권리보호이익이 없는 것으로 각하하여야 한다.

의무이행소구설에 대해서는 구제방법이 우회적이란 비판이, 항변권설은 사법상의 의무가 발생한다고 하면서도 그 의무가 작용하는 장면은 거의 없고, 항변권의 발생요건에 지나지 않아 당사자의 의사와는 달리 합의에 따른 효과를 직접 끌어내지 못하는 문제가 있다는 비판이 있다.

2) 소송계약설

소송법상 계약으로 보아 직접 소송법상 효과를 발생시켜 소송 상태를 변동시킨다고 보는 입장이다. 이 설은 합의한 대로 행위를 해야 할 의무까지는 부과시키지 않는데, 나아가 계약위반 시 손해배상청구가 가능하도록 의무부과효과(예컨대 소취하계약 시 소를 취하해야 할 소송법상 의무도 부담하는 것)도 발생한다는 발전적 소송계약설도 있다.

소송계약설에 대해서는 소송법에 아무 규정이 없는 소송계약을 소송법에서 요건·효과를 규정한 전형적인 소송행위와 동일시한다는 비판이 있고, 발전적 소송계약설에 대해서는 소송행위로부터 사법상의 작위·부작위의무가 발생하는 것을 설명할 수 없다는 비판이 있다.

3) 판례

판례는 소송상 합의 위반 시 소송으로 의무이행을 구할 수는 없다고 하고 있고,8) 불제소합의를 위반하여 제기된 소는 권리보호이익이 없다고 하여 항변권발생설의 입장이다.9)

소송계약설처럼 직접 소송법상 효과가 발생한다고 해도 상대가 원용해야 법원의 고려 대상이 되므로 실제에 있어서는 차이가 없다.

4. 유효요건

1) 당사자와 관련된 요건

명문규정이 없는 소송상 합의는, 소송계약설에 의하면 소송능력과 소송상의 대리권이 필요하지만, 사법상 계약설에 의하면 민법상 행위능력과 대리권으로 족하다고 본다.

명문의 규정이 있는 관할합의는 소송행위로 소송능력이 필요하다.

2) 의사표시와 관련된 요건

명문규정이 있는 합의 여부를 불문하고, 민법의 의사표시 흠 규정이 유추 적용된다고

---

8) 대판 1966. 5. 31. 66다564.

9) 대판 1968. 11. 5. 68다1665, 대판 1982. 3. 9. 81다1312, 소송당사자가 소송 외에서 그 소송을 취하하기로 합의한 경우에는 그 합의는 유효하여 원고에게 권리보호의 이익이 없으므로 원고의 소는 각하되어야 한다.

본다. 소송절차 외에서 체결되는 것이므로 절차안정에 영향을 주지 않아 조건·기한도 가능하다고 본다.

3) 합의 대상

처분권주의와 변론주의의 범위 내에서 합의하여야 하고, 특정법률관계에 대하여 합의하여야 한다. 장래의 모든 분쟁에 대한 불제소계약과 같이 소권일반의 포기는 반사회질서의 행위로 무효이다.

5. 소송상 합의의 방식

소송상 합의는 구두든 서면이든 불문하나, 관할합의와 종국판결 뒤에 양쪽 당사자가 상고할 권리를 유보하고 항소를 하지 않기로 합의하는 경우에는 서면으로 하여야 한다 (제29, 390조 각 제2항). 판결 선고 전의 불상소합의는 반드시 서면에 의하여야 한다.[10]

6. 효과

1) 항변사항 여부

소송상 합의는 항변사항이고 직권조사사항이 아니라는 것이 통설이나, 판례는 불상소합의는 상소의 적법요건에 관한 것으로 직권조사사항이라고 본다.[11]

2) 효력범위

① 주관적 범위

소송상 합의의 효력은 당사자와 그 포괄승계인에게 미친다. 채권의 특정승계인에게도 미치나, 물권의 특정승계인에게는 미치지 않는다. 기타 제3자에게도 미치지 않는다.

② 객관적 범위

소송상 합의효력은 대상으로 된 특정 분쟁에 한하여 미친다. 합의 후에 당사자 사이의 법률관계가 변동된 경우에는 미치지 않는다.

---

10) 대판 2007. 11. 29. 2007다52317, 구체적인 사건의 소송계속 중 그 소송 당사자 쌍방이 판결선고 전에 미리 상소하지 아니하기로 합의하였다면 그 판결은 선고와 동시에 확정되는 것이므로, 이러한 합의는 소송당사자에 대하여 상소권의 사전포기와 같은 중대한 소송법상의 효과가 발생하게 되는 것으로서 반드시 서면에 의하여야 할 것이며, 그 서면의 문언에 의하여 당사자 쌍방이 상소를 하지 아니한다는 취지가 명백하게 표현되어 있을 것을 요한다.

11) 대판 1980. 1. 29. 79다2066.

7. 관련 문제

1) 부제소합의

① 개념

부제소합의란 일정한 법적 분쟁에 대하여 당사자 사이 법원에 소를 제기하지 않기로 하는 계약을 말한다. 소송상 합의의 대표적인 경우이다.

② 허용범위

부제소합의는 국민의 재판청구권과 처분권주의와 변론주의의 범위 내에서 특정법률관계에 대한 합의여야 한다. 장래의 모든 분쟁에 대한 불제소계약과 같이 소권일반의 포기는 반사회질서의 행위로 무효이다.[12] 법률관계는 당사자가 포기할 수 있는 것이어야 한다.[13] 부제소합의는 그에 따른 불이익을 명확하게 예측할 수 있고, 의사결정의 자유가 보장된 상태에서 이루어져야 한다.[14]

③ 효과

부제소합의는 법원의 직권조사사항은 아니고 항변사항이다.

위반하여 제소한 경우에 항변권발생설에 의하면 상대방이 합의의 존재에 대한 항변을 하고 증명하면 법원은 권리보호의 자격이 없다는 이유로 소각하판결을 하고, 소송계약설이나 발전적 소송계약설에 의하면 합의의 존재를 주장하면 법원은 권리보호자격이 없다는 이유로 소각하판결을 한다.

2) 소취하계약, 불상소계약에도 같은 문제가 발생한다. 상소취하계약의 경우는 위반 시 항변권발생설은 항소이익의 흠결로 각하해야 한다고 하고, 소송계약설은 소송종료선언을 해야 한다고 한다.

---

12) 대판 2002. 2. 22. 2000다65086.

13) 대판 1999. 3. 26. 98다63988, 소극적 소송요건의 하나인 부제소 합의는 합의 당사자가 처분할 권리 있는 범위 내의 것으로서 특정한 법률관계에 한정될 때 허용되며, 그 합의 시에 예상할 수 있는 상황에 관한 것이어야 유효하다.

14) 대판 2001. 9. 4. 2001다9496, 예상하지 못한 후유증으로 인한 손해에 대해서는 합의의 효력이 미치지 않는다.

Ⅴ. 소송행위의 철회와 흠을 이유로 한 취소

1. 소송행위의 철회

1) 철회자유 여부

취효적 소송행위는 당사자에게 불리한 것이나, 상대방에게 일정한 법률상 지위가 취득된 경우(증거신청에 의해 이미 증거조사가 진행된 경우, 소제기에 응소한 경우)를 제외하고는 법원의 대답이 있기 전까지 철회가 자유롭다. 처분권주의와 변론주의가 적용되기 때문이다.

여효적 소송행위는 바로 효력이 발생하므로 철회할 수 없는 것이 원칙이다.

2) 철회 제한의 예외

철회가 제한되는 경우에도 예외로 인정되기도 한다.

① 제5호의 재심사유가 있을 때

소송행위가 형사상 처벌받을 상대의 행위로 인하여 행해진 경우에는 제451조 제1항 제5호의 재심사유가 되는데, 재판의 확정을 기다려 재심청구를 할 것 없이 소송절차 내에서 그 효력을 부정하는 것이 소송경제에 도움이 되므로 철회를 인정하여야 할 것이다.

② 상대방의 동의가 있을 때

철회가 제한되는 것은 상대방이 취득한 유리한 지위, 기타 일정한 지위를 보호하기 위한 것이므로 상대방의 동의가 있으면 철회를 제한할 이유가 없다.[15]

③ 재판상 자백이 진실에 반하고 착오로 인한 것일 때

재판상 자백은 철회할 수 없는 것이나, 진실에 어긋나는 자백은 그것이 착오로 말미암은 것임을 증명한 때에는 취소할 수 있다(제288조 단서).

2. 소송행위의 취소

소송행위는 절차의 안정을 도모해야 하므로 민법상 의사표시의 흠에 해당하는 흠이 있더라도 민법규정을 적용하여 취소할 수 없다는 것이 종래의 다수설과 판례의 입장이었으나, 개개 소송행위의 특성에 따라 적용범위를 넓혀 가고 있는 것이 현재의 추세이다.

---

15) 피고가 동의하면 피고가 응소한 후라도 소취하를 할 수 있고, 증거조사가 개시된 후라도 증거신청의 철회를 할 수 있으며, 자백도 철회할 수 있다.

1) 소송 전·소송 외의 소송행위로 한정하는 입장

소송 전·소송 외의 소송행위는 소송절차 외에서 이루어져 절차안정과 무관하므로 민법상 취소를 인정할 수 있다고 본다. 그 외의 경우는 소취하의 경우 재심사유 제5호를 유추해 인정되고, 청구포기·인낙을 준재심으로 취소할 수 있는 외에는 민법을 적용해 취소할 수 없다고 본다.

2) 소송절차를 종료시키는 행위까지 확장시키는 입장

소송 전·소송 외의 소송행위뿐만 아니라, 소송 중 행위라도 소송절차를 종료시키는 청구 포기·인낙, 화해 등에 대해서는 절차안정과 무관하다는 이유로 민법상 의사표시의 흠 규정의 적용이 가능하다고 본다.

3) 판례

판례는 종래의 다수설 입장을 견지하여 소송행위의 특성과 상관없이 의사표시의 흠에 관한 민법규정을 적용하지 않고 있다.16) 예외로 제한적인 경우에 재심사유 제5호를 유추 적용하여 소송행위의 효력을 부인하고 있다.17)

Ⅵ. 소송행위의 흠

1. 소송행위의 흠

소송행위가 있게 되면 그에 대한 평가를 하여 소송행위로 인정할 것인지(성립·불성립), 인정한다면 유효한 것인지 아닌지(유·무효), 유효한 것이라면 법이 정하는 요건을 갖추고 있는지 아닌지(적법·부적법), 적법하다면 그 내용이 이유가 있는지 아닌지(이유 유무) 여부를 평가하게 된다. 이 평가과정에서 기준이 되는 것이 흠이 있는가 여부이고, 단계별로 그 흠의 내용이 다르다.

---

16) 대판 1997. 10. 10. 96다35484(소송 전 소송행위의 취소를 부인하는 경우), 1980. 8. 26. 80다351(절차 종료의 소송행위의 무효·취소를 부인하는 경우) 등.

17) 대판 1984. 5. 29. 82다카963, 소송행위가 사기, 강박 등 형사상 처벌을 받을 타인의 행위로 인하여 이루어졌다고 하여도 그 타인의 행위에 대하여 유죄판결이 확정되고 또 그 소송행위가 그에 부합되는 의사 없이 외형적으로만 존재할 때에 한하여 민사소송법 제422조 제1항 제5호, 제2항의 규정을 유추 해석하여 그 효력을 부인할 수 있다고 해석함이 상당하므로 타인의 범죄행위가 소송행위를 하는 데 착오를 일으키게 한 정도에 불과할 뿐 소송행위에 부합되는 의사가 존재할 때에는 그 소송행위의 효력을 다툴 수 없다.
대판 1985. 9. 24. 82다카312, 형사책임이 수반되는 타인의 강요와 폭행에 의하여 이루어진 소취하의 약정과 소취하서의 제출은 무효이다(이 사안은 형사판결이 확정되지 않은 경우이다).

결국 소송행위의 흠은 소송행위가 불성립, 무효, 부적법, 이유 없는 경우라고 할 수 있는데, 불성립은 소송행위가 아니고, 이유유무는 소송법의 문제가 아니라는 이유로 흠 있는 소송행위의 정의를 소송행위의 능력·방식·내용에 관한 절차규정을 위반하여 행해진 무효이거나 부적법한 소송행위라고 본다.

1) 성립·불성립

소송행위의 성립·불성립은 소송행위가 법에서 요구하는 정형, 즉 소송행위로서의 개념요소를 충족하고 있는가에 대한 평가이다. 예컨대 소제기는 소장을 법원에 제출하여 하는 것이므로(제248조) 법관의 자택에 소장을 보내면 소제기행위가 될 수 없는 것이다. 이같이 소송행위로 성립하지 않으면 평가의 대상이 없으므로 유무효 등 그다음 단계의 평가는 문제 되지 않는다.

2) 유·무효

소송행위의 유무효는 성립한 소송행위가 그 본래의 효과를 발생할 수 있는가에 대한 평가이다. 소송행위로 성립이 되어도 의사능력, 당사자능력, 소송능력, 대리권에 흠이 있거나, 소송절차에 관한 효력규정(피고가 응소한 뒤에 한 소취하)을 위반한 경우에는 무효이다. 전자의 경우는 추인(제60, 61, 97조), 후자의 경우는 그 규정이 임의규정이면 이의권의 포기·상실(제151조)에 의하여 유효로 될 수 있다.

3) 적법·부적법

소송행위의 적법·부적법은 유효한 소송행위에 대하여 그 내용의 이유유무를 판단하는 것이 소송법상 허용되는가 여부에 대한 평가이다. 행위자가 의도한 효과가 발생하려면 법원의 개입이 필요한 취효적 소송행위에서 발생하는 문제이다. 유효한 소나 상소가 소송요건이나 상소요건을 갖추었는가, 공격방어방법의 제출이 실기했는지 여부에 대한 판단이 그것이다.

4) 이유유무

소송행위의 이유유무는 적법한 행위의 내용이 실체법과 소송법상 인정되는지에 대한 평가이다.

2. 흠 있는 소송행위의 소송상 취급

1) 효력

위에서 본 바와 같이 무효, 부적법한 소송행위가 된다.

2) 법원의 처리

① 보정명령

법원은 법에 문외한인 당사자가 소송절차에 관한 규정을 지키도록 도와줄 책무가 있으므로 법은 흠 있는 소송행위가 있는 경우에 이를 다시 하도록 하거나, 정정·보충을 요구하도록 하고 있다. 소송능력·법정대리권 등의 흠결, 선정당사자 자격 흠결, 소송대리권 흠결 등의 경우 법원의 보정명령(제59, 61, 97조), 재판장의 소장, 항소장, 상고장 심사에 의한 보정명령(제254, 255, 425조) 등이 그것이다.

② 각하 등

정정·보충 등이 불가능한 경우에는 취효적 소송행위는 부적법 각하하고(부적법한 소제기), 여효적 소송행위는 무효이므로 무시한다(동의 없는 소취하).

3. 흠의 제거

1) 소송행위의 반복

당사자의 소송행위는 원칙적으로 철회할 수 있으므로 흠 있는 소송행위를 철회하고 다시 흠 없는 소송행위를 하여 흠을 제거할 수 있다(소취하). 단 그 행위에 기간제한이 있는 경우(항소제기기간)에는 그 기간 내에 해야 한다.

효력은 새로운 소송행위이므로 새로운 때로부터 발생한다.

2) 추인

① 개념

추인은 불완전한 소송행위를 사후에 확정적으로 유효하게 만드는 일방적 의사표시이다. 소송능력, 법정대리권 또는 소송행위에 필요한 수권이 없는 사람이 소송행위를 한 후에 능력 등이 보정되면 종전의 행위를 추인할 수 있다(제60, 61, 97조).

② 시기

추인의 시기는 묻지 않으며 판결이 선고된 뒤(제424조 제2항)나, 판결이 확정된 뒤(제451조 제1항 제3호)라도 상관없다.

3) 보정

① 개념

보정이란 소송행위가 유효요건을 구비하지 못하고 있는 경우에 뒤에 이를 정정·보충하여 유효하게 만드는 것을 말한다. 소송능력·법정대리권 등의 흠결, 선정당사자 자격 흠결, 소송대리권 흠결 등의 경우 법원의 보정명령(제59, 61, 97조)과 재판장의 소장, 항소장, 상고장 심사에 의한 보정명령(제254, 255, 425조)에 따르거나, 당사자가 자발적으로 보정할 수 있다.

② 시기

보정은 보정기간 내에 해야 하고, 보정기간 내에는 흠 있는 소송행위라도 법원이 이를 배제할 수 없다.

③ 효력

부족한 인지를 보정하면 소장제출 시에 적법한 소장이 제출된 것으로 보고, 청구내용의 불특정을 보정하면 보정 시에 소장이 제출된 것으로 보나, 항상 소장 제출 시로 소급한다는 견해도 있다.

4. 흠의 치유

1) 개념

흠이 제거되지는 않았으나 그에 따른 무효의 효과가 더 이상 발생하지 않고 유효로 취급되는 것을 말한다. 넓게는 소송행위의 반복, 추인, 보정으로 하자를 제거하는 경우도 포함하는 개념으로 쓰이기도 한다.

2) 재판의 확정에 의한 치유

재판이 확정되어 취소할 수 없게 되면 재판을 받기 위하여 행해진 소송행위는 재심사유로 문제가 되는 경우가 아닌 한 별도로 유무효를 따질 필요가 없게 되는 경우가 대부분이므로 치유가 되는 것으로 볼 수 있다.

3) 이의권의 포기·상실

이의권의 포기란 당사자가 상대방의 소송행위가 소송절차에 관한 규정(임의규정)에 어긋난 것임을 알고도 이에 대하여 이의를 않겠다고 하는 법원에 대한 일방적인 의사표시이고, 이의권의 상실이란 당사자가 상대방의 소송행위가 소송절차에 관한 규정(임의규정)에 어긋난 것임을 알거나, 알 수 있었을 경우에 바로 이의를 제기하지 아니하면 그 권리를 잃는 것을 말한다(제151조). 다만 그 권리가 포기할 수 없는 것인 때에는 그러하지 아니하다. 이는 소송절차의 안정과 소송경제를 도모하려는 취지에서 인정된 것이다.

5. 무효행위의 전환

1) 개념

무효행위의 전환이란 한 소송행위가 유사한 소송법상의 효과가 발생하는 다른 소송행위의 요건을 갖춘 경우에 그 다른 소송행위의 효과를 인정해 주는 것을 말한다.

2) 인정취지

당사자가 사소한 또는 책임 없는 절차상의 과오로 권리를 잃게 된다면 지나치게 가혹하고 이는 공정·형평한 분쟁의 해결이라는 소송법의 목적에도 반하기 때문이다.

3) 인정되는 경우

특별항고(제449조)의 대상인 결정·명령에 대하여 항고법원에 일반항고를 한 경우는 특별항고를 한 것으로 보아 대법원에 기록을 송부하는 것[18] 해야 하고, 항소기간을 넘긴 항소가 책임 없는 사유에 의한 것으로 인정되면 추완항소(제173조)로 인정하는 것[19] 독립당사자참가신청이 부적법한 경우에 이를 보조참가신청으로 인정하는 것[20] 등이 그것이다.

6. 소송행위의 추후보완

소송행위의 추후보완이란 소송행위에 관하여 일정기간이 정해진 경우에 그 기간 경과 후에 그 소송행위를 하여도, 법정기간 중에 한 것과 같은 효력을 인정해 주는 것을 말한다(제173조). 이를 소송행위의 흠 제거·치유의 한 형태로 보는 입장과 행해지지 않은 소송행위에 대해서는 무효·부적법의 문제가 발생할 수 없다는 이유로 구별하는 입장이 있다.

7. 법원의 소송행위 흠

재판의 흠은 상소·재심으로만 취소할 수 있고 그때까지는 유효하다. 재판 이외의 소송행위 흠의 경우는 법원의 소송행위 방식에 대한 규정이 대부분 훈시규정이어서 이를 위반해도 위법은 아니고, 추인은 인정되지 않으며 새로운 행위를 다시 하거나, 소송절차의 진행으로 치유될 수가 있고, 이의권 포기·상실의 대상이 된다.

Ⅶ. 형성권의 소송상 행사

1. 문제점

취소, 해제, 상계, 건물매수청구권 등 형성권을 소송상 공격방어방법으로 행사했을 때,

---

18) 대판 1981. 8. 21. 81마292.
19) 대판 1980. 10. 14. 80다1795.
20) 대판 1960. 5. 26. 4292민상524.

소송상 효과만 발생하나 아니면 사법상 효과도 발생하나의 문제를 두고 견해들이 갈린다.

2. 학설

1) 병존설

소송상 형성권행사의 외관은 하나의 행위이지만 사법상 형성권의 행사인 사법행위와 이에 의하여 발생한 사법상의 효과를 법원에 진술하는 소송행위의 두 행위가 병존하고 있다고 보는 입장이다. 소송상 형성권행사의 요건과 효과를 각기 사법과 민사소송법에 의하여 결정하므로, 소취하 또는 각하가 있거나 형성권행사가 실기한 공격방어방법으로 각하되더라도 사법상의 취소·해제 효과는 그대로 존속한다.

이 입장은 어떤 경우에도 사법상 효과는 존속하므로 예컨대 상계권행사가 실기한 공격방어방법으로 각하된 경우에 자기채권은 상계로 소멸했는데도 불구하고 상대방의 청구채권은 지급해야 하는 부당한 결과를 낳는 문제점이 있다.

2) 소송행위설

소송상 형성권행사는 공격방어방법이므로 하나의 행위로 소송행위이고, 사법행위는 포함되어 있지 않다고 보는 입장이다. 형성권행사의 요건과 효과를 민사소송법에 의하여 결정하므로 소취하 또는 각하되면 소송상의 효과만 소멸한다. 사법상의 효과는 처음부터 발생하지 않고, 판결로 인정된 경우에만 발생한다.

이 입장은 상계항변에 사법상의 효과가 없다면 왜 피고에게 유리한 자료가 되는 것인지 설명이 되지 않고, 실체법상 권리의 요건·효과를 소송법에 따라 판단하는 것도 의문이 있다.

3) 양성설

소송상 형성권행사는 외관상만이 아니라 실제로도 하나의 행위지만, 사법행위와 소송행위의 양 성격을 같이 갖고 있는 것으로 보는 입장이다. 실체법상의 효과와 소송법상의 효과가 서로 의존관계에 있어 한쪽의 무효는 다른 쪽의 무효를 가져온다. 오늘날에는 이를 지지하는 입장은 없다.

4) 신병존설

병존설의 입장이면서, 상계의 경우에는 당사자의 의사를 중시하여 상계권행사가 실기한 공격방어방법으로 각하된 때에는 그 사법상의 효과도 발생하지 않는 것으로 보는 입장으로 현재의 통설이다. 그 근거로는 법원이 판단하지 않았기 때문이라거나, 허용되지 않는 시점에서 행사되어 무효이기 때문이라거나, 법원의 판단을 받을 때에만 사법상 효과를 발생시키려는 조건부 의사표시이기 때문이라는 등의 이유를 들고 있다.

당사자로서는 해제·취소권과 같이 행사에 제척기간이 정해져 있는 경우에는 소취하의 경우에도 사법상의 효과는 존속하기를 바란다고 보아야 하고, 또 상계의 경우 위에서 본 것과 같은 부당한 결과 또한 바라지 않을 것이므로 당사자의 의사에 가장 부합하는 해석이라고 볼 수 있다.

3. 판례

판례는 소제기로써 계약해제권을 행사한 후 그 뒤에 그 소송을 취하하였다 하여도 해제권은 형성권이므로 그 행사의 효력에는 아무런 영향을 미치지 않는 것으로 보아,[21] 일응 병존설의 입장인 것으로 되어 있으나, 상계권에 대한 사안에 대해서는 신병존설과 마찬가지의 결론을 낼 것이다.

제4절 변론의 준비

민사소송법은 제1조에서 "법원은 소송절차가 공정하고 신속하며 경제적으로 진행되도록 노력하여야 한다"라고 규정하여 민사소송이 지향해야 할 이념을 제시하고 있다. 이같은 이상이 공개법정에서 구두로 이루어지는 변론과정에서 구현되기 위해서는 사전에 미리 변론할 내용에 대한 철저한 준비가 필요하고, 이를 위해 마련된 것이 준비서면과 변론 준비절차 제도이다.

Ⅰ. 준비서면

1. 개념

준비서면은 당사자가 변론에서 진술할 사항을 기재해서 법원에 제출하는 서면을 말한

---

21) 대판 1982. 5. 11. 80다916.

다. 민사소송법은 변론은 집중되어야 하며, 당사자는 변론을 서면으로 준비하여야 하고, 법원은 이를 상대방에게 보내 주어 상대방으로 하여금 미리 이에 대한 대비를 하도록 하여 변론기일에서의 심리가 효율적으로 진행될 수 있게 하고 있다(제272, 273조).

준비서면인지 여부는 서면의 제목이 아닌 그 기재의 내용에 의해 정해진다. 소장에 공격방어방법 등 임의적 재개사항이 적혀 있으면 그 한도에서 준비서면이 되고, 준비서면에 기일지정신청 등 신청취지가 적혀 있으면 그 부분은 신청서의 효력이 있다.

재판장은 당사자의 공격방어방법의 요지를 파악하기 어렵다고 인정하는 때에는 변론을 종결하기에 앞서 당사자에게 쟁점과 증거의 정리 결과를 요약한 준비서면을 제출하도록 할 수 있다(제278조).

2. 준비서면의 기재사항 및 첨부서류

1) 기재사항

준비서면에는 다음의 사항을 적고, 당사자 또는 대리인이 기명날인 또는 서명한다(제274조 제1항).

누가, 언제, 어떤 사건에 관하여 제출하는 것인가에 관한 형식적 사항인 당사자의 성명, 명칭 또는 상호와 주소, 대리인의 성명과 주소, 사건의 표시, 작성한 날짜, 법원의 표시, 자기가 제출하려는 공격방어방법과 상대방의 청구와 공격방어방법에 대한 진술 및 덧붙인 서류의 표시 등이다.

또한 자기가 제출하려는 공격방어방법과 상대방의 청구와 공격방어방법에 대한 진술과 관련한 사실상 주장을 증명하기 위한 자신의 증거방법과 상대방의 증거방법에 대한 의견을 함께 적어야 한다(동 조 제2항).

2) 첨부서류

당사자가 가지고 있는 문서로서 준비서면에 인용한 것은 그 등본 또는 사본을 붙여야 한다. 문서의 일부가 필요한 때에는 그 부분에 대한 초본을 붙이고, 문서가 많을 때에는 그 문서를 표시하면 된다. 위의 문서는 상대방이 요구하면 그 원본을 보여 주어야 한다(제275조).

외국어로 작성된 문서에는 번역문을 붙여야 한다(제277조).

3) 답변서

소장이나 상소장에 대한 답변으로 피고나 피상소인이 최초로 제출하는 것을 답변서라고 하는데, 피고의 다툴 의사를 확인하고 변론을 준비하게 하기 위하여 피고에게 답변서

제출의무를 부과하고 있다(제256조).

답변서에는 준비서면과 같은 형식적 기재사항과 함께 청구의 취지에 대한 답변 및 소장에 기재된 개개의 사실에 대한 인정 여부와 항변과 이를 뒷받침하는 구체적 사실, 이들에 관한 증거방법을 기재해야 하고, 이 증거방법 중 입증이 필요한 사실에 관한 중요한 서증의 사본을 첨부하여야 한다.

3. 준비서면의 교환

준비서면은 그것에 적힌 사항에 대하여 상대방이 준비하는 데 필요한 기간을 두고 제출하여야 하며, 법원은 상대방에게 그 부본을 송달하여야 한다(제273조). 다만 단독사건의 경우에는 간소화를 위하여 변론을 서면으로 준비하지 아니할 수 있으나, 상대방이 준비하지 아니하면 진술할 수 없는 사항은 그러하지 아니하다(제272조 제2항).

준비서면을 여러 차례 제출하는 등의 이유로 당사자의 공격방어방법의 요지를 파악하기 어렵다고 인정하는 때에는 재판장은 변론을 종결하기에 앞서 당사자에게 쟁점과 증거의 정리 결과를 요약한 준비서면을 제출하도록 할 수 있다(제278조).

4. 준비서면의 효과

1) 제출의 효과

① 진술간주

준비서면은 변론을 준비하기 위한 것이지 변론에 갈음하는 것은 아니므로 제출된 준비서면이 변론기일에서 진술되지 않으면 판결의 기초인 소송자료로 삼을 수 없으나,[22] 준비서면을 제출하였으면 제출자가 변론기일 또는 변론준비기일에 출석하지 아니하거나, 출석하고서도 본안에 관하여 변론하지 아니하더라도 준비서면에 적혀 있는 사항을 진술한 것으로 볼 수 있다(제148, 286조).

② 상대방 불출석 시 자백간주

준비서면에 기재한 사항은 상대방이 불출석한 경우에도 주장할 수 있고, 이 경우 불출석한 상대방은 이를 명백히 다투지 아니한 것으로 취급되어 자백한 것으로 간주된다. 다만 변론 전체의 취지로 보아 그 사실에 대하여 다툰 것으로 인정되는 경우에는 그러하지 아니하다(제150조).

---

22) 대판 1983. 12. 27. 80다1032.

③ 실권효 배제

변론준비기일이 종결되면 공격방어방법의 제출이 제한되는데, 변론준비절차 전에 제출한 준비서면에 적힌 사항은 변론준비기일에 제출하지 않아도 변론에서 주장할 수 있다. 다만 변론준비절차에서 철회되거나 변경된 때에는 그러하지 아니하다(제285조 제3항).

④ 소취하·피고 경정에 대한 동의권

피고가 본안에 관한 사항을 기재한 준비서면을 제출한 후에는 피고의 동의가 있어야 소취하나 피고 경정을 할 수 있다(제266, 260조).

⑤ 형성권의 효력발생

준비서면에 공격방어방법으로 사법상 형성권의 행사의사표시를 기재하였고, 이 서면이 상대방에게 송달되었을 때의 사법상 효과에 관해서는 앞서 본 바와 같다.

2) 부제출·불기재의 효과

① 주장제한

준비서면에 기재하지 아니한 사실은 상대방이 출석하지 아니한 때에는 변론에서 주장하지 못한다. 다만 단독사건으로 제272조 제2항 본문의 규정에 따라 준비서면을 필요로 하지 아니하는 경우에는 그러하지 아니하다(제276조). 예고 없는 사실의 주장을 허용하여 이에 대한 답변의 기회를 갖지 못한 출석하지 않은 상대방이 자백간주의 불이익을 받는 것은 부당하기 때문이다.

따라서 예견할 수 있는 부인이나 부지의 진술, 사실이 아닌 법률상 주장은 가능하다.

주장할 수 없는 사실에 대한 증거의 신청도 포함되는가에 관하여 인정하는 것이 다수의 입장이나, 증거조사에 참여할 권리가 배제되는 것이 아닌 한 증거신청은 가능하다고 보아야 할 것이다.

출석한 당사자는 속행기일의 지정을 구하고 그때까지 준비서면을 제출하여야 할 것이다. 이때 법원은 속행기일을 지정해 주어야 한다. 그렇지 않고 변론을 종결하면 불출석한 당사자를 우대하는 결과가 되기 때문이다.

상대방이 출석하면 구술주의의 원칙상 기재하지 않은 사실이라도 주장할 수 있으나, 상대방이 예고를 받지 않아 즉시 답변할 수 없어 기일이 속행되면 그로 인한 소송비용의 증가는 그가 승소하더라도 그에게 부담시킬 수 있다(제100조).

② 자백간주

불제출자가 변론기일에 출석하지 않으면 상대방의 주장 사실에 대하여 자백한 것으로 간주된다(제150조 제3항).

③ 준비절차종결

준비서면 등을 제출하지 않으면 변론준비절차를 종결하여야 한다(제284조 제1항). 쟁점정리의 목적을 달성할 수 없기 때문이다.

④ 무변론 판결

피고가 원고의 청구를 다투는 경우에는 소장의 부본을 송달받은 날부터 30일 이내에 답변서를 제출하여야 한다. 법원은 소장의 부본을 송달할 때에 이 취지를 피고에게 알려야 한다.

법원은 피고가 답변서를 제출하지 아니한 때에는 청구의 원인이 된 사실을 자백한 것으로 보고 변론 없이 판결할 수 있다(제256, 257조).

Ⅱ. 변론준비절차

1. 개념

변론준비절차란 변론이 효율적이고 집중적으로 실시될 수 있도록 당사자의 주장과 증거를 정리하는 변론의 예행 절차를 말한다(제279조 제2항). 주장과 증거를 정리한다는 것은 당사자 간에 다툼이 있는 사실과 다툼이 없는 사실을 가려내고, 다툼이 있는 사실에 대한 증거들을 제출받고 필요할 경우 증거조사까지 하는 것을 말한다.

변론준비절차는 변론기일에 앞서 쟁점과 증거를 정리함으로써 변론에서 심리의 집중과 효율을 도모하기 위한 것으로 민사소송법은 2002년에 필요적으로 변론준비절차를 실시할 것으로 개정하였다가, 2008년에 무변론 판결을 하는 경우 외에는 바로 변론기일을 정하고 예외적으로 재판장이 필요하다고 인정하는 경우에만 변론준비절차에 회부하도록 재개정하였다.

이는 소장의 충실화와 답변서 제출의무의 강화23)로 대부분의 사건이 이 단계에서 바

---

23) 재판장은 소장을 심사하면서 필요하다고 인정하는 경우에는 원고에게 청구하는 이유에 대응하는 증거방법을 구체적으로 적어 내도록 명할 수 있으며, 원고가 소장에 인용한 서증의 등본 또는 사본을 붙이지 아니한 경우에는 이를 제출하도록 명할 수 있도록 한 것(제254조 제4항)과 피고가 원고의 청구를 다투는 경우에는 소장의 부본을 송달받은 날부터 30일 이내에 답변서를 제출하여야 하고, 준비서면과 마찬가지로 자기가 제출하려는 공격방어방법과 상대방의 청구와 공격방어방법에 대한 진술을 기재해야 하며 이와 관련된 사실상 주장을 증명하기 위한 자신의 증거방법과 상대방의 증거방법에 대한 의견을 함께 적어야 하고, 당사자가 가지고 있는 문서로 준비서면에 인용한 것은 그 등본 또는 사본을 붙여야 하는 것(제256, 274조)을 말한다.

로 변론에 들어갈 수 있을 만큼 성숙되는 소송실무의 현실을 반영한 것이다.

2. 개시

재판장은 변론 없이 판결하는 경우 외에는 바로 변론기일을 정하여야 한다. 다만 사건을 변론준비절차에 부칠 필요가 있는 경우에는 그러하지 아니하다(제258조 제1항 단서). 재판장은 특별한 사정이 있는 때에는 변론기일을 연 뒤에도 사건을 변론준비절차에 부칠 수 있다(제279조 제2항). 항소심에서도 가능하나, 상고심은 사실심리를 하지 않으므로 할 수 없다(제408, 410, 279조).

3. 진행

1) 진행자

변론준비절차의 진행은 재판장이 담당한다. 합의사건의 경우 재판장은 합의부원을 수명법관으로 지정하여 변론준비절차를 담당하게 할 수 있다. 재판장은 필요하다고 인정하는 때에는 변론준비절차의 진행을 다른 판사에게 촉탁할 수 있다(제280조).

2) 재판장의 권한

변론준비절차에는 변론절차를 원용하므로 재판장은 소송지휘권을 가지고, 석명권을 행사할 수 있고, 준비서면의 제출을 명하고, 종결된 절차를 재개할 수 있다.[24]

3) 구체적인 진행

① 준비서면의 교환과 증거신청

변론준비절차는 기간을 정하여, 당사자로 하여금 준비서면, 그 밖의 서류를 제출하게 하거나 당사자 사이에 이를 교환하게 하고 주장사실을 증명할 증거를 신청하게 하는 방법으로 진행한다(제280조 제1항). 실무상으로는 3주 정도의 간격을 두고 피고의 답변서, 원고의 반박준비서면, 피고의 재반박준비서면, 원고의 재재반박준비서면을 제출하게 하는 정도로 실시하고 있다.

---

24) 재판장 등은 변론준비절차에서 쟁점과 증거의 정리, 그 밖에 효율적이고 신속한 변론진행을 위한 준비가 완료되도록 노력하여야 하며, 당사자는 이에 협력하여야 한다. 재판장 등은 당사자에게 변론진행의 준비를 위하여 필요한 협의를 하도록 권고할 수 있다. 재판장 등은 변론준비절차에서 효율적이고 신속한 변론진행을 위하여 당사자와 변론의 준비와 진행 및 변론에 필요한 시간에 관한 협의를 할 수 있다. 재판장 등은 당사자와 준비서면의 제출 횟수, 분량, 제출기간 및 양식에 관한 협의를 할 수 있고, 이에 관한 합의가 이루어진 경우 당사자는 그 합의에 따라 준비서면을 제출하여야 한다. 재판장 등은 기일을 열거나 당사자의 의견을 들어 양쪽 당사자와 음성의 송수신에 의하여 동시에 통화를 할 수 있는 방법으로 제3항 및 제4항에 따른 협의를 할 수 있다(민소규칙 제70조).

② 변론준비절차에서의 증거조사

재판장 등은 변론의 준비를 위하여 필요하다고 인정하면 증거결정을 할 수 있고, 변론이 효율적이고 집중적으로 실시되기 위하여 필요한 범위 안에서 증거조사를 할 수 있으나, 증인신문 및 당사자신문은 제313조[25)에 해당되는 경우에만 할 수 있다(제281조).

③ 변론준비기일(제282조)

가. 실시

재판장 등은 변론준비절차를 진행하는 동안에 주장 및 증거를 정리하기 위하여 필요하다고 인정하는 때에는 변론준비기일을 지정하여 당사자를 출석하게 할 수 있다. 사건이 변론준비절차에 부쳐진 뒤 변론준비기일이 지정됨이 없이 4개월이 지난 때에는 재판장 등은 즉시 변론준비기일을 지정하거나 변론준비절차를 끝내야 한다.

당사자는 재판장 등의 허가를 얻어 변론준비기일에 제3자와 함께 출석할 수 있고, 변론준비기일이 끝날 때까지 변론의 준비에 필요한 주장과 증거를 정리하여 제출하여야 한다.

재판장 등은 변론준비기일이 끝날 때까지 변론의 준비를 위한 모든 처분을 할 수 있다.

나. 변론준비기일의 조서

변론준비기일에는 법원사무관 등이 참여하여 기일마다 조서를 작성한다. 조서에는 당사자의 공격방어방법 및 이에 대한 상대방의 응답을 기재하고, 특히 증거에 관한 진술은 명확히 하여야 한다(제283조 제1항).

변론준비기일의 조서에는 변론조서의 규정을 준용한다.

다. 당사자의 결석

당사자 일방이 변론준비기일에 출석하지 아니하거나, 출석하고서도 진술하지 아니한 때에는 그가 제출한 소장답변서, 그 밖의 준비서면에 적혀 있는 사항을 진술한 것으로 보고 출석한 상대방에게 진술을 명할 수 있다(제286, 148조).

양쪽 당사자가 변론준비기일에 출석하지 아니하거나 출석하였다 하더라도 변론하지 아니한 때에는 재판장은 다시 변론준비기일을 정하여 양쪽 당사자에게 통지하여야 한다. 새 변론기일 또는 그 뒤에 열린 변론기일에 양쪽 당사자가 출석하지 아니하거나 출석하였다 하더라도 변론하지 아니한 때에는 1개월 이내에 기일지정신청을 하지 아니하면 소를 취하한 것으로 본다. 기일지정신청에 따라 정한 변론기일 또는 그 뒤의 변론기일에 양쪽 당사자가 출석하지 아니하거나 출석하였다 하더라도 변론하지 아니한 때에도 소를

---

25) 증인이 정당한 사유로 수소법원에 출석하지 못하는 때, 증인이 수소법원에 출석하려면 지나치게 많은 비용 또는 시간을 필요로 하는 때, 그 밖의 상당한 이유가 있는 경우로서 당사자가 이의를 제기하지 아니하는 때를 말한다.

취하한 것으로 본다(제286, 268조).

다. 변론준비기일의 종결

변론준비기일은 준비목적을 달성한 경우나 당사자가 결석으로 목적을 달성할 수 없는 경우, 변론준비절차에 부친 뒤 6개월이 지난 경우에는 재판장 등에 의하여 종결된다.

4. 변론준비절차의 종결

1) 종결사유

재판장 등은 사건을 변론준비절차에 부친 뒤 6개월이 지난 때거나, 당사자가 제280조 제1항의 규정에 따라 정한 기간 이내에 준비서면 등을 제출하지 아니하거나 증거의 신청을 하지 아니한 때거나, 당사자가 변론준비기일에 출석하지 아니한 때에는 변론준비절차를 종결하여야 한다. 다만 변론의 준비를 계속하여야 할 상당한 이유가 있는 때에는 그러하지 아니하다(제284조).

2) 종결 효과

① 변론에의 상정

당사자는 변론준비절차를 마친 뒤의 변론기일에서 서면을 주고받는 것으로 준비절차를 마친 경우에는 그 서면들을, 변론준비기일을 실시한 경우에는 준비기일의 결과를 진술하여야 한다(제287조 제2항).

변론준비는 변론의 예행절차이고 변론 그 자체는 아니므로 변론에서 그 결과가 진술되어야 하는 것이다.

② 실권적 효력

서면의 교환만으로 준비절차가 끝난 경우에는 실권적 효력은 없으나, 재판장이 특정한 사항에 관하여 주장을 제출하거나 증거를 신청할 기간을 정했는데, 당사자가 그 기간을 넘긴 때에는 정당한 사유가 없는 한 주장을 제출하거나 증거를 신청할 수 없다(제147조).

변론준비기일을 실시한 경우에는 변론준비기일에 제출하지 아니한 공격방어방법은 그 제출로 인하여 소송을 현저히 지연시키지 아니하는 때, 중대한 과실 없이 변론준비절차에서 제출하지 못하였다는 것을 소명한 때, 법원이 직권으로 조사할 사항인 때에만 변론에서 제출할 수 있다. 단 소장 또는 변론준비절차 전에 제출한 준비서면에 적힌 사항은 변론에서 주장할 수 있으나 변론준비절차에서 철회되거나 변경된 때에는 그러하지 아니하다(제285조).

③ 변론기일의 실시

재판장은 변론준비절차가 끝난 경우에는 바로 당사자의 의견을 들어 변론기일을 정하여야 한다(제258조 제2항, 민소규칙 제72조 제2항).

법원은 변론기일에 변론준비절차에서 정리된 결과에 따라서 바로 증거조사를 하여야 하고, 변론준비절차를 마친 경우에는 첫 변론기일을 거친 뒤 바로 변론을 종결할 수 있도록 하여야 하며, 당사자는 이에 협력하여야 한다(제287조).

제5절 변론의 실시

Ⅰ. 변론의 시작

변론은 재판장의 변론기일 및 변론장소의 지정과 당사자에 대한 통지와 당사자의 변론기일 출석으로 시작된다. 변론기일은 재판장이 직권으로 또는 당사자의 신청에 따라 지정한다(제165조).

최초변론기일은 재판장이 제257조 제1항 및 제2항에 따라 변론 없이 판결하는 경우[26] 외에는 바로 변론기일을 정하여야 하고(제258조 제1항), 변론준비절차를 거친 경우에는 변론준비절차가 끝난 후 바로 당사자의 의견을 들어 변론기일을 정하여야 한다(제258조 제2항, 민소규칙 제72조 제2항).

---

[26] 피고가 원고의 청구를 다투는 경우에는 공시송달의 방법에 따라 소장의 부본을 송달받은 경우를 제외하고는 소장의 부본을 송달받은 날부터 30일 이내에 답변서를 제출하여야 하는데, 피고가 이 답변서를 제출하지 아니한 때에는 청구의 원인이 된 사실을 자백한 것으로 보고 변론 없이 판결할 수 있다. 다만 직권조사를 할 사항이 있거나 판결이 선고되기까지 피고가 원고의 청구를 다투는 취지의 답변서를 제출한 경우에는 그러하지 아니하다.

또한 피고가 청구원인이 된 사실을 모두 자백하는 취지의 답변서를 제출하고 따로 항변을 하지 아니한 때에도 변론 없이 판결할 수 있다(제257조).

Ⅱ. 진행

변론기일은 통지된 일시에 지정된 공개법정에서 재판장이 사건과 당사자의 이름을 부름으로써 시작된다(제169조).

재판장은 소송지휘권을 행사하여 당사자로 하여금 변론준비기일에서 서면을 주고받는 것으로 준비절차를 마친 경우에는 그 서면들을, 변론준비기일을 실시한 경우에는 준비기일의 결과를 진술하도록 한다(제287조 제2항). 다음으로 준비절차에서 하지 못한 증인신문과 당사자본인신문 위주로 증거조사를 실시한 후에 변론을 종결한다.

변론은 당사자가 말로 중요한 사실상 또는 법률상 사항에 대하여 진술하거나, 법원이 당사자에게 말로 해당 사항을 확인하는 방식으로 하는데, 법원은 변론에서 당사자에게 중요한 사실상 또는 법률상 쟁점에 관하여 의견을 진술할 기회를 주어야 한다(민소규칙 제28조).

법원은 변론이 집중되도록 함으로써 변론이 가능한 한 속행되지 않도록 하여야 하나(민소규칙 제69조 제2항), 부득이한 경우는 다음 기일을 지정하여 속행한다. 변론이 수회에 걸쳐 시행되더라도 한 기일에 시행한 것처럼 소송자료로 동일한 효력을 갖는데, 이를 변론의 일체성이라고 한다.

Ⅲ. 변론의 제한·분리·병합

법원은 변론의 제한·분리 또는 병합을 명하거나, 그 명령을 취소할 수 있다(제141조). 변론의 제한·분리는 복잡한 사건을 단순화하여 소송지연을 막기 위하여 행해지는 것이고, 변론의 병합은 관련 있는 사건들을 하나의 절차에서 심리하여 일거에 해결함으로써 소송경제를 도모하기 위하여 행해진다.

변론의 제한·분리·병합은 법원의 소송지휘 일환으로 행해지는 것이어서 당사자에게 신청권이 없고, 신청하더라도 법원의 직권발동촉구 의미밖에 없고, 법원의 제한·분리·병합결정에 대하여 불복할 수도 없다.

1. 변론의 제한

1) 개념

변론의 제한이란 하나의 소송절차에 여럿의 청구가 병합된 경우나, 여럿의 변론이 있거나 증거조사를 할 사항 있는 경우에 변론의 대상을 일정한 범위로 한정하는 것을 말한다.

예컨대 본안에 관한 주장과 본안 전 항변이 있는 경우에 항변에 관한 증거조사만 하는 것, 손해배상청구에서 책임원인과 손해액 중책임원인만 먼저 심리하는 것 등이 그것이다.

2) 제한 후의 심리

변론을 제한한다고 하여 소송기록을 따로 만들 필요는 없고 심리순서에 따라 계속 이어 가면 된다.

제한된 사항의 심리결과만으로 종국판결을 할 수 있으면 나머지 사항을 심리할 필요 없이 변론을 종결하고(소송요건에 흠이 있거나 책임원인이 없는 경우), 아니면 중간판결을 하거나 변론의 제한을 취소하고 나머지 사항에 대하여 심리한다.

2. 변론의 분리

1) 개념

변론의 분리란 청구의 객관적 병합이나 공동소송 등으로 청구가 여럿인 경우에 일부 청구를 분리하여 별개의 소송절차에서 심리하도록 하는 것을 말한다. 어떤 청구가 다른 청구와 관련성이 부족하거나 먼저 판결할 수 있을 정도로 성숙한 경우 또는 어느 공동소송인에 대해서만 절차의 진행에 장애가 있는 때에 행해진다.[27]

객관적 병합 중 선택적·예비적 병합이나, 주관적 병합에서 필수적·예비적 공동소송, 독립당사자참가소송 등은 성질상 분리가 허용되지 않는다.

2) 분리 후의 심리

변론을 분리했어도 한 개의 판결선고가 예정되어 있으면 소송기록을 분리할 필요가 없으나, 이송결정을 위한 분리나 독립된 사건으로 심리하기 위한 분리같이 별개의 절차 및 판결선고가 예정되어 있으면 소송기록 자체를 분리하여야 한다.

분리되어도 관할에는 영향이 없고(제33조), 분리 전 소송자료는 양 절차에서 그대로 원용된다.

---

27) 예컨대 주채무자의 보증인들에 대한 대여금청구소송에서 일부보증인에 대한 소송서류의 송달이 불능일 때에 송달된 피고들에 대한 변론을 분리하여 진행하다가 나중에 송달이 되면 분리를 취소한 후 별도의 조치 없이 분리되었던 중에 행한 증거조사 등 변론결과를 분리되었던 피고들에게 그대로 유효한 것으로 보고 재판을 진행한다.

3. 변론의 병합

1) 개념

변론의 병합이란 동일한 법원에 계속 중인 여러 청구를 결합시켜 하나의 소송절차에서 심리하도록 하는 것을 말한다. 변론분리와는 반대의 경우로 이로 인해 소의 객관적 병합이나 공동소송이 발생한다.

변론의 병합 여부는 법원의 재량이지만, 회사설립무효, 주주총회결의취소소송 등 회사관계소송은 수 개의 소송이 제기된 경우에는 판결의 모순저촉을 피하기 위하여 법이 병합을 의무화하고 있다(상법 제188조).

2) 병합 후의 심리

소송기록은 기본이 되는 사건의 조서에 병합되는 사건의 병합사실을 기재하고 이후 소송의 진행과정은 기본사건의 기록에만 기재한다.

병합 전 소송자료는 당사자가 같으면 그대로 적용해도 될 것이나, 당사자가 다르면 병합 전의 증거조사 등에 참여할 수 없었으므로 당사자의 원용이 있어야 그 당사자에 대한 소송자료로 삼을 수 있을 것이다.

Ⅳ. 변론의 종결과 재개

1. 변론의 종결

변론의 종결은 변론과 증거조사 등 소송절차를 진행한 결과 판결을 할 수 있을 만큼 사건의 진상이 파악되었다거나, 더 이상 진상의 파악이 어렵다고 판단될 경우에 법원이 결정으로 심리를 종결하는 것을 말한다. 법원의 결정에 해당하며 재판장이 당사자에게 구두로 고지한다.

변론종결 연월일은 기판력의 기준이 되기 때문에 판결서의 필요적 기재사항으로 되어 있다(제208조 제1항 제5호).

2. 변론의 재개

변론의 재개란 변론을 종결하였으나 판결선고 전에 심리가 미진한 것이 발견되든가, 당사자가 미처 주장 혹은 제출하지 못한 주요사실이나 증거를 발견하게 된 경우 등에, 법원이 결정으로 종결된 변론을 다시 여는 것을 말한다.

변론의 재개 여부는 법원의 재량에 속하는 사항이므로[28] 당사자의 신청은 법원의 직권발동을 촉구하는 의미밖에 없어 법원이 허부결정을 할 필요가 없다.[29] 새로운 주장·입증을 위하여 변론재개신청을 한 것을 법원이 허락하지 않았다 해도 심리미진의 위법이 있다고 할 수 없다.[30] 다만 새로운 사실의 발생이 있었다면서 상당히 신빙성이 있는 증거까지 첨부하여 재개신청을 한 경우에 그 내용이 입증된다면 판결의 결론을 좌우할 만한 경우라면 법원의 변론재개의무가 있다고 한 사례도 있다.[31]

변론재개결정을 하는 때에는 재판장은 특별한 사정이 없으면 그 결정과 동시에 변론기일을 지정하고 당사자에게 변론을 재개하는 사유를 알려야 한다(민소규칙 제43조). 변론재개결정은 변론재개기일통지서를 당사자에게 송달하여 알린다.

Ⅴ. 변론조서

1. 개념

변론조서란 사무관 등이 변론의 경과를 기록해 두기 위하여 작성하는 조서를 말한다. 소송의 진행경과를 명확히 하여 둠으로써 이에 관한 분쟁을 예방하여 절차의 안정을 꾀하는 한편, 상급법원이 원심법원의 잘못 여부를 판단할 때 자료가 된다.

변론조서에는 기본적 변론조서, 증거조사에 관한 조서(증인신문조서, 검증조서 등), 증거목록의 세 가지가 있다.

2. 기재사항

1) 형식적 기재사항

조서에는 법원사무관 등이 다음 각 호의 사항을 적고, 재판장과 법원사무관 등이 기명날인한다. 1. 사건의 표시, 2. 법관과 법원사무관 등의 성명, 3. 출석한 검사의 성명, 4. 출석한 당사자, 대리인, 통역인과 출석하지 아니한 당사자의 성명, 5. 변론의 날짜와 장

---

28) 대판 1987. 12. 8. 86다카1230.

29) 대판 1994. 10. 28. 94다39253.

30) 대판 1994. 9. 30. 94다21337.

31) 대판 1994. 11. 11. 94다34333, 새로운 사실발생의 증거로 법원의 화해조서 사본을 첨부한 경우로 당사자 사이의 분쟁을 적정하고 공평하게 해결하기 위하여 변론의 재개를 허용하는 등의 방법으로 충분한 심리를 다 하였어야 한다고 법원의 변론재개의무를 인정한 경우이다.

소, 6. 변론의 공개 여부와 공개하지 아니한 경우에는 그 이유(제153조).

이 중에서 1, 2, 5호와 같은 중요한 사항이 누락되면 조서는 무효가 된다.

2) 실질적 기재사항

조서에는 변론의 요지를 적되, 특히 다음 각 호의 사항은 분명히 하여야 한다. 1. 화해, 청구의 포기·인낙, 소의 취하와 자백, 2. 증인·감정인의 선서와 진술, 3. 검증의 결과, 4. 재판장이 적도록 명한 사항과 당사자의 청구에 따라 적는 것을 허락한 사항, 5. 서면으로 작성되지 아니한 재판, 6. 재판의 선고

위 각 호는 변론요지 중 중요한 것의 예시일 뿐이고, 법정에서 법원과 당사자 사이에 발생하는 법률상 의미 있는 모든 과정이 기재되어야 할 것이다.

3) 기재방식

법원사무관 등은 변론기일에 참여하여 기일마다 조서를 작성하여야 한다. 다만 재판장이 필요에 의해 법원사무관 등을 참여시키지 아니하고 변론기일을 연 경우에는 법원사무관 등은 그 기일이 끝난 뒤에 재판장의 설명에 따라 조서를 작성하고, 그 취지를 덧붙여 적어야 한다(제152조).

조서에는 서면, 사진, 그 밖에 법원이 적당하다고 인정한 것을 인용하고 소송기록에 붙여 이를 조서의 일부로 삼을 수 있다(제156조).

법원은 필요하다고 인정하는 경우에는 변론의 전부 또는 일부를 녹음하거나, 속기자로 하여금 받아 적도록 명할 수 있으며, 당사자가 녹음 또는 속기를 신청하면 특별한 사유가 없는 한 이를 명하여야 하는데, 이때의 녹음테이프와 속기록은 조서의 일부로 삼는다(제159조).

4) 조서의 공개

조서나 판결서, 송달보고서 등 법원이 작성한 서류와 당사자 기타 소송관계인이 법원에 제출한 서류(소장, 준비서면, 각종 신청서), 증거물 등은 소송기록의 일부인데, 조서나 소송기록의 공개에 관해서는 법이 특별한 규정을 두고 있다.

① 당사자와 이해관계인에 대한 공개

조서는 관계인이 신청하면 그에게 읽어 주거나 보여 주어야 한다(제165조).

당사자나 이해관계를 소명한 제3자는 대법원규칙이 정하는 바에 따라, 소송기록의 열람·복사, 재판서·조서의 정본·등본·초본의 교부 또는 소송에 관한 사항의 증명서 교부를 법원사무관 등에게 신청할 수 있다(제162조 제1항).

② 일반공개

누구든지 권리구제, 학술연구 또는 공익적 목적으로 대법원규칙으로 정하는 바에 따라 법원사무관 등에게 재판이 확정된 소송기록의 열람을 신청할 수 있다. 다만 공개를 금지한 변론에 관련된 소송기록에 대해서는 그러하지 아니하다. 또한 법원은 제2항에 따른 열람 신청 시 당해 소송관계인이 동의하지 아니하는 경우에는 열람하게 하여서는 아니 된다(제162조 제2, 3항).

③ 비밀보호를 위한 열람 등의 제한

다음 각 호 가운데 어느 하나에 해당한다는 소명이 있는 경우에는 법원은 당사자의 신청에 따라 결정으로 소송기록 중 비밀이 적혀 있는 부분의 열람·복사, 재판서·조서 중 비밀이 적혀 있는 부분의 정본·등본·초본의 교부를 신청할 수 있는 자를 당사자로 한정할 수 있다.

1. 소송기록 중에 당사자의 사생활에 관한 중대한 비밀이 적혀 있고, 제3자에게 비밀기재부분의 열람 등을 허용하면 당사자의 사회생활에 지장이 클 우려가 있는 때

2. 소송기록 중에 당사자가 가지는 영업비밀(부정경쟁방지 및 영업비밀보호에 관한 법률 제2조 제2호에 규정된 영업비밀을 말한다)이 적혀 있는 때

소송기록을 보관하고 있는 법원은 이해관계를 소명한 제3자의 신청에 따라 위 각 호의 사유가 존재하지 아니하거나 소멸되었음을 이유로 제1항의 결정을 취소할 수 있다(제163조 제1, 3항).

5) 조서의 정정

조서에 적힌 사항에 대하여 관계인이 이의를 제기한 때에는 조서에 그 취지를 적어야 한다(제164조). 이때 이의가 정당하면 조서를 정정해야 한다. 이의가 없더라도 조서에 명백한 오류가 있는 때에는 판결경정(제211조)에 준하여 경정할 수 있다.

6) 조서의 증명력

조서는 공문서이므로 진정성립이 추정되는데(제356조), 법은 그 증명력에도 법관의 자유심증의 예외를 인정하고 있다.

① 변론방식에 관한 증명력

변론방식에 관한 규정이 지켜졌다는 것은 조서로만 증명할 수 있다. 다만 조서가 없어진 때에는 그러하지 아니하다(제158조). 변론방식이란 변론일시, 장소, 변론의 공개 여부, 당사자나 대리인의 출석 여부, 기일에서의 당사자 호명 여부, 재판의 선고 여부 등 변론의 외형적 사항을 말한다.[32)]

조서에 변론방식에 관한 기재가 없으면 다른 증거로 그 적법함을 증명할 수 없어 부적법한 것이 되고, 기재가 있으면 다른 증거로 부적법을 증명해도 소용이 없게 된다.

② 변론의 내용에 관한 증명력

조서에 기재된 변론의 요지에 대한 증명력에 대해서는 규정이 없으나, 판례는 변론조서에는 법원사무관 등이 변론의 요지를 기재하되 자백에 관한 사항은 특히 명확히 기재하여야 하며, 그 조서에는 재판장이 기명날인하고 이해관계인은 조서의 열람을 신청하고 이의를 제기할 수 있도록 되어 있음에 비추어, 변론의 내용이 조서에 기재되어 있을 때에는 다른 특별한 사정이 없는 한 그 내용이 진실한 것이라는 점에 관한 강한 증명력을 갖는다고 본다.[33] 이 취지는 추정이므로 다른 특별한 사정을 증명하여 번복시킬 수 있을 것이다.

VI. 당사자의 변론기일 결석

1. 개념

당사자의 변론기일결석이란 당사자(본인, 대리인)가 변론기일(증거조사, 판결선고기일 제외)의 통지를 적법하게 받고도 기일에 출석하지 않거나 출석해도 변론하지 않는 것(진술금지, 퇴정명령, 임의퇴정으로 진술할 수 없게 되는 것을 포함)을 말한다.

변론주의를 채택하고 있는 민사소송절차에서 당사자가 변론을 소홀히 하면 절차의 진행이 지연되어 소송경제에 반할 뿐만 아니라 당사자의 권리구제에도 충실을 기할 수 없게 되므로 법은 실기한 공격방어방법의 제출을 불허하는 한편, 기일불출석의 경우에도 일정한 불이익을 주고 있다.

1) 불출석한 당사자는 본인만이 아니고, 대리인이 선임되어 있는 경우에는 대리인과 본인 모두가 불출석해야 한다.[34]

2) 변론기일은 필요적 변론기일에 한하고, 임의적 변론기일은 해당하지 않는다. 변론준

---

32) 대판 1969. 6. 10. 69다402, 재판장이 변론기일에서 다음 기일을 지정하고 고지한 내용이 구체적으로 어떤 것이었냐는 점은 변론의 방식이라고 보기보다는 오히려 재판의 내용에 속하는 것이라 할 것이다. 대판 1991. 9. 10. 90누5153, 기일에서 당사자를 호명도 하지 아니하였다는 주장은 변론의 방식에 관한 사항으로서 이는 조서의 기재에 의해서만 증명할 수 있다.

33) 대판 2001. 4. 13. 2001다6367.

34) 대판 1982. 6. 8. 81다817.

비기일에도 불출석의 불이익이 있다(제286조). 판결은 당사자가 출석하지 않아도 선고할 수 있으므로(제207조 제2항) 판결선고기일은 해당하지 않는다.

증거조사기일도 변론기일과는 다른 것인데, 따로 구별하여 지정하지 않은 경우, 즉 변론기일에서 행해진 증인신청을 채택한 후 다음 기일에 증인심문을 하기로 하고 변론을 속행할 기일을 지정 고지하였을 경우에는 증인조사를 법정 외에서 한다는 특별한 조치가 없는 한 위의 고지된 기일은 변론기일이라 할 것이다.[35]

3) 적법한 기일통지를 받아야 하므로 기일통지서가 송달되지 않았거나 송달무효인 경우에는 결석의 불이익이 없다.

4) 결석은 기일에 출석하지 않거나 출석해도 변론을 하지 않는 것인데, 변론을 하지 않는 것은 법원의 진술금지, 퇴정명령, 임의퇴정으로 진술할 수 없게 되는 것을 포함한다.

출석하여 청구기각만 구하고 본안에 관하여 사실상 아무런 진술을 하지 않은 경우,[36] 기일변경신청만 한 경우,[37] 법원이 출석 여부만 확인한 후 변론을 열지 않고 기일연기만 한 경우에 출석 않은 자[38]는 결석이 된다.

2. 당사자 일방의 결석

1) 대석재판주의와 결석재판주의

당사자 일방이 결석한 경우에는 결석자가 자백(답변서, 준비서면 등을 제출하지 않은 경우) 내지 진술간주(위의 서류를 제출한 경우)를 하고, 이 대석적 변론에 따라 재판하는 대석재판주의와, 결석자에게 전면적으로 불리한 판결을 하여 절차를 종결시키고, 나중에 이의가 있으면 원상회복을 허용하는 결석재판주의가 있다.

현행법은 대석재판주의를 채택했다.

2) 진술간주

① 규정

당사자가 소장, 답변서, 준비서면을 제출하고 불출석이면 그 서면에 기재된 내용을 진술한 것으로 간주하고, 출석한 상대방에게 변론을 명할 수 있다(제148조 제1항).

---

35) 대판 1966. 1. 31. 65다2296.

36) 대판 1955. 7. 21. 4288민상59.

37) 이에 대해서는 법원의 직권발동을 촉구한 것일 뿐이지만, 소송상의 신청을 함으로써 변론을 한 것으로 볼 수 있다는 입장도 있다.

38) 대판 1982. 6. 22. 81다791.

② 진술간주의 요건

가. 변론기일의 불출석 또는 무변론

변론기일은 최초, 속행, 항소심기일을 불문한다.

나. 소장, 답변서, 준비서면의 제출

명칭을 불문하고 실질적으로 변론내용이 기재되어 있으면 진술한 것으로 간주된다.

③ 진술간주의 **효과**

가. 심리의 진행 여부

출석한 상대방에게 변론을 명할 수 있으므로 변론기일에 한쪽 당사자가 불출석한 경우에 변론을 진행하느냐 기일을 연기하느냐는 법원의 재량에 속한다고 할 것이나, 출석한 당사자만으로 변론을 진행할 때에는 반드시 불출석한 당사자가 그때까지 제출한 소장, 답변서, 그 밖의 준비서면에 적혀 있는 사항을 진술한 것으로 보아야 한다.39)

소송실무에서는 출석자의 의사에 따르게 된다. 출석자가 변론을 하지 않겠다면 진술간주를 하지 않고 출석자도 불출석으로 처리한 후에 기일을 연기하고, 변론하겠다면 진술간주로 하고 변론하게 한 후에 변론을 속행하거나 진술간주로 판결할 수 있을 정도가 되었으면 변론을 종결한다.

나. 진술간주로 되는 것

진술간주로 되는 서면에 기재된 내용은 모두 진술한 것으로 간주되나, 제한이 있다.

청구의 포기, 인낙이의 표시가 있는 경우에는 해당 서면이 공증사무소 인증을 받은 경우에만 청구의 포기·인낙이 성립간주로 된다(제148조 제2항).

마찬가지로 공증을 받은 서면에 화해의사표시가 있고 출석한 상대가 이를 받아들이면 화해가 성립된 것으로 본다(제148조 제3항).

다. 관련 문제

a. 자백취지의 서면

자백하는 취지의 서면이 진술간주로 되는 경우에 재판상 자백으로 볼 것인지 자백간주인지에 관하여 다툼이 있는데, 출석했어도 자백할 것이 명백하므로 재판상 자백으로 보아도 될 것이다.40)

---

39) 대판 2008. 5. 8. 2008다2890.

40) 자백간주로 보는 입장은 진술간주는 결석자에게 유리하게 취급해 주겠다는 것인데, 재판상 자백으로까지 보면 그 취지에 반한다는 것을 근거로 한다. 이 입장에 의하면 변론종결 시까지 변론의 전 취지에 의하여 다투는 것이 명백하면 자백으로 간주되지 않는다.

b. 준비서면에 첨부한 서증

준비서면이 진술간주로 되더라도 이에 첨부한 서증에 대한 증거신청의 효력은 없다. 서증의 신청은 변론 또는 변론준비기일에 직접 서류를 제출하는 방식으로 해야 하기 때문이다.[41]

c. 관할권

관할권 없는 법원에 제출된 서면이 진술간주로 되어도 변론관할은 생기지 않는다.[42]

3) 자백간주

① 개념

자백간주란 공시송달에 의하지 않은 방법으로 기일통지서를 송달받은 당사자가 아무런 서면도 제출하지 않고 변론기일에 출석하지 아니하는 경우에는 출석한 상대방이 주장하는 사실을 자백한 것으로 보는 것(제150조 제3항)을 말한다.

② 성립요건

가. 불출석한 당사자가 상대의 주장사실을 다투는 아무런 서면도 제출하지 않고, 나. 공시송달에 의하지 않은 방법으로 기일통지서를 송달받고도 출석하지 않고, 다. 변론 전체의 취지로 보아도 그 사실에 대하여 다툰 것으로 인정되지 않는 경우에 자백간주가 성립한다.

상대방이 주장한 사실에 대하여 알지 못한다고 진술한 때에는 그 사실을 다툰 것으로 추정한다.

③ 자백간주의 효과

법원에 대한 구속력이 발생하여 법원은 이를 기초로 재판해야 하지만, 당사자에 대한 구속력은 없어서 뒤에 이를 다툴 수 있다. 다만 실기한 공격방어방법(제149조)과 준비절차종결의 효과(제285조)로 인하여 다툴 수 없게 될 수는 있다.

3. 쌍방의 결석(제268조)

1) 1회 결석

양쪽 당사자가 변론기일에 출석하지 아니하거나 출석하였다 하더라도 변론하지 아니한 때에는 재판장은 다시 변론기일을 정하여 양쪽 당사자에게 통지하여야 한다. 판결의 선고나 증거조사는 당사자가 결석하여도 할 수 있다.

---

41) 대판 1991. 11. 8. 91다15775.
42) 대판 1980. 9. 26. 80마403.

2) 2회 결석과 소취하 간주

① 요건

가. 양 당사자가 2회에 걸쳐 변론기일에 결석하여야 한다.

결석은 양쪽 당사자가 출석하지 아니하거나 출석하였다 하더라도 변론하지 아니한 때를 말한다.

결석이 연속적일 필요는 없고, 새 변론기일 또는 그 뒤에 열린 변론기일에 결석하면 해당된다.

같은 심급에서 같은 기일에 2회 결석해야 한다. 파기환송 전후에 걸친 2회 결석,[43] 변론준비기일과 변론기일의 각 1회 결석은 해당되지 않는다.[44]

같은 소송이 유지되는 상태에서 2회 결석이 있어야 하므로, 새로운 사건이 있게 되는 청구의 교환적 변경이 있는 경우에 전후 각 1회씩 결석한 경우는 해당되지 않는다고 볼 것이다.

두 번째 결석이 당사자의 책임 있는 사유 때문인가는 묻지 않는다.

양 당사자가 적법한 송달을 받아야 한다.[45]

나. 1개월 이내에 기일지정신청을 하지 않아야 한다.

이 기간은 불변기간이 아니므로 기간 경과 후 추후보완은 허용되지 않는다.[46]

---

43) 대판 1973. 7. 24. 73다209.

44) 대판 2006. 10. 27. 2004다69581, 변론준비절차는 원칙적으로 변론기일에 앞서 주장과 증거를 정리하기 위하여 진행되는 변론 전 절차에 불과할 뿐이어서 변론준비기일을 변론기일의 일부라고 볼 수 없고 변론준비기일과 그 이후에 진행되는 변론기일이 일체성을 갖는다고 볼 수도 없는 점, 변론준비기일이 수소법원 아닌 재판장 등에 의하여 진행되며 변론기일과 달리 비공개로 진행될 수 있어서 직접주의와 공개주의가 후퇴하는 점, 변론준비기일에 있어서 양쪽 당사자의 불출석이 밝혀진 경우 재판장 등은 양쪽의 불출석으로 처리하여 새로운 변론준비기일을 지정하는 외에도 당사자 불출석을 이유로 변론준비절차를 종결할 수 있는 점, 나아가 양쪽 당사자 불출석으로 인한 취하간주제도는 적극적 당사자에게 불리한 제도로서 적극적 당사자의 소송유지의사 유무와 관계없이 일률적으로 법률적 효과가 발생한다는 점까지 고려할 때 변론준비기일에 양쪽 당사자 불출석의 효과는 변론기일에 승계되지 않는다(이와 달리 민소법개정으로 변론준비절차가 강화된 점을 들어 승계된다는 입장도 있다).

45) 변론의 기일에 당사자 쌍방이 출석하지 아니한 때란 당사자 쌍방이 적법한 절차에 의한 송달을 받고도 변론기일에 출석하지 않는 것을 가리키는 것이고, 변론기일의 송달절차가 적법하지 아니한 이상 비록 그 송달이 유효하고 그 변론기일에 당사자 쌍방이 출석하지 아니하였다고 하더라도 쌍방 불출석의 효과는 발생하지 않는다. 당사자의 주소, 거소 기타 송달할 장소를 알 수 없는 경우가 아님이 명백함에도 재판장이 당사자에 대한 변론기일 소환장을 공시송달에 의할 것으로 명함으로써 당사자에 대한 변론기일 소환장이 공시송달이 된 경우, 그 당사자는 각 변론기일에 적법한 절차에 의한 송달을 받았다고 볼 수 없으므로, 위 공시송달의 효력이 있다 하더라도 각 변론기일에 그 당사자가 출석하지 아니하였다고 하여 쌍방 불출석의 효과가 발생한다고 볼 수 없다.

46) 대결 1992. 4. 21. 92마175.

② 효과

소를 취하한 것으로 본다. 이 효과는 법률상 당연히 발생하며 당사자의 의사나 법원이 재량으로 좌우할 수 없다. 소취하 여부에 다툼이 있으면 법원이 소송종료선언을 한다.

상소심에서는 상소가 취하된 것으로 본다(제268조 제4항).

소송 중의 소(반소)가 병합된 경우에는 각기 따로 기일결석 여부를 판단한다.

③ 3회의 결석

당사자의 기일지정신청에 의하여 정한 변론기일 또는 그 뒤의 변론기일에 양쪽 당사자가 출석하지 아니하거나 출석하였다 하더라도 변론하지 아니한 때에는 소를 취하한 것으로 본다.

제9장 증거

제1절 증거총설

Ⅰ. 증거의 소송법상 의의

1. 민사분쟁의 구성

민사분쟁은 사실의 존재 여부, 의미내용에 관한 분쟁과 확정된 사실관계에 적용할 법규와 그 해석·적용에 관한 분쟁으로 구성되어 있다.

따라서 재판과정도 사실을 확정하는 과정과 법규를 해석·적용하는 과정으로 이루어져 있다. 실제 소송에서는 법규의 해석·적용은 법원의 전권사항이므로 사실관계의 존재여부에 관한 다툼이 주로 발생하고, 이 결과에 따라 소송의 승패가 좌우되는 것이 대부분이어서, 사실관계의 확정과정이야말로 민사소송의 백미를 이룬다.

2. 사실인정의 방법

사실관계에 대하여 당사자 사이에 다툼이 없거나 법원에 현저한 사실인 경우에는 그 사실을 그대로 판결의 기초로 삼으면 되지만, 다툼이 있는 경우에는 법관의 자의가 아닌 객관적이고 합리적인 방법으로 확정을 하여야 재판의 공정성을 기할 수 있을 것이다.

형사소송법 제307조 사실의 인정은 증거에 의하여야 한다고 규정하여 사실인정의 방법을 명시하고 있으나, 민사소송법에는 정면으로 규정하는 것은 없고, 제288조에서 불요중 사실을 규정하여 간접적으로 밝히고 있다.

3. 관련 용어

증거는 보통 법관이 판결의 기초인 사실관계를 확정하는 데 쓰는 자료를 말하고, 증거에 의한 사실인정을 증명이라고 말한다.[1] 다음의 용어를 지칭할 때에도 단순히 증거라고 하기도 한다.

---

1) 종전에는 입증이라는 말을 썼으나 개정법에서 증명을 용어를 바꾸었다(제136조 제1항 등).

1) 증거방법

법관이 사실인정을 위해 그 오관의 작용에 의하여 조사하는 대상이 되는 유형물을 말한다. 증인, 감정인, 당사자 본인과 같은 인증, 문서·검증물과 같은 물증이 그것이다.

2) 증거자료

법관이 증거방법을 조사하여 얻은 자료를 말한다. 증언, 검증·감정결과, 문서기재내용 등이 그것이다.

3) 증거원인

법관의 심증형성 원인이 된 자료나 상황을 말한다. 법관이 채용한 증거자료와 변론의 전 취지가 그것이다. 변론의 전 취지는 증거조사결과를 제외한 일체의 소송자료를 말한다.

Ⅱ. 증거능력과 증거력

1. 증거능력

1) 개념

어떤 유형물이 증거방법으로서 증거조사의 대상이 될 수 있는 능력을 말한다.

2) 제한

민사소송에서는 형사소송과 달리 증거능력에 대한 제한이 없다. 따라서 전문증거도 증거능력이 있다.[2] 확정되지 않은 판결서,[3] 인증, 감정의 대용으로 작성한 문서도 증거능력이 있다.[4] 제소 후에 그 소송에 사용할 목적으로 작성한 문서에 대해서는 인증회피의 수단으로 악용되는 것을 막기 위하여 부정하던 입장에서 긍정으로 바뀌었다.[5]

① 제한하는 경우

당사자나 법정대리인은 증인능력이 없고(제367, 372조), 대리권은 서면으로만 증명해야 하고(제54, 81조), 변론방식에 관한 규정준수는 변론조서로만 증명할 수 있다(제158조).

---

2) 대판 1967. 3. 21. 67다67, 증언의 내용이 백미를 대여하는 것을 직접 목격하였다는 것이 아니라 하여 그 것으로서는 그 백미 대여사실을 인정할 수 없다고 하였음은 민사소송에 있어서 전문증거의 증거력을 전적으로 부정하는 것으로서 위법이다.

3) 대판 1995. 4. 28. 94누11583.

4) 대판 1992. 4. 14. 91다24755.

5) 대판 1966. 9. 27. 66다1133, 전문증거도 인정하는 만큼 증거능력은 인정하고 증거가치의 문제로 다루는 것이 합리적일 것이다.

증인능력과 관련법 제322조가 16세 미만의 자와 선서의 취지를 이해하지 못하는 자의 선서를 제한하고는 있으나, 증인능력을 제한하는 것은 아니므로 과연 어느 정도의 지각이 있으면 증인능력을 인정할 수 있을지가 문제 된다. 연령으로 획일적으로 정할 수는 없고 구체적인 경우에 따라 다를 것인데 민사의 경우 사례가 없으나 형사의 경우는 13세나 14세가 된 아이의 증인능력을 인정한 예가 있다.[6]

② 위법수집증거

가. 개념

위법수집증거란 상대방에 대한 위법행위를 통하여 수집한 증거를 말한다. 상대방의 동의 없이 한 무단녹음, 일기장을 몰래 복사하는 것, 산업스파이를 사용하여 상대방의 자료를 몰래 빼내 오는 것 등을 말한다.

나. 증거능력

이에 대해서는 실체적 진실주의를 우선시하여 상대방에 대한 손해배상은 별개로 하고 증거능력을 인정하는 입장과 소송상의 신의칙에 반하고 인격권의 침해를 가져온다는 이유로 증거능력을 부정하는 입장과 절충적인 입장에서 원칙적으로 긍정하면서 현저하게 반사회적인 수단을 써서 사람의 정신적·육체적 자유를 침탈하는 등의 경우에 한하여 증거능력을 부정하는 입장, 원칙적으로 증거능력을 부정하면서 정당방위 그 밖의 위법성 조각사유가 있는 때에 한하여 증거능력을 인정하는 입장 등이 있다.

판례는 자유심증주의를 이유로 2인 간의 대화에서 상대방이 모르게 녹음했다는 사정만으로는 증거능력이 없다고 할 수 없다고 하여 절충설 중 원칙적 긍정설을 취하고 있는 것으로 보인다.[7]

---

6) 대판 1966. 12. 27. 66도1535, 1964. 3. 19. 63도328.

7) 대판 1981. 4. 14. 80다2314, 1999. 5. 25. 99다1789, 자유심증주의를 채택하고 있는 우리 민사소송법하에서 상대방 부지 중 비밀리에 상대방과의 대화를 녹음하였다는 이유만으로 그 녹음테이프가 증거능력이 없다고 단정할 수 없고, 그 채증 여부는 사실심 법원의 재량에 속하는 것이며, 녹음테이프에 대한 증거조사는 검증의 방법에 의해야 한다.
대판 2006. 10. 12. 2006도4981, 통신비밀보호법 제3조 제1항이 "공개되지 아니한 타인 간의 대화를 녹음 또는 청취하지 못한다"라고 정한 것은, 대화에 원래부터 참여하지 않는 제3자가 그 대화를 하는 타인들 간의 발언을 녹음해서는 아니 된다는 취지이다. 3인 간의 대화에 있어서 그중 한 사람이 그 대화를 녹음하는 경우에 다른 두 사람의 발언은 그 녹음자에 대한 관계에서 '타인 간의 대화'라고 할 수 없으므로, 이와 같은 녹음행위가 통신비밀보호법 제3조 제1항에 위배된다고 볼 수는 없다(증거능력 인정 가능).

2. 증거력

1) 개념

일정한 증거자료가 요증사실의 인정(법관에게 확신을 주는 것)에 이바지하는 정도를 말한다. 증거가치 또는 증명력이라고도 한다.

2) 증거력의 평가

증거력의 평가는 법관의 자유심증에 의한다.

Ⅲ. 증거의 종류

1. 직접증거와 간접증거

직접증거는 주요사실(법률효과의 발생변경에 관한 사실)의 존부를 직접적으로 증명하는 증거이고, 간접증거는 간접사실(주요사실의 존부를 추인시키는 사실)과 보조사실(증거능력이나 증거력에 관한 사실)을 증명하는 증거를 말한다.

예컨대 대여금청구소송에서 주요사실인 대여사실을 직접 증명하는 차용증이나 대여행위를 목격한 증인은 직접증거이고, 간접사실인 피고가 대여일시 후 제3자에게 변제한 사실은 피고가 그 무렵 차용했을 것이라는 사실을 추인하게 하는 간접사실이므로 이에 대한 증거는 간접증거가 된다. 보조사실(증거능력이나 증거력에 관한 사실) 차용증이 위조되었다거나 증인이 원고의 친척이라는 사실은 증거의 증거능력을 부정하거나 증거력을 떨어뜨리는 보조사실이므로 이에 대한 증거도 간접증거가 된다.

2. 본증과 반증

1) 개념

본증은 자기에게 증명책임이 있는 사실을 증명하기 위하여 제출하는 증거이고, 반증은 상대방에게 증명책임이 있는 사실을 부정하기 위해 제출하는 증거를 말한다.

2) 증명의 정도

본증은 자기에게 증명책임이 있는 사실이 진위불명이면 인정받지 못하는 불이익이 있으므로 법관에게 확신을 심어 줄 정도가 되어야 목적을 달성할 수 있으나, 반증은 상대방에게 증명책임이 있는 사실이 진위불명이라는 점만 나오면 되므로, 법관에게 의심을 갖게 할 정도만 되면 목적을 달성할 수 있다.

3) 반증의 종류

① 직접반증

상대방에게 증명책임이 있는 사실에 직접 반격을 가하는 증거를 말한다. 원고주장의 대여일시·장소에서 대여하는 것을 보지 못했다는 증인이 그 예이다.

② 간접반증

주요사실의 증명책임을 지는 자가 간접사실을 증명하고, 이것에 경험칙을 적용하여 주요사실의 존재를 추정 받으려고 하는 경우에, 상대방이 위 경험칙을 적용할 수 없는 특별한 사정의 존재, 즉 위 간접사실과 별개이고 이와 양립할 수 있는 간접사실을 증명함으로써 주요사실의 추인을 방해하는 것을 말한다. 운전자의 과실이 일응 추정되는 교통사고의 경우(자동차손해배상보장법 제3조) 그것이 불가항력이었다는 사정을 증명하는 것이 그 예이다.

4) 반대사실의 증거

이는 법률상 추정되는 사실을 부정하기 위하여 추정된 사실과 반대되는 사실에 관한 증거를 말한다. 이 경우에는 반대사실에 대하여 법관에게 확신을 주어야 하므로 반증이 아닌 본증이다. 점유자권리의 적법추정, 건물의 공용부분 공유추정, 경계표의 공유추정, 건물공유자 지분의 균등추정, 귀속불명재산의 부부공유추정(민법 제200, 215, 239, 262, 830조) 등이 그것이다.

Ⅳ. 증명과 소명

법관이 어느 정도의 심증을 가져야 하는가에 따라 증명과 소명으로 나뉜다.

1. 증명

1) 개념

증명이란 요증사실의 존재에 관하여 법관에게 확신을 심어 준 상태 또는 그러한 확신을 얻게 하기 위하여 증거를 제출하는 당사자의 노력을 말한다. 확신이란 합리적 의심을 갖지 않을 정도의 심증을 갖는 것을 말한다.8) 여기의 증명은 자연과학상의 논리적 증명이 아닌 고도의 개연성을 뜻하는 역사적 증명을 말한다.

2) 대상

청구의 기초인 주요사실, 외국법·관습법, 소송요건 등이 그 대상이다.

2. 소명

1) 개념

법관이 사실의 존재가 일응 확실할 것이라는 추측을 얻은 상태 또는 그러한 상태에 이르도록 증거를 제출하는 당사자의 노력을 말한다. 확신보다는 심증의 정도가 낮아, 낮은 개연성으로 족하다.

2) 대상

소명은 명문규정이 있는 경우 허용된다. 신속을 요하는 사항(가압류, 가처분), 절차적 사항(기피이유, 보조참가이유) 등이 그것이다. 소명은 즉시 조사할 수 있는 증거에 의하여야 한다(제299조 제1항). 즉시 조사할 수 있는 증거가 없을 경우에 대비하여 법원은 당사자 또는 법정대리인으로 하여금 보증금을 공탁하게 하거나, 그 주장이 진실하다는 것을 선서하게 하여 소명에 갈음할 수 있다(동 조 제2항).

3. 엄격한 증명과 자유로운 증명

1) 개념

엄격한 증명은 법률이 정한 증거방법(제289조 이하)에 의하여 법률이 정한 증거조사의 절차(증인 선서, 교차신문, 서증의 진정성립 등)를 거쳐 행하는 증명을 말한다.

자유로운 증명은 증거방법과 증거조사의 절차에 관하여 법률의 규정에 구속되지 아니하고 행하는 증명을 말한다.

2) 대상

엄격한 증명의 대상은 청구의 기초가 되는 사실이다. 소송요건에 관해서는 대부분 직권조사상항이므로 자유로운 증명으로 족하다는 것이 다수의 입장이나, 실체법적 요건에 못지않게 중요하다는 이유로 반대하는 입장도 있다.

자유로운 증명의 대상은 직권조사사항(외국법, 관습법, 경험칙, 소가산정 등), 임의변론에 의하는 절차 및 결정절차의 요증사실, 상고심절차의 요증사실 등이다.

---

8) 영미법에서는 형사에서는 합리적인 의심이 없는 상태를, 민사에서는 증거의 우월을 요구한다.

제2절 증거와 관련된 당사자의 권리

모든 국민은 헌법상 권리로서 재판청구권을 보장받고 있으며, 민사소송의 경우 이를 실현하기 위하여 소송의 주체인 당사자에게 소송절차상 여러 권리와 권능을 인정하고 있는데, 이 중 중요한 것이 소송상 문제 되는 사항에 관하여 자료를 제출하고 의견을 진술할 수 있으며 그러한 권리를 박탈당하지 않을 권리인 변론권과 자신의 권리주장에 대하여 상대방이 다툴 경우에 그 권리의 요건사실을 증명할 수 있는 증명권이다. 민사소송법은 이 증명권을 보장하기 위하여 당사자에게 여러 권리를 인정하고 있다.

I. 증거제출권의 보장

1. 개념

증거제출권이란 당사자가 주장하는 권리의 요건 사실을 증명하기 위하여 증거를 제출할 수 있는 권리를 말한다.

2. 보장내용

1) 증거방법과 증거능력의 무제한

증거제출권을 보장하려면 제출할 수 있는 증거에 제한을 두어서는 아니 되므로 민사소송법은 모든 증거방법의 증거능력을 인정하되, 예외적으로 대리권의 증명은 서면으로만 하게 하고, 변론방식의 증명은 변론조서에 의하도록 하는 제한만을 두고 있다.

위법수집증거에 관해서는 앞서 본 것과 같다.

2) 증거신청채택 여부의 합리성 요구

증거제출권이 보장되려면 당사자가 신청한 증거방법의 채택 여부를 결정하는 데 합리성이 있어야 한다. 법은 이를 위해 유일한 증거는 원칙적으로 채택하여 조사하도록 하고 있고(제290조 단서), 증거신청을 부당하게 각하하거나 석명을 통한 증거제출 촉구를 아니 한 때(제138조 제1항)에는 법령위배로 상고이유가 된다고 본다(제423조).

3) 증거력 평가에 대한 불복권

증거력의 평가는 법관의 자유심증에 맡겨져 있으나(제202조), 자의를 허용하는 것은 아니고, 형평과 정의의 이념에 따른 논리·경험칙을 위반한 때에는 당사자는 채증법칙의 위반을 이유로 상고할 수 있다(제423조).

Ⅱ. 증거조사절차에 참여

증거조사를 할 때에는 당사자의 참여보장을 위하여 그 기일과 장소를 당사자에게 통지하여야 한다(제167, 297조). 참여의 기회가 주어진 이상 당사자가 기일에 출석하지 않더라도 증거조사를 할 수 있다(제295조).

당사자는 참여를 통하여 증거조사의 결과를 알고, 그에 대한 자신의 의견을 진술할 수 있는데, 중요한 것은 증인신문의 경우 증인에 대한 반대신문을 통하여 증인을 탄핵하거나 자신에게 유리한 진술을 얻어 낼 수 있는 기회를 갖는 것이다(제327조 제1항).

Ⅲ. 증거에 대한 당사자평등원칙의 실현

1. 필요성

민사소송이 사실의 주장과 증거의 제출을 당사자의 책임과 권능으로 하고 있는 것은 당사자에게 주장과 증명을 위한 기회가 충분히 보장되어 있다는 것을 전제로 하는 것이나, 소송의 실제에서는 특히 기업소송이나 환경소송·공해소송 등의 경우에는 증명책임이 있는 쪽에서는 증거자료의 수집이 어려운 반면에 상대방은 관련 자료를 많이 갖고 있어 용이하게 증명할 수 있어 불평등한 관계에 있는 경우가 많다. 이런 경우 상대방에게 신의칙상 협력의무를 지움으로써 증명 가능성의 불평등을 시정하여 당사자평등원칙을 실현하고 실체적 진실을 발견하려는 것이 민사소송법의 입장이다. 이와 관련하여 논의되는 것이 증명방해와 모색적 증명, 정보청구권 등이다.

2. 증명방해

1) 개념

증명방해란 증명책임을 지는 당사자의 증명을 곤란하게 하는 상대방의 행위를 말한다. 의료과실소송에서 환자의 기록을 변조하거나 수술상 잘못으로 체내에 잔류시킨 거즈를 적출한 후에 폐기하는 행위, 공해소송에서 공장시설을 철거하는 것, 증인의 출석을 방해하거나 감정을 방해하는 행위, 유언장의 폐기 등을 말한다.

2) 제재의 근거

증명방해행위에 대해서는 일정한 제재가 가해지는데, 그 근거로 소송상 해명의무의 위반, 소송상의 협력의무위반, 실체법상의 의무위반, 신의성실의무위반 등을 드는 견해들이 있다. 소송에서도 당사자는 신의칙의 지배를 받으므로 이를 위반한 것에 대한 제재로 불이익을 가할 수 있다고 볼 것이다.

3) 제재의 내용

민사소송법은 일반적인 규정은 두지 않고 개별적인 규정을 두고 있다. 문서제출명령에 불응한 때(제349조), 제출의무가 있는 문서를 훼손한 때(제359조), 문서의 대조를 위한 수기명령에 응하지 않은 때(제361조), 검증목적물을 제출하지 않은 때(제366조 제1항), 당사자가 정당한 사유 없이 당사자신문에 불응한 때(제369조)에는 그 문서와 신문사항에 관한 상대의 주장을 진실한 것으로 인정할 수 있다고 규정하여 증명방해에 대한 제재를 가하고 있다.

명문의 규정이 없는 경우의 처리에 관해서는 방해자에게 증명책임을 전환시키자는 입장, 법관의 자유심증에 맡기자는 입장, 자유심증에 반하지 않는 범위에서 사실을 의제하자는 입장, 자유심증에 의하되 증명의 우월로 족하다는 입장 등이 있는데, 판례와 통설은 경미한 방해행위에도 증명책임을 전환하는 것은 가혹하고, 반증을 방해하는 경우에는 증명책임을 전환할 수도 없다는 이유로 방해의 형태·정도, 증거의 가치, 다른 증거의 유무, 비난 가능성의 정도 등을 고려하여 법관이 자유심증에 따라 증거평가상 불이익을 주자는 증거평가설을 취하고 있다.[9]

---

9) 대판 1995. 3. 10. 94다39657, 1999. 1. 13. 98다, 의사 측이 진료기록을 변조한 행위는, 그 변조이유에 대하여 상당하고도 합리적인 이유를 제시하지 못하는 한, 당사자 간 공평의 원칙 또는 신의칙에 어긋나는 입증방해행위에 해당한다 할 것이고, 법원으로서는 이를 하나의 자료로 하여 자유로운 심증에 따라 의사 측에 불리한 평가를 할 수 있다.
대판 1994. 10. 28. 94다17116, 신체재감정이 장기간 이루어지지 않고 있을 경우에는 법원은 증거조사의 방해요인을 적절히 제거하여 재감정이 이루어지도록 하여야 함은 물론 그래도 재감정이 이루어지지 않는다면 그 입증을 방해하는 측에 적절한 책임을 지우는 것이 상당하다.

3. 모색적 증명

1) 개념

모색적 증명이란 당사자가 사실관계를 정확히 알 수 없는 경우에 증명사항을 정확하게 명시하지 않고 증거신청을 하고, 증거조사를 통하여 새로운 확실한 주장과 증거방법을 얻어 내려고 하는 것을 말한다.[10]

2) 인정 여부

변론주의하에서는 당사자가 증명사항을 명시하여 신청해야 하므로 이 같은 증거신청은 부적법 각하될 수밖에 없으나, 단 공해·환경·의료·제조물책임 소송 등 현대형 소송에서는 피해자가 사실관계를 정확히 파악하기 어렵고, 증거도 가해자에게 편재하여 있기 마련이므로 이런 경우에는 인정될 필요성이 있다. 당사자는 구체적인 사실주장을 못 하는 이유와 자기의 추측이 합리적이라는 점 등을 주장하여 그 주장이 그럴듯하다는 정도의 근거만 제시하면 인정해 주어야 할 것이다.

직권탐지주의하에서는 법원이 직권으로 사실과 증거를 탐지할 수 있으므로 당사자의 모색적 증명이라도 거부할 이유가 없다.

4. 정보청구권

이는 상대방에 대하여 정보를 요구할 수 있는 권리를 말한다. 주주의 회계장부 열람권 (상법 제466조), 환자의 진료기록 열람청구권(민법 제683조의 수임인 보고의무조항에 근거) 등 실체법상의 권리를 근거로 증거를 수집하는 것이다.

제3절 증명의 대상

법원의 재판은 분쟁의 사실관계를 확정하고, 이에 법규를 적용하여 권리관계를 가려내는 작업이므로 법규든 사실이든 법원이 밝혀내려는 사항은 증명이 되어야 한다. 법규는 법원이 이미 알고 있거나 직권으로 조사할 것이므로, 증명의 대상은 원칙적으로 당사자

---

10) 사고원인을 정확히 알 수 없는 항공기추락사고로 인한 손해배상청구를 하면서 정비불량으로 사고가 났다고 일응 주장하면서 이를 증명하기 위하여 항공기사고조사보고서의 제출명령신청을 하는 것이 그 예이다.

사이에 다툼이 있는 사실에 한정되나, 예외적으로 법규나 경험칙도 증명의 대상이 된다.

법원에서 당사자가 자백한 사실이나 현저한 사실은 증명이 필요 없다. 당사자가 자백한 사실은 변론주의의 원칙상 법원이 이에 구속되어 따로 증거로 인정할 필요가 없고, 현저한 사실은 법원이 이미 정확한 심증을 갖고 있을 것이므로 따로 증거에 의하여 인정할 필요가 없는 것이다.

Ⅰ. 사실

1. 개념

사실이란 구체적으로 시간과 장소에 의해서 특정된 외계의 사건 또는 내심의 상태(知, 不知, 善意, 惡意, 故意, 過失)를 말한다. 분쟁은 과거의 사실을 두고 발생하기 마련이지만, 현재(현재 점유하고 있는 사실)나 미래(장래의 일실소득)의 사실, 가정적인 사실(손해발생 없었다면 얻었을 가정적 이익), 적극적 사실과 소극적 사실도 증명의 대상인 사실이 될 수 있다.

사실에 대한 평가, 즉 문서나 의사표시의 해석, 선량한 풍속의 위반 여부 등은 사실이 아니므로 증명의 대상이 아니다.

증거법상 의미 있는 사실분류는 주요사실, 간접사실, 보조사실이다.

2. 주요사실

1) 개념

주요사실이란 법률효과의 발생변경에 직접 필요한 사실을 말한다. 이는 법률효과를 규정한 실체법규의 구성요건에 해당하는 사실이다.[11]

2) 종류

주요사실에는 구체적인 권리의 발생·취득과 같은 법률효과를 규정하고 있는 법규의 요건사실(대여금 청구사건에서 대여사실), 법률효과 발생에 필요한 일반요건사실(행위능력), 법률효과 발생의 장애규정의 요건사실(불공정행위, 통정허위표시, 착오, 의사능력 상실, 원시적 이행불능), 권리행사저지규정의 요건사실(동시이행항변), 권리소멸사유규정의

---

11) 대판 1983. 2. 13. 83다카1389.

요건사실(변제, 소멸시효완성, 상계, 면제)이 있다.

3. 간접사실

간접사실이란 주요사실의 존재를 경험상 추인하게 하는 사실로 징표라고도 한다. 예컨대 알리바이, 재판 외 자백, 금원차용 후 다른 채무 변제사실 등이다.

4. 보조사실

보조사실이란 증거능력이나 증거력에 해당하는 사실을 말한다. 예컨대 증인의 성실성, 인식력, 기억력, 당사자와 관계 등 증인의 신뢰성에 관한 사실이다.

5. 주요사실과 간접사실의 구별실익과 사례

1) 주장책임과 증명책임

변론주의는 주요사실에 대해서만 적용되어 당사자의 주장이 없는 한 다른 소송자료에 의해 인정되어도 이를 인정할 수 없다.[12] 간접사실이나 보조사실은 당사자의 주장이 없거나 그 주장과 상반되는 경우에도 다른 증거자료에 의하여 인정할 수 있다.[13]

다만 주장 및 증거공통의 원칙상 주요사실은 주장책임을 부담하는 자에 의한 주장을 요건으로 하지 않고, 증거도 증명책임을 부담하는 자가 제출하여야만 하는 것은 아니다.

2) 다툼이 없는 사실

주요사실에 다툼이 없으면 법원은 이에 따라야 하나 간접사실은 별개이다. 간접사실은 주요사실의 존부를 추인하게 할 뿐인데, 간접사실에 다툼이 없다 하여 법원이 이에 구속되어 주요사실의 존부를 추인해야 한다면 자유심증주의와 모순되기 때문이다. 단 판례는 문서의 진정성립에 대한 자백은 구속력이 있다고 본다.[14]

3) 증거조사

주요사실에 다툼이 있으면 항상 증거에 의한 사실인정이 필요하나, 간접·보조사실은 주요사실의 인정에 중요 관련이 있을 때만 증거조사를 한다.

---

12) 대판 1962. 11. 29. 62다678.

13) 대판 1968. 4. 30. 68다182.

14) 대판 1967. 4. 4. 67다225.

4) 주요사실과 간접사실의 구별 예

주요사실인지 여부는 법규에 의하여 명백히 드러나는 것이 보통이나 문제 되는 경우들이 있다.

① 주요사실의 예

소멸시효기산점은 주요사실이므로 당사자가 주장하지 않은 시점을 기산점으로 할 수 없다.[15] 법률행위가 대리인에 의하여 행해졌는지 여부에 관하여 종전에는 주요사실이 아니라고 보았으나, 지금은 대리에 의한 계약체결사실은 법률효과를 발생시키는 실체법상 구성요건에 해당하는 사실이므로 변론에서 당사자의 주장이 필요한 주요사실로 보고 있다.[16] 표현대리는 무권대리행위를 주요사실로 하므로 유권대리와 무권대리는 요건사실이 다르고, 따라서 유권대리 주장 속에는 표현대리 주장이 포함된 것이 아니다.[17]

신의성실, 권리남용, 공서양속, 정당한 사유, 과실 등과 같은 일반조항의 경우 과거에는 그 추상적 개념 자체를 주요사실로 보고 그 판단의 기초가 되는 사실을 간접사실로 보는 것이 다수의 입장이나, 추상적 개념 판단의 기초가 되는 사실을 주요사실로 보는 입장도 유력하다. 전자에 따르면 당사자의 주장에 구애받지 않고 법원이 증거조사결과를 종합하여 자유로이 가치판단을 할 수 있어 실체진실 발견에 충실할 수 있으나, 상대방의 입장에서는 법원이 어떤 사실을 기초로 판단할지를 알 수 없어 방어권을 해칠 우려가 있고, 후자에 따르면 반대되는 면에서 장단점이 있다. 문제는 주요사실은 당사자가 주장하여야 한다는 변론주의의 관철 여부인데, 변론주의의 기본요청은 소송자료의 제출은 당사자의 책임이라는 것이지 기왕에 나타난 소송자료가 변론에서 반드시 주장·원용되어야 한다는 것은 아니므로, 소송자료로 현출되어 상대방이 인식할 수 있게 되어 방어의 기회가 주어졌다면 당사자가 굳이 이를 명시적으로 주장할 필요는 없을 것이다.

신체침해로 인한 손해배상소송의 경우 손해액을 구체적인 계산요인에 따른 계산결과로만 보면 구체적인 계산요인인 피해자의 연령, 직업, 수입, 생계비, 치료비 등은 주요사실이 되나,[18] 신체의 침해 자체를 손해로 보고 손해액은 법원의 평가에 따른다는 평가설의 입장에서는 사망이나 상해 부위가 주요사실이 되고 수입 등은 간접사실이 된다.

소유권에 기한 방해배제청구에서의 소유권과 같이 전제가 되는 권리는 방해배제청구권

---

15) 대판 1971. 4. 30. 71다409.

16) 대판 1971. 4. 20. 71다278, 1990. 6. 26. 89다카5359.

17) 대판 1983. 12. 13. 83다카1489.

18) 대판 1966. 12. 20. 66다1967, 1989. 3. 25. 80다68, 1982. 5. 25. 80다2884.

의 발생요건에 해당하므로 소유권의 발생요건은 주요사실이 된다.[19)

② 간접사실의 예

취득시효의 점유시기와 권원은 권리근거요건인 점유기간과 자주점유를 추인하게 하는 간접사실이므로 법원은 당사자의 주장에 구애받지 않고 증거에 의하여 이를 인정할 수 있다.[20) 이는 시효완성 후 등기 전에 제3자에게 등기이전이 되면 시효취득을 주장할 수 없는데,[21) 기산점을 당사자가 임의로 정할 수 있게 하면 취득시효의 완성시기를 자기에게 유리하게 정할 수 있어 제3자의 권리를 해하기 때문이다.

계약서 작성 시 날인행위를 직접 했는지 여부와 같이 주요사실의 경위, 내력에 해당하는 사실은 간접사실이다.[22) 등기원인이나 일자도 간접사실이므로[23) 계약의 성립일이나 변제항변 시 변제일자도 간접사실이다.

Ⅱ. 경험법칙

1. 개념

경험법칙이란 일상경험으로부터 얻어진 사물에 관한 지식이나 법칙을 말한다. 경험법칙에는 일반상식에 속하는 것, 전문학식이 있는 자들이 알 수 있는 것, 고도의 개연성이 있는 것이 있다. 경험법칙이라고 하더라도 사회여건의 변화에 따라 변화한다.[24)

경험법칙은 사실인정(간접사실에 의한 주요사실의 추인)이나 사실에 대한 가치판단(폭리, 신의칙 위반), 증거력 평가에 사용된다.

---

19) 대판 1982. 4. 27. 81다카550.

20) 대판 1985. 3. 26. 84다카2317.

21) 대판 1969. 1. 28. 68다1158.

22) 대판 1971. 4. 20. 71다278.

23) 대판 1980. 12. 9. 80다532.

24) 대판 전합 1989. 12. 16. 88다카16867, 우리나라의 사회적, 경제적 구조와 생활여건이 급속하게 향상 발전됨에 따른 제반사정의 변화에 비추어 보면 이제 일반육체노동 또는 육체노동을 주된 내용으로 하는 생계활동의 가동연한이 만 55세라는 경험 측에 의한 추정은 더 이상 유지되기 어렵다고 하지 않을 수 없으며 오히려 일반적으로 만 55세를 넘어서도 가동할 수 있다고 보는 것이 경험 측에 합당하다고 할 것이다.

2. 주장 및 증명대상 여부

주장책임이나 증명책임은 사실에 대하여 인정되는 것이므로 사실이 아닌 경험법칙은 주장 및 증명책임의 대상이 아니지만 보통인이 알 수 있는 일반상식이 아닌 고도의 전문 경험법칙은 법관이 아는 것을 기대할 수 없으므로 주장과 증명이 필요할 것이다. 다만 자유로운 증명으로 족하다.

경험법칙은 사실이 아닌 법칙이므로 자백의 구속력이 인정되지 않는다.

3. 경험법칙위반의 상고이유 여부

경험칙은 사실인정의 대전제로 법규와 동일시할 것이므로 위반은 법률문제로 상고이유가 된다는 것이 다수설·판례이나,25) 법규가 아니고 사실인정의 자료일 뿐이어서 그 취사선택은 사실심 법관의 전권이라는 입장과 경험칙 적용에 현저한 오류가 있을 때에만 상고이유가 된다는 입장도 있다. 소송실무에서는 사실인정 문제를 경험칙위반으로 주장하며 상고하는 것이 대부분이고 결국은 경험칙위반이 있는가 여부를 판단하게 되므로 견해에 따라 달라질 것은 거의 없다.

Ⅲ. 법규

법규의 존부와 해석에 관한 판단은 법관의 전권사항이므로 당사자가 증명할 필요가 없다. 다만 외국법, 지방조례, 관습법, 실효된 법률 등을 법원이 모를 때는 당사자가 증명할 수밖에 없다. 이때는 자유로운 증명으로 족할 것이다.

외국법규를 모를 경우에는 청구기각을 하자는 입장, 의심스러울 땐 법정지법에 의한다는 원칙에 따라 국내법을 적용하자는 입장, 외국법이 없는 경우와 마찬가지로 조리에 따라 재판하자는 입장26) 등이 있다.

---

25) 대판 1998. 7. 10. 98다4774.

26) 대판 2003. 1. 10. 2000다70064 등, 청구기각설은 사실 존부 불명과 같이 보는 무리가 있고, 국내법적용설은 국제사법적 정의에 반한다는 비판이 있어, 외국법질서 안에서 판단하고 외국법의 확장, 유추 해석하거나 외국법질서와 같거나 유사한 나라의 법에 따르자는 조리설이 타당할 것이다.

Ⅳ. 재판상 자백

1. 개념과 성격

1) 개념

재판상 자백이란 당사자가 변론기일 또는 변론준비기일에 상대방의 주장과 일치하고 자기에게 불리한 사실을 진정한 것으로 인정하는 진술을 말한다.

형사나 행정소송에서는 직권탐지주의가 적용되므로 재판상 자백이나 재판 외 자백 모두가 증거자료가 될 뿐이지만, 민사소송에서는 변론주의원칙상 재판상 자백은 불요증 사실이고, 재판 외 자백은 증거자료가 된다.

2) 성격

자백의 효력 근거나 철회의 요건을 설명하기 위하여 자백의 성격을 의사표시로 볼 것인가를 두고 오랫동안 논의가 되어 왔다.

의사표시설은 자백은 상대의 증명책임을 면제하고, 자신의 방어권을 포기하는 의사표시 또는 상대의 주장사실을 진실로 확정하려는 의사표시라고 보는 입장인데, 사법상 의사표시에서의 효과의사와 같은 것을 자백에서 끌어낼 수 없는 한계가 있었다.

오늘날에는 관념의 표시설(사실보고설), 즉 상대의 주장사실이 진실이라는 사실의 보고로 관념의 표시인 소송행위로 보는 것이 통설, 판례이다.[27) 이에 따르면 상대방의 주장사실을 인정하는 취지의 진술로 족하고, 증명책임을 면제하는 의사나 자기에게 불리하다, 구속력이 있다는 인식이 없어도 관계없이 자백이 효과가 발생한다.

2. 요건

1) 대상

① 사실

자백의 대상은 주요사실이다. 법규나 경험법칙의 존부, 법규의 해석은 법원의 전권사항이므로 자백의 대상이 아니다.

권리관계나 법률효과를 인정하는 것(계약의 체결 여부, 교통사고 시 운전자 과실, 토지사용관계가 임대차인가 지상권인가, 계약해제에 의한 법률효과, 이행불능 여부)은 권리자

---

27) 대판 1983. 11. 22. 83다521, 재판상 자백이란 변론 또는 준비절차에서 상대방의 주장과 일치하고 자기에게 불리한 사실의 진술을 말한다.

백이고 여기의 자백이 아니다.28)

일반적으로 알려진 법 개념, 즉 매매, 증여, 소유권 등과 같이 그 내용을 이루는 사실에 대한 압축적 진술은 자백의 대상이 된다.

선결적 법률관계에 관한 자백(명도소송에서 소유권귀속에 관한 자백)은 권리자백이라는 입장도 있으나, 다툼이 있을 경우 중간확인 소에서 인낙이 가능하므로 미리 다툼 없는 것을 정리하는 것이 가능하고 따라서 자백으로 본다.29)

계약의 해석에 관한 진술(계약서의 해약조항에 의하여 해약 여부, 정지조건부 대물변제계약의 체결 여부, 의사표시의 착오 유무 등)은 법률상 판단이지 자백이 아니다.30)

② 간접·보조사실

간접이나 보조사실에는 자백이 허용되지 않는다. 변론주의는 주요사실에 적용되고 또 이들에게 자백을 허용하면 간접사실로부터 주요사실을 추론하거나 증거력을 평가할 때 법관의 자유심증을 제약하는 부당 결과가 초래되기 때문이다.31) 그러나 경험칙상 자유심증주의에 반하지 않으면 판결기초로 삼을 수 있을 것이다.

판례는 문서의 진정성립에 관한 자백이 성질상 보조사실에 관한 자백이기는 하지만, 그 취소에 관해서는 다른 간접사실에 관한 자백취소와는 달리 주요사실의 자백취소와 동일하게 처리하여야 할 것이므로 문서의 진정성립을 인정한 당사자는 자유롭게 이를 철회할 수 없다고 한다.32) 문서의 성립이 부정되면 문서 내용에 따른 실질적 증거력을 인정할 수 없고, 처분문서의 경우에는 그 진정성립이 인정되면 그 기재내용의 법률행위를 한 사실이 증명되는 효력이 있어 성립 문제는 주요사실과 유사기능이 있기 때문이다.

일실수입산정의 기초인 피해자 직업, 사고 당시 수입, 월생계비, 노동능력 상실 비율에 대한 자백을 인정한 판례가 있음은 앞서 본 것과 같다.

③ 현저한 사실이나 불가능한 사실

현저한 사실이나 불가능한 사실에 대한 자백에 대해서는, 이에 대하여 자백의 구속력을 인정하면 재판의 객관성을 해치고 법원이 당사자에게 우롱당하는 결과가 되므로 허용할 수 없다는 것이 통설·판례이지만,33) 현저한 사실도 변론주의의 지배를 받는 범주에

---

28) 대판 1992. 4. 27. 80다851, 1990. 12. 11. 90다7104.

29) 대판 1999. 5. 9. 87다카749.

30) 대판 1982. 4. 27. 80다851.

31) 대판 1992. 11. 24. 92다2113, 2002. 6. 28. 2000다62254.

32) 대판 2001. 4. 24. 2001다5654.

33) 대판 1971. 1. 26. 70다2662.

있고 또 그것이 주요사실인 한 주장책임이 있는 것이므로 그에 대한 자백도 성립한다는 입장도 있다.

2) 내용

자백의 내용은 상대의 주장과 일치하고 자기에게 불리한 진술이어야 한다.

① 상대의 주장과 일치하는 진술

양 진술의 선후는 불문한다. 시간적 순서가 거꾸로 되어 있는 경우(불리한 진술이 먼저 있고 상대방이 이를 원용하는 경우)는 선행자백이라고 한다.[34] 이 경우는 상대방이 원용하기 전에는 자백이 성립하지 않으므로 철회가 가능하고, 철회하면 상대방이 원용하더라도 자백의 효력이 없다.[35] 상대방이 원용하지 않더라도 철회하지 않는 한 판결의 기초가 될 수 있다. 자기에게 불리한 진술을 한 이상 진실한 것이라고 보아도 무방할 것이기 때문이다.

일치범위는 불문한다. 일부자백(돈 받은 건 인정하나 차용이 아닌 증여를 주장하는 이유부 부인)의 경우 일치하지 않는 부분은 부인이 되고, 제한부 자백(차용사실은 인정하나 변제했다)은 일치하지 않는 부분은 항변이 된다.

② 자기에게 불리한 진술

자기에게 불리한 진술의 의미에 관해서는, 상대방에게 증명책임이 있는 사실을 인정하는 경우라는 증명책임설과 상대방의 진술사실이 판결의 기초로 채택되면 전부 또는 일부 패소 가능성이 있는 경우라는 패소가능성설이 나뉜다. 후 설에 의하면 자기에게 증명책임이 있는 사실도 부인하면 자백이 되어 자유롭게 철회할 수 없지만, 전설은 자백이 아니므로 철회할 수 있다. 자기책임의 원칙상 후 설이 타당하다.[36] 자기가 증명책임을 지는 사실을 부인하는 예로는 예컨대 피고가 일부변제의 항변을 했을 경우에, 이는 원고에게는 변제의 점에서는 불리한 사실이나 시효중단의 점에서는 유리하므로, 원고가 부인하면 피고가 원고의 부인을 원용하고 시효소멸을 주장하여 자신에게 유리한 판결을 구하는 경우가 있다.

---

34) 대판 1969. 1. 21. 68다684.

35) 대판 1988. 12. 13. 87다카3147.

36) 대판 1993. 9. 14. 92다24899, 자신이 입증책임을 부담하는 사항에 관하여 자신에게 불리한 진술을 하고 상대가 이를 원용하면 자백이 된다.

3) 형식·절차

① 변론이나 변론준비기일에 법원에 대하여 진술할 것

재판상 자백은 변론이나 변론준비기일에 법원에 대하여 진술하는 소송행위이다. 따라서 소송능력이 필요하고, 조건은 붙일 수 없으며 상대방이 결석한 경우에도 할 수 있다. 법원 밖에서 또는 다른 소송에서 한 것은 재판 외 자백으로 간접사실로 고려된다.[37]

법원에 대한 소송행위이므로 증거조사절차인 당사자신문에서 상대방 주장사실을 인정해도 재판상 자백은 아니다.[38]

② 현실적으로 진술할 것

재판상 자백은 현실적으로 진술되어야 하고, 준비서면의 기재만으로는 안 되지만, 준비서면의 기재가 진술로 간주되면 된다.

3. 효력

1) 법원에 대한 구속력

법원은 증거조사결과나 변론의 전 취지에 의하여 다른 심증을 얻었어도 자백한 사실을 재판의 기초로 삼아야 한다.[39] 이 같은 구속력은 변론주의의 원칙 때문이므로 직권탐지절차와 직권조사사항에는 구속력이 없다(가사소송법 제12조). 행정소송의 경우 직권탐지주의에 의하나(행정소송법 제26조), 판례는 변론주의가 적용된다며 직권조사사항이 아닌 한 자백의 구속력을 인정한다.[40] 회사관계소송(회사설립무효·취소, 주총결의 무효·취소)은 대부분 형성소송이고 제3자 효력이 있어 자백의 구속력을 부정하는 입장과 변론주의를 제한할 수 없다는 이유로 인정하는 입장으로 나뉜다.

2) 당사자에 대한 구속력

자백한 당사자도 모순된 별개 사실을 주장할 수 없고, 원칙적으로 철회할 수 없다(제288조 단서). 금반언의 원칙, 상대방의 신뢰보호, 소송절차의 안정 등을 근거로 한다.

---

37) 대판 1991. 12. 27. 91다3208.

38) 대판 1978. 9. 12. 78다879.

39) 대판 1983. 9. 27. 82다카1828.

40) 대판 1997. 10. 28. 96누14425(행정소송법 제26조를 변론주의의 예외로 본다), 2000. 12. 22. 2000후1542.

4. 자백의 취소

1) 가능한 경우

① 상대방 동의

당사자의 일방이 자백을 취소하였을 때에 상대방이 이의를 하지 않고 이를 승낙한 경우에는 자백은 원래 당사자의 처분이 허용되는 사항에 관한 것이므로 그 자백의 취소는 반진실이나 착오의 요건을 고려할 필요 없이 유효하다.[41] 이의하지 않는 것만으로는 취소를 인정할 수 없으나,[42] 자백을 한 당사자가 종전의 자백과 배치되는 내용의 주장을 하고, 이에 대하여 상대방이 이의를 제기함이 없이 그 주장내용을 인정한 때에는 종전의 자백은 취소되고 새로운 자백이 성립된 것으로 보아야 한다.[43]

상대방이 스스로 자백의 대상이 된 주장사실을 철회해도 자백의 효력은 소멸한다.[44]

② 자백이 진실에 어긋나고 착오로 말미암은 것임이 증명된 때(제288조 단서)

자백이 진실에 어긋나고 착오로 말미암은 것임이 모두 증명이 되면 자백을 취소할 수 있다. 처음부터 진실 아님을 알고 자백을 하면 착오가 없으므로 취소할 수 없다. 착오는 사실의 착오와 법률의 착오를 포함하고, 과실을 불문한다.

진실에 어긋남을 증명해도 착오가 추정되지는 않으나,[45] 진실에 어긋남이 증명된 경우에 착오는 변론의 전 취지(법률지식, 직업, 연령 등)로 인정할 수 있다.[46] 진실에 어긋난다는 것은 간접사실로도 증명할 수 있고,[47] 반대사실을 직접증거에 의하여 증명함으로써 할 수도 있다.

③ 형사상 처벌받을 다른 사람의 행위로 말미암아 자백하였을 때(제451조 제1항 제5호)

자백에 재심사유에 해당하는 흠이 있을 때에는 판결이 확정되더라도 재심사유가 되는

---

41) 대판 1990. 11. 27. 90다카20548.

42) 대판 1987. 7. 7. 87다카69.

43) 대판 1994. 9. 27. 94다22897.

44) 대판 1997. 4. 22. 95다10204, 피고가 소유권 일부 이전등기가 아무런 원인 없이 이루어졌다는 원고의 주장사실을 인정함으로써 자백이 성립된 후, 청구취지 및 청구원인을 명의신탁해지를 원인으로 하는 소유권이전등기를 구하는 것으로 교환적으로 변경함으로써 원래의 주장사실을 철회한 경우, 이미 성립되었던 피고의 자백도 그 대상이 없어짐으로써 소멸되었고, 그 후 원고가 원래의 원인무효 주장을 예비적 청구원인 사실로 다시 추가하였다 하여 자백의 효력이 되살아난다고 볼 수도 없다.

45) 대판 1991. 12. 24. 91다21145.

46) 대판 2004. 6. 11. 2004다13533, 착오는 내심의 문제이므로 그 증명을 엄격하게 요구하면 자백의 취소가 매우 어렵게 되므로 과거에는 반진실의 증명이 있으면 특별한 사정이 없으면 착오를 인정할 수 있다고 하였으나(대판 1959. 11. 5. 4292민상158), 추정되지 않는 것으로 바꾸면서 증명의 부담을 경감시켜 준 것이다.

47) 대판 2000. 9. 8. 2000다23013.

것이므로 판결확정 전이라도 자백의 효력을 부정하는 것이 소송경제에 부합하는 것이라는 점에는 이견이 없다. 다만 이 경우에 자백을 취소할 수 있는 것으로 볼 것인가, 무효로 볼 것인가에 관해서는 견해가 나뉜다. 무효라고 하여도 당사자의 주장이 없어 법원이 이를 알지 못하는 경우에는 그 자백을 기초로 판결할 수밖에 없으며, 그 판결이 확정되면 당연무효는 아니고 재심의 소에 의해서만 취소되는 것이므로 재심사유에 해당하는 하자는 자백취소사유로 보아야 할 것이다. 이 경우에 형사상 처벌받을 행위에 대한 유죄의 확정판결이 있을 것이 요구되지는 않는다(제451조 제2항 참조). 다만 상고심에서 그와 같은 사유를 주장할 경우에는 법률심인 성격상 유죄판결이 있어야 한다.

④ 당사자의 경정

소송대리인의 자백은 당사자가 이를 곧 취소하거나 경정하면 효력을 잃는다(제94조). 이때 곧이란 진술 후 객관적으로 취소 경정할 기회가 있으면 지체 없이 하여야 한다는 것을 의미한다. 대리인의 진술과 본인의 진술 사이에 상대방의 행위가 개입되어도 상관 없으나, 그 기일에 취소·경정할 수 있으면 그때 하여야 하고 다음 기일에 할 수는 없다. 다만 대리인 진술 직후에 기일이 끝났거나 그 기일에 당사자가 출석하지 않았으면 다음 기일에 취소·경정할 수 있다. 경정권을 행사할 수 있는 자는 본인과 법정대리인이다.

본인의 자백은 소송대리인이 취소할 수는 없다.

2) 취소의 시기·방식

철회는 소송행위이므로 취소권의 제척기간(민법 제146조)은 적용되지 않아 아무 때나 할 수 있고,[48] 명시적으로 또는 반대주장을 하는 식의 묵시적인 철회도 가능하다.[49]

5. 자백간주

1) 개념

자백간주란 당사자 한쪽이 변론이나 변론준비기일에 상대방의 주장을 다투지 않거나, 기일에 불출석하거나, 피고가 답변서를 제출하지 않는 경우에 그 사실을 자백하는 것으로 보는 것을 말한다. 재판상 자백은 상대방의 주장을 적극적으로 인정하는 것인 점에서 자백간주와 다르다.

자백간주는 변론주의에서 인정되는 사항에 한하여 인정되고, 직권탐지주의가 적용되는 가사소송이나 행정소송에서는 적용되지 않으나, 판례는 행정소송에서도 변론주의가 적용

---

48) 대판 1965. 11. 30. 65다1515.
49) 대판 1996. 2. 23. 94다31976.

된다며 인정하고 있다.[50]. 직권조사사항인 소송요건이나 재심사유도 자백간주 대상이 아니고 자백간주도 자백의 일종이므로 사실상 주장에 한하여 인정되고, 법률상 주장에 대해서는 인정되지 않는다.

2) 인정되는 경우

① 변론이나 변론준비기일에 출석하였으나 상대방의 주장을 명백히 다투지 않거나, 변론의 전 취지에 의하더라도 다툰 것은 인정되지 아니한 때(제150조 제1항)

다투었는지 여부는 사실심 변론종결 시를 기준으로[51] 변론의 전 취지에 의하여 판단한다. 다투는 취지의 답변서나 준비서면을 내면 변론에서 진술되거나, 진술로 간주되지 않더라도 변론의 전 취지로 다툰 것으로 보아야 한다.[52]

② 당사자 한쪽이 변론 또는 변론준비기일에 결석한 경우(제150조 제3항)

공시송달에 의하지 않은 적법한 송달이었음에도 불구하고, 답변서나 준비서면을 제출하지 않은 경우에는 재판상 자백이 된다. 자백하는 내용의 답변서를 내고 결석하였을 때 진술간주가 되면 재판상 자백이 되나, 진술간주가 되지 않으면 구술주의 원칙상 재판상 자백 아닌 기일결석에 의한 자백간주로 봐야 한다.

③ 답변서 미제출의 경우(제257조)

피고가 소장부분을 송달받고 30일 내에 답변서를 제출하지 아니하거나 자백하는 취지의 답변서를 내고 따로 항변하지 않는 경우에는 변론을 열 필요 없이 원고의 청구원인사실을 자백한 것으로 간주하고 원고승소판결을 선고할 수 있다.

4) 효력

자백간주가 되면 법원을 구속하나,[53] 당사자에 대한 구속력은 없다. 다투는지 여부는 변론의 일체성에 의하여 사실심 변론종결 시를 기준으로 하므로 당사자는 그때까지 다툴 수 있다. 파기환송 후에 상대방의 주장을 다투어도 환송 전 자백간주의 효력은 없어진다.[54] 다만 실기한 공격방어방법으로 각하될 수는 있다. 무변론 판결의 경우에는 항소하여 자백간주로 된 사실을 다툴 수 있다.

---

50) 대판 2000. 12. 22. 2000후1542.
51) 대판 1968. 3. 19. 67다2677.
52) 대판 1981. 7. 7. 80다1424.
53) 대판 1962. 9. 27. 62다342.
54) 대판 1968. 9. 3. 68다1147.

V. 현저한 사실

1. 개념

현저한 사실이란 그 존재 여부를 증거에 의하여 인정할 필요가 없을 정도로 객관성이 보장된 사실을 말한다.

2. 소송법적 의의

현저한 사실에 대해서는 소송법상 변론주의와 관련하여 주장책임이 있는지와 자백이 구속력과 관련하여 현저한 사실에 반한 자백에 대해서도 구속력을 인정할 것인지가 문제된다.

① 주장책임 여부

긍정설은 제288조가 증명을 요하지 않는다고만 규정하고 있고 또 변론주의 원칙상 주장되지 않으면 판결의 기초로 할 수 없다고 본다. 부정설은 진실에 합치하는 재판이 민사소송의 이상이고 또 당사자도 이미 알고 있다고 볼 수 있으므로 당사자의 주장이 없더라도 법원이 직권으로 고려할 수 있다고 본다.

판례는 필요하다는 경우와 필요하지 않다는 경우로 나뉘고 있다.[55]

② 현저한 사실에 반한 자백의 구속력

긍정설은 당사자가 이에 의한 재판을 원하는 이상 받아들여야 한다고 하고, 부정설은 변론주의의 과잉이며 재판의 실추를 가져온다는 이유로 구속력이 없다고 본다.

판례는 부정설을 취하고 있다.[56]

3. 공지의 사실

1) 개념

공지의 사실이란 널리 일반에 알려진 사실을 말한다. 통상의 지식과 경험을 가진 사람이라면 믿어 의심치 안을 정도로 알려진 사실이다.

2) 공지사실의 예

역사적으로 널리 알려진 사건, 신문방송 등의 보도를 통하여 알려진 사건, 일용노동

---

55) 대판 1963. 11. 28. 63다493, 1965. 3. 2. 64다1761.
56) 대판 1959. 7. 30. 4291민상551.

자의 월평균가동일수,[57] 매년 임금이 인상되는 추세에 있다는 것[58] 등이 그 예이다.

3) 증명 문제

공지의 사실은 불특정 다수인이 진실이라 믿고 있으므로 어느 때나 진실 여부를 조사할 수 있는 보장이 있어 증명 불요나 법원에 현저하지 않으면 증명해야 한다. 공지인지 여부 및 진실 여부에 관한 반증을 제출하여 다툴 수도 있다.

4. 법원에 현저한 사실

1) 개념

법원에 현저한 사실이란 법관이 직무 활동을 통해 명백히 알고 있는 사실을 말한다. 기억해야만 하는 것은 아니고, 기록 등을 조사해 바로 알 수 있는 경우도 포함한다.[59]

2) 법원에 현저한 사실의 예

간이생명표에 의한 기대여명,[60] 직종별임금실태조사보고서와 한국직업사전상의 직업분류 및 직종별통계소득,[61] 그 법관이 행한 다른 사건의 판결[62] 등이 그 예이다. 법관의 사적인 지식은 직무상 지득한 사실이 아니므로 증명이 필요하다.

3) 증명 문제

법원에 현저한 사실에 대하여 증명이 필요 없는 것으로 보는 이유는 법관의 인식에 객관성을 인정하고 기록이나 자료를 조사하면 법관의 기억과 동일한 결론에 도달할 수 있기 때문이다. 그러나 그 진실 여부를 다툴 수는 있다.

경험칙은 넓은 의미에서는 사실이지만 사건 또는 상태에 대한 논리적 판단으로 증명의 대상인 사실이 아니어서 공지의 사실과는 다른 것이지만, 실무에서는 공지의 사실 또는 법원에 현저한 사실로 취급하는 경우도 있다.[63]

5. 상고 여부

현저한 사실의 존부 확정은 사실 문제이지만 현저의 개념은 법률 문제이므로 그 위반

---

57) 1970. 2. 24. 69다2172.

58) 1992. 1. 21. 91다35229.

59) 대판 전합 1996. 7. 18. 94다20051, 소수의견은 명확한 기억을 요구한다.

60) 대판 1999. 12. 7. 99다41886.

61) 대판 1996. 7. 18. 94다20051.

62) 대판 1963. 11. 28. 63다493.

63) 대판 1966. 12. 6. 66다178.

은 상고이유가 된다.

제4절 증명책임

Ⅰ. 총설

1. 개념

통상 증명책임이란 요증사실의 존부가 불명일 때 이것을 요건으로 하는 법률의 적용이 부정됨으로써 자기에게 유리한 법률효과를 취득할 수 없게 되는 당사자의 위험, 또는 불이익인 객관적 증명책임을 말한다. 증거조사를 한 후에도 사실의 존부가 불명일 때 이를 이유로 재판을 거부할 수는 없고, 그렇다고 증명될 때까지 마냥 재판을 계속할 수도 없으므로, 그 사실이 존재하지 않는 것으로 인정하고, 이를 전제로 재판을 함으로써, 그 사실의 존재를 주장하여 유리한 재판을 얻으려는 당사자에게 불리한 재판을 하게 되는데, 이것이 당사자에게는 증명책임으로 나타나는 것이다.

2. 관련 문제

1) 부담자

증명책임은 당사자의 어느 한쪽이 부담하게 된다. 한쪽은 사실의 존재에, 다른 쪽은 부존재에 대하여 증명책임이 있는 것은 아니다. 단 본소로 매매대금청구를 하고, 반소로 매매목적물인도청구를 하는 경우에는 양쪽 다 매매사실을 증명할 필요가 있다. 증명책임은 진위불명을 요건으로 처음부터 추상적·객관적으로 정해지는 것이지 소송의 진행에 따라 변동하는 것은 아니다.

2) 적용범위

증명책임은 법률효과의 발생·소멸의 판단을 가능케 하기 위한 것이므로 주요사실에 대해서만 문제 되고, 변론주의뿐만 아니라 직권탐지주의에서도 사실의 존부불명인 경우가 발생할 수 있으므로 문제 된다.

3. 주관적 증명책임

주관적 증명책임의 개념에 대해서는 견해가 나뉜다.

일설은 증명책임을 부담하는 자가 증거를 제출할 행위책임이라고 하며 변론주의에서만 문제가 되고 증거조사 과정에서의 문제이나, 객관적 증명책임과 같이 처음부터 추상적으로 정해져 있고, 소송경과에 따라 바뀌지 않는다고 본다. 객관적 증명책임은 증거조사를 마친 최종단계에서의 문제로 결과책임인 점에서 다르다고 본다. 증명책임을 지는 자가 유력한 증거를 제출해서 법관의 확신이 생길 염려가 있을 때에 이를 흔들기 위한 반대증거를 제출할 필요가 생기는 것은 입증의 필요라고 하여 구별한다.

다른 설은 소송과정에서 당사자가 패소를 면하기 위하여 증거를 제출할 필요가 생길 때 발생하는 증거제출책임이라고 하며 입증의 필요와 구별하지 않고, 소송의 경과에 따라서 부담자가 바뀐다고 본다. 변론주의의 산물로 직권탐지주의 절차에서는 적용되지 않는 것으로 보는 점은 마찬가지이다.

증명책임을 객관적 증명책임과 주관적 증명책임으로 나누어 보는 것은 소송과정에서 법원이 누구에게 증명촉구를 할 것인가를 정하는 등 당사자의 소송활동과 소송지휘의 기준을 정하는 데 필요하기 때문이다.

Ⅱ. 증명책임의 분배

1. 개념

증명책임의 분배란 사실의 진위불명 상태에서 누구에게 불이익을 줄 것인가의 문제를 말한다.

증명책임의 분배에 관해서는 법이 정하고 있는 경우 무권대리인의 상대방에 대한 책임(민법 제135조), 최고 검색의 항변(민법 제437조), 운송주선인과 운송인의 손해배상책임(상법 제115, 135조)과 같이 법이 정하고 있는 경우도 있으나, 그렇지 않은 경우에 문제가 된다.

2. 분배의 기준

이에 관해서는 여러 설이 대립해 왔으나, 현재의 통설, 판례는 각 당사자는 자기에게 유리한 법규의 요건사실에 대해 증명책임이 있다는 법률요건분류설(규범설)이다.

이 설에 의하면 권리존재를 주장하는 사람은 권리근거규정의 요건사실에 대한 증명책임이 있고(예컨대 매매계약에 기한 권리를 주장할 경우에는 계약성립의 요건사실만 증명하면 되고, 불공정행위가 아니라거나 해제되지 않았다는 사실은 증명할 필요가 없다), 권리존재를 다투는 상대방은 반대규정의 요건사실에 대한 증명책임이 있다고 본다.

반대규정의 구체적인 예로는 처음부터 권리발생을 방해하는 권리장애규정(불공정 행위, 선량한 풍속 위반, 통정허위표시, 사기·강박에 의한 취소, 해제 등), 발생한 권리를 소멸시키는 권리멸각규정(변제, 시효소멸, 면제, 상계, 포기 등), 권리행사를 저지하는 권리저지규정(기한 유예, 동시이행항변권, 유치권 등)이 있다. 재반대규정으로 착오에 의한 취소 시 표의자의 중과실, 시효완성 시 시효중단 등이 있다.

3. 권리근거규정과 장애규정의 구별

1) 문제의 발생

권리근거규정과 권리소멸 및 권리저지규정의 구별에는 별문제가 없지만, 권리근거규정과 장애규정의 구별은 문제가 된다. 예컨대 선의가 시효취득의 요건인가 악의가 시효취득의 장애인가의 문제가 그것이다.

2) 구별기준

권리근거규정과 장애규정의 구별은 원칙규정과 예외규정(본문과 단서)인가의 법규정 양식의 차이에서 가능하다. 법규정이 본문과 단서의 형태로 되어 있는 경우(민법 제755, 756조)에는 본문은 법률효과의 근거규정이 되고, 단서는 본문의 법률효과를 방해하는 장애규정이 된다. 다만 단서라도 '다만 - - -한 경우에 한한다'라는 식으로 규정되어 있는 경우(제462조)에는 본문요건의 추가이므로 본문요건을 주장하는 자에게 증명책임이 있다.

통상은 권리주장자가 원고이고 다투는 자가 피고이므로 원고가 권리발생사실을, 피고가 권리장애사실 등을 증명하게 되나, 소극적 확인소송의 경우에는 원고인 채무자가 채무발생원인을 부정하는 사실을 증명하면 피고인 채권자가 채권의 발생원인 사실을 증명해야 한다.

4. 증명책임분배에 관한 새 이론

오늘날 새롭게 문제가 되고 있는 현대형 소송, 즉 환경문제, 제조물책임문제, 의료과실

문제 등에 있어서는 증거가 가해자 측에 편재되어 있고 전문적인 지식이 필요한 경우가 많아서 피해자로서는 증거확보가 매우 어려운 상황인데, 종전의 법규정 방식이라는 형식적인 기준만으로 증명책임을 분배하면 피해자는 패소할 수밖에 없는 문제가 있다. 이에 보다 실질적인 원칙에 의하여 증명책임을 분배하자는 논의가 활발히 전개되고 있다.

1) 위험영역설

계약위반이나 불법행위로 인한 손해배상청구의 경우 법률요건분류설에 의한 증명책임분배원칙을 제한하여 가해자 쪽에 증명책임을 부담시키려는 논의이다. 즉 손해배상청구사건에서 손해원인이 채무자나 가해자의 위험영역에 있는 경우에는 피해자는 증명이 어렵지만 가해자는 사실관계를 쉽게 해명할 수 있으므로 가해자로 하여금 손해의 인과관계나 고의·과실의 부존재에 대한 증명책임을 지우는 것이 정의에 부합하고 책임규범이 지향하는 손해예방의 목적에도 합치한다고 주장한다.

이 설에 대해서는 증명이 곤란한 경우에는 증명책임의 경감이나 전환에 의하여 해결할 수 있는데, 위험영역이라는 모호한 개념을 도입할 필요가 있느냐는 비판이 있다.

2) 개연성설

증명책임에 관한 고정법칙을 포기하고 개개사건마다 법관이 구체적 특수성과 개연성을 고려하여 재량으로 각 당사자에게 증명책임을 부과하자는 입장이다. 개연성이 낮은 사실을 주장하는 사람이 증명책임을 부담해야 한다고 본다.

이 설은 개연성은 증명책임의 영역이 아닌 증거평가의 영역에서 문제 되는 것이므로 증거평가와 증명책임을 혼동하고 있다는 비판을 받고 있다.

3) 증거거리설

증명책임의 분배기준에 법규상 명백하지 않은 경우에는 증거와 거리가 가까운 사람, 증명이 쉬운 사람, 개연성 낮은 사실을 주장하는 사람이 증명책임을 부담해야 한다는 입장이다.

이 설에 대해서는 통상 원·피고가 증거로부터 같은 거리에 있고, 존재가 부존재보다 반드시 증명이 쉬운 것은 아닌데, 이런 경우에 어떻게 해결할 수 있는가의 약점이 지적되고 있다.

4) 결론

증명책임의 분배를 어느 한 기준에 의하여 획일적으로 해결한다는 것은 사회현상의 다양성과 발전 가능성이라는 측면에서 볼 때 당초부터 불가능한 일이 될 것이다. 다만 입법자는 이런 제반 사정을 고려하여 입법하는 것이므로 법에 그 기준을 제시하고 있는 경우에는 그에 따르되, 규정이 있더라도 구체적인 경우에 예외적으로 형평과 정의를 위해 필요한 경우나 규정이 없는 경우에는 새로운 이론들이 제시하는 사유들을 종합적으로 고려하여 증명책임을 경감하거나 전환하는 방법으로 해결하여야 할 것이다.

Ⅲ. 증명책임의 전환

1. 개념

증명책임의 전환이란 증명책임의 분배에 관한 일반원칙에 대한 예외로 반대사실에 관하여 상대방에게 증명책임을 지우는 것을 말한다. 통상은 법규에 의하여 전환되는 경우만을 가리키지만 근자에는 판례에 의한 해석론으로 전환되는 경우들이 늘어나고 있다.

2. 법규에 의한 전환

불법행위로 인한 손해배상청구의 경우 원고가 피고의 과실에 대한 증명책임을 지게 되지만, 예외적으로 자동차사고나 동물의 가해로 인한 손해배상청구에서는 피고가 무과실을 증명해야 하고(자동차손해배상보장법 제3조 단서, 민법 제759조), 사용자책임의 경우 사용자가 감독상 무과실을 증명해야 하고(민법 제756조), 제조업자가 제조물의 결함에 대한 무과실을 증명해야 하고(제조물책임법 제3, 4조), 환경오염·훼손으로 인한 손해에 대해서는 귀책사유가 없어도 책임을 진다(환경정책기본법 제31조).

3. 해석에 의한 전환

근자에는 증명책임의 분배에 관한 일반원칙이 부당한 결과를 가져오는 경우에 해석론으로 증명책임의 전환을 인정하자는 논의가 활발하다. 독일 판례는 제조업자과실이나 의료과오소송에서 의사과실과 손해와의 인과관계, 증명방해 등에서 증명책임의 전환을 인정하고 있다.

우리의 경우는 위와 같은 경우에 증명책임을 완화하고, 증명방해의 경우에는 법관의 자유심증에 맡기고 있다.

Ⅳ. 증명책임의 완화

증명책임분배에 관한 일반원칙에 따르면서도 증명이 곤란한 일정한 경우에 형평을 기하기 위하여 증명책임을 완화하는 경우가 있는데, 법률상 추정과 해석론에 기한 일응의 추정이 있다.

1. 법률상 추정

1) 개념

추정이란 어느 사실로부터 다른 사실을 추인하는 것으로 법규에 의한 추정을 법률상 추정, 경험칙에 의한 추정을 사실상 추정이라고 한다. 법률상 추정에는 법률상 사실추정과 권리추정이 있다.

법률상 사실추정은 법률에 전제사실이 있을 때 다른 사실이 있는 것으로 추정하는 것으로, 예컨대 전후 양시에 점유사실이 있으면 계속해서 점유한 것으로 추정하는 것(민법 제198조), 2인 이상이 동일한 위난으로 사망한 경우의 동시사망추정(민법 제30조), 혼인 중에 포태한 자의 부의 자 추정(민법 제844조), 동일한 시·군 등에서 동종영업으로 타인이 등기한 상호를 사용할 경우의 부정목적사용추정(상법 제23조 제4항) 등이 그것이다.

법률상 권리추정은 전제사실이 있을 때 권리가 있는 것으로 추정하는 것으로, 예컨대 점유사실이 있으면 점유물에 대하여 행사하는 권리의 적법추정(민법 제200조), 건물의 구분소유자의 건물공용부분공유추정(민법 제215조 제1항), 경계표 등의 공유추정(민법 제239조), 공유자 지분의 균등추정(제262조 제2항), 귀속불명재산의 부부공유추정(민법 제830조 제2항) 등이 그것이다.

2) 효과

증명책임이 있는 자는 통상 추정사실(주요사실)보다 증명이 용이한 전제사실(간접사실)의 증명으로 주요사실의 증명에 갈음할 수 있다. 증명대상의 선택이 가능하므로 증명책임이 완화되는 효과가 있다.

전제사실의 증명으로 법률상 추정이 된 경우에는 상대방은 전제사실에 대한 반증의 제시 또는 추정사실의 부존재 증명으로 추정을 번복할 수 있다. 추정사실의 부존재 증명은 반대사실의 증명이므로 이에 관한 증거는 반증이 아닌 본증이고 증명책임이 전환된 셈이 된다.

간주는 추정과 달리 간주된 사실 부존재의 증명으로 번복시킬 수 없다.

3) 등기의 추정력

부동산등기에 관해서는 법률규정은 없으나 판례는 법률상 추정으로 보고 있는데, 이를 두고 견해가 나뉜다.

① 판례

증명책임분배의 원칙에 따르면 원인무효에 기한 소유권이전등기말소청구의 경우에 본래 원고는 자기의 소유권취득원인사실을 증명하고, 피고는 원고로부터 소유권취득사실을 증명하는 것이 원칙이나, 판례는 부동산 등기는 진실한 권리상태를 공시하므로 다투는 측에서 무효사유를 주장·증명하여야 한다고 보고(법률상 권리추정),[64] 등기원인의 존재와 등기절차의 적법까지 추정한다(법률상 사실추정).[65] 이 추정력은 현 등기명의인과 이전 등기명의인 사이에도 미친다.[66] 소유권이전등기에 제3자의 처분행위가 개입된 경우, 현 등기명의자가 그 제3자가 전 등기명의자의 대리인이라고 주장해도 원고가 그 제3자에게 대리권이 없다거나, 그 제3자가 이전등기서류를 위조하였다는 등의 무효사실을 증명해야 한다.[67]

② 학설

등기의 추정력을 법률상 추정이라고 보는 견해는 이를 번복하려면 권리의 발생원인이 되는 사실의 부존재 또는 소멸원인이 되는 사실의 존재를 증명하여 추정사실의 부존재에 관하여 법관에게 확신을 주어야 하므로 증명책임이 전환된다. 사실상 추정이라고 보는 견해는 명문의 규정도 없이 강력한 법률상 추정력을 줄 수는 없다면서 이 추정을 번복하기 위해서는 상대방은 반증으로 법관에게 의심을 불러일으키면 족하다고 보므로 증명책임이 전환되지는 않는다.

③ 결론

등기를 물권변동의 성립요건으로 요구하면서도 등기에 공신력을 인정하지 않는 것은 등기명의자를 권리자로 인식하는 거래의 실상을 반영하지 못하는 것이고, 법이 불완전한 공시방법인 점유에 법률상 권리추정을 하고 있는 것을 감안하면 등기에 법률상의 추정력을 인정하는 것이 타당할 것이다.

---

64) 대판 1992. 10. 27. 92다30047.
65) 대판 2002. 2. 5. 2001다72029.
66) 대판 2000. 3. 10. 99다65462.
67) 대판 1997. 4. 8. 97다416.

4) 유사개념

법규에서는 법률상 추정 이외의 뜻으로 추정의 표현을 쓰기도 한다.

① 잠정적 진실

잠정적 진실이란 전제사실이 없이 무조건 일정사실을 추정하는 것을 말한다. 법률상의 추정은 전제사실이 있어야 하므로 이 경우는 법률상의 추정이 아닌 통상의 증명책임분배를 규정한 것이다. 민법 제197조의 점유자는 소유의사로 선의·평온 및 공연하게 점유한 것으로 추정한다는 것이 그것이다. 이 추정규정은 민법 제245조의 점유시효취득 요건인 소유의사·평온·공연에 대한 증명책임을 상대방에게 전환시킨 것이다.[68] 상법 제47조 제2항 상인의 행위는 영업을 위하여 하는 것으로 본다는 것도 잠정적 진실을 규정한 것이다.

② 의사추정

의사추정은 법률행위의 해석에 관하여 당사자의 의사를 추정하는 것을 말한다. 민법 제153조 제1항의 기한은 채무자의 이익을 위한 것으로 추정한다. 제398조 제4항 위약금의 약정은 손해배상액의 예정으로 추정한다와 같은 규정이 그것이다. 이 추정은 사실추정이 아니므로 엄격한 의미의 추정이 아니다.

③ 증거법칙적 추정

실체법상의 요건과는 상관없이 자유심증에 의한 사실인정의 제한으로 일정한 간접사실이 있으면 어떤 사실의 존부를 인정하도록 한 것이다. 공문서의 진정성립 추정(제350조), 본인 또는 대리인의 서명이나 날인, 무인이 있는 사문서의 진정성립 추정(제358조)이 그것이다. 이 경우 추정되는 사실이 주요사실이 아닌 문서의 진정성립이라는 보조사실이므로 증명책임에 관한 규정이라고 볼 수는 없고, 증거력 평가의 차원에서 자유심증과 상관없이 보조사실을 인정하는 법정증거법칙이므로 자유심증에 대한 제한규정이다. 따라서 증명책임전환의 효과는 인정하지 않는다.

이 추정을 번복하기 위해서는 진정성립에 대한 심증을 흔드는 반증의 방식이 아닌 위조되었다는 등의 반대사실에 대하여 본증으로 법관에게 확신을 갖도록 해야 한다.[69] 이 점에서는 법률상 추정과 구별실익이 없다.

---

68) 대판 1997. 8. 21. 95다28625.

69) 대판 1987. 12. 22. 87다카707.

2. 사실상 추정

1) 개념

사실상 추정이란 법관이 경험법칙을 적용하여, 하나 또는 수 개의 간접사실로부터 주요사실을 추정하는 것을 말한다. 주요사실은 직접증거에 의하여 인정할 수 있지만 실제로는 이를 추인할 수 있는 간접사실을 통하여 인정되는 경우가 많아서, 사실상 추정은 법관의 사실인정에서 중요한 역할을 한다.

2) 예

부가 처에게 토지를 매도한 경우에 가장매매를 추정하는 것,[70] 등기필증을 소지하고 있을 경우에 명의신탁을 추정하는 것[71]이 그 예이다.

3) 소송법상 지위

이는 자유심증의 한 단면이고, 작용하는 경험칙에 따라 증명도도 제각각이다. 독일에서는 이 개념을 부정확한 것이라고 하여 증빙(간접증거)과 표견증명으로 구별하여 사용하고 있으나, 그 밖의 나라에서는 구별하지 않고 사용하고 있다. 적용되는 경험법칙의 고도화 정도 차이가 있을 뿐 그 효과나 번복방법에 차이가 있는 것은 아니다.

3. 표견증명(일응의 추정)

1) 개념

표견증명이란 사실상의 추정 중에 고도의 개연성이 있는 경험칙을 이용하여 행하는 추정을 말한다. 예외현상이 발생할 가능성이 드물어 증명상태에 가까우므로 표현증명이라고도 한다. 어느 사실이 일정한 방향으로 흘러가는 것이 경험칙상 거의 틀림없다고 인정되는 경우에 그 경험칙을 적용하여 증간의 경과를 밝힘이 없이 바로 요증사실의 존재를 인정하는 것이다. 여기의 경험칙은 일상생활상의 경험칙이 아닌 고도의 개연성이 인정되는 경험칙이다.

손해배상소송에서 인과관계와 과실을 인정할 경우에 주로 적용되는데, 예컨대 자동차가 인도에 진입해 행인을 다치게 한 경우 자동차가 인도에 진입한다는 것은 극히 이례적인 경우이므로 구체적으로 어떤 경위로 충돌에 이르게 되었는지 따져 볼 것도 없이 운전자의 과실을 추정하는 것이다.

---

70) 대판 1978. 4. 25. 78다226.

71) 대판 1990. 1. 12. 89다카14363.

이같이 표견증명의 특징은 개연성이 강한 경험칙에 의하여 구체적인 사실의 확정이 없이 바로 과실이나 인과관계를 인정하는 데 있다.

2) 표견증명(일응의 추정)이 인정된 예

자동차가 인도에 진입해 행인을 다치게 한 경우 운전자의 과실을 추정하고, 의사가 개복수술 후에 수술 칼을 배에 남겨 둔 경우에 의사의 과실이 추정되고, 수혈을 받은 후에 에이즈에 감염되면 수혈이 원인인 것으로 추정되고, 굴착공사 중 이웃건물이 붕괴하면 굴착공사가 붕괴의 원인인 것으로 추정되는 것이 그것이다. 우리 판례상으로는 교통법규 위반 사고 시 운전자의 과실추정,[72] 주위에 있는 다른 건물에는 아무 이상이 없었는데 유독 한 건물의 지붕이 바람에 날려 무너진 것이라면 일응 그 공작물의 하자에 기인한 것이라고 추정함이 사회통념상 타당하다는 것[73] 등이 있다.

3) 효과

표견증명은 자유심증을 얻는 방법의 하나로 법관이 사실에 대하여 심증을 얻게 되는 진위불명 상태의 제거일 뿐이고 증명책임의 전환은 아니다.

일반증명에 비해 증명도를 낮추는 것도 아니다. 법관에게 확신을 줄 수 있는 고도의 개연성 있는 경험칙이 있는 경우에만 인정되기 때문이다.

표견증명은 경험칙의 적용 문제이므로 표견증명이 잘못되었을 경우에는 경험칙위반에 의한 사실오인을 이유로 상고할 수 있다.

4) 번복

표견증명을 번복하기 위해서는 반대사실(과실 없다)이 아닌 추정의 기초인 간접사실에 대한 반증으로 법관의 의심을 갖게 하거나(자동차의 인도 진입 사실을 다투는 것), 증명된 간접사실과 양립할 수 있는 별개의 간접사실을 증명(간접반증)하여 사실상의 추정을 방해하면 된다.

4. 간접반증

1) 개념

간접반증이란 주요사실 증명책임자가 이를 추인함에 있어서 충분한 간접사실을 증명한 경우에 상대방이 그 간접사실과 양립하는 별개의 간접사실(간접반증사실)을 증명하여 주요사실의 추인을 방해하는 증명활동을 말한다. 자동차의 인도 침범으로 운전자 과실이

---

72) 대판 1981. 7. 28. 80다2569.
73) 대판 1974. 7. 26. 74다246.

추정될 때에 다른 차가 들이받아서 침범한 사실을 증명하여 과실추정을 번복하는 것, 자의 부에 대한 인지청구에서 원고의 모가 임신 무렵 부와 동거한 사실, 혈액형이 배치되지 아니한 사실, 부와 용모 비슷한 사실을 증명하여 부자관계의 존재를 추정시킨 경우에 임신 무렵 다른 남자와도 성관계를 가진 사실을 증명하여 부자관계추정을 번복시키는 것 등이 그 예이다.

2) 성격

이런 경우 피고가 제시하는 간접반증은 주요사실에 대해서는 반증이지만, 증명할 간접사실에 대해서는 법관이 확신을 얻을 정도로 완전히 증명해야 하므로 본증이 된다.

3) 적용

간접반증은 불확정 개념과 인과관계를 증명할 때 주로 이용된다.

불법행위에서 과실, 표현대리에서 믿을 만한 정당한 이유 등 불확정 개념의 증명을 위해서는 간접사실을 증명하기 마련이고, 상대방은 양립 가능한 다른 간접사실을 증명하여 이를 번복시키려 한다.

현대형 소송에서 불법행위에 따른 손해배상청구를 할 때 증거의 편재, 전문지식의 결여 등의 이유로 인과관계의 증명이 곤란한 경우가 많은데, 피해자 보호의 차원에서 인과관계의 증명곤란을 완화해 주기 위한 방법으로 간접반증이 이용되고 있다. 기업의 폐수배출로 인한 손해배상소송에서 원고가 피고의 폐수배출사실 및 폐수의 피해물건으로의 도달경로와 손해발생 사실을 증명하면 폐수배출과 손해발생 사이의 인과관계를 추정하고, 배출자가 폐수가 무해한 사실 또는 다른 원인물질로 손해가 발생한 사실, 즉 간접반증사실을 증명하지 못하면 배출자의 책임을 인정한다.

4) 비판

법률요건분류설을 비판하는 입장에서는 ① 간접반증이론은 증명책임의 전환을 인정하지 않으려고 나온 도구개념으로 간접반증사실의 증명책임을 상대방에게 부담시키는 점에서 실질적으로는 주요사실의 증명책임 일부를 상대방에게 전환시키는 것과 마찬가지라고 하거나, ② 간접반증의 전제인 주요사실과 간접사실의 구별에 문제가 있다면서 법문상 과실, 정당한 사유, 인과관계 등의 불확정 개념이 사용된 경우에는 주요사실은 불확정 개념 자체가 아니고 그 불확정 개념을 추인하게 하는 구체적 사실(음주운전, 전방주시 소홀, 오염물질 배출·오염경로 등)이며, 따라서 간접반증사실은 항변사실이 되므로 간접반증이론이 따로 필요 없다고 본다.

그러나 간접사실로부터 주요사실을 추정받으려고 하는 경우에, 이를 방해하기 위해서

는 간접반증사실의 주장과 증명이 따르게 되므로, 간접반증이론이 무용한 것으로 볼 수
는 없을 것이다.

Ⅴ. 특수소송과 증명책임

공해소송, 의료소송, 제조물책임소송 등 증명책임과 관련하여 피해자의 구제가 특히
필요한 경우를 둘러싸고 증명책임의 완화를 위한 이론으로 제시된 것이 개연성론과 간접
반증론이다. 개연성론은 일반적인 경우보다 법관의 확신 정도를 낮추어 개연성의 증명이
나 증명의 우월로 인과관계를 인정해 주는 것이고, 간접반증론은 개연성설이 증명도만을
이용하여 피해자의 증명책임을 완화하려는 막연한 한계를 극복하는 이론으로 등장한 것
으로 경험칙을 동원하여 가해자에게 간접반증책임을 부과하고 있다.

1. 공해소송

대법원은 공해소송에서 인과관계 증명과 관련하여 피해자의 증명책임을 완화해 주기
위하여 당초에는 부정하던[74] 개연성이론을 채택하였고, 간접반증론으로 발전시키고 있다.

공해로 인한 불법행위에 있어서의 인과관계에 관하여 당해 행위가 없었더라면 결과가
발생하지 아니하였으리라는 정도의 개연성이 있으면 인정할 수 있다고 보았다.[75]

수질오염으로 인한 공해소송에서 (1) 피고공장에서 김의 생육에 악영향을 줄 수 있는
폐수가 배출되고, (2) 그 폐수 중 일부가 유류를 통하여 이 사건 김양식장에 도달하였으
며, (3) 그 후 김에 피해가 있었다는 사실이 각 모순 없이 증명되면 폐수배출과 양식 김

---

74) 대판 1973. 11. 27. 73다919, 원심은 소위 공해사건에 있어서 인과관계의 인정은 일반불법행위와는 달
리 인과관계를 추정할 수 있는 개연성만 있으면 일응 입증이 있는 것으로 소송상 추정되어서 가해자는
피해자의 손해를 배상할 책임이 있게 되고 피고(가해자)가 그 불법행위의 책임을 면하려면 인과관계가
없다는 적극적 증명(반증)을 할 책임이 있다는 전제하에 판결하였으나 소위 공해사건에 있어서의 이와
같은 입증에 관한 특별취급에 관한 위 전제는 본원이 인정할 수 없다.

75) 대판 1974. 12. 10. 72다1774, 근대산업의 발전에 따라 공업의 대기업화를 촉진하고, 그 결과로 기업이
경영하는 대단위 생산공장에서 사람의 생명 건강 및 재산에 유해로운 각종 오염물질, 소음 및 진동 따위
를 배출 확산하여 사람의 건강이나 동식물의 생장에 위해를 미치게 하는 바가 적지 아니하므로 법령에서
이런 공해를 방지하는 규제를 하고 있다(공해방지법 등). 한편 이런 공해로 인한 손해배상청구소송에 있
어도 가해행위와 손해발생 사이에 있어야 할 인과관계의 증명에 관해서도 이른바 개연성이론이 대두되어
대소 간에 그 이론이 사실인정에 작용하고 있음을 부인할 수 없는 추세에 있다고 하겠다. 공해로 인한
불법행위에 있어서의 인과관계에 관하여 당해 행위가 없었더라면 결과가 발생하지 아니하였으리라는 정
도의 개연성이 있으면 그로써 족하다(화력발전소의 매연으로 과수의 수확이 줄어든 피해를 입은 사건).

에 병해가 발생함으로 말미암은 손해 간의 인과관계가 일응 증명되었다고 할 것이므로, 피고가 (1) 피고 공장폐수 중에는 김의 생육에 악영향을 끼칠 수 있는 원인물질이 들어 있지 않으며, (2) 원인물질이 들어 있다 하더라도 그 해수혼합률이 안전농도 범위 내에 속한다는 사실을 반증으로 들어 인과관계를 부정하지 못하는 한 그 불이익은 피고에게 돌려야 마땅하다[76]고 보았고,[77] 다른 사례에서는 (1), (2) 사실에 대한 반증을 제시하거나 양식장에 대한 피해가 폐수가 아닌 전혀 다른 원인에 의한 것임을 증명(간접반증)하지 못하는 한 책임이 있다고 하여 간접반증론을 채택하고 있다.[78]

2. 의료과오소송

대법원은 의료과오소송에서도 표견증명과 간접반증론으로 증명책임을 완화하고 있다. 난관시술을 받은 사람이 재임신한 경우에 특별한 사정이 없는 한 일응 시술의 잘못을 추정하고, 의사가 과실에 기인한 것이 아닌 점을 증명해야 하고,[79] 예방접종의 부작용률이 극미하다 해도 사인인 뇌출혈을 일으킬 만한 특별한 사정을 인정할 자료가 없으면 인과관계를 인정한다.[80] 일반인 상식에 근거한 의료상 과실행위의 존재와 그 결과 사이에 의

---

76) 대판 1984. 6. 12. 81다558, 불법행위로 인한 손해배상청구사건에 있어서 가해행위와 손해발생 간의 인과관계 입증책임은 청구자인 피해자가 부담하나, 수질오탁과 같은 공해로 인한 손해배상청구소송에 있어서는 기업이 배출한 원인물질이 물을 매체로 간접적으로 손해를 끼치는 수가 많고 공해문제에 관해서는 현재의 과학수준으로 해명할 수 없는 분야가 있기 때문에 가해행위와 손해발생 간의 인과관계 고리를 모두 자연과학적으로 증명하는 것은 곤란 내지 불가능한 경우가 대부분이므로 피해자에게 인과관계의 존재에 관한 엄밀한 과학적 증명을 요구함은 공해의 사법적 구제의 사실상 거부가 될 우려가 있는 반면에 가해기업은 기술적·경제적으로 피해자보다 원인조사가 훨씬 용이할 뿐 아니라 그 원인을 은폐할 염려가 있어, 가해기업이 배출한 어떤 유해한 원인물질이 피해물건에 도달하여 손해가 발생하였다면 가해자 측에서 그 무해함을 입증하지 못하는 한 책임을 면할 수 없다고 봄이 사회형평의 관념에 적합하다.

77) 이에 대해서는 간접반증론이 아니고 개연성론이라는 견해도 있다. (1), (2) 사실이 증명된 경우 (3) 사실의 존재가 경험칙상 추정되어야 하는 것이고, 이 추정을 번복하려면 피고가 다른 사실을 주장·증명해야 하는 것은 당연한 것이므로, 이 이론의 의미는 경험칙상 추정이 통상의 증명 정도에 이르지 않아도 된다는 것, 즉 심증 정도의 경감에 있으므로 개연성설을 정리·보충한 것에 불과하다는 것이다(임치룡, 환경소송에서의 인과관계와 증명책임, 재판자료 제94집, 2002).

78) 대판 2004. 11. 26. 2003다2123, 공해로 인한 손해배상청구소송에 있어서는 가해행위와 손해발생 사이의 인과관계 고리를 모두 자연과학적으로 증명하는 것은 곤란 내지 불가능한 경우가 대부분이고, 가해기업은 기술적·경제적으로 피해자보다 원인조사가 용이할 뿐 아니라 자신이 배출하는 물질이 유해하지 않다는 것을 입증할 사회적 의무를 부담한다고 할 것이므로, 가해기업이 배출한 어떤 물질이 피해 물건에 도달하여 손해가 발생하였다면 가해자 측에서 그 무해함을 입증하지 못하는 한 책임을 면할 수 없다고 봄이 사회 형평의 관념에 적합하다.
여천공단 내 공장들의 폐수 배출과 재첩 양식장에 발생한 손해 사이에 인과관계가 일응 증명되었으므로, 위 공장들이 반증으로 그 폐수 중에 피해를 발생시킨 원인물질이 들어 있지 않거나 원인물질이 들어 있다고 하더라도 피해를 일으킬 정도의 농도가 아니라는 사실을 증명하거나, 또는 피해가 전적으로 다른 원인에 의한 것임을 증명하지 못하는 한 그 책임을 면할 수 없다.

79) 대판 1980. 5. 13. 79다1390.

료행위 외의 다른 원인이 개재한 사실이 없음을 증명하면 의사가 다른 원인의 개입사실을 증명 못 하면 인과관계를 추정하여 증명책임을 완화하는 것이 손해의 공평·타당한 부담을 그 지도원리로 하는 손해배상제도의 이상에 맞는다.[81]

3. 제조물책임소송

제조물책임법 제3, 4조는 제조업자는 제조물의 결함으로 인하여 생명, 신체 또는 재산에 손해를 입은 자에 대하여 손해를 배상하여야 한다고 규정하여 제조업자의 무과실책임을 인정하고 있다. 따라서 제조물의 결함으로 인한 손해배상청구에서 피해자는 결함의 존재와 결함과 손해발생 사이의 인과관계만 증명하면 된다.

대법원은 제조물책임법 시행 전부터 제조물의 결함 및 인과관계에 관하여 표견증명과 간접반증으로 증명책임을 완화해 왔다.

변압변류기의 점진적인 절연열화를 최소화할 수 있는 방법이 있고 그러한 방법으로 절연열화를 최소화한 경우에 최소한의 내구연한이 기사용기간을 초과한다면, 내구연한 전에 발생한 절연파괴는 위와 같은 절연열화를 최소화하는 방법을 취하지 않은 구조 내지 제조상의 결함이 있는 것으로 추정할 수 있다거나,[82] 고도의 기술이 집약되어 대량으로 생산되는 제품의 결함을 이유로 그 제조업자에게 손해배상책임을 지우는 경우 그 제품의 생산과정은 전문가인 제조업자만이 알 수 있어서 그 제품에 어떠한 결함이 존재하였는지, 그 결함으로 인하여 손해가 발생한 것인지 여부는 일반인으로서는 밝힐 수 없는 특수성이 있어서 소비자 측이 제품의 결함 및 그 결함과 손해의 발생 사이의 인과관계를 과학적·기술적으로 입증한다는 것은 지극히 어려우므로 그 제품이 정상적으로 사용되는 상

---

80) 대판 1977. 8. 23. 77다686.

81) 대판 2003. 1. 24. 2002다3822, 의료행위가 고도의 전문적 지식을 필요로 하는 분야이고 그 의료의 과정은 대개의 경우 환자 본인이 그 일부를 알 수 있는 외에 의사만이 알 수 있을 뿐이며, 치료의 결과를 달성하기 위한 의료기법은 의사의 재량에 달려 있기 때문에, 손해 발생의 직접적인 원인이 의료상의 과실로 말미암은 것인지 여부는 전문가인 의사가 아닌 보통인으로서는 도저히 밝혀낼 수 없는 특수성이 있어서 환자 측이 의사의 의료행위상 주의의무 위반과 손해 발생 사이의 인과관계를 의학적으로 완벽하게 입증한다는 것은 극히 어려운 일이므로, 의료사고가 발생한 경우 피해자 측에서 일련의 의료행위 과정에서 저질러진 일반인의 상식에 바탕을 둔 의료상의 과실이 있는 행위를 입증하고 그 결과와 사이에 일련의 의료행위 외에 다른 원인이 개재될 수 없다는 점, 이를테면 환자에게 의료행위 이전에 그러한 결과의 원인이 될 만한 건강상의 결함이 없었다는 사정을 증명한 경우에는, 의료행위를 한 측이 그 결과가 의료상의 과실로 말미암은 것이 아니라 전혀 다른 원인으로 말미암은 것이라는 입증을 하지 아니하는 이상, 의료상 과실과 결과 사이의 인과관계를 추정하여 손해배상책임을 지울 수 있도록 입증책임을 완화하는 것이 손해의 공평·타당한 부담을 그 지도원리로 하는 손해배상제도의 이상에 맞는다.

82) 대판 1992. 11. 24. 92다18139.

태에서 사고가 발생한 경우 소비자 측에서 그 사고가 제조업자의 배타적 지배하에 있는 영역에서 발생하였다는 점과 그 사고가 어떤 자의 과실 없이는 통상 발생하지 않는다고 하는 사정을 증명하면, 제조업자 측에서 그 사고가 제품의 결함이 아닌 다른 원인으로 말미암아 발생한 것임을 입증하지 못하는 이상 그 제품에 결함이 존재하며 그 결함으로 말미암아 사고가 발생하였다고 추정하여 손해배상책임을 지울 수 있도록 입증책임을 완화하는 것이 손해의 공평·타당한 부담을 그 지도원리로 하는 손해배상제도의 이상에 맞다[83]고 한다.

VI. 주장책임

1. 개념

주장책임이란 변론주의원리상 주요사실은 당사자가 주장해야 하는 결과로, 자기에게 유리한 주요사실을 주장하지 않으면 그 사실이 없는 것으로 취급되는 불이익을 입는 것을 말한다. 주장책임 문제는 변론주의에서만 발생하고, 직권탐지주의에서는 법원이 심증을 얻은 사실은 당사자의 주장과 상관없이 판결의 기초로 할 수 있으므로 증명책임 외에 주장책임의 개념을 인정할 필요가 없다.

2. 주장책임의 대상

1) 주요사실

주장책임은 주요사실에 대하여 인정된다. 주요사실은 법률효과의 발생·변경·소멸에 관한 법규의 구성요건에 해당하는 사실을 말한다.

2) 현저한 사실

변론주의를 근거로 현저한 사실이라도 주요사실에 해당하는 한 예상외의 재판을 방지하기 위하여 주장되어야 한다는 입장과 진실에 합치하는 재판을 위하여 주장되지 않아도 된다는 입장이 있다.

---

83) 대판 2000. 2. 25. 98다15934(텔레비전이 발화·폭발한 사건), 2004. 3. 12. 2003다16771(자동차급발진 사고 - 이 사건은 결함을 인정할 수 없고, 자동차가 정상적으로 사용되는 상태에서 제조업자의 배타적 지배영역에서 사고가 발생했다는 증명이 없어 급발진 사고가 자동차의 결함으로 인하여 발생했다고 추정할 수도 없다는 이유로 손해배상책임이 부인되었다).

3. 주장사실과 인정사실이 불일치

변론주의의 원칙상 법원은 당사자가 주장하지 않은 사실은 설사 그 사실이 증거조사에 의하여 밝혀져도 이를 고려할 수 없다. 당사자가 변론에서 주장하는 방식으로 법원에 제출한 소송자료와 주장사실을 증명하기 위하여 제출한 증거자료는 구별되는 것이기 때문이다.

그러나 이 원칙을 고수하면 구체적인 타당성을 잃을 수가 있으므로 판례는 간접적 주장, 묵시적 주장, 다소의 차이 허용 등을 통하여 변론주의의 폐해를 막으려 한다.[84]

4. 주장책임과 증명책임

변론주의하에서는 당사자의 일방이 반드시 주장책임과 증명책임을 부담하게 되는데, 증명책임은 주장에 대하여 상대방이 다툴 때에 비로소 문제가 되므로 주장책임은 논리적·시간적으로 증명책임에 선행한다.

5. 분배

주장책임은 주장이 없는 경우의 문제이므로 주장이 있기만 하면 누가 주장했는지는 묻지 않으나(주장공통의 원칙), 주장이 없는 경우에는 누구에게 불이익을 줄 것인가의 문제가 있다.

1) 원칙

주장책임의 분배는 증명책임의 분배기준과 동일하다. 원고는 권리근거규정의 요건사실을, 피고는 권리장애·멸각·저지규정의 요건사실을 주장할 책임이 있다.

2) 예외

① 소극적 확인소송인 채무부존재확인소송에 있어서는 채무자인 원고가 먼저 청구를 특정하여 채무발생원인사실을 부정하는 주장을 하면, 채권자인 피고가 권리관계의 요건사실에 관하여 주장·입증책임을 부담하는데,[85] 이를 두고 주장책임과 증명책임이 불일치하는 경우라는 견해와 피고의 입장에서도 권리관계의 요건사실에 관한 주장을 하여야 하므로 일치하는 경우라는 입장이 갈린다.

② 무권대리인의 책임을 묻는 경우에는(민법 제135조) 원고가 무권대리의 주장책임을

---

84) 앞의 157쪽 변론주의 부분 참조.
85) 대판 1998. 3. 13. 97다45259.

부담하지만 유권대리의 증명책임은 무권대리인이 진다.

③ 금전채무불이행으로 인한 손해배상청구의 경우(민법 제397조 제2항)에 원고가 손해의 발생 및 액수에 관한 주장책임을 부담하지만 법규에 의하여 증명책임은 면제된다.

3) 증명책임 없는 자의 주장책임

현대형 소송에서 증거편재에 대한 실질적 평등을 위하여 상대방에게 자기 영역에 있는 사실에 관한 구체적 경과의 진술의무를 부과해 사안을 명백히 하는 경우가 있는데, 이는 증명책임을 지지 않는 당사자에게 사실과 증거자료의 제출책임을 부과하는 것이 된다.

제5절 증거조사

Ⅰ. 증거조사의 절차

1. 당사자의 증거신청

1) 개념

당사자의 증거신청이란 법원에 특정한 사실에 대한 특정증거방법에 대하여 조사를 요구하는 소송행위이다. 변론주의하에서는 원칙적으로 당사자의 신청이 있어야 증거조사를 할 수 있고 직권증거조사는 보충적으로 허용된다.

당사자는 헌법상 재판청구권의 일환으로 증명권(증거제출권, 증거보전신청, 증거조사참여권, 반증제출권 등)을 가지며 정당한 사유 없이 이를 침해하면 상고이유가 된다.[86]

2) 요건

증거신청은 소송행위이므로 소송행위의 일반원칙에 따른다. 소송법상 소송능력과 대리인이 할 경우에는 대리권이 필요하고, 신청에 조건과 기한을 붙일 수 없다.

---

86) 대판 1997. 5. 30. 95다21365, 피항소인이 항소장 부본부터 공시송달의 방법으로 송달되어 귀책사유 없이 항소가 제기된 사실조차 모르는 상태에서 피항소인의 출석 없이 원심의 변론기일이 진행되어 제1심에서 의제자백에 의한 승소판결을 받은 피항소인이 자신의 주장에 부합하는 증거를 제출할 기회를 상실함으로써 피항소인은 당사자로서 절차상 부여된 권리를 침해당하였다고 할 것이어서, 이와 같은 경우는 당사자가 대리인에 의하여 적법하게 대리되지 않았던 경우와 마찬가지로 보아 민사소송법 제394조 제1항 제4호의 규정을 유추 적용할 수 있다.

3) 방식

신청은 서면 또는 구두로 할 수 있다(제61조). 신청할 때에는 증명할 사실과 증거방법을 적시하고, 양자의 관계(증명취지)를 밝혀야 한다(제289조, 민소규칙 제74조). 비용이 필요한 경우에는 미리 내야 하고, 내지 않으면 법원은 증거조사를 아니 할 수 있다(제116조).

증명할 사실을 명시하지 않거나 근거 없는 사실을 주장하면서 그 증명을 위하여 증거를 신청하는 모색적 증명은 원칙적으로 허용되지 않는다. 이런 모색적 증명은 증명책임을 지는 자가 사실의 경과를 상세히 모르는 경우에 증명할 사실을 명시하지 않고 먼저 증거신청을 한 다음 증거조사를 통하여 구체적 주장을 위한 사실자료를 얻어 내려고 할 때 이용된다.

모색적 증명은 절차지연의 우려 때문에 원칙적으로 허용되지 않는 것이지만, 현대형 소송에서 증거의 편재를 시정하는 순기능도 있기 때문에 당사자평등의 실현을 위하여 상대방 보호와 절차진행에 방해가 되지 않는 한 제한적으로 허용하자는 것이 다수의 입장이다.

4) 시기

증거신청의 시기에는 제한이 없어 변론을 종결할 때까지 아무 때나 할 수 있다. 변론기일 전에도 할 수 있다(제289조 제2항). 변론준비절차를 실시하는 경우에는 그 절차에서 신청하여야 한다. 그 뒤 변론기일에서 신청할 경우에는 실기한 공격방어방법 등의 제한(제147조 재정기한, 제149조 실기한 공격방어방법, 제285조 변론준비기일 종결효과)을 받는다.

5) 철회

증거신청의 철회는 증거조사 실시 전에는 언제나 가능하다. 증거조사에 들어가면 상대방의 동의가 있어야 한다. 증거공통의 원칙상 상대방에게 유리한 증거자료가 나타날 가능성도 있기 때문이다. 증거조사가 완료된 뒤에는 법관이 심증을 방해할 수 있으므로 철회가 허용되지 않는다. 적법하게 철회된 증거를 채택하는 것은 위법이다.[87]

2. 상대방의 진술

증거에 대한 당사자의 권리를 보장하기 위하여 증거신청에 대한 상대방의 의견진술기회를 주어야 한다(제274조 제1항 제5호, 제283조). 상대방은 증거신청이 실기하였다거나,

---

87) 대판 1974. 4. 23. 73다1806.

요증사실과 무관하다거나, 증거가치가 없다는 등의 진술로 법원에 증거신청을 채택하지 말 것을 주장할 수 있다.

상대방이 이의가 없을 경우에는 이의권상실로 증거조사의 위법이 치유될 수 있다.

3. 법원의 채부 결정

1) 기준

증거신청이 부적법한 경우, 즉 실기하였거나, 방식에 위배하였을 경우에는 부적법 각하할 수 있다.

증거신청이 적법하지만 불필요할 경우에는 조사하지 않을 수 있다(제290조). 증거가 증명할 사항과 관계가 없거나 법관이 증명할 사항에 관하여 이미 심증을 얻은 경우에는 증거신청을 각하할 수 있다.

증거신청이 적법하고 필요하지만 여럿인 경우에는 그중 유력한 것만 골라서 조사할 수 있다.

2) 채택 여부의 재판

증거신청의 채택 여부는 결정으로 재판한다. 부적법·불필요할 경우에는 각하하고, 채택할 때 명시적 결정은 필요 없고, 조사일시, 장소의 고지로 족하다.

채택 여부는 법원의 재량이나, 요건사실에 관한 유일한 증거인 때에는 그렇지 않다.

채택한 후에도 취소·변경이 가능하고, 채택 여부의 재판에 대해서는 불복할 수 없고, 상소심에서 다투면 된다.

4. 유일한 증거

1) 개념, 취지

유일한 증거란 당사자가 주장하는 주요사실에 관한 유일한 증거로서 그것을 조사하지 않으면 증명할 길이 없어 증명이 없는 것으로 되는 경우의 증거를 말한다.

증거신청의 채택 여부는 법원의 재량이나, 증거가 당사자가 주장하는 주요사실에 관한 유일한 증거인 때에는 그렇지 않다(제290조 단서).

유일증거를 조사하지 않고 주장을 배척하면 쌍방심리원칙에 반하기 때문이다.

2) 판단기준

① 쟁점단위

유일한 증거인지 여부는 각 쟁점단위로 판단해야 한다. 사건 전체에서 여러 개의 증거가 있더라도 특정 쟁점에 관하여 하나도 조사하지 않으면 유일한 증거를 각하한 것이 된다.

② 모든 심급

유일한 증거인지 여부는 모든 심급을 통하여 판단해야 한다. 1심에서 조사한 경우에는 2심에서 조사하지 않아도 된다.

③ 기왕의 조사 여부

여러 개의 증거신청을 했어도 아무것도 조사하지 않았으면 유일한 증거를 배척한 것이다.

3) 적용범위

① 주요사실에 관한 증거

주요사실에 대해서만 유일한 증거가 문제 된다. 간접·보조사실에 관한 증거는 포함되지 않는다. 다만 판례는 서증과 관련하여 변제항변에 대하여 서증이 유일한 증거인데 서증의 진정성립 증명을 위해 신청한 증인이 단 한 번도 출석하지 않았다고 하여 증인을 취소하고 항변을 배척한 것은 유일한 증거를 조사하지 않은 위법이 있다고 한다.[88]

② 본증에 한정 여부

유일한 증거라 함은 그 당사자에게 증명책임이 있는 사항에 관한 유일한 증거를 말하는 것이므로 본증에 한하고, 반증은 유일한 증거에 해당하지 않는다.[89] 이에 대해서는 반증도 배척되는 경우에 패소의 불이익이 있을 수 있으므로 쌍방심리주의의 원칙상 제외할 이유가 없다는 입장도 있다.

③ 당사자신문의 해당 여부

종전에는 당사자신문의 보충성을 이유로 유일한 증거에 해당하지 않는 것으로 보았으나, 2002년 법개정으로 보충성이 폐지되었으므로 당사자신문도 해당한다.

4) 예외

증거신청이 불필요·부적법한 경우,[90] 재정기간경과나 실기한 경우, 증인의 와병, 송달불능 등 부정기간의 장애가 있는 경우,[91] 증거신청서의 미제출, 비용미납 등 태만한

---

88) 대판 1962. 5. 10. 61다1510.

89) 대판 1980. 1. 13. 80다2631, 1998. 6. 12. 97다38510, 유언의 존재 및 내용이 입증사항인 이상 유서에 대한 필적과 무인의 감정은 반증에 불과하여 유일한 증거에 해당하지 않는다.

90) 대판 1961. 12. 7. 4294민상135.

91) 대판 1969. 11. 30. 65다1907.

경우,[92] 최종변론기일에서 당사자가 더 이상 증거방법이 없다고 진술한 경우,[93] 감정,[94] 직권증거조사가 인정되는 경우 등은 유일증거라도 조사하지 않을 수 있다.

5) 위반

유일한 증거는 반드시 조사해야 하나, 그 결과를 채택해야 하는 것은 아니다. 조사하지 않은 때에는 채증법칙위반으로 상고이유가 된다.

5. 직권증거조사

1) 개념, 취지

직권증거조사란 당사자의 신청이 없이 직권으로 증거조사를 하는 것을 말한다. 직권탐지주의가 적용되는 절차인 가사·행정소송에서는 직권증거조사가 원칙이나, 민사소송절차에서는 보충적으로 인정된다.

민사소송에서는 변론주의원칙상 증거자료의 수집과 제출은 당사자의 책임이지만, 이를 일관할 경우에는 당사자의 소송능력 차이로 승소할 수 있는 경우에도 패소하는 폐해가 발생할 수 있으므로 이를 보완하기 위하여 보충적인 증거조사가 인정된 것이다.

2) 직권증거조사의 보충성과 재량성

① 보충성

법원은 당사자가 신청한 증거에 의하여 심증을 못 얻거나, 그 밖에 필요하다고 인정되는 경우에는 직권으로 증거조사를 할 수 있다(제292조). 직권증거조사는 보충적으로만 인정되는 것으로, 심리의 최종단계에서도 심증이 형성되지 않을 때에만 인정되므로 처음부터 적극적으로 해서는 안 된다.

다만 소액사건에서는 필요할 때는 언제든지 직권조사를 할 수 있고(소액사건심판법 제10조), 증권관련 집단소송(증권관련 집단소송법 제30조)이나 직권탐지주의 경우(가사소송법 제12, 17조, 행정소송법 제26조)는 원칙적으로 직권조사를 한다.

또한 직권조사사항인 소송요건 중 공익성이 강한 재판권, 전속관할, 당사자능력에 대해서는 원칙적 직권조사가 허용된다. 기타 공무소에 대한 조회촉탁(제294조), 감정촉탁(제341조), 공문서 진부의 조회(제356조), 당사자신문(제367조), 직권증거보전(제379조)

---

92) 대판 1959. 10. 15. 4292민상104, 1959. 2. 19. 4290민상873.

93) 대판 1968. 7. 24. 68다998.

94) 대판 1959. 5. 15. 4291민상477, 법원의 지식을 보조하는 자에 불과하다는 이유로 유일한 증거가 아니라고 하나 법원이 그에 관한 지식이 전혀 없는 경우에도 그럴 것인가의 문제가 있다.

등도 보충성의 예외이다.

② 재량성

직권증거조사의 실시 여부는 법원의 재량이나, 증명책임의 분배원칙에 따르는 것이 정의, 형평에 반하고, 증명책임을 부담하는 당사자가 스스로 증명할 능력이 없는 경우에는 직권증거조사를 실시해야 할 것이다.[95]

3) 실시

법원은 당사자가 철회한 증거방법을 포함해서 모든 증거방법을 조사할 수 있다. 법원은 증거조사에 의해 이익을 받을 자에게 비용의 예납을 명할 수 있는데, 이익을 받을 자가 불명이면 원고가 예납의무자이다(민소규칙 제19조 제1항 제3호 단서).

직권증거조사의 결과도 신청에 의한 증거조사결과와 마찬가지로 증거자료가 된다. 직권증거조사결과에 관해서는 당사자의 의견을 들어야 한다.

6. 증거조사의 실시

증거조사에는 증인심문, 서증, 감정, 검증, 당사자본인신문, 그 밖의 증거(도면, 사진, 녹음테이프, 비디오테이프, 컴퓨터 디스크 등)에 대한 조사 등 5가지가 있다. 증거조사의 주체는 수소법원이고, 집중심리주의와 직접심리주의의 요청에 부합하도록 실시되어야 하며, 조사의 절차와 결과는 변론조서 또는 증거조사조서에 기재하여야 한다.

1) 비용예납

법원이 증거조사를 결정한 때에는 조사에 필요한 비용을 부담할 당사자에게 예납하도록 한다(민소규칙 제77조 제1항). 법원이 직권증거조사를 할 때에는 증거조사에 의해 이익을 받을 자에게 비용의 예납을 명할 수 있는데, 이익을 받을 자가 불명이면 원고가 예납의무자이다(민소규칙 제19조 제1항 제3호 단서). 예납명령을 받고도 예납하지 않는 경우에는 증거조사를 하지 않을 수 있고(제116조 제2항), 국고에서 대납받아 지출한 다음에 패소자로부터 환수할 수 있다(민소규칙 제20조).

2) 집중심리

증인신문과 당사자신문은 당사자의 주장과 증거를 정리한 뒤 집중적으로 하여야 한다(제293조). 변론준비절차나 최초변론기일에서 주장을 정리하고 서증, 감정, 검증 등의 증

---

95) 대판 1987. 12. 22. 85다카2453, 불법행위로 인하여 손해가 발생한 사실이 인정되는 경우에는 법원은 손해액에 관한 당사자의 주장과 입증이 미흡하더라도 적극적으로 석명권을 행사하여 입증을 촉구하여야 하고 경우에 따라서는 직권으로라도 손해액을 심리 판단하여야 한다. 그러지 않을 경우에는 판결결과에 영향을 미친 위법이 있다.

거조사를 실시하여 사건을 정리한 다음에 증인신문과 당사자신문을 집중적으로 하여야 한다.

증인신문과 당사자신문을 집중적으로 하게 한 이유는, 말로 하는 진술을 청취하는 증거조사의 특성상 집중해서 해야 진술의 상호 모순을 쉽게 파악할 수 있고, 전체적으로 신문시간을 단축할 수 있으며, 대질신문도 용이하고, 법관의 심증이 명확하게 형성될 수 있기 때문이다.

3) 직접심리

증거조사는 수소법원이 변론 또는 증거조사기일에 법원에서 하는 것이 원칙이나 예외도 있다.

① 기일 전의 증거조사

증거의 신청과 조사는 변론기일 전에도 할 수 있다(제289조 제2항). 다만 앞서 본 것과 같이 증인신문과 당사자신문은 변론기일에 집중해서 해야 한다.

② 법원 밖에서의 증거조사

증거조사는 법원 안에서 하는 것이 원칙이나(법원조직법 제56조), 법원은 필요하다고 인정할 때에는 법원 밖에서 증거조사를 할 수 있다. 이 경우 합의부원에게 명하거나 다른 지방법원 판사에게 촉탁할 수 있다. 수탁판사는 필요하다고 인정할 때에는 다른 지방법원 판사에게 증거조사를 다시 촉탁할 수 있다(제297조). 증인신문의 경우에는 제313조의 사유, 즉 증인이 정당한 사유로 수소법원에 출석하지 못하는 때, 증인이 수소법원에 출석하려면 지나치게 많은 비용 또는 시간을 필요로 하는 때, 그 밖의 상당한 이유가 있는 경우로서 당사자가 이의를 제기하지 아니하는 때 등의 사유가 있어야 한다.

③ 외국에서 시행하는 증거조사

외국에서 시행할 증거조사는 그 나라에 주재하는 대한민국 대사, 공사, 영사 또는 그 나라의 관할 공공기관에 촉탁한다. 외국에서 시행한 증거조사는 그 나라의 법률에 어긋나더라도 이 법에 어긋나지 아니하면 효력을 가진다(제296조).

④ 원용 여부

법원 밖에서 한 증거조사의 경우 그 조사결과를 당사자가 법원에서 원용하여야 하는가를 두고, 직접주의의 예외로 의견진술의 기회만 주면 되고 원용은 필요 없다는 입장과 직접주의와 구술주의의 원칙이 실현되도록 원용이 필요하다는 입장이 나뉜다.

4) 당사자의 참여

당사자는 직접 증거조사에 참여하여 스스로 증거를 조사하고 증거에 관한 주장을 할 권리가 있다.

이를 위해 법원은 증거조사기일과 장소를 당사자에게 통지하여(제167, 297조) 참여의 기회를 주어야 한다. 출석의 기회만 주면 되므로, 증거조사는 당사자가 기일에 출석하지 아니한 때에도 할 수 있다(제295조). 일단 출석하지 않은 당사자는 스스로 기회를 포기한 것이므로 그 증거에 대하여 다시 조사를 구할 수 없다.

법원은 당사자에게 증거조사결과에 대한 변론의 기회. 즉 증거항변이나 반증을 제출하거나, 의견진술의 기회를 주어야 한다. 직권증거조사를 한 경우에도 마찬가지이다.

7. 증거조사에 대한 협력

당사자나 제3자는 증거조사에 협력할 의무가 있다.

1) 당사자의 협력

당사자는 조사를 필요로 하는 물건을 가지고 있을 때에는 일정한 요건(제342, 366조)하에 상대방으로 하여금 이를 이용할 수 있도록 해야 하고, 상대방이 의한 당사자신문에 응해야 한다. 이를 위반할 때에는 증명방해에 따른 불이익을 입는다(제349, 350, 360, 361, 366, 369조 등).

2) 제3자의 협력

조사가 필요한 증거방법을 가지고 있거나 지배하고 있는 자는 그 조사에 협력하여야 하는 공법상 의무가 있다. 증인의무, 감정의무, 문서제출의무, 검증수인의무 등이 그것이다. 위반할 때에는 구인, 과태료 등의 제재가 있다.

8. 증거조사의 불실시

증거조사결정을 한 뒤에도 증거조사를 시행하지 않는 경우가 있다.

증거조사비용을 미리 내지 아니하는 때나(제116조), 증거조사를 할 수 있을지, 언제 할 수 있을지 알 수 없는 경우(제291조)에는 법원은 그 증거를 조사하지 아니할 수 있다. 언제 증거조사를 할 수 있을지 알 수 없는 경우란 증인이 행방불명되어 송달불능인 때, 검증목적물이 분실된 때, 증인에 대한 구인장이 집행불능인 때 등을 말한다.[96]

---

96) 대판 1962. 3. 15. 4294민상954, 1974. 4. 23. 73다1806.

9. 증거조사조서

증거조사의 경과 및 결과는 증거조사가 변론기일에 행해진 때에는 변론조서에(제154
조), 독립된 증거조사기일에 행해진 때에는 증거조사기일의 조서에(제160조) 각 기재하여
야 한다.

Ⅱ. 증인신문

1. 개념

증인신문은 증인에 대하여 말로 질문하고 대답을 받아 증거자료를 얻는 증거조사를 말
한다. 증인은 사람의 기억력과 재구성의 한계로 가장 불확실한 증거로 취급되기도 하고
입법례에 따라서는 서증을 우선하는 경우도 있는데, 실제 소송실무에서는 서증의 진부도
증인의 진술에 의존하는 경우가 많아서 증거조사의 핵심이 되고 있다.

증인은 과거에 경험한 사실을 법원에 보고할 것을 명령받은 당사자 이외의 제3자이고,
감정인은 특별한 학식, 경험에 의한 자기의 판단이나 의사를 진술하는 사람이고, 감정증
인은 특별한 학식, 경험 때문에 과거에 경험한 구체적 사실을 보고하는 사람이다.

2. 증인능력

증인이 될 수 있는 사람은 당사자 및 법정대리인 이외의 모든 사람이다(제303, 367,
372, 64조). 소송무능력자나 당사자의 친족이라도 상관없다. 공동소송인은 자기와 무관한
사항에 관하여 증인이 될 수 있다. 제3자 소송담당의 이익귀속주체(파산재단에 관한 소
송에서 채무자), 임의대리인, 보조참가인, 소송고지에서의 피고지자, 단체가 당사자인 경
우의 대표자 아닌 구성원은 증인이 될 수 있다.

증인능력이 없는 사람을 증인신문을 한 경우라도 당사자가 이의를 하지 않으면 하자가
치유된다.

3. 증인의무

대한민국의 재판권에 속하는 사람은 원칙적으로 모두 증인의무가 있다(제303조). 이는
공법상 의무이므로 응하지 않으면 과태료가 부과되거나 감치되고(제311, 318조), 구인될

수 있다(312조).[97]

1) 출석의무

① 출석요구

법원은 증인이 출석할 일시와 장소, 출석하지 아니하는 경우에는 그 사유를 밝혀 신고하여야 한다는 취지와 이 신고를 하지 아니하는 경우에는 정당한 사유 없이 출석하지 아니한 것으로 인정되어 법률상 제재를 받을 수 있다는 취지를 기재한 출석요구서를 작성하여 증인이 출석할 날보다 2일 전에 송달되도록 증인에게 보내야 한다. 다만 부득이한 사정이 있는 경우에는 그러하지 아니한다(민소규칙 제81조).

② 불출석 증인에 대한 제재

출석요구를 받은 증인은 정해진 일시와 장소에 출석할 의무가 있다. 증인이 출석요구를 받고 기일에 출석할 수 없을 경우에는 바로 그 사유를 밝혀 신고하여야 한다(민소규칙 제83조).

가. 소송비용의 부담과 과태료 부과

증인이 정당한 사유 없이 출석하지 아니한 때에 법원은 결정으로 증인에게 이로 말미암은 소송비용을 부담하도록 명하고 500만 원 이하의 과태료에 처한다(제311조 제1항). 정당한 사유란 법정에 나올 수 없을 정도의 질병, 관혼상제, 교통두절, 천재지변 등을 말한다. 과태료는 불출석할 때마다 부과한다.

나. 감치

법원은 증인이 과태료의 재판을 받고도 정당한 사유 없이 다시 출석하지 아니한 때에는 결정으로 증인을 7일 이내의 감치에 처한다. 이때 부당한 구금이 되지 않도록 법원은 감치재판기일에 증인을 소환하여 정당한 사유가 있는지 여부를 심리하여야 한다. 감치의 재판을 받은 증인이 감치시설에 유치된 사실을 법원이 통보를 받은 때에는 법원은 바로 증인신문기일을 열어야 한다. 감치의 재판을 받은 증인이 감치의 집행 중에 증언을 한 때에는 법원은 바로 감치결정을 취소하고 그 증인을 석방하도록 명하여야 한다(제311조

---

97) 대통령, 국회의장, 대법원장 및 헌법재판소장 또는 그 직책에 있었던 사람을 증인으로 하여 직무상 비밀에 관한 사항을 신문할 경우에 법원은 그의 동의를 받아야 하고(제304조), 국회의원 또는 그 직책에 있었던 사람을 증인으로 하여 직무상 비밀에 관한 사항을 신문할 경우에 법원은 국회의 동의를 받아야 하며 국무총리, 국무위원 또는 그 직책에 있었던 사람을 증인으로 하여 직무상 비밀에 관한 사항을 신문할 경우에 법원은 국무회의의 동의를 받아야 한다(제305조). 그 외의 공무원 또는 공무원이었던 사람을 증인으로 하여 직무상 비밀에 관한 사항을 신문할 경우에 법원은 그 소속관청 또는 감독관청의 동의를 받아야 한다(제306조).
제305조와 제306조의 경우에 국회·국무회의 또는 제306조의 관청은 국가의 중대한 이익을 해치는 경우를 제외하고는 동의를 거부하지 못한다(제307조).

제2 - 7항).

다. 구인

법원은 정당한 사유 없이 출석하지 아니한 증인을 구인하도록 명할 수 있다(제312조 제1항).

라. 서면 증언

법원은 증인과 증명할 사항의 내용 등을 고려하여 상당하다고 인정하는 때에는 출석·증언에 갈음하여 증언할 사항을 적은 서면을 제출하게 할 수 있다. 법원은 상대방의 이의가 있거나 필요하다고 인정하는 때에는 위 증인으로 하여금 출석·증언하게 할 수 있다(제310조). 이 제도는 의사의 진단서나 치료비영수증 등 전문인이 작성한 서류의 인부를 위하여 전문인을 증인으로 소환할 때의 어려움이나 시간, 비용의 절약 측면을 고려하고, 질병 등으로 출석이 곤란한 경우의 증거확보 차원에서 인정된 것이다. 다만 반대신문 보장을 위하여 상대방의 이의가 있거나 필요하다고 인정하는 때에는 배제하는 것이다.

2) 선서의무

가. 내용

재판장은 증인에게 신문에 앞서 선서를 하게 하여야 한다. 다만 특별한 사유가 있는 때에는 신문한 뒤에 선서를 하게 할 수 있다(제319조). 재판장은 선서에 앞서 증인에게 선서의 취지를 밝히고, 위증의 벌에 대하여 경고하여야 한다(제320조).

나. 선서무능력

16세 미만인 사람이나 선서의 취지를 이해하지 못하는 사람을 증인으로 신문할 때에는 선서를 시키지 못한다.

다. 선서의 면제

증인의 친족 또는 이러한 관계에 있었던 사람이나 증인의 후견인 또는 증인의 후견을 받는 사람에 관한 증언을 하는 증인이 증언을 거부하지 아니하여 신문할 때에는 선서를 시키지 아니할 수 있다(제323조).

라. 선서거부권

증인이 자기 또는 증인의 친족 또는 이러한 관계에 있었던 사람이나 증인의 후견인 또는 증인의 후견을 받는 사람과 현저한 이해관계가 있는 사항에 관하여 신문을 받을 때에는 선서를 거부할 수 있다(제324조).

마. 선서거부에 대한 제재

증인이 선서를 거부하는 경우에는 과태료의 제재를 가한다(제326조).

3) 진술의무와 증언거부권

증인은 진술할 의무가 있지만 일정한 경우에는 증언을 거부할 수 있다.

가. 증인은 그 증언이 자기나 다음 각 호 가운데 어느 하나에 해당하는 사람이 공소제기가 되거나 유죄판결을 받을 염려가 있는 사항 또는 자기나 그들에게 치욕이 될 사항에 관한 것인 때에는 이를 거부할 수 있다. 1. 증인의 친족 또는 이러한 관계에 있었던 사람, 2. 증인의 후견인 또는 증인의 후견을 받는 사람(제314조).

나. 또한 증인이 다음 각 호 가운데 어느 하나에 해당하면 증언을 거부할 수 있다. 1. 변호사, 변리사, 공증인, 공인회계사, 세무사, 의료인, 약사, 그 밖에 법령에 따라 비밀을 지킬 의무가 있는 직책 또는 종교의 직책에 있거나 이러한 직책에 있었던 사람이 직무상 비밀에 속하는 사항에 대하여 신문을 받을 때, 2. 기술 또는 직업의 비밀에 속하는 사항에 대하여 신문을 받을 때, 단 증인이 비밀을 지킬 의무가 면제된 경우에는 그렇지 아니하다(제315조).

다. 거부이유의 소명

증언을 거부하는 이유는 소명하여야 한다.

라. 증언거부에 대한 재판

수소법원은 당사자를 심문하여 증언거부가 옳은지를 재판한다. 당사자 또는 증인은 제1항의 재판에 대하여 즉시항고를 할 수 있다.

마. 증언거부에 대한 제재

증언의 거부에 정당한 이유가 없다고 한 재판이 확정된 뒤에 증인이 증언을 거부한 때에는 과태료의 제재를 가한다(제318조).

4. 신문절차

1) 증인진술서 및 증인신문사항의 제출

법원은 증인신문신청을 채택한 때에는 효율적인 증인신문을 위하여 필요하다고 인정하는 때에는 증인을 신청한 당사자에게 증인진술서를 제출하게 할 수 있다. 증인진술서에는 증언할 내용을 그 시간 순서에 따라 적고, 증인이 서명날인을 하여야 한다. 법원사무관 등은 증인진술서 사본 1통을 증인신문기일 전에 상대방에게 송달하여야 한다(민소규칙 제79조).

증인신문을 신청한 당사자는 법원이 정한 기한까지 증인신문사항을 적은 서면을 제출하여야 한다. 다만 증인진술서를 제출하는 경우로서 법원이 증인신문사항을 제출할 필요가 없다고 인정하는 때에는 그러하지 아니하다. 법원사무관 등은 증인신문사항을 적은 서면 1통을 증인신문기일 전에 상대방에게 송달하여야 한다(민소규칙 제80조).

2) 출석요구 등

증인신문을 채택한 때에는 재정증인을 제외하고는 증인에게 기일에 출석할 것을 요구하고, 출석한 증인에 대하여 본인임을 확인하는 인정신문을 한 다음에 선서하게 한 후 증인신문에 들어간다.

3) 증인신문의 방법

① 구술신문

증인에 대한 질문이나 증인의 진술은 구술로 하는 것이 원칙이다. 다만 재판장의 허가가 있을 경우에는 증인은 서류에 의하여 진술할 수 있다(제331조). 증인이 듣거나 말하는 데 장애가 있으면 통역인에게 통역하게 하거나 문자로 질문하거나 진술하게 할 수 있다(제143조). 이 경우에 재판장은 법원사무관 등으로 하여금 질문 또는 회답을 적은 서면을 낭독하게 할 수 있다(민소규칙 제99조). 이는 증거조사에 참여한 사람들이 신문내용을 동시에 알 수 있게 하기 위함에서이다. 재판장은 필요하다고 인정한 때에는 증인에게 문자를 손수 쓰게 하거나 그 밖의 필요한 행위를 하게 할 수 있다(제330조).

당사자는 재판장의 허가를 받아 문서, 도면, 사진, 모형, 장치, 그 밖의 물건을 이용하여 신문할 수 있는데, 이런 문서 등이 증거조사를 하지 아니한 것인 때에는 상대방의 이의가 있으면 신문에 앞서 상대방에게 열람할 기회를 주어야 한다(민소규칙 제96조). 이 때 재판장은 조서에 붙이거나 그 밖에 다른 필요가 있다고 인정하는 때에는 당사자에게 문서 등의 사본(사본으로 제출할 수 없는 경우에는 그 사진이나 그 밖의 적당한 물건)을 제출할 것을 명할 수 있다.

② 격리신문

같은 기일에 2인 이상이 증인을 신문할 때에는 증인을 따로 신문하여야 하고, 신문하지 아니하는 증인이 법정 안에 있을 때에는 법정에서 나가도록 명하여야 한다. 뒤에 신문받는 증인이 영향을 받지 않도록 하기 위함이다. 다만 필요하다고 인정한 때에는 신문할 증인을 법정 안에 머무르게 할 수 있다(제328조). 재판장은 필요하다고 인정한 때에는 증인 서로의 대질을 명할 수 있다(제329조). 대질신문은 증인들의 진술이 상반될 때 그 진술의 차이점을 명백히 하고, 그 진정성 확인에 도움을 얻고자 할 때 유용한 수단이다.

증인이 법정 안에 있는 특정인 앞에서 충분히 진술하기 어려운 현저한 사유가 있는 때에는 재판장은 당사자의 의견을 들어 그 증인이 진술하는 동안 그 사람을 법정에서 나가도록 명할 수 있다(민소규칙 제98조).

③ 교호신문

증인신문은 증인을 신청한 당사자가 먼저 하고(주신문), 다음에 다른 당사자가 한다(반대신문). 반대신문이 끝나면 주신문을 한 당사자가 재주신문을 할 수 있다. 재판장은 당사자의 신문이 끝난 뒤에 신문할 수 있는 것이 원칙이다(제327조). 재주신문 이후의 신문은 재판장의 허가가 있어야 한다(민소규칙 제89조). 이같이 당사자 간에 교차하여 증인신문을 하는 것은 교호신문이라고 한다. 재판장이 알맞다고 인정하는 때에는 당사자의 의견을 들어 위의 신문순서를 바꿀 수 있다(제327조 제4항).

④ 주신문

가. 개념

주신문은 증인을 신청한 당사자가 이미 제출한 신문사항에 의거하여 하는 신문을 말한다. 신청당사자가 불출석했을 경우에 기일의 공전을 막기 위하여 재판장이 대신 신문할 수도 있으나(민소규칙 제90조), 통상은 기일연기를 한다. 상대방에게 바로 신문하게 하는 것은 부적당하기 때문이다.

나. 신문대상

주신문은 자기가 증명책임을 지는 사실과 이에 관련된 사실 또는 상대방이 증명책임을 지는 사실의 반대사실에 관하여 자기에게 유리한 증인의 과거 경험사실에 대하여 할 수 있다.

다. 유도신문금지

증인신문은 개별적이고 구체적으로 하여야 한다(민소규칙 제95조 제1항). 증인이 답하여야 할 사항을 포괄적·추상적으로 전부 물어 증인의 답변이 예, 아니오 식으로 끝나는 장문단답형은 안 되고, 개별적이고 구체적으로 물어 증인의 진술을 이끌어 내는 단문장답형으로 신문하여야 한다.

증인에게 예, 아니오 식의 답변만 이끌어 내는 것 또는 질문자가 희망하는 답변을 암시하는 것과 같은 유도신문은 위증을 유도할 위험성이 있으므로 금지된다.

예외적으로 1. 증인과 당사자의 관계, 증인의 경력, 교우관계 등 실질적인 신문에 앞서 미리 밝혀 둘 필요가 있는 준비적인 사항에 관한 신문의 경우, 2. 증인이 주신문을 하는 사람에 대하여 적의 또는 반감을 보이는 경우, 3. 증인이 종전의 진술과 상반되는 진술을 하는 때에 그 종전 진술에 관한 신문의 경우, 4. 그 밖에 유도신문이 필요한 특별한 사정이 있는 경우에는 허용된다(민소규칙 제91조).

그러나 실제 재판에서는 법정에서 증인의 진술을 그대로 조서에 기재할 수 있는 시설과 능력부족으로 인하여 간략한 답변을 유도하고 있는 것이 실상이다.

⑤ 반대신문

가. 개념

반대신문은 증인을 신청한 당사자의 신문 후에 하는 상대방의 신문을 말한다. 반대신문의 기회를 주지 않은 경우는 증거자료로 삼을 수 없으나, 상대방이 통지받고 불출석한 경우나 기타 불가피한 경우(증인의 질병 등의 사정으로 주신문이 중도에 그친 경우)에는 가능하다.

나. 신문대상

반대신문은 주신문에 나타난 사항과 이에 관련된 사항에 관하여 한다. 주신문에 나타나지 아니한 새로운 사항에 관하여 신문하고자 하는 때에는 재판장의 허가를 받아야 한다. 이 신문은 그 사항에 관해서는 주신문으로 본다.

다. 유도신문 허용

반대신문에서 필요한 때에는 유도신문을 할 수 있다. 반대신문은 통상 반대신문자에게 호의가 없는 증인의 탄핵을 목표로 하므로 그 범위 내에서 유도신문을 허용하는 것인데, 이로써 반대심문은 상당한 심문기술이 필요한 증인신문의 백미라고 할 수 있다.

재판장은 유도신문의 방법이 상당하지 아니하다고 인정하는 때에는 제한할 수 있다(민소규칙 제92조).

⑥ 재주신문

재주신문은 반대신문에 나타난 사항과 이와 관련된 사항에 관하여 한다. 재주신문은 주신문의 예(유도신문 금지 등)를 따른다. 재주신문의 기회에 반대신문에 나타나지 아니한 새로운 사항에 관하여 신문하고자 하는 때에는 재판장의 허가를 받아야 한다. 이 사항에 관해서는 주신문으로 본다.

⑦ 증언의 증명력을 다투기 위하여 필요한 사항의 신문

주신문, 반대신문, 재주신문의 과정에서 당사자는 증언의 증명력을 다투기 위하여 필요한 사항에 관한 신문을 할 수 있다. 이 신문은 증인의 경험, 기억 또는 표현의 정확성 등 증언의 신빙성에 관련된 사항 및 증인의 이해관계, 편견 또는 예단 등 증인의 신용성에 관련된 사항에 관하여 한다(민소규칙 제94조).

⑧ 재판장의 보충 및 개입신문

재판장은 당사자의 신문이 끝난 뒤에 신문할 수 있는 것이 원칙이지만, 필요한 경우에는 언제든지 신문할 수 있다(제327조 제2, 3항). 보충신문은 쌍방의 신문 후에도 법원이 심중을 얻지 못한 경우나, 당사자의 신문기술이 미숙한 경우에 그 소송수행능력의 부족을 보충해 주기 위하여 한다. 개입신문은 당사자의 신문 도중에 개입하는 것으로 답변이 모호한데 그냥 넘어가는 경우에 행해진다.

합의부원은 재판장에게 알리고 신문할 수 있다(제6항).

⑨ 재판장의 심문제한

재판장은 직권 또는 당사자의 신청에 따라 다음 각 호 가운데 어느 하나에 해당하는 신문을 제한할 수 있다. 다만 제2호 내지 제4호에 규정된 신문에 관하여 정당한 사유가 있는 때에는 그러하지 아니하다(민소규칙 제95조 제2항). 1. 증인을 모욕하거나 증인의 명예를 해치는 내용의 신문, 2. 규칙 제91조 내지 제94조의 규정에 어긋나는 신문, 3. 의견의 진술을 구하는 신문, 4. 증인이 직접 경험하지 아니한 사항에 관하여 진술을 구하는 신문.

당사자의 신문이 중복되거나 쟁점과 관계가 없는 때, 그 밖에 필요한 사정이 있는 때에는 재판장은 당사자의 신문을 제한할 수 있다(제327조 제6항).

⑩ 재판장이 지휘에 대한 이의

증인신문에 관한 재판장의 명령 또는 조치에 대한 이의신청은 그 명령 또는 조치가 있은 후 바로 하여야 하며, 그 이유를 구체적으로 밝혀야 한다. 법원은 이의신청에 대하여 바로 결정으로 재판하여야 한다(민소규칙 제97조). 이 결정은 소송지휘에 관한 재판으로 불복이 허용되지 않고 종국판결에 대한 상소로 다투어야 한다.

Ⅲ. 감정

1. 개념

감정이란 특별한 지식이나 경험을 가진 자에게 그 전문지식이나 경험법칙 또는 이를 이용하여 내린 판단을 보고하게 하는 증거조사를 말한다. 이 보고를 하는 사람을 감정인이라 하고, 보고된 내용을 감정결과라고 한다.

감정인은 증인과는 달리 법원이 지정하고, 결격사유가 법정되어 있으며, 자연인이 아닌 법인, 학교, 공공기관도 가능하고, 특별한 학식, 경험이 있어야 한다. 감정결과의 보고는 서면 또는 말로 할 수 있고, 감정인은 대체성이 있어서 감정을 거부할 경우에 감치나 구인은 할 수 없으나 과태료는 가능하고, 감정인에 대한 기피도 가능하다. 감정인에게는 감정료가 지급된다.

감정증인은 특별한 학식과 경험에 의하여 알게 된 과거의 구체적 사실을 보고하는 사람으로 대체성이 없는 점에서 감정인과 다르고, 전문적 지식, 경험을 통해서만 얻을 수 있는 점에서 증인과 다르다. 감정증인에 대한 신문은 증인신문에 관한 규정을 따른다(제340조).

2007년 개정법은 전문적인 지식을 필요로 하는 소송절차에서 소송관계를 분명하게 하거나 소송절차를 원활하게 진행하기 위하여 설명 또는 의견을 기재한 서면을 제출하거나 기일에 출석하여 설명이나 의견을 진술할 수 있는 전문심리위원제도를 도입했는데(제164조의 2), 이는 법관의 판단을 보충하기 위한 것이기는 하나 감정결과와는 달리 증거자료가 되는 것은 아니고, 따라서 선서시키지도 않는다.

2. 감정대상과 감정의무

1) 감정대상

감정대상은 외국법과 관습법, 전문적인 사실판단이다. 법규는 법관이 직책상 알고 있어야 하는 것이기는 하지만, 외국법규나 특정지역, 사회의 관습이나 관습법은 법관이 모를 수도 있으므로 감정의 대상이 될 수 있다. 특별한 학식이나 경험이 필요한 사실판단도 감정의 대상이 된다. 신체상해의 경우 상해부위·정도·향후치료일수·비용·노동능력 상실 정도, 공사하자의 부위·정도·보수비용, 필요비·유익비, 필적·인영·지문의 동일성 등이 그것이다.

2) 감정의무

감정에 필요한 학식과 경험이 있는 사람은 감정할 의무를 진다. 다만 민사소송법 제314조 또는 제324조의 규정에 따라 증언 또는 선서를 거부할 수 있는 사람과 제322조에 규정된 선서무능력자[98])는 감정인이 되지 못한다.

---

98) 제314조(증언거부권) 증인은 그 증언이 자기나 다음 각 호 가운데 어느 하나에 해당하는 사람이 공소제기가 되거나 유죄판결을 받을 염려가 있는 사항 또는 자기나 그들에게 치욕이 될 사항에 관한 것인 때에는 이를 거부할 수 있다. 1. 증인의 친족 또는 이러한 관계에 있었던 사람, 2. 증인의 후견인 또는 증인의 후견을 받는 사람.
제324조(선서거부권) 증인이 자기 또는 제314조 각 호에 규정된 어느 한 사람과 현저한 이해관계가 있는 사항에 관하여 신문을 받을 때에는 선서를 거부할 수 있다.

3. 감정절차

1) 신청

감정은 당사자의 신청에 의하는 것이 원칙이나, 법원은 당사자가 신청한 증거에 의하여 심증을 얻을 수 없거나, 그 밖에 필요하다고 인정한 때에는 직권으로 감정을 명할 수 있다(제333, 292조).

감정을 신청하는 때에는 감정을 구하는 사항을 적은 서면을 함께 제출하여야 하고, 이 서면은 상대방에게 송달하여야 한다. 다만 법원이 송달할 필요가 없다고 인정하는 때에는 그러하지 아니하다(민소규칙 제101조). 감정인은 수소법원, 수명법관 또는 수탁판사가 지정하는 것이므로(제335조), 신청 시 감정인을 지정할 필요는 없고, 지정하더라도 법원은 이에 구속되지 않는다.

상대방은 감정신청서에 관하여 의견이 있는 때에는 의견을 적은 서면을 법원에 제출할 수 있다(위 규칙 제3항).

2) 채부결정

법원은 감정이 필요하다고 판단되면 채부결정을 한다. 감정사항은 법원이 감정신청서를 토대로 하되, 상대방의 의견이 제출된 때에는 그 의견을 고려하여 정한다. 이 경우 법원이 감정사항을 정하기 위하여 필요한 때에는 감정인의 의견을 들을 수 있다(위 규칙 제4항).

3) 감정인의 지정과 기피

감정인은 수소법원, 수명법관 또는 수탁판사가 지정하는 것이므로(제335조), 신청인이 감정인을 지정할 필요는 없고, 지정하더라도 법원은 이에 구속되지 않는다.

감정인이 성실하게 감정할 수 없는 사정이 있는 때에 당사자는 그를 기피할 수 있다. 다만 당사자는 감정인이 감정사항에 관한 진술을 하기 전부터 기피할 이유가 있다는 것을 알고 있었던 때에는 감정사항에 관한 진술이 이루어진 뒤에 그를 기피하지 못한다(제336조).

기피신청은 기피하는 사유를 소명하여 수소법원, 수명법관 또는 수탁판사에게 하여야 한다(제337조).

4) 감정인의 출석, 선서, 진술

법원은 지정한 감정인을 출석하게 하여 선서시킨 다음, 감정사항을 고지하고, 감정의견을 보고할 것을 명한다. 선서하지 아니한 감정인의 감정결과는 증거능력이 없다.[99]

재판장은 감정인으로 하여금 변론기일이나 감정인신문기일에는 말로, 기일 외에는 서면으로 의견을 진술하게 할 수 있고, 여러 감정인에게 감정을 명하는 경우에는 다 함께 또는 따로 의견을 진술하게 할 수 있다(제339조). 실제는 기일 외에서 서면으로 보고하는 경우가 대부분이다.

법원이 필요하다고 인정하는 경우에는 공공기관, 학교, 그 밖에 상당한 설비가 있는 단체 또는 외국의 공공기관에 감정을 촉탁할 수 있다. 이 경우에는 공공성·신빙성을 담보할 수 있으므로 선서에 관한 규정을 적용하지 아니한다. 법원은 필요하다고 인정하면 공공기관, 학교, 그 밖의 단체 또는 외국 공공기관이 지정한 사람으로 하여금 감정서를 설명하게 할 수 있다(제341조). 이때에는 당사자를 참여시켜야 한다(위 규칙 제103조). 당사자가 설명을 듣고 필요한 사항에 대하여 질문을 할 수 있게 하기 위함이다.

5) 감정결과의 채부

감정결과를 재판자료로 하기 위하여 당사자의 원용이 필요한가에 관해서는 감정결과가 법원에 현출된 이상 원용은 필요 없다는 데 판례, 학설이 일치한다.[100]

감정결과는 검정주문과 감정이유로 구성되는데, 이 중 감정주문만이 증거자료가 된다는 것이 다수설이나, 감정주문은 감정이유를 토대로 하여 나온 것이므로 이를 증거자료에서 제외할 이유는 없을 것이다.

감정결과의 평가, 재감정 여부, 상반되는 감정 중 어떤 것을 채택할 것인지 여부는 법원의 자유심증에 따른다.[101]

---

99) 대판 1982. 8. 24. 82다카317.

100) 대판 1976. 6. 22. 75다2227.

101) 대판 1998. 7. 24 98다12270, 법원의 감정촉탁에 대한 의료기관의 회보결과는 사실인정에 관하여 특별한 지식과 경험을 요하는 경우에 법관이 그 특별한 지식, 경험을 이용하는 데 불과한 것이며, 의료과오가 있었는지 여부는 궁극적으로는 그 당시 제반 사정을 참작하여 경험칙에 비추어 규범적으로 판단할 수밖에 없으므로, 위 회보결과에 의료과오의 유무에 관한 견해가 포함되어 있다고 하더라도 법원이 의사에게 과실이 있는지 여부를 판단함에 있어서 그 견해에 기속되지 아니한다.
대판 1998. 7. 24. 98다12270, 감정은 법원이 어떤 사항을 판단함에 있어 특별한 지식과 경험칙을 필요로 하는 경우에 그 판단의 보조수단으로서 그러한 지식경험을 이용하는 데 지나지 아니하므로 동일한 사실에 관하여 상반되는 감정 결과가 있을 때 법관이 그 하나에 의거하여 사실을 인정하였으면 그것이 경험칙이나 논리법칙에 위배되지 않는 한 위법이라고 할 수 없다.

Ⅳ. 서증

1. 개념

서증이란 문서를 열람하여 거기에 기재된 의미내용을 증거자료로 얻기 위한 증거조사를 말한다.

문서란 문자, 그 밖의 기호에 의하여 사상을 표현한 종이, 그 밖의 유형물이다. 사상의 표현이 아닌 설계도나 악보, 사진은 문서가 아니다. 법원에 제출할 수 없는 유형물(암벽)도 문서는 아니다. 녹음테이프나 컴퓨터 디스크는 사상을 표현하고는 있지만 문자나 기호가 아니므로 문서가 아니다.

서증은 문서의 기재내용을 증거로 하려는 것이므로 문서의 외형, 지질, 필적 등이 문제 될 경우에는 감정의 대상이 된다.[102]

2. 문서의 종류

1) 공문서와 사문서

공문서는 공무원이 직무권한 내의 사항에 관하여 직무상 작성한 문서를 말하고, 사문서는 그 외의 문서를 말한다. 공무원이 작성한 문서라도 권한 밖의 것이거나, 사인의 자격에서 작성한 문서는 공문서가 아니다.[103] 공법인이 직무상 발급한 문서는 공문서에 준하여 취급한다.[104] 공무원이 직무상 권한에 의하여 사문서에 일정한 사항을 기입한 경우에는 그 부분만이 공문서이므로 공사병존문서가 된다. 각종의 증명원, 등기필증, 내용증명우편물, 확정일자 있는 사문서 등이 그것이다.

구별실익은 공문서는 성립의 진정이 추정되는 점에 있다.

2) 처분문서와 보고문서

처분문서는 법률행위나 의사표시 자체가 그 문서에 의해 행해진 경우의 문서를 말한다. 계약서, 해제통고서, 어음수표 등 유가증권, 유언장, 각서, 납세고지서 등이 그것이다. 처분문서는 형식적 증거력(진정성립)이 인정되면 바로 법률행위나 의사표시 존재사실

---

102) 대판 1992. 7. 10. 92다12919, 일방 당사자가 위조서류라는 취지로 그 서류를 제출한 것이지 서증으로 제출한 것이 아닌데도 상대방이 그 서류의 진정성립을 인정하였다는 이유로 그 진정성립에 다툼이 없다고 판단하고 그 기재에 의하여 상대방의 주장사실을 인정한 원심판결에 당사자의 주장을 오인하고 증거 없이 사실을 인정한 위법이 있다.

103) 대판 1972. 7. 11. 72마872.

104) 대판 1972. 2. 22. 71다2269.

이 인정된다.

보고문서는 작성자가 경험한 사실·판단 등을 기재한 문서를 말한다. 영수증, 호적등본, 상업장부, 진단서, 편지, 소송상의 조서 등이 그것이다.

구별실익은 처분문서는 형식적 증거력(진정성립)이 인정되면 바로 법률행위나 의사표시 존재사실이 인정된다는 점에 있다.

3) 원본, 등본, 초본, 정본

원본은 문서 그 자체를 말하고, 등본은 원본 전부의 사본이고, 초본은 원본 일부의 사본이다. 정본은 원본과 같은 효력이 인정되는 등본인데, 원본을 보존하고 원본과 같은 효력이 있는 것을 외부에 교부할 필요가 있을 때에 등본에 정본이라고 표시하고 교부한다.

법원에 문서를 제출하거나 보낼 때에는 원본, 정본 또는 인증이 있는 등본으로 하여야 한다(제355조 제1항).

3. 문서의 증거능력

문서의 증거능력은 문서가 증거방법으로 이용될 수 있는 자격을 말한다. 민사소송에서는 모든 문서의 증거능력을 인정한다. 소제기 후에 다툼의 대상이 되는 사실에 관하여 작성한 문서나 문서의 사본도 증거능력이 있다.[105]

4. 문서의 증거력

1) 개념

문서의 증거력은 문서가 요증사실의 증명에 기여하는 힘을 말한다. 문서가 증거력이 있기 위해서는 진정하게 성립된 것이어야 하고, 요증사실의 증명에 이바지할 수 있어야 한다.

2) 진정성립(형식적 증거력)

① 개념

문서의 진정성립이란 문서가 작성명의인의 진정한 의사에 의하여 작성된 것, 즉 위조된 것이 아닌 것을 말한다. 문서는 진정성립이 인정되어야 비로소 사실인정의 자료로 이용될 수 있는 형식적 증거력을 가진다. 문서가 작성자의 의사에 기하지 않고 작성된 것

---

105) 대판 1992. 4. 14. 91다24755, 2002. 8. 23. 2000다66133.

이라면 그 내용의 진실성을 믿을 수 없기 때문에 그 내용을 살펴볼 필요도 없는 것이다.

② 성립의 인부

문서가 증거로 제출되면 법원은 상대방에게 그 문서의 진정성립 여부를 묻는다. 상대방은 인정, 침묵, 부인, 부지의 4가지 형태로 답을 한다. 인정과 침묵은 진정성립을 재판상 자백한 것으로 보므로 법원과 당사자를 구속하여, 법원은 그 형식적 증거력을 인정하여야 하고,[106] 당사자는 그 철회를 위해서는 주요사실에 대한 자백철회의 요건을 갖추어야 한다.[107] 부지는 부인으로 추정하므로, 부인, 부지의 경우에는 문서의 제출자가 진정성립을 증명해야 한다.

③ 증명방법

문서의 진정성립 증명방법에는 제한이 없다. 증인에 의하는 경우가 대부분이지만, 서명이나 필적, 인영의 대조(제359조)에 의한다. 일종의 검증이다. 대조는 육안으로도 충분하나,[108] 전문가에게 감정의뢰를 할 수도 있다. 법원은 필요한 때에는 상대방이나 제3자에게 대조에 필요한 필적이나 인영이 있는 문서, 그 밖의 물건을 법원에 제출을 명할 수 있다. 제3자가 정당한 사유 없이 제출명령에 따르지 아니한 때에 법원은 결정으로 200만원 이하의 과태료에 처하는데, 이 결정에 대해서는 즉시항고를 할 수 있다(제360조). 대조하는 데에 적당한 필적이 없는 때에는 법원은 상대방에게 그 문자를 손수 쓰도록 명할 수 있고, 상대방이 정당한 이유 없이 수기명령에 따르지 아니한 때에는 법원은 문서의 진정 여부에 관한 확인신청자의 주장을 진실한 것으로 인정할 수 있다. 필치를 바꾸어 손수 쓴 때에도 같다(제361조).

진정성립은 변론의 전 취지(제202조)에만 의해서도 인정할 수 있다.[109]

④ 진정성립의 추정

가. 공문서 진정의 추정(제356조)

문서의 작성방식과 취지에 의하여 공무원이 직무상 작성한 것으로 인정한 때에는 이를 진정한 공문서로 추정한다. 따라서 다투는 상대방이 반증을 제출해야 한다. 공문서가 진정한지 의심스러운 때에는 법원은 직권으로 해당 공공기관에 조회할 수 있다. 외국의 공공기관이 작성한 것으로 인정한 문서도 공문서와 같다. 공증인이 작성한 문서도 공문서

---

106) 대판 1992. 7. 10. 92다12919.
107) 대판 1967. 4. 4. 67다225.
108) 대판 1997. 12. 12. 95다38240.
109) 대판 1987. 7. 21. 87므16.

이므로 진정성립이 추정된다.[110]

나. 사문서 진정의 추정

사문서는 증거로 진정성립을 증명해야 한다. 다만 사문서에 본인 또는 대리인의 서명이나 날인 또는 무인이 있는 때에는 진정한 것으로 추정한다(제358조).[111] 이는 2단의 추정과정을 거치는 것으로, 문서에 찍힌 인영이 그 명의인의 인장에 의하여 현출된 인영임이 인정되는 경우에는 특별한 사정이 없는 한 그 인영의 성립, 즉 날인행위가 작성명의인의 의사에 기하여 이루어진 것으로 추정되고,[112] 일단 인영의 진정성립이 추정되면 민사소송법 제358조의 규정에 의하여 그 문서 전체의 진정성립까지 추정되는 것이다.[113] 따라서 이런 문서가 위조된 것임을 주장하는 자는 적극적으로 위 인영이 명의인의 의사에 반하여 날인된 것(본인 인영인 것은 맞지만 인장이 도용되었다, 권한 없이 날인되었다)임을 증명[114]할 필요가 있다.[115]

이 같은 추정이 되려면 내용 기재 후에 서명·날인이 되어야 하고, 백지에 서명·날인을 먼저 하고 나중에 내용을 기재한 경우에는 추정되지 않는다.[116] 다만 문서의 전부

---

110) 대판 1994. 6. 28. 94누2046, 공증인이나 공증사무취급이 인가된 합동법률사무소의 구성원인 변호사가 촉탁인 또는 대리촉탁인의 신청에 의하여 자신이 직접 청취한 진술, 그 목도한 사실, 기타 실험한 사실을 기재한 공증에 관한 문서는 보고문서로서 공문서이므로, 민사소송법 제327조 제1항에 의하여 그 진정성립이 추정된다.
대판 1992. 7. 28. 91다35816, 공증인법에 규정된 사서증서에 대한 인증제도는 당사자로 하여금 공증인의 면전에서 사서증서에 서명 또는 날인하게 하거나 사서증서의 서명 또는 날인을 본인이나 그 대리인으로 하여금 확인하게 한 후 그 사실을 공증인이 증서에 기재하는 것으로서, 공증인이 사서증서를 인증함에 있어서 그와 같은 절차를 제대로 거치지 않았다는 등의 사실이 주장입증되는 등 특별한 사정이 없는 한, 공증인이 인증한 사서증서의 진정성립은 추정된다.
대판 2005. 3. 24. 2003도2144, 사서증서 인증서 중 인증기재 부분은 공문서에 해당한다고 하겠으나, 위와 같은 내용의 인증이 있었다고 하여 사서증서의 기재 내용이 공문서인 인증기재 부분의 내용을 구성하는 것은 아니라고 할 것이므로, 사서증서의 기재 내용을 일부 변조한 행위는 공문서변조죄가 아니라 사문서변조죄에 해당한다.

111) 문서의 인부과정에서 서명이나 인영이 작성자의 것과 다른 경우에는 부인하면 되나, 자신의 것이 맞기는 하지만 자신이 서명·날인하지 않았거나, 했더라도 그런 내용의 문서를 작성하지 않았을 경우에는 서명이나 인영 자체는 인정할 수밖에 없는데, 이때 문서 전체의 진정성립이 추정되므로 서명·날인의 인정에는 신중을 기해야 한다.

112) 이는 사실상 추정이다. 대판 2003. 2. 11. 2002다59122, 인영의 진정성립, 즉 날인행위가 작성 명의인의 의사에 기한 것이라는 추정은 사실상의 추정이므로, 인영의 진정성립을 다투는 자가 반증을 들어 인영의 날인행위가 작성 명의인의 의사에 기한 것임에 관하여 법원으로 하여금 의심을 품게 할 수 있는 사정을 입증하면 그 진정성립의 추정은 깨진다.

113) 이는 본인 또는 대리인의 서명이나 날인 또는 무인이 있는 때에는 진정하게 성립하였을 가능성이 높다는 경험칙을 법규화해 놓은 것이다.

114) 사실상 추정을 번복하는 것이니 반증이다. 다만 판례는 뒤에서와 같이 간접반증의 용어를 쓰고 있다.

115) 대판 2002. 2. 5. 2001다72029.

116) 대판 1988. 4. 12. 87다카576, 문서에 날인된 작성명의인의 인영이 작성명의인의 인장에 의하여 현출

또는 일부가 미완성된 상태에서 서명날인만을 먼저 하였다는 등의 사정은 이례에 속한다
고 볼 것이므로 완성문서로서의 진정성립 추정력을 뒤집으려면 그럴 만한 합리적인 이유
와 이를 뒷받침할 간접반증 등의 증거가 필요하다고 할 것이다. 만일 백지문서 또는 미
완성 부분을 작성명의자가 아닌 자가 보충하였다는 등의 사정이 밝혀진 경우라면, 그 백
지문서 또는 미완성 부분이 정당한 권한에 기하여 보충되었다는 점에 관해서는 그 문서
의 진정성립을 주장하는 자 또는 문서제출자에게 증명책임이 있다.[117]

⑤ 문서성립의 부인에 대한 제재

문서의 진정성립을 부인하는 때에는 그 이유를 구체적으로 밝혀야 한다(민소규칙 제
116조). 서명과 무인이 있는 서증의 성립에 관하여 작성명의인이 부지라고 다투는 경우
에 법원은 부지라고 답변하는 것만으로 그 증거능력을 배척할 것이 아니라 좀 더 석명하
여 위 문서들에 있는 원고 명의의 기재가 원고 자신의 서명인지 여부 또는 그 명하의 무
인이 진정한 것인지의 여부를 심리하여야 하고, 그 서명이나 무인까지도 부인하는 취지
라면 피고에게 그 입증을 촉구하는 등의 조치를 취해야 한다.

이렇게까지 하는 것은 문서의 증거력이 다른 증거들보다는 높기 때문인 것이므로 문서
를 함부로 다툴 때에는 일정한 제재를 가한다.

당사자 또는 그 대리인이 고의나 중대한 과실로 진실에 어긋나게 문서의 진정을 다툰
때에는 법원은 결정으로 200만 원 이하의 과태료에 처한다. 이 결정에 대해서는 즉시항
고를 할 수 있다. 문서의 진정에 대하여 다툰 당사자 또는 대리인이 소송이 법원에 계속
되는 중에 그 진정을 인정하는 때에는 법원은 이 결정을 취소할 수 있다(제363조).

⑥ 판결이유 중 설시

민사소송에서 문서는 진정한 것이라야 증거능력이 있는 것이므로 서증을 증거로 쓰는
경우에는 서증이 어떻게 하여 진정한 것인지를 밝혀 주는 것이 옳다고 할 것이나, 진정
성립이 당사자 간에 다툼이 없거나 공문서로서 진정성립이 추정되는 경우 또는 당해 사
건의 쟁점이 되지 아니한 사실을 인정하는 경우에는 형식적 증거력에 관한 설시를 생략
하였다고 하여 위법하다고 할 수 없다.

된 인영임이 인정되는 경우에는 특단의 사정이 없는 한 그 인영의 진정성립 및 그 문서 전체의 진정성
립까지 추정되는 것이기는 하나, 이는 어디까지나 먼저 내용기재가 이루어진 뒤에 인영이 압날된 경우
에만 허용되는 것이며, 작성명의인의 날인만 되어 있고 그 내용이 백지로 된 문서를 교부받아 후일 그
백지부분을 작성명의자가 아닌 자가 보충한 문서의 경우에 있어서는 문서제출자는 그 기재내용이 작성
명의인으로부터 위임받은 정당한 권원에 의한 것이라는 사실까지 입증할 책임이 있으며, 이와 같은 법
리는 그 문서가 처분문서라고 하여 달라질 것은 아니다.

117) 대판 2003. 4. 11. 2001다11406.

상대방이 문서의 진정성립을 적극적으로 다투거나 서증의 진정성립에 석연치 않은 점이 있을 때, 서증의 진정성립 여부가 쟁점이 된 때, 또는 서증이 당해 사건의 쟁점이 되는 주요사실을 인정하는 자료로 쓰일 때에는 문서가 어떠한 이유로 증거능력이 있는 것인지 설시하여야 할 것이고, 사문서의 경우 그것이 어떠한 증거에 의하여 진정성립이 인정된 것인지 명백히 알 수 없는 때에도 그 근거를 분명히 밝혀서 설시하여야 할 것이다.[118]

3) 내용의 진정(실질적 증거력)

① 개념

문서 내용의 진정은 문서의 내용이 요증사실의 증명에 이바지하는 정도를 말한다. 이는 법관의 자유심증에 맡겨져 있고, 자백대상이 아니다.

② 판단

공문서는 강한 증거력이 있어 반증이 없는 한 문서 내용대로 사실이 인정될 것이다.

사문서 중 처분문서는 진정성립이 인정되는 한 그 내용을 부정할 만한 분명하고 수긍할 수 있는 이유가 없는 한 그 내용이 되는 법률행위, 의사표시의 존재를 인정하여야 한다.[119] 다만 이는 반증은 허용되는 강력한 사실상 추정이다.[120] 부동문자로 인쇄된 경우에는 예문에 불과한 경우도 있다.[121]

보고문서는 작성자 신분, 직업, 성격, 작성목적, 시기, 기재방식 등 여러 사정[122]을 고려하여 법관의 자유심증으로 결정한다. 공문서인 보고문서도 마찬가지이다.[123]

판결서는 처분문서이기는 하나 그것은 그 판결이 있었는지 또 어떠한 내용의 판결이 있었는지의 사실을 증명하기 위한 처분문서라는 뜻일 뿐 판결서 중에서 한 사실판단을 그 사실을 증명하기 위하여 이용하는 것을 불허하는 것은 아니어서 이를 이용하는 경우에는 판결서도 그 한도 내에서 보고문서라고 볼 것이고, 자유심증의 대상에서 제외할 것

---

118) 대판 1993. 5. 11. 92다50973.

119) 대판 1981. 6. 9. 80다442.

120) 대판 1983. 3. 22. 80다1576, 처분문서는 그 성립이 인정되는 이상 반증이 없으면 그 기재내용대로 그 의사표시의 존재 및 내용을 인정하여야 하지만, 적절한 반증이 있으면 그 기재내용의 일부를 달리 인정할 수도 있다. 대판 1996. 9. 10. 95누7239, 처분문서라 할지라도 그 기재내용과 다른 명시적, 묵시적 약정이 있는 사실이 인정될 경우에는 그 기재내용과 다른 사실을 인정할 수 있다.

121) 대판 1997. 11. 28. 97다36231, 처분문서의 기재 내용이 부동문자로 인쇄되어 있다면 인쇄된 예문에 지나지 아니하여 그 기재를 합의의 내용이라고 볼 수 없는 경우도 있으므로 처분문서라 하여 곧바로 당사자의 합의 내용이라고 단정할 수는 없고 구체적 사안에 따라 당사자의 의사를 고려하여 그 계약 내용의 의미를 파악하고 그것이 예문에 불과한 것인지의 여부를 판단하여야 한다.

122) 문제가 생기기 전의 일기장, 이해관계 없는 3자 기재 문서, 작성자 본인에게 불리하게 작성된 문서 등.

123) 대판 1960. 12. 5. 4292행상108.

이 아니다.[124]

5. 서증의 절차

서증의 신청은 자기가 소지하고 있는 문서의 직접 제출, 상대방이나 제3자가 소지한 문서의 제출명령, 제3자가 가지고 있는 제출의무 없는 문서의 송부촉탁신청, 문서가 있는 장소에서의 서증조사신청 4가지 방식으로 이루어진다. 법원은 당사자가 신청한 증거를 필요하지 아니하다고 인정한 때에는 조사하지 아니할 수 있다. 다만 그것이 당사자가 주장하는 사실에 대한 유일한 증거인 때에는 그러하지 아니하다(제290조).

1) 문서의 직접 제출(제343조)

① 제출방법

서증을 신청하는 자가 가지고 있는 문서이면 변론, 변론준비기일에 직접 현실로 제출하는 방식에 의한다. 준비서면에 첨부한 경우에는 준비서면이 진술간주로 되어도 서증제출은 인정되지 않는다.[125]

② 제출할 문서

가. 원본 등

제출할 문서는 원본 또는 정본이나 인증한 등본이어야 한다(제355조). 서증의 신청을 하는 때에는 문서의 제목, 작성자 및 작성일을 밝혀야 한다. 다만 문서의 기재상 명백한 경우에는 그러하지 아니하다. 문서는 상대방의 수에 한 부를 더한 수의 사본을 함께 제출하여야 한다.

나. 사본

사본은 정확성에 대한 보증이 없으므로 사본만을 제출하는 것은 원칙적으로 허락되지 않는다. 다만 실무상 사본을 원본 대신 제출하는 것과 사본 자체를 원본으로 제출하는 것이 허락되는 경우가 있다.

---

124) 대판 전합 1980. 9. 9. 79다1281, 소수설은 판결서는 그 본질이 처분문서로 법원의 의사표시이지 작성자의 견문, 판단, 감정 등을 기재 보고하는 보고문서가 아니다. 따라서 판결서는 그 성립이 인정되면 그 기재의 의사표시나 법률행위가 있었던 사실을 완전히 증명하게 되는 것이므로 그 판결이 있었던 사실, 그 밖에 이에 부수하는 사실(그 작성의 장소, 일시 등)을 입증하는 증거력은 있다고 할 것이나, 판결이 인정한 사실을 입증하기 위해서는 실질적 증거력이 없다고 할 것이다. 이는 판결서의 내용은 넓은 의미에서 하나의 의견이라고 할 것이기 때문이다. 만일 다수설과 같이 판결서에 실질적 증거력을 인정한다면 제2심인 항소심은 제1심의 판결서만을 검토하고 제1심의 사실인정이 잘되었다고 판단하고 항소기각 판결을 할 수 있고 제3심인 상고심도 또한 제1, 2심의 판결서들만을 검토한 후 사실 인정이 잘되었다고 판단하고 상고기각의 판결을 할 수 있다는 이론이 나온다고 한다.

125) 대판 1991. 11. 8. 91다15775.

실무에서는 대부분 원본에 갈음하여 사본을 제출하고 있고, 이에 대하여 상대방이 원본의 존재 및 성립에 관하여 다투면 원본을 제출받아 증거조사를 한다. 이때 원본 없이 변론의 전 취지에만 의하여 원본의 존재 및 성립을 인정해서는 안 된다.126)

사본 자체를 원본으로 제출하는 경우에는 민사소송에서 증거능력에 대한 제한이 없으므로 독립된 증거로 서증이 대상이 된다. 이때 원본이 제출된 것으로 되지는 아니하고, 증거에 의하여 사본과 같은 원본이 존재하고 또 그 원본이 진정하게 성립하였음이 인정되지 않는 한 그와 같은 내용의 사본이 존재한다는 것 이상의 증거가치는 없다.

다만 서증사본의 신청 당사자가 문서원본을 분실하였다든가, 선의로 이를 훼손한 경우, 또는 문서제출명령에 응할 의무가 없는 제3자가 해당 문서의 원본을 소지하고 있는 경우, 원본이 방대한 양의 문서인 경우 등 원본 문서의 제출이 불가능하거나 비실제적인 상황에서는 원본의 제출이 요구되지 아니한다고 할 것이지만, 그와 같은 경우라면 해당 서증의 신청 당사자가 원본을 제출하지 못하는 것에 대한 정당성이 되는 구체적 사유를 주장·입증하여야 할 것이다.127)

다. 문서의 전부

문서의 일부를 증거로 하는 때에도 문서의 전부를 제출하여야 한다. 다만 그 사본은 재판장의 허가를 받아 증거로 원용할 부분의 초본만을 제출할 수 있다(민소규칙 제105조 제4항). 서증의 사본에는 원고가 제출하는 것은 '갑', 피고가 제출하는 것은 '을', 독립당사자참가인이 제출하는 것은 '병'으로 구별하여 제출순으로 번호를 붙인다. 같은 부호를 사용할 당사자가 여러 사람인 때에는 각 부호 다음에 '가', '나', '다' 등의 가지부호를 붙인다(민소규칙 제107조).

라. 증거설명서의 제출

재판장은 서증의 내용을 이해하기 어렵거나 서증의 수가 방대한 경우 또는 서증의 입증취지가 불명확한 경우에는 당사자에게 서증과 증명할 사실의 관계를 구체적으로 밝힌 설명서를 제출할 것을 명할 수 있다. 서증이 국어 아닌 문자 또는 부호로 되어 있는 때에는 그 문서의 번역문을 붙여야 한다. 다만 문서의 일부를 증거로 하는 때에는 재판장의 허가를 받아 그 부분의 번역문만을 붙일 수 있다(민소규칙 제106조).

---

126) 대판 1996. 3. 8. 95다48667, * 원본의 경우 가능함은 앞서 보았다.
127) 대판 2002. 8. 23. 2000다66133.

2) 문서제출명령

① 규정

문서제출명령이란 문서를 소지한 상대방이나 제3자에게 문서제출을 명하는 것을 말한다. 상대방이나 제3자가 소지한 문서를 그들이 임의로 증거로 제출하지 않을 때 이를 증거로 쓰기 위한 방법이다. 현행법은 종래에는 대상문서를 한정했으나, 현대형 소송에서 증거의 편재를 시정하기 위해 모든 문서로 확대하고 비밀심리, 문서정보공개조항을 신설하고 있다(제343, 344, 346, 347조).

② 제출의무 있는 문서(제343조)

가. 인용문서

당사자가 소송에서 인용한 문서를 스스로 가지고 있는 경우에는 제출의무가 있다. 인용이란 증거로 인용한 것 외에 자기의 주장을 명백히 하기 위하여 그 존재와 내용을 언급한 경우를 포함한다.

나. 인도열람청구문서

신청인에게 문서를 가지고 있는 사람에 대하여 문서의 인도·열람을 청구할 수 있는 사법상 권리(민법 제475조의 채무변제 시 채권증서반환청구권, 상법 제396조의 주주, 회사채권자의 회사정관, 주총회의록 열람청구권, 자기 소유문서를 상대가 보관하고 있을 때 등 법률상·계약상 권리)가 있을 때에는 소지자는 제출의무가 있다.[128]

다. 이익문서와 법률관계문서

신청자의 이익을 위해 작성된 문서(영수증, 유언서, 위임장 등 수권서)나, 신청자와 소지인 사이의 법률관계에 관하여 작성된 문서(계약서, 협상메모, 회의록)는 제출의무가 있다. 다만 소지자에게 증언거부사유에 해당하는 사유(공무상 비밀, 소지자나 친족이 형사소추가 되거나 치욕적 내용이 있을 때, 변호사, 종교인 등 직무상 비밀)가 있을 때 등에는 문서제출을 거부할 수 있다(제344조).

라. 일반문서

증언거부사유 해당 문서와 오로지 가진 사람이 이용하기 위한 문서(일기, 서신)를 제외한 모든 문서는 제출의무가 있다. 공문서는 정보공개에 관한 법률에 따라 제출받아야 하므로 문서제출명령대상에서 제외되었다.

---

128) 대판 1993. 6. 18. 93마434, 민사소송법 제316조 제2호에서 문서제출의무 원인의 하나로서 규정하고 있는 "신청자가 문서소지자에 대하여 그 인도나 열람을 구할 수 있는 때"라 함은, 신청자가 문서의 인도 열람을 청구할 수 있는 실체법상의 권리를 가지는 모든 경우를 가리키며, 그것이 물권적이든 채권적이든, 또는 계약에 근거하는 것이든 법률규정에 근거하는 것이든 이를 묻지 않는다.

마. 상업장부

당사자가 상인인 경우 상법 제32조에 의거하여 상업장부의 제출을 명할 수 있다.

③ 절차

가. 신청

문서제출명령신청은 서면으로 하여야 한다. 신청서에는 문서표시, 문서취지, 소지자, 증명할 사실, 제출의무의 원인 등을 기재해야 한다(제345조).

상대방은 위 신청에 관하여 의견이 있는 때에는 의견을 적은 서면을 법원에 제출할 수 있다(민소규칙 제110조).

나. 문서목록의 제출

문서제출명령신청을 위하여 필요하다고 인정하는 경우에는, 법원은 신청대상이 되는 문서의 취지나 그 문서로 증명할 사실을 개괄적으로 표시한 당사자의 신청에 따라, 상대방 당사자에게 신청내용과 관련하여 가지고 있는 문서 또는 신청내용과 관련하여 서증으로 제출할 문서에 관하여 그 표시와 취지 등을 적어 내도록 명할 수 있다(제346조).

이는 문서제출명령이 효용을 발휘할 수 있도록 새로이 채택된 문서정보공개제도인데, 불응 시 제재수단이 없어 실효성은 없다.

다. 제출신청의 허가 여부에 대한 재판(제347조)

문서제출신청의 허가 여부에 관한 재판을 할 때에는 그때까지의 소송경과와 문서제출신청의 내용에 비추어 신청 자체로 받아들일 수 없는 경우가 아닌 한 상대방에게 문서제출신청서를 송달하는 등 문서제출신청이 있음을 알림으로써 그에 관한 의견을 진술할 기회를 부여하고, 그 결과에 따라 당해 문서의 존재와 소지 여부, 당해 문서가 서증으로 필요한지 여부, 문서제출신청의 상대방이 민사소송법 제344조에 따라 문서제출의무를 부담하는지 여부 등을 심리한 후, 그 허가 여부를 판단하여야 한다.[129] 법원은 문서제출신청에 정당한 이유가 있다고 인정한 때에는 결정으로 문서를 가진 사람에게 그 제출을 명할 수 있다. 문서제출의 신청이 문서의 일부에 대해서만 이유 있다고 인정한 때에는 그 부분만의 제출을 명하여야 한다.

제3자에 대하여 문서의 제출을 명하는 경우에는 제3자 또는 그가 지정하는 자를 심문하여야 한다.

법원은 문서가 제344조에 해당하는지를 판단하기 위하여 필요하다고 인정하는 때에는

---

129) 대판 2009. 4. 28. 2009무12, 문서제출신청 후 이를 상대방에게 송달하는 등 문서제출신청에 대한 의견을 진술할 기회를 부여하는 데 필요한 조치를 취하지 않은 채 문서제출명령의 요건에 관하여 별다른 심리도 없이 문서제출신청 바로 다음 날 한 문서제출명령은 위법하다.

문서를 가지고 있는 사람에게 그 문서를 제시하도록 명할 수 있다. 이 경우 법원은 그 문서를 다른 사람이 보도록 하여서는 안 된다. 사생활의 비밀이나 영업비밀의 보호를 위해서이다.

라. 불복과 철회

문서제출의 신청에 관한 결정에 대해서는 즉시항고를 할 수 있다(제348조).

증거조사의 개시가 있기 전에는 그 증거신청을 자유로 철회할 수 있는 법리라 할 수 있을 것이므로, 문서제출명령의 신청이 있고 그에 따른 제출명령이 있었다 하여도 그 문서가 법원에 제출되기 전에는 그 신청을 철회함에는 상대방의 동의를 필요로 하지 않는다.130)

④ 문서를 제출하지 아니하거나 사용방해의 효과

가. 법규의 성격

당사자가 문서를 제출하지 아니한 때에는 문서에 관한 상대의 주장을 진실한 것으로 인정할 수 있고(제349조), 제3자가 문서를 제출하지 아니한 때에는 과태료를 부과한다(제351조). 이를 두고 판례와 다수설은 공평과 신의칙 위반에 대한 제재라고 보나, 제재가 아니고 실체적 진실발견을 위한 것이라고 보는 입장도 있다.

나. 문서에 관한 상대의 주장 인정

당사자가 제347조 제1항제2항 및 제4항의 규정에 의한 명령에 따르지 아니한 때에는 법원은 문서의 기재에 대한 상대방의 주장을 진실한 것으로 인정할 수 있다.

당사자가 상대방의 사용을 방해할 목적으로 제출의무가 있는 문서를 훼손하여 버리거나 이를 사용할 수 없게 한 때에는, 법원은 그 문서의 기재에 대한 상대방의 주장을 진실한 것으로 인정할 수 있다(제350조).

이는 문서에 관한 주장, 즉 문서의 성질, 내용, 성립의 진정 등에 관한 주장을 진실한 것으로 인정할 수 있는 것이고, 그 문서에 의하여 증명하려고 하는 상대방의 주장사실이 바로 증명되었다고 보는 것은 아니며, 그 주장사실의 인정 여부는 법원의 자유심증에 의한다는 것이 다수설 판례이다.131) 증명책임을 전환시키거나 증명된 것으로 간주하는 입장과 원칙적으로 자유심증설을 취하면서 행정소송, 공해소송, 국가상대 손해배상소송 등과 같이 문서가 방해자의 영역에 편중되어 있는 경우에 한하여 제한적으로 요증사실이

---

130) 대판 1971. 3. 23. 70다3013.

131) 대판 1995. 3. 10. 94다39567, 진료기록을 변조한 행위는, 그 변조이유에 대하여 상당하고도 합리적인 이유를 제시하지 못하는 한, 당사자 간의 공평원칙 또는 신의칙에 어긋나는 입증방해행위에 해당한다 할 것이고, 법원으로서는 이를 하나의 자료로 하여 자유로운 심증에 따라 방해자에게 불리한 평가를 할 수 있다고 할 것이다.

증명되었다고 보는 입장도 있다. 이들 견해에 대해서는 방해행위의 태양과 정도를 고려하지 않고 일률적으로 증명책임의 전환 또는 증명된 것으로 보는 것은 너무 가혹하다는 비판과 모든 행정소송 등이 증거가 편재되어 있다고 볼 수는 없다는 비판이 있다.

다. 과태료

제3자가 문서를 제출하지 아니한 때에는 문서의 기재에 대한 상대방의 주장을 진실한 것으로 인정할 수는 없고 500만 원 이하의 과태료 제재를 받는다. 훼손 등으로 사용할 수 없게 한 때도 마찬가지다.

3) 문서송부촉탁

문서송부촉탁은 제3자가 가지고 있는 제출의무 없는 문서를 보내 주도록 촉탁할 것을 신청하는 것이다. 다만 당사자가 법령에 의하여 문서의 정본 또는 등본을 청구할 수 있는 경우에는 그러하지 아니하다(제352조).

법원으로부터 문서의 송부를 촉탁받은 사람 또는 제297조에 따른 증거조사의 대상인 문서를 가지고 있는 사람은 정당한 사유가 없는 한 이에 협력하여야 한다. 문서의 송부를 촉탁받은 사람이 그 문서를 보관하고 있지 아니하거나 그 밖에 송부촉탁에 따를 수 없는 사정이 있는 때에는 법원에 그 사유를 통지하여야 한다(제352조의 2).

4) 문서가 있는 장소에서의 서증조사신청(민소규칙 제112조)

제3자가 가지고 있는 문서를 법 제343조 또는 법 제352조가 규정하는 방법에 따라 서증으로 신청할 수 없거나 신청하기 어려운 사정이 있는 때에는 법원은 그 문서가 있는 장소에서 서증의 신청을 받아 조사할 수 있다. 문서송부촉탁의 방법으로도 문서를 증거로 확보하기 어려운 경우에 법원 밖에서의 증거조사 방법으로 서증을 얻기 위한 것이다. 증거조사는 문서가 있는 장소에서 문서의 존재와 내용을 확인하는 것으로 하므로, 기록에 남기기 위하여 신청인은 서증으로 신청한 문서의 사본을 법원에 제출하여야 한다.

Ⅴ. 검증

1. 개념

검증이란 법관이 오관(눈, 귀, 코, 혀, 피부)의 작용에 의하여 직접 사물의 외형을 보고, 듣고, 느낀 것을 증거자료로 하는 증거조사를 말한다. 교통사고 현장의 확인, 목적물의 결함 확인, 소음청취 등이 그것이다.

2. 검증대상

검증대상은 자동차사고현장, 공사장, 기계, 토지의 상황 등과 같이 시각에 의하여 인식할 수 있는 것, 소음과 같이 청각에 의하여 인식할 수 있는 것, 가스 냄새, 악취와 같이 후각에 의하여 인식할 수 있는 것 등이 있다. 사람은 그 진술 내용을 증거로 하는 경우에는 인증이 되나, 용모, 체격 등이 문제 되는 경우에는 검증 대상이 된다. 문서도 그 내용이 증거가 되는 경우에는 서증이지만, 지질, 필적, 인영 등이 문제 되는 경우에는 검증 대상이 된다.

녹음·녹화 테이프, 컴퓨터용 디스크 등 저장된 영상이나 음성을 재생할 수 있는 것에 대한 증거조사는 검증에 의한다. 이에 대하여 저장된 발언 내용이 증거평가의 대상이 되는 경우에는 서증에 준해야 한다는 입장도 있다. 실무에서는 녹음테이프의 검증 같은 경우에는 녹취서를 서증으로 제출하게 하고 녹음내용과 녹취서의 내용이 일치하는지를 검증하여 서증의 증명력을 보강하는 방식을 이용하기도 해 왔으나,132) 뒤에 보는 것과 같이 현행법이 새로운 종류의 증거방법들에 대한 증거조사방식을 정하고 있으므로, 앞으로는 이에 따를 것이다.

3. 검증절차

1) 신청

검증은 당사자의 신청 또는 법원의 직권에 의한다. 당사자가 신청할 경우에는 검증의 목적을 표시하여야 하고(제364조), 그에 의하여 증명할 사실의 관계를 구체적으로 밝혀야 한다(민소규칙 제74조). 검증할 목적물을 제출하거나 보내는 데에는 서증신청의 규정을 준용하므로 당사자가 검증목적물을 소지하고 있는 경우에는 직접 법원에 제출하고, 상대방 또는 제3자가 소지하고 있는 경우에는 제출명령 또는 검증물송부촉탁을 신청하여야 한다. 제3자가 정당한 사유 없이 제출명령에 따르지 아니한 때에는 법원은 결정으로

---

132) 대판 1999. 5. 25. 99다1789, 자유심증주의를 채택하고 있는 우리 민사소송법하에서 상대방 부지 중 비밀리에 상대방과의 대화를 녹음하였다는 이유만으로 그 녹음테이프가 증거능력이 없다고 단정할 수 없고, 그 채증 여부는 사실심 법원의 재량에 속하는 것이며, 녹음테이프에 대한 증거조사는 검증의 방법에 의하여야 한다.
당사자 일방이 녹음테이프를 증거로 제출하지 않고 이를 속기사에 의하여 녹취한 녹취문을 증거로 제출하고 이에 대하여 상대방이 부지로 인부한 경우, 법원은 녹음테이프의 검증을 통하여 대화자가 진술한 대로 녹취되었는지 확인하여야 할 것이나, 그 녹취문이 오히려 상대방에게 유리한 내용으로 되어 있다면 그 녹취 자체는 정확하게 이루어진 것으로 보이므로 녹음테이프 검증 없이 녹취문의 진정성립을 인정할 수 있다.

200만 원 이하의 과태료에 처한다. 이 결정에 대해서는 즉시항고를 할 수 있다.

검증에 비용이 필요한 경우에는 법원의 예납명령(민소규칙 제77조)에 따라 신청인이 예납하여야 한다.

2) 결정과 실시

법원은 직권 또는 당사자의 신청에 대한 결정으로 검증을 실시한다. 법원은 검증을 위하여 필요한 경우에는 남의 토지, 주거, 관리 중인 가옥, 건조물, 항공기, 선박, 차량, 그밖의 시설물 안에 들어갈 수 있도록 하는 처분을 할 수 있다. 이 경우 저항을 받은 때에는 국가경찰공무원에게 원조를 요청할 수 있다(제364조 제3항).

수명법관 또는 수탁판사는 검증에 필요하다고 인정할 때에는 감정을 명하거나 증인을 신문할 수 있다.

4. 검증수인의무

검증물을 점유하는 자는 정당한 이유가 없는 한 검증에 응해야 한다. 제366조가 제344조를 원용하고 있지 않은 것은 특별한 경우에만 인정되는 문서제출의무와는 달리 검증수인의무는 증인의무와 같이 국가기관의 업무에 협력하여야 하는 일반적인 의무이기 때문이라고 보는 것이 다수의 입장이다. 정당한 사유는 검증에 의하여 자기나 근친자의 명예, 비밀이 침해되거나 처벌을 받을 염려가 있는 경우 및 직무상의 비밀이나 기술 또는 직업상의 비밀이 침해될 염려가 있는 경우를 말한다(제314, 315조 참고).

당사자가 검증에 응하지 않을 경우에는 검증물에 관한 신청자의 주장이 진실하다고 인정될 수 있고(제366조 제1항, 제349, 350조), 제3자가 불응할 경우에는 과태료의 부과처분을 받는다(제366조 제2항).

Ⅵ. 당사자신문

1. 개념

당사자신문이란 당사자 본인이 경험한 사실에 대하여 신문하고 그 대답을 증거자료로 하는 증거조사를 말한다. 이 절차에서의 당사자는 증거조사의 객체로서 증거방법이기 때문에 그의 진술은 변론, 즉 소송자료가 아니고 증거자료가 된다.[133] 상대방의 주장과 일치된 진술을 해도 재판상 자백이 아니다.[134] 법원이 소송관계를 명료하게 하기 위하여 당사자를 출석하게 하여 진술을 듣는 것은 소송자료의 수집을 위한 것으로 증거자료를 얻기 위한 당사자신문과는 다르다.

2. 당사자신문의 대상과 독립된 증거방법

당사자신문은 소송자료가 아닌 증거자료를 얻기 위한 절차이므로 소송무능력자도 당사자로서 신문대상이 된다. 소송에서 당사자를 대표하는 법정대리인에 대한 신문이나, 당사자가 법인, 그 밖의 단체인 경우에 그 대표자나 관리인에 대한 신문에 대해서는 당사자신문의 절차에 따른다(제372조).

종전에는 당사자신문은 보충적인 증거방법으로 다른 증거로는 심증을 얻을 수 없을 때 최종적으로 허용되는 것이었으나, 현행법은 이를 폐지하고 독립된 증거방법으로 인정하여, 다른 증거의 존부를 불문하고 소송의 어느 단계에서도 가능하게 했다(제367조). 이는 사실관계를 가장 잘 아는 당사자 본인에 대한 신문이 소송의 원활한 진행과 진실발견 및 쟁점정리에 도움이 된다는 점을 고려한 것이다.

3. 절차

법원은 직권으로 또는 당사자의 신청에 따라 당사자 본인을 신문할 수 있다. 이 경우 당사자에게 선서를 하게 하여야 한다(제367조).

당사자신문에는 증인신문 규정을 준용한다. 증인신문처럼 당사자의 주장과 증거를 정리한 뒤 집중적으로 하여야 한다(제292조). 재판장은 필요하다고 인정한 때에 당사자 서로의 대질 또는 당사자와 증인의 대질을 명할 수 있다(제368조).

증인신문과 다른 점은 법원이 직권으로도 할 수 있고, 당사자가 정당한 사유 없이 출석하지 아니하거나 선서 또는 진술을 거부한 때에는 법원은 신문사항에 관한 상대방의 주장을 진실한 것으로 인정할 수 있고(제369조), 선서한 당사자가 거짓 진술을 한 때에는 법원은 결정으로 500만 원 이하의 과태료에 처할 수 있으나(제370조), 증인과는 달리 구인과 감치 등으로 출석이나 진술이 강제되지는 않고 위증으로 처벌되지도 않는다.

---

133) 대판 1981. 8. 11. 81다262.
134) 대판 1978. 9. 12. 78다879.

Ⅶ. 새로운 종류의 증거들에 대한 증거조사

과학기술의 발달에 따라 문자정보나 음성자료·영상자료 등을 저장하는 새로운 방법이 등장하고 있으나, 종전에는 이에 대한 증거조사방법에 대한 규정이 없어 그 처리를 두고 논란의 여지가 있었으나 현행법은 제374조에서 그 밖의 증거로 도면, 사진, 녹음테이프, 비디오테이프, 컴퓨터용 자기디스크, 그 밖에 정보를 담기 위하여 만들어진 물건으로서 문서가 아닌 증거의 조사에 관한 사항은 서증, 감정, 검증에 준하여 대법원규칙으로 정하도록 하여 논란을 없애고 새로운 증거방법의 등장에 탄력적으로 대응할 수 있도록 하고 있다.

1. 컴퓨터용 자기디스크 등에 기억된 문자정보에 대한 증거조사(민소규칙 제120조)

컴퓨터용 자기디스크, 광디스크, 그 밖에 이와 비슷한 정보저장매체에 기억된 문자정보를 증거자료로 하는 경우에는 읽을 수 있도록 출력한 문서를 제출할 수 있다. 자기디스크 등은 컴퓨터 프로그램의 호환성 등으로 법정, 기타 장소에서 용이하게 그 내용을 출력하여 확인하기가 어려운 반면에 출력문서는 저장된 내용을 기계적으로 정확하게 서면화된다는 자기디스크 등의 특성을 감안하여 검증의 방법이 아닌 출력문서를 서증으로 제출하는 방법으로 증거조사를 할 수 있게 한 것이다.

증거조사를 신청한 당사자는 법원이 명하거나 상대방이 요구한 때에는 자기디스크 등에 입력한 사람과 입력한 일시, 출력한 사람과 출력한 일시를 밝혀야 한다. 이는 출력문서의 진정성립과 내용의 정확성을 담보하고 다툼이 있을 경우에 감정에 필요한 정보를 미리 확보하기 위함이다.

자기디스크 등에 기억된 정보가 도면, 사진 등에 관한 것인 때에도 위와 같은 방법으로 증거조사를 한다.

2. 음성·영상자료에 대한 증거조사(민소규칙 제121조)

녹음·녹화테이프, 컴퓨터용 자기디스크·광디스크, 그 밖에 이와 비슷한 방법으로 음성이나 영상을 녹음 또는 녹화하여 재생할 수 있는 매체에 대한 증거조사를 신청하는 때에는 음성이나 영상이 녹음된 사람, 녹음 등을 한 사람 및 녹음 등을 한 일시·장소를 밝혀야 한다. 또한 녹음테이프 등에 대한 증거조사를 신청한 당사자는 법원이 명하거나 상대방이 요구한 때에는 녹음테이프 등의 녹취서, 그 밖에 그 내용을 설명하는 서면을 제출하여야 한다. 이는 법원이 녹음테이프 등을 증거자료로 채택할지 여부를 결정하는 데 참고자료가 필요하고, 상대방도 이에 대응할 필요가 있기 때문이다.

녹음테이프 등에 대한 증거조사는 녹음테이프 등을 재생하여 검증하는 방법으로 한다. 증거조사 결과는 검증조서로 작성한다. 그동안 실무에서는 녹음테이프 같은 경우에는 녹취서를 서증으로 제출하게 하고, 상대방이 녹음테이프의 존재나 녹음내용에 대한 확인을 요구하는 경우에는 녹음내용과 녹취서의 내용이 일치하는지를 검증하여 서증의 증명력을 보강하는 방식을 이용하기도 해 왔는데, 규칙이 강제규정이 아니므로 앞으로도 가능한 방법이 될 것이다.

3. 전자문서

전자문서란 정보처리시스템에 의하여 전자적 형태로 작성되어 송신 또는 수신되거나 저장된 정보를 말하고, 전자서명은 서명자를 확인하고 서명자가 당해 전자문서에 서명을 하였음을 나타내는 데 이용하기 위하여 당해 전자문서에 첨부되거나 논리적으로 결합된 전자적 형태의 정보를 말한다.

공인전자서명은 다음의 요건을 갖추고 공인인증서에 기초한 전자서명을 말한다. 가. 전자서명생성정보가 가입자에게 유일하게 속할 것, 나. 서명 당시 가입자가 전자서명생성 정보를 지배·관리하고 있을 것, 다. 전자서명이 있은 후에 당해 전자서명에 대한 변경 여부를 확인할 수 있을 것, 라. 전자서명이 있은 후에 당해 전자문서의 변경 여부를 확인할 수 있을 것 등이다.

문서 또는 서면에 서명, 서명날인 또는 기명날인을 요하는 경우 전자문서에 공인전자 서명이 있는 때에는 이를 충족한 것으로 본다. 공인전자서명이 있는 경우에는 당해 전자 서명이 서명자의 서명, 서명날인 또는 기명날인이고, 당해 전자문서가 전자서명이 된 후 그 내용이 변경되지 아니하였다고 추정한다(전자서명법 제3조 제1, 2항). 전자문서가 서증의 대상이 되는 경우에는 출력문서의 형식적 진정성립을 추정하고, 검증의 대상이 되는 경우에는 검증물이 형식적 진정성립을 추정하게 된다.

공인전자서명 외의 전자서명은 당사자 간의 약정에 따른 서명, 서명날인 또는 기명날인으로서의 효력을 가진다(동법 제3조 제3항).

전자문서의 진정성립이 추정되는 경우에는 처분문서의 경우에는 실질적 증거력을 추정할 수 있을 것이다. 전자문서에 전자서명이 없는 경우에는 그 증거력은 법관의 자유로운 심증으로 판단한다.

Ⅷ. 조사의 촉탁

1. 개념

조사의 촉탁은 법원이 당사자의 신청 또는 직권으로 공공기관, 학교, 그 밖의 단체·개인 또는 외국의 공공기관에 그 업무에 속하는 사항에 관하여 필요한 조사 또는 보관 중인 문서의 등본·사본의 송부를 촉탁하여 증거를 수집하는 증거조사절차이다(제294조).

이것은 특별한 인적·물적 시설을 갖추고 전문적인 지식과 경험·정보를 가지고 있는 공공기관·단체·개인 등의 조사결과나 정보를 증거로 이용하려 할 경우에 이용되는데,[135] 실무상은 사실조회라고 한다. 조사결과 등의 근거자료를 함께 받기 위하여 보관문서의 등본·사본을 송부받을 수 있게 하고 있는데, 서증의 한 방법인 송부촉탁과는 다르다.

2. 조사촉탁결과의 원용

조사촉탁결과가 법원에 도착하면 법원은 이를 변론기일에서 당사자에게 고지하여 의견진술의 기회를 주면 되고, 당사자가 원용해야 하는 것은 아니다.

Ⅸ. 증거보전절차

1. 개념

증거보전이란 본래의 증거조사 시기까지 기다리다가는 증거방법의 사용이 불가능·곤란하게 될 사정이 있는 경우에 본소송절차와는 별도로 미리 증거조사를 하여 그 결과를 보전하여 두는 절차를 말한다(제375조). 소제기 전이나, 소제기 후 증거조사기일 전에 행해진다.

---

135) 기상청이나 상공회의소에 특정일사·장소의 기후정보나 물가정보를 제공해 줄 것을 요구하는 것 등이 그것이다.

2. 요건

1) 미리 조사하지 않으면 증거방법의 사용이 곤란·불가능하게 될 사정이 있어야 한다.

이런 사정은 증인의 사망이나 해외 이주, 검증 현상의 변경, 문서의 멸실 등 우려가 있는 경우, 즉 보전의 필요성을 말한다. 미리는 소제기 전이나, 소제기 후 증거조사기일 전을 말하는데, 필요성 여부는 구체적인 소송진행 상황에 따라 판단하게 된다.

증권관련 집단소송에서는 미리 조사하지 않으면 증거방법의 사용이 곤란·불가능하게 될 사정이 없는 경우에도 필요하다고 인정하는 때에는 증거조사를 할 수 있다(증권관련 집단소송법 제33조).

2) 보전의 필요성 소명

보전의 필요성을 어느 정도 소명하여야 하는가에 관해서는 구체적인 사정을 소명하여야 한다는 입장과 증거보전의 증거 개시적 기능을 중시하여 상대방이 증거를 배타적으로 지배하고 있고 이해관계 등으로 인해 증거가 왜곡될 우려가 큰 경우에는 구체적 사실을 소명하지 않아도 된다는 입장이 있다.

증거보전절차는 상대방의 증거훼손 등 우려를 이유로 할 때는 기습적으로 이루어지기 마련이어서 상대방의 방어권을 침해할 우려가 있으므로 일반적으로 완화하는 것보다는 현대형 소송 등에서 증거의 편재를 시정할 필요가 있을 때에 탄력적으로 운용하는 것이 좋을 것이다.

3. 절차

1) 신청

증거보전의 신청은 서면으로 하여야 한다. 신청서에는 상대방, 증명할 사실, 보전하고자 하는 증거, 증거보전의 사유를 기재하여야 한다(제377조).

증거보전의 사유는 소명하여야 하므로 신청서에는 증거보전의 사유에 관한 소명자료를 붙여야 한다(민소규칙 제124조).

증거보전의 신청은 상대방을 지정할 수 없는 경우에도 할 수 있다. 이 경우 법원은 상대방이 될 사람을 위하여 특별대리인을 선임할 수 있다(제378조).

법원은 필요하다고 인정한 때에는 소송이 계속된 중에 직권으로 증거보전을 결정할 수 있다(제379조).

2) 관할

증거보전의 신청은 소를 제기한 뒤에는 그 증거를 사용할 심급의 법원에 하여야 한다. 소를 제기하기 전에는 신문을 받을 사람이나 문서를 가진 사람의 거소 또는 검증하고자 하는 목적물이 있는 곳을 관할하는 지방법원에 하여야 한다.

급박한 경우에는 소를 제기한 뒤에도 신문을 받을 사람이나 문서를 가진 사람의 거소 또는 검증하고자 하는 목적물이 있는 곳을 관할하는 지방법원에 증거보전의 신청을 할 수 있다(제376조).

3) 결정

제소 전이면 관할법원이, 제소 후면 그 증거를 사용할 심급법원이 변론 없이 그 허부를 결정한다. 증거보전의 결정에 대해서는 불복할 수 없고(제380조), 각하결정에 대해서는 신청인이 항고할 수 있다(제439조).

4) 실시

증거조사의 기일은 신청인과 상대방에게 통지하여 신청인과 상대방이 참여할 수 있도록 해 주어야 한다. 다만 긴급한 경우에는 그러하지 아니하다(제381조).

4. 효과

증거보전에 관한 기록은 증거조사를 마친 후 2주 안에 본안소송의 기록이 있는 법원에 보내야 한다. 증거보전에 따른 증거조사를 마친 후에 본안소송이 제기된 때에는 본안소송이 계속된 법원의 송부요청을 받은 날부터 1주 안에 증거보전에 관한 기록을 보내야 한다.

증거보전결과는 변론에 상정되고 변론조서에 기재함으로써 본 절차에서 실시한 증거자료와 동일한 증거자료가 된다.

증거보전절차에서 신문한 증인을 당사자가 변론에서 다시 신문하고자 신청한 때에는 법원은 그 증인을 신문하여야 한다(제384조). 당사자가 참여하지 못한 경우 및 수소법원의 직접심리가 필요한 경우에 직접심리의 원칙을 실현하려는 것이다.

증거보전에 관한 비용은 소송비용의 일부로 한다(제383조).

소제기 후의 증거보전절차에서 당사자가 조사에 협조하지 않는 경우에는 문서·검증물 등에 관한 신청자의 주장이 진실하다고 인정될 수 있고, 제3자가 불응할 경우에는 과태료의 부과처분을 받는 것에는 이론이 없으나, 소제기 전의 증거보전절차에서는 제3자에게 과태료처분을 할 수 있어도 당사자의 경우에는 소제기를 하기 전인데도 주장사실을 진실하다고 인정할 수는 없으므로 실익이 없다는 입장도 있다. 그러나 소제기 후에는 이런 불이익을 가할 수 있다고 보는 것이 타당할 것이다.

제6절 증거의 평가 – 자유심증주의

Ⅰ. 개념

자유심증주의란 법원이 변론 전체의 취지와 증거조사의 결과를 참작하여 자유로운 심증으로 사회정의와 형평의 이념에 입각하여 논리와 경험의 법칙에 따라 사실주장이 진실한지 아닌지를 판단하는 것을 말한다(제202조). 법관은 사실인정을 함에 있어 증거가 사실의 진부에 관해 확신을 주는가를 평가하여 사실의 진부를 확정하는데, 이 확신을 갖는 것을 심증형성이라 하고, 이 심증형성을 법관의 자유에 맡기는 것이 자유심증주의이다.

법정증거주의는 증거방법의 종류나 증거력의 평가를 법률로 규정하여 놓고, 법관은 이에 구속되어 기계적으로 사실인정을 하는 주의를 말한다. 서증이 인증에 우선한다거나 증인자격을 한정하고, 계약성립은 서증에 의해서만 증명해야 하는 등의 제약을 두는 것이다. 법관의 자의를 막을 수는 있지만 복잡한 사회변화에 탄력적으로 대응하기 어려운 점이 있다. 법관의 자질이 부족하던 시대에 적용되던 원칙으로 프랑스혁명 후의 근대소송법은 자유심증주의를 채택하고 있다.

Ⅱ. 내용

자유심증주의는 사실인정의 과정에서 적용되는 원칙이다. 사실인정을 위해서는 이를 위한 자료, 즉 증거원인이 되는 자료가 필요하고, 이 자료가 사실인정에 얼마나 기여하는지에 관한 판단, 즉 증거력에 관한 판단이 필요한데, 자유심증주의는 이 증거원인이 되는 자료의 취득에 제한을 두지 않고, 증거력의 판단에도 제한을 두지 않고 법관의 자유에 맡기되 논리와 경험법칙에 따를 것만을 요구하고 있는 것을 그 내용으로 한다.

1. 증거원인이 되는 자료

법관의 심증형성 자료인 증거원인에는 증거조사의 결과와 변론의 전 취지가 있다. 법관이 사적으로 알고 있는 사실은 참작되어서는 아니 된다.

1) 증거조사의 결과

증거조사의 결과는 법원이 적법한 증거조사에 의하여 얻어진 일체의 증거자료(증언, 감정, 검증, 당사자 본인 신문결과, 그 밖의 증거조사 결과)를 말한다. 일체의 증거자료란 증거방법이나 증거능력에 아무런 제한을 두지 않는다는 것을 뜻한다.

① 증거방법의 무제한

가. 원칙

자유심증주의는 특정한 사실을 인정하기 위한 증거방법에 제한을 두지 않는 것이 원칙이다.

나. 예외

대리권의 증명은 서증만이 허용되고(제58, 89조), 변론의 방식에 관한 규정 준수 여부의 증명은 변론조서에 의하고(제158조), 소명에 관해서는 즉시 조사할 수 있는 증거에 의하여야 하는(제299조 제1항) 등의 제약이 있다. 이는 절차의 안정·명확·신속을 기하기 위한 기술적인 이유에 의한 것이다.

증거제한계약은 증거방법을 제한하는 것으로 약정된 증거방법으로 심증을 얻을 수 없는 경우에는 법원이 보충적 증거조사권(제292조)을 행사할 수 있으므로 무효라는 견해와 변론주의를 채택하고 있는 이상 무효라고 볼 수 없다는 견해가 있다. 유효라고 보더라도 법원의 보충적 증거조사권의 배제까지 인정할 수는 없는 것이므로 실익이 없는 논의이다.

② 증거능력의 무제한

증거능력에 대한 제한도 없다. 증인의 자격에 제한이 없고, 전문증거도 증거능력이 있다.[136] 확정되지 않은 판결서,[137] 인증·감정의 대용으로 작성한 문서도 증거능력이 있다.[138] 제소 후에 그 소송에 사용할 목적으로 작성한 문서에 대해서는 판례는 인증회피의 수단으로 악용되는 것을 막기 위하여 부정하던 입장에서 긍정으로 바뀌었다.[139]

---

136) 대판 1967. 3. 21. 67다67.
137) 대판 1995. 4. 28. 94누11583.
138) 대판 1992. 4. 14. 91다24755.

가. 제한하는 경우

당사자나 법정대리인은 증인능력이 없다(제367, 372조). 증인능력과 관련법 제322조가 16세 미만의 자와 선서의 취지를 이해하지 못하는 자의 선서를 제한하고는 있으나, 증인능력을 제한하는 것은 아니므로 과연 어느 정도의 지각이 있으면 증인능력을 인정할 수 있을지가 문제 되는데, 연령으로 획일적으로 정할 수는 없지만 구체적인 경우에 따라 제한될 수 있을 것이다.

나. 위법수집증거

이에 대해서는 실체적 진실주의를 우선시하여 상대방에 대한 손해배상은 별개로 하고 증거능력을 인정하는 입장과 소송상의 신의칙에 반하고 인격권의 침해를 가져온다는 이유로 증거능력을 부정하는 입장과 절충적인 입장에서 원칙적으로 증거능력을 긍정하면서 현저하게 반사회적인 수단을 써서 사람의 정신적·육체적 자유를 침탈하는 등의 경우에 한하여 증거능력을 부정하거나, 원칙적으로 증거능력을 부정하면서 정당방위 그 밖의 위법성 조각사유가 있는 때에 한하여 증거능력을 인정하는 견해 등이 있다.

판례는 자유심증주의를 이유로 2인 간의 대화에서 상대방이 모르게 녹음했다는 사정만으로는 증거능력이 없다고 할 수 없다고 하여 절충설 중 원칙적 긍정설을 취하고 있는 것으로 보인다.140)

2) 변론의 전 취지

① 개념

변론의 전 취지란 변론에 현출된 일체의 소송자료에서 증거조사결과를 제외한 것을 말한다. 당사자나 대리인의 주장내용, 태도, 공격방어방법의 제출시기, 변론의 청취 중 얻은 인상, 증거조사에 협력 여부, 문서제출 명령 불응사실 등이 그것이다. 증인, 감정인 또는 당사자 본인 신문 중 그 진술이나 태도 등에서 법관이 받는 인상도 포함된다.141) 당사자

---

139) 대판 1966. 9. 27. 66다1133, 전문증거도 인정하는 만큼 증거능력은 인정하고 증거가치의 문제로 다루는 것이 합리적일 것이다.

140) 대판 1981. 4. 14. 80다2314, 1999. 5. 25. 99다1789, 자유심증주의를 채택하고 있는 우리 민사소송법 하에서 상대방 부지 중 비밀리에 상대방과의 대화를 녹음하였다는 이유만으로 그 녹음테이프가 증거능력이 없다고 단정할 수 없고, 그 채증 여부는 사실심 법원의 재량에 속하는 것이며, 녹음테이프에 대한 증거조사는 검증의 방법에 의하여야 한다.
대판 2006. 10. 12. 2006도4981, 통신비밀보호법 제3조 제1항이 "공개되지 아니한 타인 간의 대화를 녹음 또는 청취하지 못한다"라고 정한 것은, 대화에 원래부터 참여하지 않는 제3자가 그 대화를 하는 타인들 간의 발언을 녹음해서는 아니 된다는 취지이다. 3인 간의 대화에 있어서 그중 한 사람이 그 대화를 녹음하는 경우에 다른 두 사람의 발언은 그 녹음자에 대한 관계에서 '타인 간의 대화'라고 할 수 없으므로, 이와 같은 녹음행위가 통신비밀보호법 제3조 제1항에 위배된다고 볼 수는 없다(증거능력 인정 가능).

의 주장이 일관성이 없고 모순이 있는 것, 반대로 정연한 것, 상대방의 주장이나 서증에 대한 인부를 번복하거나 회피하는 것, 당연히 제출할 것으로 예상되는 주장이나 증거를 제출하지 않거나 실기하여 제출하는 것, 증거를 파기하는 것, 증인이 진술을 머뭇거리는 것이나 태도나 표정이 진지하지 못한 것 등이 구체적인 예이다.

② 독립된 증거원인 여부

변론의 전 취지를 다른 증거조사결과와 동일시하여 이것만으로도 다툼이 있는 사실을 인정할 수 있는가의 문제가 있다. 다수설은 그 내용이 모호하고 기록에 객관화하기 어렵고, 이에 따라 법관의 전단을 허용하는 위험도 있다는 점에서 보충적 효력만 인정한다. 이와 달리 제202조는 독일 민사소송법 제286조와 같은 취지의 규정으로 독일의 해석론과 같이 증거조사를 했을 때는 그 결과를 고려하라는 것이지 어느 때나 증거조사를 하라는 것은 아니라며 증거조사를 시행하지 않았으면 변론의 전 취지에만 의하여 사실을 인정할 수밖에 없다고 보는 입장도 있다.

판례는 변론의 전 취지는 변론의 과정에 현출된 모든 상황과 자료를 말하는 것이므로 그 성질에 비추어 그것만으로는 사실인정의 자료로 할 수 없다고 하면서,[142] 예외적으로 문서의 진정성립,[143] 자백철회요건인 착오 여부[144]에 한하여 변론의 전 취지에만 의하여 인정할 수 있다고 한다.

2. 증거력의 자유평가

1) 개념

자유심증주의는 증거자료가 사실인정에 얼마나 기여하는지에 관한 판단, 즉 증거력에 관한 판단평가도 법관의 자유에 맡긴다. 직접증거와 간접증거, 인증과 서증 사이에 증거력의 우열이 없고,[145] 상반되는 수 개의 감정결과 중 어느 것을 선택하느냐도 법관의 자유심증에 맡겨져 있다.[146] 신체감정에 관한 감정인의 감정결과는 증거방법의 하나에

---

141) 대판 1962. 4. 12. 4294민상1078, 증거 원인으로서 변론의 전 취지란 증거조사의 결과를 제외한 소송자료 전부를 말하는 것으로서 당사자의 주장내용, 주장태도, 사실주장이나 증거신청의 시기 당사자의 인적 관계라든가 변론에 나타난 일체의 적극적·소극적 사항을 포함한 법관의 심증형성에 참작될 자료를 의미하는 것이다.

142) 대판 1995. 2. 3. 94누1470.

143) 대판 1993. 4. 27. 92누16560.

144) 대판 1991. 12. 24. 91다21145.

145) 대판 1964. 4. 14. 63아56, 민사소송법은 증거법정주의를 채택하지 아니하고 자유심증주의를 채택하였으므로 일반적으로 서증의 비중이 인증의 비중에 비하여 중하다는 결론을 내릴 수 없다.

불과하고, 법관은 당해 사건에서 모든 증거를 종합하여 자유로운 심증에 의하여 특정의 감정결과와 다르게 노동능력상실률을 판단할 수 있다.[147] 증인의 증언내용 중 그 일부만을 증거로 채택하고 다른 일부를 배척하는 것도 법관의 자유심증에 맡긴다.[148]

2) 제한

증거에 따라서는 통상의 경우보다 강한 증거력을 부여하여 법관에 의한 임의배척을 제한하는 경우가 있다. 공문서의 경우 진정성립이 추정된다 해도 그 내용을 증거로 채택해야 하는 것은 아니지만, 이를 배척하려면 별도의 신빙성이 있는 등 특별한 사정이 있어야 한다.[149] 다른 사건의 확정된 판결에서 인정된 사실은 특별한 사정이 없는 한 유력한 증거가 되므로 합리적인 이유설시 없이 이를 배척할 수 없다.[150] 전 소의 보조참가인과 피참가인 사이에 참가적 효력이 생기고 있는 경우에 양자 간의 후 소에서는 전 소 판결이유 중에서 설시된 사실상 판단이 후 소 법원을 구속한다(제77조).

처분문서는 그 진정성립이 인정되는 경우 그 문서에 표시된 의사표시의 존재와 내용을 부정할 만한 분명하고도 수긍할 수 있는 특별한 사정이 없는 한 그 내용이 되는 법률행위의 존재를 인정하여야 한다.[151]

3) 예외

① 문서의 진정성립 추정규정(제356, 358조)에 대해서는 법정증거법칙으로 보는 입장과 부정하는 입장이 있으나, 경험법칙을 규정한 것이라는 점에서 법정증거법칙으로 보는 것이 타당할 것이지만, 이 경우에도 다른 사정이 있으면 반대의 인정을 할 수 있으므로 자유심증주의가 완전히 배제되는 것은 아니다.

② 증명방해자에게 불리한 사실을 인정할 수 있는 규정(제349, 350, 366, 369조)은 법정증거법칙이기는 하지만, 불리한 인정을 할지 여부를 법원에 맡기고 있으므로, 역시

---

146) 대판 2001. 6. 15. 99두1731.

147) 대판 2002. 6. 28. 2001다27777.

148) 대판 1968. 9. 30. 68다1504.

149) 대판 1995. 7. 14. 95다21440.

150) 대판 1995. 10. 12. 94다52768, 2000. 9. 8. 99다58471, 민사재판에서 확정된 사실, 대판 1971. 5. 24. 71다425, 2005. 1. 13. 2004다9647, 형사판결에서 확정된 사실, 대판 1971. 6. 8. 71므18, 가사재판에서 확정된 사실.

151) 대판 2000. 10. 13. 2000다38602, 대판 1997. 4. 11. 96다50520, 처분문서인 매매계약서의 진정성립이 인정되는 경우에는 특별한 사정이 없는 한 그 내용이 되는 매매계약의 존재를 인정하여야 하고, 그 매매목적물로 표시된 토지의 지번이 계약서에 기재된 매매일자에 존재하지 않은 지번으로 밝혀졌다면, 처분문서상의 일사·장소의 기재는 보고문서의 성질을 갖는 것에 불과하므로 당사자의 주장에 따라 그 매매일자가 진실한 것인지 여부를 심리하거나 당사자가 목적물의 지번에 관하여 착오를 일으켜 계약서상 목적물을 잘못 표시하였는지 여부 등을 심리하여야 한다.

자유심증주의가 완전히 배제되는 것은 아니다.

③ 증거계약

가. 개념

증거계약이란 판결의 기초가 되는 사실의 확정방법에 관한 당사자 사이의 합의를 말한다.

나. 종류

증거계약에는 당사자의 합의에 의하여 사실을 인정하는 자백계약과 제3자에게 판단을 맡기는 중재감정계약, 일정한 증거방법에 의해서만 증명을 하기로 하는 증거제한계약(증거방법계약), 증거조사결과의 증거력을 약정하는 증거력계약이 있다.

다. 유효성

재판상 자백을 인정하는 변론주의와 처분권주의가 지배하는 민사소송에서는 사실을 인정하는 자백계약이나 법률관계의 존재 여부의 확정을 제3자에게 판단을 맡기는 중재감정계약의 유효성을 부정할 수는 없으므로 자유심증주의의 예외가 된다. 다만 증거계약을 어느 범위까지 인정할 것인가의 문제는 있다.152)

특정증거의 증명력을 정하는 증거력계약은 법관의 자유로운 심증형성에 저촉되므로 허용되지 않는다. 주요사실에 관하여 다툼이 있는 경우에 증빙사실에 관한 자백계약을 인정하면 주요사실에 관한 법관의 자유심증을 해하므로 무효라고 할 것이다. 증거조사 후의 증거계약도 이미 형성된 법관의 심증에 영향을 주는 것으로 무효이다.

증명책임분배의 원칙을 변경하는 증명책임계약은 당사자가 처분할 수 있는 권리관계에 관한 것이므로 강행법규에 위반되지 않는 한 유효하다. 단 상당한 이유 없이 고객에게 증명책임을 부담시키는 약관은 무효이다(약관규제법 제14조).

2) 판단의 기준 - 논리와 경험법칙

법관의 심증형성의 자유는 자의가 아닌 사회정의와 형평의 이념에 입각한 논리와 경험칙에 부합하여야 한다.153) 논리법칙은 보통사람이면 누구라도 의심하지 않을 정도의 보편타당성을 지니도록 하기 위한 사고의 법칙이고, 경험법칙은 인간의 경험에서 얻어진 사물의 성상이나 인과관계에 관한 법칙을 말한다. 결국은 법관의 사실인정은 주관적이어

---

152) 증거제한계약에 대해서는 앞의 증거방법 부분에서 보았다.

153) 대판 1982. 8. 24. 82다카317, 민사소송법 제187조가 선언하고 있는 자유심증주의는 형식적, 법률적인 증거규칙으로부터의 해방을 뜻할 뿐 법관의 자의적인 판단을 인용한다는 것이 아니므로 적법한 증거조사절차를 거친 증거능력 있는 적법한 증거에 의하여 사회정의와 형평의 이념에 입각하여 논리와 경험의 법칙에 따라 사실주장의 진실 여부를 판촉하여야 할 것이며 사실인정이 사실심의 전권에 속한다 하더라도 이 같은 제약에서 벗어날 수 없다.

서는 아니 되고, 건전한 상식에 의하여 객관적으로 시인될 수 있는 것이라야 할 것임을 말한다.

사실인정이 논리와 경험법칙에 위배되면 이유불비 또는 이유모순이 되어 상고이유가 된다.

이와 관련하여 심증형성과정을 판결이유에 명시하여야 하는가의 문제가 있다. 판례는 원칙적으로 부정하고 있으나,154) 경험칙상 이례적인 사실을 인정하는 경우나 처분문서의 기재내용을 믿지 않는 경우 등에는 인정하고 있다.155) 독일법은 요구하고 있다.

3. 증거공통의 원칙

1) 개념

증거공통의 원칙이란 증거가 어느 당사자에 의하여 제출되거나 또 상대방이 이를 원용하는 여부에 불구하고 이를 당사자 어느 쪽의 유리한 사실인정 증거로 할 수 있는 것을 말한다.156)

2) 변론주의 위반 여부

변론주의를 철저히 하면, 증거자료는 이를 신청한 증명취지에 부합하는 경우에만 채택할 수 있고, 당사자가 주장한 증명취지 이외의 사실인정의 자료로 삼을 수 없다는 결론에 도달할 것이다. 그러나 변론주의는 증거제출책임을 당사자에게 일임한다는 것일 뿐이고, 제출한 증거에 대한 평가는 법원의 직무이고, 변론주의 밖에 있는 것이므로 변론주의에 반하는 것은 아니다.

3) 효과

일단 증거조사가 개시되면 상대방에게 유리한 증거가 나올 수도 있으므로 상대방의 동의가 있어야 증거신청 철회가 가능하다.

증거공통의 원칙은 공동소송인 사이에도 적용되어 한 공동소송인이 제출한 자료는 다

---

154) 대판 1996. 4. 12. 95다45125, 사실심법원이 증거들을 종합하여 사실인정을 하는 경우에는 각 증거 중 서로 모순되는 부분과 불필요한 부분은 제거하고 그중 필요하고 공통된 부분만을 모아서 이를 판단자료에 공용하는 것이므로, 처분문서 등 특별한 증거가 아닌 한 어느 증거 내용 중 법원이 인정한 사실과 저촉되는 부분에 대해서는 특히 이를 채택하지 않는다는 명시가 없어도 그 증거가치를 부정한 것이라 봄이 상당하고, 따라서 사실심법원이 증거 중 그 인정사실과 저촉되는 부분을 배척하는 취지를 명시하지 않았거나 그 배척 이유를 설시하지 않았다 하여 판단유탈의 위법이 있다고 할 수 없다.

155) 대판 1970. 12. 24. 70다1630, 토지매매계약서와 같은 처분문서는 그 성립을 인정하는 이상 반증이 있거나 또는 이를 조신할 수 없는 합리적인 이유설시 없이는 그 기재내용을 조신할 수 없다고 하여 배척할 수 없다.

156) 대판 2004. 5. 14. 2003다57697.

른 공동소송인을 위해서도 사용될 수 있지만, 다른 공동소송인의 원용이 없는 한 그 공동소송인에게 불리하게 적용되어서는 아니 된다.

소송의 실무상 상대방이 제출한 증거를 이익으로 원용한다고 진술하는 경우가 대부분인데, 증거공통의 원칙이 있는 이상 이 진술은 법원의 주의를 환기하는 정도의 의미밖에 없으나, 그 증거를 채택하지 않는 경우에는 배척한다는 판단은 해 주어야 할 것이다.

4. 심증형성의 방법과 정도

1) 방법

법관의 심증형성은 주요사실에 관한 직접증거가 있으면 그에 의할 것이나, 없으면 간접사실로부터 주요사실을 추인하는 방법에 의한다. 예컨대 대여금청구사건에서 차용증이 없으면, 원고의 예금 인출사실, 차용인과 만난 사실, 여력 없던 차용인이 다음 날 다른 채무를 변제한 사실들로부터 논리와 경험법칙을 동원하여 차용사실을 인정한다.

2) 정도

법관이 얻어야 할 심증의 정도는 자연과학적인 증명이 아닌 경험칙에 비추어 보통사람이 일상생활에서 의심을 품지 않을 정도인 고도의 개연성 확신(십중팔구는 확실하다)인 역사적 증명으로 족하다.[157] 영·미에서는 증거의 우월, 즉 50%를 넘는 우월적 개연성으로 족하고, 예외적으로 사기, 부당 위압, 구술계약의 특정이행 등의 경우에는 명백하고도 설득력 있는 증명(증거의 우월과 형사사건에서의 합리적인 의심이 없을 정도의 증명 중간 정도)을 요구한다.

확신의 주체에 관해서는 법관 개인의 확신에 의하자는 입장과 일반인의 확신에 의하자는 입장이 나뉜다.

3) 현대형 소송

공해·의료과오·제조물책임소송 등 현대형 소송에서는 증거편재로 인한 손해액과 인과관계 증명곤란을 완화시키려는 시도들이 있다. 다수설은 현대형 소송에서 인과관계의 증명은 일반적 확신보다는 낮은 상당한 개연성으로 족하다고 한다.

판례도 공해로 인한 불법행위에 있어서의 인과관계에 관하여 당해행위가 없었더라면 결과가 발생하지 아니하였으리라는 정도의 개연성, 즉 침해행위와 손해와의 사이에 인과

---

157) 대판 1960. 3. 31. 4292민상247, 사실인정에 있어서의 심증형성을 위한 증거력평가는 실험칙상 개연성의 강약을 비교 검토하는 것으로서 그 개연성이 우리 실험칙에 비하여 저도임에도 불구하고 이로써 사실인정의 척도로 한 때는 이는 자유심증의 범위를 이탈한 것이다.

관계가 존재하는 상당 정도의 가능성이 있다는 입증을 함으로써 족하다고 본다.[158]

이 외에도 심증 비율만큼 인정하자는 확률적 심증설, 질병인자와 질병과의 인과관계 개연성을 입증하면 상대방이 다른 원인임을 입증해야 한다는 역학적 증명설 등이 있다.

손해액의 증명에 관한 특칙으로 특허법(제128조 제5항)과 컴퓨터프로그램보호법(제32 조 제5항)은 손해액의 증명곤란 시 법원이 증거조사결과와 변론의 전 취지에 의거하여 상당한 손해액을 인정할 수 있게 하였고(독일과 일본은 민사소송법에서 인정) 증권집단 소송법(제34조 제2항)은 정확한 손해산정이 어려운 경우에는 제반사정을 참작하여 표본 적·평균적·통계적 방법으로 정할 수 있도록 하고 있다.

Ⅲ. 사실인정에 대한 불복

사실인정은 사실심의 전권사항이므로 원심판결이 적법하게 확정한 사실은 상고법원을 기속한다(제432조). 따라서 원심이 사실인정을 잘못하였다는 이유만으로는 상고를 할 수 없다. 그러나 자유심증주의란 법원이 변론 전체의 취지와 증거조사의 결과를 참작하여 자유로운 심증으로 사회정의와 형평의 이념에 입각하여 논리와 경험의 법칙에 따라 사실 주장이 진실한지 아닌지를 판단하는 것이므로 심증형성의 기초인 자료가 잘못된 경우와, 논리와 경험의 법칙에 위반된 사실인정이 있는 경우에는 위법하여 상고이유가 된다.

심증형성의 기초인 자료가 잘못된 경우는 위법한 증거조사 결과나 변론의 전 취지를 채용하거나 적법한 증거조사 결과나 변론의 전 취지를 간과하는 경우를 말한다.

---

158) 대판 1974. 12. 10. 72다1774.

제10장 소송절차의 종료

제1절 소송절차의 종료원인

소제기에 의하여 시작된 제1심의 소송절차는 소송의 목적이 달성되거나 소송의 목적이 달성될 수 없게 된 경우에 종료된다.

1. 법원의 행위로 인한 경우

소송절차는 당사자 사이에 다툼이 있는 사항에 대하여 법원에 대하여 심판을 구하는 절차이므로 당사자의 심판청구에 대한 판단인 종국판결이 확정되면 종료된다.

2. 당사자의 행위로 인한 경우

민사소송은 당사자의 처분권주의를 기본으로 하고 있으므로 당사자가 더 이상의 다툼을 원치 않으면 종료되는데, 당사자에 의한 소나 상소의 취하, 청구의 포기나 인낙, 재판상 화해가 그것이다.

3. 양 당사자 대립구조 소멸

민사소송은 두 당사자 사이의 분쟁해결절차이므로 두 당사자의 대립구조가 소멸하면 소송은 종료된다. 상속합병으로 당사자 지위의 혼동이 있는 경우, 승계인 없이 당사자가 소멸한 경우(이혼소송 중 한쪽 당사자 사망)가 그것이다.

4. 소송종료선언

1) 개념

소송종료선언은 법원이 소송이 확정적으로 종료되었음을 종국판결로 선언하는 것을 말한다(민소규칙 제67조). 종래 판례에 의하여 인정되어 오던 것을 명문으로 규정한 것으로 확인판결의 일종이다.

2) 소송종료선언을 할 경우

① 소송종료의 효과를 다투는 경우

확정판결 이외의 사유, 즉 소취하, 상소취하, 청구포기, 인낙, 재판상 화해 등으로 소송이 종료된 후에 그 무효나 부존재를 주장하면서 기일지정신청을 하면, 법원은 기일지정을 하고, 심리하여, 사유 없으면 소송종료선언을 한다.

가. 소취하 또는 상소취하의 효력에 관한 다툼

소의 취하가 부존재 또는 무효라는 것을 주장하는 당사자는 기일지정신청을 할 수 있다. 이 신청이 있는 때에는 법원은 변론을 열어 신청사유에 관하여 심리하여야 한다. 심리한 결과 신청이 이유 없다고 인정하는 경우에는 판결로 소송의 종료를 선언하여야 하고, 신청이 이유 있다고 인정하는 경우에는 취하 당시의 소송 정도에 따라 필요한 절차를 계속하여 진행하고, 중간판결 또는 종국판결에 그 판단을 표시하여야 한다(민소규칙 제67조).

무효·부존재사유가 있을 때만 가능하고 취소사유가 있을 때는 허용되지 않으므로 취소사유를 주장하며 기일지정신청을 하면 이를 각하한다. 착오, 사기, 강박 등에 의한 취하를 이유로 주장하며 기일지정을 신청하면, 소송행위에는 민법 제109, 110조를 적용하지 않으므로 그것이 다른 사람의 강요나 폭행에 의하여 이루어진 것이 아니라는 것이 증명되지 않는 한(제451조 제1항 제5호 유추) 신청을 각하한다.[1]

나. 청구의 포기·인낙, 재판상 화해

청구의 포기·인낙, 재판상 화해는 소송행위로 그 조서에 기판력이 인정되므로 판결의 당연무효와 같은 사유가 없는 한 재심사유가 있을 때만 준재심의 소로서 다툴 수 있다(제220, 461조). 따라서 당연무효사유를 주장하며 기일지정신청을 하는 것은 허용되어 기일을 지정하여 심리한 다음 무효사유가 없으면 소송종료선언을 한다.[2] 실체법상 무효·취소사유를 주장하기 위한 기일지정신청은 허용되지 않아 각하하여야 한다.[3]

다. 신청절차와 심판

신청은 소취하 등이 있은 법원에 한다. 무효·부존재 이외 사유를 주장할 때는 신청을 각하하고, 무효나 부존재를 주장하면서 기일지정신청을 하면, 법원은 변론기일을 지정하여 심리한 다음, 사유가 없으면 소송종료선언을 하고, 사유가 있으면 재판을 속개한다.

② 소송종료의 간과

확정판결, 소상소의 취하, 청구의 포기·인낙, 재판상 화해 등으로 소송이 종료되었

---

1) 대판 2001. 10. 26. 2001다37514, 민법상의 법률행위에 관한 규정은 민사소송법상의 소송행위에는 특별한 규정이나 기타 특별한 사정이 없는 한 적용이 없는 것이므로, 소송행위인 소취하가 강박에 의하여 이루어진 것임을 이유로 이를 취소할 수는 없고, 다만 이 사건 소취하가 강박에 의한 것이라고 하여 그 효력을 부정하기 위해서는 적어도 이 사건 소취하서가 형사책임이 수반되는 타인의 강요와 폭행에 의하여 작성된 것이라는 사실이 입증되어야 할 것이다.

2) 대판 1990. 3. 17. 90그3, 2000. 3. 10. 99다67703.

3) 대판 1977. 1. 11. 76다333.

는데, 이를 간과하고 소송심리가 계속되어 온 사실이 뒤늦게 밝혀진 경우에는 소송종료선언을 한다. 소의 교환적 변경이 있었는데, 이를 간과한 경우에도 구청구에 대한 본안판결을 취소하고 소송종료선언을 한다.

③ 2당사자 대립구조의 소멸

당사자 한쪽이 사망하였으나, 소송물인 권리관계가 일신전속적이어서 이를 승계할 사람이 없는 경우(이혼소송)에는 소송종료선언을 해야 한다.4)

④ 소취하계약 위반 시

소취하계약을 하고서도 소를 계속 유지하고 있는 경우에 항변권발생설은 권리보호이익의 흠결로 각하해야 한다고 하고 소송계약설은 소송종료선언을 해야 한다고 한다.

3) 주문·효력

주문에서 소송종료일자와 종료사유를 밝힌다.

소송종료선언은 소송의 종료를 확인하는 종국판결이고 상소가 허용된다. 청구의 당부에 관한 본안판결이 아닌 소송판결이므로 종료선언 후에 소취하를 해도 재소금지의 제재를 받지 않는다.

---

4) 대판 1985. 9. 10. 85므27, 재판상의 이혼청구권은 부부의 일신전속 권리이므로 이혼소송계속 중 부부의 일방이 사망한 경우에는 상속인이 그 소송절차를 수계할 수 없음은 물론이며 그런 경우에 검사가 이를 수계할 수 있는 특별한 규정도 없으므로 당연히 소송이 종료된다.
  대판 1992. 5. 26. 90므1135, 신분관계소송에 있어서는 재산상 분쟁의 경우와는 달리 위법한 신분관계가 존속함에도 그 상대방이 될 자가 사망하였고 그 법률관계는 상속되지 않아 소송의 상대방이 될 자가 존재하지 않는 경우에는 관련된 다수 이해관계인들의 이익을 위하여 공익의 대표자인 검사를 소송의 상대방으로 하여 소송을 하는 방법으로 이를 바로잡는 방안이 마련되어 있는데(민법 제849조, 제864조, 제865조 등, 이 사건에서 적용되던 구 인사소송법 제26조 제3항 등, 현재의 가사소송법 제24조 제3항, 제4항 등) 이는 위법한 신분관계가 존재하는 경우에 이를 다툴 구체적 상대방이 없다는 이유로 방치하는 것은 공익에 반하므로 공익의 대표자인 검사를 상대로 하여 소송을 제기하게 하고자 함에 있는 것이다.

제2절 소의 취하

Ⅰ. 개념

1. 개념

소의 취하란 원고가 법원에 대하여 요구한 심판요구의 전부·일부를 철회하는 법원에 대한 소송상 의사표시이다.

2. 구별

청구포기는 원고가 자기의 청구가 이유 없음을 자인하는 법원에 대한 일방적 의사표시로서 원고의 일방적 행위로 소송을 종료시키는 점은 같으나, 분쟁의 해결 여부에서 다르다.

상소취하와는 법원에 대한 심판요구의 철회라는 점은 같으나, 하급심 판결의 존재 여부가 다르다. 소송절차의 정지와는 후속의 소송절차가 없는 것은 같으나, 소송계속 소멸 여부가 다르다.

청구변경 중 감축은 소의 일부취하 및 청구의 일부포기나 변경과 구별이 되지 않는데, 청구의 일부포기나 변경을 보면 피고의 동의가 필요 없게 되나, 원고의 의사에 따를 것이지만 불명이면 포기나 변경 아닌 원고에게 유리한 일부취하로 볼 것이다.[5] 이와 달리 감축된 부분에 대하여 일부판결을 할 수 있을 정도로 특정성을 가진 경우에는 일부취하를 인정할 수 있으나, 그렇지 않은 경우에는 일부포기로 보아야 한다는 견해도 있다. 소의 변경이 아니면 서면으로 할 필요가 없고, 피고가 응소한 경우에는 피고의 동의가 필요하다.

소의 취하는 법원에 대한 심판요구의 전부·일부를 철회하는 것이지 소송물을 이루는 실체법상의 권리를 포기하는 처분행위는 아니므로 소취하가 있다 하여 실체법상의 권리까지 포기하는 것은 아니다.[6]

---

5) 대판 1983. 8. 23. 83다카450.

6) 대판 1994. 12. 13. 94다15486, 명의신탁자가 명의수탁자를 상대로 명의신탁해지를 원인으로 한 소유권이전등기청구의 소를 제기하여 제1심에서 승소하였으나 명의수탁자가 제3자 앞으로 매매를 가장하여 소유권이전등기를 마치고 항소를 제기하자 명의신탁자는 그 부동산에 대한 소유권회복이 불능케 되었다고 오신한 나머지 항소심에서 명의수탁자에 대한 소유권이전등기청구를 손해배상청구로 교환적으로 변경하여 승소확정판결을 받은 경우, 명의신탁자가 그 확정판결에서 지급을 명한 손해배상금을 아직 수령하지 않고 있는 이상 명의신탁자가 위와 같은 확정판결을 받았다는 것만으로는 명의신탁자에게 그 부동산에 대한 권리를 포기할 의사가 있었던 것으로 추단할 수는 없고, 또 그 확정판결로 인하여 그 권리를 당연히

공격방어방법의 철회는 심판요구는 그대로 두고 이를 이유 있게 하기 위한 소송자료를 일부 철회하는 것이므로 심판요구를 철회하는 소취하와 다르다.

3. 성질

법원에 대한 단독소송행위이고, 법원의 행위를 개입시키지 않고 소송계속소멸의 효과가 있는 여효적 소송행위이다.

II. 요건

1. 소취하의 자유

소취하 여부는 원고의 자유이고 법원이 강제할 수 없는 것이다. 다만 명백히 이유 없는 청구나 보정 불능한 소는 법원의 석명권에 의한 취하종용을 인정해도 무방할 것이다.[7]

2. 당사자에 관한 요건

소취하는 소송행위이므로 당사자능력과 소송능력이 필요하고, 대리인이 할 경우에는 소송법상 특별수권이 필요하다(후견인은 제52조 제2항, 소송대리인은 제90조 제2항). 미성년자가 제기한 부적법한 소는 스스로 유효하게 취하할 수 있다고 보는 것이 다수설이다.

소송절차가 진행되는 중에 법정대리권이 소멸한 경우에는 본인 또는 대리인이 상대방에게 소멸된 사실을 통지하지 아니하면 소멸의 효력을 주장하지 못하나, 법원에 법정대리권의 소멸사실이 알려진 뒤에는 그 법정대리인은 소취하 등 소송물을 처분하는 소송행위를 하지 못한다(제63조).

고유필수적 공동소송[8]은 공동소송인 모두가 일치하게 진술해야 한다. 독립당사자참가[9]

상실하게 된다고도 볼 수 없을 것이다.

7) 대판 1971. 5. 24. 71다361, 소취하를 종용 내지 강요했다 하여도 그것만으로는 상고이유가 되지 않는다.

8) 필수적 공동소송은 소송목적이 공동소송인 모두에게 합일 확정되어야 하는 경우로, 공유물분할소송의 경우 공유자 모두가 피고가 되어야 하고, 제3자가 제기하는 혼인 무효·취소의 소 경우 부부 모두가 피고가 되어야 하고, 총유합유물의 경우 공동소유자가 공동으로 관리처분권을 행사할 수 있어 공동으로 당사자가 될 수 있는 것과 같이 관련자 모두가 공동으로 당사자적격을 갖는 고유필수적 공동소송과 여러 사람이 제기하는 합법무효 등 회사관계소송이나 여러 사람이 제기하는 혼인 무효·취소소송과 같이 혼자서도 제기할 수 있으나 여럿이 제기할 때에는 합일 확정되어야 하는 유사필수적 공동소송이 있다.

9) 독립당사자참가는 소송계속 중 제3자가 원고와 피고 양쪽 또는 한쪽을 상대방으로 하여, 소송목적인 권리

의 경우는 본소의 원고가 소취하를 하여도 참가인이 동의하지 않으면 효력이 없고, 보조 참가인[10])은 소취하를 할 수 없다.

3. 소송물에 관한 요건

소취하는 모든 소송물에 대하여 할 수 있다. 가사·행정·선거소송과 같이 직권탐지주의가 적용되어 청구포기가 불가능한 경우도 가능하다.

소취하는 소송물의 전부·일부에 대하여 할 수 있다. 객관적 병합(단순·예비적·선택적 병합),[11]) 통상의 공동소송, 예비적·선택적 공동소송, 유사필수적 공동소송의 경우 일부에 대한 소취하가 가능하다(제65, 70조). 고유필수적 공동소송은 전부에 대하여 하여야 한다(제67조 제1항).

주주대표소송은 회사나 다른 주주의 이해관계가 걸려 있고, 증권관련 집단소송은 다른 주주의 이해관계가 걸려 있으므로 법원허가를 얻어야 한다(상법 제403조 제4항, 증권관련 집단소송법 제35조 제1항).

4. 시기

소취하는 소제기 후 판결확정 전까지는 언제나 할 수 있다(제226조 제1항). 판결선고 후에도 확정 전이면 가능하다. 이 점이 판결선고 후에는 할 수 없는 상소취하와 다르다 (제393, 425조). 상소제기 후에도 가능하나 재소금지의 효력이 따른다. 상소심에서 피고

의 전부, 일부가 자기권리 주장, 소송의 결과에 따라 자기권리가 침해된다고 주장하면서 그 소송절차에 당사자로서 참가하는 것으로 참가인이 피고소유의 토지를 소유의사로 점유하다가 원고에게 임대해 주었는데 원고가 피고에게 자주점유취득시효완성 이유로 소유권이전등기청구를 한 경우, 참가인이 피고에게 자주점유시효완성을 이유로 한 이전등기청구를 하고, 원고에게 임대차계약해제를 원인으로 토지인도청구를 하면서 원·피고의 소송에 참가하는 것이 그 예이다.

10) 보조참가는 소송계속 중 소송의 결과에 이해관계가 있는 제3자가 한쪽 당사자를 돕기 위하여 그 소송에 참가하는 것으로 보증금청구소송 중 주채무자가 보증인을 돕기 위한 것이 그 예이다. 자기 이름으로 자기 청구에 대해 심판을 구하는 것이 아니므로 당사자 아니어서 소취하를 할 수 없다.

11) 객관적 병합이란 하나의 소송절차에서 여러 개의 청구를 하는 경우로, 단순병합은 양립 가능한 여러 개의 청구를 병렬적으로 병합하는 것으로 임대인이 가옥인도청구를 하면서 가옥훼손에 대한 손해배상청구를 함께하는 것이 그 예이고, 선택적 병합은 양립 가능한 복수의 청구를 택일적으로 병합하여 그중 하나의 인용을 구하는 것으로 하나가 인용되면 나머지는 판단할 필요가 없고, 패소 시는 전부에 대한 판단이 있어야 하는 것으로 손해배상청구를 하면서 계약 또는 불법행위를 원인으로 하거나 물건인도청구를 하면서 소유권 또는 점유권을 이유로 하는 것이 그 예이고, 예비적 병합은 양립할 수 없는 여러 청구를 순차적으로 병합하여 1청구가 이유 있으면 2청구는 판단할 필요가 없고, 1청구가 이유 없으면 2청구는 판단해야 하는 것으로 매매대금청구를 하면서 매매계약이 무효이면 인도한 목적물을 반환하라고 청구하는 것이 그 예이다.

의 동의를 얻어 취하한 경우 소취하인지 상소취하인지 불분명할 때에는 석명하여 밝힐 것이나, 그래도 불명이면 불이익이 적은 소의 취하로 볼 것이다.

5. 피고의 동의

소취하는 피고가 응소한 경우, 즉 본안에 관하여 준비서면을 제출하거나, 변론준비기일에 진술하거나, 변론을 한 뒤에는 피고의 동의가 있어야 효력이 있다(제266조 제2항). 본안이란 청구의 당부에 관한 사항을 말하므로 소송요건의 흠을 이유로 각하를 주장하거나 이송신청을 하는 경우에는 동의가 필요 없다. 1차로 소각하를 구하고 예비적으로 청구기각의 본안판결을 구하는 것은 예비적 청구에 그치는 것이므로 피고의 동의가 필요 없다.[12] 고유필수적 공동소송은 피고 전원의 동의가 있어야 한다.

본소취하 후 반소취하는 원고의 동의가 필요 없다(제271조). 원고가 반소를 유발한 본소를 취하해 놓고 반소의 유지를 강요하는 것은 공평하지 않기 때문이다.

청구취지감축의 경우는 앞서 본 것과 같이 소의 일부취하로 보면, 피고가 본안에 응소한 후에는 피고의 동의가 필요하다.

동의도 소송행위이므로 아래의 소송행위 유효요건을 갖추어야 한다.

동의가 있으면 소취하의 효과는 확정적으로 발생하고, 동의거절 후 번복해도 취하 효력이 발생하지 않는다.[13]

6. 소송행위 유효요건

소취하는 소송행위이므로 소송행위 유효요건을 갖추어야 한다.

당사자에 관해서는 앞서 본 것과 같다.

의사표시에 관해서는 소송행위이므로 민법상 법률행위규정이 적용되지 않아 조건·기한은 붙일 수 없고, 효력발생 후에는 철회도 할 수 없으며, 의사표시의 흠도 주장할 수 없다.[14] 다만 상대방의 형사상 처벌받을 행위로 인한 경우에는 기망한 당사자에 대해 소송절차의 안정을 보호할 필요가 없고, 소송절차 중에 소취하 행위의 효력을 판단하는 한

---

12) 대판 1968. 9. 17. 66누77.

13) 대판 1969. 9. 27. 69다130.

14) 대판 1997. 10. 24. 95다11740, 이와 달리 소취하 후에는 소송절차가 종료되어 다른 절차가 진행하는 일이 없어서 그 무효·취소를 인정해도 절차의 안정을 해하지 않고, 종국판결 후에 취하하면 재소금지의 효과로 원고에게 매우 불리한 점을 감안하면 일반적으로 무효·취소의 주장을 허용하는 것이 타당하다는 반론도 있다.

법원에 대한 관계에서도 소송절차의 안정을 해할 우려가 없으므로 소취하 의사표시를 취소할 수 있다.[15] 이 취소는 제456조에서 정한 제척기간 안에 주장하여야 한다는 것이 통설이고, 형사판결이 확정되어야 하는가에 대해서는 입장이 나뉜다.

Ⅲ. 소취하 방식, 절차

1. 취하서 제출

소취하는 소송이 계속된 법원에 취하서를 제출하거나 변론기일에 구두진술로 가능하다(제263조 제3항). 취하서를 제출한 후에는 그 서면의 상대방에 대한 도달 여부와 상관없이 임의로 철회할 수 없다.[16]

2. 취하서 송달

소장송달 뒤에 소취하가 있으면 취하서를 피고에게 송달해야 하고, 변론기일에 구두로 취하했는데 피고가 출석하지 않았으면 취하사실을 기재한 변론조서등본을 피고에게 송달한다(제266조 제4, 5항). 이는 피고의 동의를 구하기 위한 것이므로 피고의 동의를 요하지 않는 경우에는 취하서를 제출하거나 구두로 진술한 때에 취하의 효력이 발생한다.[17]

3. 동의방식

동의도 서면 또는 구두로 할 수 있고, 동의가 있으면 취하의 효력이 발생하고, 부동의가 있으면 취하는 효력이 없는 것으로 확정된다. 피고의 태도 불명으로 소송이 지연될 수 있으므로 피고가 취하서나 취하기재조서를 송달받은 후 2주 내에 이의하지 않으면 동의가 있는 것으로 간주한다(제266조 제4항).

---

15) 대판 2001. 10. 26. 2001다37514.
16) 대판 1997. 6. 27. 97다6124.
17) 대판 1980. 8. 26. 80다76.

Ⅳ. 효과

1. 소송계속의 소급소멸

소취하를 하면 취하한 부분에 대해서는 처음부터 소제기를 하지 않은 것으로 본다(제267조 제1항). 더 이상 소송절차를 진행할 수 없고, 그간의 모든 소송행위도 소멸하지만, 그 사실 자체가 없어지는 것은 아니므로 그동안 이루어진 경과에 대한 조서나 재판은 서증으로 이용할 수 있다. 반소·중간확인 소·독립당사자참가는 유지된다.[18] 다른 청구에 생긴 관련 재판적도 유지된다.

결부된 실체법상 효과의 경우 시효중단·기간준수의 효과는 소멸한다. 소장기재나 변론에서 행해진 이행청구·해제·해지·상계 등 사법행위의 효과도 소멸하는가에 관해서는 형성권의 소송상 행사의 성질을 어떻게 보는가에 따라서 사법행위설, 소송행위설, 양성설, 병존설 등이 대립하고 있으나, 당사자의 의사에 따라 존속 여부를 결정하는 것이 타당할 것이다.

소송비용의 부담 및 액수는 결정으로 재판하게 되는데(제114조), 원칙적으로 원고가 패소자로 취급된다(제98, 99조).

2. 재소금지

1) 개념

재소금지란 본안에 대한 종국판결이 있은 후 소를 취하한 자는 동일한 소를 다시 제기하지 못하는 것을 말한다(제267조 제2항). 소취하는 소송계속을 소급적으로 소멸시키므로 다시 소제기를 하더라도 막을 이유가 없는 것이나, 이를 무제한적으로 허용하면, 특히 종국판결까지 있더라도 확정 전에는 취하할 수 있는 것을 기화로 단지 재판결과가 맘에 들지 않는다는 이유로 취하하고 다시 제소하는 것을 허용하면, 그동안 판결에 들인 법원의 노력이 무용화되고 종국판결이 당사자에 의하여 농락당하는 결과가 되므로 이를 방지하기 위한 제재적 취지의 규정이다.[19]

본안에 대한 종국판결이 있은 후 소를 취하한 자라 할지라도 이러한 규정의 취지에 반하지 아니하고 소제기를 필요로 하는 정당한 사정이 있다면 다시 소를 제기할 수 있다.

---

18) 대판 1991. 1. 25. 90다4723.

19) 대판 1998. 3. 13. 98다48599.

2) 요건

① 동일한 소

전 소와 후 소가 동일하려면 당사자와 소송물이 동일하여야 하고, 나아가 소의 이익도 같아야 한다.

가. 당사자의 동일

재소할 수 없는 자는 전 소의 원고뿐이나(전 소의 보조참가인은 재소할 수 있다), 원고가 아니어도 기판력을 받는 관계이면 재소금지의 효과를 받는다.

포괄승계인은 당사자와 동일시되나 특정승계인의 경우는 설이 나뉜다.[20] 판례는 소취하에 대한 책임이 없고 재소할 새로운 필요성도 있어 소의 이익을 달리하는 경우는 허용하고 있다.[21]

선정당사자가 소를 취하한 경우의 선정자나, 채권자대위소송의 채권자가 취하했을 때 제소사실을 알고 있는 채무자(피대위자)는 절차참가의 기회가 있었으므로 재소금지의 효과를 받는다.[22] 이와 달리 채권자대위소송이 소송담당이 아니라는 이유로 또는 소송담당이라도 기판력으로 인한 후 소 차단과 소취하 및 재소의 남용을 방지하려는 재소금지를 같이 취급할 수 없다는 이유로 재소금지의 효과를 받지 않는다는 입장도 있다.

나. 소송물 동일

소송물이 같은가 여부는 소송물론에 따라 달라진다(전술참조).

전 소 소송물을 선결문제로 하는 재소, 예컨대 면직처분무효확인소를 항소심에서 취하한 후에 면직처분의 무효를 전제로 하는 손해배상청구를 하는 경우나, 원본의 지급을 청구하다가 항소심에서 취하한 후 이자를 청구하는 재소를 하는 경우, 소유권확인의 소를 취하한 후에 소유권에 기한 인도청구를 하는 경우 등은 소송물은 다르지만 전 소의 목적이었던 권리 법률관계의 존부에 대해 다시 판단을 구할 수 없으므로 재소에 해당한다.[23]

---

20) 공모나 특별사정이 없는 한 재소를 허용해야 한다는 설과 권리내용이 당사자의 의사에 의해 자유로이 정해지는 경우만 원고와 동일시하는 설 등이 있다.

21) 대판 1981. 7. 14. 81다64, 65, 소를 취하한 자에게는 변론종결 후의 특정승계인을 포함하나, 동일한 소라 함은 권리보호의 이익도 같아야 하는데, 전 소의 취하 후에 계쟁물을 양수한 원고는 그 소유권을 침해하고 있는 피고에 대하여 그 배제를 구할 새로운 권리보호의 이익이 있다고 할 것이어서 전 소와 후 소는 동일한 소라고 할 수 없다.
대판 1998. 3. 13. 95다48599, 1심 승소 공유자 중 일인이 다른 공유자에게 지분을 양도하고 취하한 후에 양수받은 공유자가 양수지분에 기한 청구를 추가 변경한 경우는 재소금지대상이 아니다.

22) 대판 1996. 9. 20. 93다20177.

23) 대판 전합 1979. 2. 13. 78다58, 1989. 10. 10. 88다카18023, 이에 대해서는 소송물이 다르고, 선결문제에 대하여 판결에서 판단이 있어 기판력을 받을 때도 재소가 금지되는 것이 아닌데, 취하 후의 재소가 각하된다고 하면 기판력을 받을 때보다 더 가혹하다는 이유로 재소를 인정하는 입장도 있다.

이와 달리 소송물이 다르고, 소취하 후 재소 금지는 기판력을 받는 경우보다 더 가혹한 결과가 된다24)는 이유로 재소가 가능하다는 입장도 있다.

다. 소 이익의 동일

소취하 후에 새로운 이익이 생기면 같은 소가 아니다. 소유권침해를 중지해 소취하를 했으나 다시 소유권을 침해하는 경우, 변제를 약속해 소취하를 했으나 다시 어기는 경우, 토지거래허가가 없어서 소취하를 한 후에 허가받은 경우가 그 예들이다.25)

② 본안에 대한 종국판결

본안에 대한 종국판결이 있은 뒤에 소취하를 한 경우에만 재소가 금지된다. 소각하와 같은 소송판결이나 소송종료선언은 대상이 아니다.

항소심에서 교환적 변경을 한 경우에는 교환적 변경의 성격을 구청구의 취하와 신청구의 추가적 병합이라고 보는 다수설·판례에 따르면 구청구는 본안에 대한 종국판결 후에 취하한 것이 되어 재소가 금지된다.26) 이와 달리 교환적 변경은 구청구에 대하여 재판을 받지 않겠다는 것이 아니고, 신청구에 대하여 재판을 받겠다는 데 주목적이 있는 것이므로 취하의 성격이 없는 것으로 보아, 동일한 소송절차 중에 교환적 변경을 하고 나서 구청구를 다시 하는 경우는 원고에게 판결을 무시하거나 법원을 농락할 의도는 없는 것이라는 이유로 재소금지원칙을 적용할 일이 아니라는 입장도 있다. 결국 선의의 당사자를 어떻게 보호할 것인가의 문제인데, 다수설의 입장에서는 이런 경우는 소 이익의 문제로 돌아가 보호를 꾀하는 수밖에 없을 것이다. 구청구를 취하할 때는 나름대로의 부득이한 사정이 있는 것인데, 나중에 그 사정이 해소되었다면 새로운 소의 이익이 생겼다고 보아 재소를 허락하는 것이 소의 이익을 가급적 넓게 보아 당사자의 보호를 꾀하려는 근래의 추세에도 부합하는 결과가 될 것이다.

---

24) 기판력을 받는 경우에는 전 소가 확정된 후 후 소의 선결문제가 되는 경우에 모순된 판단을 못 할 뿐 후 소가 금지되는 것은 아니다.

25) 대판 1981. 7. 14. 81다64, 대판 1993. 8. 24. 93다2074, 대판 1997. 12. 23. 97다45341, 매매를 원인으로 소유권이전등기절차 이행의 소를 제기하여 승소판결을 받았지만, 항소심에서 위 매매에 따른 토지거래허가신청절차의 이행을 구하는 소로 변경하여 당초의 소는 종국판결 선고 후 취하된 것으로 되었다 하더라도, 이 사건 소는 그 후 토지거래허가를 받고 나서 소유권이전등기절차의 이행을 구하는 것이므로, 취하된 소와 권리보호의 이익이 다르다.

26) 매매물건인도청구를 시가상당 손해배상청구로 변경하거나, 건물인도청구를 소유권확인청구로 변경하는 경우 등이다. 이 경우 구청구에 대하여 재판을 받지 않겠다는 것이 아니고, 신청구에 대하여 재판을 받 겠다는 데 주목적이 있는 것이므로 취하의 성격이 없는 것으로 보아, 재소금지원칙을 적용할 일이 아니라는 입장도 있다. 결국 다수설의 입장에서는 이런 경우는 위 판례의 경우처럼 소의 이익 문제로 돌아가 보호를 꾀하는 수밖에 없다. 구청구를 취하할 때는 나름대로의 부득이한 사정이 있는 것인데, 나중에 그 사정이 해소되었다면 새로운 소의 이익이 생겼다고 보는 것이 소의 이익을 가급적 넓게 보아 당사자의 보호를 꾀하려는 근래의 추세에도 부합하는 결과가 될 것이다.

종국판결 선고 전에 소취하를 한 경우에는 법원이 이를 간과하고 종국판결을 하였더라
도 재소할 수 있고,[27] 항소심이 제1심판결을 취소하고 소취하에 의한 소송종료선언을 한
경우에는 종국판결 후의 취하가 아니므로 재소할 수 있다.[28]

3) 효과

재소금지 원고에 대한 제재이므로 해당 여부는 직권조사사항이고,[29] 피고의 태도와 무
관하게 해당하면 부적법 각하해야 한다.

재소금지는 실체법상 효과에 불과하고 실체법상 권리관계에는 영향이 없다.[30] 소송상
강제할 수 없는 자연채무 상태가 될 뿐이어서 임의변제의 수령, 담보권의 실행, 상계에는
지장이 없다.

재소금지의 효과는 원고에게만 적용되고, 피고는 권리부존재확인 청구가 가능하다.

청구포기가 허용되지 않는 소송(인지청구 등 가사소송)에는 포기할 수 없는 청구에 대
하여 포기를 인정하는 결과가 되므로 재소금지를 적용하지 않는다.

V. 소취하의 간주 등

1. 소취하의 간주

원고가 소취하를 하지는 않았지만 소취하를 한 것으로 간주되는 경우가 있다.

1) 동종기일 쌍방불출석 등

적법한 변론 또는 변론준비기일 통지를 받은 당사자 쌍방이 동종기일에서 불출석 또는
무변론 2회가 있은 후 1개월 내에 기일지정신청을 하지 않거나, 다시 지정된 기일에 불
출석하거나 변론하지 않으면 소 또는 상소취하가 간주된다(제268, 286조).

---

27) 대판 1967. 11. 6. 67다1187.

28) 대판 1968. 11. 5. 68다1773.

29) 대판 1969. 5. 27. 68다1798.

30) 대판 1989. 7. 11. 87다카2406, 소의 취하는 원고가 제기한 소를 철회하는 법원에 대한 단독적 소송행위
   로서 소송물을 이루는 실체법상의 권리를 포기하는 것과 같은 처분행위와는 다르고 본안에 대한 종국판
   결이 있은 후 소를 취하한 자가 동일한 소를 제기하지 못하는 이른바 재소금지의 효과는 소송법상의 효
   과임에 그치고 실체법상의 권리관계에 영향을 주는 것은 아니므로 재소금지의 효과를 받는 권리관계라
   고 하여 실체법상으로도 권리가 소멸하는 것은 아니다.

2) 소의 교환적 변경으로 인한 구소취하간주

교환적 변경의 성격을 구청구의 취하와 신청구의 추가적 병합이라고 보는 입장에서는 구소는 취하된 것으로 간주된다.

3) 피고의 경정으로 인한 구소취하의 간주

피고경정신청을 허가한 때에는 종전의 피고에 대한 소는 취하한 것으로 본다(제261조 제4항).

4) 소송기록 멸실 시

법원이 화재·사변, 그 밖의 재난을 당하여 소송기록이 멸실된 경우에 원고가 6개월 이내에 소장을 제출하지 않으면 소취하가 있는 것으로 본다(법원의 재난에 기인한 민형 사사건임시조치법 제2, 3조).

5) 증권관련 집단소송

증권관련 집단소송에서 절차중단 후 1년 내에 수계하지 않은 경우에는 소가 취하된 것으로 간주한다(증권관련 집단소송법 제24조).

2. 소취하합의

소취하합의가 있는 경우에 이를 사법상 계약으로 유효하므로 위반할 경우에 권리보호 이익이 없다거나 신의칙위반을 이유로 부적법 각하해야 한다는 것이 다수설과 판례[31]의 입장이나, 이를 소송법적 효과가 직접 발생하는 소송계약으로 보고 소송종료선언을 해야 한다는 입장도 있다.

종국판결 후에 소취하합의를 한 경우에 재소금지의 효력이 있는가에 관해서는 제267 조 제2항에 따라 금지된다는 입장과 부정하는 입장이 있다. 중국판결 전에 합의한 경우 에는 계약의 해석에 달린 문제일 것이다.[32]

소취하약정에 위배된 소를 취하하지 아니하고 판결이 확정되어, 그 확정판결에 기한 소유권이전등기가 경료된 경우 그 등기는 확정판결에 의하여 이루어진 등기이므로 원인 이 결여된 당연무효의 등기라고 할 수 없다.[33]

강제집행 당사자 사이에 그 신청을 취하하기로 하는 약정은 사법상으로는 유효하다 할

---

31) 대판 1982. 3. 9. 81다1312.
32) 대판 1983. 3. 22. 82누354, 재판 외 화해약정과 소취하약정을 한 후 소송을 취하하였다면 소송을 제기 하거나 이를 유지할 소의 이익이 없다.
33) 대판 1981. 12. 8. 80다2817.

지라도 이를 위배하였다 하여 직접 소송으로써 그 취하를 청구하는 것은 공법상의 권리처분을 구하는 것이어서 할 수 없는 것이다.[34]

3. 소취하의 유무, 효력 다툼

소의 취하가 부존재 또는 무효라는 것을 주장하는 당사자는 기일지정신청을 할 수 있다(민사소송규칙 제67조).

이 신청이 있는 때에는 법원은 변론을 열어 신청사유에 관하여 심리하여야 한다. 심리한 결과 신청이 이유 없다고 인정하는 경우에는 판결로 소송의 종료를 선언하여야 하고, 신청이 이유 있다고 인정하는 경우에는 취하 당시의 소송 정도에 따라 필요한 절차를 계속하여 진행하고 중간판결 또는 종국판결에 그 판단을 표시하여야 한다.

종국판결이 선고된 후 상소기록을 보내기 전에 이루어진 소의 취하에 관하여 다툼이 있으면, 당사자 모두가 상소를 한 경우는 상소법원이, 그 밖의 경우는 원심법원이 이를 심리한다.

제3절 청구의 포기·인낙

Ⅰ. 개념, 성질

1. 개념

청구의 포기는 원고가 변론·변론준비기일에 자기의 청구가 이유 없음을 인정하는 법원에 대한 일방적인 의사표시이고, 청구의 인낙은 피고가 변론·변론준비기일에 원고의 청구가 이유 있음을 인정하는 법원에 대한 일방적인 의사표시이다.

청구의 포기·인낙은 청구에 대한 불리한 진술인 점에서 개개 사실에 대한 불리한 진술인 자백과 다르고, 개개 권리관계에 관한 불리한 진술인 권리자백과 다르다.

판결에 의하지 않은 소송종료원인인 점에서는 소송상 화해나 소취하와 같으나, 화해는

---

34) 대판 1966. 5. 31. 66다564.

어느 일방의 승리가 아닌 양보가 있는 점에서 다르고, 소취하는 분쟁의 해결이 없는 점에서 다르다.

소송상 법원에 대한 진술이므로 소송 외에서 상대방 또는 제3자에게 진술하는 권리의 포기 또는 채무의 승인과 다르다.

2. 성질

1) 사법행위설

청구의 포기나 인낙은 실체법상 권리포기 또는 채무승인이라고 본다. 이 입장은 소송종료효과, 실체법상 권리 없는 소극확인, 타인 간 권리관계확인의 소에 대한 설명이 곤란하다.

2) 양성설

소송행위와 사법행위의 양 성격을 갖고 있다고 보나, 사법행위설과 같은 약점이 있다.

3) 소송행위설

청구의 포기·인락은 소송상 청구를 인정 또는 부정하는 순수한 소송행위로 보는데, 다시 소송물을 처분하거나 확정하려는 소송상 의사표시라는 입장과 청구의 당부에 관한 단순한 관념의 표시라고 보는 입장으로 나뉜다. 통설·판례는 관념의 표시로 본다.

4) 논의의 실익

의사에 흠이 있는 경우에 사법행위설과 양성설은 무효·취소 주장이 가능하나, 소송행위설은 불가능하고 재심사유에 해당하는 경우에만 취소가 가능하게 된다. 소송행위설에 의하더라도 청구의 포기·인낙 후에는 소송절차가 종료되어 다른 절차가 진행하는 일이 없어서 그 무효·취소를 인정해도 절차의 안정을 해하지 않는다는 이유로 허용하자는 입장도 있다.

민사소송법은 청구의 포기·인낙을 변론조서·변론준비기일조서에 기재한 때에는 그 조서는 확정판결과 동일한 효력을 가진다고 규정하고(제220조), 재심사유가 있는 때에 한하여 재심절차에 의하여 다툴 수 있는 것으로 규정하여(제461조) 소송행위설에 입각하고 있다.

Ⅱ. 요건

1. 당사자

소송행위이므로 당사자능력과 소송능력이 있어야 하고, 대리인의 경우 특별수권이 필요하다(제56조 제2항, 제90조 제2항). 소송절차가 진행되는 중에 법정대리권이 소멸한 경우에는 본인 또는 대리인이 상대방에게 소멸된 사실을 통지하지 아니하면 소멸의 효력을 주장하지 못하나, 법원에 법정대리권의 소멸사실이 알려진 뒤에는 그 법정대리인은 소송물을 처분하는 소송행위를 하지 못하므로(제63조) 청구의 포기·인낙도 할 수 없다.

필수적 공동소송은 공동소송인 모두가 일치하게 진술해야 한다. 독립당사자참가의 경우는 독립당사자참가인은 원·피고와 대립적·독립적 지위에 서게 되므로 본소의 원·피고가 포기·인낙을 하더라도 독립당사자참가인이 다투면 효력이 없다. 보조참가인은 자기 이름으로 자기청구에 대해 심판을 구하는 것이 아니므로 당사자가 아니어서 포기·인낙을 할 수 없다.

2. 소송물

1) 소송물은 당사자가 자유로이 처분할 수 있는 것이어야 한다.

가사·행정·선거소송 등 직권탐지가 적용되는 경우에는 포기·인낙을 할 수 없다.[35] 회사관계소송 승소판결은 제3자에게 효력이 미치므로 인낙을 할 수 없으나,[36] 포기는 제3자에게 효력이 없으므로 가능하다. 주주대표소송은 회사와 다른 주주의 이해가 관련되어 있으므로 법원허가가 필요하고(상법 제483조 제4항), 증권관련 집단소송 포기는 법원의 허가가 필요하나, 인낙은 제한이 없다(증권관련 집단소송법 제35조 제1항).

2) 소송물인 권리·의무가 현행법상 허용되는 것이어야 한다.

선량한 풍속이나 사회질서에 위반되는 첩계약이나 법이 인정하지 않는 영구소작권 등

---

35) 가사소송법 제12조는 청구의 인낙만 인정하지 않고 있지만, 청구의 포기도 허용되지 않는다고 본다. 다만 이혼과 파양의 경우는 협의이혼과 파양이 허용되므로 인낙이 가능할 것이다. 공직선거법 제227조는 청구인낙포기를 모두 불허한다. 행정소송도 마찬가지로 보아야 할 것이나 청구포기는 가능하다는 입장도 있다.

36) 대판 2004. 9. 24. 2004다28047, 주주총회결의의 부존재·무효를 확인하거나 결의를 취소하는 판결이 확정되면 당사자 이외의 제3자에게도 그 효력이 미쳐 제3자도 이를 다툴 수 없게 되므로, 주주총회결의의 하자를 다투는 소에 있어서 청구의 인낙이나 그 결의의 부존재·무효를 확인하는 내용의 화해·조정은 할 수 없고, 가사 이러한 내용의 청구인낙 또는 화해·조정이 이루어졌다 하여도 그 인낙조서나 화해·조정조서는 효력이 없다.

의 확인이나 이행청구에 대한 인낙은 허용되지 않는다.

불법원인급여나 강행법규위반의 경우(도박 빚) 포기는 문제없으나, 인낙에 관해서는 청구취지만으로는 판정이 불가하고, 인낙의 취지가 청구원인에 대한 법원판단을 배제하려는 것이라는 이유로 인정하는 입장[37]과 강행법규위반인 권리행사와 실현에 국가가 협력해서는 안 된다는 이유로 반대하는 입장도 있다.

3) 청구에 관한 소송요건 구비 여부

이에 관해서는 확정판결과 같은 효력이므로 필요하다는 것이 다수설이나, 확정판결과는 다르므로 임의관할위반, 중복소송, 소의 이익이 없는 경우 등과 같이 무익한 소송을 배제하기 위한 경우나 피고의 이익을 보호하기 위한 요건인 경우에는 피고가 이의하지 않는 한 포기나 인낙이 가능하다고 보는 입장도 있다.

4) 소송물의 일부에 대한 포기·인낙

청구의 포기·인낙은 수량적 가분청구, 객관적 병합(단순·예비적·선택적 병합), 통상의 공동소송, 예비적·선택적 공동소송의 경우 일부에 대한 포기·인낙이 가능하다(제65, 70조).[38] 필수적 공동소송은 공동소송인 모두가 일치하게 하여야 한다(제67조 제1항).

3. 소송행위의 유효요건

청구의 포기나 인낙은 소송행위이므로 소송행위 유효요건을 갖추어야 한다.

1) 당사자에 관해서는 앞서 본 것과 같다.

2) 의사표시

① 조건·기한 등

사법행위설이나 양성설은 사적자치의 원칙에 따라 이를 인정하나, 소송행위설에 따르면 소송행위이므로 민법상 법률행위규정이 적용되지 않아 소송절차의 안정과 명확을 위하여 조건·기한을 붙일 수 없고, 효력발생 후에는 철회도 할 수 없다.

② 의사표시의 흠

포기·인낙조서 작성 전이라면 자백의 철회에 준하여 재심사유인 형사상 처벌을 받을 다른 사람의 행위로 말미암은 경우, 상대방의 동의를 얻은 경우, 진실에 반하고 착오로 인한 경우 등임을 증명하여 철회할 수 있을 것이나, 포기·인낙조서 작성 후에는 입장이

---

37) 대판 1969. 3. 25. 68다2024.
38) 대판 1995. 7. 25. 94다62017, 예비적 병합의 경우 주위적 청구를 나두고 예비적 청구에 관해서만 인낙을 할 수는 없다.

나뉜다.

가. 민법유추적용부정설

청구의 포기나 인낙은 소송행위이고 포기·인낙조서에 기판력이 인정되며 재심사유가 있을 때 준재심의 소로써만 다툴 수 있으므로(제220, 461조) 실체법상 무효·취소 사유를 주장하면서 기일지정신청을 하거나 청구의 포기나 인낙무효확인의 소를 제기하는 것은 부적법하다는 입장이다.

나. 민법유추적용긍정설

청구의 포기나 인낙 후에는 소송절차가 종료되어 다른 절차가 진행하는 일이 없어서 그 무효·취소를 인정해도 절차의 안정을 해하지 않는다는 이유로 허용하자는 입장이다.

다. 의사표시의 흠이 형사상 처벌을 받을 다른 사람의 행위로 말미암은 경우에는 현행법상으로는 준재심으로 다툴 수 있을 뿐이지만, 형사상 처벌받을 행위를 한 당사자에 대해 소송절차의 안정을 보호할 필요가 없고, 소송절차 중에 포기나 인낙행위의 효력을 판단하는 한 법원에 대한 관계에서도 소송절차의 안정을 해할 우려가 없으므로 민법을 유추 적용하여 포기나 인낙의 의사표시를 취소할 수 있도록 하는 것이 소송경제상 도움이 될 것이다.

III. 방식, 절차

1. 방식

청구의 포기·인낙은 변론·준비기일에 출석하여 법원에 대하여 말로 해야 한다.[39]

법원에 대한 진술이므로 상대방이 출석하지 않아도 할 수 있다. 소송 밖에서 상대방 또는 제3자에게 한 진술은 실체법상의 권리포기 또는 채무승인이다.

진술은 출석하여 현실적으로 하여야 하나, 출석하지 않을 경우라도 청구의 포기·인낙의 취지를 기재한 준비서면을 공증받아 제출하고 진술간주로 되는 경우는 가능하다(제148조 제2항). 과거 판례가[40] 단순한 준비서면의 진술간주만으로는 포기나 인낙을 인정

---

39) 대판 1993. 7. 13. 92다23230, 포기·인낙의 취지를 기재한 서면만 제출하고 기일에 출석하지 않아 진술이 간주되어도 효과가 발생하지 않는다.

40) 종전의 판례가 분쟁을 종결시키는 것이므로 당사자의 의사를 확실히 하고 신중을 기하기 위해 구두진술의 원칙을 고수함에 반하여, 다수 학설은 소송경제나 당사자의 인격권 존중의 측면에서 구두진술을 요구하는 것은 바람직하지 않다고 보았는데, 2002년 개정법으로 논란을 해소시켰다.

하지 않아 당사자가 일일이 법원에 출석해야만 했던 불편을 덜기 위하여 공증으로 당사
자의 의사가 명확한 것이 확인되면 가능한 것으로 법이 개정되었다.

2. 시기

청구의 포기나 인낙은 판결확정 전이면 언제나 가능하다.

3. 법원의 조치

청구의 포기·인낙 진술이 있는 경우에 법원은 그 요건의 구비 여부를 조사하고 당사
자의 의사를 확인하여야 한다. 조사 결과 포기·인낙이 무효일 때에는 그 진술을 무시하
고 심리를 계속하고, 당사자 사이에 다툼이 있으면 중간판결로 그 취지를 밝힐 수 있다.

유효라고 인정할 때에는 법원사무관 등에게 그 진술을 변론조서 또는 변론준비기일조
서에 적도록 명하여야 한다(제154, 155, 160, 283조). 그 조서에는 청구의 포기·인낙이
있다는 취지만을 적고, 별도의 용지에 법 제153조에 규정된 사항과 청구의 포기·인낙
취지 및 청구의 취지와 원인을 적은 청구의 포기·인낙 조서를 따로 작성하여야 한다(민
소규칙 제31조). 법원사무관 등은 청구의 포기·인낙이 있는 날부터 1주 안에 그 조서의
정본을 당사자에게 송달하여야 한다(민소규칙 제56조).

Ⅳ. 효과

1. 소송의 종료

포기·인낙조서의 기재로 소송은 종료된다. 소송비용의 부담 및 액수에 관해서는 따로
재판한다(제114조 제2항; 제98조). 포기·인낙을 한 당사자는 패소자가 되어 소송비용을
부담하게 된다. 상급심에서 포기·인낙이 있을 경우에는 하급심판결은 그 범위에서 효력
을 잃는다.

포기·인낙이 있음에도 불구하고 이를 간과하고 심리가 진행된 때에는 직권 또는 신
청으로 소송종료선언을 해야 하고, 본안판결이 선고된 때에는 상소하여 원판결의 취소와
소송종료선언을 구할 수 있다.[41]

---

41) 대판 1962. 6. 14. 62마6.

2. 기판력, 집행력, 형성력

청구의 포기·인낙을 변론조서나 변론준비기일조서에 적은 때에는 그 조서는 청구인용(인낙)·청구기각(포기)의 확정판결과 동일한 효력이 있다(제220조).

포기·인낙조서의 기판력에 대해서는 법 제461조가 재심사유가 있을 때만 포기·인낙조서의 효력을 다툴 수 있게 하고 있는 것을 근거로 인정하는 것에 다툼이 없다. 이행청구의 인낙은 집행력이, 형성청구 인낙은 형성력이 있으나, 포기조서는 집행력이나 형성력이 없다.

3. 흠을 다투는 방법

요건이나 의사의 흠을 이유로 하는 무효·취소는 원칙적으로 인정되지 않고, 준재심으로만 다툴 수 있다(제461조). 포기·인낙조서 작성 전이라면 자백의 철회에 준하여 재심사유인 형사상 처벌을 받을 다른 사람의 행위로 말미암아 자백을 하였거나 판결에 영향을 미칠 공격방어방법의 제출을 방해받은 경우이거나, 상대방의 동의를 얻은 경우 또는 진실에 반하고 착오로 인한 경우에 한하여 철회할 수 있을 것이다.

포기·인낙의 기초가 된 화해계약이 있는 경우 그것이 해제되더라도 포기·인낙의 무효를 주장할 수는 없고, 따로 실체법적인 해결을 해야 한다.[42]

제4절 재판상 화해

I. 개념, 성질

1. 개념

재판상 화해란 다툼이 있는 양 당사자가 청구에 대하여 서로 양보하여 일치된 내용을 법원에 진술함으로써 소송을 종료시키는 것을 말한다. 소송의 계속을 전제로 하는 소송상 화해와 소송을 전제로 하지 않는 제소전화해 및 법원의 화해권고결정에 당사자가 이

---

42) 대판 1957. 3. 14. 4289민상439.

의를 제기하지 않으면 화해가 성립한 것으로 보는 화해권고결정제도가 있다.

2. 구별

기일 외에서 행해지는 화해는 재판상 화해가 아니고, 소취하 또는 소송상 화해의 동기가 될 것이다. 양 당사자의 양보를 전제로 하므로 양보가 없는 인낙·포기와 다르다. 양보의 정도와 형태는 묻지 않으므로 청구의 전부를 인정하거나 포기하면서 소송비용의 부담에 관한 양보만 받아 내도 화해가 되고, 소송물인 권리관계 이외의 것이나 보조참가인이나 제3자를 끌어들여 화해할 수도 있다.[43]

3. 성질

1) 사법행위설

소송 중에 법원에서 할 뿐 사법상 화해계약과 동일하며 조서에 기재하는 것은 화해를 공증하기 위한 것에 불과하고, 소송이 종료하는 것은 소송이 목적을 달성하였기 때문이라고 보는 입장이다. 조서의 기재가 단순한 공증이 아니고 화해의 성립 내지 효력발생요건인 점과 소송종료효과 설명에 부족하다.

2) 소송행위설

소송물에 관하여 소송을 종료시키는 소송상의 진술로 소송법으로 규율되고 민법상 화해규정은 적용되지 않는다고 본다. 다시 상호양보의 필요 여부에 대하여 입장이 나뉘고, 소송상의 계약 또는 합동행위로 보는 입장 등으로 나뉜다. 판례의 입장이기도 한데,[44] 당사자의 자주적 분쟁해결방법을 법원에 의한 공적 분쟁해결과 동일시하는 점, 실체법상 하자가 있는 경우 그 효력을 다투는 방법이 봉쇄되어 화해가 강행법규를 위반하는 탈법수단으로 이용되는 경우에도 기판력 때문에 다툴 수 없는 점 등이 문제로 지적된다.

---

43) 대판 1981. 12. 22. 78다2278, 재판상 화해의 당사자는 소송당사자 아닌 보조참가인이나 제3자도 될 수 있는 것이고, 또 재판상 화해를 위하여 필요한 경우에는 소송물이 아닌 권리 내지 법률관계를 첨가할 수도 있는 것이므로 재판상 화해의 효력이 반드시 원래의 소송당사자 사이의 소송물에만 국한되어 미치는 것이라고는 할 수 없고, 그 효력은 화해조서에 기재된 화해의 내용에 따라 그 조서에 기재된 당사자에게 미치는 것이라고 할 것이다.

44) 대판 1962. 4. 18 4294민상1268, 민사소송법 제206조는 화해 청구의 포기 또는 인낙을 조서에 기재한 때에는 그 조서는 확정판결과 동일한 효력이 있다고 규정하고 있으므로 일단 재판상 화해가 성립된 경우에는 가사 그 내용이 강행법규에 위반된 경우라 할지라도 단지 재판상 화해에 하자가 있음에 불과하므로 재심을 청구하여 구제를 받는 이외에는 그 무효를 주장할 수 없다(대판 2002. 12. 6. 2002다44014 등도 같은 취지).

3) 양행위병존설

소송종료를 목적으로 하는 소송상의 계약과 사법상의 화해계약이 병존하고, 그 효력은 소송법과 실체법에 따라 별개로 판단된다고 보는 입장이다. 하나의 행위를 두 개로 나누어 요건과 효과를 판단함으로써 한쪽이 무효여도 다른 쪽은 유효 경우가 발생할 수 있어 소송종료와 실체법상의 해결을 같이 도모하는 당사자의 의사에 부합하지 않는 문제가 있다.

4) 양성설

당사자 간에는 사법상 화해의 성질을, 법원에 대해서는 소송행위의 성질을 갖는 하나의 행위로 실체법과 소송법이 경합적으로 적용되기 때문에 어느 요건에 흠이 있어도 소송상 화해 전체가 무효 또는 취소된다고 본다. 사법행위설과 소송행위설의 문제점을 극복할 수 있는 입장으로 다수의 지지를 받고 있다.

5) 논의의 실익

의사에 흠이 있는 경우에 사법행위설과 양성설은 무효·취소 주장이 가능하나, 소송행위설은 불가능하고 재심사유에 해당하는 경우에만 취소가 가능하게 된다. 소송행위설에 의하더라도 재판상 화해 후에는 소송절차가 종료되어 다른 절차가 진행하는 일이 없어서 그 무효·취소를 인정해도 절차의 안정을 해하지 않는다는 이유로 허용하자는 입장도 있다.

민사소송법은 재판상 화해를 변론조서나 변론준비기일조서에 기재한 때에는 그 조서는 확정판결과 동일한 효력을 가진다고 규정하고(제220조), 재심사유가 있는 때에 한하여 재심절차에 의하여 다툴 수 있는 것으로 규정하여(제461조) 소송행위설에 입각하고 있다.

Ⅱ. 요건

1. 당사자

소송행위이므로 당사자능력과 소송능력이 있어야 하고, 대리인의 경우 특별수권이 필요하다(제56조 제2항, 제90조 제2항). 소송절차가 진행되는 중에 법정대리권이 소멸한 경우에는 본인 또는 대리인이 상대방에게 소멸된 사실을 통지하지 아니하면 소멸의 효력을 주장하지 못하나, 법원에 법정대리권의 소멸사실이 알려진 뒤에는 그 법정대리인은 소송물을 처분하는 소송행위를 하지 못하므로(제63조) 재판상 화해도 할 수 없다.

필수적 공동소송은 공동소송인 모두가 일치하게 진술해야 한다. 독립당사자참가의 경우는 독립당사자참가인은 원·피고와 대립적·독립적 지위에 서게 되므로 본소의 원·피고가 화해를 하더라도 독립당사자참가인이 다투면 효력이 없다. 보조참가인은 자기 이름으로 자기청구에 대해 심판을 구하는 것이 아니므로 당사자가 아니어서 화해를 할 수 없다.

2. 소송물

1) 소송물은 당사자가 자유로이 처분할 수 있는 것이어야 한다.

가사·행정·선거소송 등 직권탐지주의가 적용되는 경우에는 화해를 할 수 없다. 다만 이혼과 파양의 경우는 협의이혼과 파양이 허용되므로 화해가 가능할 것이다. 회사관계소송 승소판결은 제3자에게 효력이 미치므로 화해를 할 수 없다.[45] 주주대표소송은 회사와 다른 주주의 이해가 관련되어 있으므로 법원허가가 필요하고(상법 제483조 제4항), 증권관련 집단소송도 법원의 허가가 있으면 가능하다(증권관련 집단소송법 제35조 제1항).

2) 소송물인 권리·의무가 현행법상 허용되는 것이어야 한다.

선량한 풍속이나 사회질서에 위반되는 첩계약이나 법이 인정하지 않는 영구소작권 등의 확인이나 이행청구에 대한 화해는 허용되지 않는다.

불법원인급여나 강행법규위반인 경우, 판례는 그것은 단지 화해에 하자가 있음에 지나지 아니하여 준재심절차에 의하여 구제받는 것은 별문제로 하고 그 화해조서를 무효라고 할 수는 없다고 하나,[46] 강행법규위반인 권리행사와 실현에 국가가 협력해도 된다는 결과를 초래하는 납득하기 어려운 결론이다.

3) 청구에 관한 소송요건 구비 여부

이에 관해서는 제소전화해가 인정되는 것에 비추어 구비하지 않더라도 무방할 것이다. 이 점은 청구의 포기·인낙과 다르다.

---

45) 대판 2004. 9. 24. 2004다28047, 주주총회결의의 부존재·무효를 확인하거나 결의를 취소하는 판결이 확정되면 당사자 이외의 제3자에게도 그 효력이 미쳐 제3자도 이를 다툴 수 없게 되므로, 주주총회결의의 하자를 다투는 소에 있어서 청구의 인낙이나 그 결의의 부존재·무효를 확인하는 내용의 화해·조정은 할 수 없고, 가사 이러한 내용의 청구인낙 또는 화해·조정이 이루어졌다 하여도 그 인낙조서나 화해·조정조서는 효력이 없다.

46) 대판 2002. 12. 6. 선고 2002다44014, 화해조서는 확정판결과 동일한 효력이 있어 당사자 사이에 기판력이 생기는 것이므로, 거기에 확정판결의 당연무효 사유와 같은 사유가 없는 한 설령 그 내용이 강행법규에 위반된다 할지라도 그것은 단지 화해에 하자가 있음에 지나지 아니하여 준재심절차에 의하여 구제받는 것은 별문제로 하고 그 화해조서를 무효라고 주장할 수는 없다.

4) 소송물의 일부에 대한 화해

화해는 수량적 가분청구, 객관적 병합(단순·예비적·선택적 병합), 통상의 공동소송, 예비적·선택적 공동소송의 경우 일부에 대하여 가능하다(제65, 70조). 필수적 공동소송은 공동소송인 모두 일치하게 하여야 한다(제67조 제1항).

3. 소송행위의 유효요건

재판상 화해는 소송행위이므로 소송행위 유효요건을 갖추어야 한다.

1) 당사자에 관해서는 앞서 본 것과 같다.

2) 의사표시

① 조건·기한 등

사법행위설, 병존성, 양성설은 사적자치의 원칙에 따라 이를 인정하나, 소송행위설에 따르면 소송행위이므로 민법상 법률행위규정이 적용되지 않아 소송절차의 안정과 명확을 위하여 조건·기한을 붙일 수 없고, 효력발생 후에는 철회도 할 수 없다.

다만 판례는 소송행위설을 취하면서도 실효조건부 화해의 효력을 인정한다.[47]

재판상 화해 후에는 소송절차가 종료되어 다른 절차가 진행하는 일이 없어서 그 무효·취소를 인정해도 절차의 안정을 해하지 않는다는 이유로 허용해도 무관할 것이다.

② 의사표시의 흠

화해조서 작성 전이라면 자백의 철회에 준하여 재심사유인 형사상 처벌을 받을 다른 사람의 행위로 말미암은 경우, 상대방의 동의를 얻은 경우, 진실에 반하고 착오로 인한 경우 등임을 증명하여 철회할 수 있을 것이나, 화해조서 작성 후에는 입장이 나뉜다.

가. 민법유추적용부정설

재판상 화해는 소송행위이고 화해조서에 기판력이 인정되며 재심사유가 있을 때 준재심의 소로써만 다툴 수 있으므로(제220, 461조) 실체법상 무효·취소 사유를 주장하면서 기일지정신청을 하거나 화해무효확인의 소를 제기하는 것은 부적법하다는 입장이다.

나. 민법유추적용긍정설

화해의 기판력을 부정하거나, 재판상 화해 후에는 소송절차가 종료되어 다른 절차가 진행하는 일이 없어서 그 무효·취소를 인정해도 절차의 안정을 해하지 않는다는 이유로 허용하자는 입장이다.

---

47) 대판 1996. 11. 15. 94다35343, 재판상 화해가 실효조건의 성취로 실효되거나 준재심에 의하여 취소된 경우에는 화해가 없었던 상태로 돌아가므로 화해 성립 전의 법률관계를 다시 주장할 수 있다.

다. 의사표시의 흠이 형사상 처벌을 받을 다른 사람의 행위로 말미암은 경우에는 현행 법상으로는 준재심으로 다툴 수 있을 뿐이지만, 형사상 처벌을 받을 행위를 한 당사자에 대해 소송절차의 안정을 보호할 필요가 없고, 소송절차 중에 화해의 효력을 판단하는 한 법원에 대한 관계에서도 소송절차의 안정을 해할 우려가 없으므로 민법을 유추 적용하여 화해의 의사표시를 취소할 수 있도록 하는 것이 소송경제상 도움이 될 것이다.

Ⅲ. 방식, 절차

1. 방식

재판상 화해는 양 당사자가 변론준비기일에 출석하여 법원에 대하여 말로 해야 한다. 진술은 출석하여 현실적으로 하여야 하나, 출석하지 않을 경우라도 화해의 취지를 기 재한 준비서면을 공증받아 제출하고 진술간주로 되는 경우는 가능하다(제148조 제2항). 당사자가 일일이 법원에 출석해야만 하는 불편을 덜기 위하여 공증으로 당사자의 의사가 명확한 것이 확인되면 가능한 것으로 법이 개정되었다.

2. 시기

재판상 화해는 판결확정 전이면 언제나 가능하다. 상고심에서도 가능하다. 법원은 소 송의 정도와 관계없이 화해를 권고하거나, 수명법관 또는 수탁판사로 하여금 권고하게 할 수 있다. 이때 법원, 수명법관 또는 수탁판사는 당사자 본인이나 그 법정대리인의 출 석을 명할 수 있다(제145조). 이는 분쟁의 원만하고 자주적인 해결을 꾀하고 법원의 부 담을 경감하기 위한 것이다.

3. 법원의 조치

화해의 진술이 있는 경우에 법원은 그 요건의 구비 여부를 조사하고 당사자의 의사를 확인하여야 한다. 조사결과 화해가 무효일 때에는 그 진술을 무시하고 심리를 계속하고, 당사자 사이에 다툼이 있으면 중간판결로 그 취지를 밝힐 수 있다.

유효라고 인정할 때에는 법원사무관 등에게 그 진술을 변론조서 또는 변론준비기일조 서에 적도록 명하여야 한다(제154, 155, 160, 283조). 그 조서에는 화해가 있다는 취지만을 적고, 별도의 용지에 법 제153조에 규정된 사항과 화해조항을 적은 화해조서를 따로 작성하여야 한다(민소규칙 제31조). 법원사무관 등은 화해가 있는 날부터 1주 안에 그 조서의 정본을 당사자에게 송달하여야 한다(민소규칙 제56조).

Ⅳ. 효과

1. 소송의 종료

화해조서의 기재로 소송은 종료된다. 소송비용의 부담 및 액수에 관해서는 따로 재판한다(제114조 제2항, 제98조). 소송비용은 화해내용에서 따로 정하지 않았으면 각자 부담한다(제106조). 상급심에서 화해가 있을 경우에는 하급심판결은 그 범위에서 효력을 잃는다.

소송 중 공격방어방법으로 행사된 사법상 형성권의 효력은 당사자의 의사에 따를 것이나, 상계를 제외하고는 원칙적으로 소멸하지 않는 것으로 본다.

화해가 있음에도 불구하고 이를 간과하고 심리가 진행된 때에는 직권 또는 신청으로 소송종료선언을 해야 하고, 본안판결이 선고된 때에는 상소하여 원판결의 취소와 소송종료선언을 구할 수 있다.

2. 기판력, 집행력, 형성력

화해를 변론·변론준비기일의 조서에 적은 때에는 그 조서는 확정판결과 동일한 효력이 있다.

1) 기판력

화해조서의 기판력에 대해서는 법 제461조가 재심사유가 있을 때만 화해조서의 효력을 다툴 수 있게 하고 있는 것을 근거로 인정하는 것이 다수의 입장이나, 그 범위에 관해서는 다툼이 있고, 위 조항에도 불구하고 기판력을 부정하는 입장도 있다.

무제한적 기판력설은 확정판결과 동일한 효력이 있고, 화해성립의 하자는 재심사유가 있는 경우에만 다툴 수 있고, 실체법상 무효나 취소, 채무불이행에 따른 계약해제 등은 적용되지 않는다고 본다. 소송행위설의 입장이다.

제한적 기판력설은 화해에 실체법상 하자가 없는 경우에만 기판력이 생기며, 법이 정하는 준재심의 소는 실체법상 하자가 없는 경우에만 적용된다고 본다. 실체법상 하자로 무효·취소되거나 해제로 실효되면 기일지정신청 또는 화해무효확인청구가 가능하다고 본다. 양성설의 입장이다.

기판력부정설은 실체법상 하자가 있으면 실체법에 따라 무효·취소가 될 수 있고, 구제방법은 제한적 기판력설과 같다. 사법행위설의 입장이다.

판례는 무제한적 기판력설의 입장이나,[48] 강행법규위반이나 채무불이행의 경우에 상대방 구제의 측면에서는 제한적 기판력을 인정하는 것이 타당할 것이다.

2) 집행력과 형성력

화해조서가 이행의무를 내용으로 하는 경우에는 집행력이 있고(민사집행법 제56조 제5호), 일정한 법률관계의 발생소멸을 내용으로 할 때에는 형성력이 인정된다.

3. 흠을 다투는 방법

1) 조서기재의 잘못

화해에 잘못된 계산이나 기재, 그 밖에 이와 비슷한 잘못이 있음이 분명한 때에 법원은 직권으로 또는 당사자의 신청에 따라 경정결정을 할 수 있다(제211조).

2) 화해에 무효 · 취소원인이 있는 경우

화해조서 작성 전이라면 자백의 철회에 준하여 재심사유인 형사상 처벌을 받을 다른 사람의 행위로 말미암아 자백을 하였거나 판결에 영향을 미칠 공격방어방법의 제출을 방해받은 경우이거나, 상대방의 동의를 얻은 경우 또는 진실에 반하고 착오로 인한 경우에 한하여 철회할 수 있을 것이다.

화해조서 작성 후라면 확정판결의 무효에 해당하는 사유(사자상대화해, 조서기재사항 불특정)가 있으면 화해도 무효가 되는 것에는 다툼이 없다.

그 외의 사유(강행법규위반 등)에 대해서는 무제한적 기판력설은 재심사유에 해당하는 때에만 준재심(제461조)으로 다툴 수 있고, 그 밖의 방법으로는 무효·취소를 주장할 수 없다고 보고, 제한적 기판력설이나 기판력부정설은 실체법상 하자가 없을 때에만 준재심에 의하고, 실체법상 하자가 있을 때에는 기일지정신청이나 화해무효확인의 소로 무효를

---

48) 대판 전합 1962. 2. 15. 4294민상914, 다만 앞서 본 바와 같이 강행법규위반의 화해조서는 준재심에 의하여 취소되지 않는 한 유효라고 하고 삭착오를 이유로 취소할 수 없다고 하면서도(1982. 10. 13. 86다카2275) 강행법규위반화해조서의 기판력을 부인하거나(대판 1964. 11. 12. 64마719), 실효조건부화해조서의 유효성을 인정하여 조건성취 시 기판력을 부정한 경우도 있다. 결국 대법원의 이런 태도는 변화의 필요성을 인정하고 있는 것이다.

주장할 수 있다고 본다.

3) 화해계약의 해제

재판상 화해의 기초가 된 화해계약이 있는 경우 그것이 해제되더라도 화해의 무효를 주장할 수는 없고, 따로 실체법적인 해결을 해야 한다.

소송상 화해가 해제조건부로 성립된 때에는 해제조적이 성취에 의하여 화해는 효력을 잃게 된다.[49]

판례는 화해상의 채무불이행에 따른 해제는 인정하지 않는다.[50]

V. 화해권고결정

1. 개념

화해권고결정이란 법원, 수명법관, 수탁판사가 결정으로 화해를 권하고, 당사자가 2주 내에 이의를 제기하지 않으면 재판상 화해가 성립된 것으로 보는 제도를 말한다.

2. 화해권고결정

법원, 수명법관 또는 수탁판사는 소송계속 중인 사건에 대하여 직권으로 당사자의 이익, 그 밖의 모든 사정을 참작하여 청구의 취지에 어긋나지 아니하는 범위 안에서 사건의 공평한 해결을 위한 화해권고결정을 할 수 있다(제225조). 법원이 직권으로 하는 것이므로 당사자의 신청은 직권발동을 촉구하는 의미밖에 없다.

3. 이의신청

당사자는 제225조의 결정에 대하여 그 조서 또는 결정서의 정본을 송달받은 날부터 2주 이내에 이의를 신청할 수 있다. 다만 그 정본이 송달되기 전에도 이의를 신청할 수 있다(제226조).

---

49) 대판 1988. 8. 9. 88다카2332, 재판상의 화해가 성립되면 그것은 확정판결과 같은 효력이 있는 것이므로 그것을 취소 변경하려면 재심의 소에 의해서만 가능하다 할 것이나 재판상 화해의 내용은 당사자의 합의에 따라 자유로 정할 수 있는 것이므로 화해조항 자체로서 특정한 제3자의 이의가 있을 때에는 화해의 효력을 실효시키기로 하는 내용의 재판상의 화해가 성립되었다면 그 조건의 성취로써 화해의 효력은 당연히 소멸된다 할 것이고 그 실효의 효력은 언제라도 주장할 수 있다.

50) 대판 전합 1962. 2. 15. 4294민상94.

법원, 수명법관 또는 수탁판사는 이의신청이 법령상의 방식에 어긋나거나 신청권이 소
멸된 뒤의 것임이 명백한 경우에는 그 흠을 보정할 수 없으면 결정으로 이를 각하하여야
하며, 수명법관 또는 수탁판사가 각하하지 아니한 때에는 수소법원이 결정으로 각하한다
(제230조).

4. 효력

화해권고결정은 소정의 기간 이내에 이의신청이 없는 때, 이의신청에 대한 각하결정이
확정된 때, 당사자가 이의신청을 취하하거나 이의신청권을 포기한 때에 재판상 화해와
같은 효력을 가진다(제231조).

이의신청이 적법한 때에는 소송은 화해권고결정 이전의 상태로 돌아간다. 이 경우 그
이전에 행한 소송행위는 그대로 효력을 가진다.

Ⅵ. 제소전화해

1. 개념

제소전화해란 소제기 전에 소송을 예방하기 위하여 화해를 원하는 당사자의 신청에 의
하여 지방법원 단독판사나 시군법원판사 앞에서 하는 화해를 말한다(제385조).

공정증서로 집행권원을 만들 수 없는 특정물인도청구나 등기청구 등에 있어 소송에 의
하지 않고 간단하게 집행권원을 만들 수 있는 방법으로 유용하나, 실제는 토지나 건물임
대차에서 재판에 의하지 않고 집행권원을 만들기 위해 많이 이용된다.

2. 요건

소송상 화해와 마찬가지로 당사자가 처분할 수 있는 권리관계여야 하고, 그 권리관계
에 관하여 다툼이 있어야 한다. 다툼에는 장래의 것도 포함된다. 양보는 필요하지 않다.

3. 절차

민사상 다툼에 관하여 당사자는 청구의 취지·원인과 다투는 사정을 밝혀 상대방의
보통재판적이 있는 곳의 지방법원에 화해를 신청할 수 있다(제386조).

법원은 기일을 지정해 양 당사자를 소환하고 화해의사를 확인한다.

화해가 성립된 때에는 법원사무관 등은 조서에 당사자, 법정대리인, 청구의 취지와 원인, 화해조항, 날짜와 법원을 표시하고 판사와 법원사무관 등이 기명날인한다.

화해가 성립되지 아니한 때에는 법원사무관 등은 그 사유를 조서에 적어야 한다(제387조). 신청인 또는 상대방이 기일에 출석하지 아니한 때에는 법원은 이들의 화해가 성립되지 아니한 것으로 볼 수 있다.

화해가 성립되지 아니한 경우에 당사자는 소제기신청을 할 수 있다. 적법한 소제기신청이 있으면 화해신청을 한 때에 소가 제기된 것으로 본다. 이 경우 법원사무관 등은 바로 소송기록을 관할법원에 보내야 한다.

4. 효과

소송상 화해와 동일하다. 집행력과 형성력이 있고, 기판력에 대해서는 마찬가지의 논의가 있다. 흠을 다투는 방법도 마찬가지이다.

Ⅶ. 재판상 화해와 같은 효력이 있는 조정

법률이 재판상 화해와 같은 효력을 인정하는 조정제도를 두고 있는 경우가 있다.

법원에서 이루어지는 가사조정, 민사조정의 조서(가사소송법 제59조, 민사조정법 제28, 29조), 조정에 갈음하는 결정(민사조정법 제34, 30, 32조)은 모두 재판상 화해와 같은 효력이 있다.

법원 밖에서 이루어지는 조정으로 재판상 화해와 같은 효력이 인정되는 경우는 소비자분쟁조정위원회(소비자보호법 제45조), 의료심사조정위원회(의료법 제54조의 2), 산업재산권분쟁조정위원회(발명진흥법 제29조의 6), 저작권심의조정위원회(저작권법 제86조), 국제계약분쟁조정위원회(국가를 당사자로 하는 법률 제31조), 언론중재위원회(언론중재 및 피해구제 등에 관한 법률 제23조) 등의 조정이 있고, 민법상 화해와 같은 효력이 있는 것으로는 건설분쟁조정위원회(건설산업기본법 제78조), 건축분쟁조정위원회(건축법 제76조의 5), 전자거래분쟁조정위원회(전자거래기본법 제35조), 개인정보분쟁조정위원회(정보통신망이용촉진 및 정보보호 등에 관한 법률 제38조), 자율분쟁조정위원회(소비자보호법 제19조의 2)의 조정이 있다.

조정은 중립적인 제3자가 당사자의 동의를 얻어 당사자 간의 분쟁해결을 도와주는 제도로 최종결정권은 당사자에게 있는 것이고, 조정자는 도와주고 보조하는 역할을 수행할 뿐이고 법원과 같은 정도의 역할과 기능을 수행하는 것은 아닌데, 재판상 화해와 같은 효력을 인정하여 이로 인한 기판력 때문에 당사자 의사의 흠을 다툴 수 없게 하는 것은 국민의 재판청구권에 대한 중대한 침해라고 할 수 있어 입법론상 문제가 있다.

헌법재판소는 국가배상법상 배상심의위원회의 배상결정에 동의하면 재판상 화해와 같은 효력이 있다는 국가배상법 제16조에 대하여 위헌결정을 한 바 있다.51)

제5절 재판

Ⅰ. 개념

재판이란 소송사건해결을 위해 법원이 행하는 판단으로 소송법상 일정한 효과가 발생하는 법원의 소송행위이다.

재판에는 소송사건을 종국적으로 해결하는 종국판결, 본안 전 소송판결, 중간판결, 소송절차 중의 부수적·파생적 사항에 관한 판단(관할지정, 제척·기피재판, 이송결정, 증거결정, 기일지정 등 각종 소송지휘재판, 보조참가 허부 등), 집행법원의 집행처분(채권압류·추심명령, 전부명령 등) 등이 있다.

---

51) 헌재결 1995. 5. 25. 91헌가7, 국가배상에 관한 분쟁을 신속히 종결·이행시키고 배상결정에 안정성을 부여하여 국고의 손실을 가능한 한 경감하려는 입법목적을 달성하기 위하여 동의된 배상결정에 재판상의 화해 효력과 같은, 강력하고도 최종적인 효력을 부여하여 재심의 소에 의하여 취소 또는 변경되지 않는 한 그 효력을 다툴 수 없도록 하고 있는바, 사법절차에 준한다고 볼 수 있는 각종 중재·조정절차와는 달리 배상결정절차에 있어서는 심의회의 제3자성·독립성이 희박한 점, 심의절차의 공정성·신중성도 결여되어 있는 점, 심의회에서 결정되는 배상액이 법원의 그것보다 하회하는 점 및 불제소합의의 경우와는 달리 신청인의 배상결정에 대한 동의에 재판청구권을 포기할 의사까지 포함되는 것으로 볼 수도 없는 점을 종합하여 볼 때, 이는 신청인의 재판청구권을 과도하게 제한하는 것이어서 헌법 제37조 제2항에서 규정하고 있는 기본권 제한입법에 있어서의 과잉입법금지 원칙에 반할 뿐 아니라, 권력을 입법·행정 및 사법 등으로 분립한 뒤 실질적 의미의 사법작용인 분쟁해결에 관한 종국적인 권한은 원칙적으로 이를 헌법과 법률에 의한 법관으로 구성되는 사법부에 귀속시키고 나아가 국민에게 그러한 법관에 의한 재판을 청구할 수 있는 기본권을 보장하고자 하는 헌법의 정신에도 충실하지 못한 것이다.

재판의 주체는 법원 또는 법관이므로 그 외의 사법기관인 법원사무관 등이나 사법보좌관, 집행관의 행위는 일정한 법률판단을 하는 것이라도 재판이 아니고 처분이라고 한다. 중재인의 판정도 재판이 아니다.

재판은 관념적인 판단과 의사를 표시하는 행위이므로 변론의 청취와 증거조사 등의 사실행위는 법원 또는 법관의 행위이지만 재판이 아니다.

Ⅱ. 재판의 종류

1. 판결, 결정, 명령

이것은 재판의 주체와 성립절차 등 형식적 차이에 의한 구별이다.

1) 판결

판결은 법원이 필요적 변론을 거쳐서 행하는 재판으로 법정형식을 갖춘 재판(판결)서를 작성하고 이에 따라 선고하여야 한다. 판결의 대상은 소항소상고 등 중요사항이고, 법원을 기속하며, 불복방법은 항소·상고이다. 판결의 효력은 확정되어야 발생한다.

2) 결정

결정은 법원이 임의적 변론이나 서면심리를 거쳐야 하는 재판으로 재판서작성은 필수가 아니고, 적정방법으로 고지하면 된다. 결정의 대상은 소송지휘와 심리를 위한 파생적·부수적 사항과 경미·신속을 요하는 사항(이송, 변론 분리·제한·병합, 증거결정), 강제집행에 관한 사항 및 비송사건이다. 결정은 원칙적으로 법원을 기속하지 않으며, 불복은 항고, 재항고, 이의신청이다. 고지에 의하여 즉시 효력이 발생한다.

3) 명령

명령은 재판주체가 법관(재판장, 수명법관, 수탁판사)인 것을 제외하고는 결정과 동일하다. 소장각하나 석명준비명령, 기일지정 등이 그것이다. 민사소송법상 명령이라고 칭하는 것 중에는 결정에 해당하는 것이 많은데, 문서제출명령, 지급명령, 압류명령, 추심명령, 전부명령 등이 그것이다.

2. 종국재판, 중간재판

재판의 목적에 따른 분류이다.

1) 종국재판

종국재판은 당해 심급의 소송절차의 완결을 목적으로 하는 재판이다. 본안에 관한 사유에 기한 것은 종국판결이고, 본안 외의 사유에 기한 것은 소장각하명령이다. 소송비용액확정결정도 이에 해당한다. 가사비송사건의 제1심 종국재판은 심판으로 하는데(가사소송법 제39조) 결정의 일종이다.

2) 중간재판

중간재판은 종국재판의 준비로 심리 중 생기는 중간적·파생적 문제의 해결을 위해 하는 재판이다. 중간판결, 수계결정, 실기공격방어방법 각하결정, 청구변경허부, 경매절차속행명령 등은 그것으로 독립하여 불복할 수 없고 종국재판에 대한 불복절차에서 상급심의 판단을 받는다.

3. 명령·확인·형성적 재판

1) 명령적 재판

명령적 재판은 소송당사자 또는 제3자에게 일정한 작위 또는 부작위를 명하는 재판이다. 이행판결, 문서제출명령, 증인의 출석명령, 지급명령, 압류명령 등이 그것이다.

2) 확인적 재판

확인적 재판은 현재의 권리 또는 법률관계의 존재 여부 확정을 내용으로 하는 재판이다. 확인판결, 소송비용액확정결정, 제척결정 등이 그것이다.

3) 형성적 재판

형성적 재판은 법률관계의 발생·변경·소멸을 내용으로 하는 재판이다. 형성판결, 상급심의 취소판결, 관할지정결정, 이송결정, 기피결정, 전부명령 등이 그것이다.

Ⅲ. 판결의 종류

판결에는 소 또는 상소에 의하여 계속된 사건의 전부·일부에 대하여 그 심급을 완결시키는 종국판결과 소송진행 중 일부 쟁점사항에 관하여 종국판결에 앞서서 해결하는 판결인 중간판결이 있고, 종국판결에는 사건의 전부를 완결시키는가에 따른 전부판결과 일부판결, 사건의 일부에 대한 재판을 누락한 경우에 그 부분에 대하여 하는 추가판결, 본안청구의 당부에 관한 본안판결과 소송요건 또는 상소요건에 관한 판단인 소송판결이 있다.

1. 종국판결

종국판결은 소 또는 상소에 의하여 계속된 사건의 전부·일부에 대하여 그 심급을 완결시키는 판결이다. 청구를 인용·기각하는 판결, 소송종료를 선언하는 판결이 그것이다. 당해 심급을 완결시키는 것이므로 다른 심급에서 심리가 계속되어도 상관없다. 상소대상이 된 하급심판결, 상급심의 환송판결,[52] 이송판결 등은 종국판결이다.

1) 전부판결

전부판결은 사건의 전부를 완결시키는 판결이다.

원고가 여러 개의 청구를 병합하여 하나의 소를 제기한 경우(소의 객관적 병합, 공동소송)나 변론병합, 반소제기 등으로 여러 개의 청구가 하나의 소송절차에서 심리되고 동시에 한 개의 판결을 하면, 이는 여러 개의 판결이 아니고 하나의 전부판결이다.[53]

이를 몇 개로 보느냐의 문제는 판결의 확정시기 및 상소의 효력에 중대한 영향을 미친다. 하나의 판결로 보면 일부에 대한 상소는 나머지에도 미치고, 판결 전체의 확정이 차단되나, 청구 수만큼의 판결이 있는 것으로 보면 하나의 청구에 대하여 상소를 하면 나머지 청구와는 상관없고 상소한 부분만 이심되고 나머지 부분은 확정된다.

2) 일부판결

① 개념

일부판결은 사건의 일부를 다른 부분과 분리하여 먼저 완결시키는 판결이다(제200조 제1항). 일부판결은 복잡한 사건의 경우 일부를 먼저 재판하여 심리를 간략화하고 당사자에게는 일부나마 조속한 해결을 해 주는 장점이 있으나, 독립하여 상소의 대상이 되므로 사건이 분리되어 오히려 불편하고 비경제적인 점이 있다. 일부판결을 할 것인지 여부는 법원의 재량인데 위와 같은 점 때문에 실무에서는 잘 이용되지 않고 있다.

② 일부판결을 할 수 있는 경우

가분적 청구의 일부, 병합심리 청구의 일부, 본소와 반소 중 하나에 대해서는 먼저 선고할 수가 있으나, 법이 허용하지 않거나 일부판결과 잔부판결에 모순이 생길 염려가 있

---

52) 대판 전합 1981. 9. 8. 80다3271, 환송판결은 이 사건에 대하여 심판을 마치고 그 심급을 이탈시키는 판결이므로 종국판결이라고 해석함이 상당하다 할 것이고, 따라서 이 판결에 대해서는 민사소송법 제392조에 의하여 당원에 곧바로 상고할 수 있다. 이와는 달리 환송판결은 중간판결로서 상고의 대상이 되지 않는다고 한, 종전의 당원판결은 이를 변경하기로 한다.

53) 대판 19981. 4. 14. 80다1881.

는 경우에는 일부판결이 불가능하다.

불가능한 경우로는 여러 청구의 기본법률관계가 공통된 경우, 한쪽이 다른 쪽의 선결관계인 경우(소유권에 기한 인도청구와 소유권침해로 인한 손해배상청구), 예비적 병합청구에서 주위적 청구만 기각하는 것(인용은 예비적 청구를 판단할 필요가 없으므로 당연히 가능), 선택적 병합청구의 일부 기각(하나만 인용하는 것은 전부판결), 본소반소가 동일한 법률관계(같은 혼인 해소)인 경우, 당사자가 필수적·예비적·선택적 공동소송관계에 있거나 독립당사자참가의 경우, 법률이 병합을 요구하고 있는 경우(상법 제240, 180, 380조) 등이다.

③ 일부판결의 절차와 효과

일부판결을 하려면 그 심리가 완료되어야 하므로 당사자에게 그 뜻을 알려야 하고, 상소가 되면 그 기록을 상급심에 보내기 위하여 정본을 작성해야 한다.

일부판결은 독립하여 상소의 대상이 된다.

일부판결을 할 수 없는데 일부판결을 한 경우에는 나머지에 대한 판결의 누락이 있을 수 없어 잔부판결을 할 수 없으므로 판단의 누락으로 보고, 이를 전부판결로 취급하여 상소재심에서 다툴 수 있다.[54]

④ 잔부판결

잔부판결은 일부판결 후 나머지 부분에 대한 판결을 말한다. 소송비용의 재판은 잔부판결에서 하는 것이 원칙이다(제104조).

3) 추가판결

① 개념

추가판결은 법원이 사건의 전부를 완결할 의사로 재판하였으나 일부에 대한 재판을 누락(구법에서는 재판의 탈루라고 했다)한 경우에 그 부분에 대하여 하는 판결을 말한다. 일부에 대한 재판을 누락한 경우에는 그 부분은 여전히 법원에 계속되어 있으므로 추가판결이 필요하다.

---

54) 대판 전합 2000. 11. 16. 98다22253, 예비적 병합의 경우에는 수 개의 청구가 하나의 소송절차에 불가분적으로 결합되어 있기 때문에 주위적 청구를 먼저 판단하지 않고 예비적 청구만을 인용하거나 주위적 청구만을 배척하고 예비적 청구에 대하여 판단하지 않는 등의 일부판결은 예비적 병합의 성질에 반하는 것으로서 법률상 허용되지 아니하며, 그럼에도 불구하고 주위적 청구를 배척하면서 예비적 청구에 대하여 판단하지 아니하는 판결을 한 경우에는 그 판결에 대한 상소가 제기되면 판단이 누락된 예비적 청구 부분도 상소심으로 이심이 되고 그 부분이 재판의 탈루에 해당하여 원심에 계속 중이라고 볼 것은 아니다. 이와 달리 원심이 주위적 청구를 배척하였음에도 예비적 청구에 대한 판단을 누락하였다면 누락된 예비적 청구 부분은 아직 원심에 소송이 계속 중이라 할 것이므로 이 부분에 대한 상고는 그 대상이 없어 부적법하다는 취지의 당원 판례의 견해는 이를 변경하기로 한다.

재판의 누락은 주문에서 판단할 청구에 대한 판단을 누락한 경우이므로 판결이유 중에서 판단하는 공격방어방법에 대한 판단을 빠뜨린 판단의 누락과 구별된다. 판단누락은 상소나 재심의 사유가 된다.

② 재판의 누락이 있는 경우

재판의 누락은 청구의 일부에 대한 판단을 잊은 때(여러 개 토지인도청구에서 일부 누락한 경우), 청구가 병합된 경우에 일부청구에 다한 판단을 누락한 때(원본청구만 판단하고, 이자청구는 누락한 경우), 본소와 반소에서 반소에 대한 판단 누락, 청구확장부분에 대한 판단 누락 등이 그 예이다.

판례는 판결주문에 표시가 없으면 판결이유에서 판단되어 있어도 재판의 누락으로 보나,[55] 판결경정대상이라고 보는 입장도 있다. 반대로 판결주문에는 표시되어 있으나 판결이유에는 빠진 경우는 재판누락이 아니다.[56]

③ 소송상 취급

재판누락이 있는 부분은 그 법원에 계속되어 있으므로 법원은 직권 또는 당사자의 신청으로 추가판결을 하여야 한다. 당사자는 상소로 그 시정을 구할 수는 없다.[57]

추가판결은 전의 판결과는 별개의 독립된 판결이므로 상소기간도 별개로 진행된다. 이에 대해서는 이전의 판결결과를 기준으로 해야 한다는 입장도 있다.

소송비용은 인정에 판단된 부분 이후의 절차비용에 관해서만 재판한다.

④ 일부판결이 허용되지 않는 경우의 누락

일부판결을 할 수 없는데 일부판결을 한 경우에는 나머지에 대한 판결의 누락이 있을 수 없어 잔부판결을 할 수 없으므로 판단의 누락으로 보고 이를 전부판결로 취급하여 상소재심에서 다툴 수 있다. 이때 판단하지 않은 청구에 대하여 기판력이 생기지 않으므로 다시 제소할 수 있는가의 문제가 있는데, 판례는 상소로 다툴 수 있으므로 소의 이익이 없다고 한다.[58] 상소로 다투지 않으면 재심도 할 수 없다(재심의 보충성 제451조 제1항 단서). 당사자가 일부판결의 위법성을 지적했는데도 법원이 이에 대하여 판단하지 않으면 재심으로 다툴 수 있다(제451조 제1항 제9호).

---

55) 대판 1981. 4. 14. 80다1881.
56) 대판 2003. 5. 30. 2003다13064.
57) 대판 1996. 2. 9. 94다50274.
58) 대판 2002. 9. 4. 98다17145.

⑤ 소송비용재판의 누락

추가판결은 청구에 관한 사항에 대해서만 가능하므로 법은 이에 관하여 따로 정하여 결정으로 보충하도록 하고 있다(제212조 제2항).

4) 본안판결

본안판결 청구의 당부에 관한 종국판결로 청구인용판결과 청구기각판결이 있다. 인용 판결에는 소의 유형에 따라 이행·확인·형성판결이 있고, 기각판결에는 소의 유형과 상 관없이 이행청구권의 부존재, 권리·법률관계의 존재 여부, 형성권의 부존재를 확인하는 확인판결이 된다.

5) 소송판결

소 또는 상소가 부적법하다 하여 이를 각하하는 종국판결이다. 소송요건 또는 상소요 건에 대한 판단을 내용으로 한다. 소송종료를 선언하는 판결도 청구의 당부에 관한 판단 이 아니므로 소송판결이다. 소송판결에는 본안판결과는 달리 기판력이 발생하지 않아 소 송요건을 보장하면 다시 소제기를 할 수 있다.

2. 중간판결

1) 개념

중간판결은 소송진행 중 일부 쟁점사항에 관하여 종국판결에 앞서서 해결하는 판결이 다. 중간판결은 사건과 관련된 특정쟁점에 관하여 다툼이 심할 경우에 심리정리를 위하 여 이 부분에 대하여 미리 판결함으로써 종국판결을 준비하는 기능이 있으나, 중간판결 여부는 법원의 재량이고, 실제로는 종국판결의 이유 중에서 판단되는 것이 대부분이다.

2) 구별

중간판결은 소송물이 아닌 쟁점의 일부에 대한 판결인 점에서 소송물에 대한 판결인 일부판결과 다르다. 중간판결은 종국판결이 아니므로 종국판결인 중간확인의 소에 대한 판결과도 다르다.

3) 대상

법원은 독립된 공격 또는 방어의 방법, 그 밖의 중간 다툼에 대하여, 또는 청구의 원 인과 액수에 대하여 다툼이 있는 경우에 그 원인에 대해서도 필요한 때에는 중간판결을 할 수 있다(제201조).

① 독립된 공격방어방법

독립된 공격방어방법은 그것 하나로 본안의 신청을 유지·배척하기에 충분한 것을 말한다. 예컨대 소유권확인청구에서 소유권취득 원인으로 매매 또는 취득시효를 주장하거나, 대여금 청구에서 피고가 변제·상계·소멸시효를 주장하는 경우 그들 주장이 인정되면 청구가 인용 또는 기각되므로 독립한 공격방어방법이 되는데, 이들 주장 중 어느 하나가 인정되지 않으면 이를 다른 주장과 분리해 배척하는 중간판결이 가능하다.

② 중간의 다툼

중간의 다툼은 본안에 앞서 판단하여야 할 소송절차상 문제 중 변론을 거쳐 판단하여야 할 사항을 말한다. 예컨대 소나 상소의 적법 여부에 관한 소송요건 존재 여부, 소취하나 상소취하에 의한 소송종료 여부 문제인 취하의 유효 여부, 재심소의 적법 여부 등에 관한 다툼이 그것이다. 결정대상인 참가허부에 대한 재판(제73조), 소송승계인의 인수결정(제82조), 소송수계신청에 대한 재판(제243), 청구변경의 불허가(제263조), 문서제출명령(제347조) 등은 아니다.

③ 청구원인과 액수를 다툴 때 청구원인을 긍정할 경우

청구원인은 소장의 필수적 기재사항인 청구원인이 아니고, 청구권을 발생시키는 원인 중 액수의 점을 제외한 나머지 사항들이다. 예컨대 불법행위에 의한 손해배상청구소송에서 위법행위의 존재, 가해자의 고의·고살, 피해자의 손해발생, 가해행위와 손해 사이의 인과관계의 존재 등이 그것이다.

상급심의 환송판결에 대해서 종전에는 중간판결이라고 하였으나 현재는 당해 사건에 대한 재판을 마치고 심급을 이탈시키는 판결인 점에서 종국판결로 보는 것은 앞서 본 것과 같다.

④ 효력

가. 구속력

중간판결은 판결한 법원을 구속하여 스스로 변경할 수 없고, 뒤의 종국판결에서 중간판결의 주문에 따라 재판하여야 한다. 당사자도 중간판결의 최종변론 전에 제출할 수 있던 공격방어방법을 그 뒤의 변론에서 제출할 수 없다. 다만 과실상계는 법원이 직권으로 할 수 있으므로 구속되지 않고, 상계의 항변은 이론이 있기는 하나 원인판결 후에도 주장할 수 있다고 본다. 중간판결 후에 발생한 새로운 사정에 의하여 중간판결의 판단을 변경하는 것은 무관하다. 이 같은 효력은 당해 심급에 한정한다.

나. 항소

중간판결에 대한 독립상소는 불가능하고, 종국판결에 대하여 상소하면서 다투어야 한다.

Ⅳ. 판결의 성립

판결은 판결내용의 확정, 판결서 작성, 판결선고의 절차를 거쳐 성립한다. 선고된 판결의 정본은 당사자에게 송달하고, 상소기간은 당사자에게 송달된 때부터 진행된다.

1. 판결내용의 확정

판결의 내용은 판결의 기본이 되는 변론에 관여한 법관이 당사자의 주장과 증명을 토대로 법률요건에 해당하는 사실을 확정한 다음, 여기에 실체법규를 적용하여 그 법률효과를 확정하는 과정을 거쳐 확정된다(제204조 제1항). 직접심리주의의 원칙상 법관이 바뀐 경우에는 당사자는 종전의 변론결과를 진술하여야 한다(제204조 제2항).

판결내용의 확정시기는 단독사건은 판결문 작성 시, 합의사건은 합의체 구성법관들의 합의성립 시이다. 심판의 합의는 공개하지 아니한다. 합의심판은 헌법 및 법률에 다른 규정이 없으면 과반수로 결정하나, 합의에 관한 의견이 3설 이상 분립하여 각각 과반수에 달하지 못하는 때에는 수액에 있어서는 과반수에 달하기까지 최다액의 의견 수에 순차 소액의 의견의 수를 더하여 그중 최소액의 의견에 의한다. 다만 대법원전원합의체의 과반수 결정사항에 관하여 2설이 분립되어 각 설이 과반수에 이르지 못하는 때에는 원심재판을 변경할 수 없다(법원조직법 제66조).

2. 판결서 작성

1) 판결서

판결내용이 확정되면 이를 서면으로 작성하는데, 그 서면을 판결서 또는 판결원본이라고 한다. 판결서는 소송당사자에게 법원의 사실인정과 법률적용에 관한 판단내용을 알려 주고, 상소심의 심사대상을 알려 주고, 확정 뒤에 판결의 효력이 미치는지 명확히 해 주는 중요한 의미가 있다.

2) 기재사항(제208조)

① 당사자·법정대리인

당사자·법정대리인의 표시는 성명과 주소를 적고, 공시송달을 할 경우에는 현재소재불명이라고 적고 그 아래에 최후주소를 적는다. 등기관계사건에는 등기부상의 주소도 적는다. 소송대리인의 표시는 필수기재사항은 아니지만 송달의 편의상 적는 것이 보통이다.

② 주문

주문은 판결내용의 결론으로 소송판결 시는 '이 사건 소를 각하한다', 본안판결 시 원고패소는 '원고의 청구를 기각한다'라고 기재하고, 원고 승소는 인용하는 내용을 기재한다. 주문은 간결하고 명확하게 기재하여야 하고, 그 내용이 주문에만 의하여 특정될 수 있어야 한다.59) 특정할 수 없으면 판결은 무효이다.60)

주문에는 소송비용의 재판과 가집행선고도 기재한다.

③ 청구취지·상소취지

법원의 심판범위를 명확히 하기 위하여 소장 또는 상소장 기재내용을 그대로 적는다.

④ 이유

이유는 결론인 주문을 이끌어 낸 과정을 밝히는 부분으로 주문의 정당함을 인정할 수 있을 정도로 당사자의 주장과 공격방어방법에 대한 판단을 표시한다(동 조 제2항). 과거에는 공격방어방법의 전부에 대하여 판단하여야 했으나, 이로 인한 법관이 업무부담 가중을 막고 중요한 쟁점에 대한 보다 충실한 심리를 위하여 현행법은 판결의 결과에 영향이 없는 주장에 대한 판단은 생략할 수 있도록 했다.

더 나아가 당사자 사이에 사실상 다툼이 없는 제257조의 규정에 의한 무변론 판결, 제150조 제3항이 적용되는 경우의 불출석자백간주판결, 제194조 내지 제196조의 규정에 의한 공시송달로 진행된 경우의 판결에 있어서는 청구를 특정함에 필요한 사항과 제216조 제2항의 상계항변 판단에 관한 사항만을 간략하게 표시할 수 있도록 했다(제208조 제3항). 청구를 특정함에 필요한 사항만은 반드시 기재하도록 한 것은 기판력이 범위를 확정하는 데 필요하기 때문이고, 상계항변도 기판력이 있기 때문에 기재하도록 한 것이다.

또한 소액사건은 이유기재를 생략할 수 있고(소액사건심판법 제11조의 2), 항소심판결의 이유는 1심판결을 원용할 수 있고(제42조), 심리불속행과 상고이유서 미제출 시에는 상고기각판결이유를 적지 않을 수 있다(상고특례법 제5조). 결정과 명령도 이유기재를 생략할 수 있고(제224조), 형사배상명령의 경우는 특히 필요하다고 인정되지 않는 한 이유를 적지 않는다(소송촉진 등에 관한 특례법 제31조).

⑤ 변론종결일자

기판력의 기준시점이 되므로 기재하도록 한 것이다. 변론 없이 판결하는 경우에는 판결을 선고하는 날짜를 적는다.

---

59) 대판 1989. 7. 11. 88다카18597.
60) 대판 1972. 2. 22. 71다2596.

⑥ 법원·법관의 서명날인

법원은 법관이 소송되어 있는 법원으로 판결서의 첫머리에 표시되고, 법관의 서명날인은 말미에 표시한다. 법관이 판결서에 서명날인을 함에 지장이 있는 때에는 다른 법관이 판결에 그 사유를 적고 서명날인을 하여야 한다(동 조 제4항).

3. 선고

판결은 선고에 의하여 대외적으로 성립하며 효력이 생긴다. 단 심리불속행과 상고이유서 미제출 시에 하는 상고기각판결은 선고를 요하지 않고 상고인에게 송달됨으로써 효력이 생긴다(상고특례법 제5조).

1) 선고기일, 선고기간

판결은 변론이 종결된 날부터 2주 이내에 선고하여야 하며, 복잡한 사건이나 그 밖의 특별한 사정이 있는 때에도 변론이 종결된 날부터 4주를 넘겨서는 아니 된다(제207조 제1항). 소액사건은 변론종결 후 즉시 할 수 있다(소액사건심판법 제11조의 2).

판결선고기일은 출석한 당사자에게는 이를 고지하고 불출석한 당사자에게는 통지하여야 한다. 다만 당사자가 적법한 기일통지를 받고 결석한 기일에 변론이 종결되고 판결선고기일이 고지된 때에는 재정하지 아니한 당사자에게도 그 효력이 있는 것이고, 그 당사자에 대하여 판결선고기일 소환장을 송달할 필요는 없다.[61]

선고기간은 제1심판결은 소가 제기된 날부터 5개월 이내에, 항소심 및 상고심판결은 기록을 받은 날부터 5개월 이내에 선고하여야 한다(제199조). 심리불속행으로 인한 상고기각판결은 기록을 받은 날로부터 4개월 이내에 할 수 있다(상고특례법 제6조).

선고기일, 선고기간에 관한 규정은 훈시규정으로 이를 위반하여도 판결의 효력에는 영향이 없다.

2) 선고절차

판결의 선고는 선고기일에 공개법정에서 한다. 변론 없이 선고하는 경우에도 선고기일은 열어야 한다.[62]

판결의 선고는 재판장이 판결원본에 의하여 주문을 낭독하는 방식으로 한다. 과거에는 이유의 요지를 설명하여야 했으나, 현행법은 이유를 간략히 설명할 수 있는 것으로 바꾸었다. 다만 소액사건은 판결서에 이유기재를 하지 않으므로 이유의 요지를 말로 설명하

---

61) 대판 2003. 4. 25. 2002다72514.
62) 대판 1995. 5. 28. 96누2699.

도록 했다(소액사건심판법 제11조의 2).

판결선고는 당사자가 불출석해도 가능하고, 절차중단 중에도 가능하다.

판결선고는 이미 내용이 확정된 판결을 대외적으로 선고하는 것이므로 판결원본에 서명하지 않은 법관이 하여도 상관없고, 선고에만 관여하는 것은 판결에 관여한 것(제41조 제5호, 제424조 제1항 제2호 등)으로 되지 않는다.

4. 송달

재판장은 판결선고 즉시 판결원본을 법원사무관 등에게 교부하고(제209조), 법원사무관 등은 2주 내에 정본을 작성해 당사자에게 송달하여야 한다(제210조). 이때 상소기간과 상소장을 제출할 법원을 알려 줘야 한다(민소규칙 제55조). 송달에 관한 규정은 훈시규정이다.

상소기간은 당사자가 판결서를 송달받은 날부터 2주간이다.

제6절 판결의 효력

판결이 선고되면 법원도 이에 구속되어 변경·철회할 수 없는 구속력이 발생하고, 선고 후 확정되면 당사자도 상소를 통해 판결을 취소할 가능성이 없게 되는 형식적 확정력과 후 소의 법원과 당사자가 판결의 내용을 다툴 수 없는 실질적 확정력(기판력), 집행력, 형성력 등이 발생한다.

Ⅰ. 구속력

1. 개념

판결의 구속력이란 판결이 선고되면 선고한 법원도 이에 구속되어 변경·철회할 수 없는 효력을 말한다. 또한 판결의 기속력이라고도 한다. 판결의 구속력을 인정하는 이유는 판결이 일단 외부로 표시된 뒤에는 법원 스스로도 함부로 변경할 수 없게 해야 법적 안정성을 이룰 수 있고 재판의 신용도도 높일 수 있기 때문이다.

이 효력은 판결의 확정을 기다리지 않고 선고와 동시에 발생한다.

판결의 구속력은 자기구속만이 아니고 다른 법원에 대한 구속력의 의미로도 쓰인다. 상고법원이 원심법원의 사실판단에 구속되는 것(제432조), 상급법원의 판단이 하급법원을 구속하는 것(제436조 제2항), 이송받은 법원이 이송결정에 구속되는 것(제38조), 헌법재판소의 위헌결정이 법원을 구속하는 것(헌법재판소법 제47조 제1항) 등이 그것이다.

판결의 구속력은 절대적인 것이 아니고 소송경제 등의 이유로 배제되는 경우가 있다.

2. 판결의 경정

구속력을 예외 없이 관철하여 사소한 잘못조차 항소를 통해서만 변경이 가능하다면 소송경제나 국민의 권리보호 측면에서 오히려 부정적일 수 있으므로 일정한 경우 구속력을 배제하여 선고한 법원 스스로 그 잘못을 시정할 수 있게 하고 있는데, 판결의 경정이 그것이다.

1) 개념

판결의 경정이란 판결내용을 변경함이 없이 표현상의 잘못을 판결법원이 스스로 정정 보충하는 것을 말한다. 이는 실무적으로는 선고된 판결에 대하여 그 내용을 실질적으로 변경하지 않는 범위 내에서 그 표현상의 기재 잘못 등을 법원 스스로가 정정 또는 보충하여 강제집행이나 호적의 정정 또는 등기의 기재 등 이른바 광의의 집행에 지장이 없도록 하자는 데 그 취지가 있다.[63]

2) 경정요건

① 잘못된 계산, 기재, 그 밖에 표현상의 잘못이 있어야 한다.

표현상 잘못의 예로는 당사자 주소 누락, 목적물의 번지수 누락, 건물의 평수면적을 잘못 기재한 것, 판결확정 후의 당사자표시정정, 주문에 등기원인날짜를 잘못 적은 것, 손해액 산정 시 기간계산의 잘못 등이 그것이다.[64]

판단내용의 잘못이나 판단의 누락은 경정대상이 아니다.[65] 당사자가 청구취지에서 착

---

63) 대결 2000. 5. 30. 2000그37.

64) 대결 2000. 5. 30. 2000그37, 1964. 4. 13. 63마40, 1985. 7. 15. 865그66, 2001. 12. 4. 2001그112, 대판 1970. 3. 31. 70다104, 2001. 12. 11. 2001다59866 1964.

65) 대결 1969. 12. 30. 67주4.

오로 토지의 일부를 누락했는데 판결에서 누락부분을 추가하는 것은 판결의 내용을 실질적으로 변경시키는 것이므로 허용되지 않고 추가판결을 해야 한다.[66] 이전등기를 명하는 판결에 피고의 등기부상 주소를 누락한 것과 같이 판결의 내용에 영향을 미치지 않는 사항도 경정대상이 아니다.[67]

잘못이 법원의 과실에 의한 것인지 당사자의 청구나 진술에 기인한 것인지는 묻지 않는다.[68]

② 잘못이 분명해야 한다.

분명한지 여부는 판결서만이 아니고, 소송기록을 참조하여 판결의 전체 취지로부터 알 수 있으면 된다.

3) 경정절차

경정은 당사자의 신청 또는 법원이 직권으로 언제나 결정으로 할 수 있다(제211조 제1항).

경정결정에는 즉시항고를 할 수 있으나, 다만 판결에 대하여 적법한 항소가 있는 때에는 그러하지 아니하다(제211조 제3항). 판결과 함께 항소심에서 판단받기 때문이다. 경정신청각하결정에는 항고할 수 있으나, 기각결정에는 민사소송법 제211조 제3항 본문의 반대해석상으로 또 판결법원 자신이 경정사유가 없다고 하는데 다른 법원의 결정으로 강제하는 것은 조리에 반한다는 이유로 불복할 수 없다는 것이 통설·판례이고 이 경우는 특별항고만이 가능하다.[69]

4) 경정효력

경정결정은 결정정본의 송달로 효력이 발생하지만, 판결과 일체가 되어 판결선고 시로 소급하여 경정내용대로 선고된 것으로 된다. 상소기일은 판결이 송달된 날로부터 진행한다. 다만 경정의 결과 상소이유가 발생한 경우에는 상소의 추후보완이 가능하다.

3. 재도의 고안

재도의 고안이란 결정·명령 그에 대하여 항고한 경우에 원심법원이 항고가 정당하다고 인정하면 이를 스스로 경정하는 것을 말한다(제446조). 특히 소송지휘에 관한 결정과 명

---

66) 대결 1996. 3. 12. 95마528.

67) 대결 1986. 4. 30. 86그51.

68) 대결 1990. 5. 23. 90그17, 원고가 소장에 별지목록 기재 부동산 중 대지의 표시를 함에 있어 지번과 지적만 기재하고 착오로 대지권 표시를 하지 아니하여 판결에도 그와 같이 기재된 경우에도 그 오류는 판결 경정사유에 해당한다.

69) 대결 1983. 4. 19. 83그6, 신청인이 특별항고임을 명시하지 아니한 경우에는 특별항고로서 다룬다.

령은 언제든지 취소할 수 있다(제222조).

Ⅱ. 확정력

1. 형식적 확정력

1) 개념

형식적 확정력이란 법원의 종국판결에 대하여 당사자가 상소를 통해 판결을 취소시킬 가능성이 없게 된 상태를 말한다.

2) 확정시기

① 상소가 허용되는 판결

상소가 허용되는 판결은 상소기간 경과로 확정된다. 상소제기 후 취하하면(상고기간 만료 전후 불문) 상소기간 만료 시에 확정된 것으로 본다. 상소기간 만료 전이라도 당사자가 상소권을 포기하면 그때 판결이 확정된다.

② 상소할 수 없는 판결

상고심판결이나 제권판결(제40조)같이 상소가 허용되지 않는 경우는 선고와 동시에 확정된다. 판결선고 전에 불상소의 합의를 한 경우에도 그렇다. 비약상고의 합의(제390조 제1항 단서)가 있는 경우에는 상고기간 만료 시에 확정된다.

3) 확정범위

한 개의 판결은 전부에 대하여 확정되는 것이 원칙이다. 따라서 병합청구의 일부만 상소하면 상소불가분의 원칙상 나머지도 확정되지 않는다.[70]

불복하지 않은 부분의 확정시기에 관하여 판례는 항소심에서 불복하지 않은 것은 항소심 판결 선고 시, 상고심에서 불복하지 않은 것은 상고심 판결 선고 시에 확정된다고 본다.[71]

필수적 공동소송인 모두에 대하여 동시에 판결을 한 때에는 그중 한 사람이 항소하면 전부에 대하여 확정이 차단되지만, 통상의 공동소송은 상소한 공동소송인과 그 상대방 사이에서만 확정이 차단된다.

---

70) 대판 1966. 9. 28. 66다711.

71) 대판 2001. 4. 27. 99다30312, 2001. 12. 24. 2001다62213, 이에 대하여 상소인이 청구취지를 확장할 수 없고 상대방이 부대항소를 할 수 없게 된 때인 항소심변론종결 시나 상고이유서 제출기간 만료 시에 확정된다는 견해가 있으나, 항소심변론종결 후에 재개될 수도 있고, 상고심은 법해석·적용문제에 관해서는 당사자가 주장하지 않은 것도 판단해야 하므로 실익이 없는 논의이다.

4) 확정력의 배제

① 상소의 추완

당사자가 책임질 수 없는 사유로 말미암아 상소기간을 지킬 수 없었던 경우에는 그 사유가 없어진 날부터 2주 이내에 상소를 보완할 수 있다. 다만 그 사유가 없어질 당시 외국에 있던 당사자에 대해서는 이 기간을 30일로 한다. 이 기간은 불변기간이므로 재판장이 늘이거나 줄일 수 없다(제173조).

② 재심

재심사유가 있으면 당사자는 재심의 소를 제기할 수 있고(제451조), 이유 있으면 확정판결은 취소되고 소송이 부활한다.

2. 실질적 확정력

판결이 형식적으로 확정되어 취소, 변경할 수 없게 되면 판결의 내용도 통용되는 기판력, 집행력, 형성력이 생기는데 이를 실질적 확정력이라고 한다.

Ⅲ. 기판력

1. 개념

판결이 형식적으로 확정되어 취소·변경할 수 없게 되면 판결의 내용도 확정되어 같은 사안에 대하여 법원과 당사자를 구속하게 된다. 기판력이란 이같이 확정된 종국판결의 내용이 가지는 후 소에 대한 구속력을 말하는데, 실질적 확정력이라고도 한다. 그 본질의 이해에 따라 구체적 의미에 차이가 있다.

반복금지설은 판결상의 소송물에 대한 판단을 새로운 소송절차에서 문제 삼을 수 없는 효력이라고 하고, 모순금지설은 후 소 법원이 전 소에서 소송물에 관하여 내린 판단과 다른 판단을 하지 못하고, 당사자도 이에 반하는 주장을 못 하는 효력이라고 한다.

2. 본질

이와 관련해서는 여러 입장이 있으나 국내의 주류는 모순금지설과 반복금지설이다.

1) 모순금지설(구소송법설)

기판력을 실체법상 권리와 관계없이 국가적 재판의 통일이라는 요구에 따른 소송법상 효력으로 보아, 후 소 법원에 대하여 전 소의 확정판결과 모순된 판단을 금지시키는 내용적 구속력이라고 본다. 승소한 원고가 같은 소를 제기하면 소의 이익이 없어 각하하고, 패소한 원고가 같은 소를 제기하면 모순된 판단을 할 수 없으므로 청구를 기각한다. 기판력을 독자적인 소송요건으로 보지 않는다.

2) 반복금지설(신소송법설)

기판력을 분쟁해결의 일회성을 위해 후 소 법원에 대하여 같은 소송물에 대해 다시 변론이나 재판하는 것을 금지하는 효력으로 본다. 따라서 전 소의 승패를 불문하고 후 소는 부적법 각하한다. 기판력이 있는 판결이 존재는 소의 이익과는 무관한 소극적 소송요건으로 본다.

3) 판례

기판력이라는 것은 재판이 확정된 경우에 같은 사안이 다시 소송이 되면 법원은 기왕에 확정된 재판에 배치되는 판단을 할 수 없다는 실체적 확정력을 말하는 것이라고 일관되게 보고 있고,[72] 일부승소확정판결이 있는 경우에 다시 같은 소를 제기하면 승소한 부분은 소의 이익이 없어 부적법 각하하여야 하고, 패소한 부분은 이를 기각하여야 한다고 본다.[73]

4) 논의 실익

기판력의 본질에 대한 제반 논의들은 후 소 법원의 조치에 차이가 있을 뿐으로 그 다양함에 비하여 논의의 실익은 없는 경우이다.

3. 문제 되는 경우

기판력은 전 소에서 확정된 권리·법률관계가 후 소에서 다시 문제 될 때 작용한다. 문제 되는 경우로는 다음의 세 가지가 있다.

① 같은 소송물인 경우

전 소의 패자가 다시 같은 소를 제기하는 경우에는 후 소의 법원은 전 소 기준 시의 법률관계에 관한 전 소 법원의 판단을 전제로 전 소 기준 시인 전 소 변론종결 후의 새로운 사유에 대한 주장이 있는지 여부를 판단해 그런 사유가 없으면 청구를 기각하고(모순금지

---

72) 대결 1983. 12. 28. 83사14 등.

73) 대판 1979. 9. 11. 79다1275.

설, 반복금지설은 소각하), 새로운 사유가 있으면 그에 따라 청구의 당부를 심판한다.

전 소의 승자가 다시 같은 소를 제기한 경우에는 소위 이익의 흠결로 소각하판결을 한다(모순금지설, 반복금지설은 소의 이익과는 무관한 독자의 소송요건 흠결로 소를 각하한다). 다만 다시 승소판결을 얻어야 할 특별한 사정이 있는 경우(판결원본이 없어진 경우, 시효중단을 위한 경우, 판결내용이 특정되지 아니하여 집행을 할 수 없는 경우 등)에는 전 소 판결과 동일한 승소판결을 한다.[74]

② 선결관계

전 소와 후 소의 소송물이 같지는 않지만, 전 소가 후 소의 선결문제로 되어 있는 경우이다. 소유권확정판결 후에 원고가 피고를 상대로 소유권에 기한 소유권이전등기청구를 하는 경우, 원본채권확정 뒤에 이자채권을 청구하는 경우 등이 그것이다.

후 소의 법원은 전 소 기준 시의 법률관계에 관한 전 소 법원의 판단을 전제로 전 소 기준 시인 전 소 변론종결 후의 새로운 사유에 대한 주장이 있는지 여부를 판단해 그런 사유가 없으면 전 소 판단만을 전제로, 새로운 사유(앞의 예의 경우 원고패소판결이면 변론종결 후 소유권취득, 원고승소판결이면 변론종결 후 소유권 상실)가 있으면 그에 따라 청구의 당부를 심판한다.

③ 모순된 반대관계

후 소의 청구가 전 소 판결과 모순된 반대관계(원고 소유권확인 승소 후, 피고가 원고 상대 소유권확인청구)인 경우이다. 원고의 소유권확인 승소판결 확정 후 피고가 원고를 상대로 소유권확인청구를 하는 경우, 전 소의 이행판결에 의하여 이행을 한 피고가 이행한 급부를 부당이득이라고 하면서 반환청구를 하는 경우,[75] 매매를 원인으로 소유권이전등기를 해 준 피고가 매매가 무효임을 이유로 등기말소를 청구하는 경우[76] 등이 그것이다.

모순된 반대관계인 경우는 소송물이 동일한 경우와 마찬가지가 되어 청구를 기각하거나(모순금지설), 소를 각하한다(반복금지설).

---

74) 대판 1998. 6. 12. 98다1645, 신소의 판결은 전 소의 승소확정판결의 내용에 저촉되어서는 아니 되므로, 후 소 법원으로서는 그 확정된 권리를 주장할 수 있는 모든 요건이 구비되어 있는지 여부에 관하여 다시 심리할 수는 없다.

75) 대판 2001. 11. 13. 99다32905.

76) 대판 1995. 3. 24. 93다52488.

4. 소송법상 의의

1) 직권조사사항

기판력은 재판의 통일이나 분쟁해결이 일회성이라는 공법상 필요에서 인정된 것이므로 기판력 있는 판결의 존부는 직권조사사항이다.[77] 다만 이는 직권탐지사항과는 달라서 그 요건유무의 근거가 되는 구체적인 사실에 관하여 사실심의 변론종결 당시까지 당사자의 주장이 없는 한 법원은 이를 고려할 수 없고, 또 다툼이 있는 사실에 관해서는 당사자의 증명을 기다려서 판단함이 원칙이다.[78] 기판력에 관한 당사자의 주장은 직권발동을 촉구하는 의미밖에 없으므로 법원이 이에 관하여 판단하지 않았다고 하여 판단유탈의 상고이유로 삼을 수 없다.[79]

2) 소극적 소송요건

반복금지설에 따르면 동일한 소송물에 관하여 기판력 있는 판결이 없어야 하는 것이 소송요건이다. 모순금지설은 독자적 소송요건으로 보지 않는다.

전 소 판결의 기판력에 저촉되는 판결을 한 경우에 당연무효는 아니고 상소 또는 재심에 의하여 취소할 수 있다(제451조 제1항 제10호). 뒤의 판결이 취소될 때까지는 전 소와 후 소 판결은 각자 기판력을 갖는다.[80]

3) 기판력에 관한 합의

당사자 사이의 기판력을 무시하는 합의는 무효이다.[81] 기판력에 의하여 확정된 권리관계를 변경하는 합의는 가능하다.

5. 기판력 있는 판결

1) 확정된 종국판결

유효하게 확정된 종국판결은 원칙적으로 기판력이 있다.

---

77) 대판 1997. 1. 24. 96다32706.

78) 대판 1981. 6. 23. 81다124.

79) 대판 1997. 1. 24. 96다32706.

80) 대판 1997. 1. 24. 96다32706, 기판력 있는 전 소 판결과 저촉되는 후 소 판결이 그대로 확정된 경우에도 전 소 판결의 기판력이 실효되는 것이 아니고 재심의 소에 의하여 후 소 판결이 취소될 때까지 전 소 판결과 후 소 판결은 저촉되는 상태 그대로 기판력을 갖는 것이고 또한 후 소 판결의 기판력이 전 소 판결의 기판력을 복멸시킬 수 있는 것도 아니어서, 기판력 있는 전 소 판결의 변론종결 후에 이와 저촉되는 후 소 판결이 확정되었다는 사정은 변론종결 후에 발생한 새로운 사유에 해당되지 않으므로, 그와 같은 사유를 들어 전 소 판결의 기판력이 미치는 자 사이에서 전 소 판결의 기판력이 미치지 않게 되었다고 할 수 없다.

81) 대판 1959. 5. 4. 4291민재항259.

① 유효하게 확정된 종국판결이어야 한다. 무효인 판결(제소 전 사망을 간과한 판결)이나 미확정판결(상소기간 도과 전 판결, 판결정본 송달이 무효로 상소기간이 도과하지 않은 경우)은 기판력이 없다. 중간판결은 종국판결을 준비하기 위한 것이므로 그 소송절차 안에서만 구속력이 있을 뿐 기판력은 없다.

② 본안판결은 소송물인 권리관계의 존재 또는 부존재에 관하여 기판력이 있다. 청구기각이든 인용이든 묻지 않고, 이행·확인·형성판결 모두에 기판력이 있다. 형성판결에는 기판력을 인정하지 않는 입장도 있으나, 형성판결도 형성권(형성요건)의 존재를 확정하는 것이고 판결에 의한 권리변동의 효력을 다툴 수 없게 하는 것이 타당하므로 인정해야 할 것이다.[82] 다만 환송판결은 실질적으로 확정된 종국판결이 아니고 중간판결이므로 기판력이 없다.[83]

③ 소송판결은 소송요건에 흠이 있다는 부적법 판단에 한해 기판력이 있다. 따라서 당사자가 흠을 보완해 다시 소를 제기한 경우에는 그 기판력의 제한을 받지 않는다.[84]

④ 가압류, 가처분 확정판결은 피보전권리의 확정을 목적으로 하는 것이 아니어서 피보전권리의 존재 여부에 관한 기판력은 없으나,[85] 나중에 같은 내용의 신청을 할 경우에 다른 판단을 못 한다는 점에서 제한적인 기판력이 있다.

2) 확정판결과 동일한 효력이 있는 것

확정판결과 동일한 효력이 있는 청구의 포기·인낙 조서와 화해조서(제220조), 화해권고결정(제231조), 각종 조정조서와 조정에 갈음한 결정(민사조정법 제34조, 가사소송법 제59조), 중재판정(중재법 제35조)도 기판력이 있다. 화해조서에 관하여 판례는 무제한적 기판력을 인정하나 제한적으로 인정하자는 입장도 있다.

확정된 지급명령이나 이행권고결정에는 집행력은 있으나 기판력은 없다. 그 하자는 재심이 아닌 청구이의의 소로 다툴 수 있고, 또 그때 지급명령 이전의 사유로도 다툴 수

---

82) 대판 1980. 7. 22. 80다839, 행정청의 위법한 처분의 취소나 변경을 구하는 소송에서 원고청구를 인용한 확정판결은 당사자 간에 기판력이 있는 것이므로 그 당사자인 행정청으로서는 그 판결의 사실심 변론종결 이전의 사유를 내세워 확정판결과 저촉되는 새로운 처분을 할 수 없고, 그러한 처분을 하였다면 그 새로운 처분은 명백하고도 중대한 하자가 있는 행정행위로서 당연무효이다.

83) 대판 전합 1995. 2. 14. 93재다27.

84) 대판 2003. 4. 8. 2002다70181, 종전 소송에서 당사자능력의 흠결을 이유로 소각하 판결을 받은 자연부락이 그 후 비법인사단으로서 당사자능력을 갖춘 것으로 볼 여지가 있다는 이유로 종전 소송판결의 기판력과의 저촉을 인정하지 않은 사례.

85) 대판 1977. 12. 27. 77다1698.

있기 때문이다(민사집행법 제58조 제3항, 소액사건심판법 제5조의 8 제3항).

3) 결정·명령

결정·명령도 실체에 관하여 종국판단을 내리는 경우에는 기판력이 있다(제461조). 소송비용액확정결정(제110, 114조),[86] 간접강제의 수단으로서 배상금지급결정(민사집행법 제261조), 과태료결정(제311, 363, 370조)이 그것이다. 소송지휘에 관한 결정·명령(제222조), 비송사건에 관한 결정(비송사건절차법 제19조 제1항)도 기판력이 없다. 비송사건의 경우에는 있다는 입장도 있다.

4) 외국법원의 확정판결

외국법원의 확정판결은 민사소송법 제217조에 따라 승인절차를 거치면 기판력이 있다.

외국법원의 확정판결은 다음 각 호의 요건을 모두 갖추어야 효력이 인정된다.

① 대한민국의 법령 또는 조약에 따른 국제재판관할의 원칙상 그 외국법원의 국제재판관할권이 인정될 것.

이에 관한 조약은 없고 국제사법 제2조의 국제재판관할결정원칙에 의하여 그 외국법원의 재판권이 인정되어야 한다.[87]

② 패소한 피고가 소장 또는 이에 준하는 서면 및 기일통지서나 명령을 적법한 방식에 따라 방어에 필요한 시간여유를 두고 송달받았거나(공시송달이나 이와 비슷한 송달에 의한 경우를 제외한다) 송달받지 아니하였더라도 소송에 응하였을 것.

방어의 기회 없이 판결을 받은 피고를 보호하기 위한 것이다. 피고의 국적은 불문한다. 여기의 송달은 보충송달이나 우편송달이 아닌 통상의 송달방법에 의한 송달을 말한다.[88]

③ 그 판결의 효력을 인정하는 것이 대한민국의 선량한 풍속이나 그 밖의 사회질서에 어긋나지 아니할 것.

국내법질서를 보호하기 위한 것이지만 국제거래질서의 안정도 함께 고려해야 한다. 동일 당사자 간의 동일 사건에 관하여 대한민국에서 판결이 확정된 후에 다시 외국에서 판

---

86) 대결 2002. 9. 23. 2000마5257.

87) 대판 1988. 4. 12. 85므71, 우리나라의 법률이나 조약 등에는 섭외 이혼사건의 국제재판관할에 관한 규정을 찾아볼 수 없으므로 섭외이혼사건에 있어서 위 규정에 의한 외국법원의 재판관할권 유무는 섭외이혼사건의 적정, 공평과 능률적인 해결을 위한 관점과 외국판결 승인제도의 취지 등에 의하여 합리적으로 결정되어야 할 것이므로 섭외이혼사건에 있어서 이혼판결을 한 외국법원에 재판관할권이 있다고 하기 위해서는 그 이혼청구의 상대방이 행방불명 기타 이에 준하는 사정이 있거나 상대방이 적극적으로 응소하여 그 이익이 부당하게 침해될 우려가 없다고 보이는 예외적인 경우를 제외하고는 상대방의 주소가 그 나라에 있을 것을 요건으로 한다고 하는 이른바, 피고주소지주의에 따름이 상당하다.

88) 대판 1992. 7. 14. 92다2585.

결이 선고되어 확정되었다면 그 외국판결은 대한민국판결의 기판력에 저촉되는 것으로서 대한민국의 선량한 풍속 기타 사회질서에 위반되어 외국판결의 승인요건을 흠결한 경우에 해당하므로 대한민국에서는 효력이 없다.[89] 외국판결의 성립절차가 대한민국 국민인 피고의 방어권을 현저히 침해한 경우에는 절차에 관한 선량한 풍속 기타 사회질서 위반으로 우리나라에서 승인 또는 집행될 수 없다고 할 것이다.[90]

외국법원의 확정판결 효력을 인정하는 것이 대한민국의 선량한 풍속이나 그 밖의 사회질서에 어긋나지 아니하여야 한다는 것은 외국판결의 내용 자체가 선량한 풍속이나 그 밖의 사회질서에 어긋나는 경우뿐만 아니라 그 외국판결의 성립절차에 있어서 선량한 풍속이나 그 밖의 사회질서에 어긋나는 경우도 포함된다고 할 것이나, 민사집행법 제27조 제1항이 "집행판결은 재판의 옳고 그름을 조사하지 아니하고 하여야 한다"고 규정하고 있을 뿐만 아니라 사기적인 방법으로 편취한 판결인지 여부를 심리한다는 명목으로 실질적으로 외국판결의 옳고 그름을 전면적으로 재심사하는 것은 외국판결에 대하여 별도의 집행판결제도를 둔 취지에도 반하는 것이어서 허용할 수 없으므로, 위조·변조 내지는 폐기된 서류를 사용하였다거나 위증을 이용하는 것과 같은 사기적인 방법으로 외국판결을 얻었다는 사유는 원칙적으로 승인 및 집행을 거부할 사유가 될 수 없고, 다만 재심사

---

89) 대판 1994. 5. 10. 93므1051, 1068.

90) 대판 1997. 9. 9. 96다47517, 재미교포인 원고가 한국 유학생인 피고를 상대로 피고의 폭행, 강간을 이유로 미국법원에 미화 합계 50,000달러를 초과하는 합리적 손해액의 배상을 구하는 손해배상청구소송을 제기하여 피고는 소장 및 20일 내에 답변서를 제출할 것과 답변서를 제출하지 않을 경우에는 원고가 법원에 위 소장에서 요구한 구제를 청구할 취지임을 명백히 밝힌 소환장을 교부 송달받고도 아무런 응소를 하지 아니한 채 한국으로 귀국함에 따라 원고는 미국법원에 청구금액을 미화 500,000달러로 확정한 결석판결(Default Judgement)을 신청하였고, 이에 따라 미국법원은 판정관(Referee)의 결석판결명령에 의하여 피고는 원고에게 미화 합계 500,000달러의 손해를 배상하라는 판결이 선고된 사안에서, 위 미국판결은 미국법상 결석판결에 의하여 불확정손해의 배상을 구함에 있어서 요구되는 제반 절차를 제대로 거쳐 성립된 것이므로, 위 미국판결은 대한민국 국민인 피고가 공시송달에 의하지 아니하고 소송의 개시에 필요한 소환 또는 명령의 송달을 받고서 이루어진 소송에서 선고된 것으로서 민사소송법 제203조 제2호의 요건이 갖추어진 것으로 본 사례.
이 사건의 경우는 원고가 처음부터 한국에 있는 피고를 상대로 소송을 제기한 것이 아니라 미국에 거주하는 피고에게 소장 및 소환장을 송달하였는데 피고가 특별한 사정이 없이 응소하지 않고 한국으로 귀국한 것이므로 원격지 법원에의 제소로 인한 방어권 침해가 있었음을 주장할 수가 없고, 한편 위 미국판결은 미국법상 결석판결에 의하여 불확정손해의 배상을 구함에 있어 요구되는 제반 절차를 제대로 거쳐 성립된 것으로서 비록 원고가 미화 500,000달러라는 거액을 청구금액으로 확정하여 결석판결을 신청하였다고 하더라도 이는 미국법상 추가적 청구는 아닌 것이며, 또 피고로서는 당초부터 미화 50,000달러를 초과하는 합리적 손해액의 배상을 구한다고 기재된 소장을 송달받음으로써 앞으로의 소송 진행에 따라 더 많은 금액이 청구되어 인용될 수도 있음을 충분히 예상할 수 있었다고 봄이 상당함에도 별다른 응소를 하지 아니한 채 귀국함으로써 그 후에 있어서의 방어 기회를 스스로 포기한 결과가 되었다 할 것인데다, 피고가 그 후로도 일부 소송 서류를 수령하는 등으로 위 미국판결이 문제가 되고 있음을 알고도 상소나 그 밖의 가능한 구제절차를 전혀 취하지 아니한 사실 등에 비추어 보면, 위 미국판결이 그 성립절차에 있어서 우리나라의 선량한 풍속 기타 사회질서에 위반한다고 보기는 어렵다고 한 사례.

유에 관한 민사소송법 제451조 제1항 제6호, 제7호, 제2항의 내용에 비추어 볼 때 피고가 판결국 법정에서 위와 같은 사기적인 사유를 주장할 수 없었고 또한 처벌받을 사기적인 행위에 대하여 유죄의 판결과 같은 고도의 증명이 있는 경우에 한하여 승인 또는 집행을 구하는 외국판결을 무효화하는 별도의 절차를 당해 판결국에서 거치지 아니하였다 할지라도 바로 우리나라에서 승인 내지 집행을 거부할 수는 있다.[91]

④ 상호보증이 있을 것

우리나라와 외국 사이에 동종판결의 승인요건이 현저히 균형을 상실하지 아니하고 외국에서 정한 요건이 우리나라에서 정한 그것보다 전체적으로 과중하지 아니하며 중요한 점에서 실질적으로 거의 차이가 없는 정도라면 상호보증의 요건을 구비하였다고 봄이 상당하다. 이와 같은 상호의 보증은 외국의 법령, 판례 및 관례 등에 의하여 승인요건을 비교하여 인정되면 충분하고 반드시 당사국과의 조약이 체결되어 있을 필요는 없으며, 당해 외국에서 구체적으로 우리나라의 동종 판결을 승인한 사례가 없더라도 실제로 승인할 것이라고 기대할 수 있는 상태이면 충분하다. 이와 같은 상호의 보증이 있다는 사실은 법원의 직권조사사항이다.[92]

6. 기판력의 배제

기판력 있는 판결에 소송절차의 중대한 침해가 있거나 구체적 타당성에 반하는 사유가 발생한 때에는 기판력을 배제시킬 필요가 있다.

1) 상소의 추완이나 재심은 기판력을 배제하는 방법이다. 정기금지급을 명한 확정판결에 대해 사정변경 이유로 판결내용의 변경을 구하는 소(제252조)도 이에 해당한다.

2) 소송법상의 수단 외에 실체법적으로 기판력을 배제시킬 수 있는가에 관하여 판례는 당사자가 악의 또는 불법한 수단에 의하여 판결을 부당하게 편취한 경우에 재심에 의하여 취소하지 않은 상태에서도 손해배상청구를 인정하여 기판력을 배제할 수 있게 하고 있다.[93]

---

91) 대판 2004. 10. 28. 2002다74213.

92) 대판 2004. 10. 28. 2002다74213.

93) 대판 2001. 11. 13. 99다32899, 편취된 판결에 기한 강제집행이 불법행위로 되는 경우가 있다고 하더라도 당사자의 법적 안정성을 위해 확정판결에 기판력을 인정한 취지나 확정판결의 효력을 배제하기 위해서는 그 확정판결에 재심사유가 존재하는 경우에 재심의 소에 의하여 그 취소를 구하는 것이 원칙적인 방법인 점에 비추어 볼 때 불법행위의 성립을 쉽게 인정하여서는 아니 되고, 확정판결에 기한 강제집행이 불법행위로 되는 것은 당사자의 절차적 기본권이 근본적으로 침해된 상태에서 판결이 선고되었거나 확정판결에 재심사유가 존재하는 등 확정판결의 효력을 존중하는 것이 정의에 반함이 명백하여 이를 묵

7. 기판력의 범위

기판력의 효력이 미치는 범위는 어느 시점을 기준으로, 판결에서 판단된 어떤 사항에 대하여, 누구와 누구 사이에 미치는가의 세 관점에서 따지게 된다.

1) 시적 범위

① 개념

기판력의 시적 범위는 어느 시점에서 확정된 권리관계에 대하여 기판력이 발생하는가의 문제이다. 법률관계는 시간의 흐름에 따라 변동되기 때문에 어느 시점의 권리관계인가를 명백히 할 필요가 있다.

판결은 변론에 현출된 자료를 기초로 행하고, 당사자는 사실심 변론종결 시까지 소송자료를 제출할 수 있으므로 사실심 변론종결 시가 기준이 된다. 무변론판결의 경우에는 판결선고 시가 될 것이다.

② 실권적 효력

가. 개념

실권적 효력이란 전 소에서 확정된 권리관계의 존부를 다투기 위하여 전 소의 변론종결 시 이전에 존재하였던 공격방어방법을 후 소에서 제출할 수 없는 효력을 말한다. 기판력은 표준시의 권리관계 존부에 관한 판단에 대하여 발생하므로 변론종결 시 이전에 존재하였던 공격방어방법을 후 소에서 주장하면서 이에 반하는 판단을 구할 수는 없는 것이다.94)

과할 수 없는 경우로 한정하여야 한다. 확정판결의 내용이 단순히 실체적 권리관계에 배치되어 부당하고 또한 확정판결에 기한 집행 채권자가 이를 알고 있었다는 것만으로는 그 집행행위가 불법행위를 구성한다고 할 수 없다.

확정판결에 의한 권리라 하더라도 신의에 좇아 성실히 행사되어야 하고 그 판결에 기한 집행이 권리남용이 되는 경우에는 허용되지 않으므로 집행채무자는 청구이의의 소에 의하여 그 집행의 배제를 구할 수 있다.

확정판결의 내용이 실체적 권리관계에 배치되는 경우 그 판결에 의하여 집행할 수 있는 것으로 확정된 권리의 성질과 그 내용, 판결의 성립 경위 및 판결 성립 후 집행에 이르기까지의 사정, 그 집행이 당사자에게 미치는 영향 등 제반 사정을 종합하여 볼 때, 그 확정판결에 기한 집행이 현저히 부당하고 상대방으로 하여금 그 집행을 수인하도록 하는 것이 정의에 반함이 명백하여 사회생활상 용인할 수 없다고 인정되는 경우에는 그 집행은 권리남용으로서 허용되지 않는다.

94) 대판 2008. 11. 27. 2008다59230, 확정판결의 기판력은 동일한 당사자 사이의 소송에 있어서 변론종결 전에 당사자가 주장하였거나 주장할 수 있었던 모든 공격 및 방어방법에 미치는 것이므로, 약속어음의 소지인이 전 소의 사실심 변론종결일까지 백지보충권을 행사하여 어음금의 지급을 청구할 수 있었음에도 위 변론종결일까지 백지 부분을 보충하지 않아 이를 이유로 패소판결을 받고 그 판결이 확정된 후에 백지보충권을 행사하여 어음이 완성된 것을 이유로 전 소 피고를 상대로 다시 동일한 어음금을 청구하는 경우에는, 위 백지보충권 행사의 주장은 특별한 사정이 없는 한 전 소 판결의 기판력에 의하여 차단되어 허용되지 않는다.

전 소에서 제출 못 한 것이 과실에 의한 것인가는 묻지 않는다.[95]

나. 실권적 효력의 작용범위

실권적 효력은 기판력이 작용하는 범위 내에서 문제 된다. 즉 전 소와 후 소가 같은 경우, 선결관계인 경우, 모순된 반대관계인 경우에 문제가 된다.

예컨대 매매로 소유권을 취득했다며 소유권확인의 소에서 소유권의 증명을 위하여 매매를 주장했다가 증명을 못 하여 패소한 후에 다시 소유권확인의 소를 제기하여 전 소의 변론종결 전에 주장할 수 있었던 취득시효 등 다른 사유를 주장할 수는 없으나,[96] 소유권확인 및 소유권이전등기말소청구소송에서 패소확정판결을 받은 원고가, 그 소송의 변론종결 전에 그 부동산을 매수하였음을 이유로 또는 점유취득시효가 완성되었음을 이유로 소유권이전등기청구의 소를 제기하는 것은 기판력에 어긋나지 아니한다.[97] 전 소에서 증인이 없어 과실을 증명하지 못하여 패소한 원고가 후 소에서 증인을 구해 과실을 증명하는 것은 허용되지 않고, 이행판결을 받은 피고가 후 소에서 표준시 전에 있던 변제나 시효소멸의 주장도 할 수 없다.[98]

피상속인의 채무를 상속한 상속인을 상대로 한 채무이행청구소송에서 한정승인을 한 사실을 주장하지 않아 책임의 범위에 관한 유보가 없는 판결이 확정된 경우에는 책임의 범위는 현실적인 심판대상으로 등장하지 아니하여 주문에서는 물론 이유에서도 판단되지 않으므로 그에 관하여 기판력이 미치지 않아 채무자는 그 후 위 한정승인 사실을 내세워 청구에 관한 이의의 소를 제기할 수 있다.[99] 이에 대해서는 법적 안정성을 강조하여 한정승인사실은 변론종결 전의 사유이므로 청구이의사유가 될 수 없다는 입장도 있으나, 한정승인에 의한 책임의 제한은 상속채무의 존재 및 범위의 확정과는 관계가 없고 다만 판결의 집행대상을 상속재산의 한도로 한정함으로써 판결의 집행력을 제한할 뿐이므로 판례가 타당하다. 이와 같은 기판력에 의한 실권효 제한의 법리는 채무의 상속에 따른 책임의 제한 여부만이 문제 되는 한정승인과 달리, 상속에 의한 채무의 존재 자체가 문

---

95) 대판 1980. 5. 13. 80다473, 기판력은 그 소송의 변론종결 전에 있어서 주장할 수 있었던 모든 공격 및 방어방법에 미치는 것이며 그 당시 알 수 있었거나 또는 알고서 이를 주장하지 않았던 사항에 한하여 미친다고는 볼 수 없다.

96) 대판 1987. 3. 10. 84다카2132.

97) 대판 1995. 6. 13. 93다43491, 1995. 12. 8. 94다35039, 소유권확인이나 소유권이전등기말소청구소와 매수 또는 점유취득시효가 완성되었음을 이유로 한 소유권이전등기청구의 소는 같은 소송물도, 선결관계도, 모순된 반대관계도 아니기 때문이다.

98) 대판 1981. 9. 8. 80다2442.

99) 대판 2006. 10. 13. 2006다23138.

제 되어 그에 관한 확정판결의 주문에 당연히 기판력이 미치게 되는 상속포기의 경우에는 적용될 수 없다.[100]

다. 실권되는 범위

표준시 이전에 존재하던 사실로 당사자가 제출하지 않은 사실 전부가 실권의 효력을 받는 것이나 반대의 입장도 있다. 당사자가 제출한 소송자료만이 판결의 기초가 되므로 제출하지 않은 사실을 토대로 하여 같은 청구취지의 소를 제기할 수 있다는 것이나, 이는 민사집행법 제44조 제2항이 청구이의사유를 변론종결 뒤에 발생한 것으로 한정하는 것에 반하고, 전 소의 사실관계와 무관하고 모순되지 않는 사실관계가 기판력에 의하여 차단되지 않는 것은 기판력이 객관적 범위의 문제이지 시적 범위의 문제는 아니므로 타당하지 않다.

라. 표준시 전에 발생한 형성권(취소, 해제, 상계, 건물매수청구권)의 행사

확정판결 뒤에 당사자의 일방적인 형성권 행사로 복멸되는 것을 방지해야 한다는 법적 안정성의 확보필요성과 확정판결에 의한 강제집행 시 채무자가 뒤늦게 형성권을 행사하여 청구이의의 소 등으로 강제집행을 배제 또는 지연시키는 것을 방지해야 한다는 것을 근거로 모든 형성권이 실권한다는 입장, 취소권은 행사기간을 소송법이 단축하는 결과가 된다는 이유로, 상계권은 수동채권의 하자의 문제가 아니라는 이유로, 건물매수청구권은 정책적으로 인정된 것이라는 이유로 모두 실권하지 않는다는 입장, 상계권과 건물매수청구권에 한하여 예외를 두는 입장 등이 있다.

다수설과 판례는 법적 안정성을 추구하는 기판력제도의 목적과 법률행위무효사유도 기판력에 의하여 차단되는데, 취소·해제사유가 차단되지 않는다면 균형이 맞지 않는다는 이유로 원칙적으로 실권하지만,[101] 상계권과 건물매수청구권에 대해서는 예외를 인정한다.

상계권에 관하여 판례는 표준시 전에 상계적상에 있었어도 피고가 상계적상에 있음을 알았거나 몰랐거나를 불문하고 후에 상계가 가능하다고 하고,[102] 지상권자나 건물임차인의 건물매수청구권도 소송물 자체의 흠에 기한 것이 아니고 건물의 효용을 유지시키려는 정책적 근거에서 인정되는 것이므로 표준시 후 행사를 허용한다.[103] 이와 달리 절차의 집중신의칙에 비추어 피고가 표준시 전에 상계적상에 있음을 알지 못한 경우에 한하여

---

100) 대판 2009. 5. 28. 2008다79876.
101) 대판 1979. 8. 14. 79다1103(취소권), 1981. 7. 7. 80다2751(해제권).
102) 대판 1966. 6. 28. 66다780.
103) 대판 1995. 12. 26. 95다42195.

실권시키지 않는 것이 타당하고, 건물매수청구권도 마찬가지라는 입장도 있으나, 상계의 항변은 수동채권의 흠에 의한 것이 아니며 자신의 채권도 함께 소멸시키는 불이익이 있는 방어방법인데, 표준시 후의 행사를 일체 불허하는 것은 너무 가혹하고, 상계적상이 있음을 안 경우에는 상계를 강제하는 결과가 되어 상계의 자유를 인정한 실체법의 취지에도 반하므로 타당하지 않다.

마. (표준시 확인)표준시 후에 발생한 사유

표준시에 확정된 권리관계라도 그 후에 변동될 수 있으므로 표준시 후에 발생한 사유는 실권효의 제재를 받지 않고, 이를 주장하여 확정된 법률효과를 다툴 수 있다. 기한 미도래나 조건미성취로 패소가 확정된 후에 기한도래나 조건성취 후에 다시 제소하는 것,104) 소각하판결 후에 소송요건을 갖추어 다시 제소하는 것,105) 농지증명을 구비하지 못해 패소가 확정된 후에 농지증명을 보완하여 다시 제소하는 것106) 등이 그 예이다.

표준시 후에 발생한 사유는 사실자료만을 말하므로 법개정, 위헌결정, 판례의 변경, 판결의 기초가 된 행정처분 변경을 이유로 판결의 효력을 뒤집을 수는 없다.107)

사실에 대한 다른 법률평가도 새로운 사유는 아니므로 어긋나는 변론종결 후에 이와 어긋나는 후 소 판결이 확정되어도 전 소의 기판력에는 영향이 없다.108)

표준시에 예측할 수 없는 손해가 발생한 경우에 이를 표준시 후에 발생한 것으로 볼 것인가에 관하여 판례는 전 소송의 소송물과는 별개의 소송물이므로 전 소송의 기판력에 저촉되는 것이 아니라고 보아 추가배상을 인정한다.109)

바. 표준시 전후의 법률관계

기판력에 의하여 확정되는 것은 표준시의 법률관계이고, 그 전이나 후의 법률관계는

---

104) 대판 2002. 5. 10. 2000다50909.

105) 대판 2003. 4. 8. 2002다70181.

106) 대판 1963. 9. 12. 63다359.

107) 대판 1995. 1. 24. 94다28017, 대판 1969. 1. 14. 68다2134, 대판 전합 1981. 11. 10. 80다870, 행정처분의 취소를 원인으로 재심(제451조 제1항 제8호)을 청구할 수 있을 뿐이다.

108) 대판 1997. 1. 24. 96다32706, 재심의 소에 의하여 후 소 판결이 취소될 때까지 전 소 판결과 후 소 판결은 저촉되는 상태 그대로 기판력을 갖는다. 예컨대 소유권에 기한 이전등기말소청구를 제기하여 패소확정판결을 받은 사람이 다시 같은 부동산에 관하여 소유권확인청구의 소를 제기하여 승소확정판결을 받은 다음, 다시 소유권에 기한 이전등기말소청구의 소를 제기하면 기판력에 어긋난다.

109) 대판 1980. 11. 25. 80다1671, 불법행위로 인한 적극적 손해의 배상을 명한 전 소송의 변론종결 후에 새로운 적극적 손해가 발생한 경우에 그 소송의 변론종결 당시 그 손해의 발생을 예견할 수 없었고 또 그 부분 청구를 포기하였다고 볼 수 없는 등 특별한 사정이 있다면 전 소송에서 그 부분에 관한 청구가 유보되어 있지 않다고 하더라도 이는 전 소송의 소송물과는 별개의 소송물이므로 전 소송의 기판력에 저촉되는 것이 아니다.

확정하지 않는다. 예컨대 원금채권부존재 패소 확정 후에 변론종결 전에 원금채권이 존재했음을 이유로 변론종결 전까지의 이자채권청구는 가능하다.[110] 이때 표준시 이후의 이자채권을 청구하는 것은 원금채권의 존재를 전제로 하므로 기판력에 저촉된다.

사. 정기금판결과 변경의 소

a. 개념, 성질

정기금의 지급을 명한 판결이 확정된 뒤에 그 액수산정의 기초가 된 사정이 현저하게 바뀜으로써 당사자 사이의 형평을 크게 침해할 특별한 사정이 생긴 때에는 그 판결의 당사자는 장차 지급할 정기금 액수를 바꾸어 달라는 소를 제기할 수 있는데 이를 변경의 소라고 한다(제252조).

이는 사정변경의 원칙이 소송법에 반영된 것으로, 정기금판결의 기판력을 일정한 범위 내에서 배제하고 새로이 이행의무를 확정하려는 소이므로, 소송법상의 법률관계변동을 목적으로 하는 소송법상 형성의 소라고 할 수 있고, 변경대상이 되는 판결에 따라 이행의 소나 확인의 소 성질도 갖고 있다.

b. 소송물

변경의 소 소송물은 정기금판결의 변경과 변경된 내용에 따른 이행판결 또는 확인판결을 구하는 것인데, 이것이 전 소의 소송물과 같은 것인가에 관하여 입장이 나뉜다.

다수설은 정기금판결은 장래 발생할 급여 전체에 대하여 하나로 판결한 것이므로 기판력은 법관이 장래 발생할 것으로 예측한 사실관계에 미치고 따라서 실제 발생한 사실이 예측과 달라도 이를 주장하는 것은 기판력에 반하지만, 법은 당사자 사이의 형평을 위하여 새로운 사실의 주장을 가능하게 한 것이라고 본다. 이 설에 따르면 예상할 수 없는 후유증에 의한 확대손해는 별개의 소송물로 추가청구를 하면 되고 변경의 소 대상은 아니다.

소수설은 변경의 소는 새로운 청구취지와 사실관계를 주장하는 것이므로 전 소와 소송물도 다르고, 전 소의 표준시 이후의 사정에 따른 것이므로 전 소의 기판력과는 무관한 것이라고 본다. 이 설에 따르면 후유증에 의한 확대손해도 구별하지 않고 변경의 소를 허용한다.

c. 요건

변경의 소 대상은 확정기간 또는 불확정기간에 정기적으로 일정급부를 명하는 정기금판결이다. 일시금배상을 명하는 판결은 대상이 아니다. 판결과 같은 효력이 있는 포기·

---

110) 대판 1976. 12. 14. 76다1488.

인낙·화해에 기판력이 있다고 보는 견해는 이 경우에도 변경의 소가 가능하다. 중재판정도 마찬가지이다. 부양료나 양육비에 관한 심판은 기판력이 없고, 민법 제837, 978조에 의하여 사정변경으로 인한 변경이 가능하므로 변경의 소 대상이 아니다.

변경의 사유로 판결이 확정된 뒤에 그 액수산정의 기초가 된 사정이 현저하게 바뀜으로써 당사자 사이의 형평을 크게 침해할 특별한 사정이 생겨야 한다. 확정된 뒤라고 규정되어 있기는 하나, 사실심 변론종결 후의 사정은 법원이 고려할 수 없었으므로 그 후로 해석하여야 할 것이다. 사정변경은 예상한 후유장애가 크게 호전되거나, 물가의 폭등, 공과금의 증감, 기타 경제사정의 변동으로 당사자 사이의 형평을 크게 침해하는 경우를 말한다.

변경의 소 당사자는 정기금판결의 당사자에 한하고, 관할법원은 정기금의 제1심 판결법원의 전속관할이다(제252조 제2항). 변경의 소 소장에는 변경을 구하는 확정판결의 사본을 첨부하여야 한다(민소규칙 제63조 제3항).

d. 재판

변경사유가 인정되면 소제기 이후의 정기금 액수를 증액 또는 감액하는 판결을 한다. 종전의 정기금판결이 소멸하는 것은 아니므로 소제기 전에 발생한 채권은 종전의 판결을 집행권원으로 하여 집행할 수 있다. 변경의 소를 제기하여도 정기금판결의 집행이 정지되는 것은 아니므로 강제집행의 정지를 신청하여야 한다(제501조).

2) 객관적 범위(물적 범위)

① 개념

기판력의 객관적 범위는 판결서에 표시된 판단 가운데 어느 사항에 관한 판단에 기판력이 생기는가의 문제이다. 기판력은 확정판결의 주문에 포함된 것에 한하여 미치고 판결이유 중 판단에 대해서는 미치지 않는 것이 원칙이다.

② 판결주문에 포함된 판단

가. 본안판결의 경우

a. 소송물에 관한 판단

주문에는 소송물에 관한 판단이 표시되므로 결국 소송물에 관한 판단에 한하여 기판력이 발생한다. 주문 자체는 간결하게 표시되므로(원고의 청구를 기각한다, 피고는 원고에게 돈 1,000만 원 지급하라) 기판력이 미치는 사항을 알려면 이유를 참작해야 하지만, 이유 중 판단에 기판력이 있는 것은 아니다.

b. 동일한 소송물

ⅰ) 동일한 소송물에 한하여 기판력이 미친다. 동일한 소송물인지 여부는 구 소송물론은 청구취지와 원인에 의하여, 신소송물론은 청구취지에 의하여 판단한다.

ⅱ) 양 소의 청구취지가 다른 경우에는 기판력이 작용하지 않는다. 전 소는 건물철거 또는 인도소송이고 후 소는 같은 건물의 등기말소청구소송인 경우,[111] 전 소는 1필의 토지특정부분에 대한 소유권이전등기청구이고 후 소는 1필의 토지지분이전등기청구인 경우[112]가 그 예이다.

ⅲ) 양 소의 청구취지가 같고, 청구원인을 이루는 사실관계는 같으나 그에 대한 법률적 구성이 다른 경우는 신이론은 소송물이 같다고 보고, 구 이론은 다르다고 본다. 하나의 사실관계에 대하여 불법행위에 의한 1억 원의 손해배상청구가 패소하자, 채무불이행에 의한 1억 원의 손해배상으로 다시 청구한 경우이다.

ⅳ) 양 소의 청구취지는 같고, 청구원인을 이루는 사실관계와 그에 대한 법률적 구성이 다른 경우에는 신이론 중 일지설은 소송물이 같다고 하므로 기판력이 미치게 되나 이 입장에서도 당사자의 예측을 넘은 가혹한 결과를 초래한다는 이유로 제출하지 않은 사실관계에 대해서는 기판력이 발생하지 않는다는 입장도 있다. 구 이론과 신이론 중 이지설은 소송물이 달라 기판력이 작용하지 않는다. 매매를 원인으로 한 소유권이전등기청구가 패소하자 취득시효의 완성을 원인으로 한 소유권이전등기를 청구하는 경우,[113] 1억 원의 어음금 청구가 패소하자, 어음수수의 원인관계인 1억 원의 대여금청구를 하는 경우 등이다.

ⅴ) 양 소가 공격방어방법만이 다른 경우는 동일한 소송물이므로 기판력이 미친다. 등기말소청구에서 패소한 후에 다른 말소원인에 의한 등기말소청구를 하는 경우이다.[114]

ⅵ) 소송물이 달라도 전 소의 소송물에 관한 판단이 후 소의 소송물에 대한 판단에 선결적 관계에 있거나, 양자가 모순된 반대관계이면 기판력이 미친다.

판례는 소유권이전등기말소청구소송과 이에 갈음하여 허용되는 진정명의 회복을 원인

---

111) 대판 전합 1979. 2. 13. 78다58.

112) 대판 전합 1995. 4. 25. 94다17956.

113) 대판 1968. 3. 19. 68다123.

114) 대판 1981. 12. 22. 80다1548, 말소등기청구사건의 소송물은 당해 등기의 말소등기청구권이고, 그 동일성 식별의 표준이 되는 청구원인, 즉 말소등기청구권의 발생원인은 당해 "등기원인의 무효"에 국한되므로, 전 소에서 한 사기에 의한 매매의 취소 주장과 후 소에서 한 매매의 부존재 또는 불성립의 주장은 모두 청구원인인 등기원인의 무효를 뒷받침하는, 독립된 공격방어방법에 불과하고, 후 소에서의 주장사실은 전 소의 변론종결 이전에 발생한 사유이므로 전 소와 후 소의 소송물은 동일하다.

으로 하는 소유권이전등기청구는 형식상 소송물은 다르지만 실질적으로는 동일한 소송물이므로 전 소의 기판력은 후 소에 미친다고 하고,[115] 제소전화해로 이전등기가 마쳐진 부동산에 대하여 이전등기말소청구와 진정명의회복을 원인으로 하는 이전등기청구가 선택적으로 병합된 경우에 전자는 제소전화해의 기판력에 반하고, 후자는 실질적으로 동일한 소송물이므로 제소전화해의 기판력에 반한다고 한다.[116] 실질적으로 동일하다는 것은 결국 모순된 반대관계에 있다는 것으로 보는 것과 같다.

c. 일부청구

일부청구에 관해서는 일부청구는 잔부청구와는 독립된 소송물로 그 기판력이 잔부청구에 미치지 않는다는 입장, 일부가 이행기나 담보권의 유무 등으로 특정되지 않는 한 전부를 소송물로 보아야 하고 따라서 기판력이 잔부청구에 미친다는 입장, 명시적 일부청구에는 미치지 않으나, 묵시적 일부청구에는 미친다는 입장 등이 있다. 판례는 마지막 입장이다.[117]

d. 휴유증에 의한 확대손해

교통사고로 인한 신체상해에 대한 손해배상사건의 확정판결 후에 당초 예견할 수 없었던 후유증으로 추가손해가 발생한 경우에 이는 새로운 중한 손해로서(별개의 소송물이다) 전 소의 기판력에 저촉되지 않아 새로이 손해배상청구를 할 수 있다.[118] 반대로 판결이 확정된 후 피해자가 그 판결에서 손해배상액 산정의 기초로 인정된 기대여명보다 일찍 사망한 경우라도 그 판결이 재심의 소 등으로 취소되지 않는 한 그 판결에 기하여 지급받은 손해배상금 중 일부를 법률상 원인 없는 이득이라 하여 반환을 구하는 것은 그 판결의 기판력에 저촉되어 허용될 수 없다.[119]

---

115) 대판 전합 2001. 9. 20. 99다37894, 말소등기에 갈음하여 허용되는 진정명의회복을 원인으로 한 소유권이전등기청구권과 무효등기의 말소청구권은 어느 것이나 진정한 소유자의 등기명의를 회복하기 위한 것으로서 실질적으로 그 목적이 동일하고, 두 청구권 모두 소유권에 기한 방해배제청구권으로서 그 법적 근거와 성질이 동일하므로, 비록 전자는 이전등기, 후자는 말소등기의 형식을 취하고 있다고 하더라도 그 소송물은 실질상 동일한 것으로 보아야 하고, 따라서 소유권이전등기말소청구소송에서 패소확정판결을 받았다면 그 기판력은 그 후 제기된 진정명의회복을 원인으로 한 소유권이전등기청구소송에도 미친다.

116) 대판 2002. 12. 6. 2002다44014.

117) 대판 1989. 6. 21. 89다카2498.

118) 대판 2007. 4. 13. 2006다78640, 식물인간 피해자의 여명이 종전의 예측에 비하여 수년 연장되어 그에 상응한 향후치료, 보조구 및 개호 등이 추가적으로 필요하게 된 것은 전 소의 변론종결 당시에는 예견할 수 없었던 새로운 중한 손해로서 전 소의 기판력에 저촉되지 않는다.

119) 대판 2009. 11. 12. 2009다56665.

나. 소송판결의 경우

각하판결에서 판단된 소송요건 흠의 존재에 대하여 기판력이 발생한다.[120] 어떤 소송요건이 부적법한지는 판결이유를 참작해야 하지만, 이유 중 판단에 기판력이 있는 것은 아니다.

③ 판결이유 중 판단

가. 원칙

판결이유 중 판단에는 발생하지 않는 것으로 한 것은 공격방어방법에 대하여 다투는 것은 당사자 자유이고 소송의 목적이 아닌 수단이므로 이에 대한 판단에 기판력을 인정하는 것은 당사자 의도를 넘는 것이고, 오판이 있는 경우에도 다툴 수 없게 되어 당사자에게 불의의 타격을 가하게 되기 때문이다. 법 제216조가 확정판결은 주문에 포함된 것에 한하여 기판력을 가진다고 규정한 것의 반대해석상으로도 이유 중 판단에는 기판력이 미치지 않는 것으로 정한 것으로 볼 수 있다.

이와 달리 전 소 판결이 후 소에서 확정하려는 법률효과와 의미관련을 가지면 전 소의 판단이 후 소에 대하여 기판력이 있다는 의미관련론, 전 소와 후 소의 경제적 가치가 동일하다면 기판력이 있다는 경제가치동일성론, 전 소에서 당사자가 주요 쟁점으로 다투고 법원이 이를 심리하여 내린 판단은 후 소에서도 통용된다는 쟁점효이론 등 이유 중 판단에 기판력을 인정하려는 소수입장들이 있다.[121]

a. 사실인정

이유 중에서 판단한 사실인정에는 기판력이 발생하지 않는다. 소유권이전등기의 말소등기를 명한 판결의 기판력은 그 주문에 포함된 소유권 일부 이전등기의 말소등기를 이행하라는 부분에 대해서만이 발생하고, 그 판단의 전제가 되는 피고가 대리할 권한이 없는 자로부터 매수한 것이라는 사실인정에는 미치지 않는다.[122]

---

120) 대판 1997. 12. 9. 97다25521.

121) 쟁점효이론은 일본에서 유력한 이론으로 자리 잡고 있으나 일본최고재판소는 이를 인정하지 않고 있고 우리 대법원도 마찬가지이다(대판 1979. 2. 13. 78다58). 다만 대법원은 이유 중 판단이 서로 달라지는 데서 오는 모순을 방지하기 위하여 다른 민사사건에서 확정한 사실은 유력한 증거로 받아들이고 있고 (대판 2000. 9. 8. 99다58471), 신의칙, 즉 선행행위와 모순되는 거동의 금지나 권리실효의 원칙 등의 적용 가능성을 열어 두고 있다(대판 2002. 9. 24. 2002다11847, 소유권이전등기말소청구소송에서 패소 판결확정 후에 다시 그 선결문제인 소유권에 대하여 확인의 소를 제기하는 것 자체가 신의칙에 반하는 것은 아니고, 신의칙에 기하여 소송의 반복을 금지하기 위해서는 적어도 그 판단이 전 소에서 주요한 쟁점으로 되어 양 당사자가 공격방어를 다한 사항에 대하여 내려졌고 따라서 상대방에게 그 사항에 대한 다툼은 이미 결말이 났다고 하는 정당한 신뢰가 생겼을 것이 요구된다).

122) 대판 1970. 9. 29. 70다1759.

b. 법률판단

이유 중에 표시된 법규해석, 사실에 대한 법률적용 등 법률판단에는 기판력이 없다. 판결의 기판력은 주문에 포함된 소송물인 법률관계의 존부에 관한 판단의 결론에 대해서만 발생된다 할 것이고, 그 전제가 되는 것에 불과한 법규의 해석 적용이나 법률사실의 인정 등이 법률관계의 존부에 관한 것이라고 할지라도 이 부분까지는 기판력이 미치지 않으므로, 이전등기말소청구사건에서 피고에게 공유지분권이 있는지 여부에 관한 판단에는 미치지 않는다.[123] 소유권확인청구 기각판결의 기판력은 소유권이 없음을 확인하는 부분에 한정되고 그 청구를 배척하는 이유로 삼은 부분인 농지분배가 무효라는 판단에까지 미치는 것이 아니다.[124]

c. 선결적 권리, 법률관계

이자청구에 원본존재 여부의 판단, 소유권 기한 인도청구(소송물은 인도청구권)에서 소유권 존부의 판단과 같이 선결적 권리, 법률관계에 관한 판단에 대해서는 기판력이 없다.[125] 기판력을 얻으려면 중간확인 소를 제기해야 한다. 소유권에 기한 소유권이전등기말소청구에서 패소한 후 제기한 소유권에 기한 방해배제청구의 후 소에는 기판력이 미치지 않는다.[126]

d. 항변

피고의 항변에 대한 판단에는 기판력이 없다. 항변은 소송물이 아니고 그 판단을 위한 전제일 뿐이기 때문이다. 동시이행항변을 받아들인 상환이행판결은 동시이행관계에 있는 반대채권의 존재 및 액수 등에 대해서는 기판력이 생길 여지가 없으나, 소유권이전등기 청구에 위 동시이행의 조건이 붙어 있다는 점에 관해서는 기판력이 미치므로, 확정판결 주문에 표시된 동시이행 관계에 있는 반대의무 이행을 하지 아니하더라도 소유권이전등기를 이행할 의무가 있는 것이라고 하는 주장은 위 확정판결의 기판력에 저촉된다.[127]

나. 예외 - 상계항변

판결이유에 상계항변에 대한 판단이 있는 경우에는 상계로 대항한 액수의 한도에서 배척·인용을 불문하고 기판력이 있다(제216조 제2항).

배척한 경우에는 자동(반대)채권의 부존재에 대하여 기판력이 있다.

---

123) 대판 1970. 9. 29. 70다1759.
124) 대판 1968. 9. 30. 68다1411.
125) 대판 1962. 2. 8. 4294민상205.
126) 대판 2002. 9. 24. 2002다11847.
127) 대판 1975. 5. 27. 74다2074.

인용한 경우에는 자동·수동채권의 존재와 그것이 상계로 소멸한 사실에 대하여 기판력이 있다는 입장과 현재 자동채권이 존재하지 않는다는 판단에 기판력이 있다는 입장이 있다.

상계항변이 실기이유로 각하되거나, 성질상 불허되거나, 상계부적상으로 배척되었을 때는 기판력이 없다. 자동채권에 대한 판단에 들어가지 않고 수동채권의 존재가 부정된 경우에도 같다.

상계하자고 대항한 액수에 관하여 기판력이 있으므로 이를 초과하는 부분은 별소로 청구할 수 있다.

상계항변의 심리는 다른 방어방법이 모두 이유 없을 때 최후의 방어방법으로 이루어지고, 수동채권의 존재 여부를 먼저 확정한 다음에 상계항변에 대한 판단을 해야 한다. 수동채권이 존재하지도 않는데 자동채권이 소멸하는 결과가 되면 안 되기 때문이다.

3) 주관적 범위(인적 범위)

① 개념

기판력의 주관적 범위는 기판력이 누구와 누구 사이에 미치는가의 문제이다.

② 당사자

기판력은 당사자 사이에서만 미치는 것이 원칙이다. 민사소송의 판결은 당사자 사이의 사적 이익에 관한 분쟁해결을 위한 것이고, 처분권주의 및 변론주의의 원칙상 당사자에게만 소송수행의 기회를 부여하므로 이런 기회가 없는 제3자나 대리인, 보조참가인, 공동소송인 등에게 기판력이 미치게 하여 소송의 결과를 강요하는 것은 부당하고 그의 재판청구권을 침해하는 것이기 때문이다. 다만 분쟁해결의 실효성을 높이기 위하여 밀접한 관계에 있는 제3자에게 미치는 경우가 있다.

③ 당사자에 준하는 자(변론종결 후 승계인)

가. 개념

변론종결 후 승계인이란 사실심 변론종결 후에 당사자로부터 분쟁의 주체인 지위를 승계한 사람을 말한다. 이 사람에게는 당사자와 상대방 사이에 내려진 판결의 기판력이 미친다(제218조 제1항).

나. 인정취지

패소한 당사자가 소송물인 권리관계 또는 법적 지위를 제3자에게 넘기면 당사자 사이의 소송결과가 무의미해지는데, 상대방으로서는 소송 중이면 인수승계로 참가시켜 당사자로 만들어 기판력을 받게 할 수 있으나, 변론종결 후에는 방법이 없어 새로이 소송을 해야 하는 부당한 결과를 피하기 위한 것이다.

다. 승계인의 범위

승계인의 범위를 둘러싸고 종전에는 소송물인 권리·의무 자체를 승계한 사람에 한정하였으나, 이에 따르면 예컨대 건물철거·토지인도청구소송 중에 피고로부터 건물을 임차한 사람은 피고의 승계인이 아니므로 원고는 임차인을 상대로 다시 소송을 제기해야만 하므로 기판력의 범위를 확장한 의미가 없게 된다. 이에 따라 더 나아가서 소송물에 관하여 당사자적격을 승계받은 사람도 포함시키는 것이 통설로 되었다.

a. 소송물인 권리·의무 자체의 승계인

승계는 포괄·특정승계를 불문하고, 특정승계의 경우 이전적·설정적 승계를 불문한다. 승계원인이 법률행위에 의한 임의처분이든 국가의 강제처분이든 불문한다.

승계의 시기는 변론종결 후여야 한다.[128]

b. 계쟁물에 관한 분쟁주체인 지위(당사자적격)를 승계한 사람

소유권에 기한 가옥·토지 반환청구 중 목적물의 점유를 취득한 사람, 건물철거청구의 피고로부터 건물을 양수한 사람 등이 그 예이다. 이와 관련 구 소송물론(구 실체법설)은 원고청구권이 물권적 청구권일 경우만 대세적 효력이 있으므로 이 경우의 승계인만 변론종결 후의 승계인에 포함시키고, 채권적 청구권인 경우에는 포함시키지 않는다.[129] 신소송물론(소송법설)은 실체법상 권리의무와 무관하게 소송물 개념을 구성하므로 채권적 청구권일 때도 포함시킨다.[130]

c. 승계인에게 고유한 항변이 있는 경우

변론종결 후 피고로부터 계쟁동산을 매수하여 선의취득을 한 자, 피고로부터 계쟁부동산을 매수하여 시효 완성된 자, 피고 임차인으로부터 원고의 동의를 얻어 전차한 자 등과 같이 전주의 불리한 지위를 승계한 것이 아니고 고유한 항변이 있는 경우에 대해서는 입장이 나뉜다. 형식설은 여기의 승계인이지만 후 소에서 주장할 수 있다면서, 승계집행문이 부여되면 집행문부여에 대한 이의의 소를 제기하여 다투어야 한다고 한다. 실질설

---

128) 대판 1979. 2. 13. 78다2290.

129) 대판 2003. 3. 28. 2000다24856, 소유권에 기한 소유권이전등기말소소송의 승소 확정판결의 변론종결 뒤에 소유권이전등기나 근저당권설정등기를 한 경우는 사실심 변론종결 후의 승계인이다.
대판 1980. 11. 25. 80다2217, 채권(매매)에 기한 소유권이전등기청구의 승소 확정판결의 변론종결 후에 그 청구목적물을 매수하여 등기를 한 제3자는 변론종결 후의 승계인에 해당되지 아니한다.

130) 예컨대 임대차종료에 따른 건물인도청구소송에서 소송물은 건물의 인도를 구하는 법적 지위의 주장이고, 그 지위가 임대차종료를 원인으로 하는 채권적 청구권인가 소유권에 근거한 물권적 청구권인가는 공격방어방법에 지나지 않으므로 어느 경우나 변론종결 후의 승계인이 된다고 본다.

은 승계인이 아니고, 그 항변이 성립할 가능성이 있으면 집행문이 부여되지 않고 원고가 집행문부여의 소를 제기하여야 한다고 본다. 판례는 불명하나, 실무에서는 집행단계에서 주로 문제 될 것이고, 다투는 방법의 차이 외에 승계인의 보호에는 아무 차이가 없다.

라. 승계의 추정

당사자가 변론종결 시까지 승계사실을 진술하지 않으면 종결 후 승계한 것으로 추정한다(제218조 제2항). 여기의 당사자는 승계인을 의미하는 것으로 보는 것이 다수설이다. 피승계인이 진술을 하지 않아 승계인이 불이익을 입는 것은 부당하기 때문이다. 이와 달리 법문대로 피승계인을 의미한다는 입장도 있다.[131]

승소한 원고는 승계사실만을 증명하여 승계집행문을 구할 수 있고, 승계인은 변론종결 전 승계사실을 증명하여 번복할 수 있다.

④ 청구의 목적물을 소지한 사람

가. 인정취지

특정물 인도청구 시 그 특정물을 오로지 당사자나 그 승계인을 위하여 소지하고 있는 사람(수치인, 관리인)에게는 당사자가 받은 판결의 기판력이 미친다(제218조 제1항). 이들의 점유는 오로지 당사자를 위한 것이므로 당사자와 같이 보아 기판력을 인정해도 고유의 이익을 해할 염려가 없기 때문이다.

나. 청구의 목적물

청구는 물권적 청구권·채권적 청구권을 불문한다. 목적물은 특정물이기만 하면 동산·부동산을 불문한다.

다. 소지한 사람

소지한 사람은 당사자 또는 그 승계인을 위하여 소지한 사람을 말한다. 표준시 전부터 소지한 사람도 포함된다. 당사자 자신과 같이 취급해도 그만이기 때문이다. 자기이익을 위해 소지하는 사람(임차인, 질권자)은 아니다. 강제집행면탈을 막기 위하여 가장양도 시 가장양수인도 여기의 소지인으로 보는 것이 옳다.

⑤ 소송담당 경우 이익의 귀속주체

제3자 소송담당의 경우 판결의 효력은 당사자로서 표면에 등장하지 않은 본인에게 미친다(제218조 제3항). 파산관재인, 선정당사자, 유언집행자, 회생절차 관리인에 의한 소송이 그것이다.

채권자대위소송과 같이 담당자가 권리주체와 병행하여 소송수행권을 가지는 경우에는

---

131) 대판 1977. 7. 26. 77다92.

권리주체에게 절차권이 보장된 때(고지 등으로 소송존재 사실을 알고 참가 등을 할 수 있을 때)에 한하여 기판력이 확장된다는 것이 다수설과 판례이다.132) 이와 달리 항상 기판력이 미친다는 입장과 미치지 않는다는 입장도 있다.

이와 관련하여 채무자와 채권자 사이의 확정판결의 기판력이 대위소송에 확장되는가에 관해서는 기판력이 미친다는 입장, 채무자와 실체법상 의존관계에 있는 채권자로서는 판결을 받아들여야 하는 반사효가 있다는 입장, 채무자가 먼저 판결을 받았기 때문에 채권자의 대위권이 발생하지 않는 법률요건적 효력이라는 입장이 있다. 판례는 제3자가 채권자를 대위하여 채무자를 상대로 제기한 소송과 이미 확정판결이 되어 있는 채권자와 채무자 간의 기존소송이 실질적으로 동일내용의 소송이라면 위 확정판결의 효력은 채권자 대위권행사에 의한 소송에도 미친다고 하여 기판력설의 입장이다.133)

채권자대위소송 판결의 기판력이 다른 채권자에게도 미치는가와 관련해서는 대위소송을 채무자가 알았을 때에는 기판력을 받으므로 동일한 소송물에 대한 다른 채권자의 대위소송에 기판력이 미친다는 입장과 반사효가 미친다는 입장, 각 채권자는 서로 관련 없는 자신의 대위권을 행사하는 것이므로 판결의 효력을 받지 않는다는 입장이 있다. 판례는 기판력을 받는다고 한다.134)

채권자취소권의 요건을 갖춘 각 채권자는 고유의 권리로서 채무자의 재산처분 행위를 취소하고 그 원상회복을 구할 수 있는 것이므로135) 각 채권자가 동시 또는 이시에 채권자취소 및 원상회복소송을 제기한 경우에 한 사건의 확정판결 기판력이 다른 사건에 미치지는 않는다. 다만 확정된 판결에 기하여 재산이나 가액의 회복이 미쳐지면 다른 사건은 중첩되는 범위 내에서 권리보호이익이 없게 된다.136)

⑥ 소송탈퇴자

제3자가 독립당사자참가, 참가·인수승계에 의하여 당사자로서 소송에 가입하였기 때문에 종전의 당사자 한쪽이 그 소송에서 탈퇴한 경우에는 그 제3자와 상대방 당사자 사이에 내린 판결의 효력은 탈퇴한 종전 당사자에게도 미친다(제80조).

⑦ 일반 제3자

법률관계의 획일적 처리와 안정을 위하여 법에서 일반 제3자에게 판결의 효력을 확장

---

132) 대판 전합 1975. 5. 13. 74다1664.
133) 대판 1981. 7. 7. 80다2751.
134) 대판 1994. 8. 2. 93다52808.
135) 대판 2003. 7. 11. 2003다19558.
136) 대판 2005. 3. 24. 2004다65367.

하는 경우가 있다.

가. 일정범위 이해관계인에게 확장되는 경우

회생채권확정소송에서 회생채권자, 주주, 지분권자(채무자회생 및 파산에 관한 법률 제
176조), 파산채권확정소송에서 파산채권자 전부(앞의 법 제468조), 증권관련 집단소송에
서 제외신고를 하지 않은 구성원(증권관련 집단소송법 제37조)이 그것이다.

나. 일반 제3자에게 확장되는 경우

신분관계소송(가사소송법 제21조), 회사관계소송의 인용판결(상법 제190조), 행정항고
소송의 인용판결(행정소송법 제29조 제1항)이 그것이다.

Ⅳ. 집행력

1. 개념

집행력이란 판결로 명한 이행의무를 강제집행절차에 의해 실현할 수 있는 효력을 말한
다. 이행판결에 인정되는 효력이다. 보통은 이런 의미로 사용되나, 넓게는 강제집행 이외
의 방법으로 판결내용에 적합한 상태를 실현할 수 있는 효력을 포함하는 의미로 사용되
기도 한다. 형성판결이나 확인판결에 인정되는 효력으로, 형성판결인 인지판결·이혼판
결에 의하여 가족관계등록부의 기재·정정을 하고, 소유권확인판결로 보존등기신청을 하
는 것 등이 그 예이다.

2. 집행력 있는 재판

집행력이 있는 재판은 확정되거나 가집행선고가 있는 이행판결뿐이다. 확인·형성판결
은 소송비용 부분에 대해서만 집행력이 있다. 이행판결과 동일한 효력을 가지는 각종의
인낙·화해·조정조서, 확정된 지급명령·화해권고결정, 항고로만 불복할 수 있는 결
정·명령도 집행력이 있다.

3. 집행력의 범위

집행력의 시적·객관적·주관적 범위는 원칙적으로 기판력의 범위와 같으나, 객관적·
주관적 범위에서 일부 다른 점이 있다.

객관적 범위는 판결에 표시된 권리의무 자체이나, 판결에 표시된 것과 다른 권리의무가 집행되는 전환집행이 있다. 예컨대 원고의 토지소유권에 기한건물철거와 토지인도 판결이 확정된 뒤에 피고가 건물매수청구권을 행사하면 집행력은 건물퇴거와 토지인도의 범위 내에서만 유지된다.

주관적 범위는 기판력의 범위와 같으나, 집행력에 있어서의 변론종결 후 승계인의 범위는 좁게 봐야 한다는 견해가 있다. 기판력의 확장은 확정판결의 내용을 후 소에서 받아들여야 한다는 것이지만, 집행력의 확장은 직접승계인의 재산에 강제집행을 할 수 있다는 것이므로 고유한 방어방법이 있는 승계인의 경우는 보다 더 보호할 필요성이 있어 집행력의 확장대상에서는 제외하는 것이 옳다는 것이다. 이 입장은 집행문 부여 시 승계가 있다는 사실만으로는 부족하고 고유의 방어방법이 없다는 것이 확인되는 경우에만 부여하자고 한다.[137]

V. 형성력

1. 개념

형성력은 형성판결의 확정에 의하여 새로운 법률관계의 발생 또는 종래 법률관계가 변경·소멸하게 되는 효력을 말한다. 형성력은 이혼판결이나 주주총회결의취소판결과 같이 형성의 소를 인용한 경우에 발생하는 효력으로 대세적 효력을 가지는 것이 원칙이다.

2. 본질

형성력의 본질, 즉 어떤 근거로 형성력이 인정되는가에 관해서는 논란이 있다.

1) 의사표시설

형성력을 국가의 의사표시 또는 처분행위에 의한 효과로 보고, 기판력·집행력과 함께 판결에 의한 독자적인 효력이라고 한다. 과거의 통설이나 형성판결이 하나의 판단작용임을 간과하고 있다는 약점이 있다.

2) 기판력설

형성권 내지 형성요건의 존재가 판결에 의하여 확정됨으로써 기판력에 의하여 다툴 수

---

137) 기판력의 확장에 관해서는 형식설, 집행력의 확장에 관해서는 실질설을 취하는 입장이다.

없게 됨에 따라 형성의 효과도 다툴 수 없게 되는 것이 형성력이라고 한다. 이 설에 의하면 형성력도 기판력과 마찬가지로 당사자 사이에만 미치는 것이므로 제3자에 대한 확장을 설명하는 데 난점이 있다.

3) 법률요건적 효력설

형성판결의 존재가 법률요건을 이루고 있어서 형성판결이 존재하면 법률요건적 효력이 발생한다고 한다. 형성판결의 확정에 의하여 후 소 법원을 비롯하여 누구나 여기에 구속되는 법률요건적 효력인 형성력이 발생한다는 것이다.

3. 형성력의 범위

1) 시적 범위

형성력은 형성판결이 확정되었을 때 발생한다. 다만 넓은 의미의 집행력을 발생시키기 위하여 판결이 확정되기 전에 가집행선고를 붙여 형성력을 발생시키는 경우가 있다(민사집행법 제47조 제2항 이의의 소에 대한 가집행). 형성력의 과거 소급 여부는 경우에 따라 다르다. 친생부인이나 인지와 같이 변동의 효과를 철저하게 실현시킬 필요가 있는 경우에는 소급시킨다(민법 제846, 860조). 혼인취소와 같이 변동 자체를 확실히만 하면 되고 그때까지의 법률관계는 인정하여 이해관계인을 보호할 필요가 있는 경우에는 소급효를 인정하지 않고 장래에 대해서만 형성력을 발생시킨다(민법 제824조).

2) 객관적 범위

형성소송의 소송물에 대하여 발생한다.

3) 주관적 범위

가사소송(가사소송법 제21조)과 회사소송(상법 제190조)에서는 청구를 인용하는 형성판결의 형성력에 대세적 효력을 인정하는 규정을 두고 있다. 또한 가사소송의 청구기각판결이 확정된 때에는 다른 소제기권자는 사실심의 변론종결 전에 참가할 수 없었음에 대하여 정당한 사유가 있지 않은 한 다시 소제기를 할 수 없으나, 회사소송의 청구기각 경우에는 제3자의 소권을 박탈하지는 않는다.

대세적 효력에 관한 규정이 없는 경우(상법 제385조의 주주에 의한 이사의 해임청구, 상법 제241조 등의 합명회사나 합자회사의 사원 또는 주주에 의한 해산청구 등)에도 대세적 효력을 인정할 것인가에 관해서는 기판력설은 기판력을 받지 않는 제3자는 형성의 효력을 다툴 수 있다고 보고, 의사표시설은 국가행위의 고도의 유효성에 의하여, 법률요건 효력설은 실체법상의 효과를 모든 사람들이 존중해야 한다는 이유로 각 대세적 효력을 인정한다.

Ⅵ. 판결의 기타 효력

판결에는 기타 법률의 규정이나 해석론에 의하여 인정되는 효력이 있다. 민법 기타 법률이 확정판결의 존재를 요건사실로 하여 일정한 법률효과를 발생시키는 경우인 법률요건적 효력, 이론상 인정되는 반사적 효력과 사실적 효력 등이 있다.

1. 법률요건적 효력

1) 개념

판결의 법률요건적 효력이란 민법 기타 실체법이 확정판결의 존재를 요건사실로 하여 일정한 법률효과를 발생시키는 경우를 말한다.

2) 예

재판상 청구로 인하여 중단된 시효가 재판이 확정된 때로부터 다시 진행하는 효과(민법 제178조 제2항), 단기소멸시효에 걸리는 채권이 판결에 의하여 확정되면 소멸시효기간이 10년으로 연장되는 것(민법 제165조 제1항), 보증채무의 존재를 확정하는 판결의 선고를 요건사실로 한 구상권의 현실화(민법 제442조 제1항), 형성력, 보조참가소송이나 소송고지의 경우에 인정되는 참가적 효력(제77, 86조) 등이 그 예이다.

2. 반사적 효력

1) 개념

반사적 효력이란 당사자에 대한 판결의 효력이 당사자와 실체법상 의존관계에 있는 제3자에게 이익 또는 불이익하게 영향을 미치는 것을 말한다. 실체법상 의존관계란 당사자와 제3자의 실체법상 관계로 인하여 당사자가 받은 판결의 효력을 제3자도 인정해야만 하는 관계에 있는 것을 말한다. 예컨대 채권자가 주채무자를 상대로 대여금 청구소송을 제기하여 승소가 확정된 다음에 보증인에게 보증채무의 이행을 청구하면, 보증인은 주채무의 존재를 인정할 수밖에 없다. 역으로 주채무자가 채무 없음을 이유로 승소하면 이는 보증인에게 유리하게 작용한다.

2) 기판력과의 구별

기판력은 소송법상 효력이지만 반사효는 실체법상 효력이다. 기판력은 직권조사사항이나 반사효는 원용을 요한다. 기판력을 받는 사람은 공동소송적 보조참가를 할 수 있으나, 반사효를 받는 사람은 보조참가만을 할 수 있다. 당사자 사이의 소송이 사해소송인 경우에 반사효를 받는 사람은 재심을 거치지 않고 그 무효를 주장할 수 있다. 기판력의 확장은 집행력의 확장을 수반하지만 반사효는 집행력과 무관하다. 기판력은 판결주문에 발생하지만 반사효는 이유 중의 판단에도 미친다.

3) 인정 여부

이에 관해서 반사효는 사실상 기판력의 제3자에 대한 확장인데 인정하는 명문규정이 없으므로 인정할 수 없다는 소수설과, 반사적 효력은 판결의 법률요건적 효력의 일부라면서 당사자 사이에 자유롭게 처분할 수 있는 권리관계에 관하여 확정판결이 있으면 그 권리관계가 실체화되고 그 결과 실체법상 의존관계에 있는 제3자는 그 판결에 구속된다는 다수설이 있다. 판례는 채권자가 채무자를 대위하여 제3자를 상대로 제기한 소송과 이미 판결확정이 되어 있는 채무자와 그 제3자 간의 기존소송이 당사자만 다를 뿐 실질적으로 동일내용의 소송이라면, 위 확정판결의 효력이 채권자대위권 행사에 의한 소송에 미친다고 하는데,138) 이를 두고 반사적 효력을 인정한 것이라는 입장과 기판력이 확장으로 보아야 한다는 입장이 있다. 분쟁의 통일적 해결이라는 관점에서 보면 반사효를 인정할 필요가 있다.

4) 반사효가 인정되는 경우

주채무자와 보증인 사이에 인정되는 것은 앞서 본 것과 같다.

합명회사와 회사채권자 사이에 회사채무의 존부에 관하여 판결이 나면 사원은 유불리를 불문하고 판결의 반사효를 받는다(상법 제212, 213조). 사원은 회사의 항변으로 대항할 수 있으므로 회사의 승소판결을 원용하여 채권자에게 대항할 수 있고, 회사채무를 자기채무로 변제할 책임이 있으므로 패소판결도 승인해야 한다.

채무자가 제3자와 책임재산의 귀속에 관하여 패소확정판결을 받으면 채무자와 일반채권자는 이를 승인할 수밖에 없어 불이익한 영향을 받는다.

공유자 1인의 보존행위로 인한 승소판결 시 다른 공유자는 이를 유리하게 원용할 수 있다.

연대채무자 1인이 승소판결을 받으면 다른 연대채무자에게 유리한 반사효가 있다.

---

138) 대판 1979. 3. 13. 76다688.

대위소송이나 대표소송에서 받은 판결의 효력이 다른 채권자 또는 주주에게 미치는 효력도 반사효이다.

5) 유사필수적 공동소송 여부

반사적 효력이 미치는 사이에 있는 경우와 관련하여, 판례는 채무자가 채권자대위권에 의한 소송이 제기된 것을 알았을 경우에는 그 확정판결의 효력은 채무자에게도 미치고 이 경우 각 채권자대위권에 기하여 공동으로 채무자의 권리를 행사하는 다수의 채권자들은 유사필수적 공동소송관계에 있다고 본다.[139] 이와 달리 주채무자와 보증인은 합일확정이 요구되지 않으므로 통상의 공동소송이 된다.

Ⅶ. 판결의 흠

1. 개념

판결의 흠이란 판결의 절차나 내용에 흠이 있는 경우를 말한다. 판결은 법적 안정성을 위하여 흠이 있다 하더라도 일단 유효한 것으로 보고, 판결확정 전에는 상소에 의하여, 판결확정 후에는 재심으로 취소할 수 있다. 다만 중대한 흠이 있는 경우, 즉 판결로서의 외관을 갖추지 못한 경우 판결이 부존재가 되고, 판결의 외관은 갖추었어도 중대한 흠이 있는 경우에는 판결이 무효가 되는 경우가 있다.

2. 판결의 부존재

1) 개념

판결의 부존재란 판결의 요건, 즉 선고기일에 공개된 법정에서 법관에 의하여 선고되어야 하는 요건을 구비하지 못하여 대외적으로 법원에 의하여 판결이 선고되었다고 볼 수 없는 경우를 말한다.

2) 사유

법관이 아닌 사람에 의한 판결, 선고하지 않은 판결(판결선고조서가 없는 판결, 선고조서에 법관의 기명날인이 없는 경우 등), 법관이 법정 이외의 장소에서 한 판결 등이 그것이다.

---

139) 대판 1991. 12. 27. 91다23486.

3) 효력

판결의 효력(형식적 확정력, 기판력·집행력·형성력, 구속력 등)이 발생하지 않는다. 당사자는 그 심급에서 기일지정신청을 하여 절차의 속행을 구할 수 있다. 상소의 대상이 되지도 않으나 판결정본이 송달되어 판결이 있는 것과 같은 외관이 있어 집행의 위험이 있는 경우에는 외관 제거를 위해 상소에 의한 취소를 허용하여야 할 것이다.

3. 판결의 무효

1) 개념

판결의 무효란 판결의 외관은 갖추었어도 중대한 흠이 있어 판결의 내용상 효력인 기판력·집행력·형성력이 생기지 않는 경우를 말한다.

2) 무효사유

절차상 흠에 기인한 경우는 재판권이 없는 사람(치외법권자)에 대한 판결, 당사자와 관련 사망한 사람에 대한 판결[140]이나 당사자적격이 없는 자에 대한 판결(적격이 없는 자에게 효력이 없다는 의미에서 무효이다), 소가 취하되었음에도 선고된 판결이 그것이다.

내용상 흠에 기인한 경우는 판결 당시에 존재하지 않는 법률관계의 형성을 선고하는 판결(부부일방이 사망하였는데 내린 이혼판결), 현행법이 인정하지 않거나 선량한 풍속 기타 사회질서에 반하는 판결(영구소작권확인) 등이 그것이다.

3) 효력

효인 판결은 판결의 내용상 효력인 기판력·집행력·형성력이 생기지 않는다. 단 판결의 부존재와는 달리 소송절차상으로는 유효한 판결로 존재하므로 심급을 완결시키는 형식적 확정력과 자기구속력은 있다.

무효인 판결도 판결의 외형은 가지고 있어 유효한 것처럼 집행될 염려가 있으므로 상소나 재심에 의하여 그 외관을 제거할 필요가 있다는 입장, 기판력이 없으므로 재심을 인정할 필요는 없다는 입장 등이 있으나, 판례는 사자상대소송에 대하여 이당사자대립구조에 반하는 것으로 무효이며 확정력이 없다는 이유로 상소와 재심 모두를 허용하지 않고 있다.[141]

---

140) 대판 1982. 10. 12. 81므53, 1982. 12. 28. 81사8, 재심의 소는 종국판결의 확정력을 제거함을 목적으로 하는 것으로서 확정된 판결에 대해서만 제기할 수 있는 것이므로 사망한 사람을 당사자로 하여 선고된 판결은 무효로서 확정력이 없어 이에 대한 재심의 소는 부적법하다.

141) 대판 1965. 11. 30. 65다1989, 1982. 12. 28. 81사8.

4. 판결의 편취

1) 개념

판결의 편취란 당사자가 악의 또는 불법한 수단으로 상대방과 법원을 속여 부당한 내용의 판결을 받는 것을 말한다. 예컨대 피고의 주소지를 알고 있음에도 불구하고 허위주소를 적어 송달불능을 만든 후에 공시송달에 의하여 승소판결을 받은 경우, 피고주소를 허위로 기재하고 그 주소로 자신 또는 공모자가 송달받은 다음 자백간주판결을 받은 경우, 피고와 소취하 합의를 하고도 소취하를 하지 않고 피고의 불출석을 기화로 승소판결을 받은 경우, 성명모용소송의 경우 등이 그것이다.

2) 편취된 판결의 효력

이에 대해서는 피고의 재판받을 권리가 보장되지 않았다는 이유로 무효라는 입장과 일단은 유효하다고 보고 이에 대한 소송법적 구제수단을 강구해 보자는 입장이 있다. 성명모용소송과 허위주소에 의한 경우에 유효한 것을 전제로 재심사유로 하고 있는 점을 감안하면(제451조 제1항 제3, 11호), 후자로 가야 할 것이다.

3) 소송법상 구제

① 항소설

그런 판결정본의 송달은 무효이므로 상소기간이 진행되지 않은 것으로 보아 항소할 수 있다고 본다.

② 상소추완 또는 재심설

그런 판결정본의 송달도 유효이므로 상소기간은 진행하며 상소추완 사유가 있으면 추완하고, 그렇지 않으면 재심할 수 있다고 본다.

③ 허위송달로 편취 시 항소가 가능하다는 견해

편취유형 중 허위주소송달과 공시송달의 경우에는 제451조 제1항 제11호, 소취하위반과 성명모용의 경우에는 제3호에 의해 재심을 청구할 수 있으며, 다만 허위주소 송달사건은 판결송달이 아직 없는 것이므로 항소도 할 수 있다는 견해와 허위주소송달의 경우에는 공시송달과 달리 항소만 할 수 있을 뿐이라는 입장이 있다.

④ 판례

판례는 ⅰ) 공시송달에 의한 판결편취의 경우 판결송달은 유효하고, 다만 불변기간인 상소기간이 도과된 경우에는 특단의 사정이 없는 한 상소기간을 준수치 못한 것은 그 상대방이 책임질 수 없는 때에 해당된다고 할 것이니 민사소송법 제160조에 의한 추완상소를 할 수 있고, 이런 경우 민사소송법 제422조 제1항 제11호에 의한 재심을 제기할 수 있다 하여 달리 볼 이유가 없다고 하고,[142] ⅱ) 허위로 표시한 주소로 송달하여 상대방 아닌 다른 사람이 그 소송서류를 받아 의제자백의 형식으로 판결이 선고되고 다른 사람이 판결정본을 수령하였을 때에는 상대방은 아직도 판결정본을 받지 않은 상태에 있는 것으로서 상소기간이 진행되지 않은 상태이므로 위 사위 판결은 확정판결이 아니어서 기판력이 없고, 따라서 항소할 수 있다고 하고,[143] 다만 참칭대표자를 대표자로 표시하여 소송을 제기한 결과 그 앞으로 소장부본 및 변론기일소환장이 송달되어 변론기일에 참칭대표자의 불출석으로 의제자백 판결이 선고된 경우, 이는 송달받을 사람이 참칭대표자로 표시된 것으로 송달은 유효하나, 적법한 대표자가 변론기일소환장을 송달받지 못하였기 때문에 실질적인 소송행위를 하지 못한 관계로 위 의제자백 판결이 선고된 것이므로, 제422조 제1항 제3호 소정의 대리권 흠으로 인한 재심사유에 해당한다고 보고,[144] ⅲ) 성명모용소송의 경우는 피모용자에게 판결의 효력이 미치므로 피모용자는 판결확정 전에는 상소, 확정 후에는 제422조 제1항 제3호 소정의 대리권 흠으로 인한 재심을 청구할 수 있다고 본다.[145]

⑤ 결어

항소설은 재심사유 규정에 반하고, 어느 경우나 항소할 수 있다면 불안정한 법률상태를 무한정 방치하는 결과가 되므로 상소추완이나 재심이 가능하다는 입장이 타당하다. 다만 허위주소송달의 경우 항소만 가능하다는 입장은 명문에 반할 뿐만 아니라 피고의 절차권이 보장되지 않은 1심을 생략하는 결과가 되므로 타당하다고 볼 수 없다.

4) 실체법상 구제

① 문제점

편취판결에 의한 강제집행이 실시되는 경우에는 그 집행은 권리남용이므로 청구이의의 소에 의하여 집행력을 배제할 수 있는데,[146] 이미 강제집행이 실시되어 손해가 발생한

---

142) 대판 1980. 7. 8. 79다1528.

143) 대판 전원 1978. 5. 9. 75나634, 민사소송법 제422조 제1항 제11호에 "당사자가 상대방의 주소 또는 거소를 알고 있었음에도 불구하고 …… 허위의 주소나 거소로 하여 소를 제기한 때"를 재심사유로 규정하고 있으나 이는 공시송달의 방법에 의하여 상대방에게 판결정본을 송달한 경우를 말하는 것이고 (공시송달의 방법에 의하여 상대방의 허위주소에다가 판결정본을 송달하였다고 하여도 공시송달의 방법을 취하였기 때문에 그 송달은 유효한 것으로 보아야 하기 때문이다) 본건 사위 판결에 있어서와 같이 공시송달의 방법에 의하여 송달된 것이 아닌 경우까지 재심사유가 되는 것으로 규정한 취지는 아니라고 할 것이며 따라서 항소설에 따른 본원판결, 즉 본건과 같은 사위 판결은 확정판결이 아니어서 기판력이 없다.

144) 대판 1999. 2. 6. 98다47290.

145) 대판 1964. 11. 17. 64다328.

454   민사소송법

경우에 편취판결을 취소하지 않고 손해배상이나 부당이득반환청구가 가능한지에 관해서는 논의가 있다.

② 논의내용

이에는 재심 없이 가능하다는 입장, 재심이 필요하다는 입장, 절차관여를 방해한 경우에는 재심 없이 가능하다는 입장 등이 있다.

③ 판례

판례는 ⅰ) 손해배상의 경우 확정판결에 따른 집행이 불법행위를 구성하기 위해서는 소송당사자가 상대방의 권리를 해할 의사로 상대방의 소송 관여를 방해하거나 허위의 주장으로 법원을 기망하는 등 부정한 방법으로 실제의 권리관계와 다른 내용의 확정판결을 취득하여 집행을 하는 것과 같은 특별한 사정이 있어야 하고, 단순히 실체적 권리관계에 배치되어 부당하고 또한 확정판결에 기한 집행채권자가 이를 알고 있었다는 것만으로는 집행행위에 대하여 불법행위가 성립한다고 할 수 없다고 하여,[147] 재심 없이 편취판결에 의한 손해배상청구의 길을 열어 두고 있고, ⅱ) 부당이득의 경우 편취판결이 재심의 소 등으로 취소되지 아니하는 한 그 판결의 기판력에 저촉되어 이를 주장할 수 없으므로, 그 확정판결의 강제집행으로 교부받은 금원을 법률상 원인 없는 이득이라고 할 수 없다고 하여,[148] 재심 없는 부당이득청구는 인정하지 않는다. 다만 허위주소 송달에 의한 자백간주의 경우는 기판력이 없다 하므로 가능하다.[149]

④ 결론

실제의 경우 재심사유가 제한되어 있어 인정하기 어려운 경우가 많고, 재심기간을 넘겨서 재심에 의한 구제가 불가능한 경우가 많은 점이나 명백한 불법이 존재하는데 절차적인 이유로 이를 방치하는 부당함을 감안하면, 당사자의 절차적 기본권이 침해되었거나 재심사유가 있는 경우에는 재심과 무관하게 손해배상청구를 인정함이 옳을 것이다.

---

146) 대판 1999. 2. 26. 98다47290.

147) 대판 1992. 12. 11. 92다18627.

148) 대판 1995. 6. 29. 94다41430.

149) 대판 전원 1978. 5. 9. 75나634, 대판 1995. 5. 9. 94다41010, 제소자가 상대방의 주소를 허위로 기재함으로써 그 허위주소로 소송서류가 송달되어 그로 인하여 상대방 아닌 다른 사람이 그 서류를 받아 의제자백의 형식으로 제소자 승소의 판결이 선고되고 그 판결정본 역시 허위의 주소로 보내져 송달된 것으로 처리된 경우에는 상대방에 대한 판결의 송달은 부적법하여 무효이므로 상대방은 아직도 판결정본의 송달을 받지 않은 상태에 있어 이에 대하여 상소를 제기할 수 있을 뿐만 아니라, 위 사위판결에 기하여 부동산에 관한 소유권이전등기나 말소등기가 경료된 경우에는 별소로서 그 등기의 말소를 구할 수도 있다.

제7절 종국판결의 부수적 재판

종국판결의 주문에는 소송물에 관한 판단 외에 미리 집행력을 부여하기 위하여 가집행
선고를 하고 소송비용의 부담에 관한 판단도 한다.

Ⅰ. 재산상 청구에 대한 가집행선고

1. 제도 의의

가집행선고는 종국판결의 미확정 상태에서 판결에 집행력을 부여해 판결확정 전에 집
행할 수 있도록 해 주는 것으로, 패소자가 집행의 지연을 노려 함부로 상소하는 경우에
대비하여 승소자에게 조속한 권리실현을 확보하여 주기 위하여 인정된 제도이다.

2. 요건

1) 재산상 청구에 관한 판결일 것

가집행선고는 재산권의 청구에 대해서만 붙일 수 있는 것이 원칙이다(제213조). 재산
상 청구는 집행된 뒤에 상소심에서 번복되어도 원상회복이 용이하고, 그렇지 못할 경우
에는 금전배상으로 처리할 수 있기 때문이다. 다만 가처분을 취소하는 판결은 재산상 청
구에 관한 것은 아니지만 예외적으로 가집행을 붙일 수 있는데(민사집행법 제302조), 이
는 가처분이 즉시 집행력이 발생하므로 취소의 효과도 즉시 발생시킬 필요가 있기 때문
이다.

2) 판결이 집행에 적합할 것

가집행선고는 종국판결에 붙일 수 있고, 중간판결에는 붙일 수 없다. 소각하나 청구기
각판결은 가집행 대상이 없으므로 붙일 수 없고, 결정이나 명령은 고지 즉시 집행력이
생기므로 가집행이 필요 없다.

가집행은 성질상 이행판결에 가능한 것에는 다툼이 없으나, 확인판결과 형성판결은 법
에 정해진 경우만 가능하다는 입장[150]과 넓은 의미의 집행력을 부여하기 위하여 가능하

---

150) 대판 1966. 1. 25. 65다2374.

다는 입장이 있다.

판결이 확정되어야만 하는 효력이 발생하는 경우에는 가집행선고를 붙일 수 없다. 의사표시를 명하는 판결(민사집행법 제263조)이나 형성판결도 확정을 기다려야 하므로 붙일 수 없다.

3) 가집행선고를 붙이지 않을 상당한 이유가 없을 것

재산상 청구에 관한 판결에는 당사자의 청구 여부를 불문하고 원칙적으로 붙여야 하나, 상당한 이유(상소심 변경 가능성, 취소 시 회복할 수 없는 손해를 줄 가능성 등)가 있으면 붙이지 않는다. 재산상 청구가 아닌 경우는 여러 사정을 참작하여 법원이 재량으로 정한다.

3. 절차

1) 가집행선고는 법원이 직권으로 하고, 판결주문에 기재한다. 당사자의 신청은 법원의 직권발동을 촉구하는 의미만 있다. 다만 상소심에서 원심판결에 불복이 없는 부분에 대한 가집행선고는 당사자의 신청에 의하여야 한다(제406, 435조). 이때의 가집행선고는 결정으로 한다.

2) 가집행선고는 직권으로 담보를 제공하게 하거나, 제공하지 아니하게 할 수 있다. 다만 어음금수표금 청구에 관한 판결에는 담보를 제공하게 하지 아니하고 가집행선고를 하여야 한다. 법원은 직권으로 또는 당사자의 신청에 따라 채권 전액을 담보로 제공하고 가집행을 면제받을 수 있다는 것을 선고할 수 있다(제213조 제2항).

3) 가집행선고는 인용된 청구의 전부 또는 일부에 가능하다.

4) 가집행선고에는 독립하여 불복하지 못하고 본안과 함께 불복할 수 있다. 본안의 재판에 대한 상소가 이유 있다고 판단되는 경우에만 가집행선고의 재판에 불복이유가 있다고 할 것이므로, 본안과 더불어 상소된 가집행선고의 재판에 비록 잘못이 있더라도 본안사건에 대한 상소가 이유 없다고 판단되는 경우에는 가집행선고의 재판을 시정하는 판단을 할 수 없다.[151]

4. 효력

가집행선고가 있는 종국판결은 즉시 집행이 가능하고, 이는 권리의 종국적 만족에까지 이르는 확정판결에 의한 본집행과 같다. 다만 가집행으로 인한 변제의 효력은 확정적인

---

151) 대판 1994. 4. 12. 93다56053.

것이 아니고, 상소심에서 그 가집행의 선고 또는 본안판결이 취소되는 것을 해제조건으로 하여 발생하는 것이므로, 제1심 가집행선고부 판결에 기하여 피고가 그 가집행선고 금액을 지급하였다 하더라도 항소심 법원으로서는 이를 참작함이 없이 당해 청구의 당부를 판단하여야 한다.152)

5. 실효

1) 가집행선고는 상소되어도 유지나, 상소심에서 가집행선고 자체를 취소·변경하거나, 본안판결을 취소·변경하면 그 범위에서 실효한다. 가집행선고가 취소되어도 집행의 효력은 소급하여 소멸하지 않는다. 경매는 무효가 아니나, 받은 돈은 반환해야 한다.

2) 원상회복과 손해배상

본안판결을 바꾸는 경우에는 법원은 피고의 신청에 따라 그 판결에서 가집행의 선고에 따라 지급한 물건을 돌려줄 것과, 가집행으로 말미암은 손해 또는 그 면제를 받기 위하여 입은 손해를 배상할 것을 원고에게 명하여야 한다(제215조 제2항).

가지급한 물건을 돌려주는 것은 원상회복의무이고, 이는 부당이득반환의무의 성격을 가지므로, 원물의 반환이 불가능한 경우에는 가액이 반환되며, 금전을 반환하는 경우에는 수령 후의 이자가 포함된다.153) 지급한 물건은 가집행결과 피고가 원고에게 이행한 물건만을 가리키고, 제3자에게 경매로 매각된 물건은 가지급물이 아니다.154) 피고가 상소하여 다투면서 가집행이 붙은 판결이 지급을 명한 원리금을 지급한 경우에는 인용한 금액에 상당하는 채무에 대한 확정적 변제행위로 지급한 것이 아니라, 가집행 선고에 기한 강제집행을 면하기 위하여 지급한 것으로 봄이 상당하다.155)

---

152) 대판 1993. 10. 8. 93다26175.

153) 대판 2005. 1. 14. 2001다81320, 가지급물의 반환의무는 성질상 부당이득의 반환채무라 할 것이므로 그 가지급물의 반환을 명하는 판결은 특별한 사정이 없는 한 소송촉진 등에 관한 특례법 소정의 '금전채무의 전부 또는 일부의 이행을 명하는 판결'에 해당하므로 위 법률의 적용을 받아 그 자연손해금에는 위법 소정의 이율이 적용된다.
대판 2004. 2. 27. 2003다52944, 가집행선고의 실효에 따른 원상회복의무는 상행위로 인한 채무 또는 그에 준하는 채무라고 할 수는 없으므로 그 지연손해금에 대해서는 민법 소정의 법정이율에 의해야 하는 것이고 상법 소정의 법정이율을 적용할 것은 아니다. 가집행선고에 따라 가지급금으로 피고에게 지급한 것이 보험금임을 전제로 그 보험계약이 취소된 이상 피고는 원상회복의무로서 지급받은 보험금을 반환하여야 하고, 이는 상행위인 보험계약에 따라 직접 생긴 채무는 아니라고 하더라도 이와 동일하거나 변형된 권리에 해당한다고 볼 수 있다고 하여 그 가지급금의 반환에 대하여 상법 소정의 연 6%의 법정이율을 적용한 것은 가집행선고의 실효에 따른 원상회복의무의 법적 성질을 잘못 파악함으로써 상사법정이율의 적용범위에 관한 법리 등을 오해하여 판결에 영향을 미친 위법이 있다.

154) 대판 1965. 8. 31. 선고 65다1311.

155) 대판 1995. 6. 30. 95다15827.

손해배상의무는 불법행위책임에 해당하지만 무과실책임이고, 손해배상의 범위는 가집
행과 상당인과관계에 있는 모든 손해를 포함하며, 그 가집행에 관하여 그 가집행채무자
에게 과실이 있는 때에는 민법 제396조 또는 동법 제763조의 규정을 준용하여 과실상계
를 하여야 한다.156)

가집행의 선고만 바꾼 경우에는 그 후 본안판결이 변경된 때에 비로소 원상회복과 손
해배상의무가 발생한다(제215조 제3항).

3) 피고의 청구방법

원상회복과 손해배상청구는 상소심에서 본안판결이 변경을 구하면서 부수하여 하는 것
이 보통이나, 가집행선고가 있었던 당해 사건이 아닌 별도의 소송에 의해서도 가능하다.157)

본소에서 하는 경우에는 일종의 예비적 반소이나, 상소심에서 하더라도 원고의 동의
(제412조)를 요하지 않는 특수한 반소이다. 법률심인 상고심에서는 신청의 이유로 주장
하는 사실관계에 대하여 당사자 사이에 다툼이 없어 사실심리를 요하지 아니하는 경우에
만 가집행선고로 인한 지급물의 반환신청이 허용된다.158)

4) 강제집행정지결정

피고는 항소하면서 강제집행정지신청을 할 수 있고, 법원은 신속히 이유유무를 판단하
여 정지 여부를 결정한다. 정지결정 시는 담보제공을 조건으로 할 수 있다.

Ⅱ. 소송비용의 부담에 관한 재판

소송비용이란 당사자가 소송수행을 위해 지출한 비용으로 법령이 정한 범위 내 비용을
말하는데, 종국판결에서는 이 소송비용을 누가 부담할지도 함께 재판한다. 민사소송비용
법은 당사자의 부담으로 할 소송비용의 종류를 열거하고 그 범위를 소송행위에 필요한
한도로 제한하고 있고, 구체적인 비용액과 산출방법은 민사소송등인지법과 대법원규칙(민
사소송비용규칙 등)이 정하고 있다. 이 규정들은 가사·행정·보전처분사건 등에도 준용
된다. 구체적인 내용은 제14장에서 보기로 한다.

---

156) 대판 1984. 12. 26. 84다카1695, 1995. 6. 30. 95다15827 등.
157) 대판 1976. 3. 23. 75다2209.
158) 대판 2000. 2. 25. 98다36474.

제11장 병합소송

민사소송은 각 한 사람의 원·피고가 하나의 청구에 대하여 다투는 것만이 아니고, 하나의 소송절차에 여러 개의 청구가 심판대상으로 되어 있는 경우와 원·피고의 어느 한쪽 또는 양쪽이 다수이거나 원·피고 이외의 제3자가 당사자로 참여하는 경우도 있다. 전자를 복수청구소송이라고 하고, 후자를 다수당사자소송이라고 한다.

제1절 복수청구소송

복수청구소송이란 하나의 소송절차에서 여러 개의 청구를 병합하여 함께 심리·재판하는 소송을 말한다. 당사자에게는 소송수행상의 부담을 경감해 주고, 법원에는 심리의 중복과 재판이 모순을 피할 수 있는 이점이 있으나, 병합을 무제한적으로 인정하면 오히려 심리가 복잡해져 소송을 지연시킬 우려가 있으므로 법은 병합에 일정한 요건을 요구하고, 법원에 변론을 제한·분리할 수 있는 소송지휘권을 인정해 소송의 지연을 막고 있다.

복수청구소송에는 원고가 처음부터 여러 개의 청구를 하는 원시적 병합으로 소의 객관적 병합(청구의 병합)과 이미 계속 중인 소송에 새로운 청구를 병합하는 후발적 병합으로 소의 변경, 반소, 중간확인의 소, 변론병합이 있다.

원시적 병합이나 후발적 병합에 공통으로 요구되는 요건으로 ⅰ) 동종소송절차에서 심리할 수 있을 것, ⅱ) 어느 청구가 다른 법원의 전속관할에 속하지 않을 것이 요구되고, 후발적 병합에는 ⅰ) 사실심 계속 중일 것, ⅱ) 본소청구와 관련성이 있을 것, ⅲ) 병합되는 청구로 인하여 소송절차가 현저히 지연되지 않을 것의 요건이 추가로 요구된다.

Ⅰ. 소의 객관적 병합(청구병합)

1. 개념

소의 객관적 병합이란 여러 개의 청구를 하나의 소송절차에서 심판하기 위하여 합치는 것을 말한다. 동일한 당사자 사이의 여러 분쟁을 하나의 절차로 처리할 수 있어서 소송경제와 재판의 통일을 이룰 수 있다.

당사자는 동일한 점에서 원고나 피고를 달리하는 청구가 합쳐지는 주관적 병합(공동소송)과 다르고, 청구가 여러 개인 점에서 청구를 이유 있게 하기 위한 공격방어방법이 다수인 경우(매매대금반환청구 이유로 해제, 취소, 무효를 주장하는 것)와 다르다. 청구가 다수인지 여부는 소송물이론에 의하여 좌우된다.

2. 요건

1) 같은 종류의 소송절차에서 심리할 수 있을 것

변론주의가 적용되는 민사소송에 직권탐지주의가 적용되는 행정·가사사건이 병합될 수는 없다. 예외로 행정소송법 제10조 제2항은 행정사건과 관련된 손해배상·부당이득반환·원상회복청구 등 사건의 병합을, 가사소송법 제2조 제1항은 이혼 등 신분관계의 사건에 수반하는 손해배상이나 원상회복청구 등 사건의 병합을 허용한다.

통상의 민사사건과 비송사건, 가압류·가처분사건의 병합은 허용되지 않는다.[1] 다만 이혼사건과 이에 따른 재산분할청구사건같이 가사소송사건과 가사비송사건의 청구 원인이 동일한 사실관계에 기초하거나 1개의 청구당부가 다른 청구당부의 전제가 되는 경우에는 이를 1개의 소로 제기할 수 있다(가사소송법 제14조).

재심의 소에 통상의 민사사건의 병합을 판례는 부정하나,[2] 상소심판결에 대한 재심이 아닌 한 가능하다는 것이 다수설이다. 분쟁의 일회적 해결로 소송경제와 재판의 통일을 이룰 수 있으므로 병합을 인정하는 것이 옳을 것이다.

제권판결에 대한 불복의 소(제490조 제2항)나 중재판정취소의 소(중재법 제36조)는 특수한 소가 아니므로 일반민사사건과 병합이 가능하다.

2) 각 청구에 대하여 수소법원의 관할권이 있을 것

적속관할이 있는 청구만 없으면 어느 한 청구에 관할권이 있으면 나머지 청구는 관련재판적에 의하여 관할권을 갖게 된다.

3) 청구 간의 관련성

청구 간의 관련성은 필요 없으나, 예비적 병합은 예비적 청구가 주위적 청구와 법률적·경제적으로 동일한 목적을 추구해야 하는 관련성이 해석상 요구된다.[3] 예컨대 매매대금

---

1) 대판 2003. 8. 22. 2001다23225.

2) 대판 1997. 5. 28. 96다41649.

3) 선택적 병합은 관련성이 적은 청구 사이에도 허용된다는 입장이 있다.

지급청구와 임대물 반환청구는 불가능하다. 행정소송과 가사소송의 경우 관련성이 요구되는 것은 앞서 본 것과 같다. 당사자를 달리하는 공동소송은 청구 간의 관련성(권리공통 의무공통, 청구 동종, 원인 동종)이 필요한 것과 다르다.

3. 형태

1) 단순병합

단순병합은 양립 가능한 여러 개의 청구를 우열 없이 병합하여 그 모두에 대하여 판결을 구하는 경우를 말한다. 청구 사이의 관련성이 없어도 된다. 대여금과 매매대금청구, 이혼과 위자료청구, 원금과 이자청구, 임대인의 임대목적물 인도청구와 밀린 임료청구 등이 그것이다. 단순병합이 인정되는 범위는 소송물의 개수를 어떻게 정하느냐에 따라 달라지므로 소송물론과 관련이 있다. 신체상해로 인한 손해배상청구를 채무불이행과 불법행위를 원인으로 하는 경우 구 소송물론에 의하면 단순병합이지만, 신소송물론에 따르면 하나의 소송이다.

목적물인도청구(현재 이행청구)와 집행 불능일 경우를 대비하여 전보배상으로 목적물 가액상당의 금원의 지급을 구하는 대상청구(장래 이행청구)를 병합한 경우에 판단의 순서는 정해져 있지만, 양 청구는 양립이 가능하므로 단순병합이다. 법원은 인용할 때에는 양 청구 모두에 대하여 판단해야 하고, 주 청구가 이유 없으면 대상청구는 주 청구가 인용될 것을 전제로 청구한 것이므로 심리할 것 없이 배척한다.[4] 집행불능은 불특정물에도 발생하므로 불특정물에 대한 대상청구도 가능하다.

주 청구의 변론종결 시 이행불능에 대비한 대상청구인 경우는 주 청구가 이행불능으로 기각될 경우에 대비한 청구이므로 예비적 병합이다.[5] 불특정물은 이행불능이 생길 수 없으므로 특정물인 경우에만 가능하다.[6]

소가산정은 각 청구의 소가를 합산한다. 다만 대상청구의 경우는 다액에 흡수된다.

---

4) 대판 1969. 10. 28. 68다158.

5) 대판 1962. 6. 14. 62다172.

6) 대판 1975. 5. 13. 75다308, 불특정물의 인도를 구하고 그 집행불능인 경우에 대비하여 금전으로 손해배상청구를 하는 경우 그 문언을 "인도불능일 때에는" 또는 "인도하지 않을 때는"이라고 기재하는 예가 있으나 이는 "집행불능의 때"의 의미로 보아야 할 것이다. 따라서 주 청구를 인용하면서 예비적 손해배상청구부분에 대해서는 원고의 청구를 배척하면서 그 이유로써, 원고는 더 나아가 위 상고철을 특정물로 전제하고 이를 인도할 수 없는 경우의 손해배상금의 지급을 구하고 있으나 본건 매매목적물은 불특정대체물인 상고철이므로 강제집행불능을 이유로 하는 대상지급을 구함은 모르되 본건 계약의 이행불능에 따른 전보배상 및 그 지연손해를 구할 수는 없다고 판단한 원심은 잘못된 것이다.

2) 선택적 병합

① 개념

선택적 병합이란 양립 가능한 여러 개의 청구를 병합하여 그중 아무거나 선택해 인용해 달라고 청구하는 것을 말한다. 경합하여 인정되는 여러 개의 청구권이나 형성권에 기하여 같은 취지의 이행 또는 형성판결을 구하는 경우에 인정된다. 물건인도를 청구하면서 소유권이나 매매계약 등을 주장하고 아무거나 인정해 달라고 청구하는 것, 여러 개의 이혼원인을 주장하면서 아무거나 인정해 달라고 하는 것 등이 그 예이다.

② 인정 여부

이런 경우 구 소송물론은 모두 선택적 병합이 되고, 신소송물론 중 이지설은 사실관계가 다를 때는 선택적 병합을 인정하게 된다. 일지설이나 신실체법설은 포괄적인 하나의 법적 지위 또는 청구권 내지 형성권만을 인정하므로 선택적 병합이라는 형태를 인정하지 않는다. 선택적 병합을 인정하는 경우에도 법조경합관계에 있는 여러 개의 법규에 기한 청구나 선택채무에 기한 청구는 1개의 청구이므로 선택적 병합이 아니다.

③ 처리

법원은 원고 승소 시 어느 한 청구만 판단하면 되나, 패소 시는 전부를 판단해야 한다. 소가산정은 최고액을 기준으로 하고, 합산하지 않는다.

3) 예비적 병합

① 개념

예비적 병합이란 양립 불가능한 여러 개의 청구를 순서를 정하여 병합해 심판 청구하는 것을 말한다. 1차로 매매대금의 지급을 청구하고, 매매계약이 무효일 경우에 인도한 매매목적물반환을 청구하는 것이 그 예이다.

② 인정 필요성

예비적 병합은 원고가 1차 청구에 확신이 없거나 증명이 곤란한 경우에 그 청구가 기각되면 다시 청구해야 하는 번잡함을 덜어 주며, 분쟁의 1회적 해결에 기여한다. 소송행위인 심판청구에 조건을 붙이지 못하는 것이 원칙이지만 1차 청구를 심리하는 과정에서 조건의 성취 여부가 판명되므로 절차의 안정을 해하지 않기 때문에 허용되는 것이다.

③ 허용요건

예비적 병합이 허용되기 위한 요건으로 주위적 청구와 예비적 청구는 서로 양립하지 않는 관계에 있어야 한다. 따라서 예비적 청구가 주위적 청구의 수량만 감축한 경우이거나7) 예비적 청구가 주위적 청구에 흡수되는 경우(단순이행청구와 상환이행청구)8)에는 예비적 병합이 아니다.

그러나 판례는 논리적으로 양립할 수 있는 수 개의 청구라 하더라도 당사자가 심판의 순위를 붙여 청구를 할 합리적 필요성이 있는 경우에는 예비적 병합(부진정 예비적 병합이라고 한다)을 할 수 있고,[9] 주위적 청구가 전부 인용되지 않을 경우에는 주위적 청구에서 인용되지 아니한 수액 범위 내에서의 예비적 청구에 대해서도 판단하여 주기를 바라는 취지로 불가분적으로 결합시켜 제소할 수도 있고,[10] 주위적 청구와 예비적 청구가 분할 가능한 것일 때 주위적 청구의 일부를 특정하여 그 부분이 인용될 것을 해제조건으로 하여 그 부분에 대해서만 하는 예비적 청구도 특별히 소송절차의 안정을 해친다거나 예비적 청구의 성질에 반하는 것이 아닌 한 허용된다[11]고 한다.

병합되는 청구 사이에 일정한 관련성이 있어야 한다. 예비적 청구가 주위적 청구와 법률적·경제적으로 동일한 목적을 추구해야 한다. 예컨대 주위적으로 매매대금 지급청구와 예비적으로 임대물 반환청구, 주위적으로 가옥인도청구와 예비적으로 대여금반환청구는 허용되지 않는다.

④ 인정범위

예비적 병합이 인정되는 범위는 소송물론에 따라 달라진다. 같은 청구를 양립하지 않는 여러 개의 청구권이나 형성권에 기하여 하는 경우 구 소송물론에 의하면 예비적 병합이 가능하나, 신소송물론에 따르면 공격방법이 복수일 뿐이다. 같은 부동산에 관하여 소유권이전등기를 청구하면서 소유권취득원인을 1차로 매매, 2차로 시효취득을 주장하는 경우 구 소송물론과 이지설에 의하면 예비적 병합이 되지만, 일지설에 의하면 공격방법이 복수일 뿐이다.

⑤ 처리

법원은 1차 청구가 이유 있으면 2차 청구를 판단하지 않고, 1차 청구가 이유 없으면 2차 청구를 판단한다.

소가산정은 최고액을 기준으로 하고, 합산하지는 않는다.

---

7) 대판 1972. 2. 29. 71다1313.

8) 대판 1999. 4. 23. 98다61463.

9) 대판 2002. 2. 8. 2001다17633.

10) 대판 2002. 9. 4. 98다17145.

11) 대판 1996. 2. 9. 94다50274.

4. 심판

1) 병합요건과 소송요건의 직권조사

병합요건의 흠결이 있을 경우는 변론을 분리하여 별소로 심판한다. 전속관할 위반 시는 그 부분만 이송하고, 분리이송이 불가능하면 그 청구만 각하한다. 병합요건 심리 후 일반소송요건을 조사한다.

2) 본안의 공통심리

변론과 증거조사는 공통으로 하고 소송자료는 모든 청구에 대한 판단자료가 된다. 변론분리는 청구 간 관련성이 없는 단순병합에서만 가능하다.

3) 종국판결

① 단순병합은 모든 청구에 대하여 한 개의 전부판결을 하지만 일부가 성숙하면 그것만 분리하여 먼저 일부판결을 할 수 있다. 다만 여러 개의 청구가 선결관계에 있거나 기본적인 법률관계가 공통일 때에는 일부판결을 할 수 없다는 입장도 있다. 일부 누락 시에는 신청 또는 직권으로 추가판결을 해야 하고, 상소로 시정할 수는 없다. 결론은 각각 독립적으로 낸다.

② 선택적 병합은 인용판결은 한 청구에 대해서만 하면 되나, 기각할 경우에는 전부에 대해서 판결해야 한다. 일부판결은 각 청구가 동일한 목적을 향해 병합되어 있으므로 성질상 할 수 없다.12) 원고패소판결을 하면서 일부청구에 대한 판단을 빠뜨린 경우에는 재판누락(제212조)으로 보아 추가판결에 의할 것이라는 입장과 판단누락(제424조 제1항 제6호, 제451조 제1항 제9호)에 준하여 상소로 구제해야 한다는 입장이 있다. 선택적 병합은 일부판결이 불가능하므로 판결 전부가 위법한 것으로 보아 상소로 구제할 수 있다.13) 이 경우 항소심에서는 1심에서 판단이 안 된 부분이 있다 하여 1심으로 보낼 것이 아니라, 1심을 취소하고 전부에 대하여 자판하여야 한다.

③ 예비적 병합은 먼저 1차 청구에 대하여 판단하여 인용 시는 2차 청구를 판단할 필요가 없고, 각하 또는 기각하면 2차 청구에 대하여 판단한다. 예비적 병합의 경우에는 수 개의 청구가 하나의 소송절차에 불가분적으로 결합되어 있기 때문에 주위적 청구를 먼저 판단하지 않고 예비적 청구만을 인용하거나 주위적 청구만을 배척하고 예비적 청구에 대하여 판단하지 않는 등의 일부판결은 예비적 병합의 성질에 반하는 것으로서 법률상 허용되지 아니하며, 이에 위반된 판결을 한 경우에는 그 판결에 대한 상소가 제기되

---

12) 대판 1998. 7. 24. 96다99.

13) 대판 1998. 7. 24. 96다99.

면 판단이 누락된 청구 부분도 상소심으로 이심이 되고 그 부분이 재판의 탈루에 해당하여 원심에 계속 중이라고 볼 것은 아니다.[14] 이 경우 항소심은 1심에서 판단 안 된 부분이 있다 하여 1심으로 보낼 것이 아니라, 1심을 취소하고 전부에 대하여 자판하여야 한다. 이에 대하여 판단된 부분만 항소심에 이심된 것으로 보고 판단되지 않은 부분은 여전히 1심에 있으므로 항소심은 사건을 1심으로 환송하여 1심에서 사건 전체를 다시 심판할 수 있게 하여야 한다는 입장도 있다.

4) 상소심의 경우

① 단순병합은 일부판결에 대해 상소하면 그 부분만 이심되고, 전부판결 시는 일부에 대한 상소라도 상소불가분의 원칙에 따라 전부가 이심되어 모든 청구가 확정되지 않는다. 다만 불이익변경금지 원칙상(제415조) 상소하지 않은 부분은 상소심의 심판대상이 아니다.[15]

② 선택적 병합청구 중 어느 한 개의 청구에 대한 인용판결이 선고되어 피고가 항소를 제기한 경우는 물론, 원고의 청구를 인용한 판결에 대하여 피고가 항소를 제기하여 항소심에 이심된 후 청구가 선택적으로 병합된 경우에 있어서도 항소심은 제1심에서 인용된 청구를 먼저 심리하여 판단할 필요는 없고, 선택적으로 병합된 수 개의 청구 중 1심에서 심판되지 아니한 청구를 임의로 선택하여 심판할 수 있고, 심리한 결과 그 청구가 이유 있다고 인정되고 그 결론이 1심판결의 주문과 동일한 경우에도 피고의 항소를 기각하여서는 안 되고, 제1심판결을 취소한 다음 새로이 청구를 인용하는 주문을 선고하여야 한다.[16]

③ 예비적 병합의 주위적 청구를 인용하는 판결은 전부판결로서 이러한 판결에 대하여 피고가 항소하면 1심에서 심판을 받지 않은 다음 순위의 예비적 청구도 모두 이심되고 항소심이 1심에서 인용되었던 주위적 청구를 배척할 때에는 다음 순위의 예비적 청구에 관하여 심판을 하여야 한다.[17] 청구 간 관련성이 있으므로 1심에서 판단되지 않은 부분도 실질적으로 1심을 거친 것으로 인정되어 심급제에 반하지 않는다.

주위적 청구를 기각하고 예비적 청구를 인용한 판결에 대해서 피고가 패소부분에 대하

---

14) 대판 전원 2000. 11. 16. 98다22253.

15) 대판 1992. 11. 27. 92다14892, 다만 인신사고로 인한 손해배상청구 소송과 같이 소송물이 다른 재산적 손해와 위자료 등에 관한 청구가 하나의 판결로 선고되는 경우, 당사자 일방이 그 소송물의 범위를 특정하지 아니한 채 일정 금액 부분에 대해서만 항소하였다면, 그 불복하는 부분을 특정할 수 있는 등의 특별한 사정이 없는 한 불복범위에 해당하는 재산적 손해와 위자료에 관한 청구가 모두 항소심에 이심되어 항소심의 심판 대상이 된다(대판 1996. 7. 18. 94다20051).

16) 대판 1992. 9. 14. 92다7023.

17) 대판 전원 2000. 11. 16. 98다22253.

여 항소한 때에는 불복하지 않은 주위적 부분도 이심되지만, 원고가 항소나 부대항소를 하지 않는 한 항소심에서 예비적 청구가 인정되지 않는다.[18] 주위적 청구가 인정되어도 주위적 청구는 불이익변경금지 원칙상 심판대상이 아니므로 예비적 청구의 기각판결만 가능하다. 이런 경우에 대비해 원고는 주위적 청구에 대하여 항소나 부대항소를 해 두어야 한다.

④ 병합청구의 1심판결에 불복하지 않은 당사자는 항소심판결이 1심판결보다 불리하지 않는 한 상고의 이익이 없다.[19] 여러 개의 청구 중 항소심에서 불복하지 않은 부분은 항소심판결이 선고로, 상고심에서 불복하지 않은 부분은 상고심판결의 선고로 확정된다.[20] 상소하지 않은 부분은 상소심으로 이심은 되나, 심판의 대상이 되지 않으므로 상소심판결의 선고로 확정되는 것이다. 따라서 상소심에서 파기·환송된 후에 원심에서 심판할 수 있는 것은 환송 전에 항소한 부분에 한한다.[21]

원고의 주위적 청구를 기각하면서 예비적 청구를 일부 인용한 환송 전 항소심판결에 대하여 피고만이 상고하고 원고는 상고도 부대상고도 하지 않은 경우에, 주위적 청구에 대한 항소심판단의 적부는 상고심의 조사대상으로 되지 아니하고 환송 전 항소심판결의 예비적 청구 중 피고 패소 부분만이 상고심의 심판대상이 되는 것이므로, 피고의 상고에 이유가 있는 때에는 상고심은 환송 전 항소심판결 중 예비적 청구에 관한 피고 패소 부분만 파기하여야 하고, 파기환송의 대상이 되지 아니한 주위적 청구부분은 예비적 청구에 관한 파기환송판결의 선고와 동시에 확정되며 그 결과 환송 후 원심에서의 심판범위는 예비적 청구 중 피고 패소 부분에 한정된다.[22]

⑤ 항소심판결상 선택적 또는 예비적 청구에 관하여 이루어져야 할 판단이 누락되었음을 알게 된 당사자로서는 상고를 통하여 그 오류의 시정을 구하였어야 함에도, 상고로 다툴 수 없는 특별한 사정이 없었음에도 상고로 다투지 아니하여 그 항소심판결을 확정시켰다면, 그 후에는 그 청구의 전부나 일부를 소송물로 하는 별도의 소송을 새로 제기함은 소의 이익이 없는 부적법한 소제기여서 허용되지 않는다.[23]

---

18) 대판 2002. 12. 26. 2002므852.

19) 2004. 7. 9. 2003므2251.

20) 대판 2001. 4. 27. 99다30312, 2001. 12. 24. 2001다62213.

21) 대판 1994. 12. 23. 94다44644.

22) 대판 2001. 12. 24. 2001다62213.

23) 대판 2002. 9. 4. 98다17145.

Ⅱ. 청구의 변경

1. 개념, 종류, 성질

1) 개념 및 인정 여부

청구(소)의 변경이란 소송계속 중에 원고가 동일 피고에 대한 청구를 교체하거나 추가하는 것을 말한다. 원고가 처음의 소를 계속 유지하면 패소 또는 각하될 수밖에 없는 경우에 별소를 제기하는 것보다는 청구를 변경하여 목적을 달성할 수 있게 해 주는 것이 원고에게 도움이 되지만, 피고의 입장에서는 청구변경을 무제한적으로 인정하면 처음부터 다시 방어해야 하는 부담을 주고 법원의 입장에서 소송촉진에 반할 수 있으므로, 이들의 요구를 조화시키기 위하여 일정한 경우에만 청구변경을 허용한다.

2) 종류, 성질

청구의 변경은 구청구에 갈음하여 신청구에 대하여 심판을 구하는 교환적 변경과 구청구를 그대로 두고 별개의 청구를 추가하는 추가적 변경이 있다.

교환적 변경의 성질에 관해서는 신청구의 추가적 병합과 구청구의 취하라고 보는 입장[24]과 교환적 변경의 주목적은 구청구에 대하여 재판을 받지 않겠다는 데 있는 것이 아니라 신청구에 대하여 재판을 받는 데 있는 것이므로 구청구의 철회가 있더라도 재판을 받지 않겠다는 취하와는 다른 것으로 구청구 취하의 성격이 없고 독자적인 제도라고 보는 입장이 있다. 전자로 보면 피고가 응소한 후에는 피고의 동의가 필요하고,[25] 동의를 얻지 못하면 추가적 변경이 된다. 본안에 대한 종국판결 후에 구청구를 신청구로 변경한 다음에 다시 구청구로 변경하는 것은 재소금지원칙에 위반된다고 본다.[26] 후자의 경우에는 피고의 동의가 필요 없고, 재소금지의 제한을 받지도 않는다.

추가적 변경은 청구의 후발적 병합이 된다. 형태에 따라 단순·선택·예비적 병합이 된다.

교환적 변경인지 추가적 변경인지 불명한 경우에는 당사자의 의사에 따라야 하며, 법원은 석명권을 행사하여 밝힐 의무가 있다.[27] 구청구를 취하한다는 명백한 표시가 없이

---

24) 대판 1987. 11. 30. 87다카1405.

25) 다만 판례는 청구 기초의 동일성에 영향이 없으므로 피고의 동의가 필요 없다고 한다(대판 1962. 1. 31. 4294민상310).

26) 대판 1987. 11. 10. 87다카1405.

27) 대판 2003. 1. 10. 2002다41435.

신청구를 한 경우에 신청구가 부적법하여 법원의 판단을 받을 수 없는 청구인 경우까지도 구청구가 취하되는 교환적 변경이라고 볼 수는 없다.[28]

2. 청구변경이 되는 경우

청구의 변경은 소송물의 변경이므로 소송물론에 따라 청구변경의 범위가 달라지는데, 법은 청구취지나 원인의 변경을 청구변경으로 표현하고 있다(제262조).

1) 청구취지의 변경

어느 소송물론에 의해도 청구변경이 된다. 구 실체법설은 청구취지와 청구원인에 나타난 실체법상의 권리주장에 의하여 소송물이 특정되는데, 청구원인의 변경 없이 청구취지만 변경해도 청구변경이 된다.[29] 소송법설은 청구취지만으로 또는 청구취지와 원인의 양자에 의하여 소송물이 특정되므로 청구취지가 변경되면 청구변경이 된다. 신실체법설이 소송물로 보는 실체법상 보호할 가치가 있는 법적 지위 또는 청구권이나 형성권은 대체로 청구취지에 의하여 특정되므로 청구취지의 변경은 청구변경이 된다.

① 소의 종류 변경

소의 종류, 즉 심판의 형식을 변경하는 것(건물인도청구를 소유권확인청구로)은 청구취지의 변경을 가져오므로 청구변경이 된다.

② 소송의 목적물 변경

소송에서 구하는 물건 또는 행위를 바꾸는 것도 청구변경이다. 인도를 구하는 물건을 바꾸는 것, 대지인도청구에 가건물철거를 추가하는 것 등이다.

③ 심판범위의 변경

청구를 확장하는 것(청구금액을 올리거나 건물의 일부명도청구에서 전부명도청구로 바꾸는 것 등)은 피고의 방어에 영향이 있으므로 청구의 변경으로 본다.[30] 청구를 감축하는 것(청구금액을 줄이는 것, 단순이행청구를 상환이행청구로 바꾸는 것 등)은 피고의 방어에 영향이 없으므로 청구변경으로 보지 않는다. 다만 감축된 한도에서 일부취하인가 일부포기인가의 문제가 있는데, 원고의 의사에 따르되 분명하지 않은 경우에는 원고에게 유리한 소의 일부취하로 보아야 한다.[31]

---

28) 대판 1975. 5. 13. 73다1449.

29) 대판 1988. 2. 23. 87다카1108.

30) 대판 1963. 5. 9. 63다689.

31) 대판 1983. 8. 23. 83다카450, 청구금액을 감축한 것은 소의 일부 취하를 뜻하는 것이고 취하된 부분의 청구를 포기하였다고는 볼 수 없다.

④ 청구의 정정, 보충

청구취지를 명백히 하기 위하여 이를 보충·정정하는 것은 청구변경이 아니다. 청구취지에 불명확하게 기재되어 있던 건물의 구조, 평수, 지번 등을 정정하는 것,32) 청구원인으로 당사자가 소송물인 점을 주장하고 있으면서도 청구취지기재 자체만으로는 그 점이 불분명한 경우에 당사자가 청구취지를 청구원인대로 변경하여 명백히 하는 것33) 등은 청구변경이 아니다.

2) 청구원인의 변경

청구원인의 변경이 청구변경이 되는지는 소송물론에 따라 다르다.

① 금전 기타 대체물 인도청구에서 청구원인 기재 사실이 다른 목적의 별개 사실로 바뀌는 경우

금전지급청구원인을 매매대금에서 대여금으로 바꾸는 것과 같은 경우에는 어느 소송물론이나 청구변경이 된다. 구 실체법설이나 이지설은 청구원인 사실이 소송물 특정을 위한 요소이기 때문이고, 일지설도 금전 기타 대체물 인도청구와 같은 경우에는 청구취지만으로는 소송물이 특정될 수 없으므로 청구원인을 참작하기 때문이며, 신실체법설도 금전 기타 대체물 인도청구와 같은 경우에는 그 발생원인 사실이 다를 때 소송물이 다른 것으로 보기 때문이다.

② 청구취지를 달성하기 위한 동일한 목적으로 사실관계를 변경하는 경우

특정물 인도나 소유권이전등기청구를 하면서 원인사실을 매매에서 시효취득으로 바꾸거나, 대체물인 금전지급청구원인 사실을 어음금청구에서 원인채권에 기한 청구로 바꾸는 경우 등은 일지설에 의하면 공격방법의 변경일 뿐이지만 다른 설에 따르면 청구변경이 된다.

③ 동일한 사실 생활관계에서 여러 개 청구권이나 형성권이 있는 경우

손해배상청구원인을 불법행위에서 채무불이행으로 바꾸거나, 이혼청구원인을 부정행위에서 악의유기로 바꾸는 경우, 구 실체법설은 청구변경이 되나, 소송법설과 신실체법설은 공격방법의 변경이다.

---

32) 판례는 건물철거청구소송 중 건물의 구조, 평수, 지번, 도수 등을 변경하는 것만으로는 청구의 기초에 변경이 있다고 할 수 없다거나(대판 1963. 5. 9. 62다931), 건물 일부의 철거청구와 건물 추녀부분의 철거청구 간에는 청구의 기초에 변경이 없다고 하여(대판 1969. 5. 27. 69다347) 청구변경임을 전제로 하고 있으나 이는 청구취지의 정정이라고 볼 것이다.

33) 대판 1982. 9. 28. 81누106.

3) 공격방법의 변경

어느 설에 의하더라도 소송물에는 영향이 없으므로 청구변경이 아니다. 소유권확인소송에서 소유권 취득원인을 매매에서 취득시효로 바꾸는 것, 법조경합관계의 다른 법규로 바꾸는 것(민법 제756조에 의한 손해배상청구를 자동차손해배상보장법 제3조에 의한 손해배상청구로 바꾸는 것), 동일한 실체법상의 권리인데 요건사실의 일부를 바꾸는 것(부당이득반환을 구하면서 무효를 주장하다가 취소로 바꾸는 것, 계약해제에 의한 지급물반환청구를 계약무효로 바꾸는 것,[34] 사해행위취소소송의 채권자가 보전하려는 채권을 추가교환하는 것,[35] 가등기에 기한 본등기청구에서 가등기로 담보된 채권을 바꾸는 것[36] 등) 등은 공격방법의 변경이고 청구변경이 아니다.

3. 요건

1) 청구병합의 일반적 요건

청구변경에 의하여 전후(교환적 변경) 또는 동시(추가적 변경)에 두 개의 청구가 하나의 절차에서 병합 심리되므로 청구병합의 일반적 요건을 갖추어야 한다. 신·구청구가 동종소송절차에 의하여 심리 가능해야 하고, 새 청구가 다른 법원의 전속관할이 아니어야 하고, 구청구가 사실심에 계속 중이고 변론종결 전이어야 하며, 신·구청구 사이에 관련성이 있어야 한다. 법은 관련성 요건을 청구의 기초가 바뀌지 않아야 한다고 표현하고 있고, 청구변경에 특유한 요건으로 소송절차를 현저히 지연시키지 않을 것을 요구하고 있다(제262조).

2) 청구기초의 동일성

청구기초에 대해서는 청구를 특정한 권리의 주장으로 법률적으로 구성하기 이전의 사실적 이익분쟁 자체라는 입장, 사건의 동일인식을 표시하는 기본적 사실이라는 입장, 신·구청구의 사실자료 사이에 심리의 계속을 정당화할 정도의 공통성이 있는 경우라는 입장, 신·구청구의 재판자료 공통만이 아니고 이익관계도 공통적인 경우라는 입장 등이 있으나, 실무처리에 있어서는 큰 차이가 없다. 판례는 동일한 생활사실 또는 경제적 이익에 관한 분쟁에 있어서 그 해결방법에 차이가 있음에 불과한 경우에 청구의 기초에 변경이 없다고 한다.[37] 판례가 청구의 기초에 동일성이 있다고 한 경우를 유형별로 보면 다

---

34) 대판 1963. 3. 29. 4294민상858.

35) 대판 2003. 5. 27. 2001다14532.

36) 대판 1992. 6. 12. 92다11848.

음과 같다.

① 청구취지만 변경하고 청구원인은 동일한 경우

청구취지를 확장하는 경우,38) 토지인도청구에 추가하여 지상건물철거를 추가한 경우,39) 지상물철거를 구하면서 대상물을 바꾼 경우40) 등이다.

② 한쪽이 다른 쪽의 변형물 또는 부수물인 경우

점포인도청구를 하다가 불능을 이유로 전보배상청구를 하는 경우, 소유권이전등기청구를 피고의 소유권이전등기의무의 이행불능임을 전제로 한 손해배상청구로 바꾼 경우, 원금청구에 이자청구를 추가한 경우, 점포인도청구에 임료상당 손해배상청구를 추가한 경우 등이다.41)

③ 같은 청구에 법률구성만 달리하는 경우

물건의 인도청구를 소유권에 기하여 하다가 점유권에 기한 것으로 바꾼 경우, 이혼청구원인을 부정행위에서 악의 유기로 바꾼 경우, 증여를 이유로 소유권이전등기청구를 하다가 예비적으로 상속을 원인으로 상속지분의 확인을 구하는 경우 등이다.42) 일지설에 의하면 소 변경이 아니고 공격방법의 변경이다.

④ 같은 사실 분쟁인데 해결방법만 달리하는 경우

소유권이전등기청구에서 소유권 취득원인을 변경하는 경우, 매매원인 소유권이전등기청구를 해제원인 대금반환청구로 바꾸는 경우, 어음금청구를 원인채권청구로 바꾸는 경우, 동일부동산에 대한 원인무효로 인한 말소등기청구를 명의신탁해지로 인한 이전등기 또는 말소등기청구로 바꾼 경우, 채무부존재확인청구에 이를 전제로 한 부당이득반환청구를 추가한 경우, 같은 건물인도청구를 건물소유권확인청구로 바꾼 경우 등이다.43)

청구의 기초에 변경이 있다고 한 경우로는 건축공사비채무의 부존재확인청구를 건물소유권확인청구로 변경한 경우, 행정처분취소소송에서 취소대상인 행정처분을 변경한 경우 등이 있다.44)

---

37) 대판 1997. 4. 25. 96다32133.

38) 대판 1992. 10. 23. 92다29962.

39) 대판 1969. 12. 23. 69다1867.

40) 대판 1962. 4. 18. 4292민상1145.

41) 대판 1957. 8. 8. 4290민상306, 대판 1969. 7. 22. 69다413, 대판 1964. 5. 6. 63다973.

42) 대판 1960. 8. 18. 4292민상898, 대판 1963. 1. 31. 62다812, 대판 1992. 2. 25. 91다34103.

43) 대판 1959. 12. 10. 4291민상614, 구 실체법설 이외의 입장에서는 청구변경이 아니다. 대판 1972. 6. 27. 72다546, 대판 1966. 3. 22. 65다2635, 대판 2001. 3. 13. 99다1328, 1998. 4. 24. 97다44416, 대판 1962. 10. 11. 62다304, 대판 1966. 1. 25. 65다2277.

청구기초의 동일성 요건은 예상 밖의 변경으로 인한 피고의 방어곤란을 막기 위한 사익적 요건이므로 피고의 이의가 있어야 고려하고, 요건을 갖추지 못했더라도 피고가 동의하거나 응소한 경우에는 이의권을 상실하여 청구변경을 불허할 수 없다.[45]

3) 사실심 계속 변론종결 전일 것

법률심인 상고심에서는 청구변경을 할 수 없으나,[46] 항소심에서는 가능하다.[47] 청구변경에 상대방의 동의는 필요 없다. 청구기초가 동일하므로 상대방에게 피해가 없기 때문이다. 이 점에서 항소심에서의 반소가 상대방의 동의를 요하는 것과 다르다(제412조). 다만 교환적 변경의 경우에는 상대방의 동의가 필요하다는 입장도 있다.

1심에서 전부 승소한 원고가 청구변경만을 위한 항소는 이익이 없으나, 그 소송에서 청구금액을 확장하지 않으면 잔액청구를 할 수 없는 경우에는 예외적으로 허용된다.[48]

항소심에서 교환적 변경을 한 후에 다시 구청구를 되살리려고 변경하면, 종국판결 뒤에 취하한 소를 다시 제기하는 것이 되어 재소금지원칙에 위반되어 허용되지 않는다.[49]

4) 소송절차를 현저히 지연시키지 않을 것

새로운 청구의 심리를 위하여 종전의 소송자료를 대부분 이용할 수 있는 경우에는 절차지연이 아니다.[50] 심리가 거의 끝난 상태에서 종전 자료를 이용하지 못하고 새로운 심리를 요하는 변경을 하면 피고의 동의가 있더라도 불허하고 별소를 제기하게 할 것이다. 2회에 걸쳐 상고심으로부터 환송된 후 항소심변론종결 당시 청구를 변경한 것은 소송절차를 지연케 함이 현저한 경우에 해당한다.[51]

청구이의의 소와 같이 별소를 금지하는 경우(민사집행법 제44조 제2항)에는 절차를 지연시키는 때에도 예외적으로 허용해야 할 것이다.

이 요건은 공익적 요건이므로 법원이 직권으로 조사해야 한다.

---

44) 대판 1957. 9. 26. 4290민상230, 대판 1963. 2. 21. 62누231.

45) 대판 2003. 11. 28. 2003다6248.

46) 대판 1997. 12. 12. 97누12235.

47) 대판 1984. 2. 14. 83다카514, 청구변경에 관하여 항소심에 특별한 규정이 없으므로 민사소송법 제4088조에 따라 동법 제262조의 요건을 갖추면 항소심에서도 청구의 변경을 할 수 있다고 하는 것이 소송경제상으로 보나 당사자 보호의 필요상으로 보아 타당할 것이다.

48) 대판 1997. 10. 24. 96다12276.

49) 대판 1969. 5. 27. 68다1798.

50) 대판 1998. 4. 24. 97다44416.

51) 대판 1964. 12. 29. 64다1025.

5) 피고의 동의 여부

교환적 변경의 경우에는 구청구의 취하가 수반되므로 피고의 동의를 얻어야 하는가가 문제 된다. 판례는 변경 전후에 청구의 기초에 변경이 없다는 이유로 피고의 동의가 필요 없다고 본다.[52] 다수설은 피고가 본안에 관하여 응소한 때에는 피고의 동의를 얻어야 하고, 동의를 얻지 못하면 구청구는 취하되지 않으므로 신청구가 구청구와 함께 심판의 대상이 되는 추가적 변경이 된다고 본다. 청구기초의 동일성을 요구하는 것으로 피고의 보호는 보장되므로 피고의 동의는 필요 없다고 본다.

4. 절차와 심판

1) 신청

청구변경은 원고의 서면신청에 의한다(제262조 제2항). 처분권주의 원칙상 법원의 직권에 의한 변경은 허용되지 않는다. 다만 분쟁의 1회적 해결이라는 관점에서 청구변경을 시사하는 적극적 석명을 허용해야 한다는 입장도 있다.[53]

청구변경은 소송 중의 소이고 소제기는 서면으로 해야 하므로 청구취지의 변경을 서면으로 해야 하는 것에는 다툼이 없으나, 청구원인의 변경도 서면으로 해야 하는가에 대해서는 다툼이 있다. 판례는 이를 부정하나,[54] 청구원인의 변경으로 청구취지의 변경을 가져오는 경우에는 서면으로 해야 하지만 단순히 공격방법의 변경만을 가져오는 청구원인 변경은 서면에 의하지 않고도 할 수 있다고 보는 것이 법의 취지에 맞을 것이다.

말로 변경한 경우에도 피고가 이의하지 않으면 이의권상실로 흠은 치유된다.[55] 구술제소가 가능한 소액사건은 구술변경도 가능하다.

신청서에는 변경 전후의 청구 차액에 해당하는 인지를 붙여야 한다(민사소송 등 인지법 제5조).

신청서는 지체 없이 상대방에게 송달하여야 하고(제262조 제3항), 이 서면이 송달된

---

52) 대판 1970. 2. 24. 69다2172.

53) 대판 전원 1995. 7. 11. 94다34265, 토지임대차 종료 시 임대인의 건물철거와 그 부지인도청구소송에서 피고가 건물매수청구권을 행사한 경우에 위 청구에는 건물매수대금 지급과 동시에 건물명도를 구하는 청구가 포함되어 있다고 볼 수 없으므로 법원으로서는 임대인이 종전의 청구를 계속 유지할 것인지, 아니면 대금지급과 상환으로 지상물의 명도를 청구할 의사가 있는 것인지(예비적으로라도)를 석명하고 임대인이 그 석명에 응하여 소를 변경한 때에는 지상물명도의 판결을 함으로써 분쟁의 1회적 해결을 꾀하여야 한다.

54) 대판 1961. 10. 9. 4293민상531.

55) 대판 1988. 12. 27. 87다카2851.

때 소송계속이 발생하고, 시효중단기간준수의 효력은 서면을 제출한 때에 발생한다(제 265조).

청구변경의 경우에는 피고에게 방어의 기회를 주어야 한다.[56]

2) 청구변경이 없는 경우

법원은 허가 여부를 직권으로 조사하여 청구변경이 없다고 인정되는 경우에는 그대로 심리를 계속한다. 당사자 간에 다툼이 있는 경우에는 중간판결을 하거나 종국판결의 이유 중에서 판단한다.

3) 청구변경을 불허하는 경우

법원이 청구의 취지 또는 원인의 변경이 옳지 아니하다고 인정한 때에는 직권으로 또는 상대방의 신청에 따라 변경을 허가하지 아니하는 결정을 하여야 한다(제263조). 변론을 거치지만 소송지휘재판이고 중간결정이므로 독립하여 항고할 수 없고, 종국판결에 대한 상소로써 다툴 수 있다.[57]

항소심이 1심의 불허결정을 부당하다고 인정한 때에는 원결정을 취소하고 신청구에 대하여 자판한다.

4) 청구변경을 허가하는 경우

청구변경이 적법하다고 인정하는 경우에는 따로 허가결정을 할 필요는 없고 신청구에 대하여 심리하면 된다. 피고가 다툴 때에는 허가하는 취지의 결정을 하거나 종국판결이유 중에서 판단한다. 허가결정도 독립하여 불복할 수 없고, 상소로써도 불복할 수 없다. 이미 본안판결까지 했는데 허가가 부당하다 하여 별소로 하게 한다면 소송경제에 반하고 시효중단효력까지 잃게 하는 부당함이 있기 때문이다.

5) 청구변경을 간과한 경우

청구변경을 간과하고 구청구만 판단한 경우에는 다음과 같이 처리한다.

① 교환적 변경의 경우는 취하로 소송계속이 소멸된 구청구를 판단한 것이므로 항소심은 원심을 파기하고 환송할 대상은 없으므로 소송종료선언을 한다. 신청구는 원심에 그대로 계속 중이므로 원심이 추가판결을 한다.[58]

② 추가적 변경의 경우에는 상급심에서는 구청구에 관한 판단의 당부만 판단하면 되고, 신청구에 대한 판단이 없다고 원판결을 취소할 수는 없다. 신청구는 이심되지 않고

---

56) 대판 1989. 6. 13. 88다카19231.
57) 대판 1992. 9. 25. 92누5096.
58) 대판 2003. 1. 24. 2002다56987.

원심에 계속 중이고, 원심이 추가판결을 하여야 하기 때문이다.

③ 추가적 변경에 의하여 신청구를 선택적으로 병합한 경우에 불허재판을 함이 없이 신청구에 대하여 아무런 판단도 하지 않은 것은 위법하다.59) 이 경우 재판의 누락으로 볼 수는 없고, 항소에 의하여 선택적 청구 전부가 항소심으로 이심되어 항소심판단의 대상이 된다.60)

④ 추가적 변경에 의하여 신청구를 예비적으로 병합한 경우에 원고청구를 기각하면서 예비적 청구에 대한 판단을 간과한 경우는 재판의 누락으로 볼 수 없고, 판단의 누락이므로 항소에 의하여 예비적 청구가 항소심으로 이심되어 항소심판단의 대상이 된다.61)

6) 신청구에 대한 심판

구청구에 대하여 수집된 자료는 모두 신청구에 대한 자료가 된다.

항소심에서 청구의 변경이 있을 때에는 그 변경이 있었다는 것을 판결주문에 명백히 하여야 한다.62)

---

59) 대판 1989. 9. 12. 88다카16270.

60) 대판 1998. 7. 24. 96다99.

61) 대판 전원 2000. 11. 16. 98다22253.

62) 대판 1979. 12. 11. 79다828, 항소심에서 청구취지 감축이 있는 경우 그 나머지 부분에 대한 제1심 판결이 정당하다고 인정되는 때에는 주문을 "항소기각"으로 하는 것이 관례이다.
다만 실무상 집행의 범위를 명확히 하려는 의도에서
(1) "항소기각"의 표시와 함께 "원판결을 다음과 같이 변경한다"
(2) "원판결을 다음과 같이 변경한다"라고 하고 이어서 나머지 부분에 대하여 이행을 명하는 것
(3) "원판결은 소의 일부취하로 인하여 다음과 같이 변경한다"(피고는 원고에게 금 ○○원을 지급하라. 소송비용은 피고의 부담으로 한다)는 식으로 나머지 부분에 대하여 이행을 명하는 방식이 있다.
대판 2004. 8. 30. 2004다24083, 항소심에 이르러 새로운 청구가 추가된 경우, 항소심은 추가된 청구에 대해서는 실질상 제1심으로서 재판하여야 하므로 제1심이 기존의 청구를 배척하면서 "원고의 청구를 기각한다"고 판결하였는데, 항소심이 기존의 청구와 항소심에서 추가된 청구를 모두 배척할 경우 단순히 "항소를 기각한다"는 주문 표시만 하면 되는 것은 아니고, 이와 함께 항소심에서 추가된 청구에 대하여 "원고의 청구를 기각한다"는 주문 표시를 하여야 한다.
반대로 1심청구가 인용되었는데 항소심에서 추가된 청구를 인용하는 경우에는 구청구에 대한 항소를 기각하고 신청구를 인용하여야 한다. 1심판결이 부당한 경우에는 원판결을 취소하고 신·구청구에 대한 판단결과를 주문에 표시한다.

Ⅲ. 반소

1. 개념, 성질

1) 개념

반소란 소송계속 중 피고가 그 소송절차를 이용하여 원고에 대하여 제기하는 소를 말한다(제269조). 원고에게 청구병합이나 청구변경을 인정하는 것에 대비하여 피고에게도 본소 절차를 이용하여 분쟁을 해결할 수 있게 하는 것이 공평하고, 또한 관련 청구라면 같은 절차에서 심판하는 것이 소송경제나 재판통일에 도움이 되기 때문에 인정되는 제도이다.

2) 성격

① 반소는 독립한 소이다.

반소는 항변 등의 방어방법이 아니고 자기의 신청에 대하여 판결을 구하는 독립한 소이다. 상계주장은 항변이나, 상계항변을 하면서 남은 잔액을 청구하면 반소가 된다.

본소의 기각을 구하는 이상의 적극적인 주장이 필요하다. 채무이행청구 본소에 대한 채무부존재의 반소 또는 채무존재확인의 소에 대한 채무부존재확인의 반소는 그 내용이 본소의 기각을 구하는 것과 다를 것이 없으므로 할 수 없다.[63] 채무부존재확인에 대한 채무이행청구의 반소청구나,[64] 원고의 소유권확인의 본소청구에 대한 피고의 소유권확인의 반소청구는 본소청구기각 이상의 적극적 내용이 있으므로 가능하다. 민법 제628조에 의한 임차인의 차임감액청구권은 사법상의 형성권이지 법원에 대하여 형성판결을 구할 수 있는 권리가 아니므로 차임청구의 본소가 계속한 법원에 반소로써 차임의 감액을 청구할 수는 없다.[65]

독립된 소이므로 판결의 주문에서 판단하여야 하고, 판결서의 청구취지에도 반소청구취지를 기재한다. 공격방어방법에 관한 변론준비기일의 종결로 인한 실권적 제재(제285

---

63) 대판 2007. 4. 13. 2005다40716.

64) 대판 1999. 6. 8. 99다17401, 17418, 소송요건을 구비하여 적법하게 제기된 본소가 그 후에 상대방이 제기한 반소로 인하여 소송요건에 흠결이 생겨 다시 부적법하게 되는 것은 아니므로, 원고가 피고에 대하여 손해배상채무의 부존재확인을 구할 이익이 있어 본소로 그 확인을 구하였다면, 피고가 그 후에 그 손해배상채무의 이행을 구하는 반소를 제기하였다 하더라도 그러한 사정만으로 본소청구에 대한 확인의 이익이 소멸하여 본소가 부적법하게 된다고 볼 수는 없다. * 일본 판례는 이런 경우 본소는 확인의 이익이 없게 된다고 하고 있고, 독일 판례는 본소가 판결할 수 있을 정도로 성숙했는데 반소가 제기되면 본소는 적법하고 그 외의 경우는 확인의 이익이 없다고 한다.

65) 대판 1968. 11. 19. 68다1882, 68다1883.

조)를 받지 않고, 실기하였다고 각하되지 않는다(제147, 149조). 다만 소송절차를 현저하게 지연시키지는 않아야 한다(제269조 제1항).

② 반소는 피고가 원고를 상대로 제기하는 소이다.

피고가 제기하는 소는 명칭을 불문하고 반소이다. 피고가 제기하는 중간확인의 소, 가집행선고가 실효된 경우의 지급물건반환청구는 성질상 반소이다.

독립당사자참가의 경우 참가인과의 관계에서는 종전의 원·피고 모두가 피고에 해당한다. 보조참가인은 당사자가 아니므로 반소를 할 수 없다.

공동소송인 간의 반소는 원·피고 사이가 아니므로 인정되지 않으나, 미국은 허용한다. 독일에서는 제3자의 반소도 허용한다.

③ 반소로 할지 별소로 할지는 피고의 자유이다. 이에 대해서는 분쟁의 효율적인 해결을 위하여 상계항변을 하고 자동채권을 청구하는 경우와 같이 반소로 하는 것이 바람직스러운 경우 등에는 중복소송금지에 해당하는 것으로 처리하여 반소에 의한 분쟁의 통일적 해결을 기하자는 논의도 있다.

2. 종류

1) 단순반소

단순반소란 본소의 운명과 상관없이 반소청구에 대한 심판을 구하는 것을 말한다. 소유권에 기한 가옥명도청구에 대하여 소유권이전등기가 원인무효라는 이유로 말소청구를 하는 것을 말한다.

2) 예비적 반소

예비적 반소란 본소청구의 인용 또는 기각을 조건으로 하여 반소청구에 대한 심판을 구하는 것을 말한다. 매매를 이유로 한 소유권이전등기청구에 대하여 인용되면 매매대금을 청구하는 반소나, 기각되면 인도한 목적물의 반환을 구하는 반소가 그것이다. 본소인용을 조건으로 한 반소의 경우 본소가 각하되거나 취하되면 반소도 소멸하고, 본소가 기각되면 반소에 대하여 판단할 필요가 없다.[66] 1심에서 본소를 인용하면서 반소에 대해서도 판단하였는데, 2심에서 본소를 기각한다면 반소에 대한 1심판결도 취소하여야 한다.

본소청구와 예비적 반소청구가 모두 각하되고 본소만 항소한 경우에는 상소불가분의 원칙에 따라 본소와 반소 모두가 이심되지만 불이익변경금지원칙에 따라 상소심은 불복

---

66) 대판 1991. 6. 25. 91다1651.

신청의 범위를 넘어 원심판결을 불이익하게 변경할 수 없게 되는데(제415조), 항소심에서 본소를 인용할 경우 예비적 반소에 대하여 판단하면 불이익변경금제에 해당하는 것이 아닌가의 문제가 있다. 이와 관련된 판례는 피고의 예비적 반소는 본소청구가 인용될 것을 조건으로 심판을 구하는 것으로서 제1심이 원고의 본소청구를 배척한 이상 피고의 예비적 반소는 제1심의 심판대상이 될 수 없는 것이고, 이와 같이 심판대상이 될 수 없는 소에 대하여 제1심이 판단하였다고 하더라도 그 효력이 없다고 할 것이므로,[67] 피고가 제1심에서 각하된 반소에 대하여 항소를 하지 아니하였다는 사유만으로 이 사건 예비적 반소가 원심의 심판대상으로 될 수 없는 것은 아니라고 할 것이고, 따라서 원심으로서는 원고의 항소를 받아들여 원고의 본소청구를 인용한 이상 피고의 예비적 반소청구를 심판대상으로 삼아 이를 판단하여야 한다고 보아 불이익변경금지가 아닌 것으로 본다.[68] 이와 달리 불이익변경금지에 해당한다는 입장도 있다.

3) 재반소

재반소는 반소에 대한 반소이다. 매매대금지급청구의 본소에 대하여 상계항변을 하고 반대채권을 청구하는 반소에 대하여 원고가 반대채권의 발생원인이 되는 계약의 무효확인을 구하는 것이다. 소송절차를 복잡하게 한다는 이유로 불허하자는 입장도 있으나, 분쟁을 일거에 해결하여 소송경제를 꾀할 수 있다는 이유로 허용하는 것이 다수의 입장이다.

3. 요건

1) 복수청구소송의 공통요건

반소의 제기로 청구병합이 발생하므로 본소와 반소가 같은 종류의 소송절차에 따라 심리할 수 있어야 하고, 반소가 다른 법원의 전속관할에 속하지 않아야 한다.

2) 본소청구 또는 방어방법과 관련성(제269조 제1항 단서)

① 반소청구가 본소청구와 관련된다는 것은, 본소와 소송물이 같은 경우(채무부존재확인에 대한 채무금청구의 반소), 본소의 소송물인 권리의 내용 또는 그 발생원인과 법률상·사실상 공통점이 있는 경우(같은 사고로 인한 손해배상청구, 같은 이혼청구, 매매계약에 기한 소유권이전등기청구에 대한 매매대금청구)를 말한다.

② 방어방법과 관련된다는 것은 본소에 대한 항변과 내용·발생원인에서 법률상·사실상 관련이 있는 경우를 말한다. 예컨대 상계항변과 잔액청구, 소유권 인도청구에 유치

---

67) 대판 2000. 11. 16. 98다22253.
68) 대판 2006. 6. 29. 2006다19061, 19078.

권 항변과 피담보채권 청구, 가등기에 기한 본등기 청구에 피담보채무소멸항변과 가등기 말소청구가 그것이다. 이때의 방어방법은 반소제기 당시에 제출되어 있어야 하고, 실체법·소송법적으로 가능해야 한다. 상계금지채권과 같이 실체법상 항변이 제한되거나 실기한 항변으로 각하된 경우의 반소는 부적법하다.

민법 제208조 제2항은 점유권에 기인한 소는 본권에 관한 이유로 재판하지 못한다고 규정하여 본권을 방어방법으로 행사할 수 없도록 하고 있다. 이와 관련된 본권에 기한 반소청구도 금지되는 것인가의 문제가 있다. 금지된다는 입장은 반소를 허용하면 점유소권이 무의미해진다는 것을 이유로 하나 어차피 별소가 가능한데 반소만 금지할 이유가 없고, 법문도 반소를 금지하는 것은 아니므로 가능하다고 보는 것이 다수의 입장이다.

③ 사익적 요건

관련성 요건은 상대방을 보호하기 위한 사익적 요건이므로 원고가 동의하거나 이의가 없으면 관련성이 없어도 반소가 가능하다.

3) 본소절차를 현저하게 지연시키지 않을 것

1990년 개정법은 반소가 소송지연의 수단으로 악용되는 현실을 감안하여 본소절차를 현저하게 지연시키지 않을 것을 반소요건으로 추가하였다.

이 요건은 공익요건으로 직권조사사항이고, 이의권의 포기나 상실의 대상이 될 수 없다. 이에 위반될 때에는 각하하지 말고 별소로 분리하여 심리해야 할 것이다.

4) 본소가 사실심에 계속하고 변론종결 전일 것

① 본소의 계속은 반소제기의 요건이고 존속요건은 아니므로 반소제기 후에 본소가 취하·각하되더라도 반소는 예비적 반소가 아닌 한 영향이 없다.[69] 단 본소가 취하되면 피고는 원고가 반소에 응한 뒤에도 원고의 동의 없이 반소를 취하할 수 있다(제271조). 반소를 유발한 본소를 취하했는데 반소를 유지하도록 강요할 수는 없기 때문이다.

② 항소심에서 반소를 제기하려면 상대의 동의나 응소가 필요하다(제412조). 이는 심급의 이익을 위한 것이므로 해할 염려 없으면 동의 없이도 가능하다(제412조 제1항). 상대가 이의 없이 반소의 본안에 대한 항변을 한 때에는 동의한 것으로 본다(제412조 제2항).

심급상 불이익이 없는 경우로는, 중간확인의 반소, 본소와 청구원인을 같이하는 반소나 1심에서 제출한 항변 또는 방어방법과 관련된 반소,[70] 항소심에서 반소의 변경으로 예비적 반소를 추가하는 경우[71] 등이 있다.

---

69) 대판 1970. 9. 22. 69다446.
70) 대판 1996. 3. 26. 95다45545.

항소심에서 피고가 반소장을 진술한 데 대하여 원고가 반소기각 답변을 한 것만으로는 이의 없이 반소의 본안에 관하여 변론을 한 때에 해당한다고 볼 수 없다.[72]

항소심에서 반소가 제기되었는데, 항소가 부적법 각하되면 항소를 전제로 1심을 생략한 반소도 소멸한다.[73]

4. 반소의 절차와 심판

반소의 제기는 본소에 준한다. 본소와 병합 심리하여야 하고 분리심리는 안 된다. 단독판사에게 계속 중인 본소에 반소가 제기되어 합산한 소가가 합의부관할에 속하게 되면 합의부로 이송한다. 반소를 피고대리인이 제기할 경우에는 특별수권이 필요하다.

반소요건에 흠이 있는 경우 판례는 각하하고 있으나,[74] 다른 청구병합과 마찬가지로 각하하지 말고 별소로 분리하여 심리하는 것이 타당할 것이다.

판결은 하나로 해야 하지만 주문은 본소와 반소에 대하여 따로 낸다. 다만 견련성은 없지만 원고 동의 응소로 계속된 반소와 같이 특별한 사정이 있는 경우는 변론분리나 일부판결이 가능하다.

Ⅳ. 중간확인의 소

1. 개념, 성질

1) 개념

중간확인의 소란 소송계속 중 그 청구에 대한 판단에 대하여 선결적 관계에 있는 법률관계의 존부에 관한 확인의 소를 말한다. 선결적 법률관계에 대해서는 판결이유에서만 판단되고 판결주문에서는 판단되지 않는데, 판결의 효력은 청구취지에 대한 판단, 즉 주문에 기재된 내용에 대해서만 미치고 판결이유에 나타난 판단에는 발생하지 않으므로 이유 중 판단에 대하여 판결을 받아 두려 할 경우에는 별소로 소유권존재확인청구를 할 수도 있으나, 중간확인의 소로 하면 소송경제와 재판의 통일을 이룰 수 있으므로 유용하다. 건물명도청구의 경우 주문에는 건물명도청구권의 존부에 대해서만 판단되므로, 그 근거

---

71) 대판 1969. 3. 25. 68다1094.

72) 대판 1991. 3. 27. 91다1783, 1790.

73) 대판 2003. 6. 13. 2003다16962.

74) 대판 1965. 12. 7. 65다2034.

로 내세우는 소유권의 존부에 대해 판결의 효력을 받아 두려는 경우가 그것이다.

2) 성질

중간확인의 소 도중에 원고가 제기하는 것은 청구의 추가적 확장 또는 병합에 해당하고, 피고가 제기하는 것은 반소의 일종이다.

중간확인의 소는 단순한 공격방어방법이 아니라 소송 중 제기되는 독립된 소이므로 이에 대한 판단은 종국판결이 주문에 기재하여야 한다.

중간확인의 소로 할지 별소로 할지는 피고의 자유이다. 이에 대해서는 분쟁의 효율적인 해결을 위하여 중간확인의 소로 할 수도 있는데 별소로 하는 경우에는 중복소송금지 또는 소권의 남용에 해당하여 허용되지 않는다는 입장도 있다.

2. 요건

1) 복수청구소송 공통요건

중간확인의 소도 청구의 병합이 있는 경우이므로 복수청구소송 공통요건으로 같은 종류 소송절차에 따라서 심리가 가능해야 하고, 중간확인의 소가 다른 법원의 전속관할에 속하지 않아야 한다.

2) 계속 중인 소송의 다툼이 있는 선결적 권리·법률관계에 관한 것일 것

본소는 판결 시까지 존재해야 한다. 본소가 각하취하되거나, 선결관계와 상관없이 본소가 기각되면 중간확인의 소는 부적법 각하된다. 다만 중간확인의 소가 보통확인의 소로서의 요건을 갖추고 있으면 독립된 소로 심리할 수 있다.

선결관계란 그에 대한 판단에 따라 본래 청구의 결론이 달라지는 경우로 가옥인도청구 소송에서 소유권의 존부, 이자청구소송에서 원본채권의 존부가 그것이다. 선결관계이기만 하면 되므로 피고가 임차권항변을 하면서 임차권의 존부에 관한 확인을 구하는 것과 같이 항변으로 주장한 것이라도 상관없다.

확인의 소 요건으로서 선결관계가 법률관계에 관한 것이고 다툼이 있어야 한다. 사실관계나 증서진부확인이나 과거의 법률관계확인은 허용되지 않는다. 다툼이 있으면 소의 이익이 인정되고 별도의 확인 이익이 있어야 하는 것은 아니다.

3) 사실심 계속 변론종결 전일 것

피고가 항소심에서 제기할 경우에 반소와는 달리 원고의 동의가 필요 없다.

3. 절차와 심판

중간확인의 소제기는 본소에 준한다. 본소와 선결관계에 있으므로 본소와 병합 심리하여야만 하고 분리심리는 안 된다. 단독판사에게 계속 중인 본소에 중간확인의 소가 제기되어 합산한 소가가 합의부관할에 속하게 되면 합의부로 이송한다. 피고가 제기하는 중간확인의 소는 반소의 성격이 있으므로 대리인이 제기할 경우에는 특별수권이 필요하고, 원고가 제기하는 경우에는 청구변경이므로 본소대리권에 포함되어 특별수권이 필요 없다 (제490조 제2항).

중간확인의 소 요건에 흠이 있는 경우 독립된 소 요건을 갖추었으면 다른 청구병합과 마찬가지로 각하하지 말고 별소로 분리하여 심리하는 것이 타당할 것이다.

판결은 하나로 해야 하지만 주문은 본소와 중간확인의 소에 대하여 따로 낸다. 변론분리나 일부판결이 불가능한 것은 아니지만 적합한 처리는 아니다.

제2절 다수당사자소송

현대사회에서는 개인 간의 분쟁이 제3자에게 영향을 미치는 경우가 많은데, 소유권 분쟁 시 목적물을 임차한 사람은 그 결과에 따라 지위가 달라지고, 공해소송이나 제조물책임소송의 결과가 지역주민이나 소비자들에게 미치는 영향이 그것이다. 이런 경우에 관련된 사람들이 공동으로 소송하게 해서 분쟁의 일회적 해결을 꾀하면서 심리가 복잡해지고 지연되는 것을 막을 제도적 장치가 필요하게 된다. 민사소송법은 다수인 사이의 이해관계가 긴밀하여 개별적으로 처리하기 곤란한 경우에 공동으로 소송을 할 수 있는 고유필수적 공동소송, 긴밀하지 않은 경우는 원하면 공동으로 소송할 수 있는 통상의 공동소송과 소송 중 그 소송절차에 참가할 수 있는 보조참가와 독립당사자참가, 여러 당사자 중 대표 한 사람을 뽑아서 대표로 소송을 진행하게 하는 선정당사자 등의 제도 등을 마련해 놓고 있다.

그러나 공해나 제조물책임소송 등 분쟁당사자가 매우 많은 경우에는 공동소송형태가 곤란하고, 개인별 피해액수가 적어 각자 독립하여 소송당사자가 되려 하지도 않아 선정당사자제도가 실효를 거두기 어렵기도 하므로, 일부의 자가 한 소송의 결과를 다른 관련 자들에게도 미치게 하는 등 집단소송제의 도입 필요성이 제기되고 있으나, 우리는 증권 관련 집단소송법만이 있다.

Ⅰ. 공동소송

1. 개념

공동소송이란 하나의 소송절차에 여럿의 원고 또는 피고가 관여하고 있는 소송형태를 말한다. 관련이 있는 청구를 병합 심리하여 공통쟁점에 대해 심리의 중복을 피하고, 통일 적 해결이 가능해 널리 인정되고 있다. 소의 주관적 병합이라고도 한다. 공동소송인지 여 부는 당사자의 수에 따라 결정되므로 다수인이 사단을 구성하고 사단에 당사자능력이 인 정된 경우나 한 당사자를 수인이 대리하는 경우 당사자는 하나이므로 공동소송이 아니다.

2. 종류

공동소송인 사이에 결론이 똑같을 필요가 없는 경우인 통상공동소송, 소송결과가 공동 소송인 모두와 똑같아야 하는 필수적 공동소송, 공동소송인들 사이에 실체법상 양립할 수 없는 여러 청구에 대하여 하나의 소송절차에서 예비적·선택적으로 심판을 구하는 경 우인 예비적·선택적 공동소송 등이 있다.

3. 공통 요건

1) 주관적 요건

① 소송의 목적인 권리·의무가 공통인 경우(제65조 전문 전단)

공유자, 합유자, 총유자, 연대채권·채무자, 불가분채권·채무자들이 같이 소송하는 경 우이다.

② 소송목적이 되는 권리·의무가 사실상·법률상 같은 원인으로 생긴 경우(제65조 전문 후단)

동일사고의 피해자들이 같이 손해배상소송을 하는 경우, 여러 가해자들에게 손해배상 소송을 하는 경우, 주채무자와 보증인을 상대로 채무이행청구를 하는 경우 등이다.

③ 소송목적이 되는 권리나 의무가 같은 종류의 것이고, 사실상 또는 법률상 같은 종류의 원인으로 말미암은 것인 경우

복수매수인에 대한 대금청구, 여러 점포소유자가 각 임차인에게 임료를 청구하는 경우 등이다.

2) 객관적 요건

고유필수적 공동소송을 제외하고는 각 상대방과의 사이에 각 청구가 있는 경우이므로 청구병합요건이 필요하다. 동종절차에서 심리가 가능해야 하고, 공통의 관할이 있어야 한다. 관련재판적은 위 ①, ②의 두 경우에만 적용된다.

4. 통상공동소송

1) 개념

통상공동소송이란 공동소송인 사이에 결론이 똑같을 필요가 없는 경우를 말한다. 공동소송인 사이의 여러 청구에 대하여 심리와 증거조사가 공동으로 행하여지는 것 외에는 아무런 결합이 없는 경우로 당사자 사이의 자발적 의사에 의하여 성립한다.

2) 요건은 위에서 본 것과 같다.

3) 심판(공동소송인 독립의 원칙)

① 개념

공동소송인 독립의 원칙은 공동소송의 심리는 병합하여야 하나, 소송수행은 각자 독자적으로 하고, 한 사람의 행위 효과는 다른 사람에게 미치지 않는 것을 말한다(제66조).

② 내용

가. 소송요건의 개별조사

소송요건의 존부는 각 공동소송인별로 심사하고, 흠결이 있는 경우에는 그 공동소송인에 대해서만 각하 또는 이송한다.

나. 소송심리의 독립

일인의 소송행위나 일인에게 생긴 사유는 다른 공동소송인에게 영향이 없다. 각자 소취하, 자백, 청구의 포기·인낙, 화해를 할 수 있고, 공격방어방법도 각자 제출한다. 기일 해태 효과나 일인에게 생긴 중단사유, 상소기간 등도 개별적으로 발생·진행한다. 각자 다른 사람의 대리인이 될 수 있고, 다른 사람 건에 대하여 증인능력이 있다. 법원은 공동소송인 일부에 대한 변론을 분리할 수도 있다.

다. 판결의 독립

판결은 한 개의 전부판결로 함이 원칙이나, 분리하여 일부판결도 할 수 있다. 공동소송인 간의 소송비용부담에 관해서는 특칙이 있다(제102조).

4) 공동소송인 독립원칙의 수정

① 문제점

독립원칙을 관철하면 공동소송인별로 판결이 다르게 될 가능성이 높은데, 권리·의무가 공통하거나 발생원인이 사실상·법률상 공통한 경우에까지 모순된 판결이 나는 것은 곤란하므로 독립원칙의 수정론이 대두되고 있다.

② 증거공통의 원칙

가. 개념

공동소송에서 증거공통의 원칙이란 공동소송인 중 하나가 제출한 증거로부터 얻은 증거자료는 다른 공동소송인이 그 제출에 반대하거나 변론을 분리하지 않은 이상 그의 원용이 없어도 관련되는 사실인정의 자료로 삼을 수 있는 것을 말한다.

나. 인정 여부

변론주의와 공동소송인 독립의 원칙에 비추어 일반적으로 인정할 수 없다는 입장과 예외적인 경우를 제외하고는 인정하자는 입장이 있다. 공동소송인 간에 이해가 상반하는 경우(동일사고 가해자들이 서로 상대방의 과실이라고 주장하는 경우)에는 상대방의 방어권 보장을 위하여 증거공통의 원칙을 적용할 수 없고, 공동소송인의 1인이 자백한 경우에는 심증에도 불구하고 자백한 자에게는 자백한 대로 사실인정을 해야 하므로 증거공통의 원칙을 적용할 수 없다고 한다. 이 자백은 변론 전체의 취지로 고려될 수 있을 뿐이다.[75]

판례는 공동소송인 각자에 대하여 결론을 달리하는 것은 변론주의를 원칙으로 하는 민사소송제도 아래서는 부득이한 일로 보아 증거공통의 원칙을 적용하고 있지는 않다.[76]

③ 주장공통의 원칙

가. 개념

공동소송에서 주장공통의 원칙이란 한 공동소송인이 상대방의 주장을 다투고 항변하는 등 다른 공동소송인에게도 유리한 행위를 한 때에는 다른 공동소송인의 원용이 없어도 그에게 효력이 미치는 것을 말한다.

---

75) 대판 1976. 8. 24. 75다2152.
76) 대판 1979. 7. 24. 79다954.

나. 인정 여부

제66조의 문리해석과 변론주의와의 충돌을 이유로 부정하는 입장과 동일한 사실관계에 대해서는 재판의 통일을 기해야 한다는 이유에서 일인의 주장이 다른 공동소송인에게 유리한 경우에 다른 공동소송인이 이와 저촉되는 행위를 적극적으로 하지 않는 한 그자에게도 효력이 미친다는 입장이 있다.

판례는 민사소송법 제66조의 명문의 규정과 우리 민사소송법이 취하고 있는 변론주의 소송구조 등에 비추어 볼 때, 통상의 공동소송에 있어서 이른바 주장공통의 원칙은 적용되지 아니한다고 한다.[77]

판례의 원칙을 고수하면 주채무자가 변제주장을 하는데, 보증인이 이를 원용하지 않을 경우에 주채무자는 상소하고 보증인은 패소하는 것과 같은 결론을 낼 수밖에 없는 부당함은 있으나, 적절한 석명권 행사로 해결하면 될 것이다.

5. 필수적 공동소송

1) 개념

필수적 공동소송이란 소송결과가 공동소송인 모두와 똑같아야 하는 공동소송을 말한다(제67조 제1항). 필수적 공동소송에는 관련자 모두가 반드시 공동으로 원·피고가 되어야 하는 경우인 고유필수적 공동소송과 관련자의 일부만 청구할 수는 있으나 결론은 같아야 하는 경우인 유사필수적 공동소송이 있다.

2) 고유필수적 공동소송

① 개념

고유필수적 공동소송이란 관련자 모두가 반드시 공동으로 원·피고가 되어야 하고 결론도 같아야 하는 것이 법률상 강제되는 경우를 말한다.

어떤 소송을 고유필수적 공동소송으로 취급할 것인가에 관해서는 법에 기준이 없어 논의가 있다. 실체법상 관리처분권을 여러 사람에게 귀속하는 경우에는 소송수행도 공동으로 해야 한다는 입장, 분쟁의 통일적 해결이라는 소송정책적 고려에 따라 정할 것이라는 입장, 양자를 두루 고려해야 한다는 입장 등이 있다. 입장에 따라서 고유필수적 공동소송의 범위를 가급적 축소시키거나(실체법상 관리처분권설), 분쟁의 통일적 해결을 중시하여 확대하는(소송정책설) 차이가 있는데, 고유필수적 공동소송 자체가 실체법상 이유에서 인

---

77) 대판 1994. 5. 10. 93다47196.

정된 것이기는 하나 분쟁의 통일적 해결이나 당사자의 이해조절 측면도 함께 고려하여 정하는 것이 옳을 것이다.

② 예

가. 형성권의 공동귀속

형성권이 여러 사람에게 공동으로 귀속되어 있는 경우에는 이를 소송으로 행사할 때는 여러 사람 전원이 원고 또는 피고가 되어야 한다.

공유물분할청구소송은 분할을 원하는 공유자가 다른 공유자 모두를 상대로 제기해야 하고,[78] 공유토지와 제3자 소유 토지와의 경계확정소송도 공유자 전원이 당사자가 되어야 한다.[79] 이런 경우에는 공유물의 처분·변경이 있게 되므로 민법 제264조에 의하여 소송수행권도 전원에게 귀속되어 있다.

제3자가 제기하는 혼인 무효·취소의 소는 부부를 공동피고로 해야 하고,[80] 자가 제기하는 부를 정하는 소(민법 제845조) 모, 모의 배우자 및 전 배우자 모두를 상대로 해야 한다(가사소송법 제27조 제2항).

청산인 해임의 소는 회사와 청산인을 공동피고로 해야 하고,[81] 이사해임의 소는 회사와 이사를 공동피고로 해야 한다.

나. 여러 사람이 공동으로만 관리 처분해야만 하는 재산에 관한 소송

수탁자가 여럿인 신탁재산에 관한 소송(신탁법 제45조), 관리인이 여럿인 회생절차상 채무자의 재산에 관한 소송이나 파산관재인이 여럿인 파산재단에 관한 소송(회생절차 및 파산에 관한 법률 제75, 360조), 선정당사자가 여럿인 경우의 소송(제53, 54조) 등에서는 이들이 공동으로만 당사자가 된다.

다. 공동소유재산에 관한 소송

실체법상 관리처분권의 귀속이라는 점에서만 보면 총유나 합유는 공동소유자가 공동으로만 관리처분권을 행사할 수 있는 경우이므로 고유필수적 공동소송이 되고, 공유의 경우에는 공유자가 지분에 관하여 개별적으로 관리처분권을 행사할 수 있으므로 통상의 공동소송이 될 것이다. 그러나 절차적인 이유로 공동의 관리처분권을 고유필수적 공동소송으로 행사할 수 없는가 하면, 개별적 관리처분권도 일부의 소송수행이 다른 사람의 이해

---

78) 대판 2003. 12. 12. 2003다44615.
79) 대판 2001. 6. 26. 2000다24207.
80) 대결 1983. 9. 15. 83즈2.
81) 대결 1976. 2. 11. 75마533.

에 영향을 미치는 때에는 고유필수적 공동소송으로 행사하여야 하는 경우도 있다. 이에 판례는 실체법상이 관리처분권의 성격과 절차적 합리성 양자를 고려하여 고유필수적 공동소송 여부를 결정하고 있다.

총유재산에 관한 소송은 모두 고유필수적 공동소송이다.[82] 총유물의 관리·처분은 사원총회의 결의에 의해야 하므로(민법 제276조) 총유재산의 관리처분권은 구성원에게 공동으로 귀속되기 때문이다. 총유재산의 보존행위에 관해서 판례는 종전에는 총회의 결의를 거치면 구성원(대표자)이 제소할 수 있다는 입장에서 할 수 없는 것으로 바꾸었다.[83]

합유재산에 관한 소송은 합유물의 처분·변경에는 합유자 전원의 동의가 필요하고(민법 제272조), 합유지분의 처분에도 전원의 동의가 필요하므로(민법 제273조) 원칙적으로 고유필수적 공동소송이다.[84] 다만 합유물에 대한 보존행위는 각자가 할 수 있고,[85] 조합채무이행청구는 조합원 일부를 상대로 할 수 있다.[86]

공유재산에 관한 소송은 원칙적으로 고유필수적 공동소송이 아니다.[87] 다만 위에서 본

---

82) 대판 1995. 9. 29. 95다21303, 교회가 2개의 교회로 분열된 경우 교회 재산은 분열 당시 교인들의 총유에 속하고, 총유재산의 관리와 처분은 그 총회의 결의에 의하여야 한다는 것은 당원의 확립된 판례가 취하는 견해이다(당원 1993. 1. 19. 선고 91다1226 전원합의체판결 참조). 교회의 총유재산에 관한 소송은 권리능력 없는 사단인 교회 자체의 명의로 하거나 그 교회 구성원 전원이 당사자가 되어 할 수 있을 뿐이고, 후자의 경우에는 필요적 공동소송이라 할 것이다(당원 1980. 12. 9. 선고 80다2045, 2046 판결, 1992. 2. 28. 선고 91다41507 판결, 1994. 5. 24. 선고 92다50232 판결 등 참조). 원심에서 추가된 원고 교회의 이 사건 제1, 2차 예비적 청구원인에 의하면, 원고는 이 사건 토지들이 분열 당시의 종전 교회 교인들의 총유에 속한다고 주장하면서, 제1차 예비적 청구로 그 총유임을 공시하기 위하여 이 사건 토지들에 관하여 원고 교회와 위 신점 교회의 공동명의로서 소유권이전등기 절차의 이행을 구하고, 제2차 예비적 청구로 이 사건 토지들이 원고 교회의 교인들과 위 신점교회 교인들의 총유확인을 구하고 있음을 알 수 있으므로, 분열 당시 종전 교회의 교인들 전원이 아닌 일부로만 구성된 원고 교회가 분열 당시의 종전 교회의 총유임을 주장하여 구하는 이 사건 제1, 2차 예비적 청구는 당사자적격을 갖추지 못한 부적법한 소라고 할 것이다.

83) 대판 전원 2005. 9. 15. 2004다44971, 민법 제276조 제1항은 "총유물의 관리 및 처분은 사원총회의 결의에 의한다", 같은 조 제2항은 "각 사원은 정관 기타의 규약에 좇아 총유물을 사용·수익할 수 있다"라고 규정하고 있을 뿐 공유나 합유의 경우처럼 보존행위는 그 구성원 각자가 할 수 있다는 민법 제265조 단서 또는 제272조 단서와 같은 규정을 두고 있지 아니한바, 이는 법인 아닌 사단의 소유형태인 총유가 공유나 합유에 비하여 단체성이 강하고 구성원 개인들의 총유재산에 대한 지분권이 인정되지 아니하는 데에서 나온 당연한 귀결이라고 할 것이므로 총유재산에 관한 소송은 법인 아닌 사단이 그 명의로 사원총회의 결의를 거쳐 하거나 또는 그 구성원 전원이 당사자가 되어 필수적 공동소송의 형태로 할 수 있을 뿐 그 사단의 구성원은 설령 그가 사단의 대표자라거나 사원총회의 결의를 거쳤다 하더라도 그 소송의 당사자가 될 수 없고, 이러한 법리는 총유재산의 보존행위로서 소를 제기하는 경우에도 마찬가지라 할 것이다.

84) 대판 1991. 6. 25. 90누5184.

85) 대판 1997. 9. 9. 96다19896.

86) 대판 1969. 12. 23. 69다1053, 합유재산이라도 현실적으로 점유하고 있는 합유자만을 상대로 명도청구를 할 수 있고 합의자 전원을 상대로 할 필요적 공동소송이 아니다.

87) 대판 전원 1994. 3. 22. 93다9392, 토지나 건물에 관하여 지분을 소유하고 있는 공유자나 그 지분에 관

공유물분할청구나 경계확정소송 외에도 고유필수적 공동소송으로 보는 경우들이 있다.

a. 능동소송(공유자가 제3자에게 제기하는 소송)의 경우

ⅰ) 지분 또는 공유물 전체에 대한 소유권확인

공유자가 제3자에게 공유지분의 확인을 구하는 것은 통상의 공동소송이나, 공유물 전체에 대한 소유권확인청구는 고유필수적 공동소송이다.[88]

ⅱ) 공유물에 대한 방해배제청구

공유물을 불법으로 점유하는 제3자에 대하여 지분권에 기하여 명도를 구하는 것은 보존행위로 통상의 공동소송이고, 공유물에 끼친 불법행위를 이유로 하는 손해배상청구나,[89] 공유물에 관한 원인 무효의 등기 전부의 말소청구도 마찬가지이다.[90]

한 소유권이전등기청구권을 가지고 있는 자라고 할지라도 다른 공유자와의 협의 없이는 공유물을 배타적으로 점유하여 사용수익할 수 없는 것이므로, 다른 공유권자는 자신이 소유하고 있는 지분이 과반수에 미달되더라도 공유물을 점유하고 있는 자에 대하여 공유물의 보존행위로서 공유물의 인도나 명도(이 뒤에는 "명도"라고 약칭한다)를 청구할 수 있다고 보는 것이 당원의 확립된 판례이다(소수의견: 소수지분권자가 다른 공유자와의 협의 없이 공유물의 전부 또는 일부를 배타적으로 점유하여 사용수익하고 있더라도, 아무런 권한도 없이 불법으로 점유하는 경우와는 달라, 적어도 그 자신이 소유하고 있는 지분의 범위 내에서는, 공유물 전부를 사용수익할 권한이 있어서 그 권한에 기하여 공유물을 점유하고 있는 것으로 인정되기 때문에 적법한 것이고, 다만 그 지분의 비율을 초과하는 한도 내에서만 위법하게 점유(사용수익)하고 있는 것으로 보아야 할 것이다. 따라서 일부 소수지분권자가 공유물을 독점적·배타적으로 점유하고 있는 위법한 상태를 시정한다는 명목으로 다른 소수지분권자로 하여금 공유물을 점유하고 있는 소수지분권자에 대하여 공유물 전부를 자기에게 명도할 것을 청구할 수 있도록 허용하는 것은, 결국 그 소수지분권자가 가지고 있는 "지분의 비율에 따른 사용수익권"까지 근거 없이 박탈하고 역시 자신이 소유하고 있는 지분의 범위 내에서만 공유물을 점유할 권한밖에 없는 다른 소수지분권자로 하여금 공유물을 전부 점유하게 하는 부당한 결과를 가져오게 되는 것이므로, 공유물인 건물 등을 점유하고 있는 소수지분권자에 대하여 다른 소수지분권자가 그 건물 등의 명도를 청구하는 것이 공유물의 보존행위에 속한다고 볼 수 없다. 다른 공유자는 지분의 과반수를 소유하거나 민법 제265조의 규정에 따른 공유물의 관리방법에 관한 결정에 의하지 아니하는 한 그 소수지분권자에 대하여 공유물의 명도를 청구할 수는 없다. 다만 자신이 소유하고 있는 지분의 범위 내에서 그 소수지분권자에 대하여 자신도 공유물을 공동으로 점유하여 사용수익할 수 있도록 허용할 것을 청구하거나(지분의 비율에 따른 자신의 사용수익을 방해하지 말라는 부작위의무의 이행을 청구하는 것도 마찬가지일 것이다), 자신의 사용수익권이 침해된 것에 대한 손해의 배상이나 그 소수지분권자의 지분 비율을 초과하는 사용수익에 관한 부당이득의 반환을 청구할 수 있을 뿐이다).

88) 대판 1994. 11. 11. 94다35008, 공유자의 지분은 다른 공유자의 지분에 의하여 일정한 비율로 제한을 받는 것을 제외하고는 독립한 소유권과 같은 것으로 공유자는 그 지분을 부인하는 제3자에 대하여 각자 그 지분권을 주장하여 지분의 확인을 소구하여야 하는 것이고, 공유자 일부가 제3자를 상대로 다른 공유자의 지분확인을 구하는 것은 타인의 권리관계 확인을 구하는 소에 해당한다고 보아야 할 것이므로 그 타인 간의 권리관계가 자기의 권리관계에 영향을 미치는 경우에 한하여 확인의 이익이 있다고 할 것이며, 공유물 전체에 대한 소유관계 확인도 이를 다투는 제3자를 상대로 공유자 전원이 하여야 하는 것이지 공유자 일부만이 그 관계를 대외적으로 주장할 수 있는 것이 아니므로, 아무런 특별한 사정이 없이 다른 공유자의 지분 확인을 구하는 것은 확인의 이익이 없다. 공유자가 다른 공유자의 지분권을 대외적으로 주장하는 것은 공유물의 멸실·훼손을 방지하고 공유물의 현상을 유지하는 사실적·법률적 행위인 공유물의 보존행위에 속한다고 할 수 없다.

89) 대판 1970. 4. 14. 70다171, 공유물에 끼친 불법행위를 이유로 하는 손해배상청구권은 특별한 사유가 없

다만 공유관계 자체에 의한 방해배제청구는 고유필수적 공동소송이다.[91]

iii) 부동산공동매수인의 이전등기 또는 본등기 청구

수인이 공동으로 부동산을 매수하여 그 목적물 전체에 대한 권리취득의 등기절차를 청구하는 경우에는 매수자 전원이 공동으로 청구하여야 하나, 공유자 각자가 그 취득하였던 지분에만 대하여 지분의 취득등기를 청구할 시는 타 공유자와 관계없이 각자 단독으로 청구할 수 있다.[92] 공유관계로서의 단순한 공동매수인이 아니고 동업계약에 의한 것이라면 그 동업자들은 조합원으로서 토지에 대한 소유권이전등기청구권을 준합유하는 관계에 있어 소유권이전등기청구소는 고유필요적공동소송이다.[93]

복수의 가등기권자의 가등기에 기한 소유권이전의 본등기절차 이행을 구하는 소는 필요적 공동소송이다.[94]

iv) 공동예금

동업자들이 동업자금을 공동명의로 예금한 경우라면 채권의 준합유관계에 있어 합유의 성질상 은행에 대한 예금반환청구가 필요적 공동소송에 해당한다고 볼 것이나, 공동명의 예금채권자들 중 1인이 전부를 출연하거나 또는 각자가 분담하여 출연한 돈을 동업 이외의 특정목적을 위하여 공동명의로 예치해 둠으로써 그 목적이 달성되기 전에는 공동명의 예금채권자가 자신의 예금에 대해서도 혼자서는 인출할 수 없도록 방지, 감시하고자 하는 목적으로 공동명의로 예금을 개설한 경우에는 그 예금에 관한 관리처분권까지 공동명의 예금채권자 전원에게 공동으로 귀속된다고 볼 수 없을 것이므로, 이러한 경우에는 은행에 대한 예금반환청구가 민사소송법상의 필요적 공동소송에 해당한다고 할 수 없다. 이런 경우라도 공동명의 예금채권자는 그 예금을 개설할 때에는 은행과의 사이에 예금채권자들이 공동으로 예금반환청구를 하기로 한 약정에는 당연히 구속되는 것이므로, 그 예금채권자 중 1인이 은행을 상대로 자신의 예금 반환을 청구함에 있어서는 다른 공동명의 예금채권

는 한 각 공유자가 지분에 대응하는 비율의 한도 내에서만 이를 행사할 수 있다.

90) 대판 1996. 2. 9. 94다61649, 공동상속재산은 상속인들의 공유이고, 또 부동산의 공유자인 한 사람은 그 공유물에 대한 보존행위로서 그 공유물에 관한 원인 무효의 등기 전부의 말소를 구할 수 있다.

91) 대판 1961. 12. 7. 42093민상306.

92) 대판 1960. 7. 7. 4292민상462.

93) 대판 1979. 8. 31. 79다13, 대판 1994. 10. 25. 93다54064, 동업약정에 따라 동업자 공동으로 토지를 매수하였다면 그 토지는 동업자들을 조합원으로 하는 동업체에서 토지를 매수한 것이므로 그 동업자들은 토지에 대한 소유권이전등기청구권을 준합유하는 관계에 있고, 합유재산에 관한 소는 이른바 고유 필요적 공동소송이라 할 것이므로 그 매매계약에 기하여 소유권이전등기의 이행을 구하는 소를 제기하려면 동업자들이 공동으로 하지 않으면 안 된다.

94) 대판 1985. 5. 28. 84다카2188.

자와 공동으로 그 반환을 청구하는 절차를 밟아야만 은행으로부터 예금을 반환받을 수 있다. 만일 다른 공동명의 예금채권자가 그 공동반환청구절차에 협력하지 않을 때에는, 예금주는 먼저 그 사람을 상대로 제소하여 예금주 단독으로 하는 반환청구에 관하여 승낙의 의사표시를 하라는 등 공동반환절차에 협력하라는 취지의 판결을 얻은 다음 이 판결을 은행에 제시함으로써 예금을 반환받을 수 있고, 그럼에도 불구하고 은행이 정당한 이유 없이 예금의 반환을 거절하는 경우에는 그 예금주가 은행을 상대로 단독으로 예금의 반환을 소구할 수밖에 없을 것이고, 미리 청구할 필요가 있을 때에는 다른 공동명의 예금채권자와 은행을 공동피고로 하여 위와 같은 취지의 제소를 할 수도 있다.[95]

b. 수동소송(제3자가 공유자를 상대로 소송하는 경우)

ⅰ) 공유자에 대한 소유권확인소송 등

부동산의 공유자에 대한 소유권확인청구 및 소유권보존등기말소청구는 고유필수적 공동소송이 아니다.[96]

ⅱ) 공동점유자에 대한 인도청구

공동점유자 각자는 그 점유물의 일부분씩만을 반환할 수는 없고, 그 점유물 전부에 대하여 반환하여야 함은 물론이나 그 점유물의 인도를 청구하는 경우에 그 공동점유자 각자에 대하여 그 점유물의 인도를 청구하면 족하고, 반드시 그 공동점유자 전원을 상대로 하여야만 인도를 청구할 수 있다는 것이 법률상 요건은 아니므로 공동점유자 전원을 상대로 점유물의 인도를 청구한 경우에, 서로 상반된 판결이 있으면, 사실상 인도청구의 목적을 달성할 수 없는 경우가 있을 것이나, 이와 같이 사실상의 필요가 있다는 점만으로는, 이를 필요적 공동소송이라고는 할 수 없다.[97]

ⅲ) 공유자에 대한 철거 또는 등기말소청구소송

공유물의 반환 또는 철거에 관한 소송을 필요적 공동소송이라고는 할 수 없으므로 그러한 청구는 공유자 각자에 대하여 그의 지분권 한도 내에서 인도 또는 철거를 구할 수 있다.[98]

ⅳ) 공유자에 대한 이전등기청구소송

토지를 수인이 공유하는 경우에 공유자들의 소유권이 지분의 형식으로 공존하는 것뿐

---

95) 대판 1994. 4. 26. 93다31825.
96) 대판 1972. 6. 27. 72다555.
97) 대판 1966. 3. 15. 65다2455.
98) 대판 1969. 7. 22. 69다609.

이고, 그 처분권이 공동에 속하는 것은 아니므로 공유토지의 일부에 대하여 취득시효완성을 원인으로 공유자들을 상대로 그 시효취득부분에 대한 소유권이전등기절차의 이행을 청구하는 소송은 필요적 공동소송이라고 할 수 없다.[99]

　c. 판례가 공유관계 소송의 대부분을 통상의 공동소송으로 보는 것에 대해서는, 공유자 사이에 판결이 저촉될 우려가 많고, 민법 제264조에 공유자는 다른 공유자의 동의 없이 공유물의 처분·변경을 못 한다고 규정하고 있는 점에 비추어 공유물의 처분·변경에 해당하는 공유물의 철거, 말소등기청구나 소유권이전등기청구는 필수적 공동소송으로 보자는 입장과 방해제거청구의 법적 구성을 지분권에 기한 것으로 하는가, 공유관계 자체에 기한 청구로 하는가에 따라 당사자가 달라지는 것은 부당하다면서 모두 보존행위로서 단독으로 할 수 있다고 보아야 한다는 입장이 있다. 필수적 공동소송의 범위를 넓히면 공유자의 한 사람이라도 소제기를 반대하면 다른 공유자는 제소할 길이 없게 되므로 판례의 입장에 따르는 것이 옳을 것이다.

3) 유사필수적 공동소송

① 개념

유사필수적 공동소송이란 관련자의 일부만이 청구할 수는 있으나 결론은 같아야 하는 것이 법률상 강제되는 경우를 말한다. 유사필수적 공동소송은 판결의 효력이 제3자에게 확장되는 경우에 발생한다. 판결의 효력은 본래의 효력(기판력·집행력·형성력)만이 아니고 반사적 효력도 포함한다고 보는 것이 다수설이다.[100]

② 예

판결의 본래적 효력이 제3자에게 확장되어 유사필수적 공동소송이 되는 경우로는 회사합병무효의 소(상법 제236조)나 주주에 의한 대표소송(상법 제403조) 등 회사관계소송, 여러 사람이 제기하는 혼인 무효·취소의 소(가사소송법 제21조) 등 가사소송, 여러 이의자 사이의 회생채권·파산채권확정재판에 대한 이의 소(채무자회생 및 파산에 관한 법률 제171, 463조) 등이 있다.

판결의 반사적 효력이 제3자에게 미치는 경우로는 여러 사람의 채권자에 의한 채권자대위소송, 여러 사람의 압류채권자에 의한 추심소송(민사집행법 제249조), 여러 사람의 주주에 의한 대표소송, 여러 이사를 공동피고로 하여 제기한 이사회결의무효확인의

---

99) 대판 1994. 12. 27. 93다32880, 32897.

100) 대판 1991. 12. 27. 91다23486, 채무자가 채권자대위권에 의한 소송이 제기된 것을 알았을 경우 그 확정판결의 효력이 채무자에게도 미치므로 여럿의 대위채권자들은 유사필수적 공동소송관계에 있다.

소[101] 등이 있다.

제65조 전문에 해당하는 통상의 공동소송 경우에는 이론상 합일확정이 필요하지만 실체법상이든 소송법상이든 합일확정의 필요가 있는 경우가 아니어서 필수적 공동소송이 아니고, 다만 판결의 모순을 막기 위한 공동소송인 독립의 원칙 수정론이 있음은 앞서 본 것과 같다.

4) 필수적 공동소송의 심판

필수적 공동소송의 경우에는 심리의 병합에 그치지 않고 소송자료의 통일과 소송진행의 통일이 요청된다.

① 소송요건의 조사

각 소송인에 대하여 조사하고 한 사람에게 흠이 있는 경우 고유필수적 공동소송은 전부 각하하고, 유사필수적 공동소송은 그 당사자 부분만 각하한다.

고유필수적 공동소송에서 공동소송인의 일부가 누락된 경우에는 누락된 사람에 대하여 제1심 변론종결 시까지 별소를 제기하고 변론을 병합하거나, 제1심 변론종결 시까지 누락된 공동소송인을 추가하거나(제68조), 항소심의 변론종결 시까지 누락된 사람이 공동소송참가를 함으로써 흠을 보정할 수 있다. 공동소송인 추가 시 원고를 추가할 때에는 원고의 동의가 필요하다(제68조 제1항).

② 소송자료의 통일

가. 공동소송인 중 일인의 행위는 모두의 이익을 위해서만 효력이 있다(제67조 제1항). 불리한 행위는 함께해야 효력이 있다. 한 사람이 상대의 주장을 다투거나 증거제출·항변하는 것은 모두를 위하여 효력이 있으나, 자백, 청구의 포기·인낙, 화해 등은 효력이 없다.

소취하는 유사필수적 공동소송에서는 가능하지만, 고유필수적 공동소송에서는 전원이 해야 한다.[102] 피고인 공동소송인 중 한 사람이라도 응소를 하면 원고는 피고 모두의 동의를 얻어야 소취하를 할 수 있다.

공동소송인 중 한 사람이라도 다투는 답변서를 제출하면 무변론판결을 받지 않고, 한

---

101) 대법원 1963. 12. 12. 63다449, 피고가 아닌 이사들에게도 판결의 효력이 미치므로 유사필수적 공동소송이 된다. 반대로 원고 측에는 이사회결의무효확인의 소가 그 소송의 목적이 당사자 일방과 제3자에 대하여 합일적으로 확정될 경우가 아니어서 필수적 공동소송이 아니다(대판 2001. 7. 13. 2001다13013).

102) 대판 2007. 8. 24. 2006다40980, 공동상속인이 다른 공동상속인을 상대로 어떤 재산이 상속재산임의 확인을 구하는 소는 이른바 고유필수적 공동소송이라고 할 것이고, 고유필수적 공동소송에서는 원고들 일부의 소취하 또는 피고들 일부에 대한 소취하는 특별한 사정이 없는 한 그 효력이 생기지 않는다.

사람이 변론기일에 출석하여 변론을 하거나 기간을 준수하면 기일결석·기간불준수의 효과가 발생하지 않는다. 유사필수적 공공소송의 경우에는 출석하지 않은 공동소송인에 대해서는 소취하 간주규정 적용 여부에 대해서는 입장이 갈리나, 일부취하가 허용된다고 하여도 제67조 제1항에 의한 출석간주의 효과까지 배제할 수는 없으므로 취하간주까지 허용된다고 할 수는 없다.

나. 상대방의 공동소송인에 대한 소송행위는 한 사람에 대하여 해도 모두에게 효력이 있다(제67조 제2항). 공동소송인 가운데 한 사람이라도 기일에 출석하면 준비서면에 기재하지 않은 사항도 주장할 수 있다. 출석한 공동소송인에 대한 자백, 청구의 포기·인낙은 모두를 위하여 효력이 있다.

③ 소송진행의 통일

변론 및 증거조사는 공통기일에 행한다. 변론의 분리나 일부판결은 허용되지 않는다. 착오로 일부판결을 하여도 추가판결을 할 수 없고 상소로 시정해야 한다.

공동소송인 중 일인에 대한 중단·중지사유가 있으면 전부가 중단·중지된다(제67조 제3항).103)

④ 판결

모순된 판결을 피하기 위하여 일부판결은 허용되지 않는다.104) 한 개의 전부판결을 해야 하며, 착오로 일부판결을 한 경우에는 추가판결이 아닌 상소에 의하여 상급심이 원판결을 취소하고 모든 공동소송인에 대하여 판결한다.

⑤ 상소

상소기간은 각자에 대하여 진행되나, 모두에 대해 경과할 때까지 판결은 확정되지 않는다. 일인이 상소하면 전부가 확정이 차단되고 이심된다.105) 상소하지 않은 자는 상소인이 아니고 상소심 당사자일 뿐이라는 것이 통설·판례이다.106) 상소범위는 상소인만이 정하고 비용부담도 상소인만이 한다.

---

103) 대판 1983. 10. 25. 83다카850, 대판 2008. 4. 24. 2006다14363, 파산관재인이 여럿인 경우에는 법원의 허가를 얻어 직무를 분장하였다는 등의 특별한 사정이 없는 한 그 여럿의 파산관재인 전원이 파산재단의 관리처분권을 갖고 있기 때문에 파산관재인 전원이 소송당사자가 되어야 하므로 그 소송은 필수적 공동소송에 해당한다. 다만 민사소송법 제54조가 여러 선정당사자 가운데 죽거나 그 자격을 잃은 사람이 있는 경우에는 다른 당사자가 모두를 위하여 소송행위를 한다고 규정하고 있음에 비추어 볼 때, 공동파산관재인 중 일부가 파산관재인의 자격을 상실한 때에는 남아 있는 파산관재인에게 관리처분권이 귀속되고 소송절차는 중단되지 않는다.

104) 대판 1995. 12. 8. 95다44191.

105) 대판 2003. 12. 12. 2003다44615.

106) 대판 1995. 1. 12. 94다33002.

6. 예비적 · 선택적 공동소송

1) 개념

예비적·선택적 공동소송이란 공동소송인들 사이에 실체법상 양립할 수 없는 여러 청구에 대하여 하나의 소송절차에서 예비적, 선택적으로 심판을 구하는 경우를 말한다.

여러 당사자에 대한 청구를 하면서 어느 한 당사자에 대한 청구가 기각될 경우에 대비하여 재판의 반복을 방지하고 통일적 해결을 위하여 필요한 경우가 있다. 예컨대 계약서에는 갑으로 표시되어 있으나 실제 계약체결은 을이 했을 경우에 법률상 누구를 당사자로 해야 할지 모를 경우 채권양수인이 채무자에 대하여 일차청구를 하면서 채권양도가 무효일 경우에 대비해 양도인이 같이 청구하는 경우, 공작물 하자로 인한 손해배상청구를 일차로 점유자를 상대로 하고 이차로 소유자를 상대로 하는 경우 등이 그것이다.

2) 연혁

과거 명문규정이 없어서 학설상 인정 여부가 대립되어 오던 것을 2002년 법을 개정하면서 인정하게 되었다(제70조). 과거 논의상 인정할 경우에 예비적 피고의 지위가 불안하고, 재판통일도 보장되지 않는다(통상공동소송이므로 독립원칙에 따라 주위적 피고에 대한 청구가 인용되어 항소 시 주위적 청구가 기각되면 예비적 피고에 대한 청구는 항소되어 있지 않아 새로 청구해야 함)는 비판을 입법으로 해결하고 있다.

필수적 공동소송규정을 원용해 소송의 진행과 심판의 통일을 기하도록 하고 있다(제70조 제1항 본문). 다만 기본적으로는 통상의 공동소송이므로 소취하, 청구포가·인낙, 재판상 화해 등은 단독으로 가능하다(제70조 제1항 단서). 이 경우 필수적 공동소송규정을 따르게 되면 각 공동소송인의 소송물처분 자유를 지나치게 제한하는 것이 되기 때문이다.[107]

3) 요건

공동소송의 주관적 요건(제65조)과 객관적 요건(제253, 25조) 외에 예비적·선택적 공동소송에 특유한 요건이 필요하다.

---

107) 대판 2008. 7. 10. 2006다57872, 민사소송법 제70조 소정의 예비적·선택적 공동소송에는 민사소송법 제67조 내지 제69조가 준용되어 소송자료 및 소송진행의 통일이 요구되지만, 청구의 포가·인낙, 화해 및 소의 취하는 공동소송인 각자가 할 수 있는바, 이에 비추어 보면, 조정에 갈음하는 결정이 확정된 경우에는 재판상 화해와 동일한 효력이 있으므로 그 결정에 대하여 일부 공동소송인이 이의하지 않았다면 원칙적으로 그 공동소송인에 대한 관계에서는 조정에 갈음하는 결정이 확정될 수 있다. 다만 조정에 갈음하는 결정에서 분리 확정을 불허하고 있거나, 그렇지 않더라도 그 결정에서 정한 사항이 공동소송인들에게 공통되는 법률관계를 형성함을 전제로 하여 이해관계를 조절하는 경우 등과 같이 결정 사항의 취지에 비추어 볼 때 분리 확정을 허용할 경우 형평에 반하고 또한 이해관계가 상반된 공동소송인들 사이에서의 소송진행 통일을 목적으로 하는 민사소송법 제70조 제1항 본문의 입법 취지에 반하는 결과가 초래되는 경우에는 분리 확정이 허용되지 않는다.

① 법률상 양립할 수 없는 청구

공동소송인 사이에 법률상 양립할 수 없는 청구여야 한다. 한 청구가 인용되면 다른 청구는 기각되는 경우를 말한다.[108] 사실상 양립할 수 없는 경우는 제외된다. 계약의 상대방이나 불법행위자가 누구인지 몰라서 임의로 여러 사람을 상대로 청구하는 것은 허용되지 않는다.

② 공동소송인 사이의 예비적, 선택적 관계

공동소송인 사이의 청구를 예비적, 선택적으로 하는 것은 당사자가 정한다.

③ 공동소송인의 추가

원고는 처음부터 예비적·선택적 공동소송을 제기할 수 있지만, 제1심 변론종결 전까지 공동소송인을 추가할 수도 있다(제70조 제1항, 제68조). 원고 쪽을 추가할 때는 추가되는 자의 동의를 얻어야 한다. 추가되는 원고의 처분권을 존중해야 하기 때문이다. 피고 쪽을 추가할 때는 추가되는 피고의 동의는 필요 없다. 별소로 제기된 소송에 대하여 제1심 변론종결 시까지 변론병합을 신청하여 공동소송으로 만들 수도 있다.

공동소송인을 추가한 경우에 시효중단·기간준수의 효과는 처음에 소제기가 된 때로 소급하여 발생한다(제68, 265조).

4) 심판

① 분쟁의 통일적 해결을 위하여 필수적 공동소송에 관한 규정이 원용된다. 다만 기본적으로는 통상의 공동소송이므로 소취하, 청구포기·인낙, 재판상 화해 등은 단독으로 가능하다(제67－70조).

---

108) 대판 2007. 6. 26. 2007마515, 민사소송법 제70조 제1항에 있어서 '법률상 양립할 수 없다'는 것은, 동일한 사실관계에 대한 법률적인 평가를 달리하여 두 청구 중 어느 한쪽에 대한 법률효과가 인정되면 다른 쪽에 대한 법률효과가 부정됨으로써 두 청구가 모두 인용될 수는 없는 관계에 있는 경우나, 당사자들 사이의 사실관계 여하에 의하여 또는 청구원인을 구성하는 택일적 사실인정에 의하여 어느 일방의 법률효과를 긍정하거나 부정하고 이로써 다른 일방의 법률효과를 부정하거나 긍정하는 반대의 결과가 되는 경우로서, 두 청구들 사이에서 한쪽 청구에 대한 판단 이유가 다른 쪽 청구에 대한 판단 이유에 영향을 주어 각 청구에 대한 판단 과정이 필연적으로 상호 결합되어 있는 관계를 의미하며, 실체법적으로 서로 양립할 수 없는 경우뿐 아니라 소송법상으로 서로 양립할 수 없는 경우를 포함하는 것으로 봄이 상당하다.
법인 또는 비법인 등 당사자능력이 있는 단체의 대표자 또는 구성원의 지위에 관한 확인소송에서 그 대표자 또는 구성원 개인뿐 아니라 그가 소속된 단체를 공동피고로 하여 소가 제기된 경우에 있어서는, 누가 피고적격을 가지는지에 관한 법률적 평가에 따라 어느 한쪽에 대한 청구는 부적법하고 다른 쪽의 청구만이 적법하게 될 수 있으므로 이는 민사소송법 제70조 제1항 소정의 예비적·선택적 공동소송의 요건인 각 청구가 서로 법률상 양립할 수 없는 관계에 해당한다(아파트 입주자대표회의 구성원 개인을 피고로 삼아 제기한 동 대표지위부존재확인의 소 계속 중에 아파트 입주자대표회의를 피고로 추가하는 주관적·예비적 추가를 허용한 경우).

② 소송자료의 통일

공동소송인 한 사람의 소송행위는 전원의 이익을 위해서만 효력이 있다. 다만 이는 공통의 이해관계를 갖는 쟁점에 대해서만 해당하고, 양립할 수 없는 사실관계(본인에게 계약이행을 구하고, 무권대리인에게 손해배상청구 시 대리권의 존부에 관한 자백은 다른 사람에게는 유리한 것이 된다)는 각자에 대하여 판단한다.

예비적 피고가 인낙한 경우에 바로 유효한 것으로 볼 것인지, 아니면 주위적 피고에 대한 청구를 심리하여 인용될 경우에는 예비적 피고에 대한 청구를 기각할 것인지가 문제 되는데, 예비적 피고의 인낙이 있으면 그에 따라 재판한다는 입장과 그럴 경우에는 주위적 피고에게 먼저 승소하려는 원고의 의도에 반한다는 이유로 예비적 피고의 인낙은 주위적 피고에 대한 청구가 기각되는 경우에만 효력이 있다는 입장이 있는데, 이같이 피고의 인낙을 제한하는 것은 제70조에 반한다는 문제점이 있다.

일인의 자백에 대해서는 소송자료 통일의 요구상 효력이 없다는 입장과 제70조 단서의 취지상 자백한 사람에게는 효력이 있다는 입장, 주위적 피고가 자백하는 경우에는 그에 따라 재판하고 예비적 피고가 자백하는 경우에는 주위적 피고가 부인하고 그에 따라 주위적 피고에게 패소할 경우에만 예비적 피고에게 승소판결을 해야 한다는 입장이 있다. 위 인낙과 마찬가지로 주위적 피고에 대한 승소를 원하는 원고의 의사를 존중한다면 후서를 따를 것이다.

상대의 공동소송인에 대한 행위는 유·불리를 묻지 않고 모두에게 효력이 있다. 이에 대해서는 해당 공동소송인에 대해서만 효력이 발생한다는 입장도 있다.

③ 소송진행의 통일

하나의 절차로 진행하고 변론의 분리는 허용되지 않는다. 일인에게 중단중지사유가 있으면 모두에게 효력이 미친다. 상소기간도 모두에게 만료되어야 판결이 확정된다. 상소하지 않은 자는 상소심의 당사자일 뿐이다.

④ 판결

판결의 모순을 막기 위하여 일부판결은 허용되지 않고 한 개의 전부판결을 해야 한다. 양립 불가능한 청구이기 때문에 모두에 대하여 승소할 수는 없는데 그렇게 되는 사태를 막기 위해서이다. 또한 모든 공동소송인에 대한 청구에 대하여 판결을 하여야 한다(제70조 제2항). 예비적 공동소송의 경우에는 주위적 청구를 인용하면 예비적 청구는 기각하고(청구의 예비적 병합과 다름), 주위적 청구를 기각하면 예비적 청구는 인용 또는 기각한다. 선택적 공동소송인 경우는 이유 있는 것을 인용하고 나머지는 기각하며, 모두 이유 없으면 모두 기각한다.[109] 모두 인용되는 경우는 있을 수 없다.

⑤ 상소

상소기간은 각자 진행이나, 공동소송인 모두에 대해 상소기간이 경과할 때까지 판결은 확정되지 않는다.

일인이 상소하면 전부가 확정이 차단되고 이심된다. 상소의 주관적 불가분 원칙이 적용되어 예컨대 1차 피고가 패소하고 2차 피고가 승소한 경우에 1차 피고가 상소하면 2차 피고에게 패소한 원고에게도 상소의 효력이 미쳐 원고는 상소심에서 2차 피고에게 승소할 수도 있다. 불이익변경금지원칙이 적용되지 않는 것이다. 이같이 심리와 상소의 통일이 요구되어 판결의 모순을 막을 수 있다.

7. 추가적 공동소송(소의 주관적·추가적 병합)

1) 개념, 종류

추가적 공동소송이란 소송계속 중에 제3자가 스스로 당사자로 가입하거나 당사자가 제3자에 대한 소를 제기하여 기존소송에 병합시키는 것을 말한다.

전자의 예로 참가승계(제81조), 공동소송참가(제83조), 원고와 공동의 권리를 가지는 제3자(동일한 사고의 피해자)가 피고에 대한 소를 제기하여 병합되는 경우, 피고와 공동의 의무가 있는 자(교통사고의 가해자와 그 보험자)가 원고에 대한 소극적 확인의 소를 제기하여 병합되는 경우 등이 있다.

후자의 예로 원고에 의한 병합으로 필수적 공동소송인을 추가(제68조), 예비적·선택적 공동소송인의 추가(제70, 68조), 교통사고 피해자가 운전자 상대로 손해배상청구소송 중에 차량소유자에 대한 청구를 병합하는 경우, 피고에 의한 병합으로 피고가 신청한 인수승계(제82조), 원고로부터 매매목적물 반환청구의 소를 제기당한 매수인이 매도인에 대한 담보책임을 추궁하는 소를 제기하여 병합되는 경우 등이 있다.

2) 인정 여부

위의 예에서 명문이 있는 경우 외에도 인정할 것인가의 문제가 있는데, 소송경제와 재판의 통일을 위하여 인정하자는 것이 다수의 입장이고, 소송절차의 불안정·지연을 초래

---

109) 대판 2008. 3. 27. 2005다49430, 민사소송법 제70조 제2항은 같은 조 제1항의 예비적·선택적 공동소송에서는 모든 공동소송인에 관한 청구에 대하여 판결을 하도록 규정하고 있으므로, 이러한 공동소송에서 일부 공동소송인에 관한 청구에 대해서만 판결을 하는 경우 이는 일부판결이 아닌 흠이 있는 전부판결에 해당하여 상소로써 이를 다투어야 하고, 그 판결에서 누락된 공동소송인은 이러한 판단유탈을 시정하기 위하여 상소를 제기할 이익이 있다.

할 우려가 있고, 꼭 필요한 경우에는 필요적 공동소송인의 추가로 입법화했으므로 현행 법상 인정할 수 없다는 소수입장이 있다.

판례는 통상의 공동소송에서 피고의 추가를 허용하지 않고,[110] 종래의 당사자에 곁들여서 새로운 당사자를 추가하는 것은 당사자표시 변경으로서 허용될 수 없다[111]고 하여 부정한다.

Ⅱ. 선정당사자

1. 개념, 성격

선정당사자란 공동의 이해관계에 관하여 공동으로 소송을 하려고 하는 사람들 중에서 선출되어 모두를 위하여 당사자가 되는 사람을 말한다(제53조 제1항). 다수자 전원이 당사자가 되어 소송을 수행할 경우에 공동소송인의 일인에게 중단사유가 있으면 전부가 중단되고, 송달·변론 등이 복잡해지게 되는데, 비용을 들여 대리인을 선임할 것 없이 당사자 중에 능력이 있는 사람을 뽑아 소송수행을 맡기면 간편하고 효과적인 소송수행이 가능하다는 취지에서 마련된 제도이다.

선정당사자는 선정자의 대리인이 아니고 자신의 이름으로 선정자 전체를 위하여 소송수행을 하는 소송신탁으로 임의적 소송담당의 하나이다.

2. 요건

1) 공동소송인으로 될 사람이 여럿일 것

원·피고든 2인 이상이면 되는데, 여러 사람이 제52조의 비법인 사단에 해당하지 않는 경우여야 한다. 민법상 조합이나 법인 아닌 사단의 사원 전체가 당사자가 될 경우 등은 선정당사자제도를 이용할 수 있다.

2) 공동의 이해관계가 있을 것

공동의 이해관계 내용에 대해서는 다툼이 있다.

다수의 입장은 다수인이 공동소송인이 될 관계에 있고 중요한 공격방어방법을 공통으

---

110) 대판 1993. 9. 28. 93다32095.
111) 대판 1980. 7. 8. 80다885.

로 하여 사회관념상 상대방에 대하여 하나의 집단으로 대립하고 있다고 인정되는 경우라고 보고 있다. 제65조 전문의 소송목적이 되는 권리나 의무가 여러 사람에게 공통되거나 사실상 또는 법률상 같은 원인으로 말미암아 생긴 경우에는 공동의 이해관계가 인정되고, 후문의 소송목적이 되는 권리나 의무가 같은 종류의 것이고, 사실상 또는 법률상 같은 종류의 원인으로 말미암은 것인 경우에는 공격방어방법이 공통될 것을 기대할 수 없으므로 공동의 이해관계가 인정되지 않는다.

판례는 이와 달리 후문의 경우에도 예외적·구체적으로 보아 중요한 공격방어방법이 공통될 것이 예상되면 절차의 단순화를 위하여 선정을 인정할 수 있다고 본다.[112]

절차의 단순화를 위하여 판례의 입장이 바람직하다.

3) 공동의 이해관계가 있는 다수자 중에서 선정할 것

그 외의 제3자를 선정할 수 있게 하면 변호사 대리의 원칙(제8조 제1항)을 잠탈할 우려가 있기 때문이다.[113]

3. 선정방법

1) 선정행위

선정행위는 소송수행권을 수여하는 단독의 소송행위이다. 선정자에게 소송능력이 있어야 하고, 조건은 붙일 수 없다. 심급을 한정하는 것은 가능하나, 선정행위 시 심급의 제

---

112) 대판 1997. 7. 25. 97다362, 다수자의 권리·의무가 동종이며 그 발생원인이 동종인 관계에 있는 것만으로는 공동의 이해관계가 있는 경우라고 할 수 없을 것이어서 선정당사자의 선정을 허용할 것은 아니라고 할 것이다. 그런데 이 사건은 원고 등이 각 그 해당 근저당권자를 상대로 한 근저당권설정등기말소청구사건을 병합한 것으로서 소송의 목적이 된 권리가 동종이고 발생원인이 동종인 것에 불과하여 다수자 상호 간에 공동소송인이 될 관계에는 있다 할 것이나, 주요한 공격방어방법을 공통으로 하는 경우는 아니다.
대판 1999. 8. 24. 99다15474, 임차인들이 갑을 임대차계약상의 임대인이라고 주장하면서 갑에게 그 각 보증금의 전부 내지 일부의 반환을 청구하는 경우, 그 사건의 쟁점은 갑이 임대차계약상의 임대인으로서 계약당사자인지 여부에 있으므로, 그 임차인들은 상호 간에 공동소송인이 될 관계가 있을 뿐 아니라 주요한 공격방어방법을 공통으로 하는 경우에 해당함이 분명하다고 할 것이어서, 민사소송법 제49조 소정의 공동이해관계가 있어 선정당사자를 선정할 수 있다.

113) 대판 2007. 7. 12. 2005다10470, 다수자 사이에 공동소송인이 될 관계에 있기는 하지만 주요한 공격방어방법을 공통으로 하는 것이 아니어서 공동의 이해관계가 없는 자가 선정당사자로 선정되었음에도 법원이 그러한 선정당사자 자격의 흠을 간과하여 그를 당사자로 한 판결이 확정된 경우, 선정자가 스스로 당해 소송의 공동소송인 중 1인인 선정당사자에게 소송수행권을 수여하는 선정행위를 하였다면 그 선정자로서는 실질적인 소송행위를 할 기회 또는 적법하게 당해 소송에 관여할 기회를 박탈당한 것이 아니므로, 그러한 사정은 민사소송법 제451조 제1항 제3호가 정하는 재심사유에 해당하지 않는 것으로 봄이 상당하고, 이러한 법리는 그 선정당사자가 청구를 인낙하여 인낙조서가 확정된 경우에도 마찬가지라 할 것이다.

한에 관한 약정 등이 없는 한 선정의 효력은 소송이 종료에 이르기까지 계속된다.114) 판례는 제1심에서 제출된 선정서에 사건명을 기재한 다음에 "제1심 소송절차에 관하여" 또는 "제1심 소송절차를 수행하게 한다"라는 문언이 기재되어 있는 경우라 하더라도, 특단의 사정이 없는 한, 그 기재는 사건명 등과 더불어 선정당사자를 선정하는 사건을 특정하기 위한 것으로 보아야 하고, 따라서 그 선정의 효력은 제1심의 소송에 한정하는 것이 아니라 소송의 종료에 이르기까지 계속하는 것으로 해석함이 상당하다고 본다.115)

2) 각 당사자가 개별적으로 해야 하고, 다수결로 결정할 수 없다. 따라서 다수의 선정당사자가 나올 수도 있다. 각자의 이익을 각자의 의사에 따라 처리하여야 할 것이기 때문이다.

3) 선정시기

선정시기는 소송계속 전후를 불문한다. 소송계속 후에 선정하면 선정자는 당연히 소송에서 탈퇴한 것으로 보고(제53조 제2항), 선정당사자가 승계한다.

4) 선정방식

선정방식에는 제한이 없으나 선정당사자는 그 자격을 서면으로 증명하여야 하므로(제58조 제1항 후단), 선정서를 작성하는 것이 보통이고, 이를 소송기록에 첨부하여야 한다(제58조 제2항).

4. 선정효과

1) 선정당사자의 지위

① 당사자 본인으로서의 지위

선정당사자는 선정자의 대리인이 아니고 당사자 본인이므로 소송대리인과는 달리 일체의 소송행위(화해, 취하, 청구의 포기·인낙, 소취하, 상소 등)를 할 수 있다. 소송에 필요한 사법행위도 할 수 있다.116) 선정당사자의 권한제한은 법원이나 상대방에게 대항할 수 없다.

---

114) 대판 2003. 11. 14. 2003다34088, 당사자 선정은 총원의 합의로써 장래를 향하여 이를 취소, 변경할 수 있는 만큼 당초부터 특히 어떠한 심급을 한정하여 당사자인 자격을 보유하게끔 할 목적으로 선정을 하는 것도 역시 허용된다고 할 것이라는 이 입장에 대해서는 소송의 단순화·간소화에 의한 소송의 효율적 수행이라는 이법목적성 심급제한은 허용되지 않고 선정의 효력은 소송종료 시까지 계속된다는 입장도 있다.

115) 대판 1995. 10. 5. 94마2452.

116) 대판 2003. 5. 30. 2001다10748.

② 선정당사자가 여럿일 경우

같은 선정자단에서 선정된 경우에는 소송수행권을 합유하고 있는 것이므로 필수적 공동소송의 관계가 된다. 다른 선정자단에서 선정된 경우에는 본래 소송의 성질에 따라 통상 또는 필수적 공동소송이 될 것이다.

③ 선정당사자 자격상실

선정당사자는 사망 또는 선정취소에 의하여 자격을 상실한다. 선정취소와 동시에 다른 사람을 선정하면 선정당사자의 변경이 된다. 선정자는 언제든지 선정의 취소를 할 수 있고, 이 취소는 선정당사자나 선정자로부터 상대방에게 통지하지 않으면 효력이 없다(제63조). 선정자의 사망·능력상실, 공동이해관계의 소멸은 선정당사자의 자격에 영향이 없다(제95조 유추).[117]

동일 선정자들이 여러 선정당사자를 선정한 경우에 일부의 사망·자격상실은 소송에 영향이 없어 소송절차는 중단되지 않고 다른 선정당사자가 소송을 수행한다(제54조). 선정당사자 모두가 자격을 잃거나 죽은 때에 소송절차는 중단된다. 이 경우 당사자를 선정한 사람 모두 또는 새로 당사자로 선정된 사람이 소송절차를 수계하여야 한다(제237조 제2항). 소송대리인이 있는 경우에는 그렇지 않다(제238조).

법원이 선정당사자에게 변론을 금함과 아울러 변호사 선임명령을 한 경우에는 민사소송법 제134조 제3항의 규정을 유추하여 실질적으로 변호사 선임권한을 가진 선정자들에게 법원이 그 취지를 통지하거나 다른 적당한 방법으로 이를 알려 주어야 한다.[118]

④ 선정당사자 자격의 흠

선정당사자의 자격이 있는가는 소송수행권의 유무, 즉 당사자적격의 문제이다. 따라서 법원은 이를 직권으로 조사해야 한다.

흠(공동이해관계가 없거나 자격증명이 없거나 선정 자체에 흠이 있는 경우 등)이 있는 경우에는 보정(새 선정당사자를 선정하거나 자격증명을 제출하게 하거나 추인하게 하는 것 등)을 명한다(제61, 59조). 보정에 응하지 않으면 당사자적격의 흠을 이유로 각하한다.

---

117) 대판 1975. 6. 10. 74다1113.

118) 대판 2000. 10. 18. 2000마2999, 선정당사자는 비록 그 소송의 당사자이기는 하지만 선정행위의 본질이 임의적 소송신탁에 불과하여 다른 선정자들과의 내부적 관계에서는 소송수행권을 위임받은 소송대리인과 유사한 측면이 있고, 나아가 선정당사자가 법원의 선임명령에 따라 변호사를 선임하기 위해서는 선정자들의 의견을 고려하지 않을 수 없는 현실적 사정을 감안하면, 선정당사자에게 변론을 금함과 아울러 변호사 선임명령을 한 경우에도 민사소송법 제134조 제3항의 규정을 유추하여 실질적으로 변호사 선임권한을 가진 선정자들에게 법원이 그 취지를 통지하거나 다른 적당한 방법으로 이를 알려 주어야 하고, 그러한 조치 없이는 변호사의 선임이 이루어지지 아니하였다 하여 곧바로 소를 각하할 수는 없다고 봄이 상당하다.

흠을 간과하고 본안판결을 한 경우에는 선정자에게는 판결의 효력이 미치지 않는다는 의미에서 무효이다. 선정자는 판결의 외관을 제거하기 위하여 상소할 수는 있으나, 확정된 뒤에는 기판력이 발생하지 않으므로 재심대상은 아니다.[119]

2) 선정자의 지위

① 소송상 지위

선정자는 당연히 소송에서 탈퇴한 것으로 보고(제53조 제2항), 선정당사자가 승계한다. 선정자는 탈퇴 후 소송수행권을 상실하는가에 관하여 다툼이 있으나, 선정자는 언제든지 선정을 취소할 수 있으므로(제53조 제1항) 소송수행권의 상실 여부는 실제에 있어서는 차이가 없다.

선정자가 소송계속 중에 별소를 제기하면 중복소송이 된다,

② 판결효력

판결의 효력은 선정자에게도 미친다(제218조 제3항). 선정자에게 강제집행을 하려면 승계집행문이 필요하다(민사집행법 제25조). 선정당사자가 받은 판결에는 선정자목록을 판결문 뒤에 별지로 표시한다.

Ⅲ. 집단소송

현대사회에서 많이 발생하는 공해나 환경침해로 인한 책임, 소비자·투자자 피해, 제조물책임 등이 문제 되는 경우에는 피해자가 다수인 경우가 많고, 전체 피해로서는 광범위하고 피해금액도 다액이며 시간이 흐를수록 심각해질 것이 명백하지만, 당장은 피해자 개개인으로서는 피해를 심각하게 여기지 않거나 소액이거나 하여 일일이 소송당사자가 되기를 원치 않는 경우도 많아, 각자가 각자의 비용으로 각자의 소송을 하는 것을 기본

---

119) 대판 2007. 7. 12. 2005다10470, 공동의 이해관계가 없는 자가 선정당사자로 선정되었음에도 법원이 그러한 선정당사자 자격의 흠을 간과하여 그를 당사자로 한 판결이 확정된 경우, 선정자가 스스로 당해 소송의 공동소송인 중 1인인 선정당사자에게 소송수행권을 수여하는 선정행위를 하였다면 그 선정자로서는 실질적인 소송행위를 할 기회 또는 적법하게 당해 소송에 관여할 기회를 박탈당한 것이 아니므로, 비록 그 선정당사자와의 사이에 공동의 이해관계가 없었다고 하더라도 그러한 사정은 민사소송법 제451조 제1항 제3호가 정하는 재심사유에 해당하지 않는 것으로 봄이 상당하고, 이러한 법리는 그 선정당사자에 대한 판결이 확정된 경우뿐만 아니라 그 선정당사자가 청구를 인낙하여 인낙조서가 확정된 경우에도 마찬가지라 할 것이다.
   * 이 판결의 문언만으로는 제3호의 재심사유에 해당하지 않는 것으로만 되어 있으나, 판결 또는 인낙조서가 무효이기 때문에 재심대상이 아닌 것으로 해석하는 것이 일반론상 옳다는 입장이 있다.

으로 하는 기존의 소송체계에서는 소송으로 성립하는 것 자체가 어려운 일이 된다. 결국 가해자에 해당하는 대기업 등은 피해보상에 대한 아무런 두려움이나 피해의 예방에 대한 노력 없이 이익추구행위만을 계속하게 될 것이다.

이런 형태의 문제들이 발생할 경우에 피해자들이 소송을 원한다고 할 경우라도 기존의 방식으로는 피해자 전원이 당사자가 되어 직접 또는 대리인을 선임하여 소송을 하거나 선정당사자제도를 이용하는 방법이 있으나, 수많은 사람들이 같이 모여 직접 소송을 한다는 것은 현실적으로 불가능하고, 대리인을 선임하는 것도 제각각일 것이니 다수의 소송이 경합되는 것은 직접소송수행을 하는 것과 다를 것이 없으며, 선정당사자를 선정하는 것 또한 대리인을 선임하는 것과 다를 것 없는 결과가 될 것이다. 수많은 소송이 제각기 법원에 제기될 경우에 법원이 받게 될 부담 또한 가볍게 볼 일이 아니며, 법원마다 다른 판단이 나올 경우의 혼란도 무시하지 못할 일이 될 것이다.

이에 기존제도의 보완과 함께 새로운 형태의 소송을 인정해야 한다는 논의가 있다. 영미법상의 대표당사자소송과 독일의 단체소송이 그 예이다. 우리법상으로는 증권거래 피해자를 위한 대표당사자소송과 소비자보호를 위한 소비자단체소송이 시행되고 있다.

1. 대표당사자소송

대표당사자소송은 다수의 소액피해자들이 있는 경우에 그들의 대표자가 법원의 허가를 얻어 그 집단 구성원의 손해액 총액을 일괄하여 청구하거나 침해행위의 금지 등을 청구하는 소송형태이다. 이 소송은 대표당사자가 일괄하여 보상금을 받아서 구성원에게 분배하는 방식과 공통의 쟁점에 관하여 무든 구성원에게 효력이 있는 판결을 받는 데 그치고 구성원 각자가 이를 바탕으로 손해액을 증명하여 배상청구를 하는 방식이 있다.

이 소송은 우리의 선정당사자와 유사한 것이기는 하지만, 선정당사자는 개별적인 권한수여가 있어야 하는데, 대표당사자는 전체의 이익을 적절히 대표하고 있다고 법원이 인정하면 집단의 구성원에 의한 제외신청이 없는 한 당연히 권한수여가 있는 것으로 보는 것이 다르다.

대표당사자소송이 성립되기 위해서는 ⅰ) 다수인이 일정한 표식에 의하여 확정할 수 있는 하나의 집단을 이루고 있고, ⅱ) 대표당사자가 위 집단의 구성원이고, ⅲ) 구성원이 다수이고, ⅳ) 쟁점이 공통되고, ⅴ) 청구가 정형적이고, ⅵ) 대표의 충분성과 적절성이 있는 경우에, ⅶ) 법원의 허가가 있으면 된다.

법원은 앞의 여섯 요건이 충족되고 그 소송이 개별소송으로 하면 상대방에게 양립할 수 없는 행동기준을 설정할 염려가 있거나 당사자로 되지 아니한 구성원의 이익을 침해할 염려가 있을 경우(침해대표당사자소송)거나, 구성원 모두에게 영향을 미치는 상대방의 행위에 대하여 금지명령 또는 확인적 재판을 구하는 경우(금지적 또는 확인적 대표당사자소송)거나, 손해배상을 구하는 경우(손해배상대표당사자소송)인 때에 한하여 허가한다.

대표당사자소송에서 구성원의 이익보호를 위하여 대표자격을 엄격히 심사하고, 구성원 모두에게 소송고지 또는 신문광고 등을 통하여 소송에 관여하거나 제외신청을 할 기회를 주고, 소취하·화해 등은 법원의 허가를 받도록 하고 있다.

2. 단체소송

단체소송이란 특정단체가 당사자가 되어 그 단체가 대표하는 다수의 소비자나 구성원을 위하여 침해행위의 금지, 기타 작위·부작위 등을 청구하는 소송이다. 일정한 단체에 당사자적격을 부여하는 것이므로 형식적으로는 단일한 당사자이지만 실질적으로는 그 구성원인 다수인을 위한 것이거나, 구성원이 아닌 일반 소비자 등도 그 판결의 효력을 원용할 수 있어 다수당사자소송이 된다.

단체소송을 할 수 있는 단체로는 개별 법률에 의해 단체소송을 할 수 있는 당사자적격이 인정된 경우(독일 부정경쟁방지법상 영업이익촉진단체에서 부정경쟁금지청구를 할 수 있는 것, 부작위소송법에서 소비자단체나 상공회의소에 무효인 보통거래약관의 사용중지 또는 철회를 청구하는 것 등)와 단체의 구성원이 소속단체에 자기의 소송수행권을 임의로 부여하는 경우가 있다.

단체소송에서 단체가 승소한 판결의 효력은 단체 이외의 사람에게 확장된다. 소비자는 보통거래약관 사용금지 판결의 효력을 주장하여 자신이 맺은 계약을 무효로 할 수 있게 된다.

3. 증권관련 집단소송

1) 개념

증권관련 집단소송이란 증권의 매매 또는 그 밖의 거래과정에서 다수인에게 피해가 발생한 경우 그중의 1인 또는 수인이 대표당사자가 되어 수행하는 손해배상청구소송을 말한다.

증권관련 집단소송법은 증권의 거래과정에서 기업의 분식회계, 부실감사, 허위공시, 주가조작, 내부자거래 등으로 인하여 발생한 집단적인 피해를 효율적으로 구제하고 이를 통하여 기업의 경영투명성을 높이기 위하여 증권관련 집단소송에 관하여 민사소송법에 대한 특례를 정하고 있는데, 영미의 대표당사자소송을 증권관련 피해분쟁소송에 한하여 2005년에 도입한 것이다.

2) 증권관련 집단소송의 대상

증권관련 집단소송의 소는 다음의 손해배상청구에 한정하여 제기할 수 있다(동법 제3조). 증권신고서와 투자설명서 중 중요사항에 관하여 거짓의 기재 또는 표시가 있거나 중요사항이 기재 또는 표시되지 아니함으로써 증권의 취득자가 손해를 입은 경우, 사업보고서, 반기보고서, 분기보고서, 주요사항보고서 및 그 첨부서류(회계감사인의 감사보고서는 제외한다) 중 중요사항에 관하여 거짓의 기재 또는 표시가 있거나 중요사항이 기재 또는 표시되지 아니함으로써 사업보고서 제출대상법인이 발행한 증권(그 증권과 관련된 증권예탁증권, 그 밖에 대통령령으로 정하는 증권을 포함한다)의 취득자 또는 처분자가 손해를 입은 경우, 미공개정보로 내부자거래를 한 자가 부담하는 해당 특정증권 등의 매매, 그 밖의 거래를 한 자가 그 매매, 그 밖의 거래와 관련하여 입은 손해를 배상할 책임을 묻는 경우, 주식의 시세조작, 부정거래로 손해를 입은 자가 그 시세조작이나 부정거래를 한 자에 대하여 손해배상책임을 묻는 경우, 선의의 투자자가 사업보고서 등에 첨부된 회계감사인(외국 회계감사인을 포함한다)의 감사보고서를 신뢰하여 손해를 입은 경우 그 회계감사인에게 손해배상책임을 묻는 경우 등이다.

3) 증권관련 집단소송의 제기 및 허가

① 소장 및 소송허가신청서의 제출

가. 증권관련 집단소송의 소를 제기하는 자는 소송대리인을 통하여(변호사 강제주의, 동법 제5조) 소장과 소송허가신청서를 법원에 제출하여야 한다.

나. 소장에는 소장의 필수적 기재사항과 총원의 범위를 기재한다. 총원이란 증권의 매매 또는 그 밖의 거래과정에서 다수인에게 피해가 발생한 경우 그 손해의 보전에 관하여 공통의 이해관계를 가지는 피해자 전원을 말한다.

다. 소송허가신청서에는 당사자와 총원의 범위, 소를 제기하는 자와 원고 측 소송대리인의 경력, 허가 신청의 취지와 원인, 변호사 보수(보수)에 관한 약정을 개재해야 한다. 소송허가신청서에는 해당 증권관련 집단소송을 수행하기 위하여 또는 소송대리인의 지시에 따라 해당 증권관련 집단소송과 관련된 증권을 취득하지 아니하였다는 사실과 최근 3년간 대표당사자로 관여한 증권관련 집단소송의 내역을 진술한 문서와 소송대리인이 근 3년간 소송대리인으로 관여한 증권관련 집단소송의 내역과 제5조 제2항에 위반되지 아니한다는 사실을 진술한 문서를 첨부하여야 한다.

라. 증권관련 집단소송의 소장에 붙이는 인지액은 소가가 일반적으로 거액인 점을 감안하여 「민사소송 등 인지법」 제2조 제1항에 따라 산출된 금액의 2분의 1에 같은 조 제2항을 적용한 금액으로 한다. 이 경우 인지액의 상한은 5천만 원으로 한다.

마. 증권관련 집단소송은 피고의 보통재판적(보통재판적) 소재지를 관할하는 지방법원 본원 합의부의 전속관할로 한다(동법 제4조).

② 소제기의 공고 및 대표당사자의 선임

가. 법원은 소장 및 소송허가신청서를 접수한 날부터 10일 이내에 증권관련 집단소송의 소가 제기되었다는 사실, 총원의 범위, 청구의 취지 및 원인의 요지, 대표당사자가 되기를 원하는 구성원은 공고가 있는 날부터 30일 이내에 법원에 신청서를 제출하여야 한다는 사실을 공고하여야 한다. 구성원이란 총원을 구성하는 각각의 피해자를 말한다.

나. 법원은 위 공고를 한 날부터 50일 이내에 요건을 갖춘 자로서 총원의 이익을 대표하기에 가장 적합한 자를 결정으로 대표당사자로 선임한다.

③ 대표당사자 및 소송대리인의 요건(동법 제11조)

대표당사자는 구성원 중 해당 증권관련 집단소송으로 얻을 수 있는 경제적 이익이 가장 큰 자 등 총원의 이익을 공정하고 적절하게 대표할 수 있는 구성원이어야 한다.

증권관련 집단소송의 원고 측 소송대리인은 총원의 이익을 공정하고 적절하게 대리할 수 있는 자여야 한다.

최근 3년간 3건 이상의 증권관련 집단소송에 대표당사자 또는 대표당사자의 소송대리인으로 관여하였던 자는 증권관련 집단소송의 대표당사자 또는 원고 측 소송대리인이 될 수 없다. 다만 여러 사정에 비추어 볼 때 위의 요건을 충족하는 데에 지장이 없다고 법원이 인정하는 자는 그러하지 아니하다.

④ 증권관련 집단소송 사건은 다음 각 호의 요건을 갖추어야 한다(동법 제12조).

가. 구성원이 50인 이상이고, 청구의 원인이 된 행위 당시를 기준으로 그 구성원이 보유하고 있는 증권의 합계가 피고 회사의 발행증권 총수의 1만분의 1 이상일 것

나. 제3조 제1항 각 호의 손해배상청구로서 법률상 또는 사실상의 중요한 쟁점이 모든 구성원에게 공통될 것

다. 증권관련 집단소송이 총원의 권리 실현이나 이익 보호에 적합하고 효율적인 수단일 것

라. 제9조에 따른 소송허가신청서의 기재사항 및 첨부서류에 흠이 없을 것

증권관련 집단소송의 소가 제기된 후 가호의 요건을 충족하지 못하게 된 경우에도 제

소의 효력에는 영향이 없다.

⑤ 허가결정(제13조)

증권관련 집단소송의 허가 여부에 관한 재판은 소를 제기하는 자와 피고를 심문하여 결정으로 한다. 대표당사자는 소송허가 신청의 이유를 소명하여야 한다.

법원은 재판을 함에 있어서 손해배상청구의 원인이 되는 행위를 감독·검사하는 감독기관으로부터 손해배상청구 원인행위에 대한 기초조사 자료를 제출받는 등 직권으로 필요한 조사를 할 수 있다.

대표당사자는 증권관련 집단소송의 불허가 결정에 대하여 즉시항고를 할 수 있다.

법원은 소송허가 결정이 확정되면 지체 없이 대표당사자와 그 법정대리인의 성명·명칭 또는 상호 및 주소, 원고 측 소송대리인의 성명·명칭 또는 상호 및 주소, 피고의 성명·명칭 또는 상호 및 주소, 총원의 범위, 청구의 취지 및 원인의 요지, 제외신고의 기간과 방법, 제외신고를 한 자는 개별적으로 소를 제기할 수 있다는 사실, 제외신고를 하지 아니한 구성원에 대해서는 증권관련 집단소송에 관한 판결 등의 효력이 미친다는 사실, 제외신고를 하지 아니한 구성원은 증권관련 집단소송의 계속 중에 법원의 허가를 받아 대표당사자가 될 수 있다는 사실, 변호사 보수에 관한 약정, 그 외에 법원이 필요하다고 인정하는 사항을 구성원에게 고지하여야 한다. 고지는 구성원 모두에게 주지시킬 수 있는 적당한 방법으로서 대법원규칙으로 정하는 방법으로 하여야 하고, 고지 내용은 전국을 보급지역으로 하는 일간신문에 게재하여야 한다.

법원은 소송허가 결정을 한국거래소에 즉시 통보하여야 한다.

4) 소송절차의 특칙

① 총원의 범위 변경 및 제외신고

법원은 필요하다고 인정할 때에는 직권 또는 신청에 의하여 결정으로 총원의 범위를 변경할 수 있다(동법 제27조). 구성원은 제외신고 기간 내에 서면으로 법원에 제외신고를 할 수 있다(동법 제28조). 개별적으로 소를 제기한 사람은 제외신고를 한 것으로 본다.

② 대표당사자의 소송수행

대표당사자가 둘 이상인 경우에는 민사소송법 제67조 제1항 및 제2항이 준용되어 필수적 공동소송이 된다. 다만 제3항은 준용되지 않으므로 한 사람에게 중단·중지사유가 발생하여도 소송절차는 정지되지 않는다(동법 제20조).

구성원은 증권관련 집단소송의 계속 중에 법원의 허가를 받아 대표당사자가 될 수 있다(동법 제21조).

법원은 대표당사자가 총원의 이익을 공정하고 적절하게 대표하고 있지 못하거나 그 밖의 중대한 사유가 있을 때에는 직권으로 또는 다른 대표당사자의 신청에 의하여 그 대표당사자의 소송수행을 결정으로 금지할 수 있다(동법 제22조).

대표당사자는 정당한 이유가 있을 때에는 법원의 허가를 받아 사임할 수 있다(동법 제23조).

대표당사자의 전부가 사망 또는 사임하거나 제22조 제1항에 따라 소송수행이 금지된 경우에는 소송절차는 중단된다(동법 제24조). 대표당사자가 되려는 구성원은 제21조에 따른 법원의 허가를 받아 중단된 소송절차를 수계하여야 한다. 소송절차의 중단 후 1년 이내에 수계 신청이 없는 때에는 소가 취하된 것으로 본다.

법원은 대표당사자가 변경된 경우에는 적절한 방법으로 구성원에게 그 사실을 고지하여야 한다(동법 제25조).

③ 소송대리인의 사임 등(동법 제26조)

증권관련 집단소송의 원고 측 소송대리인은 정당한 이유가 있을 때에는 법원의 허가를 받아 사임할 수 있다. 대표당사자는 상당한 사유가 있을 때에는 법원의 허가를 받아 소송대리인을 해임, 추가 선임 또는 교체할 수 있다. 증권관련 집단소송의 원고 측 소송대리인 전원이 사망 또는 사임하거나 해임된 경우에는 소송절차는 중단된다. 대표당사자는 법원의 허가를 받아 소송대리인을 선임하여 소송절차를 수계하여야 한다. 소송절차의 중단 후 1년 이내에 수계신청이 없는 때에는 그 증권관련 집단소송은 취하된 것으로 본다. 변호사 강제주의의 결과이다.

④ 시효중단의 효력(동법 제29조)

증권관련 집단소송의 소제기로 인한 시효중단의 효력은 다음 각 호의 어느 하나에 해당하는 사유가 발생한 때부터 6개월 이내에 그 청구에 관하여 소가 제기되지 아니한 경우에 소멸한다. 가. 제17조에 따라 소송불허가 결정이 확정된 경우, 나. 제27조에 따른 결정에 의하여 구성원에서 제외된 경우, 다. 제28조에 따른 제외신고를 한 경우

⑤ 직권증거조사(동법 제30, 32조)

법원은 필요하다고 인정할 때에는 직권으로 증거조사를 할 수 있다. 법원은 필요하다고 인정할 때에는 구성원과 대표당사자를 신문할 수 있다. 법원은 필요하다고 인정할 때에는 소송과 관련 있는 문서를 가지고 있는 자에게 그 문서의 제출을 명하거나 송부를 촉탁할 수 있다.

법원은 미리 증거조사를 하지 아니하면 그 증거를 사용하기 곤란한 사정이 있지 아니

한 경우에도 필요하다고 인정할 때에는 당사자의 신청에 의하여 증거조사를 할 수 있다
(동법 제33조).

⑥ 손해배상액의 산정(동법 제34조)

손해배상액의 산정에 관하여 「자본시장과 금융투자업에 관한 법률」이나 그 밖의 다른
법률에 규정이 있는 경우에는 그에 따른다. 법원은 위에 따르거나 증거조사를 통해서도
정확한 손해액을 산정하기 곤란한 경우에는 여러 사정을 고려하여 표본적·평균적·통
계적 방법 또는 그 밖의 합리적인 방법으로 손해액을 정할 수 있다.

⑦ 소취하, 화해 또는 청구 포기의 제한(동법 제35조)

증권관련 집단소송의 경우 소의 취하, 소송상의 화해 또는 청구의 포기는 법원의 허가
를 받지 아니하면 그 효력이 없다. 법원은 소의 취하, 소송상의 화해 또는 청구의 포기
허가에 관한 결정을 하려는 경우에는 미리 구성원에게 이를 고지하여 의견을 진술할 기
회를 주어야 한다. 증권관련 집단소송에 관해서는 민사소송법 제268조(쌍방기일결석에
따른 소취하 간주)를 적용하지 아니한다.

⑧ 판결(동법 제36조)

판결서에는 민사소송법 제208조 제1항 각 호의 사항 외에 원고 측 소송대리인과 피고
측 소송대리인, 총원의 범위, 제외신고를 한 구성원을 적어야 한다.

법원은 금전 지급의 판결을 선고할 때에는 여러 사정을 고려하여 지급의 유예, 분할지
급 또는 그 밖의 적절한 방법에 의한 지급을 허락할 수 있다.

⑨ 기판력의 주관적 범위(동법 제37조)

확정판결은 제외신고를 하지 아니한 구성원에 대해서도 그 효력이 미친다.

⑩ 상소 취하 및 상소권 포기의 제한(동법 제38조)

상소의 취하 또는 상소권의 포기를 하려면 법원의 허가를 받아야 한다.

대표당사자가 정하여진 기간 이내에 상소하지 아니한 경우에는 상소제기 기간이 끝난
때부터 30일 이내에 구성원이 법원의 허가를 받아 상소를 목적으로 하는 대표당사자가
될 수 있다. 이에 따라 대표당사자가 된 자의 상소는 법원의 허가를 받은 날부터 2주 이
내에 제기하여야 한다.

5) 분배절차

① 분배법원(동법 제39조)

분배에 관한 법원의 처분·감독 및 협력 등은 제1심 수소법원의 전속관할로 한다.

② 권리실행(동법 제40조)

대표당사자는 집행권원을 취득하였을 때에는 지체 없이 그 권리를 실행하여야 한다. 대표당사자는 권리실행으로 금전 등을 취득한 경우에는 대법원규칙으로 정하는 바에 따라 보관하여야 한다. 대표당사자는 권리실행이 끝나면 그 결과를 법원에 보고하여야 한다.

③ 분배관리인의 선임(동법 제41조)

법원은 직권으로 또는 대표당사자의 신청에 의하여 분배관리인을 선임하여야 한다. 분배관리인은 법원의 감독하에 권리실행으로 취득한 금전 등의 분배업무를 수행한다. 법원은 분배관리인이 분배업무를 적절히 수행하지 못하거나 그 밖의 중대한 사유가 있을 때에는 직권 또는 신청에 의하여 분배관리인을 변경할 수 있다.

④ 분배계획안의 작성(동법 제42조)

분배관리인은 법원이 정한 기간 이내에 분배계획안을 작성하여 법원에 제출하여야 한다. 분배계획안에는 총원의 범위와 채권의 총액, 집행권원의 표시금액, 권리실행금액 및 분배할 금액, 제44조 제1항에 따른 공제항목과 그 금액, 분배의 기준과 방법, 권리신고의 기간장소 및 방법, 권리의 확인방법, 분배금의 수령기간, 수령장소, 수령방법, 그 외에 필요하다고 인정되는 사항을 적어야 한다.

분배의 기준은 판결 이유 중의 판단이나 화해조서 또는 인낙조서의 기재내용에 따른다. 권리신고 기간 내에 신고하여 확인된 권리의 총액이 분배할 금액을 초과하는 경우에는 안분비례의 방법으로 분배한다(동법 제43조).

분배관리인은 권리실행으로 취득한 금액에서 소송비용 및 변호사 보수, 권리실행 비용, 분배비용(분배관리인에게 지급하는 것이 타당하다고 인정되는 액수의 보수를 포함한다)을 공제할 수 있다. 분배관리인은 제46조 제1항에 따른 분배계획안의 인가를 받기 전에 위의 비용을 지급하려면 법원의 허가를 받아야 한다. 법원은 분배관리인, 대표당사자 또는 구성원이 신청한 경우에는 소송의 진행과정 및 결과 등 여러 사정을 고려하여 변호사 보수를 감액할 수 있다. 이 경우 법원은 신청인과 대표당사자의 소송대리인을 심문하여야 한다(동법 제44조).

법원은 권리실행으로 취득한 금액이 제44조 제1항 각 호의 비용을 지급하기에 부족한 경우에는 분배하지 아니한다는 결정을 하여야 한다(동법 제45조).

⑤ 분배계획안의 인가와 고지(동법 제46, 47조)

법원은 분배계획안이 공정하며 형평에 맞는다고 인정되면 결정으로 이를 인가하여야 한다.

법원은 상당하다고 인정할 때에는 직권으로 분배계획안을 수정하여 인가할 수 있다. 이 경우 법원은 미리 분배관리인을 심문하여야 한다. 위의 결정에 대해서는 불복할 수 없다.

법원은 분배계획을 인가하였을 때에는 적절한 방법으로 집행권원의 요지, 분배관리인의 성명 및 주소, 분배계획의 요지를 구성원에게 고지하여야 한다.

⑥ 분배계획의 변경(동법 제48조)

법원은 상당한 이유가 있다고 인정할 때에는 직권으로 또는 분배관리인의 신청에 의하여 결정으로 분배계획을 변경할 수 있다. 이 결정에 대해서는 불복할 수 없다.

법원은 분배계획을 변경하는 경우 필요하다고 인정하면 적절한 방법으로 변경의 내용을 구성원에게 고지하여야 한다.

⑦ 권리의 신고와 확인(동법 제49조)

구성원은 분배계획에서 정하는 바에 따라 권리신고 기간 내에 분배관리인에게 권리를 신고하여야 한다. 구성원은 책임 없는 사유로 권리신고 기간 내에 신고를 하지 못한 경우에는 그 사유가 종료된 후 1개월이 지나기 전에 신고할 수 있다. 다만 제53조에 따른 공탁금의 출급청구 기간이 끝나기 전에 신고하여야 한다.

분배관리인은 신고된 권리를 확인하여야 한다. 분배관리인은 권리신고를 한 자 및 피고에게 권리확인의 결과를 통지하여야 한다.

⑧ 권리확인에 관한 이의(동법 제50조)

권리신고를 한 자 또는 피고는 분배관리인의 권리확인에 이의가 있을 때에는 제49조 제4항에 따른 확인 결과를 통지받은 날부터 2주일 이내에 법원에 그 권리의 확인을 구하는 신청을 할 수 있다. 법원은 이 신청에 대하여 결정으로 재판하여야 한다. 이 결정에 대해서는 불복할 수 없다.

⑨ 잔여금의 공탁과 수령기간 경과 후의 지급(동법 제51, 53조)

분배관리인은 분배금의 수령기간이 지난 후 남은 금액이 있을 때에는 지체 없이 이를 공탁하여야 한다.

권리가 확인된 구성원으로서 분배금의 수령기간 내에 분배금을 수령하지 아니한 자 또는 신고기간이 지난 후에 권리를 신고하여 권리를 확인받은 자는 수령기간이 지난 후 6개월까지만 공탁금의 출급을 청구할 수 있다.

⑩ 분배보고서와 분배종료보고서(동법 제52, 54조)

분배관리인은 분배금의 수령기간이 지난 후 권리신고를 한 자의 성명·주소 및 신고

금액, 권리가 확인된 자 및 확인금액, 분배받은 자 및 분배금액, 남은 금액, 그 외에 필요한 사항을 기재한 분배보고서를 법원에 제출하여야 한다. 분배보고서는 이해관계인이 열람할 수 있도록 제56조 본문에 따른 기간이 지날 때까지 법원에 갖추어 두어야 한다.

분배관리인은 제53조에 따른 공탁금의 출급청구 기간이 끝나면 지체 없이 수령기간이 지난 후에 분배금을 받은 자의 성명·주소 및 분배금액, 지급한 분배금의 총액, 남은 금액의 처분 내용, 분배비용, 그 외에 필요한 사항을 기재한 법원에 분배종료보고서를 제출하여야 한다.

⑪ 기타

법원은 제54조 제1항에 따른 분배종료보고서가 제출된 경우 남은 금액이 있을 때에는 직권으로 또는 피고의 출급청구에 의하여 이를 피고에게 지급한다(동법 제55조).

분배관리인의 직무상 행위에 관한 손해배상청구권은 분배종료보고서를 제출한 날부터 2년이 지나면 소멸한다. 다만 분배관리인의 부정행위로 인한 손해배상청구권인 경우에는 그러하지 아니하다(동법 제56조).

권리의 실행으로 취득한 금전 외의 물건을 분배하는 경우에는 그 성질에 반하지 아니하는 범위에서 금전에 준하여 분배한다. 분배관리인은 법원의 허가를 받아 권리의 실행으로 취득한 금전 외 물건의 전부 또는 일부를 금전으로 환산하여 분배할 수 있다(동법 제57조).

분배종료보고서가 제출된 후에 새로 권리실행이 가능하게 된 경우의 분배절차에 관해서는 제39조부터 제57조까지의 규정을 준용한다(동법 제58조).

4. 소비자기본법상 소비자단체소송

1) 개념

소비자단체소송이란 사업자가 소비자의 권익과 관련된 규정을 위반하여 소비자의 생명·신체 또는 재산에 대한 권익을 직접적으로 침해하고 그 침해가 계속되는 경우 법정단체가 법원에 소비자권익침해행위의 금지·중지를 구하는 소송을 말한다.

소액다수의 소비자피해를 신속하고 효율적으로 구제하기 위하여 2008년부터 소비자기본법에 의하여 인정된 단체소송으로 독일의 단체소송을 모델로 한 부작위청구소송이다.

2) 소송절차상 특례

소비자단체소송은 개인의 이익보호를 넘어 공익을 실현하기 위한 소송이므로 일반민사소송에 대하여 여러 특례가 인정되고 있다.

① 원고적격(소비자가본법 제70조)

소비자단체소송은 다음 각 호의 어느 하나에 해당하는 단체만이 제기할 수 있다.

가. 소비자기본법 제29조의 규정에 따라 공정거래위원회에 등록한 소비자단체로서 정관에 따라 상시적으로 소비자의 권익증진을 주된 목적으로 하는 단체일 것, 단체의 정회원 수가 1천 명 이상일 것, 소비자기본법 제29조의 규정에 따른 등록 후 3년이 경과하였을 것의 요건을 모두 갖춘 단체

나. 상공회의소법에 따른 대한상공회의소, 중소기업협동조합법에 따른 중소기업협동조합중앙회 및 전국 단위의 경제단체로서 대통령령이 정하는 단체

다. 비영리민간단체 지원법 제2조의 규정에 따른 비영리민간단체로서 법률상 또는 사실상 동일한 침해를 입은 50인 이상의 소비자로부터 단체소송의 제기를 요청받을 것, 정관에 소비자의 권익증진을 단체의 목적으로 명시한 후 최근 3년 이상 이를 위한 활동실적이 있을 것, 단체의 상시 구성원 수가 5천 명 이상일 것, 중앙행정기관에 등록되어 있을 것의 요건을 모두 갖춘 단체

② 전속관할(동법 제71조)

단체소송의 소는 피고의 주된 사무소 또는 영업소가 있는 곳, 주된 사무소나 영업소가 없는 경우에는 주된 업무담당자의 주소가 있는 곳의 지방법원 본원 합의부의 관할에 전속한다. 외국사업자의 경우 대한민국에 있는 이들의 주된 사무소·영업소 또는 업무담당자의 주소에 따라 정한다.

③ 소송대리인의 선임(동법 제72조)

변호사 강제주의를 채택하여 단체소송의 원고는 변호사를 소송대리인으로 선임하여야 한다.

④ 소송허가신청(동법 제73조)

단체소송을 제기하는 단체는 소장과 함께 원고 및 그 소송대리인, 피고, 금지·중지를 구하는 사업자의 소비자권익 침해행위의 범위를 기재한 소송허가신청서를 법원에 제출하여야 한다. 소송허가신청서에는 소제기단체가 제70조 각 호의 어느 하나에 해당하는 요건을 갖추고 있음을 소명하는 자료, 소제기단체가 제74조 제1항 제3호의 규정에 따라 요청한 서면 및 이에 대한 사업자의 의견서(다만 동 호에서 정하는 기간 내에 사업자의 응답이 없을 경우에는 사업자의 의견서를 생략할 수 있다)를 첨부하여야 한다.

⑤ 소송허가(동법 제74조)

법원은 다음 각 호의 요건을 모두 갖춘 경우에 한하여 결정으로 단체소송을 허가한다.

가. 물품 등의 사용으로 인하여 소비자의 생명·신체 또는 재산에 피해가 발생하거나 발생할 우려가 있는 등 다수 소비자의 권익보호 및 피해예방을 위한 공익상의 필요가 있을 것

나. 제73조의 규정에 따른 소송허가신청서의 기재사항에 흠결이 없을 것

다. 소제기단체가 사업자에게 소비자권익 침해행위를 금지·중지할 것을 서면으로 요청한 후 14일이 경과하였을 것

단체소송을 허가하거나 불허가하는 결정에 대해서는 즉시항고를 할 수 있다.

⑥ 확정판결의 효력(동법 제75조)

원고의 청구를 기각하는 판결이 확정된 경우 이와 동일한 사안에 관해서는 제70조의 규정에 따른 다른 단체는 단체소송을 제기할 수 없다. 다만 판결이 확정된 후 그 사안과 관련하여 국가 또는 지방자치단체가 설립한 기관에 의하여 새로운 연구결과나 증거가 나타난 경우나 기각판결이 원고의 고의로 인한 것임이 밝혀진 경우에는 그러하지 아니하다.

Ⅳ. 소송참가

소송참가란 제3자가 자기의 법률상 지위를 보호하기 위하여 계속 중인 다른 사람 사이의 소송에 가입하는 것을 말한다. 제3자가 당사자를 보조하기 위하여 참가하는 보조참가, 당사자의 지위를 갖고 참가하는 독립당사자참가와 공동소송참가가 있고 이같이 참가할 이해관계가 있는 사람에게 소송계속 사실을 알리는 소송고지, 당사자의 지위를 승계한 사람이 자발적으로 참가하는 승계참가와 상대방 당사자에 의하여 참가가 강제되는 인수참가 등이 있다.

1. 보조참가

1) 개념

보조참가란 타인 간의 소송계속 중 소송의 결과에 이해관계가 있는 제3자가 한쪽 당사자를 돕기 위하여 그 소송에 참가하는 것을 말한다(제71조). 보증금 청구소송 중 주채무자가 보증인을 돕기 위해 참가하는 것이 그 예이다. 제3자를 보조참가인, 보조받는 자를 피참가인이라고 한다. 보조참가제도는 소송결과에 이해관계 있는 자에게 지기의 이익을 보호할 기회를 주는 데 의미가 있다.

보조참가인은 자기 이름으로 자기청구에 대해 심판을 구하는 것이 아니므로 당사자가 아니나, 자기 이름과 계산으로 소송수행을 하므로 대리인도 아니다.

2) 요건

① 다른 사람 사이에 소송이 계속 중일 것

보조참가는 타인 간이 소송에 대하여 인정되므로, 당사자 일방의 상대방에 대한 보조참가는 인정되지 않는다. 통상의 공동소송인이 다른 공동소송인 또는 상대방에 대한 보조참가는 가능하다. 공동소송인 사이에 사실상 또는 이론상 합일확정의 필요가 있을 때(주채무자와 보증인이 동시에 피고가 된 경우) 명시적인 신청이 없이도 당연히 보조참가관계를 인정할 것인가에 관해서는 입장이 나뉜다.

한 사람이 당사자 양쪽에 동시에 보조참가를 하는 것은 허용되지 않는다.

소송은 계속 중이기만 하면 심급은 무관하다. 판결확정 후 재심의 소제기와 함께 참가신청을 할 수도 있다.

판결절차 이외에 독촉가압류가처분 절차에서도 이의신청이 있으면 판결절차로 이행하므로 제3자는 이의신청과 함께 참가신청을 할 수 있다. 대립하는 당사자의 구조를 가지지 못하는 결정절차에 있어서는 제3자는 재항고인을 위하여 보조참가신청을 할 수 없다는 것이 판례이나,[120] 반대하는 입장도 있다.

② 참가이유로 소송결과에 이해관계가 있을 것

가. 소송의 결과

소송결과에 이해관계가 있다는 것은 참가인의 법적 지위가 소송결과, 즉 판결주문에 판단되는 소송물인 권리관계의 존부에 관하여 직접적으로 영향을 받는 관계에 있는 경우를 말한다. 판결이유 중 판단은 당사자 자신도 구속되지 않으므로 제외된다는 것이 다수 입장이나, 같은 사고의 공동피해자의 경우 이유 중 판단(과실 등)에 영향을 받으므로 인정하자는 입장도 있다. 판례는 불법행위로 인한 손해배상책임을 지는 자는 피해자가 다른 공동불법행위자들을 상대로 제기한 손해배상청구소송의 결과에 대하여 법률상의 이해관계를 갖는다고 할 것이므로, 위 소송에 원고를 위하여 보조참가를 할 수가 있다고 하여 참가이익을 확대하고 있다.[121]

직접 영향을 받는 경우란 판결효력이 직접 미치지는 않지만 자기의 법률상 지위가 소송의 결과에 의하여 좌우되는 경우를 말한다. 채권자와 주채무자 사이 판결의 기판력은

---

120) 대결 1973. 11. 15. 73마849.
121) 대판 1999. 7. 9. 99다12796.

보증인에게 미치지 않지만 주채무의 존재는 보증채무의 전제이므로 보증인은 주채무자에 게 보조참가를 할 수 있다. 판결효력이 직접 미치는 경우도 보조참가를 할 수 있지만 그 성격은 공동소송적 보조참가이다(제78조).

나. 이해관계

이해관계는 법률상 이해관계여야 하고 감정상·사실상·경제상 이해관계(친척·친구 다, 배당 줄어든다)는 안 된다.[122] 재산법상 이해관계에 한하지 않고 신분법상·공법상 이해관계라도 된다. 행정소송에서도 피고행정청을 위하여 제3자는 보조참가를 할 수 있 다.[123]

이해관계는 피참가인이 패소하면 참가인이 불리하고, 피참가인이 승소하면 참가인이 유리한 경우이다.

다. 소송절차를 현저하게 지연시키지 않을 것

소송절차진행 중에 많은 제3자들이 보조참가신청을 하여 소송진행을 방해하는 것을 막기 위하여 2002년 개정 시 추가된 요건이다.

라. 다른 구제 수단이 있어도 가능하다.

마. 소송행위 유효요건

보조참가는 소송행위이므로 당사자능력, 소송능력이 필요하고, 대리인에 의한 경우에는 대리권이 있어야 한다.[124]

3) 참가절차(제72조)

① 참가신청

참가신청은 서면 또는 구두로 참가의 취지와 이유를 밝혀 참가하고자 하는 소송이 계 속된 법원에 제기하여야 한다.

서면으로 참가를 신청한 경우에는 법원은 그 서면을 양쪽 당사자에게 송달하여야 한다.

참가신청은 참가인으로서 할 수 있는 소송행위와 동시에 할 수 있다.

---

122) 대판 1997. 3. 25. 96후313, 대판 1997. 12. 26. 96다51714, 원고의 피고에 대한 등록금환불청구가 인 용되면 피고와 마찬가지로 사립대학을 경영하고 있는 위 보조참가인들에게도 위 소송의 간접적 영향으 로 파급효가 미치게 되어 위 보조참가인들의 교육 재정 대부분을 차지하는 등록금제도 운영에 차질이 생기게 되므로 보조참가의 이유가 있다는 것이나, 위 보조참가인들이 위와 같은 파급효를 받게 된다는 사정만으로는 이 사건 소송의 결과에 법률상 이해관계가 있다고 할 수 없고, 그 주장하는 다른 사정들 도 사실상, 경제상의 이해관계에 지나지 아니하는 것으로 보이므로, 결국 위 보조참가인들의 이 사건 보조참가 신청은 모두 참가의 요건을 갖추지 못한 부적법한 것이라고 할 것이다.

123) 대판 1969. 1. 21. 64누39.

124) 대판 2002. 9. 24. 99두1519, 당사자능력, 소송능력이 없는 행정청에 불과한 서울특별시장은 보조참가 를 할 수 없다.

② 참가허가 여부에 대한 재판

당사자가 참가에 대하여 이의를 신청한 때에는 참가인은 참가의 이유를 소명하여야 하며, 법원은 참가를 허가할 것인지 아닌지를 결정하여야 한다.

법원은 직권으로 참가인에게 참가의 이유를 소명하도록 명할 수 있으며, 참가의 이유가 있다고 인정되지 아니하는 때에는 참가를 허가하지 아니하는 결정을 하여야 한다.

위 결정에 대해서는 즉시항고를 할 수 있다.

③ 이의신청권의 상실(제74조)

당사자가 참가에 대하여 이의를 신청하지 아니한 채 변론하거나 변론준비기일에 진술을 한 경우에는 이의를 신청할 권리를 잃는다. 즉시 이의신청을 하면 뒤에 변론을 하더라도 이의신청권을 잃지는 않는다.[125]

4) 보조참가인의 지위

① 독립적 성격

참가인은 자기이익의 옹호를 위해 독자로 소송에 관여한다. 따라서 기일 통지나 소송서류송달은 따로 해야 하고, 참가인에게 기일통기를 하지 않으면 기일을 열 수 없고,[126] 피참가인이 기일에 결석해도 참가인이 출석하면 기일결석의 효과는 발생하지 않는다. 소송비용도 따로 재판하며, 공격방어방법의 제출이나 상소제기 등 일체의 소송행위를 할 수 있다.

② 종속적 성격

참가인은 진정한 당사자는 아니므로 제3자로서 증인·감정능력이 있고, 참가인에게 중단사유 발생 시 절차는 중단되지 않고, 참가인의 상소는 피참가인의 상소기간 내에만 가능하다.[127] 참가인의 별소를 막아 분쟁의 1회적인 해결을 할 수 있다는 이유로 참가인의 독자적인 항소기간을 인정하는 것이 바람직하다는 입장도 있다.

③ 보조참가인이 할 수 없는 행위

참가인은 원칙적으로 일체의 소송행위를 할 수 있으나, 피참가인의 이익보호를 위하여 할 수 없는 소송행위가 있다.

가. 피참가인이 할 수 없는 행위(제76조 제1항 단서)

참가 당시의 소송 정도로 보아 피참가인이 이미 할 수 없는 소송행위는 참가인도 못

---

125) 대결 1964. 9. 22. 63두12.

126) 대판 1964. 10. 30. 64누34 참가인에게 기일.

127) 대판 2007. 9. 6. 2007다41966.

한다. 실기한 공격방어방법, 자백의 철회, 이의권을 포기·상실한 행위에 대한 이의 등이 그것이다.

나. 피참가인의 소송행위에 어긋나는 행위(제76조 제2항)

피참가인이 자백한 뒤에 참가인이 부인하는 것,[128] 피참가인이 상소를 포기하거나 취하한 뒤에 상소하는 것[129] 등이다. 어긋난다는 것은 양자의 행위가 명백하고 적극적으로 다르다는 것이므로 참가인의 행위가 선행한 뒤에 피참가인이 지체 없이 이를 취소하거나 반하는 행위를 하지 않으면 참가인의 행위는 실효하지 않는다.[130]

양자의 행위 선후는 묻지 않으므로 참가인이 한 항소를 피참가인이 취하할 수 있다.[131]

다. 소송 자체를 처분하는 행위

참가인은 기존의 소송에서 피참가인을 승소시키기 위하여 참가하는 것이므로 기존 소송을 처분·변경하는 행위는 할 수 없다. 소취하, 반소제기, 청구변경 등이 그것이다.[132]

라. 피참가인에게 불리한 행위

청구의 포기·인낙, 화해, 상소의 취하·포기 등이 그것이다. 자백도 할 수 없으나, 피참가인이 다투지 않으면 유효하게 된다.

마. 사법상 권리 행사

참가인의 종속성을 강조하여 피참가인이 가지는 취소권, 해제·해지권, 상계권을 행사할 수 없다(민법 제404조와 같이 법이 인정하는 경우는 예외)고 보는 것이 다수입장이나, 독자로 승소를 도모한다는 독립성을 강조하며 피참가인에게 불리할 것이 없다는 이유로 긍정하는 입장도 있다.

5) 보조참가인에 대한 판결의 효력

판결의 효력인 기판력, 집행력은 본래 당사자 사이에만 미치는 것이 원칙인데, 제77조는 일정한 경우 제외 미친다고 하고 있어, 그 성질과 범위가 문제 된다.

---

128) 대판 1981. 6. 23. 80다1761.

129) 대판 2000. 1. 18. 99다47365.

130) 대판 1994. 4. 29. 94다3629, 보조참가인의 증거신청행위가 피참가인의 소송행위와 저촉되지 아니하고, 그 증거들이 적법한 증거조사절차를 거쳐 법원에 현출되었다면 법원이 이들 증거에 터 잡아 피참가인에게 불이익한 사실을 인정하였다 하여 그것이 민사소송법 제70조 제2항에 위배된다고 할 수 없다.

131) 대판 1984. 12. 11. 84다카659.

132) 대판 1992. 10. 9. 92므266, 보조참가인은 피참가인이 당사자로 되어 있는 기존의 소송을 전제로 피참가인을 승소시키기 위하여 참가하는 것이기 때문에 소의 변경과 같이 기존의 소송형태를 변형시키는 행위는 할 수 없으므로, 보조참가인은 별개의 청구원인에 해당하는 재심사유를 주장하여 재심청구를 추가할 수 없다.

① 성질

당사자 사이의 기판력이 확장되는 것이라는 기판력설, 기판력과는 다른 보조참가에 특수한 효력이라는 참가적 효력설, 참가인과 피참가인 사이는 참가적 효력이고 참가인과 상대방 사이는 기판력이라는 신기판력설 등이 있다. 기판력설은 제77조가 참가인에 대한 효력 제외 예를 보조참가인과 피참가인 사이의 사유로 한정하고 있고, 이유 중 판단에도 효력이 미치게 하는 것을 설명하기 어렵고, 신기판력설은 제218조 기판력의 주관적 범위에 반하는 문제가 있다.

판례는 참가인이 피참가인을 보조하여 공동으로 소송을 수행하였으나 피참가인이 그 소송에서 패소한 경우에는 형평의 원칙상 참가인이 피참가인에게 그 패소판결이 부당하다고 주장할 수 없도록 구속력을 미치게 하는 참가적 효력이 있다고 한다.[133]

② **효력 범위**

가. 주관적 범위

참가적 효력설은 법규정 그대로 참가인과 피참가인 사이에만 미치고, 참가인과 상대방 사이에는 미치지 않는다고 본다.[134] 이 설에 의하면 주채무자가 보증인 쪽에 참가하여 주채무 부존재를 다투었으나 패소했을 경우에 보증인의 구상청구에 대하여 주채무의 부존재를 다툴 수는 없지만, 채권자가 청구할 경우에는 다툴 수 있게 된다.

신기판력설은 참가인과 상대방 사이의 분쟁의 반복을 막기 위하여 요건이 충족되는 한 그들 사이에도 구속력이 생긴다고 한다.

나. 객관적 범위

참가적 효력은 판결주문 중의 소송물에 관한 판단만이 아닌, 판결이유 중의 사실 인정, 선결적 권리관계에 관한 판단에도 미친다. 기판력과는 달리 효력의 범위를 넓히지 않으면 패소 시 다른 주장을 할 수 없게 한다는 목적 달성에 의미가 없기 때문이다. 확정판결의 참가적 효력은 전 소 확정판결 결론의 기초가 된 사실상 및 법률상의 판단으로서 보조참가인이 피참가인과 공동이익으로 주장하거나 다툴 수 있었던 사항에 한하여 미치고, 전 소 확정판결에 필수적인 요소가 아니어서 결론에 영향을 미칠 수 없는 부가적 또는 보충적인 판단이나 방론 등에까지 미치는 것은 아니다.[135] 당사자조차 구속되지 않는 이유 중 판단에까지 구속되는 것이므로 다툴 수 없었던 경우(제77조의 배제 사유)나, 이

---

133) 대판 1988. 12. 13. 86다카2289.

134) 위와 같은 판결.

135) 대판 1997. 9. 5. 95다42133.

해상반행위에는 미치지 않는 것이다.

③ 참가적 효력의 배제

가. 참가적 효력은 피참가인이 패소한 경우에만 발생한다. 피참가인이 승소한 경우에는 참가의 목적이 달성된 것이므로 판결에서 판단된 내용과 다른 주장을 한다는 것을 가정할 수도 없고, 다른 주장을 한다 해도 금반언의 원칙에 따라 인정될 여지가 없기 때문에 참가적 효력을 따로 인정할 필요도 없기 때문이다.

참가적 효력은 참가인에게 소송수행을 할 기회가 주어진 경우에만 발생한다. 자신의 이익을 지킬 기회가 주어지지 않았는데도 효력을 받는다면 부당하기 때문이다. 기회가 주어진 이상 실제 참가하지 않더라도 참가적 효력이 미친다. 소송고지를 받고도 보조참가를 하지 않거나, 참가하더라도 변론을 하지 않아 자백간주로 패소하면 참가적 효력을 받는다.

나. 배제사유

제76조의 규정에 따라 참가인이 소송행위를 할 수 없거나(상고심에 참가하여 사실자료를 제출할 수 없었던 경우), 그 소송행위가 효력을 가지지 아니하는 때(참가인이 다투었으나 피참가인이 자백하여 무효가 된 경우),[136] 피참가인이 참가인의 소송행위를 방해한 때(참가인이 제기한 상소를 피참가인이 취하한 경우), 피참가인이 참가인이 할 수 없는 소송행위를 고의나 과실로 하지 아니한 때(참가인은 모르지만 피참가인은 알고 있는 사실이나 증거의 제출을 하지 않거나 피참가인이 사법상의 권리를 행사하지 않은 경우), 참가인에게 소송절차중단사유가 있었던 때 등의 경우에는 참가적 효력이 배제된다.

④ 기판력과의 차이

가. 인정근거에서 기판력은 법원의 판단에 대해서는 분쟁의 반복이나 모순된 판단을 금지한다는 법적 안정성에 근거하나 참가적 효력은 공동으로 소송수행을 한 이상 패소의 책임을 분담하여야 한다는 공평과 금반언의 원칙에 근거하고 있다.

나. 기판력은 승패를 불문하고 당사자 사이에서만 발생하는데, 참가적 효력은 패소한 경우에 참가인과 피참가인 사이에서만 발생한다.

다. 기판력은 당사자의 주관적 책임과 상관없이 발생하나, 참가적 효력은 패소가 피참가인의 단독책임으로 인한 경우에는 배제된다.

라. 기판력은 판결주문에 포함된 사항에 대해서만 발생하나, 참가적 효력은 판결이유 중 판단사항에 대해서도 발생한다.

---

136) 대판 1974. 6. 4. 73다1030.

마. 기판력의 존재는 직권조사사항이나 참가적 효력은 당사자의 원용을 기다려 고려한다.

6) 공동소송적 보조참가

① 개념

공동소송적 보조참가란 본소송판결의 기판력이 제3자에게 미치는 경우에 그 제3자가 보조참가를 하는 경우를 말한다(제78조). 기판력이 제3자에게 미치는 경우에 그 제3자는 공동소송참가를 할 수 있으나, 파산재단 소송에서 파산선고를 받은 사람과 같이 원·피고 적격이 없는 경우에는 공동소송참가를 할 수 없으므로 공동소송적 보조참가를 이용하게 된다.

통상의 보조참가인가, 공동소송적 보조참가인가, 또는 공동소송참가인가는 법원이 법령의 해석에 따라 결정하여야 하고 당사자의 신청에 따를 것은 아니다.[137]

② 공동소송적 보조참가가 허용되는 경우

본소송판결의 기판력이 제3자에게 미치는 경우로 제65조에 따라 공동소송이 성립할 수 있는 경우라야 한다.

가. 제3자 소송담당의 경우 판결의 효력은 본인에게 미치므로 본인이 보조참가를 하면 공동소송적 보조참가가 된다. 선정당사자에 의한 소송에서 선정자, 채권자대위소송에서 채무자, 유언집행자의 소송에서 상속인, 회생절차 관리인의 채무자 재산에 관한 소송에서 채무자, 파산관재인의 파산재단에 관한 소송에서 파산자 등이 그것이다.

나. 형성소송에서 형성판결은 일반 제3자에게도 효력이 미친다. 가사소송(가사심판법 제21조), 행정소송(행정소송법 제29조), 회사관계소송(상법 제190, 376, 380, 381조 등)이 그것이다. 이 경우에 당사자적격이 없는 제3자가 보조참가를 하면 공동소송적 보조참가가 된다. 형성소송에서는 소제기기간의 제한을 두는 경우가 많은데, 제3자가 소제기기간을 넘기면 공동소송적 보조참가를 할 수 없다.

공동소송적 보조참가인의 지위

공동소송적 보조참가인은 당사자는 아니지만 기판력을 받으므로 필수적 공동소송인과

---

137) 대판 2002. 3. 15. 2000다9086, 주주의 대표소송에 있어서 원고 주주가 원고로서 제대로 소송수행을 하지 못하거나 혹은 상대방이 된 이사와 결탁함으로써 회사의 권리보호에 미흡하여 회사의 이익이 침해될 염려가 있는 경우 그 판결의 효력을 받는 권리귀속주체인 회사가 이를 막거나 자신의 권리를 보호하기 위하여 소송수행권한을 가진 정당한 당사자로서 그 소송에 참가할 필요가 있으며, 회사가 대표소송에 당사자로서 참가하는 경우 소송경제가 도모될 뿐만 아니라 판결의 모순저촉을 유발할 가능성도 없다는 사정과, 상법 제404조 제1항에서 특별히 참가에 관한 규정을 두어 주주의 대표소송 특성을 살려 회사의 권익을 보호하려 한 입법 취지를 함께 고려할 때, 상법 제404조 제1항에서 규정하고 있는 회사의 참가는 공동소송참가를 의미하는 것으로 해석함이 타당하고, 나아가 이러한 해석이 중복제소를 금지하고 있는 민사소송법 제234조에 반하는 것도 아니다.

유사하므로 그 규정이 준용된다(제78조). 피참가인과 참가인은 서로에게 불리하거나 모순된 행위를 할 수 없다. 단독으로 상소의 포기·취하, 청구의 포기·인낙, 화해를 할 수 없다. 상소기간은 피참가인과 독립하여 계산하고, 참가인에게 중단중지 사유가 발생하면 소송절차가 정지된다. 그 외에는 보조참가인과 동일하다. 청구변경, 반소제기 등을 할 수 없고, 피참가인이 한 자백의 철회나 실기한 공격방어방법의 제출은 할 수 없다. 본소가 부적법 각하되면 공동소송적 보조참가도 소멸한다.[138]

2. 공동소송참가

1) 개념

공동소송참가란 타인 간의 소송계속 중에 소송목적이 한쪽 당사자와 제3자에게 합일적으로 확정되어야 할 경우에 그 제3자가 공동소송인으로 소송에 참가하는 것을 말한다(제83조). 주주가 회사를 상대로 주주총회결의무효확인의 소를 제기한 경우에 그 판결의 효력을 받는 다른 원고가 공동원고로 소송에 참가하는 것이 그 예이다.

다른 사람 사이의 소송판결 효력을 받는 제3자로서는 별소를 제기하거나 공동소송적 보조참가를 하는 것보다는 직접 그 소송의 당사자로 참가하여 독자로 소송수행을 하여 자기의 이익을 지키는 것이 유리하고, 소송경제에도 부합하므로 인정된 제도이다.

2) 참가요건

① 타인 간의 소송계속 중

소의 종류를 불문하고 계속 중이면 항소심이나 상고심을 불문한다. 판례는 공동소송참가가 새로운 소제기의 성질을 갖는다는 이유로 상고심에서는 할 수 없다고 하나,[139] 참가하지 않더라도 판결이 효력을 받으므로 참가의 기회를 주어야 할 것이다.

② 합일적으로 확정하여야 할 경우

타인 간의 소송목적이 한쪽 당사자와 제3자에게 합일적으로 확정되어야 할 경우, 즉 타인 간의 소송판결 효력이 제3자에게도 미치게 되는 경우에 한하여 그 제3자에게 허용된다. 판결의 효력은 기판력과 반사적 효력을 포함한다. 기판력을 받는 경우로는 혼인취소를 구하고 있는 친족에게 다른 친족이 참가하는 경우가 있고, 반사적 효력을 받는 경우로는 채권자의 대위소송 중에 반사적 효력을 받는 다른 채권자의 참가나 주주의 대표

---

138) 대판 2002. 3. 15. 2000다9086.
139) 대판 1961. 5. 4. 4292민상853.

소송 중에 반사적 효력을 받는 다른 주주의 참가 등이 있다.

고유필수적 공동소송으로 될 경우도 포함되는가에 관해서는 고유필수적 공동소송인의 일부가 누락된 때에는 부적법 각하하여야 하므로 공동소송참가를 허용할 수 없다는 입장과 고유필수적 공동소송인의 일부가 누락된 때에는 바로 부적법 각하하고 신소를 제기하게 하는 것보다는 공동소송참가를 허용하는 것이 소송경제에 부합하고 또 당사자적격은 변론종결 시까지 구비하면 되므로 허용하는 것이 옳다는 입장이 있다. 필수적 공동소송인의 추가(제68조)재도가 인정되므로 무조건 부적법 각하하여야 한다는 것은 근거를 잃게 되었고, 다만 필수적 공동소송인의 추가는 1심에서만 허용되므로 상소심에서도 가능한 공동소송참가는 여전히 의미가 있다.

③ 당사자적격 등 소송요건의 구비

이 참가는 소제기에 갈음하는 것이므로 참가인에게 당사자적격이 있어야 하고 중복제소에 해당하지 않고, 제소기간이 있으면 그 기간을 준수하여야 한다.

파산선고를 받은 사람은 당사자적격이 없으므로 파산관재인의 소송에 공동소송참가를 할 수 없다. 채권자대위권을 행사하는 경우의 채무자나 선정당사자를 선정한 선정자는 당사자적격은 있지만 이들의 공동소송참가는 중복소송에 해당하여 허용되지 않는다. 주주의 대표소송에 회사가 공동소송으로 참가하는 것은 중복제소가 아니다.[140]

제3자가 피고 쪽에 참가하는 경우에는 반드시 원고에 대한 청구를 하여야 하는 것은 아니고, 청구기각 또는 소각하를 구하면 된다.

3) 참가절차와 심판

참가신청은 보조참가의 신청을 준용한다(제83조 제2항). 다만 소제기에 준하므로 소액사건을 제외하고는 서면으로 해야 한다. 참가취지는 어느 소송의 어느 당사자 쪽에 참가하는지를 기재하고, 참가이유는 합일 확정될 경우에 해당하는 사유를 기재한다. 신청서에는 소장이나 상소장에 준하여 인지를 붙여야 한다.

소제기에 준하므로 상대방은 이의할 수 없고 이의하더라도 참가의 적부에 대한 법원의

---

140) 대판 2002. 3. 15. 2000다9086, 주주의 대표소송에 있어서 원고 주주가 원고로서 제대로 소송수행을 하지 못하거나 혹은 상대방이 된 이사와 결탁함으로써 회사의 권리보호에 미흡하여 회사의 이익이 침해될 염려가 있는 경우 그 판결의 효력을 받는 권리귀속주체인 회사가 이를 막거나 자신의 권리를 보호하기 위하여 소송수행권한을 가진 정당한 당사자로서 그 소송에 참가할 필요가 있으며, 회사가 대표소송에 당사자로서 참가하는 경우 소송경제가 도모될 뿐만 아니라 판결의 모순저촉을 유발할 가능성도 없다는 사정과, 상법 제404조 제1항에서 특별히 참가에 관한 규정을 두어 주주의 대표소송 특성을 살려 회사의 권익을 보호하려 한 입법 취지를 함께 고려할 때, 상법 제404조 제1항에서 규정하고 있는 회사의 참가는 공동소송참가를 의미하는 것으로 해석함이 타당하고, 나아가 이러한 해석이 중복제소를 금지하고 있는 민사소송법 제234조에 반하는 것도 아니다.

직권조사를 촉구하는 의미밖에 없다.

법원은 직권으로 참가의 적부를 심사하고, 요건에 흠이 있으면 각하판결을 해야 하나, 그것이 공동소송적 보조참가나 보조참가의 요건을 갖추고 있으면 무효행위의 전환 법리에 의하여 그 참가로 인정하여 심판하는 것이 옳을 것이다.

참가가 적법하면 공동소송참가인과 피참가인은 필수적 공동소송관계가 되므로 제67조에 따라 심판한다.

3. 독립당사자참가

1) 개념

독립당사자참가란 타인 간의 소송계속 중 소송목적인 권리의 전부·일부가 자기권리라고 주장하거나, 소송의 결과에 따라 자기권리가 침해된다고 주장하는 제3자가 원고와 피고 양쪽 또는 한쪽을 상대방으로 하여, 원·피고 사이의 청구와 관련된 자기의 청구에 관하여 동시에 모순 없는 재판을 구하기 위하여, 그 소송절차에 당사자로서 참가하는 것을 말한다(제79조). 원·피고와 대립적·독립적 지위에 서는 점에서 한쪽과 공동소송인이 되는 공동소송참가와 다르고, 한쪽 보조 또는 종속된 지위에 서는 보조참가와 다르다.

원·피고, 참가인 3자 간의 분쟁을 일거에 모순 없이 해결해 재판의 통일과 소송경제를 꾀하려는 목적에서 인정된 제도이다.

2) 구조

독립당사자참가가 있을 경우에 원·피고 독립당사자 3인 간에 대립하는 구조가 되기 때문에 전통적인 2당사자 대립구조인 전통적인 소송구조와는 달라서 그 설명을 두고 논란이 있는데, 3개소송병합설은 원·피고 간, 참가인·원고 간, 참가인·피고 간의 각 소송이 결합되어 있는 것이라고 보고 있고, 3면소송설은 2당사자주의의 예외로 3당사자가 각각 독립하여 대립하는 구조로 본다. 3개소송병합설은 참가인이 원·피고를 견제할 수 있는 이유나 제67조가 준용되는 근거를 설명하기 어렵고, 3면소송설은 본소 또는 참가신청을 가분적으로 취하·각하할 수 있는 것을 설명하기 어렵다.

판례는 3개소송병합설을 취하다가 근자에는 3면소송설을 따르고 있다.[141]

---

141) 대판 1958. 11. 20. 4290민상308, 대판 1991. 12. 24. 91다21145, 91다21152, 독립당사자참가는 소송목적의 전부나 일부가 자기의 권리임을 주장하거나 소송의 결과에 의하여 권리의 침해를 받을 것을 주장하는 제3자가 당사자로서 소송에 참가하여 3당사자 사이의 3면적 소송관계를 하나의 판결로써 모순 없이 일시에 해결하려는 것이므로, 종전 당사자인 원고와 피고에 대하여 각 별개의 청구가 있어야 하고 각 청구는 소의 이익을 갖춘 것이어야 한다.

3) 요건

① 타인 간의 소송계속 중일 것

가. 여기의 소란 판결절차 또는 이에 준하는 절차를 말한다. 민사집행, 증거보전, 제소 전화해, 중재, 공시최고절차는 포함되지 않는다. 독촉절차의 경우 이의신청이 있으면 판결절차로 이행되므로 참가신청은 적법하게 되나 이의신청이 없으면 소송계속이 없기 때문에 참가신청은 부적법한 것이 된다. 보전처분에 대한 이의신청은 판결절차에 의하므로 참가신청이 가능하다. 회사관계소송에서는 회사가 피고적격자이므로 공동소송적 보조참가는 몰라도 독립당사자참가는 할 수 없다. 행정소송도 행정청만이 피고가 되므로 독립당사자참가는 할 수 없다.

나. 다른 사람 사이에 소송이 사실심에 계속 중이면 심급을 불문하지만, 새로운 소제기에 해당하므로 법률심인 상고심에서는 참가할 수 없다는 것이 다수설·판례이나,[142] 상고심이라도 원판결이 파기환송이 되면 사실심리를 받을 기회가 생기므로 상고심에서의 참가도 일응 허용하되 상고각하 또는 기각될 때에는 참가신청을 각하 또는 1심으로 이송하면 된다는 입장도 있다. 사실심 변론종결 후에 참가신청을 한 경우에 변론이 재개되면 변론종결 전에 신청한 것과 마찬가지가 되나 재개는 법원의 재량이므로 재개되지 않았을 경우의 참가신청은 신소제기로 보아야 한다는 입장과 부적법 각하하여야 한다는 입장이 있다.

다. 소송 중의 소 요건

독립당사자참가신청을 하면 본소와 병합 심리되므로 소송 중의 소 요건을 갖추어야 한다. 같은 종류 소송절차에서 심판될 수 있어야 하고, 참가인의 청구가 본소청구와 다른 법원의 전속관할에 속하지 않아야 하고, 3자 간의 분쟁을 일거에 해결하고자 하는 것이므로 본소청구와 일정한 관련이 있는 참가이유를 주장하여야 한다. 참가인이 이미 원·피고에 대하여 별소를 제기하고 있는데 참가를 하면 중복소송으로 보아야 할 것이다.

② 권리주장참가이유

가. 권리주장참가의 경우에는 참가이유로 소송목적의 전부나 일부가 자기의 권리라는 주장이 있어야 한다. 참가인이 본소원고의 청구와 양립하지 않는 권리 또는 그보다 우선할 수 있는 권리를 주장하여야 한다. 예컨대 원고가 자기의 소유라고 주장하는 목적물이 참가인의 소유라고 주장하거나, 원고 주장의 채권이 참가인의 채권이라고 주장하는 것이다.[143]

---

142) 대판 1994. 2. 22. 선고 93다43682, 51309.

143) 대판 1991. 12. 24. 91다21145.

나. 원고가 주장하는 권리와 참가인이 주장하는 권리가 양립할 수 없는 관계에 있는지 여부는 주장 자체에 의해서 판단하고, 본안심리결과 양립하는 것으로 판단되어도 독립당사자참가가 부적법하게 되는 것은 아니다.144)

다. 채권적 청구권을 주장하면서 참가한 경우에도 양립 불가능한 것으로 볼 것인가에 관하여 판례는 채권적 청구권이라도 그 귀속주체를 다투는 것은 양립 불가능하므로 독립당사자참가가 가능하다고 본다.145)

라. 부동산 이중매매의 경우 매수인 누구도 등기를 마치지 못한 상태에 매수인 한 사람의 매도인에 대한 이전등기청구소송에 다른 매수인이 독립당사자참가를 한 경우에 판례는 참가인은 피고에 대하여 승소할 수 있다 하더라도 원고에게는 대항할 수 없다 하여 참가를 부적법한 것으로 본다.146) 이에 대하여 다수설은 양립 가능성은 주장 자체로 판단하면 되므로 심리결과 채권이라서 양립 가능한 점은 고려할 필요가 없고, 소송이익은 소송제도의 남용방지를 위한 개념일 뿐이므로 참가의 경우까지 엄격하게 해석할 필요는 없다는 이유로 반대한다. 소수설은 이중양도의 경우 참가인이 청구는 원고의 청구와는

---

144) 대판 1992. 12. 8. 92다26772, 26789, 원고가 건물 증축부분의 소유권에 터 잡아 명도를 구하는 소송에서 참가인이 증축부분이 자기 소유임을 이유로 독립당사자참가신청을 한 경우 주장 자체에 의해서는 원고가 주장하는 권리와 참가인이 주장하는 권리가 양립할 수 없는 관계에 있다 할 것이므로, 비록 본안에 들어가 심리한 결과 증축부분이 기존건물에 부합하여 원고의 소유로 되었고 참가인의 소유로 된 것이 아니라고 판단되더라도 이는 참가인의 청구가 이유 없는 사유가 될 뿐 참가신청이 부적법한 것은 아니므로 이를 각하하여서는 아니 된다.
대판 2007. 6. 15. 2006다80322, 80339, 참가하려는 소송에 수 개의 청구가 병합된 경우 그중 어느 하나의 청구라도 독립당사자참가인의 주장과 양립하지 않는 관계에 있으면 그 본소청구에 대한 참가가 허용된다고 할 것이고, 양립할 수 없는 본소청구에 관하여 본안에 들어가 심리한 결과 이유가 없는 것으로 판단된다고 하더라도 참가신청이 부적법하게 되는 것은 아니다.

145) 대판 1995. 6. 16. 95다5905, 95다5912(참가), 원고가 수탁자 명의로 된 부동산의 실질적인 소유자라고 주장하면서 명의신탁해지로 인한 이전등기절차의 이행을 구하는 본소에 대하여, 참가인이 실질적인 소유자라고 주장하면서 같은 청구를 하는 것은 가능하다.
대판 1996. 6. 28. 94다50595, 50601, 갑이 을에 대하여 취득시효 완성을 원인으로 한 소유권이전등기를 구하는 본소에 대하여, 병이 을에 대해서는 취득시효완성을 원인으로 한 소유권이전등기를, 그리고 갑에 대해서는 관리위탁계약의 해제를 이유로 토지의 인도를 각 청구한 경우, 갑의 을에 대한 청구와 병의 을에 대한 청구는 주장하는 권리가 채권적인 권리인 등기청구권이기는 하나 어느 한쪽의 청구권이 인정되면 다른 한쪽의 청구권은 인정될 수 없는 것으로서 각 청구가 서로 양립할 수 없는 관계에 있으므로, 병의 독립당사자참가신청은 적법하다.
대판 1988. 3. 8. 86다148, 원고는 피고와의 사이에 체결된 매매계약의 매수당사자가 원고라고 주장하면서 그 소유권이전등기절차 이행을 구하고 있고 이에 대하여 참가인은 자기가 그 매수당사자라고 주장하는 경우에는 당사자참가가 인정되지 아니하는 2중매매 등 통상의 경우와는 달리 하나의 계약에 기초한 것으로서 어느 한쪽의 이전등기청구권이 인정되면 다른 한쪽의 이전등기청구권은 인정될 수 없는 것이므로 그 각 청구가 서로 양립할 수 없는 관계에 있음은 물론이고, 이는 하나의 판결로써 모순 없이 일시에 해결할 수 있는 경우에 해당한다고 할 것이므로 이 당사자참가는 적법하다.

146) 대판 1962. 7. 19. 62다93, 1966. 7. 19. 66다896, 1969. 12. 9. 69다1440 등.

별개이고 원고청구가 자기에게 속한다는 것도 아니므로 독립당사자참가는 허용되지 않는다고 본다. 2002년 개정법이 편면적 참가를 허용하고 있어 쌍방에 대하여 독립된 청구를 해야 했던 과거와는 다르게 해석·운용될 필요가 있고, 이중매매의 대부분은 원·피고의 사해행위를 함께 주장하여 사해방지참가의 요건도 갖추기 마련이므로, 이중매매의 경우 독립당사자참가를 일률적으로 불허할 일은 아닐 것이다.

마. 참가인의 권리취득경위나 시기는 문제 되지 않는다. 그 권리가 원시적으로 자기권리라고 하든 원고로부터 승계 취득했다고 하든 상관없고, 권리승계시기의 소송계속 전후를 불문한다.

바. 법문에는 자기의 권리임을 주장하는 제3자로 되어 있으나, 다른 사람의 권리에 대하여 관리처분권을 가진 사람인 파산관재인, 채권질권자, 채권자대위권을 행사하는 채권자 등도 형식상으로는 자기의 이름으로 그 권리를 주장하는 것이므로 독립당사자참가가 가능하다.

③ 사해방지참가이유

사해방지를 이유로 참가할 때에는 소송의 결과에 따라 자기의 권리가 침해된다고 주장해야 하는데, 어느 경우에 권리가 침해된다고 할 것인지에 관해서는 입장이 나뉜다.

가. 판결효력설은 기판력과 반사적 효력을 포함한 넓은 의미의 판결 효력에 의해 자기의 권리가 침해되는 경우에 한하여 참가를 허용한다. 참가할 수 있는 범위가 지나치게 좁게 되어 제도의 취지에 반한다.

나. 이해관계설은 제3자의 권리, 법률상 지위가 본소의 소송물인 권리관계의 존부를 전제로 하고 있어 본소결과에 사실상 영향을 받는 경우에 참가를 허용한다. 참가인의 범위가 너무 넓어 보조참가와 구별이 불분명하다.

다. 사해의사설은 본소당사자가 그 소송을 통하여 참가인을 해할 의사가 있다고 객관적으로 인정되고, 그로 인하여 제3자의 권리, 법률상 지위가 침해될 염려가 있다고 인정되는 경우에 참가를 허용한다. 다수설·판례의 입장이다.[147]

사해방지참가의 경우는 사해소송의 결과인 사해판결의 방지를 위하여 허용되는 것이므로 제3자인 참가인의 청구와 원고의 청구가 논리상 서로 양립할 수 있는 관계에 있다고 하더라도 허용된다.[148]

---

147) 대판 1997. 6. 27. 95다40977.
148) 대판 1996. 3. 8. 95다22795, 22801.

④ 참가취지

가. 쌍면참가

참가인은 원·피고 쌍방에 대하여 각기 자기의 청구를 해야 하고 각 청구는 적법해야
한다.149) 참가신청은 원·피고 양쪽에 대하여 소송을 제기하는 것과 같기 때문이다. 청
구취지는 같을 수도 있고(원·피고 쌍방에게 소유권확인 또는 계약무효확인을 청구하는
경우), 다를 수도 있다(소유권이전등기청구소송에 저당권자가 원고에겐 소유권부존재확인
피고에겐 저당권확인을 청구하는 경우). 과거에는 이 요건을 엄격히 적용하여 참가인이
피고에 대해서만 청구를 하고 원고에게는 청구기각만을 구한 경우, 어느 한 당사자에게
만 청구하는 경우, 어느 한쪽에 대한 청구가 소의 이익이 없는 경우, 어느 한쪽에는 승소
할 수 없는 경우 등에는 독립당사자참가를 허용하지 않았으나,150) 현행법에서는 편면참
가를 허용하므로 모두 가능하게 되었다.

나. 편면참가

편면참가는 권리주장참가만이 아니고 사해방지참가에도 허용된다. 반대입장도 있지만
사해행위를 주도하는 어느 한쪽에 대해서만 그 사해행위를 부인하는 참가를 부정할 이유
가 없다. 쌍면참가와 참가요건에서 다를 것이 없고, 심리방법도 같은 절차에 의한다.

4) 참가절차

① 참가신청

독립당사자신청의 방식은 보조참가를 준용하나(제79, 72조), 실질적으로 소제기에 해
당하므로 소액사건을 제외하고는 서면으로 해야 하고, 소장에 준하는 인지를 첨부한다(민
사소송인지법 제6조). 시효중단·기간준수의 효력이 발생하고, 본소당사자는 반소가 가능
하나, 신청에 대한 이의는 할 수 없다. 이의하더라도 법원에 대한 참가요건의 직권조사를
촉구하는 의미밖에 없다.

② 중첩적 참가

독립당사자참가인이 다수인 경우를 말한다. 참가인 상호 간의 관계에 관하여 판례는
아무런 관계가 없고, 다수의 3면소송이 존재하는 것으로 보나,151) 다수설은 원·피고와
각 독립당사자참가인 사이의 판결이 모순될 염려가 있다는 이유로 다면의 소송관계가 성
립한 것으로 보아야 분쟁을 모순 없이 해결할 수 있다고 본다.

---

149) 대판 1994. 11. 25. 94다12517.

150) 대판 1981. 7. 28. 81다카65, 66, 1968. 4. 2. 64다1670, 1965. 11. 16. 64다241, 1995. 6. 9. 94다
    9160, 9177.

151) 대판 1963. 10. 22. 62다29.

5) 심판

① 참가요건 및 소송요건의 조사

참가신청이 있으면 먼저 직권으로 참가요건을 조사한다. 흠이 있으면 부적법 각하해야 한다는 것이 판례이나,[152] 다수설은 독립의 소 요건이 되면 본소와 병합해 통상공동소송으로 심리하고, 병합할 수 없으면 독립의 소로 분리하여 심리하자고 한다.

참가요건을 갖추었으면 소송요건을 직권으로 조사하여 흠이 있으면 각하한다.

② 본안심리

독립당사자참가소송은 원피고, 참가인 3자 간의 분쟁을 일거에 모순 없이 해결하기 위한 소송이므로 심리와 판결은 통일적으로 하여야 한다. 법은 이를 위해 필수적 공동소송에 관한 제67조를 준용하고 있는데, 필수적 공동소송은 공동소송인 사이의 협동·연합 관계를 달성하기 위한 것이나, 독립당사자참가소송은 3자 사이의 배척·견제관계를 유지하기 위한 것이므로 운용 시 이를 고려하여야 하고, 독립참가소송은 강요되는 것은 아니므로 유사필수적 공동소송의 법리에 따를 것이다.

가. 소송자료의 통일

일인의 행위는 모두의 이익을 위해서만 효력이 있다(제67조 제1항). 불리한 행위는 함께해야 효력이 있다. 한 사람이 상대의 주장을 다투거나 증거제출·항변하는 것은 모두를 위하여 효력이 있으나, 자백, 청구의 포기·인낙, 화해,[153] 상소취하 등은 효력이 없다. 원고의 본소취하와 참가신청의 취하는 가능하다.

원·피고 중 한 사람이라도 다투는 답변서를 제출하면 무변론판결을 받지 않고, 한 사람이 변론기일에 출석하여 변론을 하거나 기간을 준수하면 기일결석·기간불준수의 효과가 발생하지 않는다. 출석하지 않은 사람에 대해 소취하 간주규정의 적용 여부에 대해서는 입장이 갈리나, 일부취하가 허용된다고 하여도 제67조 제1항에 의한 출석간주의 효과까지 배제할 수는 없으므로 취하간주까지 허용된다고 할 수는 없다.

일인에 대한 소송행위는 모두에게 효력이 있다(제67조 제2항). 한 사람이라도 기일에 출석하면 준비서면에 기재하지 않은 사항도 주장할 수 있다.

---

152) 대판 1981. 12. 22. 80다2762.

153) 대판 2005. 5. 26. 2004다25901, 25918, 민사소송법 제79조에 의한 소송은 동일한 권리관계에 관하여 원고, 피고 및 참가인 상호 간의 다툼을 하나의 소송절차로 한꺼번에 모순 없이 해결하려는 소송형태로서 두 당사자 사이의 소송행위는 나머지 1인에게 불이익이 되는 한, 두 당사자 간에도 효력이 발생하지 않는다고 할 것이므로, 원피고 사이에만 재판상 화해를 하는 것은 3자 간의 합일확정 목적에 반하기 때문에 허용되지 않는다. 독립당사자참가인이 화해권고결정에 대하여 이의한 경우, 이의의 효력이 원·피고 사이에도 미친다.

나. 소송진행의 통일

변론 및 증거조사는 공통기일에 행한다. 변론의 분리나 일부판결은 허용되지 않는다. 착오로 일부판결을 하여도 추가판결을 할 수 없고 상소로 시정해야 한다.

일인에 대한 중단·중지 사유가 있으면 전부가 중단·중지된다(제67조 제3항).154)

③ 판결

모순된 판결을 피하기 위하여 일부판결은 허용되지 않는다.155) 한 개의 전부판결을 해야 하며, 착오로 일부판결을 한 경우에는 추가판결이 아닌 상소에 의하여 상급심이 원판결을 취소하고 모든 공동소송인에 대하여 판결한다.

소송비용은 한 사람이 승소한 경우에는 다른 2인이 부담하고(제102조), 2인 중에서는 적극적 당사자가 부담한다.

④ 상소

상소기간은 각자 진행이나, 모두에 대해 경과할 때까지 판결은 확정되지 않는다. 일인이 상소하면 전부가 확정이 차단되고 이심된다.156)

상소하지 않은 자는 상소인이 아니고 상소심 당사자일 뿐이라는 것이 통설·판례이다.157) 상소범위는 상소인만이 정하고 비용부담도 상소인만이 한다.

상소하지 않는 자에게 유리한 판결이 가능한가에 관하여 판례는 항소심의 심판대상은 실제 항소를 제기한 자의 항소 취지에 나타난 불복범위에 한정하되 위 세 당사자 사이의 결론 합일확정의 필요성을 고려하여 그 심판의 범위를 판단하여야 하고, 세 당사자 사이의 결론의 합일확정을 위하여 필요한 경우에는 그 한도 내에서 항소 또는 부대항소를 제기한 바 없는 당사자에게 결과적으로 제1심판결보다 유리한 내용으로 판결이 변경되는 것도 배제할 수는 없다고 한다.158)

---

154) 대판 1983. 10. 25. 83다카850.

155) 대판 1995. 12. 8. 95다44191, 민사소송법 제72조에 의한 소송은 동일한 권리관계에 관하여 원고·피고 및 참가인 상호 간의 다툼을 하나의 소송절차로 한꺼번에 모순 없이 해결하려는 소송형태로서 원고·피고·참가인 간의 소송절차는 필요적 공동소송에 있어서와 같이 기일을 함께 진행하여야 함은 물론 변론을 분리할 수 없는 것이고, 본안판결을 할 때에도 하나의 종국판결을 하여야 하는 것이지 그 당사자 간의 일부에 관해서만 판결을 하거나 추가판결을 하는 것은 모두 허용되지 않는 것이므로, 제1심에서 원고 승소, 피고 및 참가인 패소의 판결이 선고된 데 대하여 피고와 참가인이 항소한 이상, 항소심인 원심으로서도 변론을 일체로 진행하여 원고·피고와 참가인 간의 청구를 모두 항소심의 심판대상으로 하여 1개의 판결을 하여야 한다.

156) 대판 2003. 12. 12. 2003다44615, 참가인이 패소한 경우에는 그가 상소하지 않으면 그 부분만 분리 확정된다는 입장도 있다.

157) 대판 1995. 1. 12. 94다33002, 그 외에 상소인설, 피상소인설, 양지위겸유설 등이 있다.

158) 대판 2007. 10. 26. 2006다86573, 86580.

6) 이당사자소송으로 환원

독립당사자참가소송은 다음의 사유가 있으면 단일소송 또는 공동소송으로 환원된다.

① 본소 취하·각하

참가 후에 본소가 취하·각하되면 참가신청이 독립 소의 요건을 갖추고 있으면 원·피고를 상대로 한 공동소송이 된다.[159] 본소의 취하에는 피고의 동의 외에 참가인의 동의도 있어야 한다.[160]

② 참가신청 취하·각하

참가신청이 취하·각하되면 본소송만 남는다.

참가인은 소취하에 준하여 참가신청을 취하할 수 있다. 본소의 원고나 피고가 본안에 관하여 응소한 경우에는 양쪽의 동의를 얻어야 한다(제266조 제2항). 편면참가의 경우에는 참가의 상대방 동의만 얻으면 된다. 쌍면참가를 했다가 한쪽에 대해서만 취하할 수도 있다. 이때는 취하하는 쪽의 동의만 얻으면 된다.

참가신청각하에 불복하면 적법 여부가 확정될 때까지 본소 판결을 미뤄야 한다는 입장도 있으나, 판례는 부정한다.[161]

③ 원·피고의 탈퇴(제80조)

가. 참가로 인하여 원·피고가 소송을 계속할 필요가 없게 된 때에는 상대방의 승낙을 얻어 그 소송에서 탈퇴할 수 있다(제80조). 본소당사자로 더 이상 머무를 실익이 없게 된 경우에 탈퇴를 인정하여 소송관계를 간명하게 하기 위함이다.

나. 법문이 자기의 권리를 주장하기 위하여 참가한 사람이 있는 경우라고 규정함에 따라서 사해방지참가의 경우에는 적용되지 않는다는 입장과 사해방지의 경우에도 피고가 소극적이어서 탈퇴하고자 하는 수가 있고, 소송인수 시 탈퇴를 인정하므로 참가의 경우에도 제외할 필요가 없다는 입장이 있다.

다. 법문은 탈퇴 시 상대방의 승낙이 있어야 하는 것으로 정하고 있으나, 판결의 효력은 탈퇴자에게도 미치므로(제80조 단서) 상대방에게 불이익을 주지 않아 승낙이 필요 없다는 입장도 있으나, 판례는 부정한다.[162] 참가인의 동의를 받아야 하는가에 관해서도 입

---

159) 대판 1991. 1. 25. 90다4723, 참가신청은 본소의 계속을 전제로 한다는 이유로 모든 소송이 종료한다는 입장도 있으나, 이는 신청인의 의사에 반하고 소송경제에도 맞지 않으며 소송 중의 소와 균형을 잃은 해석이다.

160) 대판 1972. 11. 30. 72마787.

161) 대판 1976. 12. 18. 76다797.

162) 대판 2004. 7. 9. 2002다16729.

장이 갈리나 명문에 없는 요건을 강요할 근거가 없다.[163]

라. 탈퇴 및 이에 대한 승낙은 서면으로 해야 하나 기일에는 구두로 할 수도 있다. 제266조 제6항의 동의간주는 인정되지 않는다.

마. 판결의 효력이 탈퇴한 당사자에게 미치는 근거에 관해서는 참가인과 상대방 사이의 소송결과에 따르겠다는 조건부 포기·인낙설, 탈퇴자가 잔존당사자에게 소송신탁을 한 것이라는 소송담당설 등이 있다. 조건부 포기·인낙설은 판결결과가 탈퇴자에게 유리하게 될 경우를 설명하지 못하는 약점이 있다.

바. 탈퇴한 당사자에게 미치는 판결의 효력 내용에 관해서는 기판력설, 참가적 효력설, 집행력 포함설 등으로 입장이 나뉘는데, 기판력만 인정하면 탈퇴자에게 집행력이 미치지 않아 판결의 효력을 미치게 하는 실익이 없고, 탈퇴자와 잔존자 사이에 협력관계가 없으니 참가적 효력이라고 할 수도 없으므로 탈퇴를 인정한 실익을 보장하기 위해서는 집행력을 포함하는 것으로 보아야 한다.

4. 소송고지

1) 개념, 성질

소송고지란 소송계속 중 당사자가 소송에 참가할 수 있는 제3자에게 소송계속 사실을 법정방식에 따라 통지하는 것을 말한다(제84조). 피고지자에게 소송참가의 기회를 줌과 동시에 판결의 효력을 미치게 하려는 제도이다.

소송참가를 할 수 있는 제3자는 보조참가, 공동소송참가, 독립당사자참가를 할 수 있는 자 모두를 포함하나, 피고지인에게 참가적 효력을 미치게 하는 것이 주목적이므로 보조참가를 할 수 있는 자에게 주로 행해진다. 제소당한 보증인이 주채무자에게 고지해 두면, 패소 후 주채무자에게 구상권을 행사할 때 주채무부존재항변을 막을 수 있다.

소송고지는 소송계속의 사실을 통지하는 보고행위일 뿐이고, 제3자에게 소송참가를 최고하거나 요구하는 의사통지가 아니다.

---

163) 필요설은 참가인이 승소해도 상대방에게 집행할 수 없는 경우와 소송비용부담을 시킬 수 없는 경우에 대비하여 탈퇴를 거부할 수 있게 하여야 한다고 하고, 불요설은 탈퇴자에게 미치는 판결의 효력에 집행력이 포함되는 것으로 보면 문제가 없고, 소송비용부담 문제로 탈퇴자에게 무리한 소송 수행을 강요할 일은 아니라고 한다.

2) 소송고지의 요건

① 소송계속 중일 것

판결·독촉재심 등의 소송절차가 국내법원에 계속 중이어야 한다. 상소심에 계속 중이라도 상관없다. 가압류, 가처분, 강제집행, 제소전화해절차는 해당되지 않는다. 대립하는 당사자의 구조를 가지지 못하는 결정절차에 있어서는 제3자는 보조참가 신청을 할 수 없으므로164) 소송고지도 할 수 없다. 중재절차에서의 허용 여부에 대해서는 입장이 나뉜다.

② 고지자

고지할 수 있는 사람은 계속 중인 소송의 원·피고, 보조참가인 및 이들로부터 고지받은 자이다. 고지 여부는 자유이나, 의무인 경우가 있다. 대표소송을 제기한 주주의 회사에 대한 고지의무(상법 제404조), 추심소송을 제기한 채권자의 채무자에 대한 고지의무(민사집행법 제238조), 채권자대위소송을 제기한 채권자의 채무자에 대한 통지의무(민법 제405조)가 그것이다. 소송고지가 의무로 되어 있는 경우는 피고지자의 이익을 위한 것이므로, 피고지자의 소송에 참가하여 자기의 이익을 주장할 수 있는 절차권 보장을 위하여 고지되지 않은 판결의 효력은 그에게 미치지 않는다고 볼 것이다.165)

③ 피고지자

고지를 받을 수 있는 사람은 소송참가를 할 수 있는 자로 보조참가, 공동소송참가, 독립당사자참가를 할 수 있는 자 모두를 포함하나, 피고지인에게 참가적 효력을 미치게 하는 것이 주목적이므로 보조참가를 할 수 있는 자에게 주로 행해진다.

3) 소송고지의 방식

① 소송고지서의 제출

소송고지를 위해서는 그 이유와 소송의 진행 정도를 적은 서면을 법원에 제출하여야 한다. 고지이유에는 소송의 내용을 청구취지와 청구원인의 기재로 명백히 하고 피고지자가 참가할 수 있는 지위에 있음을 밝히고, 소송의 진행 정도는 소제기 및 그간의 소송진행경과를 기재한다. 소송고지서에는 인지를 붙일 필요는 없으나, 그 송달료를 미리 내야 한다.

---

164) 대판 1973. 11. 15. 73마849.

165) 대판 전합 1975. 5. 13. 74다1664, 채권자가 채권자대위권을 행사하는 방법으로 제3채무자를 상대로 소송을 제기하고 판결을 받은 경우에는 채권자가 채무자에 대하여 민법 제405조 제1항에 의한 보존행위 이외의 권리행사 통지, 또는 민사소송법 제77조에 의한 소송고지 혹은 비송사건절차법 제84조 제1항에 의한 법원에 의한 재판상 대위허가를 고지하는 방법 등을 위시하여 어떠한 사유로 인하였던 적어도 채권자대위권에 의한 소송이 제기된 사실을 채무자가 알았을 경우에는 그 판결의 효력은 채무자에게 미친다고 보는 것이 상당하다 할 것이다.

② 소송고지서의 상대방에 대한 송달

소송고지를 할 때는 법원 명의의 고지서를 따로 작성하는 것이 아니고 고지자가 제출한 소송고지서를 그대로 피고지자와 상대방에게 송달한다. 소송고지의 효력은 소송고지서가 피고지자에게 적법하게 송달된 때에 발생한다. 상대방에 대한 송달은 고지의 효력 발생과는 무관하다.

4) 소송고지의 효과

① 소송법상 효과

가. 소송고지는 피고지자에게 참가할 기회를 준다. 참가 여부는 피고지자의 자유이다. 고지신청이 있더라도 본소송의 진행에는 영향이 없다.[166] 피고지자가 참가하지 않는 이상 그는 당사자가 아니므로 그에게 기일통지를 하거나 판결문에 피고지자의 성명을 표시할 필요는 없다.[167]

나. 참가적 효력

고지자가 패소한 경우에는 피고지자가 보조참가의 이해를 기지는 한 소송고지를 받고 참가하지 아니한 경우라도 참가할 수 있었을 때에 참가한 것으로 보아 참가적 효력이 미친다(제86조).

참가적 효력이 미치는 객관적 범위는 전 소 확정판결의 결론 기초가 된 사실상, 법률상의 판단에 반하는 것으로서 피고지자가 보조참가를 하여 상대방에 대하여 고지자와의 공동이익으로 주장하거나 다툴 수 있었던 사항에 한한다.[168] 이해가 대립되는 사항이거나, 다툴 수 없었던 사항, 판결이유에서 판단하지 않은 사항에 대해서는 참가적 효력이 생기지 않는다.[169]

다. 기판력이 확장되는 경우

소송고지는 참가적 효력을 미치게 하려는 제도이지만 소송고지로 기판력이 확장되는 경우가 있다.

a. 가사소송의 가류 및 나류 가사소송사건에서 피고가 다른 소제기권자에게 소송고지를 하여 두면 다른 제소권자의 재소를 막을 수 있다(가사소송법 제21조 제2항).

b. 채권자대위소송에서 채무자가 채권자의 소송고지 등 사유로 대위소송계속 사실을

---

166) 대판 1970. 6. 30. 70다881.
167) 대판 1962. 4. 18. 4294민상1195.
168) 대판 1986. 2. 25. 85다카2091.
169) 대판 1991. 6. 25. 88다카6358.

알게 된 경우에는 그 기판력이 채무자에게 확장된다.[170]

② 실체법상 효과

소송고지는 재판상 최고(민법 제174조)의 효과가 있다.[171] 고지자로서는 소송고지를 통하여 당해 소송의 결과에 따라 피고지자에게 권리를 행사하겠다는 취지의 의사를 표명한 것으로 볼 것이므로, 당해 소송이 계속 중인 동안은 최고에 의하여 권리를 행사하고 있는 상태가 지속되는 것으로 보아 민법 제174조에 규정된 6개월의 기간은 당해 소송이 종료된 때로부터 기산되는 것으로 해석하여야 한다.[172]

어음청구소송을 당한 배서인이 그 전자에 대하여 소송고지를 하면 재소구권시효중단의 효력이 있다(어음법 제80조).

V. 당사자 변경

1. 개념

당사자변경이란 소송계속 중 종전의 당사자를 승계하여 새로운 당사자가 소송에 가입하거나(소송승계), 종전의 당사자 외에 새로운 당사자가 가입하는 것(임의적 당사자 변경)을 말한다. 때를 달리하여 여러 사람이 당사자가 되는 점에서 공동소송이나 제3자 소송참가와 다르다.

2. 소송승계

1) 개념, 구별, 효과, 종류

가. 소송의 승계라 함은 소송계속 중에 소송물인 권리·법률관계에 변동이 생긴 결과 분쟁주체의 지위가 종전의 당사자에서 제3자에게 이전되어 제3자가 당사자의 지위를 이어받는 것을 말한다. 이와 같이 분쟁주체가 바뀐 경우에 따로 소송을 진행하게 하여 기왕의 소송결과를 이용하지 못한다면 소송경제에 반하고, 상대방이나 제3자 모두에게 불이익하므로 종전의 소송행위 효과를 유지하면서 새로운 당사자와의 사이에 분쟁의 해결을 모색하는 제도이다.

---

170) 대판 1975. 5. 13. 75다1664.
171) 대판 1970. 9. 17. 70다593.
172) 대판 2009. 7. 9. 2009다14340.

나. 구별

소송계속 중에 법률상의 지위가 이전된 경우에 하는 것이므로 법률상의 지위가 혼동된 경우에 하는 임의적 당사자변경과 다르고, 변론종결 후에 법률상의 지위가 이전된 경우인 변론종결 후의 승계인과 다르다. 소송승계는 소송상의 지위를 승계하나 변론종결 후의 승계인은 기판력을 승계한다.

다. 효과

신당사자는 종전 당사자의 소송상 지위를 유불리를 불문하고 승계하므로 종전의 변론, 증거조사, 중간판결 등은 신당사자와의 소송에서도 효력이 있고, 종전의 소제기에 의한 시효중단, 기간준수의 효력도 그대로 신당사자에게 미치고, 종전 당사자가 할 수 없던 것은 신당사자도 못 한다.

라. 종류

사망이나 합병 등의 포괄승계로 법률상 지위가 제3자에게 이전되어 당사자의 지위가 당연히 그 제3자에게 승계되는 당연승계와 소송목적인 권리 또는 의무의 전부 또는 일부가 제3자에게 이전되어 당사자 등의 신청으로 그 제3자가 당사자의 지위를 승계하는 특정승계가 있다.

1) 당연승계

① 개념

당연승계란 사망이나 합병 등의 포괄승계로 법률상 지위가 제3자에게 이전되어 당사자의 지위가 그 제3자에게 당연히 승계되는 것을 말한다.

② 인정 여부

법은 당연승계의 원인인 포괄승계가 있는 경우의 소송절차 중단과 수계를 규정하고 있으나(제233 내지 240조), 이는 현실의 소송수행자가 교체되는 경우의 소송절차진행에 관한 것으로 당연승계 자체를 인정하는 규정은 아니다. 이에 당연승계의 인정 여부가 문제된다.

긍정설은 소송계속 중 당사자 사망이라는 포괄승계원인의 발생으로 당연히 사망자의 지위가 상속인에게 승계되어 상속인이 신당사자가 되며 수계절차는 확인적 의미만이 있다고 한다. 부정설은 당연승계의 개념은 형식적 당사자 개념과 부합하지 않고, 상속인이 상속을 포기할 수도 있으므로 당사자가 사망한 순간 상속인으로서 당연히 당사자가 변경된다는 것은 실체법과도 맞지 않는다며, 상속인이 수계절차를 밟아서 당사자로 표시되어야만 당사자가 변경된다고 본다.

판례는 소송 도중 어느 일방의 당사자가 사망함으로 인해서 그 당사자로서의 자격을 상실하게 된 때에는 그 대립당사자 구조가 없어져 버린 것이 아니고, 그때부터 그 소송은 그의 지위를 당연히 이어받게 되는 상속인들과의 관계에서 대립당사자 구조를 형성하여 존재하게 되는 것이고, 다만 상속인들이 그 소송을 이어받는 외형상의 절차인 소송수계절차를 밟을 때까지는 실제상 그 소송을 진행할 수 없는 장애사유가 발생하였기 때문에 적법한 수계인이 수계절차를 밟아 소송에 관여할 수 있게 될 때까지 소송절차는 중단되도록 법이 규정하고 있을 뿐이라고 하여 긍정하고 있다.[173)]

③ 당연승계의 원인

가. 당사자 사망(제233조)

이 경우에는 상속인, 수증자, 유언집행자, 상속재산관리인[174)]이 승계하나, 일신전속적 권리관계에 관한 소송이나 상속인이 없는 경우(상속포기 포함)에는 당연승계가 되지 않고 소송이 종료된다.

나. 법인 기타 단체의 합병(제234조)

신설합병의 경우에는 신설된 법인 또는 단체가 흡수합병의 경우에는 존속하는 법인 또는 단체가 승계인이 된다.

다. 수탁자의 임무종료(제236조)

이 경우에는 새로운 수탁자 또는 신탁재산의 귀속자가 승계인이 된다.

라. 일정한 자격에 의하여 당사자가 된 사람(파산관재인 등)의 자격상실(제237조 제1항)

이 경우에는 새로 자격을 취득한 자 또는 적격을 회복한 자가 승계인이 된다.

마. 선정당사자 전원 자격상실(제237조 제2항)

이 경우에는 선정자 또는 새로 선정된 사람이 승계인이 된다.

사. 파산의 선고 또는 해지(제239, 240조)

당사자가 파산선고를 받은 때에는 채무자 회생 및 파산에 관한 법률에 따른 수계가 이루어지기 전에 파산절차가 해지되면 파산선고를 받은 자가 당연히 소송절차를 수계한다. 채무자 회생 및 파산에 관한 법률에 따라 파산재단에 관한 소송의 수계가 이루어진 뒤

---

173) 대판 1995. 5. 23. 94다28444.

174) 대판 2002. 10. 25. 2000다21802, 소송계속 중 당사자가 사망하고 그 상속인의 존부가 분명하지 않은 경우, 민법 제1053조 제1항은 "상속인의 존부가 분명하지 아니한 때에는 법원은 제777조의 규정에 의한 피상속인의 친족 기타 이해관계인 또는 검사의 청구에 의하여 상속재산관리인을 선임하고 지체 없이 이를 공고하여야 한다"고 규정하고 있고, 이러한 상속재산관리인은 민사소송법에 따라 소송을 수계할 수 있는 것이므로, 법원으로서는 소송절차를 중단한 채 상속재산관리인의 선임을 기다려 그로 하여금 소송을 수계하도록 하여야 한다.

파산절차가 해지된 때에는 파산선고를 받은 자가 소송절차를 수계하여야 한다.

④ 소송상 취급

가. 소송절차 중단과 수계

당연승계원인이 있는 경우에는 소송절차는 중단되고, 상속인·상속재산관리인, 그 밖에 법률에 의하여 소송을 계속하여 수행할 사람이 소송절차를 수계하여야 한다. 소송수계신청은 상대방도 할 수 있다. 공동상속인의 경우 공동으로 수계신청을 하여야 하는 것은 아니다.

수계신청을 받아들여 소송을 진행하였으나 나중에 승계인이 아님이 밝혀진 경우의 처리에 관하여 당사자적격의 흠을 이유로 소각하판결을 해야 한다는 입장과 수계신청이 부적법하므로 수계신청을 각하하여야 한다는 입장, 제243조에 따라 수계신청을 결정으로 기각하여야 한다는 입장이 있다. 판례는 수계재판을 취소하고 신청을 각하하여야 한다고 한다.175)

나. 소송절차가 중단되지 않는 경우

소송대리인이 있으면 소송절차는 중단되지 않는다(제238조). 수계절차가 없어도 실질적으로 승계인을 대리하는 것이므로 중단되지 않는 것이다. 사망을 간과하고 구 당사자의 이름으로 판결이 난 경우에 집행을 하려면 승계집행문을 받아야 한다는 입장과 판결경정으로 표시정정을 하여 집행할 수 있다는 입장이 있다.

2) 특정승계

① 개념, 종류, 인정 여부와 문제점

가. 개념

특정승계란 소송계속 중에 소송목적인 권리 또는 의무의 전부 또는 일부가 제3자에게 이전되어 당사자 등의 신청으로 그 제3자가 당사자의 지위를 승계하는 것을 말한다.

나. 종류

권리·의무의 승계인이 스스로 소송에 참가하는 참가승계(제81조)와 상대방이 승계한 사람으로 하여금 참가하게 하는 인수승계(제82조)가 있다.

다. 인정 여부와 문제점

소송계속 중에 계쟁물이 양도되면 양도인의 상대방 입장에서는 양도인에 대한 판결을 찾아봐야 쓸모없는 것이 되어 양수인을 상대로 다시 제소해야 하는 사태가 발생한다. 이러한 문제점 때문에 연혁적으로 보면, 로마법에서는 양도금지주의를 취해 이에 반하는

---

175) 대판 1981. 3. 10. 80다1895.

양도는 무효가 되고 위반자를 처벌하기도 했으나, 근대에 이르러서는 이 같은 제약이 거래의 요청에 반한다는 이유로 양도허용주의를 채택하면서 종전의 소송에 영향을 미치지 않도록 하기 위하여 종전의 당사자가 양수인을 위하여 소송수행권을 계속 가지게 하고 그가 받은 판결의 효력이 양수인에게 미치게 하는 입법례(당사자항정주의, 독일)와 종전의 소송에 영향을 미쳐 양수인이 새로운 당사자로서 소송에 가입하여 양도인의 소송상 지위를 승계하게 하는 입법례(소송승계주의)로 나뉘게 된다. 우리는 당사자항정주의가 이해관계가 없게 된 양도인에게 소송수행을 계속 맡김으로써 양수인의 보호에 미흡한 점을 고려하여 소송승계주의를 채택하고 있으나, 이 제도는 여전히 상대방이 양도사실을 모르고 양도인이나 양수인이 이를 밝히지 않을 경우에는 쓸모없는 판결을 받게 되는 위험을 내포하고 있는 문제점을 안고 있다. 이런 약점을 보완하기 위하여 현행법은 가처분제도를 이용하여 피고를 항정시킬 수 있게 하고(민사집행법 제300조), 당사자가 변론을 종결할 때까지 승계를 진술하지 않으면 변론종결 후에 승계한 것으로 간주하는 규정을 두고 있다(제218조 제2항).

② 승계요건

가. 타인 간이 소송계속 중일 것

여기의 소송은 판결절차 또는 이에 준하는 절차를 말한다. 민사집행, 증거보전, 제소전화해, 공시최고절차는 실체법상 권리의 확정절차가 아니므로 포함되지 않는다. 독촉절차의 경우 이의신청이 있으면 판결절차로 이행되므로 참가신청은 적법하게 되나 이의신청이 없으면 소송계속이 없기 때문에 참가신청은 부적법한 것이 된다. 보전처분에 대한 이의신청은 판결절차에 의하므로 참가신청이 가능하다.

소송은 사실심 변론종결 전이어야 하고 상고심에서는 할 수 없다.[176] 소송계속 전의 승계인은 여기의 승계인이 아니고,[177] 변론종결 후의 승계인은 판결의 효력이 미치므로 소송승계를 인정할 필요가 없다.

나. 소송목적인 권리 또는 의무의 전부 또는 일부를 승계할 것

소송목적인 권리 또는 의무는 소송물인 권리·의무 자체만이 아니고, 그 권리·의무의 목적물인 물건, 즉 계쟁물을 포함하는 개념이다. 소송물을 승계한 예는 소유권확인소송 중에 소유권을 양수한 경우나 채무이행청구소송 중에 채권 또는 채무를 양수한 경우 등

---

176) 대판 1995. 12. 12. 94후487, 2002. 2. 10. 2002다48399, 다만 참가신청은 원판결이 파기되어 환송될 가능성도 있고, 피승계인의 상고를 지지하거나 상대방의 상고의 기각을 구할 필요가 있다는 이유로 상고심에서도 할 수 있다는 입장이 있다.
177) 대판 1965. 7. 6. 66다671.

이다. 소송물인 권리·의무의 목적물인 물건을 승계한 예는 건물인도청구소송 중 계쟁물인 건물의 소유권을 이전받거나 임차한 경우, 원인무효를 이유로 한 소유권이전등기말소청구소송 중 피고로부터 소유권이전등기를 받거나 저당권설정등기를 한 경우 등이다.

판례는 원고의 청구가 물권적인가 채권적인가에 따라 승계인 적격 여부를 결정한다. 물권적 청구권에 기한 이행소송 중에 계쟁물을 양수한 경우, 즉 소유권에 기한 이전등기말소청구소송 중에 피고로부터 소유권이전등기를 받거나 저당권설정등기를 한 경우 등은 여기의 승계인이지만,[178] 매매계약에 기한 목적물인도청구나 소유권이전등기청구 중에 피고로부터 목적물의 점유를 승계받거나 이전등기를 받은 자나, 임차인이 임대인에게 목적물인도청구소송 중에 임대인으로부터 목적물을 매수하거나 임차한 자 또는 시효취득을 원인으로 소유권이전등기청구소송 중 피고로부터 소유권이전등기를 받은 자 등의 경우에는 원고청구의 바탕이 채권적 청구권이어서 그들에게 대항할 권원이 없어 그들은 여기의 승계인이 아니라고 본다.[179] 이에 대해서는 분쟁의 일회적인 해결을 위해 채권·물권을 가릴 것 없이 일단 승계인으로 보고 소송 중에서 대항할 방법에 대한 주장·증명의 기회를 주면 충분하다는 입장도 있다.[180]

특정승계의 원인은 불문한다. 임의 처분이든, 법률규정(대위)에 의한 것이든, 집행처분(전부명령)에 의한 것이든 상관없다.

③ 신청절차와 심판

가. 참가신청

참가승계의 경우 승계인의 참가신청은 독립당사자참가의 방식에 따른다(제81, 79조). 피승계인과 다툼이 없으면 피승계인에 대한 청구는 필요 없고 상대방에 대한 청구만 하는 편면참가를,[181] 피승계인과 다툼이 있으면 피승계인에 대해서도 일정한 청구를 하는

---

178) 판례는 기판력에 관하여 소유권을 바탕으로 한 이전등기말소판결이 확정된 경우의 변론종결 후에 피고로부터 이전등기를 받은 경우는 변론종결 후의 승계인이지만(대판 2005. 5. 15. 2002다64148), 소유권이전등기를 명한 판결이 확정된 경우의 변론종결 후에 목적물을 매수하여 등기한 자는 변론종결 후의 승계인에 해당하지 않는다(대판 1993. 2. 12. 92다25151)고 하여, 원고의 청구가 물권적인가 채권적인가에 따라 변론종결 후 승계인 여부를 결정하고 있는데, 여기의 변론종결 전 승계인에 해당하는가 여부도 마찬가지이다.

179) 대결 1970. 2. 11. 69마1286, 1983. 3. 22. 80마283.

180) 판례는 건물철거소송 중 제3자에게 건물의 소유권을 이전받은 사람은 소송의 목적인 채무를 인수한 것이 아니므로 그 명의의 소유권이전등기말소를 위하여 그를 참가시킬 수는 없다고 하여 원고의 청구가 물권인 경우라도 계쟁물의 양수인이 항상 여기의 승계인이 될 수 있는 것은 아님을 밝히고 있다(대판 1971. 7. 6. 71다726).

181) 편면참가의 경우에는 피송계인의 대리인이 승계인을 대리하여도 쌍방대리금지원칙에 반하지 않는다(대판 1969. 12. 9. 69다1578).

쌍면참가를 한다.

나. 인수신청

인수승계의 경우 인수신청은 피승계인 또는 상대방이 한다. 신청은 서면 또는 말로 할 수 있다. 신청 시 승계인에게 따로 청구해야 하는가와 관련하여, 건물철거토지인도청구소송 중 건물이 제3자에게 소유권이 이전된 경우와 같이 교환적 인수가 있는 경우에는 당사자가 달라질 뿐 그에 대한 청구는 구청구와 같으므로 새로운 청구를 할 필요가 없지만, 제3자에게 임대된 경우와 같이 피승계인의 채무를 인수하는 것이 아니고 새로운 채무를 지는 추가적 인수의 경우에는 제3자에 대한 퇴거청구를 추가해야 할 것이다.

다. 재판

참가신청은 소제기와 같으므로 법원은 직권으로 참가요건을 조사하여 흠이 있으면 판결로 각하한다. 피승계인이나 상대방은 참가에 이의를 할 수 있고, 이의가 있으면 변론 후 판결로 허부를 재판한다.

인수신청에 대해서는 법원은 당사자와 제3자를 신문하여야 하고 결정으로 허용 여부를 재판한다(제82조 제2항). 각하결정에는 항고할 수 있으나, 허용결정은 중간재판이므로 독립하여 불복할 수 없다.

본안심리 중에 승계가 없다는 것이 밝혀진 경우의 처리에 관하여 참가에서의 승계는 당사자적격의 승계이므로 승계인이 아니면 당사자적격이 없는 것이 되어 소각하판결을 해야 한다는 입장, 승계신청요건의 흠결을 이유로 한 신청각하를 해야 한다는 입장, 본안에 관한 심리가 진행되었으므로 청구기각판결을 해야 한다는 입장 등이 있다. 판례는 소송계속 중에 소송목적인 의무의 승계가 있다는 이유로 하는 소송인수신청이 있는 경우 신청의 이유로서 주장하는 사실관계 자체에서 그 승계적격의 흠결이 명백하지 않는 한 결정으로 그 신청을 인용하여야 하는 것이고, 그 승계인에 해당하는가의 여부는 피인수신청인에 대한 청구의 당부와 관련하여 판단할 사항으로 심리한 결과 승계사실이 인정되지 않으면 청구기각의 본안판결을 하면 되는 것이지 인수참가신청 자체가 부적법하게 되는 것은 아니라고 한다.[182]

④ 효과

가. 시효중단, 기간준수의 효과

참가나 인수의 시기에 상관없이 소송이 법원에 처음 계속된 때에 소급하여 시효의 중단 또는 법률상 기간준수의 효력이 생긴다(제81조 후단, 제82조 제3항).

---

182) 대판 2005. 10. 27. 2003다66691.

나. 종전 당사자의 지위승계

참가할 때까지 피승계인이 한 소송수행의 결과를 그대로 소급하여 승계한다.

다. 종전 당사자의 소송탈퇴

승계를 다투지 않는 피승계인은 상대방의 승낙을 얻어 탈퇴할 수 있다. 탈퇴자에게는 승계인과 상대방 사이의 판결 효력이 미친다(제82조 제3항). 판결의 효력은 기판력과 집행력을 포함한다.

참가승계의 경우에 피승계인이 탈퇴하지 않으면 독립당사자 소송형태가 된다(제79조 준용). 인수승계의 경우에 피승계인이 탈퇴하지 않으면 추가적 병합 또는 공동소송이 된다(제79조 준용하지 않음).

3. 임의적 당사자변경

1) 개념, 구별, 인정 여부

가. 개념

임의적 당사자변경이란 소송계속 중 당사자가 임의로 당사자를 추가 또는 변경하는 것을 말한다. 회사를 피고로 해야 하는데 대표자 개인을 피고로 한 것과 같이 당사자를 잘못 정한 경우나 필수적 공동소송인의 일부를 빠뜨린 것같이 당사자의 일부를 빠뜨린 경우 등에 임의적 당사자변경의 문제가 발생한다.

나. 구별

당사자표시의 정정은 당사자의 동일성을 해하지 않으면서 당사자의 표시만을 바꾸는 것인 점에서 임의적 당사자변경과 구별된다. 당사자표시의 정정을 폭넓게 인정하면 임의적 당사자변경의 필요성이 줄어들게 될 것이지만 판례는 당사자의 동일성을 기준으로 엄격히 구별하여 동일성이 인정되는 범위 내에서만 표시정정을 인정한다.[183]

청구변경은 청구를 바꾸는 것이므로 당사자를 바꾸는 당사자변경과 다르다.

2) 인정 여부

임의적 당사자변경은 소송경제와 분쟁해결이 일회성이라는 실제적 필요성 때문에 인정되어야 할 것으로 학설상 주장되어 왔으나, 판례는 법에 근거가 없음을 이유로 일관하여 부정해 왔다. 이를 1990년 개정민사소송법에서 피고경정(제260조)과 필수적 공동소송인 추가(제68조)를 허용하고, 2002년 개정법에서 선택적·예비적 공동소송인의 추가도 허용

---

183) 대판 1996. 10. 11. 96다3852.

했다. 행정소송법(제14조)과 가사소송법(제15조)은 이미 인정하고 있었다.

판례는 위 법개정 이후에도 법에 정한 것 이외의 임의적 당사자변경은 인정하지 않고 있다. 원고를 변경하는 것184)과 항소심에서 당사자를 변경하는 것185)을 허용하지 않고, 당사자능력이 없는 자를 있는 자로 바꾸는 것은 당사자표시의 정정으로 해결한다.186)

3) 성질

가. 소변경설

임의적 당사자변경을 소변경의 일종으로 보고, 요건과 효과를 소변경 규정에 따라 정하는 입장이다. 신당사자와의 관계에서도 종전의 소송결과를 원용할 수 있는 것이 장점이나, 항소심에서도 제3자의 동의 없이 피고로 만들 수 있어 제3자의 방어권과 심급이익을 침해하는 부당함이 있다.

나. 신소제기 구소취하설

임의적 당사자변경을 신당사자에 대해서는 신소제기로, 탈퇴하는 구 당사자에 대해서는 구소취하로 보는 입장이다. 그 요건·효과는 소제기·소취하 규정에 의하여 따로 판단되며 종래 소송수행 결과는 신소에서 이용할 수 없다. 하나의 행위를 두 개로 보고, 종래 소송수행 결과 이용 못 하는 것이 약점이지만 우리 통설이다.

다. 현행법은 피고경정(제260조)의 경우 종전피고가 소송에 응한 때에는 그의 동의가 필요하고 피고경정을 허가한 때에는 구소는 취하한 것으로 보고, 필수적 공동소송인의 추가(제68조)는 신소의 제기로 되고, 제1심의 변론종결 시까지만 피고경정과 필수적 공동소송인 추가를 할 수 있도록 하여 신소제기 구소취하설에 입각하고 있다.

4) 피고경정

① 개념

피고경정이란 원고가 종전에 지정한 피고를 다른 사람으로 바꾸는 것을 말한다. 원고는 피고를 잘못 지정한 것이 분명한 경우에는 제1심의 변론이 종결될 때까지 법원의 허가를 받아 피고를 경정할 수 있다(제260조).

---

184) 1994. 5. 24. 92마50232(원고 개인을 부락으로 변경 불허), 1996. 3. 22. 94다61243(원고 개인을 종회로 변경 불허) 등.

185) 대판 1991. 8. 27. 91다19654(항소심에서 피고 삼척교육장을 삼척시로 변경 불허), 2003. 3. 11. 2002두8459(항소심에서 원고 개인을 시민단체로 변경 불허) 등.

186) 대판 1999. 11. 26. 98다19950(원고를 전국운수노동조합 전북지부 정읍미화분회에서 전라북도항운노동조합으로 정정), 1996. 10. 11. 96다3852(항소심에서 피고 순천향교수습위원회를 순천향교로 표시 정정) 등.

② 요건

가. 원고가 피고를 잘못 정한 것이 명백할 것

판례는 민사소송법 제234조의 2 제1항 소정의 피고를 잘못 지정한 것이 명백한 때라고 함은 청구취지나 청구원인의 기재 내용 자체로 보아 원고가 법률적 평가를 그르치는 등의 이유로 피고의 지정이 잘못된 것이 명백하거나 법인격의 유무에 관하여 착오를 일으킨 것이 명백한 경우 등을 말하고, 피고로 되어야 할 자가 누구인지를 증거조사를 거쳐 사실을 인정하고 그 인정 사실에 터 잡아 법률판단을 해야 인정할 수 있는 경우는 이에 해당하지 않는 것으로 보아,[187) 엄격하게 해석한다.

이에 대하여 소송경제의 이유로 임의적 당사자변경의 필요성을 강조하는 다수설은 피고의 답변이나 증거에 의해 알게 된 경우, 기타 의무자를 혼동한 경우에도 인정하는 등 피고경정을 넓게 인정하자고 한다.

나. 1심 변론종결 전까지 변경신청을 할 것

법문은 신소제기의 면이 있으므로 1심 변론 종결 전까지 변경신청을 할 것을 요구하고 있으나, 항소심에서도 인정하자는 것이 다수의 입장이다. 가사소송법은 항소심에서도 가능하도록 정하고 있다.

다. 피고동의

피고경정은 구소취하의 면이 있으므로 피고가 응소한 후에는 피고의 동의가 필요하다(제260조 제1항 단서).

라. 소송물의 동일성

피고경정은 종래의 소송수행 결과를 이용하기 위한 것이므로 교체 전후를 통하여 소송물이 동일하여야 한다.

③ 절차

가. 신청

피고의 경정은 원고가 서면으로 신청하여야 한다. 위 서면은 상대방에게 송달하여야 한다. 다만 피고에게 소장의 부본을 송달하지 아니한 경우에는 그러하지 아니하다(제260조 제2, 3항). 신피고와 구 피고에 대한 소송목적이 경제적으로 동일하므로 구 피고에 대한 소장의 인지를 유용할 수 있다.

나. 동의간주

피고가 위 서면을 송달받은 날부터 2주 이내에 이의를 제기하지 아니하면 경정에 동

---

187) 대판 1997. 10. 17. 97마1632.

의를 한 것으로 본다(제260조 제4항).

다. 허부재판

법원은 결정으로 허부의 재판을 한다(제260조 제1항). 신청에 대한 결정은 피고에게 송달하여야 한다. 다만 피고에게 소장의 부본을 송달하지 아니한 때에는 그러하지 아니하다. 신청을 허가하는 결정을 한 때에는 그 결정의 정본과 소장의 부본을 새로운 피고에게 송달하여야 한다(제261조 제1, 2항).

신청을 허가하는 결정에 대해서는 동의가 없었다는 사유로만 즉시항고를 할 수 있다(제261조 제3항).

④ **효과**

가. 구소취하

신청을 허가하는 결정을 한 때에는 종전의 피고에 대한 소는 취하된 것으로 본다(제261조 제4항).

나. 종전 당사자의 지위불승계

신피고는 종전 피고의 지위를 승계하지 않는 것이 원칙이므로 법원은 신피고에 대하여 변론을 열어야 한다. 다만 종전의 소송결과를 무익한 것으로 하는 것은 당사자의 의도에 반하고 소송경제에도 부합하지 않으므로 신피고의 이익을 해하지 않는 범위 내에서 종전의 결과를 이용할 수 있도록 하는 것이 바람직하다. 신피고는 종전의 소송수행결과를 추인·원용하여 자기의 소송자료로 할 수 있고, 당사자는 이에 이의할 수 없다고 보아야 한다. 신당사자가 경정에 동의한 경우 및 신피고가 실질적으로 구 소송절차에 관여하여 왔고 구 당사자의 소송수행이 신당사자의 그것과 동일하다고 평가되는 때에는 승계된다고 보아도 될 것이다.

다. 시효중단, 기간준수의 효과는 경정서 제출 시에 발생한다. 가사소송과 행정소송에서는 처음 소제기가 된 때를 기준으로 하므로 입법론적으로는 이렇게 하는 것이 바람직하다.

⑤ **해석론상 임의적 당사자 변경**

가. 원고경정

법규정은 없으나 피고경정과의 균형상 신원고 및 피고의 동의가 있으면 가능하다는 입장이 있다.[188]

---

188) 대판 1998. 1. 23. 96다41496, 일반적으로 당사자표시정정신청을 하는 경우에도 실질적으로 당사자가 변경되는 것은 허용할 수 없고 필요적 공동소송이 아닌 사건에서 소송 도중에 당사자를 추가하는 것 역시 허용될 수 없으므로, 회사의 대표이사가 개인 명의로 소를 제기한 후 회사를 당사자로 추가하고

나. 항소심에서의 당사자변경

법의 무지로부터 당사자의 구제와 기왕의 소송 진행결과의 무산을 막기 위한 소송경제의 측면을 고려하면 항소심에서의 당사자변경도 인정할 필요가 있다. 다만 당사자의 절차권 보장을 위하여 상대방의 동의가 필요하고, 피고변경의 경우는 신피고의 동의도 필요하다고 볼 것이다. 다만 사자를 상속인으로 변경하는 것은 1심에 한해야 할 것이다. 그러지 않으면 항소심이 1심이 되는 결과가 되기 때문이다.189)

5) 고유필수적 공동소송인의 추가

① 개념

고유필수적 공동소송인의 추가란 고유필수적 공동소송인 중에 일부가 누락된 경우에 이를 추가하는 것을 말한다. 종래에는 이를 인정하지 않았으나, 당사자적격의 흠결로 부적법 각하하게 되는 경우 새로 소제기를 해야 하는 경제적 부담이 있고, 제소기간 도과 문제도 있으며, 별소를 제기하여 병합하는 것은 인지의 이중부담이 되고, 공동소송참가는 피고 누락 시 이용할 수 없는 점 등 때문에 인정해야 한다는 주장들을 받아들여 1990년 개정법에서 도입된 것이다.

② 요건

가. 고유필수적 공동소송인 중 일부 누락

유사필수적 공동소송이나 통상의 공동소송은 일부가 누락되어도 당사자적격의 흠결 문제가 없으므로 추가할 수 없다.

나. 1심 변론종결 전일 것

신가입자의 심급이익을 고려한 것이나, 신구 당사자의 동의를 얻으면 항소심에서도 인정하자는 것이 다수의 입장이다.

그 개인 명의의 소를 취하함으로써 당사자의 변경을 가져오는 당사자추가신청은 부적법한 것이다.
제1심법원이 부적법한 당사자추가신청을 그 부적법함을 간과한 채 받아들이고 피고도 그에 동의하였으며 종전 원고인 대표이사 개인이 이를 전제로 소를 취하하게 되어 제1심 제1차 변론기일부터 새로운 원고인 회사와 피고 사이에 본안에 관한 변론이 진행된 다음 제1심에서 본안판결이 선고되었다면, 이는 마치 처음부터 원고 회사가 종전의 소와 동일한 청구취지와 청구원인으로 피고에 대하여 별도의 소를 제기하여 본안판결을 받은 것과 마찬가지라고 할 수 있으므로, 소송경제의 측면에서나 신의칙 등에 비추어 그 후에 새삼스럽게 당사자추가신청의 적법 여부를 문제 삼는 것은 허용될 수 없고, 당사자추가신청이 당초 부적법한 것이었다고 하더라도 위와 같이 제1심 제1차 변론기일에 원래의 소장과 함께 당사자추가신청서가 진술된 이상 원고 회사의 피고에 대한 청구취지도 진술되었다고 봄이 상당하다.

189) 판례는 이런 경우에 당사자표시정정을 허용하되 마찬가지로 1심 변론종결 시까지만 허용한다(대판 1974. 7. 16. 73다1190).

다. 원고 추가 시는 추가될 사람의 동의가 필요하다.

라. 공동소송 요건

추가된 당사자는 종전 당사자와 공동소송인이 되므로 공동소송의 요건을 갖추어야 한다.

③ 절차

가. 신청

원고가 서면으로 신청하여야 한다. 신소제기에 해당하기 때문이다. 신청서에는 추가될 당사자와 추가이유를 표시해야 한다,

나. 허가결정

원고의 허가신청에 대하여 법원은 결정으로 재판한다. 허가결정을 한 때에는 허가결정의 정본을 당사자 모두에게 송달하여야 하며, 추가될 당사자에게는 소장부본도 송달하여야 한다(제68조 제1, 2항).

허가결정에 대하여 이해관계인은 추가될 원고의 동의가 없었다는 것을 사유로 하는 경우에만 즉시항고를 할 수 있다. 즉시항고는 집행정지의 효력을 가지지 아니한다(동 조 제4, 5항). 신청을 기각한 결정에 대해서는 즉시항고를 할 수 있다(동 조 제6항).

④ 효과

가. 시효중단, 기간준수

공동소송인이 추가된 경우에는 처음의 소가 제기된 때에 추가된 당사자와의 사이에 소가 제기된 것으로 본다(제68조 제3항).

나. 종전 공동소송인의 소송수행결과는 유리한 범위 내에서 신당사자에게도 효력이 있다.

제12장 재판에 대한 불복절차

제1절 상소 총설

Ⅰ. 상소의 개념과 종류

상소는 당사자 또는 소송관계인이 미확정의 종국재판에 대하여 상급법원에 그 취소·변경을 구하는 불복신청을 말한다. 미확정의 종국재판에 대한 불복신청인 점에서 확정된 종국재판에 대한 불복인 재심(제451조)·준재심(제461조) 또는 특별항고(제449조)와 구별되고, 상급법원에 대한 불복신청인 점에서 같은 심급의 법원에 대한 불복신청인 각종의 이의신청과 구별된다. 심급을 전제로 하지 않는 제권판결에 대한 불복의 소(제490조)나 중재판정취소의 소(중재법 제36조)는 상소가 아니다.

상소에는 1심 종국판결에 대한 불복신청인 항소, 2심 종국판결에 대한 불복신청인 상고, 결정·명령에 대한 불복신청인 항고, 항고법원의 결정에 대한 불복신청인 재항고가 있다.

1심 종국판결 뒤에 양쪽 당사자가 상고할 권리를 유보하고 항소를 하지 아니하기로 합의한 때(비약상고합의)에는 1심 판결 후에 바로 상고할 수 있다(제390조 제1항 단서).

Ⅱ. 상소의 목적과 상소심의 성격

상소의 목적은 하급심의 재판에 오류가 있는 경우에 상급심 법원의 재심사를 받도록 함으로써 오판을 시정하고 적정한 재판을 도모하며 법령의 해석과 적용의 통일을 달성하려는 데 있다.

항소심은 1심 재판의 사실인정과 법령적용의 양면을 심사하는 사실심이고, 상고심은 법률적용의 면만 심리하는 법률심이다.

Ⅲ. 불복신청방법이 선택

　　재판에 대한 불복신청방법은 원재판의 종류에 따라 다양하므로 당사자는 이에 맞는 불복방법을 선택해야 한다. 다만 법원은 불복신청서의 표제에 구애받지 않고 신청취지를 살펴 가능한 한 적법한 것으로 취급해야 한다.[1]

　　형식에 어긋난 재판, 즉 결정으로 재판할 것을 판결로 재판하거나 판결로 재판할 것을 경정으로 재판하는 경우 무효는 아닌데, 불복방법에 대해서는 현재의 재판형식에 따라 불복방법을 정해야 한다는 입장과 본래의 재판형식에 따라 불복방법을 정해야 한다는 입장이 있다. 판례는 제440조를 근거로 현재의 재판형식에 따라 불복방법을 정해야 한다고 본다.[2]

　　단 불복할 수 없는 재판을 불복할 수 있는 재판의 형식으로 재판한 경우에는 본래대로 불복이 허용되지 않는다.[3]

Ⅳ. 상소요건

　　소와 마찬가지로 상소도 적법요건, 즉 상소요건과 이유요건이 필요하고, 상소심은 적법요건이 구비된 경우에 한하여 상고이유가 있는지 본안심리를 한다. 상소요건은 직권조사사항이고, 흠이 있으면 상소는 각하된다. 상소요건의 존부 판단시기는 상소기간은 상소제기 당시를 기준으로 하고 나머지 요건은 심리를 종결할 때를 기준으로 한다.

---

1) 대판 1975. 11. 14. 75마313, 항고법원이 한 준재심청구 기각 결정에 대한 항고는 이를 재항고로 보아 기록을 대법원에 송부하여야 한다.
　대판 1980. 10. 14. 80다1795, 당사자가 항소를 제기하면서 추완항소라는 취지의 문언을 기재하지 아니하였다고 하더라도 증거에 의하여 그 항소기간의 도과가 그의 책임질 수 없는 사유에 기인한 것으로 인정되는 이상 그 항소는 처음부터 소송행위의 추완에 의하여 제기된 항소라고 보아야 한다.

2) 대판 1957. 12. 26. 56민상436.

3) 대판 전합 1993. 12. 6. 93마524, 당사자가 관할위반을 이유로 이송신청을 한 경우에도 이는 단지 법원의 직권발동을 촉구하는 의미밖에 없는 것이고, 따라서 법원은 이 이송신청에 대해서는 재판을 할 필요가 없고, 설사 법원이 이 이송신청을 거부하는 재판을 하였다고 하여도 항고가 허용될 수 없으므로 항고심에서는 이를 각하하여야 한다. 위 항고심에서 항고를 각하하지 아니하고 항고이유의 당부에 관한 판단을 하여 기각하는 결정을 하였다고 하여도 이 항고기각결정은 항고인에게 불이익을 주는 것이 아니므로 이 항고심결정에 대하여 재항고를 할 아무런 이익이 없는 것이어서 이에 대한 재항고는 부적법한 것이다.

1. 원재판이 불복할 수 있는 재판일 것(상소적격)

종국적 재판만이 상소대상이 되며 중간재판은 독립하여 상소의 대상이 될 수 없다. 항소심의 환송판결이나 이송판결은 종국판결로서 상소의 대상이 된다.[4] 소송비용이나 가집행에 관한 재판같이 부수적인 재판에 대해서는 독립하여 항소하지 못한다. 이를 인정하면 부수적 재판의 적정 여부를 가리기 위하여 본안재판까지 살펴보아야 하는 본말전도가 있게 되기 때문이다.[5]

선고 전의 재판,[6] 비판결, 무효인 판결[7]은 상소의 대상이 되지 않는다. 자백간주에 의하여 편취된 판결은 상소의 대상이 된다.[8]

상소 이외의 다른 불복방법이 정해져 있는 경우에는 상소가 허용되지 않는다. 판결경정(지211조), 지판의 누락(제212조, 추가판결), 조서의 잘못된 기재(제164조, 조서에 대한 이의) 등이 그것이다.

2. 상소제기방식·시기가 적법·유효할 것

1) 상소의 제기는 상소장에 당사자와 법정대리인, 제1심 판결의 표시와 그 판결에 대한 상소의 취지를 기재하여[9] 상고기간 내에 원심법원에 제출하여야 한다(제397, 425, 445조).

2) 상소기간

상소는 판결서의 송달 전에도 할 수 있다(제396, 425조).

항소와 상고는 판결정본을 송달받은 날로부터 2주일 이내에(제396, 425조), 즉시항고는 재판의 고지가 있은 날로부터 1주일 이내에(제444조), 통상항고는 재판의 취소를 구

---

4) 대판 전합 1981. 9. 8. 80다3271.

5) 대결 1991. 12. 30. 91마726.

6) 대결 1998. 3. 9. 98마12.

7) 대판 1994. 1. 11. 93누9606, 원고가 소제기 이전에 이미 사망한 사실이 인정된다면 이를 간과한 채 본안 판단에 나아가 원고 청구를 인용한 원심판결은 당연무효라 할 것이나 민사소송이 당사자의 대립을 그 본질적 형태로 하는 것임에 비추어 사망한 자를 상대로 한 상고는 허용될 수 없다 할 것이므로, 이미 사망한 자를 상대방으로 하여 제기한 상고는 부적법하다.

8) 대판 전합 1978. 5. 9. 75다634, 종국 판결의 기판력은 판결의 형식적 확정을 전제로 하여 발생하는 것이므로 공시송달의 방법에 의하여 송달된 것이 아니고 허위로 표시한 주소로 송달하여 상대방 아닌 다른 사람이 그 소송서류를 받아 의제자백의 형식으로 판결이 선고되고 다른 사람이 판결정본을 수령하였을 때에는 상대방은 아직도 판결정본을 받지 않은 상태에 있는 것으로서 위 사위 판결은 확정판결이 아니어서 기판력이 없다.

9) 상고장에는 상고취지를 기재하지 않아도 되지만 일정기간 내에 상고이유서를 제출하여야 한다.

할 이익이 있는 한 언제든지 제기할 수 있다.

판결서 송달이 무효이면 상소기간이 진행되지 않는다.[10]

상소기간의 준수 여부는 원심법원의 접수과에 상소장을 제출한 날을 기준으로 하여 판단한다.[11] 상소장을 상소법원에 제출하고 상소법원에서 원심법원으로 송부한 경우에는 원심법원에 송부된 때를 기준으로 한다는 것이 판례이나,[12] 당사자 보호를 위해 이송으로 보아 상소심법원에 제출한 때를 기준으로 하자는 것이 다수 입장이다.

상소기간을 지키지 못한 것이 당사자가 책임질 수 없는 사유로 인한 것이면 추후 보완할 수 있다(제175조).

3. 상소이익

1) 개념

상소이익이란 상소인이 원재판으로부터 불이익을 받고 있어 불복하여 원재판의 취소 변경을 구할 수 있는 이익을 말한다. 남상소를 방지하여 법원의 부담을 경감하고자 하는 취지에서 요구되는 요건이다.

2) 소송법적 의의

상소가 적법하기 위한 적극적 요건으로서 법원의 직권조사사항이며, 상소이익의 판단 시기는 상소를 제기한 때를 기준으로 하고,[13] 상소이익이 없는 경우에는 상소각하판결을 해야 하는데, 상소를 인용하거나 기각한 경우에는 일반적 상고이유가 되나 재심사유는 되지 않는다.

3) 상소이익의 판단기준

형식적 불복설은 판결주문이 당사자가 신청한 것보다 불리한 경우에 상소의 이익을 인정한다.[14] 전부 승소한 자는 원칙적으로 상소이익이 없고, 기판력 기타 판결의 효력 때문에 불이익을 입게 될 경우에 예외적으로 인정한다. 통설이다.

실질적 불복설은 상급심에서 유리한 재판을 받을 가능성이 있으면 상소의 이익을 인정한다. 전부 승소한 자도 유리한 재판을 받을 가능성이 있으면 상소의 이익이 있다. 이 설

---

10) 대판 1997. 5. 30. 97다10345.

11) 대결 1995. 10. 25. 96마1590.

12) 대결 1992. 4. 15. 92마146.

13) 대판 1983. 10. 25. 83다515.

14) 대판 2002. 6. 14. 99다61378.

은 상소의 인정범위가 너무 넓고 기준이 불명하여 상소심이 복심이 될 우려가 있다.

절충설은 법원은 피고의 신청을 놓고 재판하는 것이 아니므로 원고가 상소하는 경우는 형식적 불복설에 의하고 피고가 상소하는 경우에는 실질적 불복설에 의한다. 이 설은 원·피고 평등주의에 반한다.

신실질적 불복설은 기판력을 포함한 판결의 효력으로 치명적인 불이익을 입을 때를 기준으로 하여 상소이익을 결정한다. 이 설은 형식적 불복설과 결론이 같다.

4) 구체적인 예

① 전부 승소한 경우

원칙적으로 상소의 이익이 없다. 전부 승소한 원고가 소변경만을 위해 상소하거나, 전부 승소한 피고가 반소를 위해 상소하는 것은 허용되지 않는다.

예외적으로 별소청구가 금지되는 경우에는 가능하다. 예컨대 묵시적 일부청구에서 청구취지확장을 위한 상소는 별소나 후 소가 중복제소나 기판력에 의하여 불가능하기 때문에 허용되고,[15] 청구이의의 소는 이의사유를 동시에 주장하여야 하므로 새로운 이의사유를 주장하기 위한 별소가 불가능하여(민사집행법 제44조), 이의사유를 추가하기 위한 항소가 가능하다.

전부 승소한 경우에는 그 판결이유에 불만이 있더라도 그에 대해서는 상소의 이익이 없으나,[16] 상계항변에 대한 판단은 기판력이 있으므로 상소이익이 있다.[17]

② 일부 승소한 경우에는 원·피고 모두 상소할 수 있다. 주위적 청구가 기각되고 예비적 청구가 인용된 경우에는 원·피고 모두 상소할 수 있다.

③ 소각하판결의 경우에는 원고는 당연히, 피고는 청구기각을 구한 경우에는 본안판결을 받지 못한 점에서 불리하므로 상소할 수 있다.

④ 항소심판결의 경우 1심판결에 대하여 불복하지 않은 자는 항소심판결이 1심판결보다 불리하지 않은 이상 상고할 수 없다.[18]

---

15) 대판 1997. 10. 24. 96다12276, 가분채권에 대한 이행청구의 소를 제기하면서 그것이 나머지 부분을 유보하고 일부만 청구하는 것이라는 취지를 명시하지 아니한 경우에는 그 확정판결의 기판력은 나머지 부분에까지 미치는 것이어서 별소로써 나머지 부분에 관하여 다시 청구할 수는 없으므로, 일부 청구에 관하여 전부 승소한 채권자는 나머지 부분에 관하여 청구를 확장하기 위한 항소가 허용되지 아니한다면 나머지 부분을 소구할 기회를 상실하는 불이익을 입게 되고, 따라서 이러한 경우에는 예외적으로 전부 승소한 판결에 대해서도 나머지 부분에 관하여 청구를 확장하기 위한 항소의 이익을 인정함이 상당하다.

16) 대판 1992. 3. 27. 91다40696.

17) 대판 2002. 9. 6. 2002다34666.

18) 대판 1988. 11. 22. 87다카414.

5) 상소이익의 발생장애와 소멸

불상소합의를 한 경우에는 상소이익이 없고, 상소권을 포기하거나(제394, 395조) 상소기간이 경과하면 상소이익이 소멸한다.

4. 상소의 당사자적격

불이익한 하급심재판을 받은 자 또는 당사자로 참가할 수 있는 제3자가 상소의 당사자적격이 있다(제79, 83조). 원심판결 선고 후에 중단된 소송을 수계한 수계인(제243조)도 판결의 효력을 받으므로 상소이익이 있다. 다만 소제기 전에 이미 사망한 자를 당사자로 한 제1심판결은 당연무효이며 망인의 재산상속인이 수계신청과 동시에 항소를 한 경우에는 수계신청을 할 수 없어 수계신청과 동시에 한 항소도 부적법하다.[19]

보조참가인은 피참가인이 상소를 포기하지 않는 한 상소할 수는 있지만 당사자가 아니므로 상소인이 되는 것은 아니다.

5. 상소권의 포기가 없을 것

1) 규정

당사자는 상소권을 포기할 수 있다(제294, 425조) 상소권의 포기로 상소권이 소멸하고 상소는 부적법하게 된다.

2) 요건

① 당사자에 관한 요건

당사자에게 소송행위의 유효요건인 당사자능력, 소송능력이 있어야 하고, 대리인에 의할 경우에는 소송법상 대리권이 필요하다. 통상의 공동소송에서는 1인만의 포기가 가능하나, 필수적 공동소송, 독립당사자참가소송, 선택적·예비적 공동소송에서는 전원이 해야 한다. 증권관련 집단소송에서는 법원의 허가가 필요하다.

② 소송물에 관한 요건

판결의 효력이 제3자에게 미치는 경우에는 포기할 수 없다. 제3자에게 당사자참가의 기회를 주어야 하기 때문이다. 가사·행정소송이 그것이다.

③ 의사표시의 부관·하자

상소권 포기는 소송행위이므로 절차의 안정을 해하는 조건이나 부관을 붙일 수 없고,

---

19) 대판 1971. 2. 9. 69다1741.

실체법상 하자가 있어도 주장할 수 없다.

④ 포기 시기

법에는 정함이 없지만 상소권은 판결이 선고되어야 발생하는 것이므로 판결선고 후에만 포기할 수 있다고 보아야 한다.

⑤ 포기 방식

상소권 포기는 법원에 대한 단독행위이다. 상소권의 포기는 상소를 하기 이전에는 원심 법원에, 상소를 한 뒤에는 소송기록이 있는 법원에 서면으로 하여야 한다. 항소권의 포기에 관한 서면은 상대방에게 송달하여야 한다(제395조).

3) 포기 효력

상소권을 포기한 당사자는 상소권을 상실하므로 법원은 포기 여부를 직권으로 조사하여 포기가 인정되면 상소를 부적법 각하한다.[20]

상소한 뒤의 상소권의 포기는 상소취하의 효력도 가진다(제395조 제3항).

6. 불상소의 합의가 없을 것

1) 개념, 인정 여부, 구별, 소송법적 의의

불상소의 합의란 특정한 사건에 관하여 상소를 하지 않기로 하는 소송상의 합의를 말한다.

현행법은 불항소의 합의만 규정하고 있으나(제390조 제1항 단서), 처분권주의·변론주의가 적용되는 범위 내에서 당사자가 합의의 효과를 잘 알면서 합의한 경우까지 불상고의 합의를 굳이 제외할 이유가 없으므로 불상소의 합의를 인정하는 것이 일반적이다.

상소권의 포기는 이미 발생한 상소권을 포기하는 것이고, 불상소의 합의는 상소권 자체를 발생시키지 않는 것이다. 불항소의 합의는 상고할 권리는 유보하고 항소만 하지 않기로 하는 합의이다.

판례는 불상소의 합의 여부는 항소의 적법요건에 관한 법원의 직권조사사항이라고 하나,[21] 당사자의 처분을 존중하여야 하므로 합의의 존부는 항변사항이라는 입장도 있다.

2) 법적 성질

불상소의 합의는 소송상의 합의로 그 성질을 사법상의 계약으로 볼 것인지 소송계약으로 볼 것인지 다툼이 있으나, 소송계약으로 보는 것이 다수이다.

---

20) 대법원 1969. 3. 8. 68마1622.
21) 대판 1980. 1. 29. 79다2066.

3) 요건

① 당사자에 관한 요건

소송행위로 본다면 소송능력과 대리인의 경우 특별수권이 필요하다.

② 의사표시에 관한 요건

민법의 법률행위에 관한 규정이 적용되어 의사표시의 하자나 불공정행위일 경우 취소나 무효주장이 가능하다.

③ 소송물에 관한 요건

일정한 법률관계에 기인한 소송이어야 하고, 그 법률관계는 당사자가 처분할 수 있는 것(변론주의가 적용되는 경우)이어야 한다.

④ 방식, 시기

합의는 관할합의를 준용하여 서면으로 하여야 하고(제390조 제2항, 제29조 제2항),[22] 합의시기는 소제기 전후를 불문한다.

4) 효과

판결선고 전에 불상소합의가 있으면 판결은 선고와 동시에 확정되고, 판결선고 후에 불상소합의가 있으면 판결은 합의와 동시에 확정된다.

불상소합의를 무시하고 상소하면 이를 부적법 각하하여야 한다.

불상소합의의 효력은 당사자의 포괄승계인에게 미치고, 채권의 특정승계인에게도 미치나 물권의 특정승계인에게는 미치지 않는다.

V. 상소효과

상소가 제기되면 판결의 확정이 차단되고 사건이 상급심으로 이심된다.

1. 확정차단의 효력

판결은 상소를 제기할 수 있는 기간 또는 그 기간 이내에 적법한 상소제기가 있을 때

---

22) 대판 2007. 11. 29. 2007다52317, 52324, 구체적인 사건의 소송계속 중 그 소송 당사자 쌍방이 판결선고 전에 미리 상소하지 아니하기로 합의하였다면 그 판결은 선고와 동시에 확정되는 것이므로, 이러한 합의는 소송당사자에 대하여 상소권의 사전포기와 같은 중대한 소송법상의 효과가 발생하게 되는 것으로서 반드시 서면에 의하여야 할 것이며, 그 서면의 문언에 의하여 당사자 쌍방이 상소를 하지 아니한다는 취지가 명백하게 표현되어 있을 것을 요한다.

에는 확정되지 아니한다(제498조). 이를 확정차단의 효력이라고 한다. 상소를 제기하면 판결의 효력도 발생하지 않는다. 단 가집행선고는 예외이다.

즉시항고도 집행을 정지시킨다(제447조). 통상항고는 확정차단효력이 없어 별도의 집행정지 조치가 필요하다(제448조).

2. 이심의 효력

상소가 제기되면 사건 전부가 원심법원을 떠나 상급심법원으로 옮겨 가는 이심의 효력이 발생한다. 항소장이 각하되지 아니한 때에 원심법원의 법원사무관 등은 항소장이 제출된 날부터 2주 이내에 항소기록에 항소장을 붙여 항소법원으로 보내야 한다(제400조 제1항).

재판한 부분만 이심되고 재판누락이 있는 경우에는 그 부분은 원심에 그대로 있으므로 원심에서 추가판결을 받아 별도로 상소해야 한다. 제1심 원고가 소송계속 중 사망하였고 그의 소송대리인도 없었는데, 그 공동상속인들 중 일부가 원고를 수계하여 심리가 진행된 끝에 항소한 경우에는 다른 공동상속인에 대한 관계에서는 그 소송은 중단된 채로 제1심법원에 계속되어 있다고 보아야 한다.[23]

3. 상소불가분의 원칙

1) 개념, 인정취지

상소불가분의 원칙이란 상소에 의한 판결확정차단과 이심의 효력이 상속인의 불복신청 범위와는 상관없이 원판결 전부에 대하여 불가분으로 발생하는 것을 말한다. 상소인이 상소의 효력을 일부분으로 제한할 수 없고 상소의 일부취하도 허용되지 않는다.

상소불가분의 원칙을 인정하는 이유는 항소인이 항소심변론종결 전까지 항소의 범위를 확장할 수 있게 하고, 피항소인도 부대항소의 신청(제403조)을 할 수 있게 하기 위함에서이다.

2) 구체적인 내용

① 객관적 병합의 경우

여러 개의 청구에 대하여 하나의 판결을 한 경우에 그중 한 청구에 대하여 항소를 하면 나머지 청구도 판결확정이 차단되고 이심의 효력이 발생한다.[24]. 단순·선택·예비적

---

23) 대판 1994. 11. 4. 93다31993.

병합을 불문한다. 다만 단순병합의 경우 일부청구에 관하여 불항소의 합의 또는 당사자 양쪽에 의한 상소권 및 부대상소권의 포기가 있으면 그 일부가 독립하여 확정되고, 예비적 청구에 대한 부분만이 파기환송이 되면 주위적 부분은 확정된다.

② 주관적 병합의 경우

필수예비·선택적 공동소송, 독립당사자참가 등의 경우에는 당사자 일인이 상소하면 모든 당사자에게 효력이 미친다. 판결의 합일확정이 필요성 때문이다. 통상공동소송의 경우에는 공동소송인독립의 원칙에 의하여 상소하지 아니한 공동소송인에 관한 판결은 확정된다.

③ 1개 청구에 대한 1개 판결의 일부에 대한 항소의 경우에도 전부에 항소효력이 미친다. 여러 필지의 토지에 대한 소유권이전등기청구소송에서 일부 필지에 대해서만 패소하여 항소한 경우가 그것이다.

3) 상소심의 심판범위

상소심의 심판 대상은 불복 신청한 범위에 국한되므로 원판결 전부에 상소의 효력이 미친다고 해도 전부가 심판대상이 되는 것은 아니다.[25] 불복하지 않은 부분에 대해서 당사자는 변론할 필요도 없고(제407조 제1항), 법원도 그 부분에 관하여 원판단을 변경할 수 없으나, 그 부분만 독립하여 확정되지는 않는다(제415조). 다만 합일확정이 필요한 필수적 공동소송이나 독립당사자참가의 경우에는 불복하지 않는 자에게 유리한 판결은 가능하다. 또한 법원은 당사자가 불복하지 않은 부분이라도 직권조사사항인 소송요건의 흠이 있으면 그 부분의 원심재판을 취소하고 소를 각하할 수 있다.

상소를 제기한 원고가 불복을 신청하지 않은 부분에 대하여 집행할 필요가 있을 때에는 상소법원에 가집행선고를 신청하여야 한다(제406, 435조).

상소심의 당사자는 상소심의 변론종결 시까지(상고심은 상고이유서 제출기간이 만료할 때까지) 상소신청범위를 확장할 수 있고, 피항소인은 부대항소를 할 수 있다.

1심판결에 누락된 부분은 항소심으로 이심되지 않으므로 심판대상이 될 수 없다. 이에 관해서는 추가판결을 한다. 예비적 병합이나 추가적 병합은 별개이다.

---

24) 대판 1992. 11. 27. 92다14892.

25) 대판 1994. 12. 23. 94다44644, 수 개의 청구를 모두 기각한 제1심판결에 대하여 원고가 그중 일부의 청구에 대해서만 항소를 제기한 경우, 항소되지 않았던 나머지 부분도 항소로 인하여 확정이 차단되고 항소심에 이심은 되나 원고가 그 변론종결 시까지 항소취지를 확장하지 아니하는 한 나머지 부분에 관해서는 원고가 불복한 바가 없어 항소심의 심판대상이 되지 아니하므로 항소심으로서는 원고의 수 개 청구 중 항소하지 아니한 부분을 다시 인용할 수는 없다.

4) 불복하지 않은 부분의 확정시기

불복하지 않은 부분의 확정시기에 관하여, 판례는 항소심의 경우 항소심판결의 선고 시, 상고심은 상고심판결의 선고 시에 확정된다고 하고 있으나,[26] 통설은 상대방의 부대항소가 허용될 수 없는 시기에 이르면 불복되지 않은 부분은 확정되므로 항소심에서는 항소심 변론종결 시, 상고심에서는 상고이유서제출기간 도래 시라고 한다.

5) 불복하지 않은 당사자의 상소심에서의 지위

필수적 공동소송이나 독립당사자참가의 경우에 패소하였으나 상소하지 않은 나머지 공동소송인이나 참가인의 지위에 관하여, 상소심당사자설, 상소인설, 피항소인설, 승소자에게는 상소인, 패소자에게는 피상소인이 되는 이중지위설 등이 있는데, 판례는 상소심당사자설의 입장이다.[27] 상소하지 않은 자를 상소인이라거나, 상소당하지 않은 자를 피상소인이라고 할 수는 없으므로, 합일확정의 필요 때문에 어쩔 수 없이 상소심의 당사자가 될 뿐이라는 상소심당사자설이 타당하다. 상소하지 않은 패소자는 상소인 또는 피상소인이라는 표시를 하지 않고, 상소비용을 부담하지도 않으며, 상소취하권도 없다.

Ⅵ. 상소제한

상소제도는 재판의 적정이란 목적 달성을 위하여 필요한 제도이지만 다른 편으로는 심리가 반복되고 판결확정이 늦어져 소송의 신속, 경제의 이념에 반하는 측면도 있다.

이에 상소의 남용을 제한할 필요가 있게 되고, 입법례에 따라서는 소송물 가액이나 사건의 성질에 따라서 2심으로 제한하거나 상고허가제를 실시하고 있다.

우리는 과거 상고허가제를 실시하다가 1990년 폐지했고, 현재는 상고심절차에 관한 특례법 제4조에서 대법원이 상고이유에 관한 주장이 원심판결에 헌법위반 등 중대한 법령위반 등이 있다는 사유를 포함하지 아니한다고 인정하면 더 나아가 심리를 하지 아니하고 판결로 상고를 기각할 수 있는 심리불속행제도를 채택하고 있고, 소액사건에 대한

---

26) 대판 1994. 12. 23. 94다44644, 이전등기말소청구와 금원청구를 모두 기각한 제1심판결에 대하여 원고가 말소청구 부분에 관해서만 항소하였을 뿐 그 변론종결 시까지 항소취지를 확장한 바 없어 항소심의 심판범위는 말소청구 부분에 한하고 나머지 부분에 관해서는 환송 전 원심판결의 선고와 동시에 확정되어 소송이 종료되었다 할 것임에도 환송 후 원심이 금원청구 부분까지 심리 판단한 것은 잘못이라고 하여 원심판결 중 금원청구 부분을 파기하고 민사소송법 제407조 제1호에 의하여 대법원이 직접 그 부분에 관한 소송이 종료되었음을 선언한 사례.

27) 대판 1981. 12. 8. 80다577.

지방법원 본원 합의부의 제2심판결이나 결정·명령에 대해서는 법률·명령·규칙 또는 처분의 헌법위반 여부와 명령·규칙 또는 처분의 법률위반 여부에 대한 판단이 부당한 때 또는 대법원의 판례에 상반되는 판단을 한 때에 한하여 대법원에 상고 또는 재항고를 할 수 있도록 하고 있다(소액사건심팦법 제3조).

제2절 항소

Ⅰ. 개념, 구조

항소란 지방법원 단독판사 또는 합의부의 제1심 종국판결에 대하여 사실인정의 부당이나 법령위반을 이유로 하여 제2심법원에 하는 불복신청이다(제390조).

불복신청이유가 사실문제이든 법률문제이든 불문하는 점에서 법률위반의 점만 이유로 삼을 수 있는 상고와 다르다.

항소의 대상은 단독판사 또는 합의부의 제1심 종국판결에 한한다. 중간판결에 대해서는 독립하여 항소할 수 없다. 소송비용재판이나 가집행선고는 종국판결에 부수하는 재판이므로 독립하여 항소할 수 없다. 단독사건 중 소가 8,000만 원 이하 사건의 항소심은 지방법원합의부이고, 8,000만 원을 넘는 사건과 합의부 사건의 항소심은 고등법원이다(법원조직법 제32조, 민사 및 가사소송의 사물관할에 관한 규칙 제4조).

Ⅱ. 항소의 제기와 취하, 부대항소

1. 항소제기 방식

1) 항소장의 제출

항소의 제기는 판결서가 송달된 날부터 2주 이내에 항소장을 원심인 1심법원에 제출하여야 한다. 이 기간은 불변기간이다. 항소의 제기는 판결서 송달 전에도 할 수 있다(제

396조).

우편제출도 가능하다. 구술·전화는 불가능하지만, 전보·팩스는 가능하다. 전자우편(E-mail)에 의한 항소도 가능하다는 입장이 있으나, 법원에 의한 별도의 조치가 있어야 할 것이다.

2) 항소장의 기재사항

항소장에는 당사자와 법정대리인, 제1심 판결의 표시와 그 판결에 대한 항소의 취지를 적어야 한다(제397조 제2항). 항소이유를 기재하기도 한다. 항소장에는 소장의 1.5배에 해당하는 인지액을 붙여야 하고(민사소송인지법 제3조), 피항소인 수만큼의 부본을 제출하여야 한다.

2. 재판장의 항소장 심사권

① 원심재판장의 항소장 심사권

원심재판장은 항소장의 필수적 기재사항의 기재 여부 및 법률의 규정에 따른 인지첩부 여부를 심사하여 흠이 있으면 항소인에게 상당한 기간을 정하여 그 기간 이내에 흠을 보정하도록 명한다. 항소인이 위의 기간 내에 흠을 보정하지 아니한 때와, 항소기간을 넘긴 것이 분명한 때에는 명령으로 항소장을 각하한다. 위의 각하명령에 대해서는 즉시항고를 할 수 있다(제399조).

② 항소기록의 송부

항소장이 각하되지 아니한 때에 원심법원의 법원사무관 등은 항소장이 제출된 날부터 2주 이내에 항소기록에 항소장을 붙여 항소법원으로 보내야 한다. 원심재판장이 흠을 보정하도록 명한 때에는 그 흠이 보정된 날부터 1주 이내에 항소기록을 보내야 한다(제400조).

항소장의 부본은 피항소인에게 송달하여야 한다(제401조).

③ 항소심 재판장의 항소장 심사권

항소장에 필수적 기재사항이 기재되어 있지 않거나 법률의 규정에 따른 인지를 붙이지 아니하였음에도 원심재판장이 각하명령을 하지 아니한 경우, 또는 항소장의 부본을 송달할 수 없는 경우에는 항소심 재판장은 항소인에게 상당한 기간을 정하여 그 기간 이내에 흠을 보정하도록 명하여야 한다. 항소인이 위 기간 내에 흠을 보정하지 아니한 때, 또는 원심재판장이 항소장을 각하하지 아니한 때에는 항소심 재판장은 명령으로 항소장을 각하하여야 한다. 위 명령에 대해서는 즉시항고를 할 수 있다(제402조).

3. 항소취하

1) 개념

항소취하는 항소인이 1심판결에 대한 불복신청을 철회하는 법원에 대한 일방적 의사표시이다. 항소는 항소심의 종국판결이 있기 전에 취하할 수 있다(제393조 제1항).

소 자체를 철회하는 소취하나 항소할 권리를 소멸시키는 항소권포기와도 구별된다. 법원에 대한 일방적 의사표시이므로 재판 외의 의사표시나 당사자 사이의 합의는 항소취하의 효력이 없다.

2) 요건

① 당사자에 관한 요건

항소취하는 소송행위이므로 당사자는 당사자능력과 소송능력이 있어야 하고 대리인에 의할 경우에는 특별수권이 있어야 한다. 필수적 공동소송에서는 전원이 하여야 한다. 보조참가인은 피참가인이 한 항소를 취하할 수 없으나 피참가인은 보조참가인이 한 항소를 취하할 수 있다. 독립당사자참가소송에서 패소한 두 당사자 모두가 항소하였다가 1인만이 취하한 경우에는 효력이 없으나 1인만이 항소한 경우에 다른 패소자는 항소인이 아니고 항소심의 당사자일 뿐이므로 항소취하권은 없고, 항소한 사람은 다른 패소자의 동의 없이 항소취하를 할 수 있다.

② 소송물에 관한 요건

처분권주의의 원칙상 가사·행정소송과 같이 직권탐지주의의 적용을 받는 소송에서도 항소취하는 자유롭게 할 수 있다.

③ 부관과 하자

소송행위이므로 절차의 안정상 조건과 기한은 붙일 수 없고, 민법상 무효·취소사유가 있을 때에도 이를 다툴 수 없다.[28) 다만 재심사유의 제5호 사유가 있을 때에는 철회할 수 있을 것이다.

④ 시기

항소취하는 항소심의 종국판결이 있기 전에는 언제든지 할 수 있다. 상대방의 부대항소에 의하여 종국판결이 불리하게 나왔을 경우에 취하를 허용하면 상대방의 이익을 침해하기 때문에 종국판결 후에는 취하할 수 없게 한 것이다. 다만 상고심에서 파기환송이 된 경우에는 새로운 종국판결이 있기까지는 상대방의 부대항소와 상관없이 취하할 수 있다.[29)

---

28) 대판 1980. 8. 26. 80다76.
29) 대판 1995. 3. 10. 94다51543.

⑤ 상대방의 동의

항소취하는 상대방의 동의 없이 일방적으로 할 수 있다(제393조 제2항이 제266조 제2항을 준용하지 않음). 상대방이 부대항소를 하였더라도 마찬가지이다. 민사소송법 제363조 제2항에서 같은 법 제239조 제4항을 준용하여 항소취하서를 상대방에게 송달하도록 한 취지는 항소취하를 알려 주라는 뜻이지 그 통지를 항소취하의 요건 내지 효력으로 한다는 취지는 아니다.[30] 증권관련 집단소송에서는 항소취하에 법원의 허가가 필요하다(증권관련 집단소송법 제38, 35조).

3) 방식

소취하 방식을 준용한다(제393조 제2항; 제266조 제3 - 5항).

4) 효력

소취하 효력규정을 준용한다. 항소는 소급적으로 효력을 잃고 항소절차는 종료된다. 소취하와는 달리 원심판결에 영향을 주지 않고 원심판결은 확정된다. 다만 항소기간 경과 전이면 다시 항소할 수 있다.

항소취하는 취하서를 항소법원에 제출한 때에 발생하고 상대방에게 송달한 때에 발생하는 것은 아니다.[31]

5) 항소취하간주

양쪽 당사자가 변론기일에 출석하지 아니하거나 출석하였다 하더라도 변론하지 아니한 때에는 재판장은 다시 변론기일을 정하여 양쪽 당사자에게 통지하여야 하고, 새 변론기일 또는 그 뒤에 열린 변론기일에 양쪽 당사자가 출석하지 아니하거나 출석하였다 하더라도 변론하지 아니한 때에는 1개월 이내에 기일지정신청을 하지 아니하면 항소를 취하한 것으로 본다(제268조 제4항). 양쪽 당사자가 출석하였으나 변론하지 아니한 때에도 같다.

6) 항소취하의 합의

항소취하의 합의가 있는 경우 사법계약설 입장에서는 피항소인이 계약사실을 주장·증명하면 항소이익의 흠을 이유로 항소 각하해야 한다고 하고, 소송계약설에서는 소송종료선언을 해야 한다고 한다.

---

30) 대판 1980. 8. 26. 80다76.
31) 대판 1980. 8. 26. 80다76.

4. 부대항소

1) 개념

① 부대항소란 피항소인이 상대방이 제기한 항소절차에 편승하여 원판결에 대한 불복을 주장하여 항소심의 심판범위를 자기에게 유리하게 확장하는 것을 말한다. 피항소인은 항소권이 소멸된 뒤에도 변론이 종결될 때까지 부대항소를 할 수 있다(제403조).

② 제도의 취지

부대항소는 항소권을 포기했거나 항소기간 경과로 항소권을 상실한 경우에도 항소인이 항소심 진행 중에 언제든지 불복의 범위를 변경할 수 있는 것에 대응하여 피항소인에게도 불복을 허용하는 것이 공평하고(피항소인은 항소인의 최초 항소만을 보고 항소를 하지 않을 수도 있기 때문이다), 양 당사자의 불복을 동시에 해결하는 것이 소송경제에 부합하기에 인정된 제도이다.

③ 법적 성질

부대항소도 항소로 보아 항소이익이 없으면 부적법하다고 보는 항소설과, 공격적 신청 내지 특수한 구제방법이고 항소가 아니므로 항소이익이 필요하지 않다는 비항소설이 있다. 양자의 차이는 항소설은 제1심에서 전부 승소한 자가 항소심 계속 중 청구취지를 확장·변경하거나 반소제기를 위한 부대항소를 허용하지 않으나, 비항소설은 허용하는 데 있다.

판례는 제1심에서 전부 승소한 원고도 항소심 계속 중 그 청구취지를 확장·변경할 수 있고, 그것이 피고에게 불리하게 하는 한도 내에서는 부대항소를 한 취지로도 볼 수 있다고 하여[32] 비항소설을 취하고 있다.

2) 요건

① 부대항소의 대상은 상대방이 불복신청을 한 종국판결이다. 상대방이 일부패소부분에 대하여 항소한 경우라도 사건 전부에 대하여 이심의 효력이 있으므로 항소인의 승소부분에 대한 부대항소가 가능하다.

② 부대항소의 당사자는 주된 항소의 피항소인 또는 그 보조참가인이다. 당사자 쌍방이 모두 항소한 경우에는 상대방의 항소에 부대항소를 할 수 없다. 소송대리인은 특별한 수권 없이 부대항소가 가능하다.

③ 주된 항소가 적법하게 계속되어 있어야 한다. 판결송달 전 항소가 가능하므로 항소

---

32) 대판 1995. 6. 30. 94다58261.

장 부본이 송달되기 전이라도 부대항소가 가능하다는 입장도 있다.

④ 부대항소를 할 수 있는 시기는 항소기간의 제한을 받지 않고, 항소심 변론종결 전이면 가능하다. 부대항소취하 후에도 항소심 변론종결 전이면 다시 부대항소를 할 수 있다.

⑤ 항소권의 포기·상실은 문제 되지 않으나, 부대항소권까지 포기한 경우는 부대항소를 할 수 없다.

3) 방식

항소제기의 방식에 의한다(제405조). 부대항소장을 제출하여야 하지만 변론에서 구술로 진술하여도 상대방이 이의하지 않으면 가능하다. 피고만이 항소를 한 경우에 상대방이 부대항소장을 제출하지 않고 청구취지를 확장·변경신청서를 제출한 때에는 항소심에서 청구취지의 확장을 한 경우엔 부대항소가 있는 것으로 의제된다 할 것이므로 이 청구취지의 확장에 따라 제1심보다 항소심의 인용액이 늘어났다고 하여서 불이익 변경금지원칙에 어긋난다고 볼 수 없다.[33]

부대항소도 취하할 수 있으나 상대방의 동의는 필요 없다.

4) 효력

① 심판범위의 확장

항소인만이 항소하였더라도 피항소인의 부대항소가 있으면 심판범위가 확장되어 부대항소인의 불복부분도 심판하게 되므로 항소인에게 불이익하게 원판결이 변경될 수도 있어 불이익변경금지의 원칙이 적용되지 않는다.

② 부대항소의 종속성

부대항소는 상대방의 항소에 종속되어 항소가 취하되거나 부적법하여 각하된 때에는 그 효력을 잃는다. 다만 항소기간 이내에 한 부대항소는 독립된 항소로 본다(제400조).

독립부대항소는 항소가 취하·각하된 후에는 독자의 항소이익이 있어야 한다.

---

33) 대판 1980. 7. 22. 80다982.

Ⅲ. 항소심의 심리

1. 항소심의 구조
1) 유형
항소심의 심리방식에 관해서는 1심의 수집자료를 기초로 항소심의 수집자료를 더하여 항소심변론종결 시를 기준으로 원심판결의 당부를 심사하는 속심주의, 항소심이 1심과는 무관하게 새로이 심리를 하여 판단을 내리는 복심주의, 항소심에서 새로운 자료의 수집을 허용하지 않고 1심의 자료만을 기초로 하여 1심판결의 당부를 심사하는 사후심주의가 있다.

복심주의는 소송의 지연을 초래하는 단점이 있고, 사후심주의는 1심에 충실하게 되는 장점이 있다. 사후심주의를 채택하려면 1심의 인적·물적 자원의 충실화가 필수적으로 요청된다. 미국의 경우 항소심은 법률심으로 사후심에 해당한다.

2) 속심제의 채택
우리는 제1심의 소송행위는 항소심에서 그대로 효력이 있고(제409조), 항소심에서 새로운 소송자료를 수집하여(제408조, 1심에서 제출하지 않은 공격방어방법을 제출할 수 있는 변론갱신권이 있다), 항소심의 변론종결 시를 기준으로 제1심판결의 당부를 심사하는 속심제를 채택하고 있다. 다만 이런 변론의 갱신을 무제한 허용할 경우의 1심 경시와 소송지연의 폐단을 막기 위하여, 1심에서 변론준비기일까지 마친 경우에는 실권적 효력을 규정하고(제285조), 그 효력은 항소심까지 유지되도록 하였으며(제410조), 수시제출주의를 적시제출주의로 바꾸어(제146조) 1심 중심의 심리가 되도록 하고 있다.

2. 심리의 대상
항소심 재판장의 항소장심사에 의하여 항소장이 방식에 맞는 것으로 판단되면 항소의 적법 여부와 이유유무를 심리하게 된다.

1) 적법성의 심리
항소법원은 항소의 적법 여부를 직권으로 심사하여 부적법한 항소로서 흠을 보정할 수 없으면 변론 없이 판결로 항소를 각하한다(제411조). 항소기간 경과 후의 항소, 불항소합의에 반한 항소, 항소권을 포기한 후의 항소, 판결선고 전의 항소, 항소이익이 없는 항소,34) 소제기 전에 사망한 사람을 상대로 한 판결에 대한 항소35) 등이 그것이다. 무권대리인에 의한 항소는 나중에 추인될 여지가 있으므로 여기에 해당하지 않는다.

2) 이유유무(본안)의 심리

항소가 적법하면 항소이유의 유무에 대한 심리에 들어간다. 제1심 절차에 관한 규정이 준용되므로 변론을 열어서 심리한다.

항소심의 심판대상은 당사자가 제1심 판결의 변경을 청구하는 한도, 즉 불복하는 범위에 한한다.[36] 원판결 전부에 상소의 효력이 미친다고 해도 전부가 심판대상이 되는 것은 아니다.[37] 법원은 불복하지 않은 부분에 관하여 원판단을 변경할 수 없으나, 그 부분만 독립하여 확정되지는 않는다(제415조). 다만 합일확정이 필요한 필수적 공동소송이나 독립당사자참가의 경우에는 불복하지 않는 자에게 유리한 판결은 가능하다. 또한 법원은 당사자가 불복하지 않은 부분이라도 직권조사사항인 소송요건의 흠이 있으면 그 부분의 원심재판을 취소하고 소를 각하할 수 있다.

당사자는 불복의 범위를 진술하고, 상대방은 이에 대하여 항소의 각하 또는 기각을 구하며, 경우에 따라 부대항소에 의하여 심판의 대상을 넓힐 수도 있다. 변론은 이 범위 내에서 실시된다(제407조). 이 불복은 종국판결에 대한 것이고, 그 이외의 중간판결이나 청구변경불허결정 등 종국판결에 이르기까지의 전제문제나 절차문제에 대한 재판에 대한 불복은 이 불복을 판단할 때 함께 판단된다.

불복의 범위는 항소심변론종결 시까지 청구의 변경이나 반소, 중간확인의 소, 소의 일부취하로 확장되거나 변경될 수 있다.

---

34) 대판 1983. 10. 25. 83다515, 상소는 자기에게 불이익한 재판에 대해서만 제기할 수 있는 것이고 재판이 상소인에게 불이익한지 여부는 재판의 주문을 표준으로 하여 상소제기 당시를 기준으로 판단되어야 할 것이므로 제1심에서 전부승소의 판결을 받은 원고는 항소를 제기할 이익이 없다.

35) 대판 1971. 2. 9. 69다1741, 이에 대해서는 항소를 허용하자는 입장도 있다. 소제기 후에 사망한 사람에 대한 판결에 대해서는 상소가 허용된다(대판 전합 1995. 5. 23. 94다28444).

36) 대판 2002. 4. 27. 99다30312.

37) 대판 1994. 12. 23. 94다44644, 수 개의 청구를 모두 기각한 제1심판결에 대하여 원고가 그중 일부의 청구에 대해서만 항소를 제기한 경우, 항소되지 않았던 나머지 부분도 항소로 인하여 확정이 차단되고 항소심에 이심은 되나 원고가 그 변론종결 시까지 항소취지를 확장하지 아니하는 한 나머지 부분에 관해서는 원고가 불복한 바가 없어 항소심의 심판대상이 되지 아니하므로 항소심으로서는 원고의 수 개 청구 중 항소하지 아니한 부분을 다시 인용할 수는 없다.
대판 2001. 12. 24. 2001다62213, 원고의 주위적 청구를 기각하면서 예비적 청구를 일부 인용한 환송 전 항소심판결에 대하여 피고만이 상고하고 원고는 상고도 부대상고도 하지 않은 경우에, 주위적 청구에 대한 항소심판단의 적부는 상고심의 조사대상으로 되지 아니하고 환송 전 항소심판결의 예비적 청구 중 피고 패소 부분만이 상고심의 심판대상이 되는 것이므로, 피고의 상고에 이유가 있는 때에는 상고심은 환송 전 항소심판결 중 예비적 청구에 관한 피고 패소 부분만 파기하여야 하고, 파기환송의 대상이 되지 아니한 주위적 청구부분은 예비적 청구에 관한 파기환송판결의 선고와 동시에 확정되며 그 결과 환송 후 원심에서의 심판범위는 예비적 청구 중 피고 패소 부분에 한정된다.

제1심판결에 누락된 부분은 항소심으로 이심되지 않으므로 심판대상이 될 수 없다. 이에 관해서는 추가판결을 한다. 예비적 병합이나 추가적 병합은 별개이다.

3. 심리의 절차

1) 불복범위의 진술과 변론의 갱신

당사자는 불복의 범위를 진술하고, 상대방은 이에 대하여 항소의 각하 또는 기각을 구하며, 경우에 따라 부대항소에 의하여 심판의 대상을 넓힐 수도 있다. 변론은 이 범위 내에서 실시된다(제407조 제1항).

당사자는 불복신청을 심판하는 데 필요한 한도에서 제1심 변론의 결과를 진술하여야 하는데(제407조 제2항), 이를 변론의 갱신이라고 한다. 제1심 변론결과의 진술은 당사자가 사실상 또는 법률상 주장·정리된 쟁점 및 증거조사 결과의 요지 등을 진술하거나, 법원이 당사자에게 해당사항을 확인하는 방식으로 할 수 있다(민소규칙 제127조의 2). 변론의 갱신은 출석한 당사자의 한쪽이 해도 충분하나 그 일부만 분리하여 진술할 수는 없다.[38]

2) 제1심 소송행위의 효력지속

제1심의 소송행위는 항소심에서도 그 효력을 가진다(제409조). 1심에서 한 신청, 이의권 포기, 자백 등 변론, 증거조사, 그 밖의 소송행위의 효력은 유지된다. 1심에서 한 주장을 항소심에서 다시 주장하지 않더라도 항소심에서 이를 받아들일 수 있고 이는 직접주의나 변론주의원칙에 반하는 것이 아니다. 의제자백은 진정한 자백에서와 같은 구속력은 없고, 변론종결 당시까지, 즉 제1심에서 의제자백이 있었다 하여도 구두변론 일체성에 의하여 항소심의 변론종결 당시까지는 상대방의 주장을 다툴 수 있다.[39]

제1심의 변론준비절차는 항소심에서도 그 효력을 가진다(제410조).

3) 새로운 공격방어방법의 제출

당사자는 항소심의 변론종결 시까지 종전의 주장을 정정·보충하고, 새로운 공격방어방법을 제출할 수 있는데(제378, 136조), 이를 변론의 갱신권이라고 한다. 제출할 수 있는 공격방어방법은 제1심의 변론종결 후에 발생한 것에 한정하지는 않으나, 실기한 것이면 각하된다(제408, 149조). 실기한 것인지 여부는 1, 2심의 변론경과를 함께 고려하여 판단한다. 제1심에서 변론준비기일을 거친 경우에는 실권효가 있으므로 그때 제출하지

---

38) 대판 1954. 5. 27. 4286민상235.

39) 대판 1968. 3. 19. 67다2677.

못한 주장과 증거는 항소심에서도 제출하지 못한다. 항소심 재판장은 당사자의 의견을 들어 일정한 공격방어방법의 제출기간을 제한할 수 있다(제147조).

4) 가집행선고

항소법원은 제1심 판결 중에 불복신청이 없는 부분에 대해서는 당사자의 신청에 따라 결정으로 가집행의 선고를 할 수 있다. 이 신청을 기각한 결정에 대해서는 즉시항고를 할 수 있다(제406조).

5) 당사자의 불출석

당사자 한쪽이 변론기일에 출석하지 아니하거나, 출석하고서도 본안에 관하여 변론하지 아니한 때에는 그가 제출한 소장·답변서, 그 밖의 준비서면에 적혀 있는 사항을 진술한 것으로 간주한다(제148조).

변론기일에 양 당사자가 2회 불출석하거나 출석하였다 하더라도 변론하지 아니하고 1개월 이내에 기일지정신청을 하거나, 위 기일지정신청에 따라 정한 변론기일 또는 그 뒤의 변론기일에 양쪽 당사자가 출석하지 아니하거나 출석하였다 하더라도 변론하지 아니한 때에는 항소를 취하한 것으로 본다(제268조 제4항).

Ⅳ. 항소심의 종국재판

1. 항소장 각하명령

항소장에 필요적 기재사항이 기재되어 있지 않거나 법률의 규정에 따른 인지를 붙이지 아니하거나 항소장의 부본을 송달할 수 없는 경우에 보정기간 내에 보정되지 않은 때, 또는 항소기간경과에도 불구하고 원심재판장이 항소장을 각하하지 아니한 때에는 항소심 재판장은 명령으로 항소장을 각하하여야 한다(제402조 제2항).

2. 항소각하판결·결정

부적법한 항소로서 흠을 보정할 수 없으면 변론 없이 판결로 항소를 각하할 수 있다(제413조). 항소인이 변론능력을 결하여 법원이 변호사선임을 명하였음에도 불구하고 변호사를 선임하지 아니한 때에는 법원은 결정으로 항소를 각하할 수 있다(제144조 제4항).

3. 항소기각 판결

항소법원은 제1심 판결을 정당하다고 인정한 때, 또는 제1심 판결의 이유가 정당하지 아니한 경우에도 다른 이유에 따라 그 판결이 정당하다고 인정되는 때에는 항소를 기각하여야 한다(제414조). 판결이유 중 판단에는 기판력이 없으므로 원판결이유가 잘못되었더라도 주문이 일치하면 항소를 기각하는 것이다.

다만 상계의 항변은 기판력이 있으므로 예비적 상계의 항변에 의하여 승소한 피고가 항소심에서 상계 이외의 사유로 승소하는 것으로 판단되는 경우에는 제1심판결을 취소하고 다시 청구기각 판결을 해야 한다.

항소기각판결이 확정되면 원심판결도 확정되며, 기판력의 표준시는 항소심 변론종결 시이다.

4. 항소인용판결

항소법원은 제1심 판결을 정당하지 아니하다고 인정한 때(제416조) 또는 제1심 판결의 절차가 법률에 어긋날 때(제417조)에 제1심 판결을 취소하여야 한다. 판결의 당부는 항소심변론종결 시를 기준으로 판단한다.

1) 자판

제1심판결을 취소할 경우에 항소심은 사실심이므로 스스로 소에 대한 응답, 즉 자판을 하는 것이 원칙이다. 상고인용 시 환송을 하는 것이 원칙인 상고심과 구별된다.

2) 필수적 환송판결

소가 부적법하다고 각하한 제1심 판결을 취소하는 경우에는 항소법원은 사건을 제1심법원에 환송하여야 한다. 소각하판결은 청구의 당부에 관하여 판단하고 있지 않으므로 본안에 관하여 제1심 판단을 거치게 하기 위함이다. 다만 제1심에서 본안판결을 할 수 있을 정도로 심리가 된 경우, 또는 당사자의 동의가 있는 경우에는 항소법원은 스스로 본안판결을 할 수 있다(제418조). 불필요한 환송을 생략하여 소송지연과 비용증가를 방지하기 위함이다.

환송판결은 종국판결이므로 이에 대하여 상고할 수 있다.[40]

항소법원이 제1심판결을 취소하는 경우에는 반드시 사건을 제1심법원에 환송하여야만 하는 것은 아니다.[41]

---

40) 대판 전합 1981. 9. 8. 80다3271.

상급법원의 재판에 있어서의 판단은 당해 사건에 관하여 하급심을 기속하므로(법원조직법 제8조) 제1심법원이 다시 심판할 때는 항소법원이 취소이유로 한 법률상·사실상 판단에 기속된다.

3) 관할위반으로 말미암은 이송

관할위반을 이유로 제1심 판결을 취소한 때에는 항소법원은 판결로 사건을 원심법원이 아닌 관할법원에 이송하여야 한다. 전속관할 위반에 한하고 임의관할 위반은 취소사유가 아니다(제411조).

5. 불이익변경금지원칙

1) 개념

불이익변경금지원칙이란 상소를 인용하여 원판결을 변경할 때에는 그 불복의 한도에서 바꿀 수 있고(제415조), 불복의 범위를 넘어 원판결을 이익 또는 불이익하게 변경할 수 없는 원칙을 말한다.

2) 이익·불이익의 판단기준

이익·불이익의 판단은 원판결과 상급심판결의 주문을 형식적으로 비교하여 판단한다. 이유를 불이익하게 변경하는 경우에는 이 원칙이 적용되지 않는다. 다만 상계항변이 인정되어 원고청구가 기각된 후 원고만이 항소한 경우에, 소구채권의 부존재를 이유로 항소 기각하게 되면 상계에 제공된 반대채권이 소멸되는 이익을 잃기 때문에 불이익한 것이 되어 위법한 판결이 된다.

3) 구체적 내용

① 이익변경금지

불복의 범위를 넘어 유리하게 판결하는 것도 금지된다. 불복하지 않은 패소부분이 부당하다고 인정되더라도 항소인에게 유리하게 변경할 수는 없다. 본소와 반소에 모두 패소한 피고가 반소에 대해서만 항소했으면 본소판결이 부당하더라도 변경할 수 없고, 재산상의 손해배상청구와 위자료청구는 소송물이 동일하지 않은 별개의 청구이므로 1심판결에 대하여 항소하지 않은 원고에 대하여 1심판결보다 많은 위자료의 지급을 명할 수 없고,[42] 수 개의 청구를 모두 기각한 제1심판결에 대하여 원고가 그중 일부의 청구에 대해서만 항소를 제기한 경우, 항소되지 않았던 나머지 부분도 항소로 인하여 확정이 차단

---

41) 대판 1971. 10. 11. 71다1805.
42) 대판 1989. 6. 27. 89다카5406.

되고 항소심에 이심은 되나 원고가 그 변론종결 시까지 항소취지를 확장하지 아니하는 한 나머지 부분에 관해서는 원고가 불복한 바가 없어 항소심의 심판대상이 되지 아니하므로 항소심으로서는 원고의 수 개 청구 중 항소하지 아니한 부분을 다시 인용할 수는 없다.43)

② 불이익변경금지

가. 상대방의 항소나 부대항소가 없는 한 항소인에게 불리하게 원심판결을 변경할 수 없다.

나. 일부인용판결에 대하여 피고만 항소한 경우에는 피고에게 1심 패소부분 이상의 지급의무가 있다고 판단되어도 그를 넘어 지급을 명할 수 없고, 원고만 항소한 경우에는 원고 청구 전부가 이유 없다고 인정되어도 1심의 원고승소부분을 취소할 수 없다.

다. 예비적 청구인용판결에 대하여 피고만 항소한 경우 주위적 청구가 이유 있어도 이를 인용할 수 없다.

라. 소각하판결에 대하여 원고만 항소한 경우에 청구기각판결을 할 수 있는가에 관해서는, 판례는 소를 각하한 원심판결을 파기한다 하더라도 어차피 청구가 기각될 운명에 있다면 원고만이 상고한 사건에 있어서 원고에게 더욱 불리한 재판을 할 수 없으므로 원심판결을 유지하여야 한다고 하여 항소기각설을 택하고 있으나,44) 제418조 단서에 해당하는 경우에는 항소인용판결을 할 수 있는데 항소기각판결은 할 수 없다고 하면 균형이 맞지 않는 점을 들어 불이익변경금지원칙은 소송판결인 경우에는 적용되지 않는다고 보아 청구기각판결이 가능하다는 입장과 항소기각설은 상소법원이 판단과 기판력의 괴리가 생기고 후에 소송요건을 구비하여 재소하게 되는 문제점이 있다면서 환송해야 한다는 입장이 있다.

4) 예외

법원의 직권조사사항에 대해서는 불이익변경금지원칙이 적용되지 않는다. 항소심이 원고들이 불복하지 않은 청구에 대해서도 확인의 이익유무를 조사하여 원고들의 청구를 각하한 조치는 정당하고, 불이익변경금지원칙에 반하지 않는다.45)

가사소송과 같이 직권탐지주의에 의하는 경우나, 신청 없이 재판하는 소송비용의 재판과 가집행선고의 변경은 당사자의 신청과 무관하게 변경할 수 있다(제104, 105, 213조).

---

43) 대판 1994. 12. 23. 94다44644.

44) 대판 1996. 10. 11. 96다3852.

45) 대판 1995. 7. 25. 95다14817.

처분권주의가 적용되지 않는 비송사건의 성격을 지닌 형식적 형성소송(경계확정소송, 공유물 분할소송)에는 불이익변경금지원칙이 적용되지 않는다.

독립당사자참가소송과 예비적·선택적 공동소송과 같은 필수적 공동소송의 경우에는 합일확정의 필요에서 상소하지 않은 당사자에 대한 판결부분이 변경될 때 불이익변경금지원칙이 적용되지 않는다.46)

항소심에서 상계항변이 받아들여지는 경우에는 불이익변경금지원칙이 적용되지 않는다(제415조 단서).

5) 위반

불이익변경금지원칙의 위반은 제415조의 법률위반이 되어 상고이유가 된다.

제3절 상고

Ⅰ. 개념

1. 개념

상고라 함은 대법원에 항소심의 종국재판에 관하여 원심판결에서 확정한 사실을 전제로 법률적인 측면에서 원심판결의 당부에 관한 판단을 구하는 것이다. 예외적으로 고등법원 또는 특허법원이 제1심으로 한 판결이나 당사자가 불항소의 합의(비약상고합의)를 한 경우에는 제1심판결에 대해서도 상고할 수 있다. 중앙해난심판위원회의 재결에 대한 소와 같이 법원의 판결이 아닌 행정부 산하의 준사법기관의 심판에 대하여 인정되는 경

---

46) 대판 2007. 12. 14. 2007다37776, 37783, 독립당사자참가소송에서 원고승소의 판결이 내려지자 이에 대하여 참가인만이 상소를 한 경우에도 판결 전체의 확정이 차단되고 사건 전부에 관하여 이심의 효력이 생긴다.
　독립당사자참가소송에서 원고승소 판결에 대하여 참가인만이 상소를 했음에도 상소심에서 원고의 피고에 대한 청구인용 부분을 원고에게 불리하게 변경할 수 있는 것은 참가인의 참가신청이 적법하고 나아가 합일확정의 요청상 필요한 경우에 한한다.
　독립당사자참가소송에서 원고의 피고에 대한 청구를 인용하고 참가인의 참가신청을 각하한 제1심판결에 대하여 참가인만이 항소하였는데, 참가인의 항소를 기각하면서 제1심판결 중 피고가 항소하지도 않은 본소 부분을 취소하고 원고의 피고에 대한 청구를 기각한 것은 부적법하다.

우도 있다.

2. 법률심

상고심은 원심판결이 확정한 사실을 전제로 원심판결에 법령위반이 있는가의 점만 심사한다. 따라서 원심판결에 불복하는 것만으로는 부족하고 법령위반을 상고이유로 주장하여야 한다. 또한 상고심은 원심판결에서 확정한 사실에 기속되고(제432조) 당사자도 새로운 사실을 주장하거나 증거를 신청하여 원심이 인정한 사실을 변경시킬 수 없다.[47]

다만 직권조사사항을 판단할 때에는 새로운 사실을 고려할 수 있고,[48] 필요한 증거조사도 할 수 있다. 당사자도 새로운 주장·증명을 할 수 있다.[49] 다툼이 없거나 공지의 사실은 변론종결 후에 발생한 것이라도 고려할 수 있다.

상고심에서 새로운 신청을 하는 것(청구변경·확장, 반소제기 등)은 원칙적으로 허용되지 않는다. 새로운 사실을 조사해야 하기 때문이다.

3. 상고제도의 목적

상고제도의 목적이 법령해석의 통일에 있는가, 부당한 재판으로부터 불이익을 받은 당사자의 권리구제에 있는가에 관하여 다툼이 있다. 입법례로는 법령해석의 통일만을 목적으로 하거나 양자 모두를 목적으로 하는 경우가 있는데, 우리는 상고이유를 법령위반으로 제한하고 있고, 상고법원을 대법원으로 일원화하고 있어 법령위반에 중점이 있기는 하지만, 당사자의 상고가 있어야만 상고절차가 개시되므로 당사자 권리구제의 점 또한 반영하고 있다고 보아야 할 것이다.

Ⅱ. 상고이유

민사소송법상 상고이유는 일반적 상고이유(제423조)와 절대적 상고이유(제424조)로 나누어져 있고, 이와 별도로 심리를 속행하기 위하여 상고이유에 포함되어야 하는 사유가 있다(상고특례법 제4조).

---

47) 대판 1979. 9. 11. 79다150.
48) 대판 1983. 4. 26. 83사2.
49) 대판 1989. 10. 10. 89누1308.

1. 일반적 상고이유

원심판결에 법령위반이 있는 경우이다.

1) 법령은 헌법, 법률, 명령 또는 규칙 외에 지방자치단체의 조례, 조약, 관습법, 외국법 등 법원이 준수·적용하여야 할 모든 법규를 말한다. 경험법칙은 사실판단의 대전제로서 법규와 동일시하여야 하므로 그 위반은 상고이유가 된다는 것이 다수설 판례이다.[50] 보통거래약관이나 정관은 법령이 아니나 포함되는 것으로 보는 입장도 있다.

대법원 판례 위반은 법령위반이 아니지만 법령해석을 잘못한 것이 되어 결국 법령위반이 될 것이다.

2) 위반은 다음의 의미이다.

① 법령해석의 과오와 법령적용의 과오

법령해석의 과오는 법령의 내용이나 취지를 오해하거나 효력의 시간적·장소적 한계를 오해하여 사건에 부당하게 적용하거나 적용하지 않은 경우이고, 법령적용의 과오는 구체적 사실이 법규의 구성요건에 해당하는가에 관한 평가를 잘못한 것을 말한다.

이와 관련하여 사실인정의 과오와의 구별이 문제 되는데, 특정사실의 존부는 사실문제이지만, 사실에 대한 평가(과실, 선량한 풍속 위반, 정당한 사유, 신의칙 위반 등)는 법률문제이다. 증거의 평가(문서나 증언의 신빙성)는 사실의 존부를 확정하는 것이므로 사실문제이나, 그 과정에서 추정법리·논리·경험칙 위반 여부는 법률문제이다.

의사표시의 존재 여부는 사실문제이지만 의사표시에 어떤 효과를 부여할지는 법률문제이다. 판사의 재량에 속하는 것은 사실문제이다.[51]

② 판단상의 과오와 절차상의 과오

판단상의 과오란 원판결 청구의 당부에 관한 판단이 잘못된 것을 말한다. 실체법의 위반이 대부분이나 소송요건의 흠 등 소송상의 사항을 판단하는 경우에는 소송법위반도 해당한다. 추정규정이나 증명책임분배규정은 실체규정이므로 이를 위반하면 판단상의 과오가 된다.

절차상의 과오란 원심절차에 소송법규의 위반이 있는 경우를 말한다. 당사자가 주장하지 않는 사실의 채택이나 자백의 효력 오인 등 변론주의나 처분권주의를 위반한 때, 석

---

50) 대판 1971. 11. 15. 71다2070.

51) 대판 1991. 3. 27. 90다13383, 불법행위로 인한 손해배상사건에서 책임감경사유 또는 과실상계사유에 관한 사실인정이나 그 비율을 정하는 것은 그것이 형평의 원칙에 비추어 현저히 불합리하다고 인정되지 아니하는 한 사실심의 전권사항에 속한다.

명의무를 위반하거나 증거조사절차가 위법한 때, 송달이 위법한 때 등이다. 훈시규정위반은 상고이유가 못 되고, 임의규정위반은 이의권의 포기·상실이 있으면 상고이유가 될 수 없다.

판단상의 과오는 법원의 직무인 법령의 적용판단에 관한 것이므로 당사자의 주장이 없어도 법원이 직권으로 조사하여야 하고, 절차상의 과오는 판결 자체만으로는 발견하기 어려우므로 직권조사사항을 제외하고는 당사자가 상고이유로 주장한 경우에만 판단한다(제431, 434조).

③ 원심판결 후에 법령의 변경이 있고 새 법령이 소급되는 경우에는 새 법의 위반도 법령위반으로 상고이유가 된다.

3) 법령위반은 그것이 판결에 영향을 미쳐야 상고이유가 된다.

법령위반과 판결주문 사이에 인과관계가 있어야 한다. 원심에 법령위반이 없었다면 원심판결의 결론이 달라질 가능성으로 족한가, 더 나아가 법령위반이 없었더라면 다른 판결이 나왔을 거라는 개연성이 요구되는가에 관하여 논의가 있는데, 가능성으로 족하다는 것이 다수설이다.

2. 절대적 상고이유

절대적 상고이유는 중대한 절차상의 과오가 있는 경우로 원심판결에 영향을 미쳤는가와 무관하게 상고이유로 된다.

1) 법률에 따라 판결법원을 구성하지 아니한 때

판결법원이 법원조직법과 민사소송법에 따라 구성되지 않는 것을 말한다. 합의부구성 법관이 2인인 경우, 변론에 관여하지 않은 법관이 판결에 관여한 경우, 법관이 바뀌었는데 갱신절차 없이 후임법관이 판결한 경우 등이다. 변론의 갱신절차를 밟지 아니하였다 하더라도 당사자가 그 심급의 최종변론기일에서 소송관계를 표명하고 변론을 하였다면 이것으로써 변론을 갱신한 효과는 생긴 것이라 보아도 좋을 것이다.[52]

2) 법률에 따라 판결에 관여할 수 없는 판사가 판결에 관여한 때

제척사유 있는 법관(제41조), 기피결정이 선고된 법관(제46조), 파기환송이 된 원심에 관여한 법관(제436조 제2항) 등이다. 판결에 관여한다는 것은 합의 및 판결원본의 작성에 관여한 것을 말하고 판결선고에만 관여한 경우는 상관없다.[53]

---

52) 대판 1966. 10. 25. 66다1639.

53) 대판 1962. 5. 24. 61민상251.

3) 전속관할에 관한 규정에 어긋난 때 전속관할권이 없는 법원이 판결한 경우이다.

4) 법정대리권·소송대리권 또는 대리인의 소송행위에 대한 특별한 권한의 수여에 흠이 있는 때

대리인에게 대리권이 없거나 대리권은 있지만 특별수권을 받지 못한 때(제565조 제2항, 제90조 제2항)를 말한다. 당사자의 절차권 보장을 위한 것이므로 당사자가 공격방어방법을 제출할 기회를 부당하게 박탈당한 경우에 유추 적용된다. 대리인 없이 무능력자가 소송을 하는데 능력자로 오인하여 판결한 경우, 특별대리인의 선임이 필요한데 선임 없이 소송수행이 된 경우, 성명모용자에 의한 소송수행을 간과하고 판결한 경우, 소송 중 당사자가 사망한 것을 간과하고 상속인의 소송승계도 없이 판결한 경우, 당사자가 책임질 수 없는 사유로 변론기일에 출석하지 못하여 공격방어방법을 제출할 수 없었던 경우 등이다.54)

대리권의 흠이 있더라도 추인이 있으면 상고이유가 되지 않는다(제424조 제2항).

5) 변론을 공개하는 규정에 어긋난 때

변론을 정당한 이유 없이 공개하지 않은 경우이다. 수명법관이 수소법원 밖에서 증거조사를 하는 경우에는 공개하지 않더라도 상고이유가 되지 않는다.55)

6) 판결의 이유를 밝히지 아니하거나(이유불비) 이유에 모순이 있는 때

① 이유불비란 이유를 전혀 기재하지 않거나 일부를 빠뜨린 경우를 말한다. 이는 직권조사사항이다.56) 판결에 영향을 미치는 중대한 사항에 대한 판단을 하지 않은 판단누락(제451조 제1항 제3호)도 여기에 해당한다.57) 당사자의 주장에 대한 판단유탈의 위법이 있다 하더라도 그 주장이 배척될 경우임이 명백한 때에는 판결 결과에 영향이 없다.58) 어떤 증거에 의하여 어떤 사실을 인정했는지를 밝히지 않은 경우, 법령적용과 관련하여 수긍할 만한 이유를 밝히지 않거나 인정사실로부터 판결이 인정한 법률효과가 발생하지 않는 경우, 주문의 취지가 불명하거나 주문과 이유의 내용이 일치하지 않는 경우 등이 그 예이다.

판결이유에 주문에 이르게 된 경위가 명확히 표시되어 있는 이상, 관계 법률이 위헌이

---

54) 대판 1965. 9. 7. 65사19, 대판 1964. 11. 17. 64다328, 대판 전합 1995. 5. 23. 94다28444, 대판 1997. 5. 30. 95다21365.
55) 대판 1971. 6. 30. 71다1027.
56) 대판 2005. 1. 28. 2004다66469.
57) 대판 2004. 5. 28. 2001다81245.
58) 대판 2002. 12. 26. 2002다56116.

라는 당사자의 주장을 판단하지 아니하였다는 사정만으로 판결에 이유를 명시하지 아니한 위법이 있다고 할 수 없고, 또한 당사자의 주장이나 항변에 대한 판단은 반드시 명시적으로만 하여야 하는 것이 아니고 묵시적 방법이나 간접적인 방법으로도 할 수 있다.[59]

② 이유모순이란 이유를 기재하기는 했으나 이유 자체에 모순이 있어 판결주문에 이르는 논리의 전개가 명확하지 않은 경우를 말한다. 이유가 두 개인데 서로 모순되는 경우, 요건사실을 인정하면서 법률효과를 인정하지 않는 경우, 하나의 증거로 서로 다른 두 개의 사실을 인정하는 경우, 1심판결이유를 원용하면서 1심보다 과실을 무겁게 인정하는 경우[60] 등이다.

3. 그 밖의 상고이유로서 재심사유

재심사유는 상소에 의해서도 그 사유를 주장할 수 있으므로(제451조 제1항 단서), 상고이유가 된다. 확정판결도 취소시키는 사유이므로 상고이유가 되는 것은 당연하다. 다만 제451조 제1항 4 내지 7호의 사유를 주장할 때는 동 조 제2항의 요건을 갖추어야 한다.

4. 상고특례법상의 심리불속행사유

상고이유는 상고특례법상의 심리불속행사유와는 별개이다. 상고이유는 상고에 들어가기 위한 사유이고 심리불속행사유는 일단 상고에 들어간 다음에 실질적인 심리를 받기 위하여 필요한 사유이기 때문이다.

5. 소액사건심판법상의 상고이유

소액사건에 대한 지방법원 본원 합의부의 제2심판결이나 결정·명령에 대해서는 법률, 명령, 규칙 또는 처분의 헌법위반 여부와 명령, 규칙 또는 처분의 법률위반 여부에 대한 판단이 부당한 때 또는 대법원의 판례에 상반되는 판단을 한 때에 한하여 대법원에 상고 또는 재항고를 할 수 있다(소액사건심판법 제3조).

---

59) 대판 1995. 3. 3. 92다55770.
60) 대판 1980. 7. 8. 80다997.

Ⅲ. 상고심의 개시

상고심의 소송절차는 항소심 및 제1심의 소송절차에 관한 규정이 준용된다.

1. 상고의 제기

상고장은 판결이 송달된 날로부터 2주 내에 원심법원에 제출하여야 하고 상고법원에 제출하면 효력이 없고 원심법원으로 송부된다. 이 경우 상고기간의 준수는 원심법원에 접수된 때를 기준으로 한다.[61]

상고장의 기재사항은 항소장에 준하고, 인지액은 소장에 붙일 금액의 2배이다(민사소송인지법 제3조).

2. 재판장의 상고장 심사와 기록 송부

항소심의 경우와 같이 원심재판장과 상고심 재판장의 상고장 심사를 거친다.

1) 원심재판장의 상고장 심사

원심재판장은 상고장의 필수적 기재사항의 기재 여부 및 법률의 규정에 따른 인지첩부 여부를 심사하여 흠이 있으면 상고인에게 상당한 기간을 정하여 그 기간 이내에 흠을 보정하도록 명한다. 상고인이 위의 기간 내에 흠을 보정하지 아니한 때와, 상고기간을 넘긴 것이 분명한 때에는 명령으로 상고장을 각하한다(제425, 399조).

2) 상고기록의 송부

상고장이 각하되지 아니한 때에 원심법원의 법원사무관 등은 상고장이 제출된 날부터 2주 이내에 상고기록에 상고장을 붙여 상고법원으로 보내야 한다. 원심재판장이 흠을 보정하도록 명한 때에는 그 흠이 보정된 날부터 1주 이내에 상고기록을 보내야 한다(제425, 400조).

상고장의 부본은 피상고인에게 송달하여야 한다(제401조). 상고법원의 법원사무관 등은 원심법원의 법원사무관 등으로부터 소송기록을 받은 때에는 바로 그 사유를 당사자에게 통지하여야 한다(제426조).

3) 상고심 재판장의 상고장 심사권

상고장에 필수적 기재사항이 기재되어 있지 않거나 법률의 규정에 따른 인지를 붙이지

---

61) 대판 1981. 10. 13. 81누230.

아니하였음에도 원심재판장이 각하명령을 하지 아니한 경우, 또는 상고장의 부본을 송달할 수 없는 경우에는 상고심 재판장은 상고인에게 상당한 기간을 정하여 그 기간 이내에 흠을 보정하도록 명하여야 한다. 상고인이 위 기간 내에 흠을 보정하지 아니한 때, 또는 원심재판장이 상고장을 각하하지 아니한 때에는 상고심 재판장은 명령으로 상고장을 각하하여야 한다(제425, 402조).

3. 상고이유서 제출

1) 제출기간

상고장에 상고이유를 적지 아니한 때에 상고인은 제426조의 상고기록접수의 통지를 받은 날로부터 20일 이내에 상고이유서를 제출하여야 한다(제427조). 기간 내에 상고이유서를 제출하지 아니한 때에는 상고법원은 변론 없이 판결로 상고를 기각하여야 한다. 다만 직권으로 조사하여야 할 사유가 있는 때에는 그러하지 아니하다(제429조 단서).[62] 기간경과 후에 새로운 상고이유(재심사유 등)가 생긴 경우에는 추가로 제출할 수 있다.

2) 기재사항

판결에 영향을 미친 헌법, 법률, 명령 또는 규칙의 위반이 있다는 것을 이유로 하는 상고의 경우에 상고이유는 법령과 이에 위반되는 사유를 밝혀야 한다. 법령을 밝힐 때에는 그 법령의 조항 또는 내용(성문법 외의 법령에 관해서는 그 취지)을 적어야 한다. 법령에 위반되는 사유를 밝히는 경우에 그 법령이 소송절차에 관한 것인 때에는 그에 위반되는 사실을 적어야 한다(민소규칙 제129조). 구체적으로 어떤 점이 어떻게 법령에 위반된다고 기재해야 하며[63] 단순히 사실오인, 이유불비, 채증법칙의 위반, 법령해석의 잘못이 있다고만 기재한 경우,[64] 억울한 사정만을 호소한 경우,[65] 다른 서면의 기재내용을 원용한 경우[66]는 적법한 이유기재가 아니다.

---

62) 대판 1998. 6. 26. 97다42823, 상고이유서 제출기간이 도과된 후 비로소 상고이유서가 제출된 경우나 상고이유 중 직권조사사항에 관한 부분을 제외한 나머지 상고이유는 적법한 상고이유가 되지 못한다.

63) 대판 1983. 11. 22. 82누297, 2001. 3. 23. 2000다29356, 29363, 상고이유서에는 상고이유를 특정하여 원심판결의 어떤 점이 법령에 어떻게 위반되었는지에 관하여 구체적이고도 명시적인 이유의 설시가 있어야 할 것이므로, 상고인이 제출한 상고이유서에 위와 같은 구체적이고도 명시적인 이유의 설시가 없는 때에는 상고이유서를 제출하지 않은 것으로 취급할 수밖에 없다.

64) 대판 1974. 5. 28. 74사4, 1991. 5. 28. 91다9831.

65) 대판 1981. 5. 26. 81다494.

66) 대판 1991. 10. 11. 91다22278, 상고이유는 상고장에 기재하거나 상고이유서라는 독립된 서면으로 하여야 하고 다른 서면의 기재내용을 원용할 수 없는 것이며 원심판결의 어떤 부분이 어떻게 법령에 위배되었는가를 구체적으로 명시하지 아니하면 상고이유의 제출이 있었다고 할 수 없다. 상고이유서의 "원고

절대적 상고이유를 상고이유로 삼는 때에는 상고이유에 그 조항과 이에 해당하는 사실을 밝혀야 한다(민소규칙 제130조).

원심판결이 대법원 판례와 상반되는 것을 상고이유로 하는 경우에는 그 판례를 구체적으로 밝혀야 한다(민소규칙 제131조).

3) 상고이유서, 답변서의 송달

상고이유서를 제출받은 상고법원은 바로 그 부본이나 등본을 상대방에게 송달하여야 한다. 상대방은 위의 서면을 송달받은 날로부터 10일 이내에 답변서를 제출할 수 있다. 상고법원은 위의 답변서 부본이나 등본을 상고인에게 송달하여야 한다(제428조).

4) 상고이유서를 제출하지 아니함으로 말미암은 상고기각

상고인이 상고장에 상고이유를 적지 아니한 때에 제426조의 상고기록접수 통지를 받은 날로부터 20일 이내에 상고이유서를 제출하지 아니한 때에는 상고법원은 변론 없이 판결로 상고를 기각하여야 한다. 다만 직권으로 조사하여야 할 사유가 있는 때에는 그러하지 아니한다(제429조).

4. 부대상고

부대항소에 관한 규정도 상고심에 준용되므로 피상고인은 상고권 소멸 후에 부대상고를 할 수 있다. 부대상고의 방식, 부대상고의 종속성 등도 부대항소와 같다. 다만 상고심은 법률심이므로 소변경이나 반소가 허용되지 않으므로 전부 승소자는 부대상고를 할 수 없다.

상고심에서는 변론종결일에 대응하는 시점이 상고이유서제출기간의 말일에 해당하므로 상고이유서 제출기간 내에 부대상고를 제기하고 부대상고이유서를 제출하여야 한다.[67]

5. 심리불속행제도

1) 개념

심리불속행제도란 상고이유에 중대한 법령위반에 관한 사항 등 심리속행사유를 포함하지 아니한다고 인정하면 더 나아가 심리를 하지 아니하고 판결로 상고를 기각하는 제도를 말한다. 사실상 상고이유로 볼 만한 사유가 없는 경우에 상고이유의 당부에 관하여

가 1심 이래 원심에서 주장하여 온 원인을 상고이유로 원용한다"는 기재만으로는 적법한 상고이유의 제출이 있었다고 할 수 없다.

67) 대판 2002. 12. 10. 2002다52657.

본안심리를 하지 않고, 판결이유를 기재하지 않고, 선고도 하지 않고 상고기각판결의 송달로 선고에 갈음할 수 있게 함으로써 상고심의 부담을 덜고, 남상고를 방지하기 위하여 인정된 제도이다.

2) 심리속행사유(상고심절차에 관한 특례법 제4조)

① 원심판결이 헌법에 위반되거나, 헌법을 부당하게 해석한 경우

헌법위반의 예로는 재판공개원칙(헌법 제109조), 쌍방심리주의(동 제11조) 등이 있고, 헌법을 부당하게 해석한 경우로는 판결이유에서 헌법을 잘못 해석하여 적용하거나 위헌 법률을 적용한 것이 있다.

② 원심판결이 명령, 규칙 또는 처분의 법률위반 여부에 대하여 부당하게 판단한 경우

처분 등이 법률에 위반되는데 위반되지 않는다고 인정하거나 반대의 경우이다.

③ 원심판결이 법률, 명령, 규칙 또는 처분에 대하여 대법원 판례와 상반되게 해석한 경우

이 경우 해당 판례를 구체적으로 밝혀야 한다.

④ 법률, 명령, 규칙 또는 처분에 대한 해석에 관하여 대법원 판례가 없거나 대법원 판례를 변경할 필요가 있는 경우

최초의 판례를 만들 필요가 있거나 기존 판례를 변경할 필요가 있는 경우로 여러 개의 판례가 서로 충돌하여 정비의 필요가 있는 경우도 해당한다.

⑤ 제1호부터 제4호까지의 규정 외에 중대한 법령위반에 관한 사항이 있는 경우

중대한 법령위반은 법령위반이 원판결의 승패에 영향을 미쳤으면 된다는 입장과, 판결에 영향을 미친 것 중에서 정의와 형평에 위반되는 때라는 입장이 있다. 원판결에 영향을 미쳤다면 원판결변경의 필요성을 심리할 이유가 있는 것이므로 중대한 법령위반이라고 할 것이다.

⑥ 절대적 상고이유 중 제1호부터 제5호까지에 규정된 사유가 있는 경우

절대적 상고이유 중 제6호의 이유불비와 이유모순을 제외하고 있으나 위 제5호의 중대한 법령위반에 채증법칙위반이 들어갈 수 있으므로 이유불비와 이유모순도 중대하면 심리속행사유가 된다.

⑦ 가압류 및 가처분에 관한 판결에 대해서는 상고이유에 관한 주장이 제1항 제1호부터 제3호까지에 규정된 사유를 포함하지 아니한다고 인정되는 경우 제1항의 예에 따른다.

3) 심리불속행

대법원은 상고이유에 관한 주장이 위 속행사유를 포함하지 아니한다고 인정하면 더 나아

가 심리를 하지 아니하고 판결로 상고를 기각한다(상고심절차에 관한 특례법 제4조 제1항).

상고이유에 관한 주장이 위의 각 사유를 포함하는 경우에도 그 주장 자체로 보아 이유가 없는 때거나, 원심판결과 관계가 없거나, 원심판결에 영향을 미치지 아니하는 때에는 심리를 하지 않고 상고를 기각한다(동법 제4조 제3항).

상고기각판결에는 이유를 적지 아니할 수 있다. 이 판결은 선고가 필요하지 아니하며, 상고인에게 송달됨으로써 그 효력이 생긴다(동법 제5조).

심리불속행은 전원합의체가 아닌 소부에서 재판하는 경우에만 적용한다. 상고기각판결의 시한은 원심법원으로부터 상고기록을 받은 날로부터 4개월 이내이고, 그 기간이 지나면 심리불속행을 할 수 없다(동법 제6조).

심리불속행은 민사소송, 가사소송 및 행정소송의 상고사건과 재항고 및 특별항고 사건에 적용한다(동법 제2, 7조).

Ⅳ. 상고심의 심리

1. 심리순서

상고장이 제출되면 상고인에게 소송기록접수통지를 하고, 상고인은 통지를 받은 날로부터 20일 내에 상고이유서를 제출해야 하며(제427조), 피상고인은 상고이유서를 송달받고 10일 내에 답변서를 제출해야 하고, 이 답변서는 상고인에게 송달된다(제428조). 이후 상고법원은 상고요건을 심리하고, 충족하면 심리속행사유를 심리하고, 충족하면 상고이유를 심리한다.

2. 심리의 대상, 범위

상고법원은 직권조사사항을 제외하고는 상고이유에 따라 불복신청의 한도 안에서 심리한다(제431, 434조). 병합청구의 경우 상소불가분의 원칙에 따라 상고하지 않는 것도 이심되지만 심판대상은 상고한 것만 해당한다.

불이익변경금지원칙은 상고심에도 적용된다.

3. 소송자료

상고심은 법률심이므로 직권조사사항을 제외하고는 새로운 소송자료를 수집·제출할 수 없다. 원심판결이 적법하게 확정한 사실은 상고법원을 기속한다(제432조). 새로운 소송자료의 심리를 요하는 청구의 변경, 반소, 중간확인의 소를 할 수 없고, 자백의 철회도 허용되지 않는다. 다만 사실심리를 요하지 않는 경우에는 가능하다.[68]

4. 심리방법

상고심은 법률심이므로 상고법원은 상고장, 상고이유서, 답변서, 그 밖의 소송기록에 의하여 변론 없이 판결할 수 있다. 상고법원은 소송관계를 분명하게 하기 위하여 필요한 경우에는 특정한 사항에 관하여 변론을 열어 참고인의 진술을 들을 수 있다(제430조). 이는 특정 전문가의 의견을 들어 심증형성에 도움을 받고자 하는 석명처분의 성격이 있다. 이때는 당사자를 참여시켜야 하고 진술의 요지를 조서에 기재한다(규칙 제134조).

상고심에서 변론을 열 때 제148, 268조의 진술간주나 당사자불출석 조항이 적용되는가에 관해서는 임의적 변론이므로 적용되지 않는다는 것이 다수설이다.

V. 상고심의 종국재판

1. 상고장 각하명령

상고장에 필수적 기재사항이 기재되어 있지 않거나 법률의 규정에 따른 인지를 붙이지 아니하였음에도 원심재판장이 각하명령을 하지 아니한 경우, 또는 상고장의 부본을 송달할 수 없는 경우에는 상고심 재판장은 상고인에게 상당한 기간을 정하여 그 기간 이내에 흠을 보정하도록 명하여야 한다. 상고인이 위 기간 내에 흠을 보정하지 아니한 때, 또는 원심재판장이 상고장을 각하하지 아니한 때에는 상고심 재판장은 명령으로 상고장을 각하하여야 한다(제425, 402조).

---

68) 대판 1980. 11. 11. 80다2055, 가집행선고로 인한 지급물의 반환신청은 그 신청의 이유인 사실의 진술 및 그 당부의 판단을 위해서는 소송에 준하여 변론이 필요한 것이므로 법률심인 상고심에서는 그 신청 이유로 주장하는 사실관계에 대하여 당사자 간에 다툼이 없어 사실심리를 요하지 아니하는 경우를 제외하고는 허용될 수 없다.

2. 상고각하판결

상고요건이 흠결되어 상고가 부적법한 경우에는 판결로 상고를 각하한다(제425, 413조).

3. 상고기각 판결

상고법원은 원심판결을 정당하다고 인정한 때 또는 원심판결의 이유가 정당하지 아니한 경우에도 다른 이유에 따라 그 판결이 정당하다고 인정되는 때에는 상고를 기각하여야 한다(제414조). 판결이유 중 판단에는 기판력이 없으므로 원판결이유가 잘못되었더라도 주문이 일치하면 상고를 기각하는 것이다. 다만 상계의 항변은 기판력이 있으므로 예비적 상계의 항변에 의하여 승소한 피고가 상고심에서 상계 이외의 사유로 승소하는 것으로 판단되는 경우에는 원심판결을 취소하고 다시 청구기각 판결을 해야 한다.

상고이유서를 제출하지 아니한 때에는 상고법원은 변론 없이 판결로 상고를 기각하여야 한다(제429조). 상고이유서를 제출했어도 상고이유에 관한 주장이 심리속행사유를 포함하지 아니한다고 인정하면 더 나아가 심리를 하지 아니하고 판결로 상고를 기각한다(상고심절차에 관한 특례법 제4조 제1항). 상고이유에 관한 주장이 속행사유를 포함하는 경우에도 그 주장 자체로 보아 이유가 없는 때거나 원심판결과 관계가 없거나 원심판결에 영향을 미치지 아니하는 때에는 심리를 하지 않고 상고를 기각한다(동법 제4조 제3항).

4. 상고인용판결

상고법원은 상고에 정당한 이유가 있다고 인정할 때에는 원심판결을 파기하고 사건을 원심법원에 환송하거나, 동등한 다른 법원에 이송하여야 한다(제436조).

1) 환송판결

상고법원이 원심판결을 파기할 경우에는 사실심리를 다시 할 필요가 있기 때문에 사건을 원심법원에 환송하거나, 동등한 다른 법원에 이송하는 것이 원칙이다. 항소심의 경우 파기자판 원칙과 다르다. 이송은 원심이 제척 등의 사유로 법원을 구성할 수 없는 경우에 하게 된다(제436조 제3항).

2) 환송 후의 심리

① 변론재개

사건을 환송받거나 이송받은 법원은 다시 변론을 거쳐 재판하여야 한다. 이 경우에는 상고법원이 파기의 이유로 삼은 사실상 및 법률상 판단에 기속된다(제436조 제2항).

환송 후의 변론은 종전변론의 속행이지만, 원심판결에 관여한 판사는 위의 재판에 관여하지 못하므로(제436조 제3항) 변론갱신절차를 밟아야 한다(제204조 제2항). 환송 또는 이송 전의 소송절차는 파기이유에서 위법하다고 인정되지 않은 한 유효하고, 환송 전 소송대리인의 대리권도 당연히 부활한다.[69] 그러나 환송 전후의 소송대리인이 다를 경우에는 신뢰관계의 문제가 있어 당사자가 종전 대리권의 부활을 원치 않을 것이다.

② 심리범위는 종전변론의 속행이므로 환송 전 판결에 대한 불복범위 내에 국한되는 것은 아니고,[70] 당사자는 그 심급에서 허용되는 모든 행위, 즉 청구변경, 반소제기, 부대항소, 항소취하, 새로운 공격방어방법의 제출 등이 가능하고, 그 결과 환송 후 판결주문이 더 불리할 수도 있다.[71]

③ 심판대상은 파기환송이 된 부분뿐이다.[72] 원고의 청구가 일부 인용된 환송 전 원심판결에 대하여 원고만이 상고하고, 상고심은 이 상고를 받아들여 원심판결 중 원고패소부분을 파기환송을 하였다면, 원고패소부분만이 상고되었으므로 위의 상고심에서 심리대상은 이 부분에 국한되었으며, 환송되는 사건의 범위, 다시 말하자면 환송 후 원심의 심판범위도 환송 전 원심에서 원고패소부분과 환송 후 원심에서 확장된 청구부분에 한정되고, 환송 전 원심판결 중 원고승소부분은 확정되었다 할 것이므로 환송 후 원심으로서는 이에 대하여 심리할 수 없다.[73]

④ 원심판결에 관여한 판사는 환송 또는 이송 후의 재판에 관여하지 못한다(제436조 제3항). 이는 상고법원의 파기이유에 대한 기속력을 확보하기 위하여 편견이 없는 다른 법관으로 하여금 재판하게 하려는 취지이다. 재판에만 관여할 수 없으므로 수명법관이나 수탁판사로서 화해나 증거조사에 관여하는 것은 상관없다. 원심판결은 파기된 원심판결을 뜻하고 그 이전에 파기된 원심판결은 포함되지 않는다.[74]

---

69) 대판 1984. 6. 14. 84다카744.

70) 대판 1969. 12. 23. 67다1664.

71) 대판 1992. 9. 14. 92다4192, 1991. 11. 22. 91다18132, 피고만이 상고하여 원심판결 중 피고패소 부분이 파기환송이 된 경우 원심에 환송되는 사건의 심판 범위는 위 패소 부분을 넘을 수 없고 따라서 이 한도를 초과하여 피고에게 불이익한 판결을 할 수는 없으나, 환송 후 항소심의 소송절차는 환송 전 항소심의 속행이므로 당사자는 원칙적으로 새로운 사실과 증거를 제출할 수 있음은 물론, 소의 변경, 부대항소의 제기 이외에 청구의 확장 등 그 심급에서 허용되는 모든 소송행위를 할 수 있고, 이러한 이유로 또한 민사소송법에는 형사소송법 제368조와 같은 불이익변경의 금지 규정도 없는 이상, 환송 전의 판결보다 상고인에게 불리한 결과가 생기는 것은 불가피하다.

72) 대판 1970. 2. 24. 69누59.

73) 대판 1991. 5. 24. 90다18036.

74) 대판 1973. 11. 27. 73다763.

3) 환송 또는 이송판결의 기속력

① 개념

환송 또는 이송판결의 기속력이란 환송 또는 이송받은 법원이 다시 심판하는 경우에 상고법원이 파기의 이유로 삼은 사실상 및 법률상 판단에 기속되는 것을 말한다(제436조 제2항 단서). 이는 환송심에서 종전의 견해를 고집하여 상고심과의 사이에 사건이 끝없이 왕복하는 것을 막기 위하여 인정된 효력이다.

② 성질

기속력의 성질에 관해서는 환송판결은 중간판결이고 그 기속력이 하급심을 구속한다는 중간판결설, 파기판결로 원판결의 위법·부당의 점에 대하여 기판력이 생기고 하급심과 상고심을 모두 구속한다는 기판력설, 심급제도 유지를 위해 상급심의 판결이 하급심을 구속하는 특수한 효력설 등이 있다. 중간판결설은 당해 심급을 종료시키는 점과 맞지 않고, 기판력설은 기속력이 판결이유 중 판단에도 미치나, 후 소에는 미치지 않고 당해절차에 한하는 것과 맞지 않는다.

판례는 환송판결이 중간판결이라는 종전의 입장을 폐기하고, 사건에 대하여 심판을 마치고 그 심급을 이탈시키는 판결이므로 종국판결이라고 하면서[75] 하급심에 대한 특수한 기속력은 인정되지만 기판력이나 실체법상 형성력, 집행력이 생기지 아니한다고 하여 특수효력설을 취하고 있다.[76]

③ 범위

가. 당해 사건

기속력은 당해 사건에 한하여 미치고 다른 사건은 구속하지 않는다.

나. 파기이유로 삼은 사실상 법률상 판단

사실상 판단이란 상고법원이 직권조사사항에 관한 사실(소송능력판정을 위한 나이), 절차위배에 관한 사실, 재심사유가 되는 사실에 관하여 한 판단을 가리키고, 본안에 관한

---

75) 대판 전합 1981. 9. 8. 80다3271.

76) 대판 1995. 2. 14. 93재다27, 34, 대법원의 환송판결은 형식적으로 보면 "확정된 종국판결"에 해당하지만, 여기서 종국판결이라고 하는 의미는 당해 심급의 심리를 완결하여 사건을 당해 심급에서 이탈시킨다는 것을 의미하는 것일 뿐이고 실제로는 환송받은 하급심에서 다시 심리를 계속하게 되므로 소송절차를 최종적으로 종료시키는 판결은 아니며, 또한 환송판결도 동일절차 내에서는 철회, 취소될 수 없다는 의미에서 기속력이 인정됨은 물론 법원조직법 제8조, 민사소송법 제406조 제2항 후문의 규정에 의하여 하급심에 대한 특수한 기속력은 인정되지만 소송물에 관하여 직접적으로 재판하지 아니하고 원심의 재판을 파기하여 다시 심리 판단하여 보라는 종국적 판단을 유보한 재판의 성질상 직접적으로 기판력이나 실체법상 형성력, 집행력이 생기지 아니한다고 하겠으므로 이는 중간판결의 특성을 갖는 판결로서 "실질적으로 확정된 종국판결"이라 할 수 없다.

사실은 제외된다.77) 본안에 관해서는 새로운 자료에 의하여 새로운 사실을 인정할 수도 있고, 환송 전과 같은 결론을 낼 수도 있다.78)

법률상 판단이란 법령의 해석, 적용상의 견해, 사실에 대한 법적 평가를 말한다. 증거의 채택 여부, 의사표시내용에 대한 법적 판단 등이 그것이다.79)

환송받은 법원이 기속되는 상고법원이 파기이유로 한 법률상의 판단에는 상고법원이 명시적으로 설시한 법률상의 판단뿐 아니라 명시적으로 설시하지 아니하였다 하더라도 파기이유로 한 부분과 논리적·필연적 관계가 있어서 상고법원이 파기이유의 전제로서 당연히 판단하였다고 볼 수 있는 법률상의 판단도 포함되는 것으로 보아야 할 것이다.80)

하급심은 파기의 이유로 된 잘못된 견해만 피하면 다른 가능한 견해에 의하여 환송 전의 판결과 동일한 결론을 내려도 기속력에 반하는 것은 아니다.81)

상고이유가 여러 개인 경우 배척된 상고이유 판단에 대한 기속력에 대해서는 파기이유로 삼은 것 이외의 것에 대한 판단은 방론에 불과한 것으로 보아 기속력을 부인하는 것이 통설·판례이다.82)

1차 환송판결과 2차 환송판결이 저촉하는 경우에는 2차 환송판결의 법률상 판단에 기속된다.83)

c. 기속을 받는 법원

상고법원이 파기이유로 한 판단은 항소심뿐만 아니라 상고법원도 기속하는 것이므로 당해 사건에 관하여 상고법원도 그와 다른 견해를 취할 수 없다.84) 대법원의 전원합의체가 종전 환송판결의 법률상 판단을 변경할 필요가 있다고 인정하는 경우에는, 그에 기속되지 않는다.85)

---

77) 대판 1964. 6. 30. 63다1193, 대판 1981. 3. 24. 81누28, 대판 1991. 4. 23. 90다13697.

78) 대판 1996. 1. 26. 95다12828.

79) 대판 1964. 8. 31. 63다681, 대판 1962. 10. 25. 62다544.

80) 대판 1991. 10. 25. 90누7890.

81) 대판 1990. 5. 8. 88다카5560.

82) 대판 1997. 7. 22. 96다37862.

83) 대판 1995. 8. 22. 94다43078.

84) 대판 1981. 2. 24. 80다2029, 종전의 대법원 판례를 변경하는 내용의 파기환송판결이 전원합의체가 아닌 소부에서 행해졌다고 하더라도 파기이유로 한 법률상의 판단은 하급심 및 상고심을 모두 기속한다.

85) 대판 전합 2001. 3. 15. 98두15597, 대법원의 전원합의체는 종전에 대법원에서 판시한 법령의 해석적용에 관한 의견을 스스로 변경할 수 있는 것인바(법원조직법 제7조 제1항 제3호), 환송판결이 파기이유로 한 법률상 판단도 여기에서 말하는 "대법원에서 판시한 법령의 해석적용에 관한 의견"에 포함되는 것이므로 대법원의 전원합의체가 종전의 환송판결의 법률상 판단을 변경할 필요가 있다고 인정하는 경우에는, 그에 기속되지 아니하고 통상적인 법령의 해석적용에 관한 의견의 변경절차에 따라 이를 변경할 수

④ 소멸

환송 후 상고심의 판례변경이 있거나 새로운 자료에 의하여 새로운 사실이 인정되거나 법령의 변경이 있으면 기속력을 잃는다.[86]

⑤ 위반

기속력을 무시하고 판결하면 법령위반으로 항소상고 이유가 된다.

4) 파기자판

상고법원은 확정된 사실에 대하여 법령적용이 어긋난다 하여 판결을 파기하는 경우에 사건이 그 사실을 바탕으로 재판하기 충분한 때 또는 사건이 법원의 권한에 속하지 아니한다 하여 판결을 파기하는 때에는 사건에 대하여 종국판결을 하여야 한다. 소송경제상 상고법원이 할 수 있도록 한 것이다.

제4절 항고

Ⅰ. 개념, 구별, 목적

항고란 재판 중 결정과 명령에 대한 불복신청이다. 원재판에 대한 불복신청인 점에서는 항소·상고와 같지만 간이·신속한 결정절차에 의하고, 원심법원도 스스로 시정할 기회를 갖는 점에서 다르다. 상급법원에 대한 불복신청인 점에서 특정한 결정·명령에 대하여 같은 심급에 하는 불복인 이의신청(제138, 441, 470조)과 다르다.

항고를 인정하는 이유는 실체와는 관련성이 적은 절차상의 부수적이거나 파생하는 사항에 대해서까지 모두 종국판결과 함께 상소법원이 판단을 받도록 한다면 상소심의 절차가 번잡해지고 사건의 해결이 지연될 염려가 있으므로, 종국판결과는 별도로 상소하게 하고 간편한 절차로 신속하게 해결해 줄 필요가 있고, 판결에 의하지 않고 사건이 종결되는 경우(소장각하명령), 당사자 아닌 제3자에 대하여 재판하는 경우(증인·감정인에 대

___

있다고 보아야 할 것이다.

86) 대판 1982. 12. 14. 80다1072, 1984. 5. 11. 83다카1565, 1989. 6. 27. 선고 87다카2542.

한 과태료 결정)에는 종국판결이 없어 상소로 다툴 수 없으므로 별도의 불복방법이 필요하기 때문이다.

Ⅱ. 종류

1. 통상항고와 즉시항고

항고제기기간의 유무에 따른 구분이다.

통상항고는 불복신청의 기간을 따로 정하고 있지 않은 항고로서 항고의 이익이 있는 한 언제든지 제기할 수 있다.

즉시항고는 재판이 고지된 날부터 1주 이내에 하여야 하는 항고로(제444조), 법이 따로 허용하는 경우에만 인정된다. 위의 기간은 불변기간이다(제444조 제2항). 즉시항고는 집행을 정지시키는 효력을 가진다(제447조). 민사집행법상의 즉시항고는 집행정지의 효력이 없다(민사집행법 제15조 제6항). 민사소송법에서도 증인에 대한 과태료·감치결정에 대한 즉시항고는 집행정지의 효력이 없다(제311조 제8항 단서).

2. 최초의 항고와 재항고

심급에 의한 구별로 제1심법원의 재판에 대한 항고가 최초의 항고이고, 그 결정에 대한 항고 및 고등법원이나 지방법원항소부가 제1심으로 한 결정·명령에 대한 항고가 재항고(제442조)이다.

3. 특별항고

불복할 수 없는 결정이나 명령에 대해서는 재판에 영향을 미친 헌법위반이 있거나, 재판의 전제가 된 명령, 규칙, 처분의 헌법 또는 법률의 위반 여부에 대한 판단이 부당하다는 것을 이유로 하는 때에만 대법원에 항고할 수 있는데, 이를 특별항고라고 한다(제449조).

이 항고는 재판이 고지된 날부터 1주 이내에 하여야 하고, 이 기간은 불변기간이다.

Ⅲ. 항고의 요건

1. 항고의 대상

항고는 모든 결정·명령에 대하여 할 수 있는 것이 아니고, 성질상 불복할 수 있고 법률이 인정하는 경우에 할 수 있다.

1) 불복할 수 있는 경우

① 소송절차에 관한 신청을 기각한 결정이나 명령

소송절차에 관한이란 본안이 아닌 절차의 개시·진행과 관련된 것을 말한다. 특별대리인의 선임신청(제62조 제1항), 기일지정신청(제65조), 소송인수신청(제82조), 공시송달신청(제194조), 수계신청(제234조), 증거보전신청(제375조) 등이다.

신청은 당사자에게 신청권이 있는 경우에 한하고, 신청권이 없고 직권발동의 촉구 의미만 있는 경우(이송신청, 변론재개신청 등)는 제외된다.[87]

기각만이 아니고 각하도 포함한다.

② 형식에 어긋나는 결정·명령에 대한 항고

결정이나 명령으로 재판할 수 없는 사항에 대하여 결정 또는 명령을 한 때에는 항고할 수 있다(제440조).

③ 집행절차에 대한 집행법원의 재판

민사집행법 제15조가 집행절차에 관한 집행법원의 재판에 대해서는 특별한 규정이 있어야만 즉시항고를 할 수 있다고 규정하는 한편, 즉시항고를 할 수 있는 경우를 상세히 규정하고 있어, 특별히 불복규정이 없으면 집행이의요건에 해당하지 않는 한 불복이 허용되지 않는다고 보아야 한다.

④ 가압류·가처분에 대한 이의·취소

가압류·가처분에 대한 이의와 취소신청은 결정으로 재판하고, 이에 대해서는 즉시항고를 할 수 있다(민사집행법 제286, 287조).

2) 불복할 수 없는 경우

① 명문상 불복할 수 없는 경우

관할지정결정(제428조 제2항), 법관에 대한 제척·기피결정(제47조 제1항), 감정인에 대한 기피결정(제337조) 등이 있다.

---

87) 대판 1983. 1. 18. 82누473.

② 성질상 불복할 수 없는 경우

재판장의 소송지휘에 관한 명령 등에 대한 이의재판(제138조), 증인신문에 관한 재판장의 명령 등에 대한 이의재판(민소규칙 제97조), 판결이나 화해조서의 경정신청을 기각하는 결정,[88] 집행문부여에 대한 이의에 관한 재판[89] 등이 있다.

③ 다른 불복방법이 인정된 결정·명령

화해권고결정이나 지급명령에 대하여 이의신청을 하면 결정은 효력을 상실한다(제226, 469조).

④ 대법원의 결정·명령

대법원은 최종심이므로 그 결정·명령에 대해서는 대법원에 항고, 재항고, 특별항고를 제기할 수 없다.[90]

⑤ 수명법관이나 수탁판사의 재판

수명법관이나 수탁판사의 재판에 대해서는 이의를 신청할 수 없고 수소법원에 이의를 할 수 있을 뿐이다. 다만 그 재판이 수소법원의 재판이라면 항고할 수 있는 경우에 한한다. 이 이의의 재판에는 항고할 수 있는데, 이를 준항고라고 한다(제441조 제1, 2항).

⑥ 중간적 재판

중간적 성질을 가지는 결정·명령에 대해서는 항고할 수 없다. 위헌제청신청의 기각결정,[91] 경매절차의 속행명령, 소송인수결정, 가처분을 위한 공탁결정 등이 그것이다.[92]

2. 항고의 당사자

항고를 제기할 수 있는 자는 원재판에 의하여 불이익을 입은 자로 소송당사자, 보조참가인 또는 제3자이다. 제3자의 예로는 증인의무위반으로 제재를 받은 증인(제31조 제8, 2, 1항, 제317조 제2, 1항, 제326조), 비용상환을 명령받은 대리인 등(제107조 제3, 1, 2항), 문서제출명령을 받은 제3자(제348조, 제347조 제2항) 등이 있다.

항고는 엄격한 당사자 구조를 가지지 않는 편면적 불복절차이지만, 재판사항에 대하여 대립한 이해관계인을 전제로 하는 경우에는 상대방이 존재한다. 판결절차에서 파생하는 사항인 경우에는 원피고가 상대방이 되나, 처음부터 이해관계인이 없는 경우도(소각하

---

88) 대결 1995. 7. 12. 95마531.

89) 대결 1997. 6. 20. 97마250.

90) 대결 1970. 2. 28. 70그1.

91) 대결 1981. 7. 3. 80마505.

92) 대결 1974. 2. 27. 74마8, 대결 1981. 10. 29. 81마357, 대결 1981. 10. 29. 81마357.

명령에 대한 항고, 증인·감정인에 대한 과태료 결정에 대한 항고 등) 있다. 따라서 보통의 경우에는 항고장에 피항고인을 표시하거나 항고장을 상대방에게 송달하여야 하는 것은 아니다.[93]

3. 항고기간

통상항고는 기간의 제한이 없고 불복의 실익이 있는 한 언제든지 제기할 수 있다. 즉시항고는 재판이 고지된 날로부터 1주일 이내의 불변기간 안에 제기하여야 한다(제444조). 항고기간의 준수 여부는 항고장을 접수한 때이다. 당사자가 책임질 수 없는 사유로 말미암아 불변기간을 지킬 수 없었던 경우에는 그 사유가 없어진 날부터 2주 이내에 게을리한 소송행위를 보완할 수 있다. 다만 그 사유가 없어질 당시 외국에 있던 당사자에 대해서는 이 기간을 30일로 한다(제173조 제1항). 결정·명령은 법원사무관 등에게 재판서의 원본을 교부한 때에 성립하고,[94] 그 성립 전에는 불복할 수 없다.

4. 항고권의 포기, 신의칙 위반

항고권을 포기한 경우에 항고는 부적법하다. 항고권을 오래 행사하지 않아 상대방도 행사하지 않을 것이라고 믿을 만한 상당한 이유가 있으면 항고권이 실효되어 항고가 부적법하게 된다.

Ⅳ. 항고의 제기

1. 항고장의 제출과 처리

항고의 제기는 항고는 항고장을 원심법원에 제출함으로써 한다(제445조). 항고장에는 당사자와 법정대리인, 원심판결의 표시와 그 판결에 대한 항고의 취지를 적어야 하고(제443, 397조), 소정의 인지를 붙여야 한다. 민사소송 등 인지법 제9조 또는 제10조의 신청에 관한 재판(항고법원의 재판을 포함한다)에 대한 항고장에는 해당 신청서에 붙인 인지액의 2배에 해당하는 인지를 붙여야 하고, 그 외의 항고장에는 2천 원의 인지를 붙여야 한다.

---

93) 대결 1997. 10. 27. 97스4.

94) 대결 1969. 112. 12. 69마703.

원심재판장은 항고장의 필수적 기재사항의 기재 여부 및 법률의 규정에 따른 인지첩부 여부를 심사하여 흠이 있으면 항고인에게 상당한 기간을 정하여 그 기간 이내에 흠을 보정하도록 명한다. 항고인이 위의 기간 내에 흠을 보정하지 아니한 때와, 항고기간을 넘긴 것이 분명한 때에는 명령으로 항고장을 각하한다(제443, 399조).

2) 항고기록의 송부

항고장이 각하되지 아니한 때에 원심법원의 법원사무관 등은 항고장이 제출된 날부터 2주 이내에 항고기록에 항고장을 붙여 상고법원으로 보내야 한다. 원심재판장이 흠을 보정하도록 명한 때에는 그 흠이 보정된 날부터 1주 이내에 상고기록을 보내야 한다(제443, 400조).

2. 항고제기의 효력

1) 재도의 고안

① 개념

재도의 고안이란 원심법원이 스스로 항고의 적부 및 당부를 심사하여 항고에 정당한 이유가 있다고 인정하는 때에는 그 재판을 경정하는 것을 말한다(제446조). 이는 간이·신속한 처리로 당사자의 이익을 보호하기 위하여 인정된 것이다.

② 인정되는 경우

재도의 고안은 통상 및 즉시항고[95]에 적용되고, 특별항고에는 적용되지 않는다.[96] 항고가 부적법한 경우에는 원재판을 경정할 수 없다.[97]

③ 절차

원심법원은 필요하다면 변론을 열거나, 새로운 사실이나 증거를 조사할 수 있다.

④ 효력

경정은 오기·오산의 경정(제211조)만이 아니고 재판의 취소·변경을 포함하나 주문이 아닌 이유만을 경정하는 것은 허용되지 않는다. 법령위반이나 사실인정의 부당을 바

---

95) 대결 1967. 3. 22. 67마141.

96) 대판 2001. 2. 28. 2001그4, 일반적으로 원심법원이 항고를 이유 있다고 인정하는 때에는 그 재판을 경정할 수 있으나 통상의 절차에 의하여 불복을 신청할 수 없는 결정이나 명령에 대하여 특별히 대법원에 위헌이나 위법의 심사권을 부여하고 있는 특별항고의 경우에 원심법원에 반성의 기회를 부여하는 재도의 고안을 허용하는 것은 특별항고를 인정한 취지에 맞지 않으므로 특별항고가 있는 경우 원심법원은 경정결정을 할 수 없고 기록을 그대로 대법원에 송부하여야 한다.

97) 대결 1967. 3. 22. 67마141.

로잡을 수 있고, 재판누락도 경정할 수 있다.[98]

경정결정을 하면 원결정은 그때부터 확정적으로 실효되고 항고절차는 종료된다. 다만 경정결정에 대하여 반대의 이익을 가지는 자가 다시 항고한 때에는 경정결정에 대한 항고절차가 진행되고, 경정결정이 취소되면 당초의 항고가 존속하게 된다.

2) 이심의 효력

항고기록이 항고법원에 송부되면 사건은 항고법원으로 이심된다.

3) 집행정지의 효력

즉시항고는 집행을 정지시키는 효력이 있으나(제447조), 통상항고는 집행정지의 효력이 없고 항고법원 또는 원심법원이나 판사가 항고에 대한 결정이 있을 때까지 원심재판의 집행을 정지하거나 그 밖에 필요한 처분을 명한 경우(제448조)에만 집행이 정지된다.

V. 항고심의 심판

1. 심판범위

항고법원은 불복신청의 한도에서 심판하고, 심판의 범위는 항고법원의 재판 전까지 확장할 수 있다(제443, 407조).

2. 심리의 특이성

항고사건은 결정으로 완결할 사건이므로 변론을 열 것인지 여부는 법원의 재량이고, 변론을 열지 아니할 경우에는 법원은 당사자와 이해관계인, 그 밖의 참고인을 심문할 수 있다(제134조 제1, 2항). 변론을 열어 증인·감정인으로 신문하거나 열지 않고 참고인으로 심문할 수도 있다. 항고심에서도 당사자는 새로운 사실과 증거를 제출할 수 있다.

3. 항고심 재판의 종류

항고가 부적법한 경우에는 항고를 각하하고(제443, 413조), 원재판이 정당하거나 다른 이유로 정당하다고 인정하는 때에는 항고를 기각하고(제443, 414조), 원재판이 정당하지 않을 때에는 원재판을 취소하고 자판함이 원칙이다(제443, 416조). 단 부적법 각하한 원

---

98) 대결 1959. 3. 12. 4291민재항53.

재판을 취소하는 경우에는 항고법원은 사건을 제1심 법원에 환송하여야 하고, 다만 제1심에서 본안판결을 할 수 있을 정도로 심리가 된 경우, 또는 당사자의 동의가 있는 경우에는 항고법원은 스스로 본안재판을 할 수 있다(제443, 418조).

항고법원이 제1심 결정을 취소하고 사건을 제1심법원으로 환송한 경우에 환송 후 제1심 결정에는 상고심 절차에 관한 민사소송법 제406조 제3항의 규정이 준용될 수 없으므로 환송 전 제1심 결정에 관여하였던 판사가 환송 후 제1심 결정에 관여하여도 위법이 아니다.[99]

Ⅵ. 재항고

1. 개념

재항고란 항고법원, 고등법원 또는 항소법원의 결정 및 명령에 대해서는 재판에 영향을 미친 헌법, 법률, 명령 또는 규칙의 위반을 이유로 대법원에 하는 불복신청을 말한다(제442조).

상고심절차에 관한 특례법은 재항고 사유를 더욱 제한하여 원심재판이 헌법에 위반되거나, 헌법을 부당하게 해석한 경우, 명령, 규칙 또는 처분의 법률위반 여부에 대하여 부당하게 판단한 경우, 법률, 명령, 규칙 또는 처분에 대하여 대법원 판례와 상반되게 해석한 경우에만 허용한다(상고심절차에 관한 특례법 제7, 4조).

2. 재항고할 수 있는 재판

재항고할 수 있는 재판은 항고법원, 고등법원 또는 항소법원의 결정 및 명령이다. 종국적인 결정·명령에 한한다.[100] 이들 재판에 대하여 재항고할 수 있는지는 항고법원의 결정내용에 따라 정해진다. 항고를 각하하거나 기각한 재판에 대해서는 재항고를 할 수 있다. 항고인용결정은 그 내용이 항고에 적합해야 재항고를 할 수 있다. 기피신청기각결정에 대한 항고심에서 기피이유가 있다는 경정을 하면 불복할 수 없으므로(제47조 제1항) 재항고도 못 한다.

---

99) 대결 1975. 3. 12. 74마413.
100) 대결 1981. 7. 3. 80마505.

재항고가 즉시항고인가 통상항고인가는 항고법원의 결정내용에 따라 결정된다. 최초의 항고가 즉시항고인데 이를 기각한 때에는 재항고도 즉시항고이나,[101] 항고법원이 원심결 정을 변경한 때에는 그 내용이 즉시항고에 의할 것이면 즉시항고, 통상항고에 의할 것이 면 통상항고가 된다. 예컨대 담보취소결정에 대한 최초의 항고는 즉시항고이지만(제125 조 제4항), 즉시항고를 인용하여 담보취소신청을 기각한 결정에 대한 재항고는 통상항고 이고 반대로 담보취소신청을 기각한 결정에 대한 항고는 통상항고이나, 항고법원이 이를 받아들여 담보취소결정을 하면 이에 대한 재항고는 즉시항고이다(제125조 제4항).

3. 재항고의 절차

재항고의 절차에는 상고에 관한 규정이 적용되어 소정의 사항을 기재한 재항고장을 원 결정법원에 제출한다. 상고심절차에 관한 특례법도 적용되므로 일정한 사항이 기재되어 있지 않으면 심리불속행결정으로 재항고를 기각한다.

Ⅶ. 특별항고

1. 개념

특별항고란 불복할 수 없는 결정이나 명령에 대하여 재판에 영향을 미친 헌법위반이 있거나, 재판의 전제가 된 명령, 규칙, 처분의 헌법 또는 법률의 위반 여부에 대한 판단 이 부당하다는 것을 이유로 대법원에 불복하는 것을 말한다(제449조).

2. 대상

특별항고는 불복할 수 없는 결정이나 명령에 대하여 할 수 있다.

1) 명문상 불복할 수 없는 경우

관할지정결정(제428조 제2항), 법관에 대한 제척·기피결정(제47조 제1항), 감정인에 대한 기피결정(제337조), 재심 또는 상소의 추후보안결정이 있는 경우에 한 집행정지결 정(제500조 제1, 2항) 등이 있다.

---

101) 대판 2004. 5. 17. 2004다246.

2) 성질상 불복할 수 없는 경우

재판장의 소송지휘에 관한 명령 등에 대한 이의재판(제138조), 증인신문에 관한 재판장의 명령 등에 대한 이의에 관한 재판(민소규칙 제97조), 판결이나 화해조서의 경정신청을 기각하는 결정,[102] 집행문부여에 대한 이의에 관한 재판[103] 등이 있다. 대법원의 결정·명령은 최종심이므로 특별항고도 할 수 없다.[104]

3. 특별항고이유

결정이나 명령에 대하여 재판에 영향을 미친 헌법위반이 있거나, 재판의 전제가 된 명령, 규칙, 처분의 헌법 또는 법률의 위반 여부에 대한 판단이 부당하다는 것을 이유로 해야 한다. 재판에 영향을 미친 헌법 위반이 있다고 함은 결정이나 명령의 절차에 있어서 헌법 제27조 등에서 규정하고 있는 적법한 절차에 따라 공정한 재판을 받을 권리가 침해된 경우를 포함한다.[105] 특별항고의 남용을 막기 위하여 재판에 영향을 미친 법률위반은 제외하고 있다.

특별항고에도 상고심절차에 관한 특례법이 적용되므로 원심재판이 헌법에 위반되거나, 헌법을 부당하게 해석한 경우, 명령, 규칙 또는 처분의 법률위반 여부에 대하여 부당하게 판단한 경우, 법률, 명령, 규칙 또는 처분에 대하여 대법원 판례와 상반되게 해석한 경우에만 허용한다(상고심절차에 관한 특례법 제7, 4조).

4. 항고기간

결정이나 명령이 고지된 날로부터 1주일 내에 하여야 한다. 이는 불변기간이다(제449조).

5. 특별항고절차

상고에 관한 규정을 준용하여 소정의 사항을 기재한 재항고장을 원결정법원에 제출한다. 상고심절차에 관한 특례법도 적용되므로 일정한 사항이 기재되어 있지 않으면 심리불속행결정으로 특별항고를 기각한다.

---

102) 대결 1995. 7. 12. 95마531.
103) 대결 1997. 6. 20. 97마250.
104) 대결 1992. 10. 20. 92재두21.
105) 대결 2004. 6. 25. 2003그136.

6. 특별항고제기의 효과

특별항고는 집행정지의 효과가 없으므로 원심법원 또는 대법원은 집행정지 그 밖의 필요한 처분을 할 수 있다(제450, 448조). 재도의 고안이 적용되지 않는 것은 앞서 본 것과 같다.

제5절 재심

Ⅰ. 개념, 취지, 성질

재심이란 확정된 종국판결에 대하여 판결절차 또는 소송자료의 중대한 흠을 이유로 확정판결의 취소와 소송을 흠 있는 판결 전의 상태로 복구시켜 다시 변론과 판결을 해 줄 것을 요구하는 불복신청방법이다.

확정된 종국판결에 중대한 흠이 있는 경우에 판결을 당연무효로 하면 법적 안정성에 반하므로 일단 유효로 한 후 재심을 통하여 당사자의 권리구제를 달성하고자 하는 것이다.

재심의 소는 확정판결이 기판력을 제거하려는 소송상 형성의 소이다. 확정판결에 대한 불복인 점에서 상소와 다르고 동일심급의 법원에 구하는 것이므로 이심의 효력도 없다. 집행을 배제하지만 확정판결이 소급적 소멸을 구하는 점에서 판결 후의 사유에 의하여 집행력의 배제를 구하는 청구이의의 소와 다르다.

Ⅱ. 재심의 소송물

1. 소송물 이원론과 일원론

재심의 소송물에 관해서는 원판결의 취소를 구하는 소송물과 전 소송의 소송물 두 가지로 구성된다는 이원론과 상소와 마찬가지로 전 소송의 소송물만이 소송물이라는 일원론이 대립하고 있다. 확정판결 취소의 점에 중점을 두면 이원론을, 재심사유의 존부에 관하여 다툼이 있을 때 일부판결을 하지 않고 소송능력의 흠이 있는 경우에도 재심이 가능한 점에 중점을 두면 일원론을 택하게 되는데, 2002년 개정법은 재심의 적법 여부 및 재심사유에 대하여 사전심리와 중간판결을 가능하도록 함으로써 이원론의 입장에 선 것으로 보아야 할 것이다.

2. 구 소송물이론과 신소송물이론

구 실체법설에 따르면 재심사유마다 소송물이 별개이나,[106] 이 중 일지설은 재심의 소소송물은 확정판결의 취소를 구하는 법적 지위의 주장이어서 1개의 확정판결에는 하나의 소송물만이 존재하고, 각각의 재심사유는 공격방어방법에 불과하다고 본다. 다만 이 경우 당사자가 주장하지도 않은 사유가 기판력에 의하여 차단되는 것은 부당하다고 하여 제외한다. 신실체법설도 재심사유마다 별개의 소송물로 보는 입장과 하나의 소송물로 보는 입장이 나뉜다.

Ⅲ. 재심요건

1. 재심대상

재심소의 대상은 확정된 종국판결이다.

1) 종국판결

종국판결이 아닌 중간판결 또는 중간적 재판에 대해서는 독립하여 재심의 소를 제기할 수 없으나, 그에 재심사유가 있고 그 재판이 종국판결에 영향을 미친 때에는 이를 이유로 종국판결에 대한 재심의 소를 제기할 수 있다(제452조). 종국판결인 이상 전부일부본안소송판결을 가리지 않는다. 대법원의 환송판결은 형식적으로 보면 확정된 종국판결에 해당하지만, 이는 중간판결의 특성을 갖는 판결로서 실질적으로 확정된 종국판결이라 할 수 없어 재심의 대상이 아니다.[107]

2) 확정된 판결

확정되지 않은 판결은 재심의 대상이 될 수 없다. 판결확정 전에 제기한 재심의 소가

---

106) 대판 1970. 1. 27. 69다1888.

107) 대판 전합 1995. 2. 14. 93재다27, 이에 대해서는 환송판결상의 재심사유를 다툴 기회보장을 위하여 재심의 대상으로 보는 것이 옳다는 소수의견이 있다.

부적법하다는 이유로 각하되지 않고 있는 동안에 판결이 확정되었다고 하더라도 위 재심의 소가 적법한 것으로 되는 것이 아니다.108) 적법한 송달이 없는 판결은 확정된 것이 아니므로 재심의 대상이 아니다.109) 사망한 사람을 당사자로 하여 선고된 판결은 무효로서 확정력이 없어 이에 대한 재심의 소는 부적법하다.110)

3) 판결 이외의 것으로 재심이 가능한 경우

즉시항고로 불복할 수 있는 결정·명령이 확정된 경우에도 재심의 소를 제기할 수 있다. 확정판결과 동일한 효력이 인정되는 청구의 포기·인낙조서, 화해조서에 대해서도 재심이 가능하다. 확정된 지급명령은 기판력이 없으므로(민사집행법 제58조 제3항) 재심의 대상이 될 수 없다.

4) 항소심판결과 제1심판결

항소심에서 사건에 대하여 본안판결을 하였을 때에는 제1심 판결에 대하여 재심의 소를 제기하지 못한다(제451조 제3항). 항소심에서의 본안판결은 사건을 전면적으로 다시 심리하여 판결하는 것이므로 기각판결은 항소심판결에 대해서만 재심을 인정해도 부당하지 않고, 인용판결은 이로써 1심판결이 소멸되어 재심대상이 될 수 없기 때문이다.

2. 재심기간

재심의 소는 당사자가 판결이 확정된 뒤 재심의 사유를 안 날부터 30일 이내에 제기하여야 한다. 이 기간은 불변기간이다. 판결이 확정된 뒤 5년이 지난 때에는 재심의 소를 제기하지 못한다. 재심의 사유가 판결이 확정된 뒤에 생긴 때에는 5년의 기간은 그 사유가 발생한 날부터 계산한다(제457조). 5년의 기간은 제척기간이다.111) 고유기간이 아니므로 늘이거나 줄일 수 없고(제172조 제1항), 불변기간이 아니므로 추후보완이 인정되지 않는다(제173조).112)

---

108) 대판 1980. 7. 8. 80다1132.

109) 대판 전합 1978. 5. 9. 75다634, 다만 당사자가 상대방의 주소 또는 거소를 알고 있었음에도 불구하고 소재불명 또는 허위의 주소나 거소로 소를 제기한 경우라도 공시송달의 방법에 의하여 판결정본이 송달된 때에는 공시송달 자체는 유효한 것이어서 상소기간의 도과로 판결은 확정되어 제422조 제1항 제11에 의하여 재심을 제기하거나 동법 제160조에 의한 소송행위 추완에 의해서도 상소를 제기할 수 있다(대판 1985. 8. 20. 85므21).

110) 대판 1982. 12. 28. 81사8, 이에 대해서는 무효판결도 유효한 것으로 이용될 염려가 있으므로 재심의 대상이 된다는 입장도 있다.

111) 대판 1988. 12. 13. 87다카2341.

112) 대판 1992. 5. 26. 92다4079.

재심의 사유를 안 날은, 재심사유 1, 9호의 경우는 판결정본이 송달 된 때,[113] 3 내지 7호의 경우는 유죄판결이 확정된 때 또는 증거부족 이외의 이유로 유죄의 확정판결을 할 수 없음을 알았을 때[114]이다. 여러 개의 재심사유를 주장할 때는 재심사유마다 별개로 계산한다.[115]

대리권의 흠 또는 기판력에 어긋나는 경우를 재심사유로 하는 재심의 소는 재심기간의 제한을 받지 않는다(제457조). 절차권은 보장과 재판의 통일을 위한 것이다. 대리권의 흠 에는 소송능력의 흠과 법인의 대표권 흠이 포함되나, 특별수권은 포함되지 않아 재심기 간의 제한을 받는다.[116]

3. 재심의 당사자

재심원고는 확정판결의 효력을 받고 그 취소를 구할 이익이 있어야 한다. 확정판결의 당사자로서 전부 또는 일부 패소한 자여야 한다. 전부 승소한 자는 재심의 소를 제기할 수 없다.[117] 변론종결 후의 일반특정승계인은 재심을 제기할 수 있고, 제3자 소송담당 의 피담당자도 소송할 권능이 있으면(대표소송의 회사) 재심의 소를 제기할 수 있다.[118] 보조참가인도 보조참가신청과 동시에 재심의 소를 제기할 수 있다. 필수적 공동소송관계 에 있는 사람들 중 한 사람이 재심의 소를 제기한 경우에는 나머지 공동소송인들도 당연 히 재심당사자가 되고, 상대방이 제기할 때는 공동소송인 전원을 재심피고로 하여야 한다.

4. 재심사유를 주장할 것

재심의 소는 제451조에 열거한 사유가 있는 경우에 한하여 인정된다. 사실오인이나 법 리오해의 위법을 이유로 한 재심의 소는 부적법하다.[119]

---

113) 대판 1982. 12. 28. 82사20, 대리인이 있으면 대리인이 송달받은 때(대판 1983. 5. 10. 81사23).

114) 대판 1963. 10. 31. 63다612, 대판 1965. 6. 22. 65다680, 후술하는 유죄판결 등의 확정을 재심사유가 아닌 적법요건으로 보는 입장도 여기서의 재심사유는 가벌행위뿐만 아니고 유죄판결 등의 확정도 포함 하는 것으로 해석한다.

115) 대판 1982. 12. 28. 82무2.

116) 대판 1994. 6. 24. 94다4967.

117) 대판 1994. 12. 9. 94다16564.

118) 대판 1987. 12. 8. 87재다24.

119) 대판 1987. 12. 8. 87재다24.

5. 재심의 보충성

당사자가 상소에 의하여 재심사유를 주장하였거나, 이를 알고도 주장하지 아니한 때에는 재심의 소를 제기할 수 없는데(제451조 제1항 단서), 이를 재심의 보충성이라고 한다.

당사자가 상소에 의하여 그 사유를 주장하였다고 하기 위해서는 예컨대 위증의 경우 단지 위증을 하였다는 사실만 주장하는 것으로는 부족하고 재심의 대상이 되는 상태, 다시 말하자면 유죄판결이 확정되었다는 등의 사실도 아울러 주장하였어야 한다.[120]

상소로써 주장했으나 상소심이 판단하지 않았을 경우에도 재심의 소는 제기할 수 없다.[121]

소액사건의 경우는 재심사유가 상고이유가 될 수 없으므로(소액사건심판법 제3조) 재심소의 보충성은 없다.

Ⅳ. 재심사유

1. 개념

재심사유는 재심의 소가 허용되기 위한 사유이다. 민사소송법은 그 사유를 법정해 놓고 해당 사유가 있을 때만 재심을 허용한다. 재심사유를 주장하는 것은 재심의 소 적법요건이며 그 주장이 없으면 재심의 소는 부적법 각하된다.[122] 주장된 사유가 인정되면 재심의 소는 이유 있게 되고 사건에 대한 재심판이 시작된다.

2. 판결의 내용에 영향을 미치는지 여부

민사소송법 제451조는 11개의 재심사유를 열거하고 있는데 모두 판결절차 또는 소송자료에 중대한 흠이 있는 경우이다. 제1호 내지 제3호와 제11호는 절차상의 흠으로 판결내용에 영향을 미쳤는지를 묻지 않으나, 제4호 내지 제10호는 판결내용의 정당성에 결함이 있는 경우로 판결내용에 영향을 미쳐야 한다.[123]

예컨대 증인의 위증이 사실인정의 자료가 되지 않았으면 위증의 판결이 확정되어도 재심사유가 되지 않는다.[124] 사실인정의 자료로 사용되었어도 판결내용에 영향을 미쳐야

---

120) 대판 1988. 2. 9. 87다카1261.
121) 대판 2002. 9. 4. 98다17145.
122) 대판 1987. 12. 8. 87재다24.
123) 대판 1983. 12. 27. 82다146.

한다는 것은 판결주문에 영향을 미치는 사실인정의 자료가 된 경우를 의미하고, 판결주
문에 영향을 미친다는 것은 만약 그 허위 진술이 없었더라면 판결주문이 달라질 수도 있
었을 것이라는 개연성이 있는 경우를 말하고 변경의 확실성을 요구하는 것은 아니며, 그
경우에 있어서 사실인정의 자료로 제공되었다 함은 그 허위 진술이 직접적인 증거가 된
때뿐만 아니라 대비증거로 사용되어 간접적으로 영향을 준 경우도 포함되지만, 허위 진
술을 제외한 나머지 증거들에만 의해서도 판결주문에 아무런 영향도 미치지 아니하는 경
우에는 비록 그 허위 진술이 위증으로 유죄의 확정판결을 받았다고 하더라도 재심사유에
는 해당되지 않는다.125)

3. 증거확실의 원칙

1) 개념

제4호 내지 제7호는 범죄 또는 가벌적 행위가 있었던 경우인데, 그 행위가 있었던 것
만으로는 부족하고 처벌받을 행위에 대하여 유죄의 판결이나 과태료부과의 재판이 확정
된 때 또는 증거부족 외의 이유로 유죄의 확정판결이나 과태료부과의 확정재판을 할 수
없을 때에만 재심의 소를 제기할 수 있는데(제451조 제2항), 이를 증거확실의 원칙이라
고 한다.

2) 적법요건설과 합체설

양자의 관계에 관해서는 범죄 또는 가벌적 행위만이 재심사유이고 확정판결 등은 재심
의 적법요건이라는 적법요건설과 양자가 합체되어 재심사유가 된다는 합체설이 있다.

유죄판결 등이 없는 경우에 적법요건설에 의하면 재심의 소를 각하하여야 하고, 합체
설에 의하면 재심사유가 없는 것으로 기각하여야 한다.

판례는 전설의 입장이고,126) 유죄확정판결은 변론종결 시까지 있으면 된다.127)

3) 증거부족 외의 이유로 유죄의 확정판결이나 과태료부과의 확정재판을 할 수 없을

때는 범인의 사망·심신장애, 공소시효완성, 기소유예처분, 사면 등을 가리키고,128) 소재
불명으로 수사불능인 경우나 혐의 없음의 불기소처분 경우는 포함되지 않는다.129)

---

124) 대판 1998. 2. 27. 97다38152.

125) 대판 1997. 12. 26. 97다42922.

126) 대판 1989. 10. 24. 88다카29658.

127) 대판 1983. 12. 27. 82다146.

128) 대판 1964. 5. 12. 63마859, 대판 1985. 11. 26. 85다418, 대판 1960. 12. 27. 4292행상43.

129) 대판 1959. 7. 23. 4291민상444, 대판 1999. 5. 25. 99투2475.

유죄확정판결을 받을 수 있었던 점의 증명책임은 재심원고에게 있다.[130]

4) 개별적 재심사유

① 법률에 따라 판결법원을 구성하지 아니한 때

판결법원이 법원조직법과 민사소송법에 따라 구성되지 않은 경우를 말한다. 합의부 구성법관이 2인인 경우, 변론에 관여하지 않은 법관이 판결에 관여한 경우, 법관이 바뀌었는데 갱신절차 없이 후임법관이 판결한 경우 등이다. 변론의 갱신절차를 밟지 아니하였다 하더라도 당사자가 그 심급의 최종변론기일에서 소송관계를 표명하고 변론을 하였다면 이로써 변론을 갱신한 효과는 생긴 것이라 보아도 좋을 것이다.[131]

② 법률상 그 재판에 관여할 수 없는 법관이 관여한 때

제척사유 있는 법관(제41조), 기피결정이 선고된 법관(제46조), 파기환송이 된 원심에 관여한 법관(제436조 제2항) 등이다. 판결에 관여한다는 것은 합의 및 판결원본의 작성에 관여한 것을 말하고, 판결선고에만 관여한 경우는 상관없다.[132] 재심의 대상이 된 원재판에 관여한 법관이 그 재심사건의 재판에 관여한 때에는 여기의 재판관여가 아니다.[133]

③ 법정대리권, 소송대리권 또는 대리인이 소송행위를 하는 데에 필요한 권한의 수여에 흠이 있는 때, 다만 제60조 또는 제97조의 규정에 따라 추인한 때에는 그러하지 아니하다.

대리인에게 대리권이 없거나 대리권은 있지만 특별수권을 받지 못한 때(제565조 제2항; 제90조 제2항)를 말한다. 당사자의 절차권 보장을 위한 것이므로 당사자가 공격방어방법을 제출할 기회를 부당하게 박탈당한 경우에 유추 적용된다. 대리인 없이 무능력자가 소송을 하는데 능력자로 오인하여 판결한 경우, 특별대리인의 선임이 필요한데 선임 없이 소송수행이 된 경우, 성명모용자에 의한 소송수행을 간과하고 판결한 경우, 소송 중 당사자가 사망한 것을 간과하고 상속인의 소송승계도 없이 판결한 경우, 당사자가 책임질 수 없는 사유로 변론기일에 출석하지 못하여 공격방어방법을 제출할 수 없었던 경우 등이다.[134]

④ 재판에 관여한 법관이 그 사건에 관하여 직무에 관한 죄를 범한 때

법관이 담당사건에 관하여 수뢰죄나 공문서위조죄 등을 범한 경우이다. 법원은 재심대

---

130) 1990. 8. 14. 89다카6812.

131) 대판 1966. 10. 25. 66다1639.

132) 대판 1962. 5. 24. 61민상251.

133) 대판 1986. 12. 23. 86누631.

134) 대판 1965. 9. 7. 65사19, 대판 1964. 11. 17. 64다328, 대판 전합 1995. 5. 23. 94다28444.

상 본안사건의 기록을 검토하지 않고서도 재심소장의 기재만으로 그 주장의 재심사유가 존재하는지 여부를 심리하여 재심사유의 존재가 인정되지 아니할 때에는 재심의 소를 배척할 수 있는 것이어서 재심대상 본안사건의 기록을 검토함이 없이 재심청구를 기각한 경우에는 이에 해당하지 않는다.[135)

⑤ 형사상 처벌을 받을 다른 사람의 행위로 말미암아 자백을 하였거나 판결에 영향을 미칠 공격 또는 방어방법의 제출에 방해를 받은 때

범죄행위로 피해를 당한 당사자를 보호하기 위한 것이다. 형사상 처벌받을 행위는 형법·특별형법을 포함한 형사법상의 범죄행위를 말한다. 경범죄처벌법위반행위나 질서법에 해당하는 행위는 제외된다. 범죄행위는 당사자뿐만 아니라 근친자에 대한 것이라도 된다.

형사상 처벌을 받을 타인의 행위로 인하여 판결에 영향을 미칠 공격 또는 방어방법의 제출이 방해된 때라 함은 타인의 형사처분을 받을 행위로 인하여 당해 소송절차에서 당사자의 공격방어방법의 제출이 직접 방해받은 경우를 말하는 것이고, 당해 소송절차와 관계없이 타인의 범죄행위로 인하여 실체법상의 어떤 효과발생이 저지되었다든가 어떤 사실이 조작되었기 때문에 그 결과 법원이 사실인정을 그르치게 된 경우까지를 포함한다고는 해석할 수 없다.[136)

법원을 기망하여 공시송달에 의하여 판결을 편취한 경우는 여기에 해당한다.[137) 자백간주에 의하여 판결을 편취한 때도 해당한다고 볼 수 있는데, 판례는 부정한다.[138)

증거서류의 절취·손괴·반환거부(횡령),[139) 증인의 감금에 의한 출석방해도 여기에 해당한다.

여기의 재심사유는 제6, 7호의 경우와 함께 사실인정이 잘못되어 판결에 영향이 있는 경우의 구제를 위한 것이므로 여기의 판결은 사실심판결에 한하고 상고심판결은 제외된다.[140)

⑥ 판결의 증거가 된 문서, 그 밖의 물건이 위조되거나 변조된 것인 때

판결의 증거가 된 문서라 함은 사실인정의 기초가 되고,[141) 그 사실이 판결의 결론을

---

135) 대판 2000. 8. 18. 2000재다87.
136) 대판 1982. 10. 12. 82다카664.
137) 대판 1997. 5. 28. 96다41649.
138) 대판 전합 1978. 5. 9. 75다634.
139) 대판 1985. 1. 29. 85다카1430.
140) 2004. 4. 11. 99재다476.

이끌어 내는 데 중요한 것이었음을 말한다. 위조문서 등을 참작하지 않았다면 다른 판결을 했을 개연성이 있는 경우를 가리킨다.[142] 간접사실이나 부가적 사실의 인정자료였더라도 해당된다.[143] 공문서와 사문서를 불문한다. 공정증서원본불실기재나 허위공문서작성도 포함되나,[144] 범죄가 되지 않는 사문서의 무형위조는 해당하지 않는다.[145]

물건은 공인, 사인, 경계표 등을 말한다.

⑦ 증인, 감정인, 통역인의 거짓 진술 또는 당사자신문에 따른 당사자나 법정대리인의 거짓 진술이 판결의 증거가 된 때

판결의 증거가 된 때의 의미는 제6호와 같다. 즉 증인의 허위진술이 판결의 증거로 된 때라 함은, 증인의 허위진술이 판결주문에 영향을 미치는 사실인정의 자료가 된 경우를 의미하고, 판결주문에 영향을 미친다는 것은 만약 그 허위진술이 없었더라면 판결주문이 달라질 수도 있었을 것이라는 개연성이 있는 경우를 말하고 변경의 확실성을 요구하는 것은 아니다.

사실인정의 자료로 제공되었다 함은 그 허위진술이 직접적인 증거가 된 때만 아니라 대비증거로 사용되어 간접적으로 영향을 준 경우도 포함된다. 판결에 영향을 미쳤는지 여부의 판단자료로서는 재심대상 판결에서 원용된 증거에 한하지 않고, 재심소송에서 조사된 새로운 증거들까지 종합하여 판단하여야 한다.[146]

증인의 허위진술이 판결의 증거가 된 경우라도 그 증인의 허위진술에 의한 인정이 주문의 판단에 영향이 없는 경우나 그 증언이 판결이유에 가정적 또는 부가적으로 인용된 때 혹은 위증의 증언이 쟁점의 인정에 전연 관계가 없다든가, 위증의 증언을 제외하여도 쟁점을 인정할 수 있는 경우에는 재심사유가 되지 않는다.[147] 병행 심리되던 두 사건에 관하여 한 증인이 동시에 같은 내용의 증언을 한 후 한 사건에 관한 증언이 위증으로 확정된 경우, 그 사유는 그 사건에서만 재심사유가 되고 다른 사건의 재심사유는 되지 않는다.[148]

---

141) 대판 1968. 5. 21. 68다245.

142) 대판 1997. 7. 25. 97다15470.

143) 대판 1982. 2. 23. 81누216.

144) 대판 1982. 9. 28. 81마557.

145) 대판 1995. 3. 10. 94다30829.

146) 대판 1995. 4. 14. 94므604.

147) 대판 1983. 12. 27. 82다146.

148) 대판 전합 1980. 11. 11. 80다642, 당해 사건의 절차에서 위증한 경우만 해당하고, 그 증인심문조서가 관련 사건의 증거로 채택된 경우는 해당하지 않는다.

허위진술이 판결주문에 영향을 미쳤더라도 판결서에 기재되지 아니하였다면 재심사유가 되지 아니한다.[149]

⑧ 판결의 기초가 된 민사나 형사의 판결, 그 밖의 재판 또는 행정처분이 다른 재판이나 행정처분에 따라 바뀐 때

판결의 기초가 되었다는 것은 그 재판 또는 행정처분에 구속되었거나 그 재판 또는 행정처분의 인정사실을 채용하여 같은 사실을 인정한 경우를 말한다.

변경은 확정판결에 법률적으로 구속력을 미치거나 또는 그 확정판결에서 사실인정의 자료가 된 재판이나 행정처분이 그 후 다른 재판이나 행정처분에 의하여 확정적이고 또한 소급적으로 변경된 경우를 말하고, 그 변경이 확정판결의 사실인정에 영향을 미칠 가능성이 있는 경우를 말한다.[150] 변경은 판결확정 후의 것이어야 한다. 행정처분의 변경은 재판기관에 의한 것이든 행정청에 의한 것이든 무관하다.[151]

재판은 민·형사판결, 가사·행정판결·심판, 가압류·가처분 결정, 비송재판 등이 모두 해당한다. 법령이나 판례의 변경,[152] 법규에 대한 위헌 판단, 행정처분이 무효인 경우[153]는 재심사유가 아니다.

⑨ 판결에 영향을 미칠 중요한 사항에 관하여 판단을 누락한 때

판결에 영향을 미칠 중요한 사항에는 주요사실은 해당하나 간접사실은 해당하지 않고, 적법하게 제출한 공격방어방법으로 당연히 판결의 결론에 영향이 있는 것은 해당하고, 직권조사사항이건 아니건 불문한다. 다만 당사자가 구술변론에서 주장하였거나 그 조사를 촉구하지 아니한 직권조사사항은 이를 판단하지 아니하였다고 하여도 위 법조항 소정의 재심사유에 해당하지 않는다.[154]

판단을 누락한 때란 판결 이유 중에 판단을 명시하지 아니한 경우를 말하고, 판단이 있는 이상 그 판단내용에 가사 잘못이 있다거나,[155] 법리에 위배되었다거나,[156] 판단에 이

---

149) 대판 1981. 11. 24. 81다카327.

150) 대판 2001. 12. 14. 2000다12679.
   대판 1983. 4. 26. 83사2, 민사사건의 1, 2, 3심 판결의 기초가 된 형사 제1심의 유죄판결이 제2, 3심에서 무죄로 변경되었다는 사유는 증거판단의 적부에 관한 사항이므로 사실심의 판결에 대한 재심사유는 될지언정 상고심 판결에 대한 재심사유는 되지 않는다.

151) 대판 1968. 4. 16. 67후4, 먼저 등록된 상표와 유사하다는 이유로 무효심판을 받은 후에 먼저 등록된 상표의 무효심결이 확정되면 이는 앞서 한 무효심결의 재심사유가 된다.

152) 대판 1987. 12. 8. 87다카2088.

153) 대판 1977. 9. 28. 77다1116.

154) 대결 1983. 12. 29. 82사19.

155) 대판 1984. 2. 28. 83사5.

르는 이유가 소상하게 설시되어 있지 아니하거나, 당사자의 주장을 배척하는 근거를 일
일이 설명하지 아니하더라도 판단누락이라고 할 수 없다.[157]

일부판결을 할 수 있는 경우의 재판누락은 추가판결이 대상일 뿐 재심사유는 아니나,
일부판결을 할 수 없는 경우의 재판누락은 재심사유가 된다.[158]

심리불속행사유에 해당한다고 보아 상고를 기각한 것은 상고이유에 대한 판단누락이
아니어서 재심사유가 아니나,[159] 적법한 기간 내에 상고이유서가 제출되었음에도 그 제
출이 없다는 이유로 상고를 기각한 경우는 재심사유가 된다.[160]

⑩ 재심을 제기할 판결이 전에 선고한 확정판결에 어긋나는 때

전에 선고한 확정판결과 어긋나는 때라 함은 전에 선고한 확정판결의 효력이 재심대상
판결의 당사자에게 미치는 경우로서 양 판결이 저촉되는 때를 말한다. 전에 선고한 확정
판결이 재심대상 판결과 그 내용이 유사한 사건에 관한 것이라고 하더라도 그 판결의 기
판력이 당사자에게 미치지 아니하는 때에는 해당하지 아니한다.[161] 재심을 제기할 판결
이 그보다 늦게 선고 확정된 판결과 저촉되는 경우나, 당사자들을 달리하거나 소송물을
달리하여 기판력을 받지 않을 때는 재심사유가 아니다.[162]

기판력 있는 판단부분의 저촉이 문제 되는 것인데, 확정판결의 기판력은 판결주문에서
결론적으로 판단된 부분에 한하여 생기는 것이므로 재심원고의 청구가 기각된 이유와 설
명이 다를 수 있다고 하더라도 전후의 두 판결이 모두 재심원고의 청구를 기각한 것이라
면 서로 저촉된다고 할 수 없다.[163]

확정판결과 동일한 효력을 가지는 화해조서, 청구의 포기·인낙조서, 조정조서, 외국판
결(제217조), 중재판정(중재법 제35조)과 어긋날 때도 재심사유가 된다.

⑪ 당사자가 상대방의 주소 또는 거소를 알고 있었음에도 있는 곳을 잘 모른다고 하

---

156) 대판 1969. 12. 9. 69다1637.

157) 대판 2000. 7. 6. 2000재다193, 209.

158) 대판 2002. 9. 4. 98다17145, 항소심판결이 예비적 청구 부분에 관하여 전혀 판단하지 아니하였다면
당사자는 그 판결에 대하여 불복 상고하여 그 위법 부분의 시정을 받아야 하며, 당사자가 상고하여 그
예비적 청구에 대한 항소심의 판단이 누락되었다는 위법사유를 지적하였음에도 법률심인 상고심에서도
법률관계상의 그 쟁점에 관한 판단을 빠뜨림으로써 그 오류가 시정되지 않은 채 상고심판결이 확정되
면 당사자는 재심사유를 주장입증하여 그 상고심판결에 대한 재심을 구하는 길만이 남게 된다.

159) 대판 1997. 5. 7. 96재다479.

160) 대판 1998. 3. 13. 98재다53.

161) 대판 1998. 3. 24. 97다32833.

162) 대판 1981. 7. 28. 80다2668, 대판 1994. 8. 26. 94재다383.

163) 대판 2001. 3. 9. 2000재다353.

거나 주소나 거소를 거짓으로 하여 소를 제기한 때

문언상 전단은 상대방의 주소 또는 거소를 알고 있었음에도 허위주소를 기재하여 송달불능이 되게 한 후 공시송달에 의해 승소판결을 편취한 경우이고, 후단은 상대방의 주소나 거소를 거짓으로 기재하여 그곳으로 소장부본을 보내게 하고 다른 사람으로 하여금 받게 한 다음 답변서를 제출하지 않아 자백간주로 승소판결을 편취하는 경우로 보아야 한다.

판례는 전·후단을 구별하지 않고 공시송달에 의한 판결편취의 경우에만 적용되는 것으로 보아, 공시송달에 의한 판결편취는 공시송달 자체는 불복할 방법이 없어 유효하므로164) 판결은 확정되어 추완상소 또는 재심에 의해서만 다투어야 하고,165) 자백간주에 의한 판결편취의 경우에는 피고에 대한 판결송달이 무효여서 판결이 확정되지 않은 상태이므로 항소에 의해야 한다고 한다.166)

이 재심사유는 소의 제기사실을 전혀 알 수 없었던 상대방을 구제하기 위한 것이므로, 상대방이 위 소송 진행 중 그 소송계속 사실을 알고 있었고, 그럼에도 불구하고 아무런 조치를 취하지 아니하여 판결이 선고되고 확정에 이르렀다면 특별한 사정이 없는 한 그 판결에 위 재심사유가 있다고 할 수 없다.167)

5) 특별법상의 재심사유

① 상법상 주주대표소송에서 원고와 피고의 공모로 인하여 소송의 목적인 회사의 권리를 사해할 목적으로 판결을 하게 한 때에는 회사 또는 주주는 확정한 종국판결에 대하여 재심의 소를 제기할 수 있다(상법 제406조).

② 헌법재판소법상 법률의 위헌 여부 심판의 재정신청이 기각되어 제기된 헌법소원이 인용된 경우에 당해 헌법소원과 관련된 소송사건이 이미 확정된 때에는 당사자는 재심을 청구할 수 있다(헌법재판소법 제75조 제7항).

③ 행정소송법상 처분 등을 취소하는 판결에 의하여 권리 또는 이익의 침해를 받은 제3자는 자기에게 책임 없는 사유로 소송에 참가하지 못함으로써 판결의 결과에 영향을 미칠 공격 또는 방어방법을 제출하지 못한 때에는 이를 이유로 확정된 종국판결에 대하

---

164) 대판 1992. 10. 9. 92다12131, 공시송달을 허가하는 명령에 대해서는 가사 그 요건에 흠결이 있다 하더라도 불복할 수 없고, 따라서 그 소명자료로 위조된 확인서 등이 첨부되었다 하더라도 그것만으로는 독립하여 재심사유가 되지 아니한다.
165) 대판 1985. 8. 20. 85므21.
166) 대판 전원 1978. 5. 9. 75다634.
167) 대판 1992. 10. 9. 92다12131.

여 재심의 청구를 할 수 있다(행정소송법 제31조).

V. 재심소송절차

1. 관할법원

1) 재심은 재심을 제기할 판결을 한 법원의 전속관할로 한다(제453조 제1항).

2) 심급을 달리하는 법원이 같은 사건에 대하여 내린 판결에 대한 재심의 소는 상급법원이 관할한다. 다만 항소심판결과 상고심판결에 각각 독립된 재심사유가 있는 때에는 그러하지 아니하다(제453조 제2항). 각 판결이 재심대상이 되는 것이다. 증거의 위·변조 등 사실인정에 관한 것을 재심사유로 하는 경우에는, 상고법원이 채증법칙위배가 없다는 이유로 상고기각을 했더라도 상고심이 사실인정을 한 것은 아니므로 사실심인 항소심판결에 대하여 재심의 소를 제기하여야 한다.[168]

3) 다만 항소심에서 사건에 대하여 본안판결을 하였을 때에는 제1심 판결에 대하여 재심의 소를 제기하지 못하므로(제451조 제3항) 항소심법원만이 관할법원이 된다. 결국 제453조 제2항 단서가 적용되는 경우는 본안판결이 아닌 항소각하판결에 제척사유가 있는 법관의 관여 같은 별개의 재심사유가 있을 때에 한한다.

증거의 위·변조 등 사실인정에 관한 것을 재심사유로 하는 경우에는 상고법원이 채증법칙위배가 없다는 이유로 상고기각을 했더라도 상고심이 사실인정을 한 것은 아니므로 사실심인 항소심판결에 대하여 재심의 소를 제기하여야 한다.[169]

4) 이송문제

재심관할법원을 잘못 알고 제소한 경우에 기간불준수의 불이익을 구제하기 위해 부적

---

168) 대판 1983. 4. 26. 83사2.

169) 대판 1984. 4. 16. 84사4, 위조나 변조된 문서 기타 물건이 항소심판결의 사실인정에 자료가 되고 상고심이 항소심의 증거취사선택에 위법이 없다는 이유로 상고를 기각한 경우에 그 문서 기타 물건의 위조나 변조에 대하여 유죄의 판결이나 과태료의 재판이 확정되었거나 또는 증거흠결 이외의 이유로 유죄의 확정판결이나 과태료의 재판을 받을 수 없다는 것을 이유로 하는 재심은 본안판결을 한 항소심의 전속관할에 속한다.
원고가 항소심판결에서 증거로 원용된 소유권증명이 위조된 것이라고 주장하면서 상소기각판결을 재심대상판결로 기재하여 재심의 소를 제기한 경우에는 그 재심사유가 항소심판결에 관한 것임이 그 주장 자체나 소송자료에 의하여 분명하니 재심원고의 의사는 항소심판결을 대상으로 한 것으로서 다만 재심소장에 재심을 할 판결의 표시를 잘못 기재하여 제출하였다 할 것이므로 재심관할 법원인 항소심법원에 이송함이 상당하다.

법 각하할 것이 아니고 관할법원으로 이송해야 한다는 것이 다수설·판례이다.170)

2. 재심의 소제기

1) 소제기 방식

재심의 소는 일반의 소제기 방식에 의한다. 원칙적으로 소장을 제출하고 소액사건의 경우에는 구두로 할 수 있다.

재심소장에는 당사자와 법정대리인, 재심할 판결의 표시와 그 판결에 대하여 재심을 청구하는 취지, 재심의 이유를 적어야 한다(제458조). 재심의 이유는 바꿀 수 있다(제459조 제2항). 불복의 범위와 본안에 관한 신청을 기재할 필요는 없다. 인지는 해당 심급에 따라 소장, 항소장, 상고장과 같게 붙이며 소가는 전 소송의 소제기 시를 기준으로 한다. 재심대상이 되는 판결의 사본도 붙여야 한다.

재심소장에서 여러 개의 사유를 주장하면 청구병합이 있는 것이 되고, 재심사유를 변경하면 청구변경이 되는 것이 판례임은 앞서 본 것과 같다.

2) 소제기의 효과

재심사유에 대한 기간준수의 효력이 있다. 재심사유를 추가하면 그때를 기준으로 기간준수의 효력이 있다.

재심제기가 있는 경우에 불복하는 이유로 내세운 사유가 법률상 정당한 이유가 있다고 인정되고, 사실에 대한 소명이 있는 때에는 법원은 당사자의 신청에 따라 담보를 제공하

---

170) 대판 전합 1984. 2. 28. 83다카1981, 항소심에서 본안판결을 한 경우에는 제1심판결에 대하여 재심의 소를 제기하지 못하므로 그 경우 항소심판결이 아닌 제1심 판결에 대하여 제1심법원에 제기된 재심의 소는 재심대상이 아닌 판결을 대상으로 한 것으로서 재심의 소송요건을 결여한 부적합한 소송이며 단순히 재심의 관할을 위반한 소송이라고 볼 수는 없으나, 항소심에서 본안판결을 한 사건에 관하여 제기된 재심의 소가 제1심판결을 대상으로 한 것인가 또는 항소심판결을 대상으로 한 것인가의 여부는 재심소장에 기재된 재심을 할 판결의 표시만 가지고 판단할 것이 아니라 재심의 이유에 기재된 주장내용(재심사유가 항소심 판결에 관한 것인지 여부)을 살펴보고 재심을 제기한 당사자의 의사를 참작하여 판단할 것이다.
　　일반적으로 소송행위의 해석은 실체법상의 법률행위와는 달리 철저한 표시주의와 외관주의에 따르도록 되어 있고 표시된 내용과 저촉되거나 모순되는 해석을 할 수 없는 것이지만, 표시된 어구에 지나치게 구애되어 획일적으로 형식적인 해석에만 집착한다면 도리어 당사자의 권리구제를 위한 소송제도의 목적과 소송경제에 반하는 부당한 결과를 초래할 수 있으므로 그 소송행위에 관한 당사자의 주장 전체를 고찰하고 그 소송행위를 하는 당사자의 의사를 참작하여 객관적이고 합리적으로 소송행위를 해석할 필요가 있는 것이다.
　　재심의 소가 재심제기기간 내에 제1심법원에 제기되었으나 재심사유 등에 비추어 항소심판결을 대상으로 한 것이라 인정되어 위의 소를 항소심법원에 이송한 경우에 있어서 재심제기기간의 준수 여부는 민사소송법 제36조 제1항의 규정에 비추어 제1심법원에 제기된 때를 기준으로 할 것이지 항소법원에 이송된 때를 기준으로 할 것은 아니다.

게 하거나 담보를 제공하지 아니하게 하고 강제집행을 일시 정지하도록 명할 수 있으며, 담보를 제공하게 하고 강제집행을 실시하도록 명하거나 실시한 강제처분을 취소하도록 명할 수 있다. 담보 없이 하는 강제집행의 정지는 그 집행으로 말미암아 보상할 수 없는 손해가 생기는 것을 소명한 때에만 한다. 이 재판은 변론 없이 할 수 있으며, 이 재판에 대해서는 불복할 수 없다(제500조).

3. 재심의 소 심판

법원은 재심의 소가 적법한지 여부와 재심사유가 있는지 여부에 관한 심리 및 재판을 본안에 관한 심리 및 재판과 분리하여 먼저 시행할 수 있다. 이 경우에 법원은 재심사유가 있다고 인정한 때에는 그 취지의 중간판결을 한 뒤 본안에 관하여 심리·재판한다(제454조).

1) 재심의 소 적법 여부

법원은 먼저 일반소송요건과 재심의 적법요건(재심대상적격, 재심기간, 재심이익, 재심당사자적격, 재심사유에 해당하지 않는 것을 주장하는지 여부, 보충성 위반 여부 등)의 구비 여부를 조사하여 흠이 있으면 보정을 명하고, 불응하거나 제소기간의 도과 등 보정이 불가능할 때에는 판결로써 재심의 소를 각하한다.

2) 재심사유의 존부

재심의 소가 적법하면 재심사유의 존부에 관하여 심리하여 존재하지 않으면 종국판결로 재심청구를 기각한다. 재심사유의 존재에 관해서는 재심원고가 증명책임을 진다.[171]

법원은 원고가 주장하는 재심사유에 대해서만 심리하고 그 밖의 사유가 밝혀져도 이를 기초로 판단할 수는 없다. 주장사유가 있어도 당사자가 상소에 의하여 재심사유를 주장하였거나 이를 알고 주장하지 아니한 때에는 재심의 소를 제기할 수 없으므로 재심의 소를 각하한다.

재심사유가 있는지 여부에 관한 심판을 본안에 관한 심판과 분리하여 먼저 시행한 경우에 재심사유의 존재가 인정되는 경우에는 그 취지의 중간판결을 한 뒤 본안에 관하여 심리·재판하고(제454조), 그렇지 않으면 중국판결의 이유에서 판단한다.

3) 본안심리

재심사유가 있으면 본안에 대한 심리에 들어간다. 본안의 변론은 전 소송 변론의 재

---

171) 대판 1996. 12. 23. 95다22463.

개속행이므로 변론을 갱신하여야 한다(제455, 204조). 변론은 재심청구이유의 범위 안에서 하여야 하며 재심의 이유는 바꿀 수 있다(제459조). 종전의 소송절차는 재심사유로 된 부분을 제외하고는 모두 효력이 있고, 당사자는 새로운 공격방어방법을 제출할 수 있다.172) 전 소의 변론종결 뒤에 발생한 사유도 제출할 수 있다.

재심법원은 가벌적 행위의 유죄확정판결에 구속을 받는 것이 아니고, 그 유죄판결의 내용과 같은 사실의 존부에 관한 실질적 판단을 자유로이 할 수 있고, 그 결과 재심대상 판결을 정당하다고 인정할 때에는 새로운 증거의 제출이 없더라도 재심청구를 배척할 수 있다.173)

4) 판결

원판결이 부당하면 불복신청의 한도 안에서 이를 취소하고 상응한 판결을 한다. 재심은 상소와 유사한 성질을 갖는 것으로서 부대재심이 제기되지 않는 한 재심원고에 대하여 원래의 확정판결보다 불이익한 판결을 할 수 없다.174)

원판결이 정당하면 재심사유가 있더라도 이를 취소하지 않고 재심청구를 기각한다(제460조). 원판결표준시 이후의 사정변경으로 정당한 경우에는 원판결을 취소하고 같은 내용의 판결을 해야 한다는 입장도 있으나 이는 명문에 반한다. 이 경우 기판력의 기준 시는 재심의 소 변론종결 시로 이동한다.175)

이 판결에 대해서는 그 심급에 따라 상소가 허용된다.

Ⅵ. 준재심

1. 개념

확정판결과 같은 효력을 가지는 조서(제220조) 또는 즉시항고로 불복할 수 있는 결정이나 명령이 확정된 경우에 재심사유가 있는 때에는 확정판결에 대한 재심의 소에 준하여 재심을 제기할 수 있는데(제460조), 이를 준재심이라고 한다.

---

172) 대판 1965. 1. 19. 64다1260.
173) 대판 1983. 12. 27. 82다146.
174) 대판 2003. 7. 22. 2001다76298.
175) 대판 2003. 5. 13. 2002다64148.

2. 절차

1) 준재심의 소

확정판결과 같은 효력을 가지는 조서(청구의 포기·인낙조서, 화해조서, 화해조서와 동일한 효력을 가지는 조정조서[176])에 대한 준재심절차는 재심절차에 따른다. 기판력을 가지지 아니하는 확정된 이행권고결정에 설사 재심사유에 해당하는 하자가 있다고 하더라도 이를 이유로 민사소송법 제461조가 정한 준재심의 소를 제기할 수는 없고, 청구이의의 소를 제기하거나 또는 전체로서의 강제집행이 이미 완료된 경우에는 부당이득반환청구의 소 등을 제기할 수 있을 뿐이다. [177]

2) 준재심 신청

즉시항고로 불복할 수 있는 결정이나 명령에 대한 준재심은 신청방식에 따라야 한다. 심판도 결정의 형식으로 한다.

준재심의 대상이 될 수 있는 것은 소장각하명령, 소송비용액확정결정, 매각허가결정(민사집행법 제129조) 등이다. 그 외에도 종국적 재판의 성질을 가지는 결정이나 명령 또는 종국재판과 상관없이 독립하여 확정되는 결정이나 명령에 대해서는 준재심이 가능하다.[178]

---

176) 대판 1968. 10. 22. 68므32.
177) 대판 2009. 5. 14. 2006다34190.
178) 대판 2004. 9. 13. 2004마660.

제13장 특수한 구제절차

제1절 소액사건심판절차

I. 총설

소액사건은 제소한 때의 소송목적 값이 대법원규칙으로 정하는 금원을 초과하지 아니하는 금전 기타 대체물이나 유가증권의 일정한 수량의 지급을 목적으로 하는 제1심의 민사사건을 말한다(소액사건심판법 제2조 제1항). 현재 소액사건심판규칙은 소송목적의 값을 금2,000만 원으로 정하고 있다(위 규칙 제1조의 2).

소액사건은 비교적 쟁점이 단순하므로 간이·신속한 해결을 위하여 소액사건심판법을 제정하여 일반민사소송과는 달리 여러 특칙을 두고 있다.

소액사건은 소제기 시를 기준으로 정하여지므로, 병합심리로 그 소가의 합산액이 소액사건의 소가를 초과하였다고 하여도 소액사건임에는 변함이 없다.[1] 다만 소액사건심판법의 적용을 받을 목적으로 청구를 분할하여 그 일부만을 청구할 수는 없다(동법 제5조의 2).

소액사건은 지방법원, 동 지원, 시·군법원 단독판사의 사물관할에 속하고(법원조직법 제7, 33, 34조), 재량에 의하여 합의부로 이송할 수 있다(제34조 제2항). 이송된 후에는 통상의 소송절차에 따른다.

소액사건이라도 항소심에서는 통상의 소송절차에 따른다.

II. 이행권고제도

1. 규정

법원은 소가 제기된 경우에 결정으로 소장부본이나 제소조서등본을 첨부하여 피고에게 청구취지대로 이행할 것을 권고할 수 있다(동법 제5조의 3).

이는 지급명령과 화해권고결정의 취지를 소액사건에 반영하여 간이·신속한 해결과 당사자의 법정출석의 불편을 덜어 주고자 도입된 제도로, 피고가 이의하지 않으면 변론 없이 원고에게 집행권원을 부여한다.

---

[1] 대판 1992. 7. 24. 91다43176.

2. 절차, 방식

1) 이행권고결정을 할 수 있는 경우

이행권고결정은 독촉절차 또는 조정절차에서 소송절차로 이행된 때, 청구취지나 청구원인이 불명한 때, 그 밖에 이행권고를 하기에 적절하지 아니하다고 인정하는 때를 제외하고는 모든 소액사건에 대하여 할 수 있다.

2) 이행권고결정에는 당사자, 법정대리인, 청구의 취지와 원인, 이행조항을 기재하고, 피고가 이의신청을 할 수 있음과 이행권고결정 효력의 취지를 부기하여야 한다.

법원사무관 등은 이행권고결정서의 등본을 피고에게 송달하여야 한다. 다만 그 송달은 우편송달이나 공시송달의 방법으로는 이를 할 수 없다. 이를 제외한 나머지 민사소송법이 정한 방법에 의하지 아니하고는 피고에게 이행권고결정서의 등본을 송달할 수 없는 때에는 지체 없이 변론기일을 지정하여야 한다(동법 제5조의 3 제2, 3, 4항).

3) 이행권고결정에 대한 이의신청(동법 제5조의 4, 5, 6)

피고는 이행권고결정서의 등본을 송달받은 날부터 2주일 내에 서면으로 이의신청을 할 수 있다. 다만 그 등본이 송달되기 전에도 이의신청을 할 수 있다. 이 기간은 불변기간이다. 법원은 이의신청이 있는 때에는 지체 없이 변론기일을 지정하여야 한다.

법원은 이의신청이 적법하지 아니하다고 인정되는 경우에는 그 흠을 보정할 수 없으면 결정으로 이를 각하하여야 한다. 이 결정에 대해서는 즉시항고를 할 수 있다.

피고는 부득이한 사유로 제5조의 4 제1항의 기간 내에 이의신청을 할 수 없었던 경우에는 그 사유가 없어진 후 2주일 내에 이의신청을 추후 보완할 수 있다. 법원은 추후보완사유가 이유 없다고 인정되는 때에는 결정으로 이의신청을 각하하여야 한다. 이 결정에 대해서는 즉시항고를 할 수 있다.

4) 이행권고결정의 효력(동법 제5조의 7)

이행권고결정은 피고가 제5조의 4 제1항의 기간 내에 이의신청을 하지 아니한 때, 이의신청에 대한 각하결정이 확정된 때, 이의신청이 취하된 때에는 확정판결과 같은 효력을 가진다.

법원사무관 등은 이행권고결정이 확정판결과 같은 효력을 가지게 된 때에는 이행권고결정서의 정본을 원고에게 송달하여야 한다.

이행권고결정에 기한 강제집행은 집행문을 부여받을 필요 없이 결정서의 정본에 의하여 행한다. 다만 이행권고결정의 집행에 조건을 붙인 경우, 당사자의 승계인을 위하여 강제집행을 하는 경우, 당사자의 승계인에 대하여 강제집행을 하는 경우에는 그러하지 아니하다(동법 제5조의 7).

Ⅲ. 소액사건심판절차의 특칙

소액사건에 관한 제소가 있는 경우에 이행권고절차에 회부하는 것이 부적절하거나, 이행권고결정을 하였지만 피고가 이의한 경우에는 소액사건소송절차로 회부되는데, 이때 일반의 민사소송과는 다른 여러 특칙이 있다.

1. 상고 및 재항고(제3조)

소액사건에 대한 지방법원 본원 합의부의 제2심판결이나 결정·명령에 대해서는 법률, 명령, 규칙 또는 처분의 헌법위반 여부와 명령, 규칙 또는 처분의 법률위반 여부에 대한 판단이 부당한 때 또는 대법원의 판례에 상반되는 판단을 한 때에 한하여 대법원에 상고 또는 재항고를 할 수 있다. 일반적 상고이유로서의 법령위반은 상고이유가 될 수 없다.

이것은 재판제도 이용의 효율화, 신속·경제적으로 처리되어야 할 소액사건절차 특유의 요청들을 함께 고려할 때 위헌적인 차별이라고 할 수 없다.[2]

대법원 판례에 상반되는 판단을 한 때라 함은 구체적인 당해 사건에 적용할 법령의 해석에 관하여 대법원이 내린 판단과 상반되는 해석을 한 경우를 말한다.[3] 판례위반을 내세워도 실질은 법리오해·사실오해 등을 주장하는 것이면 단순한 법령위반의 주장에 지나지 않고, 원심의 가정적인 판단이나 방론이 대법원 판례 위반이더라도 이는 원판결에 영향을 미친 대법원 판례 위반으로 볼 수 없으므로 이들은 소액사건심판법 제3조 소정의 적법한 상고이유가 되지 못한다.[4]

2. 구술 또는 임의출석에 의한 소의 제기(제4, 5조)

소는 구술로써 이를 제기할 수 있다. 이때에는 법원서기관, 법원사무관, 법원주사 또는 법원주사보의 면전에서 진술하여야 한다. 법원사무관 등은 제소조서를 작성하고 이에 기

---

[2] 헌재 전원 1995. 10. 25. 94헌바28.

[3] 대판 1989. 5. 9. 88다4775.

[4] 대판 1990. 12. 11. 90다5283.

명날인하여야 한다.

당사자 쌍방은 임의로 법원에 출석하여 소송에 관하여 변론할 수 있다. 이때 소의 제기는 구술에 의한 진술로써 행한다.

3. 소장의 송달 등(제6, 7조)

소장부본이나 제소조서등본은 지체 없이 피고에게 송달하여야 한다. 다만 피고에게 이행권고결정서의 등본이 송달된 때에는 소장부본이나 제소조서등본이 송달된 것으로 본다.

소의 제기가 있는 경우에 판사는 민사소송법 제256조 내지 제258조의 규정에 불구하고 바로 변론기일을 정할 수 있다. 판사는 되도록 1회의 변론기일로 심리를 마치도록 하여야 한다. 이 목적을 달성하기 위하여 판사는 변론기일 전이라도 당사자로 하여금 증거신청을 하게 하는 등 필요한 조치를 취할 수 있다.

4. 심리절차상 특칙

1) 공휴일, 야간의 개정

판사는 필요한 경우 근무시간 외 또는 공휴일에도 개정할 수 있다(제7조의 2).

2) 소송대리에 관한 특칙(제7조)

당사자의 배우자·직계혈족 또는 형제자매는 법원의 허가 없이 소송대리인이 될 수 있다. 이 소송대리인은 당사자와의 신분관계 및 수권관계를 서면으로 증명하여야 한다. 그러나 수권관계에 대해서는 당사자가 판사의 면전에서 구술로 제1항의 소송대리인을 선임하고 법원사무관 등이 조서에 이를 기재한 때에는 그러하지 아니하다.

3) 무변론 청구기각판결

법원은 소장준비서면 기타 소송기록에 의하여 청구가 이유 없음이 명백한 때에는 변론 없이 청구를 기각할 수 있다. 판사의 경질이 있는 경우라도 변론의 갱신 없이 판결할 수 있다.

4) 원격영상재판

재판관계인이 교통의 불편 등으로 법정에 직접 출석하기 어려운 경우에 동영상과 음성을 동시에 송수신하는 장치가 갖추어진 다른 원격지의 법정에 출석하여 영상을 통하여 진행하는 재판을 말한다. 판사가 상주하지 않는 시·군법원 주민들의 편의를 위하여 소액사건 등에 관하여 허용된 재판방식이다(원격영상재판에 관한 특례법 제2, 3조).

5. 증거조사에 관한 특칙(제10조)

판사는 필요하다고 인정한 때에는 직권으로 증거조사를 할 수 있다. 그러나 그 증거조사의 결과에 관해서는 당사자의 의견을 들어야 한다. 증인은 판사가 신문한다. 그러나 당사자는 판사에게 고하고 신문할 수 있다. 판사는 상당하다고 인정한 때에는 증인 또는 감정인의 신문에 갈음하여 서면을 제출하게 할 수 있다.

6. 조서의 기재 생략(제11조)

조서는 당사자의 이의가 있는 경우를 제외하고 판사의 허가가 있는 때에는 이에 기재할 사항을 생략할 수 있다. 변론의 방식에 관한 규정의 준수와 화해·인낙·포기·취하 및 자백에 대해서는 생략할 수 없다.

7. 판결에 관한 특례(제11조의 2)

판결의 선고는 변론종결 후 즉시 할 수 있다. 판결을 선고함에는 주문을 낭독하고 주문이 정당함을 인정할 수 있는 범위 안에서 그 이유의 요지를 구술로 설명하여야 한다. 판결서에는 민사소송법 제208조의 규정에 불구하고 이유를 기재하지 아니할 수 있다.

제2절 독촉절차

I. 개념

독촉절차란 금전, 그 밖에 대체물이나 유가증권의 일정한 수량의 지급을 목적으로 하는 청구에 대하여 법원은 채권자의 신청에 따라 지급명령을 하는 절차를 말한다. 채권자로 하여금 간이·신속하게 집행권원을 얻을 수 있도록 하기 위해 인정된 제도이다. 채무자가 다투지 않으면 확정판결과 같은 효력이 있고, 이의신청을 하면 통상의 소송절차로 이행된다.

Ⅱ. 관할법원

독촉절차는 채무자의 보통재판적이 있는 곳의 지방법원이나 제7조 내지 제9조, 제12
조 또는 제18조의 규정에 의한 관할법원의 전속관할로 한다.

Ⅲ. 지급명령신청과 재판

1. 지급명령의 신청

지급명령의 신청에는 그 성질에 어긋나지 아니하면 소에 관한 규정을 준용한다(제463
조). 다만 대한민국에서 공시송달 외의 방법으로 송달할 수 있는 경우에 한한다(제462조
단서).

지급명령은 현재 이행기가 도래하여 즉시 지급을 구할 수 있는 경우에 한하고, 조건
부기한미도래 채권의 이행을 구하거나 예비적 청구를 하는 것은 허용되지 않는다.

2. 신청의 각하(제465조)

지급명령의 신청이 제462조 본문 또는 제463조의 규정에 어긋나거나, 신청의 취지로
보아 청구에 정당한 이유가 없는 것이 명백한 때에는 그 신청을 각하하여야 한다. 청구
의 일부에 대하여 지급명령을 할 수 없는 때에 그 일부에 대해서도 또한 같다. 신청을
각하하는 결정에 대해서는 불복할 수 없다.

3. 지급명령을 하지 아니하는 경우(제466조)

채권자는 법원으로부터 채무자의 주소를 보정하라는 명령을 받은 경우에 소제기신청을
할 수 있다.

지급명령을 공시송달에 의하지 아니하고는 송달할 수 없거나 외국으로 송달하여야 할
때에는 법원은 직권에 의한 결정으로 사건을 소송절차에 부칠 수 있다. 이 결정에 대해
서는 불복할 수 없다.

4. 절차

지급명령은 채무자를 심문하지 아니하고 한다(제467조).

지급명령에는 당사자, 법정대리인, 청구의 취지와 원인을 적고, 채무자가 지급명령이 송달된 날부터 2주 이내에 이의신청을 할 수 있다는 것을 덧붙여 적어야 한다(제468조).

5. 지급명령의 송달(제468조)

지급명령은 당사자에게 송달하여야 한다.

6. 이의신청(제469, 470, 471조)

채무자는 지급명령에 대하여 이의신청을 할 수 있다.

채무자가 지급명령을 송달받은 날부터 2주 이내에 이의신청을 한 때에는 지급명령은 그 범위 안에서 효력을 잃는다. 이 기간은 불변기간이다.

법원은 이의신청이 부적법하다고 인정한 때에는 결정으로 이를 각하하여야 한다. 이 결정에 대해서는 즉시항고를 할 수 있다.

Ⅳ. 소송으로의 이행

채권자가 제466조 제1항의 규정에 따라 소제기신청을 한 경우, 또는 법원이 제466조 제2항의 규정에 따라 지급명령신청사건을 소송절차에 부치는 결정을 한 경우에는 지급명령을 신청한 때에 소가 제기된 것으로 본다. 채무자가 지급명령에 대하여 적법한 이의신청을 한 경우에는 지급명령을 신청한 때에 이의신청이 된 청구목적의 값에 관하여 소가 제기된 것으로 본다(제472).

제472조의 규정에 따라 소가 제기된 것으로 보는 경우, 지급명령을 발령한 법원은 채권자에게 상당한 기간을 정하여, 소를 제기하는 경우 소장에 붙여야 할 인지액에서 소제기신청 또는 지급명령신청 시에 붙인 인지액을 뺀 액수의 인지를 보정하도록 명하여야 한다. 채권자가 제1항의 기간 이내에 인지를 보정하지 아니한 때에는 위 법원은 결정으로 지급명령신청서를 각하하여야 한다. 이 결정에 대해서는 즉시항고를 할 수 있다. 인지가 보정되면 법원사무관 등은 바로 소송기록을 관할법원에 보내야 한다. 이 경우 사건이

합의부의 관할에 해당되면 법원사무관 등은 바로 소송기록을 관할법원 합의부에 보내야
한다(제473조).

독촉절차의 비용은 소송비용의 일부로 한다.

V. 지급명령의 효력

지급명령에 대하여 이의신청이 없거나, 이의신청을 취하하거나, 각하결정이 확정된 때
에는 지급명령은 확정판결과 같은 효력이 있다(제474조).

제3절 공시최고절차

Ⅰ. 개념

공시최고란 법원이 불특정 또는 불분명한 이해관계인에게 신고를 하지 않으면 권리를
잃게 될 것이라는 경고와 함께 권리 또는 청구를 신고할 것을 재판에 의하여 최고하는
것을 말한다. 공시최고는 위의 권리나 청구의 신고가 없으면 그 권리나 청구를 상실시키
는 제권판결로 이어진다. 공시최고절차는 신청인에게 권리행사의 길을 열어 주기 위하여
법원이 사법상의 법률관계 형성에 협력하는 것이고, 대립당사자 사이의 법률관계를 확
정·실현하는 것이 아니므로 본질은 비송사건이지만 민사소송법에 규정되어 있으므로 민
사소송법이 적용되고 비송사건절차법은 적용되지 않는다.

공시최고는 법률이 정한 경우에만 인정된다(제475조). 현행법상으로는 실종선고를 위
한 공시최고(민법 제27조, 가사소송법 제2조 제1항 라류), 등기·등록의 말소를 위한 공
시최고(부동산등기법 제167조 등), 증권·증서의 무효선고를 위한 공시최고(민법 제521
조, 상법 제65, 360조 등)의 세 가지가 있다.

Ⅱ. 절차

1. 관할법원

공시최고는 법률에 다른 규정이 있는 경우를 제외하고는 권리자의 보통재판적이 있는 곳의 지방법원이 관할한다. 다만 등기 또는 등록을 말소하기 위한 공시최고는 그 등기 또는 등록을 한 공공기관이 있는 곳의 지방법원에 신청할 수 있다. 증권의 무효선고를 위한 경우(제492조)에는 증권이나 증서에 표시된 이행지의 지방법원이 관할한다. 다만 증권이나 증서에 이행지의 표시가 없는 때에는 발행인의 보통재판적이 있는 곳의 지방법원이, 그 법원이 없는 때에는 발행 당시에 발행인의 보통재판적이 있었던 곳의 지방법원이 각각 관할한다.

이 관할은 전속관할이다.

2. 공시최고의 신청 및 재판

1) 신청

공시최고의 신청에는 그 신청의 이유와 제권판결(제권판결)을 청구하는 취지를 밝혀야 한 다. 이 신청은 서면으로 하여야 한다. 법원은 여러 개의 공시최고를 병합하도록 명할 수 있다(제477조).

2) 공시최고의 허가 여부(제478조)

공시최고의 허가 여부에 대한 재판은 결정으로 한다. 허가하지 아니하는 결정에 대해서는 즉시항고를 할 수 있다. 이 경우에는 신청인을 심문할 수 있다.

3. 공시최고의 실시

공시최고의 신청을 허가한 때에는 법원은 공시최고를 하여야 한다.

공시최고에는 신청인의 표시, 공시최고기일까지 권리 또는 청구의 신고를 하여야 한다는 최고, 신고를 하지 아니하면 권리를 잃게 될 사항, 공시최고기일을 적어야 한다(제479조). 공시최고의 기간은 공고가 끝난 날부터 3개월 뒤로 정하여야 한다(제481조).

공시최고는 대법원규칙이 정하는 바에 따라 공고하여야 한다(제480조).

4. 권리 또는 청구의 신고

공시최고신청인이 주장하는 권리를 다투는 사람은 그 취지 및 자기의 권리나 청구를 신고하여야 한다. 공시최고기일이 끝난 뒤에도 제권판결에 앞서 권리 또는 청구의 신고가 있는 때에는 그 권리를 잃지 아니한다(제482조). 어음·수표의 소지인이 지급은행에 지급제시를 하였다거나 또는 그 어음·수표금 지급청구소송을 제기하였다 하여도 이를 공시최고법원에 대한 권리의 신고나 청구로 볼 수 없다.[5]

신청이유로 내세운 권리 또는 청구를 다투는 신고가 있는 때에는 법원은 그 권리에 대한 재판이 확정될 때까지 공시최고절차를 중지하거나, 신고한 권리를 유보하고 제권판결을 하여야 한다(제485조).

5. 신청의 취하

공시최고신청은 공시최고의 실시 전후를 묻지 않고 언제나 취하할 수 있다.

신청인이 공시최고기일에 출석하지 아니하거나, 기일변경신청을 하는 때에는 법원은 1회에 한하여 새 기일을 정하여 주어야 하는데(제483조), 새 기일에 출석하지 아니한 때에는 공시최고신청을 취하한 것으로 본다(제484조).

Ⅲ. 제권판결

1. 개념

제권판결이란 공시최고절차에서 공시최고인의 신청에 의하여 공시최고의 대상인 사항에 관하여 실권선고를 하는 법원의 판결이다. 형성판결이고, 공시최고절차의 목표는 이 판결을 얻기 위한 것이다.

2. 제권판결의 절차

공시최고의 신청인은 공시최고기일에 출석하여 그 신청을 하게 된 이유와 제권판결을 청구하는 취지를 진술하여야 한다(제486조).

법원은 공시최고의 적법 여부와 제권판결신청의 이유유무를 심사하는데, 이때 직권으

---

5) 대판 1983. 11. 8. 83다508, 83다카1705.

로 사실을 탐지할 수 있다(제487조 제2항).

법원은 제권판결신청에 정당한 이유가 없다고 인정할 때에는 결정으로 신청을 각하하여야 하며, 이유가 있다고 인정할 때에는 제권판결을 선고하여야 한다(제487조 제1항).

제권판결의 신청을 각하한 결정이나, 제권판결에 덧붙인 제한 또는 유보에 대해서는 즉시항고를 할 수 있다(제488조).

법원은 제권판결의 요지를 대법원규칙이 정하는 바에 따라 공고할 수 있다(제489조).

3. 제권판결의 효력

제권판결은 선고와 동시에 확정되고, 판결로 권리를 유보한 사람 이외에 권리자가 없음을 확정하며 이해관계인이 가질 수 있는 권리를 소멸·변경시키는 효력이 있다.

제권판결에는 상소가 허용되지 않는다(제490조 제1항).

4. 제권판결에 대한 불복소송

1) 제권판결에 대한 불복의 소

제권판결에 대해서는 그 절차나 내용에 중대한 흠이 있을 경우에만 신청인에 대한 소로써 최고법원에 불복할 수 있다(제490조 제2항).

2) 소제기 사유

불복의 소를 제기할 수 있는 사유는 1. 법률상 공시최고절차를 허가하지 아니할 경우일 때, 2. 공시최고의 공고를 하지 아니하였거나, 법령이 정한 방법으로 공고를 하지 아니한 때, 3. 공시최고기간을 지키지 아니한 때, 4. 판결을 한 판사가 법률에 따라 직무집행에서 제척된 때, 5. 전속관할에 관한 규정에 어긋난 때, 6. 권리 또는 청구의 신고가 있음에도 법률에 어긋나는 판결을 한 때, 7. 거짓 또는 부정한 방법으로 제권판결을 받은 때, 8. 제451조 제1항 제4호 내지 제8호의 재심사유가 있는 때이다.

3) 소제기기간

불복의 소는 1개월 이내에 제기하여야 한다. 이 기간은 불변기간이다. 이 기간은 원고가 제권판결이 있다는 것을 안 날부터 계산한다. 다만 제490조 제2항 제4호·제7호 및 제8호의 사유를 들어 소를 제기하는 경우에는 원고가 이러한 사유가 있음을 안 날부터 계산한다. 이 소는 제권판결이 선고된 날부터 3년이 지나면 제기하지 못한다(제491조).

5. 증권의 무효선고를 위한 공시최고의 특칙

1) 도난·분실되거나 없어진 증권, 그 밖에 상법에서 무효로 할 수 있다고 규정한 증서의 무효선고를 청구하는 공시최고절차에는 제493조 내지 제497조의 규정을 적용한다. 법률상 공시최고를 할 수 있는 그 밖의 증서에 관하여 그 법률에 특별한 규정이 없는 경우에도 같다(제492조).

2) 증서에 관한 공시최고신청권자

무기명증권 또는 배서(배서)로 이전할 수 있거나 약식배서가 있는 증권 또는 증서에 관해서는 최종소지인이 공시최고절차를 신청할 수 있으며, 그 밖의 증서에 관해서는 그 증서에 따라서 권리를 주장할 수 있는 사람이 공시최고절차를 신청할 수 있다(제493조).

3) 신청사유의 소명

신청인은 증서의 등본을 제출하거나 또는 증서의 존재 및 그 중요한 취지를 충분히 알리기에 필요한 사항을 제시하여야 한다. 신청인은 증서가 도난·분실되거나 없어진 사실과, 그 밖에 공시최고절차를 신청할 수 있는 이유가 되는 사실 등을 소명하여야 한다(제494조).

4) 신고최고, 실권경고

공시최고에는 공시최고기일까지 권리 또는 청구의 신고를 하고 그 증서를 제출하도록 최고하고, 이를 게을리하면 권리를 잃게 되어 증서의 무효가 선고된다는 것을 경고하여야 한다(제495조).

5) 제권판결의 선고

제권판결에서는 증권 또는 증서의 무효를 선고하여야 한다(제496조).

6) 제권판결의 효력

제권판결이 내려진 때에는 신청인은 증권 또는 증서에 따라 의무를 지는 사람에게 증권 또는 증서에 따른 권리를 주장할 수 있다(제497조).

7) 증권의 선의 취득자와의 관계

증권의 무효선고를 위한 공시최고기간 중에도 증권은 유통되므로 제3자에 의하여 선의 취득되는 소가 있다. 이때 누구를 우선시킬 것인가에 관하여 논의가 있으나, 판례는 제권판결취득자를 우선시킨다.6)

---

6) 대판 1994. 10. 11. 94다18614, 약속어음에 관한 제권판결의 효력은 그 판결 이후에 있어서 당해 어음을 무효로 하고 공시최고 신청인에게 어음을 소지함과 동일한 지위를 회복시키는 것에 그치는 것이고 공시최고 신청인이 실질상의 권리자임을 확정하는 것은 아니나, 취득자가 소지하고 있는 약속어음은 제권판결

제4절 배상명령

Ⅰ. 개념

민사손해배상사건을 민사소송에 의하지 않고 해결하는 절차로 배상명령제도가 있다.

배상명령이란 제1심 또는 제2심의 형사공판 절차에서 「형법」 제257조 제1항, 제258조 제1항 및 제2항, 제259조 제1항, 제262조(존속폭행치사상의 죄는 제외한다), 같은 법 제26장, 제32장(제304조의 죄는 제외한다), 제38장부터 제40장까지 및 제42장에 규정된 죄에 관하여 유죄판결을 선고할 경우, 법원은 직권에 의하여 또는 피해자나 그 상속인의 신청에 의하여 피고사건의 범죄행위로 인하여 발생한 직접적인 물적 피해, 치료비 손해 및 위자료의 배상을 명하는 것이다(소송촉진 등에 관한 특례법 제25 내지 35조). 범죄행위로 인한 피해자의 물질적·정신적 손해를 신속하게 구제하기 위한 제도이다.

Ⅱ. 요건

제1심 또는 제2심의 형사공판 절차에서 형법상 폭행·상해죄 기타 재산범죄 등 일정한 범죄에 대하여 유죄판결을 선고할 경우여야 한다.

범죄행위로 인하여 발생한 직접적인 물적 피해, 치료비 손해 및 위자료여야 한다.

피해자의 성명, 주소가 분명하지 아니한 경우, 피해 금액이 특정되지 아니한 경우, 피고인의 배상책임 유무 또는 그 범위가 명백하지 아니한 경우, 배상명령으로 인하여 공판절차가 현저히 지연될 우려가 있거나 형사소송 절차에서 배상명령을 하는 것이 타당하지 아니하다고 인정되는 경우가 아니어야 한다.

의 소극적 효과로서 약속어음으로서의 효력이 상실되는 것이므로 약속어음의 소지인은 무효로 된 어음을 유효한 어음이라고 주장하여 어음금을 청구할 수 없다.

이 같은 이치는 공시최고의 신청인이 발행인인 경우와 발행인이 아닌 소지인(어음상의 권리자)인 경우에 따라 구별되어 해석되어야 할 만한 아무런 합리적인 근거가 없다.

또 어음소지인이 공시최고 전에 선의 취득하였다고 하여 달리 볼 것이 아니다.

Ⅲ. 절차

법원은 직권에 의하여 또는 피해자나 그 상속인의 신청에 의하여 배상명령을 한다.

1. 신청

피해자는 제1심 또는 제2심 공판의 변론이 종결될 때까지 사건이 계속(계속)된 법원에 제25조에 따른 피해배상을 신청할 수 있다. 배상신청은 민사소송에서의 소제기와 동일한 효력이 있다.

2. 재판

배상신청이 적법하지 아니한 경우, 배상신청이 이유 없다고 인정되는 경우, 배상명령을 하는 것이 타당하지 아니하다고 인정되는 경우에는 각하한다.

배상신청이 이유 있으면 유죄판결의 선고와 동시에 배상명령을 하여야 한다. 배상명령은 일정액의 금전 지급을 명함으로써 하고 배상의 대상과 금액을 유죄판결의 주문에 표시하여야 한다. 배상명령의 이유는 특히 필요하다고 인정되는 경우가 아니면 적지 아니한다. 배상명령은 가집행할 수 있음을 선고할 수 있다.

3. 불복

배상신청을 각하하거나 그 일부를 인용한 재판에 대하여 신청인은 불복을 신청하지 못하며, 다시 동일한 배상신청을 할 수 없다. 이것은 형사절차에서의 불복을 금한 것일 뿐이고, 민사절차에서 손해배상을 청구하는 것은 별개이다. 다만 일부인용부분이 확정될 경우에는 민사절차에서 그 금액만큼은 공제된다.

유죄판결에 대한 상소가 제기된 경우에는 배상명령은 피고사건과 함께 상소심으로 이심된다.

상소심에서 원심의 유죄판결을 파기하고 피고사건에 대하여 무죄, 면소 또는 공소기각의 재판을 할 때에는 원심의 배상명령을 취소하여야 한다. 이 경우 상소심에서 원심의 배상명령을 취소하지 아니한 경우에는 그 배상명령을 취소한 것으로 본다.

상소심에서 원심판결을 유지하는 경우에도 원심의 배상명령을 취소하거나 변경할 수 있다.

피고인은 유죄판결에 대하여 상소를 제기하지 아니하고 배상명령에 대해서만 상소 제기기간에 형사소송법에 따른 즉시항고를 할 수 있다. 다만 즉시항고를 제기 후 상소권자의 적법한 상소가 있는 경우에는 즉시항고는 취하된 것으로 본다.

Ⅳ. 배상명령의 효력과 강제집행

확정된 배상명령 또는 가집행선고가 있는 배상명령이 기재된 유죄판결서의 정본은 민사집행법에 따른 강제집행에 관해서는 집행력 있는 민사판결 정본과 동일한 효력이 있다.

배상명령이 확정된 경우 피해자는 그 인용된 금액의 범위에서 다른 절차에 따른 손해배상을 청구할 수 없다.

배상명령의 절차비용은 특별히 그 비용을 부담할 자를 정한 경우를 제외하고는 국고의 부담으로 한다.

제14장 소송비용과 소송구조

제1절 소송비용

Ⅰ. 개념

소송비용이란 당사자가 소송수행을 위해 지출한 비용으로 법령이 정한 범위 내 비용을 말한다. 민사소송비용법은 당사자의 부담으로 할 소송비용의 종류를 열거하고 그 범위를 소송행위에 필요한 한도로 제한하고 있고, 구체적인 비용액과 산출방법은 민사소송등인 지법과 대법원규칙(민사소송비용규칙 등)이 정하고 있다. 이 규정들은 가사·행정·보전 처분사건 등에도 준용된다.

Ⅱ. 소송비용의 범위

당사자가 지출한 모든 비용이 소송비용이 되는 것은 아니고, 민사소송법, 민사소송비 용법, 민사소송 등 인지법, 변호사 보수의 소송비용산입에 관한 규칙, 민사소송규칙 등에 의한 제한을 받는다.

1. 재판비용

재판비용이란 당사자 등이 소송수행을 위하여 법원에 납부하는 비용으로 인지액과 민 사예납금(송달료, 증인여비, 감정비, 검증비 등 개개의 절차행위를 행함에 필요한 비용)으 로 분류된다. 재판비용은 일단은 그 비용을 요하는 행위를 구한 사람 또는 그 행위로 이 익을 받을 당사자가 법원에 내고, 종국적으로는 비용부담재판을 받은 사람이 부담한다.

2. 당사자 비용

당사자비용이란 당사자가 소송수행을 위하여 법원이 아닌 제3자에게 지출하는 비용으 로 재판외이 비용이라고도 한다. 법원에 출석하기 위한 여비, 일당, 서류 등 작성료 등이 그것이다. 구체적인 항목이나 비용액은 민사소송비용법과 민사소송비용규칙이 정하고 있 다. 법원과 관계없이 지출하는 것이므로 법원에 소송비용확정신청을 할 때 그 증빙자료를 내야 한다.

3. 변호사보수

1) 소송비용산입제

소송을 대리한 변호사에게 당사자가 지급하였거나 지급할 보수는 대법원규칙이 정하는 금액의 범위 안에서 소송비용으로 인정한다(제109조 제1항). 당사자가 임의로 선임한 경우뿐만 아니라 법원이 선임을 명한 경우에도(제144조 제2항) 소송비용으로 인정된다.

2) 소송비용산입방법

소송비용에 산입할 변호사 보수는 당사자가 보수계약에 의하여 지급하거나 지급할 금액 법위내에서 각 심급단위로 소송목적의 값에 따라 별표의 기준에 따라 산정한다(변호사보수의소송비용산입에관한규칙 제3조 제1항).

[별표] 〈개정 2007.11.28〉

소송목적의 값	소송비용에 산입되는 비용
1,000만 원까지 부분	8%
1,000만 원을 초과하여 2,000만 원까지 부분	[80만 원＋(소송목적의 값－1,000만 원)×7%]
2,000만 원을 초과하여 3,000만 원까지 부분	[150만 원＋(소송목적의 값－2,000만 원)×6%]
3,000만 원을 초과하여 5,000만 원까지 부분	[210만 원＋(소송목적의 값－3,000만 원)×5%]
5,000만 원을 초과하여 7,000만 원까지 부분	[310만 원＋(소송목적의 값－5,000만 원)×4%]
7,000만 원을 초과하여 1억 원까지 부분	[390만 원＋(소송목적의 값－7,000만 원)×3%]
1억 원을 초과하여 2억 원까지 부분	[480만 원＋(소송목적의 값－1억 원)×2%]
2억원을 초과하여 5억원까지 부분	[680만원＋(소송목적의 값－2억원)×1%]
5억원을 초과하는 부분	[980만원＋(소송목적의 값－5억원)×0.5%]

소송비용을 계산할 때에는 여러 변호사가 소송을 대리하였더라도 한 변호사가 대리한 것으로 본다(위 규칙 제2항). 공동소송인 중 1인이 단독으로 변호사보수를 지급하였다면, 소송비용액으로 상환 받을 변호사보수는 법이 정하는 범위 내에서 그 전액이라고 볼 것이지 이를 공동소송인 간에 균분할 것은 아니다.[1] 수인의 공동소송인이 공동으로 변호사를 선임하여 소송을 수행하게 한 경우에 특별한 사정(예컨대 그 공동소송이 실질적으로

---

1) 대결 1992.12.28. 92두62

는 독립소송이나 다름없을 정도로 공동소송인 사이에 관련성이 희박하면서도 형식상으로만 공동소송으로 되어 있다는 등)이 없는 한, 그 공동소송인들이 지급하였거나 지급할 변호사보수를 소송비용에 산입함에 있어서는, 각 공동소송인별로 소송물가액을 정하여 변호사보수의 소송비용 산입에 관한 규칙 제3조에 의한 변호사보수를 각 개인별로 산정한 다음 이를 합산할 것이 아니라, 동일한 변호사를 선임한 공동소송인들의 각 소송물가액을 모두 합산한 총액을 기준으로 위 규칙 제3조에 따른 비율을 적용하여 변호사보수를 산정하는 것이 옳다.[2]

소송대리인으로 선임된 변호사가 소송사건의 변론종결시까지 변론이나 증거조사 등 소송절차에 전혀 관여한 바가 없다면 그에 대하여 보수가 지급되었다 하더라도 소송비용에 포함될 수 없다.[3]

피고의 전부자백 또는 자백간주에 의한 판결과 무변론 판결의 경우 소송비용에 산입할 변호사의 보수는 제3조의 기준에 의하여 산정한 금액의 2분의 1로 한다(위 규칙 제5조).

Ⅲ. 부담원칙

1. 원칙과 예외

소송비용은 패소한 당사자가 부담하는 것이 원칙이다(제98조) 패소이유, 패소자의 고의·과실을 묻지 않는다. 주문은 '소송비용은 피고가 부담한다'라는 식으로 표현한다.

다만 법원은 사정에 따라 승소한 당사자로 하여금 그 권리를 늘리거나 지키는 데 필요하지 아니한 행위로 말미암은 소송비용 또는 상대방의 권리를 늘리거나 지키는 데 필요한 행위로 말미암은 소송비용의 전부나 일부를 부담하게 할 수 있다(제99조). 또한 당사자가 적당한 시기에 공격이나 방어의 방법을 제출하지 아니하였거나, 기일이나 기간의 준수를 게을리 하였거나, 그 밖에 당사자가 책임져야 할 사유로 소송이 지연된 때에는 법원은 지연됨으로 말미암은 소송비용의 전부나 일부를 승소한 당사자에게 부담하게 할 수 있다(제100조).

---

2) 대결 전합 2000. 11. 30. 2000마5563
3) 대결 1992.11.30. 90마1003

2. 일부패소의 경우

일부패소의 경우에 당사자들이 부담할 소송비용은 법원이 정한다. 다만, 사정에 따라 한 쪽 당사자에게 소송비용의 전부를 부담하게 할 수 있다(제101조). 일부 패소의 경우 각 당사자가 부담할 소송비용은 법원이 그 재량에 의하여 정할 수 있는 것이고, 반드시 청구액과 인용액의 비율에 따라 정하여야 하는 것은 아니다.[4] 주문은 '소송비용중 1/3은 원고가 2/3은 피고가 각 부담한다'라는 식으로 표현한다.

3. 공동소송의 경우

공동소송인은 소송비용을 균등하게 부담한다. 다만, 법원은 사정에 따라 공동소송인에게 소송비용을 연대하여 부담하게 하거나 다른 방법으로 부담하게 할 수 있다. 이에 불구하고 법원은 권리를 늘리거나 지키는 데 필요하지 아니한 행위로 생긴 소송비용은 그 행위를 한 당사자에게 부담하게 할 수 있다(제102조). 예컨대 필수적 공동소송에서 항소하지 않은 당사자에게는 비용을 부담시킬 것이 아니고 실제 항소한 자에게만 비용을 부담시키는 것이 타당하다.

균등부담원칙은 공동소송인이 상대방에 대하여 다 같이 패소하는 경우의 소송비용의 부담방법에 관한 원칙을 규정한 것으로서 공동소송인이 승소한 경우에는 이를 적용할 수 없고, 이와 같은 경우에는 원칙적으로 패소한 상대방 당사자가 승소한 공동소송인들이 각 지출한 비용을 상환할 의무를 부담한다.[5]

4. 참가소송의 경우

참가소송비용에 대한 참가인과 상대방 사이의 부담과, 참가이의신청의 소송비용에 대한 참가인과 이의신청 당사자 사이의 부담에 대하여는 제98조 내지 제102조의 규정을 준용한다(제103조). 주문은 소송비용은 본소로 인한 부분은 피고가 부담하고, 참가로 인한 부분은 참가인이 부담한다라는 식으로 표현한다.

5. 화해한 경우

당사자가 법원에서 화해한 경우(제231조의 경우를 포함)에 화해비용과 소송비용의 부

---

4) 대판 2000. 1. 18. 98다18506
5) 대결 1992.12.28. 92두62

담에 관하여 특별히 정한 바가 없으면 그 비용은 당사자들이 반분한다.

6. 제3자에게 소송비용의 상환을 명할 수 있는 경우(제107조)

① 대리인에게 중과실이 있는 경우

법정대리인·소송대리인·법원사무관 등이나 집행관이 고의 또는 중대한 과실로 쓸데 없는 비용을 지급하게 한 경우에는 수소법원은 직권으로 또는 당사자의 신청에 따라 그 에게 비용을 갚도록 명할 수 있다.

② 무권대리의 경우

법정대리인 또는 소송대리인으로서 소송행위를 한 사람이 그 대리권 또는 소송행위에 필요한 권한을 받았음을 증명하지 못하거나, 추인을 받지 못한 경우에 그 소송행위로 말 미암아 발생한 소송비용에 대하여도 수소법원은 직권으로 또는 당사자의 신청에 따라 그 에게 비용을 갚도록 명할 수 있다. 이 경우에 소가 각하된 경우에는 소송비용은 그 소송 행위를 한 대리인이 부담한다.

소외인이 원고의 이름으로 소송을 위임하였고 대리인에게 그 소송위임에 관하여 중대 한 과실이 없으면 있었다고는 보이지 아니하므로, 민사소송법 제107조를 유추적용하여 소송총비용은 소외인의 부담으로 한다.[6]

Ⅳ. 각 심급의 소송비용의 재판

1. 소송비용불가분

법원은 사건을 완결하는 재판에서 직권으로 그 심급의 소송비용 전부에 대하여 재판하 여야 한다. 다만, 사정에 따라 사건의 일부나 중간의 다툼에 관한 재판에서 그 비용에 대 한 재판을 할 수 있다(제104조).

2. 소송의 총비용에 대한 재판

상급법원이 본안의 재판을 바꾸는 경우 또는 사건을 환송받거나 이송 받은 법원이 그 사 건을 완결하는 재판을 하는 경우에는 소송의 총비용에 대하여 재판하여야 한다(제105조).

---

6) 대판 1997. 7. 25. 96다39301

3. 불복

소송비용부담이 재판에는 독립하여 상소할 수 없다(제391, 425조). 소송비용의 재판에 대한 불복은 본안의 재판에 대한 상고의 전부 또는 일부가 이유있는 경우에 한하여 허용되는 것이고, 본안의 상고이유가 없는 경우에는 허용될 수 없다.[7]

V. 소송비용액의 확정

1. 개념

소송비용액 확정은 소송비용부담의 재판에 의하여 정해진 소송비용액 상환청구권의 액수를 구체적으로 확정하여 강제집행이 가능하도록 하는 절차이다. 소송비용으로 지출한 금액은 소송비용확정의 절차를 거쳐 상환받을 수 있는 것이므로 별도로 소구할 이익이 없다.[8]

2. 신청과 결정

소송비용의 부담을 정하는 재판에서 그 액수가 정하여지지 아니한 경우에 제1심 법원은 그 재판이 확정되거나, 소송비용부담의 재판이 집행력을 갖게 된 후(가집행선고가 있는 경우)에 당사자의 신청을 받아 결정으로 그 소송비용액을 확정한다(제110조). 화해한 경우에 당사자가 소송비용부담원칙만 정하고 그 액수를 정하지 않은 때나 그 외에 소송이 재판에 의하지 아니하고 끝나거나 참가 또는 이에 대한 이의신청이 취하된 경우에는 법원은 당사자의 신청에 따라 결정으로 소송비용의 액수를 정하고, 이를 부담하도록 명하여야 한다(제113, 114조).

확정결정을 신청할 때에는 비용계산서, 그 등본과 비용액을 소명하는 데 필요한 서면을 제출하여야 한다. 소송비용확정의 신청이 있는 때에는 법원은 법원사무관등에게 소송비용액을 계산하게 하여야 한다(제115조).

확정결정에 대하여는 즉시항고를 할 수 있다

---

7) 대판 1981.7.7. 80다2185
8) 대판 1987.3.10. 86다카803

3. 상대방에 대한 최고

법원은 소송비용액을 결정하기 전에 상대방에게 비용계산서의 등본을 교부하고, 이에 대한 진술을 할 것과 일정한 기간 이내에 비용계산서와 비용액을 소명하는 데 필요한 서면을 제출할 것을 최고하여야 한다. 상대방이 제1항의 서면을 기간 이내에 제출하지 아니한 때에는 법원은 신청인의 비용에 대하여서만 결정할 수 있다. 다만, 상대방도 따로 소송비용확정결정을 신청할 수 있다(제111조).

4. 부담비용의 상계

법원이 소송비용을 결정하는 경우에 당사자들이 부담할 비용은 대등한 금액에서 상계된 것으로 본다. 다만, 상대방이 따로 확정결정을 신청한 경우에는 그러하지 아니하다(제112조).

Ⅵ. 소송비용의 담보

1. 담보제공의무

원고가 대한민국에 주소·사무소와 영업소를 두지 아니한 때에는 피고의 신청에 따라 법원은 원고에게 소송비용에 대한 담보를 제공하도록 명하여야 한다. 담보가 부족한 경우에도 또한 같다. 이 경우에 법원은 직권으로 원고에게 소송비용에 대한 담보를 제공하도록 명할 수 있다. 청구의 일부에 대하여 다툼이 없는 경우에는 그 액수가 담보로 충분하면 제1항의 규정을 적용하지 아니한다(제117조).

2. 소송에 응함으로 말미암은 신청권의 상실

담보를 제공할 사유가 있다는 것을 알고도 피고가 본안에 관하여 변론하거나 변론준비기일에서 진술한 경우에는 담보제공을 신청하지 못한다(제118조).

3. 피고의 거부권

담보제공을 신청한 피고는 원고가 담보를 제공할 때까지 소송에 응하지 아니할 수 있다(제119조).

4. 담보제공결정

법원은 담보를 제공하도록 명하는 결정에서 담보액과 담보제공의 기간을 정하여야 한다. 담보액은 피고가 각 심급에서 지출할 비용의 총액을 표준으로 하여 정하여야 한다(제120조).

5. 불복신청

담보제공신청에 관한 결정에 대하여는 즉시항고를 할 수 있다(제121조).

6. 담보제공방식

담보의 제공은 금전 또는 법원이 인정하는 유가증권을 공탁(공탁)하거나, 대법원규칙이 정하는 바에 따라 지급을 보증하겠다는 위탁계약을 맺은 문서를 제출하는 방법으로 한다. 다만, 당사자들 사이에 특별한 약정이 있으면 그에 따른다(제122조).

7. 담보물에 대한 피고의 권리

피고는 소송비용에 관하여 제122조의 규정에 따른 담보물에 대하여 질권자와 동일한 권리를 가진다(제123조). 피고는 채권압류 및 전부명령의 절차를 거쳐 공탁물을 수령하여야 한다.[9]

8. 담보를 제공하지 아니한 효과

담보를 제공하여야 할 기간 이내에 원고가 이를 제공하지 아니하는 때에는 법원은 변론없이 판결로 소를 각하할 수 있다. 다만, 판결하기 전에 담보를 제공한 때에는 그러하지 아니하다(제124조).

9. 담보의 취소

담보제공자가 담보하여야 할 사유가 소멸되었음을 증명하면서 취소신청을 하면, 법원은 담보취소결정을 하여야 한다. 담보제공자가 담보취소에 대한 담보권리자의 동의를 받았음을 증명한 때에도 같다. 소송이 완결된 뒤 담보제공자가 신청하면, 법원은 담보권리자에게 일정한 기간 이내에 그 권리를 행사하도록 최고하고, 담보권리자가 그 행사를 하

---

9) 대결 1969.11.26. 69마1062

지 아니하는 때에는 담보취소에 대하여 동의한 것으로 본다. 위 결정에 대하여는 즉시항
고를 할 수 있다(제125조).

10. 담보물변경

법원은 담보제공자의 신청에 따라 결정으로 공탁한 담보물을 바꾸도록 명할 수 있다.
다만, 당사자가 계약에 의하여 공탁한 담보물을 다른 담보로 바꾸겠다고 신청한 때에는
그에 따른다(제126조).

Ⅶ. 다른 절차에서의 준용

여기의 담보제공방법 및 취소절차는 소제기에 관한 담보제공(상법 제176, 237, 377,
380, 381조 등), 가집행의 담보(제214조), 강제집행의 정지·취소를 위한 담보(제502조
제3항), 가압류·가처분을 위한 담보(민사집행법 제291, 301조) 등에 준용된다.

제2절 소송구조

Ⅰ. 개념과 취지

소송구조란 소송비용을 지출할 자금능력이 없는 사람이 소송을 할 수 있도록 국가가
도와주는 제도를 말한다. 재판제도의 운영에 비용이 드는 것은 불가피한 일이고, 그 이용
자가 관련비용을 부담하는 것은 당연한 일이지만, 비용문제 때문에 소송을 할 수 없게
된다면 헌법이 보장한 국민의 재판을 받을 권리와 법 앞의 평등이 보장되지 못하는 결과
가 초래되는 것이므로 이를 막기 위해 인정된 제도이다.

이 같은 소송구조는 본안사건절차만이 아닌 가압류·가처분촉촉 및 강제집행절차에
도 적용된다.

Ⅱ. 소송구조의 요건

민사소송법 제128조 제1항은 법원은 소송비용을 지출할 자금능력이 부족한 사람의 신청에 따라 또는 직권으로 소송구조를 할 수 있으나, 패소할 것이 분명한 경우에는 그러하지 아니하다고 규정하여 소송구조의 요건을 정하고 있다.

1. 소송비용

여기의 소송비용은 제129조에 정한 비용에 한정하여야 한다는 견해도 있으나, 그 외에 당사자가 소송수행을 위하여 소제기 전이나 소제기 중에 지출하게 되는 필요비를 모두 포함한다고 보는 것이 다수설이다. 인지액, 송달료, 증인·감정인 등에게 지급할 여비·일당, 소송준비를 위한 조사연구비, 교통비, 서류작성비, 복사비, 변호사비 등이 해당될 것이다.

2. 소송비용을 지출할 자금능력이 부족한 사람

무자력에 한하지 않고, 자신이나 가족의 생계에 지장을 주지 않고는 소송비용을 지출할 수 없는 경우를 말한다. 법인의 경우는 소송비용의 지출로 목적 사업의 수행에 지장을 주는 경우가 해당된다. 환경소송과 같은 집단소송에서는 상대방이 충분한 조사와 자금능력을 갖춘 기업 등임을 감안하여 피해자이고 경제적 약자인 원고들의 자금능력을 평가한다.

3. 패소할 것이 분명한 경우가 아닐 것

패소할 것이 분명한 경우에도 구조를 한다면 불필요한 비용의 낭비이고, 상대방에게도 무익한 시간과 경비의 지출을 강요하는 결과가 되므로 구조제도를 이용한 소송의 남발을 막기 위한 요건이다.

소송상 구조신청의 소극적 요건이므로 신청인이 승소의 가능성을 적극적으로 진술하고 소명하여야 하는 것은 아니고, 법원이 당시까지의 재판절차에서 나온 자료를 기초로 패소할 것이 명백하다고 판단할 수 있는 경우가 아니라면 그 요건은 구비되었다고 할 것이며, 항소심은 속심으로서 원칙적으로 제1심에서 제출하지 않았던 새로운 주장과 증거를 제출할 수 있으므로 제1심에서 패소하였다는 사실만으로 항소심에서도 패소할 것이 명백하다고 추정되는 것은 아니어서 제1심에서 패소한 당사자가 항소심에서 소송상 구조를 신청하는 경우에도 신청인이 적극적으로 항소심에서 승소할 가능성을 진술하고 소명하여야 하는 것은 아니고 법원은 신청인의 신청이유와 소명자료는 물론 본안소송에서의 소송자료 및 증거자료도 함께 종합하여 항소심에서 신청인이 패소할 것이 확실한지를 판단하여야 한다.10)

Ⅲ. 구조의 절차

1. 신청 또는 직권

소송구조는 자금능력이 부족한 사람의 신청에 따라 또는 법원이 직권으로 한다. 신청인은 내외국인, 영리비영리법인, 소송담당자를 불문한다. 2002년 개정법은 법원이 직권으로도 할 수 있도록 개정하여 소송구조제도의 활성화를 도모하고 있다.

2. 재판

소송구조에 대한 재판은 소송기록을 보관하고 있는 법원이 결정으로 한다. 규정의 취지는 원심재판장이 인지를 첨부하지 않거나 부족한 인지를 첨부한 상소인에 대하여 인지보정명령을 하였음에도 상소인이 인지첨부의 유예를 구하는 소송구조신청을 하게 되면 원심재판장은 상소장 각하명령을 하지 못하고 기록을 상소법원에 송부하게 되고 상소법원이 소송구조신청에 대한 재판과 상소장의 심사를 담당하는 것으로 되는 결과, 소송구조신청이 소송지연책으로 악용되거나 원심재판장의 상소장 심사를 회피하기 위한 편법으로 이용될 여지가 있었기에 그를 방지하려는 것이고, 또한 소송구조의 신청이 상소와 함께 이루어진 경우에는 그에 대한 심리가 상소장 심사와 밀접하게 관련되어 있을 뿐만 아니라, 소송구조의 부여 여부에 관한 재판의 심리는 비교적 용이한 것이므로, 원심법원이 이를 담당하게 하여도 무리가 없고, 이로써 신속한 소송구조를 촉진하고자 함에 있다.11)

---

10) 대결 2001. 6. 9. 2001마1044.
11) 대결 2003. 5. 13. 2003마219.

3. 기각결정에 대한 불복

신청인은 기각결정에 대하여 즉시항고를 할 수 있고, 상대방은 소송비용담보면제의 구조결정 외에는 불복할 수 없다.

Ⅳ. 구조의 효과

1. 객관적 범위

소송과 강제집행에 대한 소송구조의 범위는 다음 각 호와 같다. 다만 법원은 상당한 이유가 있는 때에는 다음 각 호 가운데 일부에 대한 소송구조를 할 수 있다(제129조 제1항).

1) 재판비용의 납입유예

소송비용에는 인지대, 송달료와 같이 법원에 납부하는 재판비용과 서류작성·제출비용, 재판출석비용과 같이 당사자가 스스로 법원 외의 제3자에게 지출하는 비용이 있는데, 이 중 재판비용이 납입유예의 대상이 된다.

법원의 수입으로 되는 인지대는 납입유예로 끝나지만, 송달료나 감정료, 통역료, 여비 등은 법원이 받아 제3자에게 지급하여야 하는 것이므로 국고로부터 대납받아 지급하게 된다.

2) 변호사 및 집행관의 보수와 체당금의 지급유예

변호사 및 집행관의 소송구조를 받을 사람의 업무처리에 대한 보수와 그 업무수행을 위해 지출한 여비, 숙박비 등의 비용인 체당금의 지급을 유예해 주는 것이다.

3) 소송비용의 담보면제

원고가 대한민국에 주소나 사무소, 영업소를 갖고 있지 않아, 피고의 신청에 의한 담보제공명령이 있더라도 소송구조의 결정을 받으면 소송비용의 담보를 제공할 의무가 없어진다.

4) 대법원규칙이 정하는 그 밖의 비용의 유예나 면제

국가예산을 고려하여 소송구조의 범위를 확장할 수 있도록 대법원규칙에 위임한 것이다. 당사자가 선임하는 변호사의 보수도 상당한 금액을 지급한다(민소규칙 제26조).

2. 주관적 범위

소송구조는 이를 받은 사람에게만 미치고 일반특정을 불문하고 소송승계인에게는 미치지 않는다(제130조 제1항).

3. 절차적 범위

구조의 결정은 당해 심급에 한하여 효력이 있고, 판결절차에서 구조의 효력은 강제집행절차에는 미치지 않는다.

4. 비용의 납입과 추심

구조결정은 소송비용의 지급유예이지 면제가 아니므로 종국판결로 소송비용부담의 재판을 받았으면 지급해야 한다. 다만 피구조자의 무자력으로 받을 수 없으면 국고가 부담해야 된다. 상대방이 소송비용부담의 재판을 받았으면 소송구조를 받은 사람에게 납입을 미루어 둔 비용은 국가가 그 상대방으로부터 직접 지급받을 수 있다.

변호사 또는 집행관은 소송구조를 받은 사람의 집행권원으로 보수와 체당금에 관한 비용액의 확정결정신청과 강제집행을 할 수 있고, 보수와 체당금에 대하여 당사자를 대위하여 제113조 또는 제114조의 결정신청을 할 수 있다. 변호사나 집행관이 보수를 받지 못하면 국고에서 상당한 금액을 지급한다.

V. 구조의 취소

소송구조를 받은 사람이 소송비용을 납입할 자금능력이 있다는 것이 판명되거나, 자금능력이 있게 된 때에는 소송기록을 보관하고 있는 법원은 직권으로 또는 이해관계인의 신청에 따라 언제든지 구조를 취소하고, 납입을 미루어 둔 소송비용을 지급하도록 명할 수 있다(제131조).

Ⅵ. 특별법상의 소송구조

    법률구조공단은 국가유공자, 국민기초생활보장법에 의한 수급자, 아동, 장애인, 농어민 등에 대하여 민사·가사·행정·형사·헌법소원 사건에서 구조활동을 하고 있고(법률구조법), 공익법무관은 법률구조취약지역의 주민에 대한 법률구조를 제공하고 있다(공익법무관에 관한 법률).

색 인

김기진 ————————————————————————————

서울대학교 법과대학 졸업(1976)
제25회 사법시험 합격(1983)
변호사 개업(1986)
경상대학교 법과대학 교수(2006)

『통합도산법해설』(2007)
『민사사건의 이론과 실무』(2008)
『법의 이해』(2009)

「영업용건물의 임대차에 수반하여 지급된 권리금에 관한 판례비평」
(2006. 12, 경상대학교 법학연구)
「회생절차에서의 부인권」(2008. 8, 동아법학)
「공익재단법인의 설립자와 공익재단법인의 관계」(2008. 10, 고려법학)

민사소송법

초판인쇄 | 2011년 1월 14일
초판발행 | 2011년 1월 14일

지 은 이 | 김기진
펴 낸 이 | 채종준
펴 낸 곳 | 한국학술정보㈜
주   소 | 경기도 파주시 교하읍 문발리 파주출판문화정보산업단지 513-5
전   화 | 031) 908-3181(대표)
팩   스 | 031) 908-3189
홈페이지 | http://ebook.kstudy.com
E-mail | 출판사업부 publish@kstudy.com
등   록 | 제일산-115호(2000. 6. 19)

ISBN   978-89-268-1807-7 93360 (Paper Book)
        978-89-268-1808-4 98360 (e-Book)